# 近代以来 1949—1978
# 中国农村变迁史论

总 主 编 宋洪远

本卷主编 王景新 冯开文 车裕斌

清华大学出版社
北京

## 内 容 简 介

本卷是《近代以来中国农村变迁史论》的第三卷,记述了新中国三十年(1949—1978)间我国农村发展变迁的原动力、起始条件以及农业、农村复兴和农民支持工业化和城市发展的历史事实,回顾了对中国农村变迁有深刻影响的土地改革、统购统销、农业合作化、农业学大寨、人民公社、城乡二元户籍等制度变革以及运动和实践情况,分析和总结了新中国三十年间的农田水利和农业基础设施建设、农业科技与物质装备、农业经济和农村工商业发展、农村基础教育与社会保障等方面的历程、成就和重要作用。

本书封面贴有清华大学出版社防伪标签,无标签者不得销售。
版权所有,侵权必究。侵权举报电话: 010-62782989 13701121933

**图书在版编目(CIP)数据**

近代以来中国农村变迁史论. 1949—1978/ 宋洪远总主编;王景新,冯开文,车裕斌本卷主编. —北京: 清华大学出版社,2019
ISBN 978-7-302-52254-6

Ⅰ. ①近… Ⅱ. ①宋… ②王… ③冯… ④车… Ⅲ. ①农村–社会变迁–研究–中国–1949—1978 Ⅳ. ① C912.82

中国版本图书馆 CIP 数据核字(2019)第 019062 号

责任编辑:周 菁
装帧设计:贺维彤
责任校对:王荣静
责任印制:李红英

出版发行:清华大学出版社
    网  址: http://www.tup.com.cn, http://www.wqbook.com
    地  址: 北京清华大学学研大厦 A 座  邮  编: 100084
    社 总 机: 010-62770175  邮  购: 010-62786544
    投稿与读者服务: 010-62776969, c-service@tup.tsinghua.edu.cn
    质量反馈: 010-62772015, zhiliang@tup.tsinghua.edu.cn
印 装 者:三河市金元印装有限公司
经  销:全国新华书店
开  本: 185mm×260mm  印 张: 32.25  字 数: 573 千字
版  次: 2019 年 9 月第 1 版  印 次: 2019 年 9 月第 1 次印刷
定  价: 180.00 元

产品编号: 081108-01

# 本书编辑委员会

主　任：陈锡文　韩　俊

总主编：宋洪远

委　员（按姓氏拼音排序）：

　　　　曹幸穗　陈　洁　崔晓黎　段应碧　冯开文　郭书田　何秀荣
　　　　何宇鹏　黄道霞　刘　奇　孟庆国　孙金荣　王景新　王思明
　　　　王亚华　魏　唯　武　力　尹成杰　张红宇　张晓山　郑有贵

# 本卷编撰工作组

主　编：王景新　冯开文　车裕斌

成　员：赵　勇　黄英伟　张　琳　王佳楠　鲁可荣　林　燕　黄中伟
　　　　葛深渭　郭海霞　刘励敏　陈　雪

# 总　序

　　从1911年辛亥革命结束封建君主专制制度，到目前全面建设小康社会进而阔步走向现代化，中国已经走过了一百多年的发展历程。百年来，伴随着共和国的发展，中华大地发生了沧桑巨变，中国农村几经变迁，走过了极不平凡的历程。回顾百年来中国经济社会发展变迁的历史和农村发展变迁的历史，可以欣喜地看到：经过新中国六十多年和十二个"五年计划"的建设，中国综合国力稳步提升，已成为全球经济发展最快最好最有活力的第二大经济体；中国农村面貌已经发生翻天覆地的变化，我们在农业领域为世界创造了辉煌和奇迹；农业发展为国家工业化、城市化和现代化发展奠定了坚实基础，农村早已告别贫穷落后的面貌，农村小康社会正在变为现实。

**1. 项目课题设立的背景**

　　目前，中国社会正处于新的起点，正走上伟大复兴之路，农村正与城市一起向着全面小康的方向发展。在此之际，梳理农村发展变迁的历史，特别是对"三农"政策和农村制度发展演进等进行系统的研究，从中汲取历史智慧，以史为鉴，对中国全面建成小康社会无疑具有重要的参考借鉴价值。

　　农村经济社会变迁始终是中国历史变迁的主体内容。农村经济社会发展状况在很大程度上决定了中国社会转型的状态和发展的整体质量。从已有研究来看，对百年中国农村发展和制度变迁史进行系统研究目前在学术界还是一项空白。

　　面向未来，悠久的农业历史、源远流长的农业和农村传统文化、与时俱进的农村制度变迁、历经波折积累下来的政策经验等，还将在国家现代化进程中继续发挥作用，这是一批老前辈、老领导和农经学者的共识，也是本项研究得以开启的重要原因。

**2. 课题内容和承担单位**

2012年初，在段应碧主任的倡议下，在陈锡文和韩俊两位院领导的亲自谋划下，清华大学中国农村研究院设立重大项目"中国近代以来农村变迁史研究"。该项目以农业农村部农村经济研究中心为牵头单位，由宋洪远主任担任主持人，项目集合了南京农业大学、中国农业大学、浙江师范大学、山东农业大学、中国社会科学院当代中国研究所、中国农业博物馆等国内多家研究机构和农业技术史、农业经济史、农村社会学、当代农业农村问题等领域的专家学者，组建了四个子课题组，形成跨学科的研究团队。

2012年6月，"中国近代以来农村变迁史研究"项目正式启动。在宋洪远主任的组织协调和统筹安排下，项目组承担起课题申报、内容确定、组织方式确立、沟通协调联络、组织拟定编写大纲和编写体例、文献资料收集、开展研究和书稿撰写等大量烦琐的工作。根据研究工作的需要，课题主要分为两大内容：一是系统收集和梳理可资利用的有关晚清、民国、新中国三十年以及改革开放后的农村变迁历史的文献目录库。二是在总的研究框架下分时段设置四个子课题，分别由不同的单位牵头承担。

**项目子课题一**：晚清时期中国农村经济社会变迁史研究。由南京农业大学中华文明研究院王思明教授牵头，开展晚清和民国数据库建设以及晚清农村变迁史的研究。

**项目子课题二**：民国时期中国农村经济社会变迁史研究。由全国农业博物馆研究员曹幸穗牵头，开展民国时期农村变迁史的研究。

**项目子课题三**：新中国三十年中国农村经济社会变迁史研究。由浙江师范大学农村研究中心原主任王景新教授和车裕斌教授、中国农业大学农业经济史学科冯开文教授共同牵头，开展新中国三十年农村变迁史的研究。

**项目子课题四**：改革开放以来中国农村经济社会变迁史研究。由中国社会科学院当代中国研究所郑有贵研究员、农业农村部农村经济研究中心陈洁研究员共同牵头，开展改革开放以来中国农村变迁史的研究。

到2013年6月，中国农村变迁史资料库初步建成，其中晚清数据文献库近14万字、民国数据文献库近14万字、中华人民共和国成立到改革开放前数据文献库10余万字、农村改革开放以后数据文献库近5万字，基本涵盖海内外学者对于中国农村变迁史研究的绝大部分文献资料。到2015年底，四个时段的课题研究工作基本结束，向委托方提交课题报告成果。

近代以来中国农村变迁史的研究时间跨度大，对晚清至民国（1840—1911）、民国至中华人民共和国成立（1911—1949）、新中国三十年（1949—1978）、农村改革开放以来（1978—2012）四个时段进行了长时间的研究，全景式展现了传统农业在近代化、现代化过程中的演进更迭、发展变化，展现了近代以来中国农村变迁的漫长画卷，描绘了百年农村发展和制度变迁的历史。项目课题研究涉及单位7家，参与研究工作50余人，具体执笔撰写的老中青三代学者48人，在充分沟通协调的基础上，内外联动，分工合作，完成了百年中国农村变迁史这一大型研究项目。

**3. 课题成果和各卷内容**

在做好一系列研究准备工作的基础上，课题组于2013年正式启动本书各卷的编撰工作。经过四年的努力，在合作单位的通力协作下，全书编撰工作进展顺利，取得了卓有成效的工作成果。2016年以来，在清华大学中国农村研究院和各位领导的建议下，课题组继续对各卷进行修订完善，并积极申报国家出版基金项目。经过国家出版基金评审专家评审并报国家出版基金管理委员会批准，2018年2月，本书最终获得2018年度国家出版基金的正式资助，并拟于2019年出版。

《近代以来中国农村变迁史论》重点围绕"农村变迁"主线，书写和刻画了近代以来中国农村经济社会变迁史，记述与经济社会相关的农村生活变化及其特点，全面反映一百多年中国社会转型中的"三农"演变过程及全景全貌。研究成果由反映四个时段相关情况的四卷组成。研究以时间为顺序，以农村发展、制度演进为主线，从人地关系、人口布局、土地布局、资源环境、土地制度、农业结构、农村商品经济、城镇化和工业化、农村财政与金融、"三农"政策等多方位全视角展开。研究揭示了近代以来封建主义、资本主义、工业化、城市化、市场化、国际化浪潮等对中国农业、农村和农民的影响，反映了近代以来中国在农业基本经营制度、农业科技与教育、农村基础设施建设、农业经济与农村发展等方面的演进情况，梳理了中国农村制度变迁的历史和现实情况，阐释了近代以来中国农业衰落、农村凋敝的深层次原因，分析了新中国三十年农业农村变迁的经验与教训，总结了中华人民共和国成立以来特别是改革开放以来农业农村发展的成就和"三农"政策的成功经验，展现了制度变迁对农业和农村经济社会发展的巨大作用，加深了对当前农村制度现状的深刻认识和全面理解，对未来中国农村制度变迁提供了有益启示并指明了方向。

下面主要介绍本书各卷的框架结构。

第一卷：《近代以来中国农村变迁史论（1840—1911）》。该卷概述了传统农业的历史地位及面临的挑战，指出人地关系是中国农业的基本命题，人地矛盾加剧对农业生产的挑战刺激了近现代农业发展。晚清是中国社会由传统迈向现代的起点，自晚清以来，中国的社会性质、社会结构、经济结构、价值观、社会生活均在发生巨变。晚清农村社会变迁实际上就是中国近代化进程中的农村变迁，这一视角的选择非常重要，它描绘了中国百年前农村变迁的图景，也可作为研究同时代东亚最重要的国家之一——中国的近现代化历程的重要参考文献。

第二卷：《近代以来中国农村变迁史论（1911—1949）》。该卷主要揭示民国时期农村变迁的原因和动力，揭示这一时期的乡村制度、经济基础、科技进步、文化演替、教育兴起等因素对于乡村社会变迁所产生的深刻作用，以及对后来的新中国产生的重要影响。

第三卷：《近代以来中国农村变迁史论（1949—1978）》。该卷首先分析了中华人民共和国成立后农村发展的起始条件、中国国情、国际背景，在此基础上解释了为什么新中国三十年选择了重工业化的发展战略和推行农业集体化、城乡二元户籍制度、"统购统销"、社队企业发展等农村政策制度。1949—1978年的农村变迁历程，基本可以划分为土地改革、农业合作化、人民公社化三个阶段。土地改革是以工业化为核心的制度体系建立的预备阶段，农业合作化是这一制度体系的初步构成阶段，此后的人民公社化是这一制度固化乃至僵化的阶段。

第四卷：《近代以来中国农村变迁史论（1978—2012）》。该卷通过对制度层面的农村基本经营制度、农村土地管理制度、农产品市场制度、农业支持保护制度、农村财税金融制度、乡村治理机制、农村领导管理体制、农业法制以及发展层面的现代农业建设、新农村建设、农村工业化和城镇化、农村扶贫开发、农民的全面发展、农业对外开放等中国农村改革和发展变迁重大成果的展示，呈现了1978—2012年中国农村改革和发展变迁轨迹，系统反映了中国农村在三十四年时间里的巨大变化。该卷还把农村改革和发展变迁纳入国家工业化进程进行考察，对农村为什么率先进行改革、农村改革改了什么和农村改革成功的原因以及农村发展变迁影响因素和经验进行了分析。

### 4. 主要发现和基本观点

（1）晚清农村社会变迁是多种因素交织互动的结果，晚清农村社会变迁反映了中国近代化进程。

晚清时期是近代中国社会动荡、瓦解与新生的历史时期，也是中国传统社会发生转型的关键时期。晚清是由传统迈向现代的起点，其社会性质、社会结构、经济结构、价值观、社会生活均在发生巨变，呈现出向近代社会转型的特点。晚清卷（1840—1911）作者提出，晚清农村社会变迁受到来自政治、经济、思想等多方面的综合性因素影响。在政治统治方面，封建的中央集权制度逐渐瓦解；在经济活动方面，封建社会的自然经济统治地位已经动摇；在思想禁锢方面，儒家思想的统治地位已遭遇多方挑战。在旧体制解体过程中，晚清政府的社会整合能力削弱，加剧了社会失序。

晚清农村社会出现了近代化趋向，以机器工业为代表的资本主义经济成分已经出现；在西方商品化大潮冲击下，传统自然经济逐渐瓦解，单一小农经济不再一统天下；近代工商业开始在经济结构中占据一席之地，社会中出现了买办阶级、新型工商业者和近代产业工人。沿海沿江、通商口岸和交通枢纽地区的商品经济获得较大发展，社会近代化程度和速度存在从沿海到腹地递减的态势。

晚清人地矛盾加剧，通过平面扩展、开发边疆和边缘土地，扩大了土地面积，通过引进西方近代农业科技，开展精耕细作、提高农田水利水平等，提高了土地利用率，促进了传统农业向近代农业的转化。但晚清乡村社会矛盾和冲突不绝，社会动荡，造成农村破败，生产、投资和消费受到抑制，农村呈现"普遍贫困化"。

晚清农村社会新旧风俗杂陈。随着西方民主思想、政治理论引入，新式学堂兴起，科举制度废除，外来宗教开始渗入，新型知识分子群体应运而生，新知识、新思想突破了传统社会思想和文化价值观的藩篱。近代城市经济兴起和近代工商业、交通运输业发展，城乡商品和要素流动加速，对农村传统思想观念产生影响。但农村仍沿袭传统习俗和生活方式，孔孟之道、儒家学说仍是占据主体的价值观。

**（2）民国农村变迁史很短，乡村社会边缘化、乡村阶层结构劣质化，乡村社会危机重重。**

民国卷（1911—1949）作者认为，民国历史虽短，但它站在历史的转折点上，结束了两千多年"帝皇家天下"的封建统治，开启了共和立国的时代，使中国以"落后国家"的身份进入"世界版图"，在中华历史上是第一次。辛亥革命胜利，中华民国成立，标志着绵延两千多年的封建专制统治结束，开启了中华民族的历史新篇章。但民国时期并没有脱去旧时代的烙印，民国的三十八年间政权更迭频繁，民国政府历经南京临时政府、北洋军阀政府以及南京国民政府三个阶段，各政权虽然采取了不同于清王朝的治理模式，但受自身的局限，终究不能引领中国走向富强，乡村社会变革也以失败告终。

民国时期的中国社会处于半殖民地半封建时代，从以手工劳动为基础的小生产到社会化大生产，从以一家一户为单位的农业与家庭手工业紧密结合的自然经济到商品市场经济，从传统的以家庭的血缘维系的宗法关系到由"法治"所保障的自由、独立的人际关系，从迷信到科学，从专制到民主，从封闭到开放，从地域性联系到世界性联系，民国开启的是一个由旧制向新制转型的过渡时代。

辛亥革命后，传统社会政治结构发生变化，乡村社会出现了多重权力中心，社会秩序的稳定结构受到了影响。与此同时，乡村阶层结构的变化整体上呈现出乡村劣质化演变的特点。在国家推行现代化的进程中，乡村社会被隔离在外，农民利益被置于一边，造成乡村社会不断破败、边缘化，乡村社会危机重重，农民境遇悲惨。民国农民在封建势力统治下，处于保守、停滞的极端落后的状态，同辛亥革命以前并无根本不同。民国时期，政府主导开展了地方自治和农村建设，一些有识之士也进行了乡村建设的尝试，但这些均在战乱中无法延续。

**（3）中华人民共和国成立前中国共产党的农村政策日益向着重视农民、发动农民的方向演化。**

建党初期，中国共产党就开始关注农民问题，但早期中国共产党更重视工人运动，对于农村和农民在中国革命中的地位尚未认识。随着斗争的演进，农民阶级在中国革命中的地位凸显。共产党肯定了农民阶级的伟大革命潜力及其工人阶级可靠同盟军的阶级地位，认识到"国民革命不得农民参与，也很难成功"。

第一次国共合作时期，国民党改组完成，成为工人、农民、小资产阶级和民族资产阶级四个阶级的革命联盟。中共四大决议指出，要保障农民政治上经济上的利益。此后明确了在土地问题上的主张："没收大地主军阀官僚庙宇的田地交给农民"，认为不实现耕地农有，农民就不能成为革命的拥护者。这是共产党第一次树立起自己关于解决农民问题的旗帜，呼吁保护农民的政治经济权利，并提出了土地问题是农民问题的根本。由于斗争形势变化和认识差别，在不同时期党内对于土地问题的主张认识都不同。1947年《中国土地法大纲》极大地推动了解放区的土改运动。土地改革的胜利，标志着农村土地所有制和阶级关系发生了根本的变化，农村封建剥削制度已在解放区消失。这极大地鼓舞了农民的生产热情，他们迫切要求组织互助合作以发展生产。中华人民共和国成立后推行的一系列农村土地改革和合作化运动是中华人民共和国成立前解放区革命实践的延续，对中华人民共和国成立初期国家农业生产的恢复发展，对在全国农村推行社会主义改造，开展土地改革和农村合作化，均提供了宝贵的历史借鉴。

**（4）新中国三十年的历史功绩不可磨灭，为改革开放和社会主义现代化建设提供了基础和条件。**

新中国三十年卷（1949—1978）通过分析中华人民共和国成立后农村发展的起始条件、中国国情、国际背景等，解释了当时选择重工业化的发展战略和推行农业集体化、城乡二元户籍制度、"统购统销"、社队企业发展等农村政策制度的社会根源。中华人民共和国成立伊始，中国经济起点低、经济剩余少、资金资源短缺，分散的个体农业经济和手工业经济在国民经济中居于主体地位，内忧外患促使新中国把工业化作为当务之急。农村土地改革后，中国农村经济全面恢复，主要农产品产量达到甚至超过中华人民共和国成立前的最高水平，农业剩余增加。在从外部获得资源不可能的情况下，农业剩余成为国家工业化积累最重要的来源。在重工业为主体的国家工业化战略主导下，通过统购统销、农业税费、价格剪刀差和城乡二元户籍制度，农业为国家工业化和城市建设提供了重要的制度依托。在这一阶段，农村经济社会发展对国民经济和社会发展起到全面支撑的作用：农业发展为国民经济发展提供了稳定的物质和资金供给；农民通过为国家工程建设提供义务工支援工业和基础设施建设；农民通过农村临时吸纳城市人口和"农民事业农民办"为国家经济社会发展作出隐性贡献。

新中国三十年的农村发展变迁虽有起伏波动，但成就辉煌。在农村发展变迁的过程中，中国共产党积累了宝贵的经验与历史教训，包括农业基础地位认识的形成、农业生产关系与生产力发展之间关系的认识、尊重农民的选择和创造等。

**（5）改革开放以来的制度变迁对中国农村发展变迁起到根本性的推动作用，使农村现代化水平大幅度提高。**

农村改革开放以来卷（1978—2012）对中共十一届三中全会至十八大的三十四年间的中国农村发展变迁进行研究。这一时期农村发展变迁最为显著的特征是：农民、农业和农村现代化水平显著提升，实现了由长期受温饱困扰到小康水平的重大历史性跨越，并朝着全面建成小康社会的目标迈进。1978—1984 年，以实行家庭承包经营为主的农村改革率先成功突破，使农村发展变迁在新的生产经营体制下展开；1985—2002 年，以取消农产品统派购制度而率先运用市场机制为主的改革，使农村发展变迁在资源配置由计划为主向市场为主的转变中展开；2002—2012 年，实行以统筹城乡经济社会发展、促进城乡一体化发展、工业反哺农业为新取向的政策并深化的改革使农村发展变迁按照建设社会主义新农村的要求全面展开。

农村实现巨大发展变迁的首要原因在于改革解放和发展了农村社会生产力，激发和释放了微观经济主体的活力，使之成为推动农村巨大发展变迁的生力军。制度创新植根于农村、来自于农民。在经济发展进入工业化中期阶段之后,中国共产党提出了统筹城乡经济社会发展的方略,做出了"两个趋向"的重大论断,做出了中国已进入工业支持农业、城市支持农村阶段的重大判断,从而促进了从"农业是国民经济的基础"到"重中之重"、从城乡兼顾到统筹城乡、从工业的发展要依靠农业提供积累到"两个趋向"的思想和论断的演进,在实践中推进农业养育工业向工业反哺农业、城乡分割到城乡一体化发展的政策转变。这是中国农村实现巨大发展变迁的另一重要原因。这些宝贵的理论与思想财富将在中国实现"两个一百年"奋斗目标的过程中继续发挥指导和引领作用。

本书着眼于晚清大变局以来的中国农村变迁,无论是对充实当下国内的农村变迁史研究和农村政策理论研究,还是对更好更深入地开展农村现实研究,都具有非常重要的意义。

本书是集体智慧的结晶。本书编辑委员会审定了编写大纲,提出了一些建设性的意见。在编写和修改过程中,各位领导和专家提出了许多宝贵的修改意见。清华大学出版社周菁编辑、沈葆华老师,在国家出版基金申报、书稿审校等方面给予了专业性的建议和指导。在此一并表示衷心的感谢!

农村制度变迁问题涉及经济学、社会学、政治学、史学、科技和乡土文化等学科,不同专业背景的人员在写作风格、叙述习惯等方面也有很大不同。我们努力在全书编写过程中统一体例,进行统筹安排,但仍有挂一漏万的情况。由于编写者水平所限,本书编写中存在不尽如人意之处,恳请读者批评指正。

宋洪远

2018 年 9 月 20 日

## 本卷编写说明

本卷是清华大学中国农村研究院重大项目"中国近代以来农村变迁史研究"子课题三的研究成果。该子课题由中国农业大学和浙江师范大学共同承担,研究内容和编写大纲由项目主持人宋洪远提出,并对个别章节进行了较大修改和完善。该卷由王景新(浙江师范大学农村研究中心原主任、教授)和冯开文(中国农业大学经济管理学院教授)共同主持并担任主编,车裕斌(浙江师范大学农村研究中心教授)担任副主编,中国农业大学、浙江师范大学、中国社会科学院等单位的13位专业人员组成课题组。

本卷的历史跨度是新中国成立(1949)至改革开放(1978)的30年。本卷揭示了这一时期中国农村变迁的原动力,重点描述了在中国共产党领导下的新中国农业农村农民支持工业化和城市发展的图景,评价了农业农村农民的历史贡献,展示了重工业化发展战略下的中国乡村状况。本卷主要内容包括农村土地改革、农产品统购统销、农业合作化、农业学大寨、农业物质基础、农业农村经济发展、农村社会事业等。在框架结构安排上,前半部分注重制度变迁过程的分析,后半部分注重揭示生产力的提升和发展成效。

本卷由引论、专题报告和余论构成。冯开文负责引论和前五章统稿;车裕斌负责第六章至第八章统稿;王景新负责第九章至余论统稿。

各章撰写分工是:冯开文负责引论和第三章;赵勇(北京城市大学副教授)负责第一章;黄英伟(中国社会科学院经济研究所副研究员)负责第二章;张琳(中国农业大学博士生、山东枣庄学院讲师)负责第四章;王佳楠(清华大学博士后、海南大学经济与管理学院副教授)负责第五章;黄中伟(浙江师范大学农村研究中心研究员)

负责第六章；郭海霞（浙江师范大学农村研究中心副教授）负责第七章；葛深渭（浙江师范大学经济与管理学院教授）负责第八章；刘励敏（浙江师范大学农村研究中心讲师、博士）和陈雪（浙江师范大学农村研究中心研究助理、博士）负责第九章；林燕（浙江师范大学行知学院教授）负责第十章；鲁可荣（浙江师范大学农村研究中心教授）负责第十一章；车裕斌负责余论。

由于时间紧、任务重，文稿撰写难免存在不足和错误，请读者不吝赐教。

# 目 录

**引 论** /1
  第一节 农村变迁的起始条件 /3
  第二节 以工业化为核心的制度体系 /8
  第三节 农村变迁的历程和特点 /19

**第一章 农村土地改革** /21
  第一节 解放后土地改革的准备和条件 /27
  第二节 土地改革的过程和措施 /36
  第三节 土地改革的完成和成就 /65

**第二章 农产品统购统销** /77
  第一节 粮食短缺与统购统销制度 /79
  第二节 统购统销制度的特点及其演变 /88
  第三节 统购统销制度的影响 /105

**第三章 农业合作化运动** /115
  第一节 农村发展路径探索 /117
  第二节 农业合作化运动 /137
  第三节 农业合作化运动的影响 /159

## 第四章 农村人民公社化运动 /173
- 第一节 农业生产的"大跃进" /175
- 第二节 社会主义建设道路的探索 /183
- 第三节 农村人民公社化运动 /185
- 第四节 人民公社化运动的历史评价 /195

## 第五章 农业学大寨运动 /203
- 第一节 虎头山上的大寨精神 /206
- 第二节 全国农业学大寨 /218
- 第三节 农业学大寨运动的后果和影响 /226

## 第六章 城乡二元户籍制度 /237
- 第一节 二元户籍制度的历史演变 /239
- 第二节 二元户籍制度与城乡分治 /248
- 第三节 二元户籍制度的历史影响 /255

## 第七章 农田水利和农业基础设施 /257
- 第一节 农田水利 /259
- 第二节 农田整治 /279
- 第三节 植树造林 /283
- 第四节 农业防灾 /293

## 第八章 农业科技与物质装备 /301
- 第一节 农业科学研究 /303
- 第二节 农业技术推广 /311
- 第三节 农业投入品 /314
- 第四节 农业机械化 /327

## 第九章 农业经济发展 /333
- 第一节 农业经济增长 /335

第二节 粮食生产 /345
第三节 种植业结构与经济作物生产 /354
第四节 农业垦殖 /365
第五节 农业发展的地位与作用 /388

**第十章 农村工商业发展 /393**
第一节 农村工商业的历史背景及政策选择 /395
第二节 社队企业发展历程与绩效 /400
第三节 农村信用社发展历程与绩效 /417
第四节 供销合作社发展历程与绩效 /426

**第十一章 农村基础教育、合作医疗与社会救助 /441**
第一节 农村基础教育 /443
第二节 农村合作医疗 /455
第三节 农村社会救助 /462

**余 论 /471**
第一节 农业的贡献 /475
第二节 农村的贡献 /477
第三节 农民的贡献 /484

**主要参考文献 /489**

第一节　农村变迁的起始条件
第二节　以工业化为核心的制度体系
第三节　农村变迁的历程和特点

# 引　论

## 第一节 农村变迁的起始条件

中华人民共和国成立伊始,启动农村变迁要面对的起始条件,可以从国家经济结构、农业经济结构,既往的农村改造实践和中国共产党继承的主流意识形态等方面展开讨论。

### 一、工农业比重和经济结构

中国共产党对中国经济家底形象的概括是"一穷二白"。量化的估计是1949年毛泽东在《中国共产党第七届中央委员会第二次全体会议上的报告》中作出的。他说:"中国仅有大约10%左右的'现代性的工业经济',而且其最大和最主要的部分集中于官僚资产阶级手里,分散的个体的农业和手工业占90%。"[①]据统计,1952年农业、工业和其他产业占国民收入的比重分别为57.72%、19.52%、22.76%,工业所占份额接近20%,其他产业的份额超过80%。[②]

可见,"一穷二白"实际上是对中国"现代性的工业经济"数量奇少、比重极低而言的。以上这组数据说明,中国经济中现代工业经济发展严重不足,传统的农业等产业占有绝对优势,整体经济的落后特征明显。

这就是中国农村变迁要面对的基本经济结构,也是未来变迁的基础和起点。对此,中国共产党人一直乐观地说,一张白纸,可以描绘最新最美的图画。而我们要描绘的蓝图就是国家的工业化——这是中国的经济结构决定了的。

---

① 《毛泽东选集》,第四卷,1 424~1 439页,北京,人民出版社,1991。
② 国家统计局:《中国统计年鉴》,北京,中国统计出版社,1992。

## 二、农业经济结构

农村的经济结构，基本上如同中共中央七届二中全会概括的那样，主要是分散的个体的农业和手工业。如果专看农业经济结构，基本上可以称为分散的个体的农业。"小农经济"是其最显著的特征。

### （一）小农经济

农业的"小"，体现为人地关系的紧张程度。从古代到近代，中国的幅员没有太大变化，但人口却增长迅猛，尤其是近代以后。汉唐人口基本上稳定在 5 000 万左右，宋代达到了 8 000 万，清代嘉庆年间超过 1 亿，新中国成立时已经达到了 4 亿多人。倍增的人口面对基本刚性的耕地，土地的稀缺程度不断加剧势所难免。

至于各阶层占有土地的状况，一直争论不断。是不是有的阶层、有的农村人群可以通过多占土地形成规模经济，改变整体上的人地紧张程度，人们的看法也在不断变化。相当长一个时期的固定看法是，占农村人口不到 10% 的地主富农占有全国耕地的 70%～80%，收取五成至七八成的高额地租并辅以高利贷盘剥。① 这一看法的主要来源是 20 世纪二三十年代毛泽东所做的《兴国调查》《寻乌调查》，以及国民党农民部"调查"。但前者将归地主富农"把持"、当地全部人口受到实惠的公田算成了地主富农共同所有；② 后者错在取材于不足据的北洋政府《民国七年农商统计》，章有义等已指出了其中的谬误百出。③ 另外，旧中国时期中外学者、乡村建设推行者等等进行的大量调查研究都说明，当时地主富农占有耕地的比例为一半稍多，而其他农村人口占有不足一半。④ 国家统计局的统计数据也表明，全国土地改革前农村各阶级的土地占有情况是，占总户数不到 7% 的地主富农占总耕地的 50% 以上；占全国农户 57% 以上的贫农、雇农，仅占耕地的 14%，地主人均占有耕地为贫雇农的二三十倍。⑤

无论如何，耕者无田少田是大家一致认可的基本格局。因此，1949—1952 年，中国共产党在开展土地革命、解放区进行土地改革经验的基础上，在全国范围内进行了土地改革。结果到全国土改结束时，占人口 52.2% 的贫雇农占有 47.1% 的耕地，平均每人 2.93 亩；占人口 39.9% 的中农占有 44.3% 的耕地，平均每人 3.67 亩；占人口 5.3%

---

① 许涤新等主编：《政治经济学辞典》，220 页，北京，人民出版社，1980。
② 《毛泽东农村调查文集》，199～200 页，北京，人民出版社，1982。
③ 章有义：《本世纪二三十年代我国地权分配再估计》，载《中国社会经济史研究》，1988（2）。
④ 郭德宏：《中国近现代农民土地问题研究》，9～42 页，青岛，青岛出版社，1993。
⑤ 参见中共中央党史研究室：《中国共产党历史》，第二卷（上册），91 页，北京，中共党史出版社，2011。

的富农占有6.4%的耕地；占人口2.6%的地主占有2.2%的耕地，平均每人2.52亩。[①]土地改革不仅改变了耕者无田少田的状况，而且耕者占有田地的状况几近平均，实现了所有阶层的"平均小农化"。

但是以前的土地占有不公平的状况会不会重演，就像历史上反复出现的那样？要不要防止、杜绝其重演？如果承认改变小农经济"有利可图"，会因为存在规模经济，会带来较高的生产率，这才导致了不断重演的现象，在土地改革形成了"平均小农化"后，要不要改变土地的小规模经营？以什么方式实现这种改变？这是中国农业经济结构提出的重要问题之一。

除传统的小农经济之外，农业经济中还出现了两种新形式：资本主义萌芽和根据地的合作经济。

### （二）农业中的资本主义萌芽

农业中的资本主义萌芽在清代末期就出现了。张謇创办的南通农牧垦殖公司就是其中的代表。清以降，诸如此类的近现代农业企业以及与旧的农业经济保持较多联系的富农经济和经营地主等形式的资本主义萌芽有所发展。于是人们由此联想到，农业中可否走资本主义道路？会不会发展成美国那样的大农场？但必须直面的现实是，农业中的资本主义萌芽一直都是"名过于实"，其出现带来的"名声"要远远大于其实际发挥的影响。因此必须冷静面对的问题是，我们需要与现代工业发展相适应的农业经营形式，或者需要用更有效的经营形式支持国家工业化，但这个形式会是农业中的资本主义萌芽吗？

### （三）根据地的合作经济

我们这里所说的根据地，跨越了第二次国内革命战争时期的苏维埃政府管辖区、抗日战争时期的敌后抗日根据地，以及解放战争时期的解放区这三个历史时期，是对中国共产党管辖区的不规范的统称。

根据地为合作组织的产生提供了不错的土壤，尤其是层次较低的生产合作组织。根据地与中国其他地区相比较，一个重要特点是生产技术水平较低。井冈山、赣南闽西、陕北、晋察冀、晋绥以及晋冀鲁豫都属于经济发展较落后的地区。传统农业是根据地农业的显著特征。根据地表现的另一个特点，就是劳动力相当缺乏，还有一部分耕畜、农具毁坏或弃置，生产难以开展。这两方面因素加起来，就使组织劳动者互济

---

[①]《当代中国》丛书编辑委员会：《当代中国的农业》，49页，北京，当代中国出版社，1992。

互助的合作组织成为必要。而根据地一直有互助合作的传统。变工队、唐将班子等互助合作形式原来在根据地所在地已存在较长的历史。因此根据地的合作组织发展得有声有色。1929年福建上杭才溪乡的耕田队、创建于1943年的有名的耿长锁合作社,"合作英雄"刘建章领导的合作社都是其中的佼佼者。刘建章领导的合作社被毛泽东称为"真正被群众拥护的合作社",它通过群众自愿入股、按股分红、民办公助的形式,从消费合作起始,形成了包括消费、生产、运输、信贷等20多项业务,拥有纺织、榨油、制毡等6个生产社和上百头牲口的运输队这样一个较大规模的综合合作社。

合作社成长过程中,已经在逐渐探索各种问题,并积累了不少经验。

合作社和政府的关系。根据地政府也一直积极地倡导发展合作组织。1933年的中华苏维埃共和国临时中央政府颁布的《劳动互助社组织纲要》、中华苏维埃共和国临时中央政府土地人民委员部颁发的《关于组织犁牛站的办法》《关于组织犁牛合作社的训令》、1943年毛泽东《组织起来》的讲话,以及抗日战争和解放战争时期《新华日报》《晋察冀日报》《解放日报》等的宣传报道,各地方政府和各大区中央局的有关指示、训令,都在积极号召农民组织起来,并且宣传介绍了组织合作组织的方法和经验。需要指出的是,根据地政府并不直接干预合作事业的发展,"民办公助"一直是政府行为的基调。而且,政府引导农民组织起来,也主要是从组织搞好农业生产的角度出发,本着组织起来搞好农业生产,使农民生活有所改变的宗旨,帮助合作社成长。中华苏维埃共和国临时中央政府颁布的《劳动互助社组织纲要》第一项写道:"劳动互助社的作用,是在农村中农民互相帮助做工,有计划的去调剂农村中的劳动力,使一方面劳动力有余的不致闲置;一方面劳动力不足的不致把农事废弃。这个办法特别在一年中几个农事最忙的季节,如莳田、割禾等有极大的作用。"① 毛泽东在《组织起来》中也说:"合作社……是人民群众得到解放的必由之路,由穷苦变富裕的必由之路,也是抗战胜利的必由之路。"② 关键是它的交易费用较少。

与此相对应的是,社员自发组织自己建立制度的实践也累积了不少有效的经验。1929年福建上杭才溪乡的耕田队,就是在男劳动力大都参加了红军,红军家属和贫苦农民的土地难以耕种的情况下,农民按传统的换工习惯组织起来的。互助要付给工钱并且形成了红属帮红属每天一毛半、红属帮群众每天二毛、群众帮红属不给工钱的规

① 史敬棠编:《农业合作化运动史料》,上册,85页,北京,生活·读书·新知三联书店,1962。
② 《毛泽东选集》,第三卷,932页,北京,人民出版社,1991。

则。① 耿长锁合作社也形成了"把土地合了伙,互助耕种,农业副业统一使用劳力,统一分红,规定农业收入按土地劳力对半分,打绳收入按劳七资三分红"的规则,以至驰名全国。② 合作社社员的自发实践与政府的重视,形成了良性互动,成了合作社发展的重要保障之一。

难题也一个个出现了,其一就是退社问题。农民加入合作社肯定会在收益大于为此需付出的成本(包括时间、精力和费用)的情况下才可能,否则,他们会拒绝入社,即使已加入也会转而退出。耿长锁合作社当初决定土地入股,劳动力和土地对半分红,副业收入资三劳七分红时,李玉田就因地多而退出。1945 年社员达到 17 户时,又因实行土地收入按地四劳六、副业收入按工分粮,使缺劳动力的人感到困难,地多的人觉得吃亏,秋后有 8 户退社了③。退社影响合作社的稳定发展,不许退社又违背自愿原则,退社问题成了合作社和政府的两难选择。

难题之二是规模问题。在技术水平较低的情况下,受较低的生产力水平和地权分散、经营权分散、地块分割细碎、种植品种多样化等因素的限制,合作组织的规模是很小的、不经济的。如后殿村的唐将班子,1943 年大发展时只有 15~25 人。变工不如不变工,变工人数多了要分成几个小组等规模过大带来的问题也已经被提出来了。④

可见合作组织得到了反复不断多次的试验。试验中已经在不断摸索、总结、思考的问题就包括创建合作社的条件、合作社和政府的关系、合作社是否以自我创建自我发展为主、分配方案、合作社的社员退出难题、规模难题等。这些难题几乎涵盖了合作社的所有关键问题。值得指出的是,试验不断向好又是一个基本趋势。

看到这些问题,不禁要进一步问,推动它的根据地政府成了中央政府后,上述试验会不会成为全国性的制度而得以推行?根据地的农业合作组织是否就孕育中国农业的未来?是否未来的农业经营形式、所有制形式都蕴含其中呢?农民的合作组织会接着一路向好吗?

这些问题在根据地政府和农民的鱼水关系格局中,在与国民党政府统治区农村不

---

① 毛泽东:《才溪乡调查》,见《中国农业合作化运动史料》,上册,北京,生活·读书·新知三联书店,1962。
② 史敬棠编:《中国农业合作化运动史料》,上册,115~116 页,北京,生活·读书·新知三联书店,1962。
③ 史敬棠编:《中国农业合作化运动史料》,上册,434~435 页,北京,生活·读书·新知三联书店,1962。
④ 史敬棠编:《中国农业合作化运动史料》,上册,235~240 页,北京,生活·读书·新知三联书店,1962。

断凋敝以至全面崩溃状况的对比中，答案似乎已经明确了。特别是当乡村建设不仅解决不了"愚穷弱私"等问题，更抵挡不住工商资本洪水猛兽般的冲击时，当华洋义赈会倡建首推、国民党政府主推、农村长期发展的最主要的新型组织——农村信用合作组织在通货膨胀、民不聊生面前一筹莫展时，根据地的组织创新与之相比，高下立判。但选择真的非此即彼般简单明了吗？真的已经完全明确了吗？

中国共产党是以马列主义作为指导思想的，而马列主义的一个重要组成部分就是合作思想。马克思、恩格斯、列宁都主张共产党在执政后通过合作社的方式组织小农，完成向社会主义的过渡，并使之成为社会主义的重要经济组织形式。列宁以后，布哈林、斯大林等人的合作思想，尤其是斯大林1929年以后的农业集体化思想，都深深地影响中国共产党和毛泽东等人。引人注目的是，中华人民共和国成立后毛泽东的合作思想就与斯大林1929年以后的农业集体化思想相当接近。 虽然还不能确定是遵从整体的根本精神还是偏爱某位领袖，但毫无疑问，中国共产党继承了马列主义的合作思想，并以之作为改造农村的重要思想武器。

鉴于以上的分析，可以说，对于中国农村的未来之路是否确定，初步的判断是，工业化势在必行；而对农村的改造，还存在不少的未定之数。

## 第二节　以工业化为核心的制度体系

### 一、为什么要实现国家工业化？

除了前面所说的经济结构的原因外，还有以下这些理由都支持新中国走国家工业化的道路。

#### （一）马列主义经典作家的论述

社会主义国家必须建立在社会化大生产的基础上，这是马列主义经典著作中早已作出的判定。马克思和恩格斯曾指出，资本主义的发展准备了强大的生产力，这为资本主义向社会主义过渡和社会主义的胜利造成了物质前提，因为资本主义存在私人占

---

① 具体内容和分析见冯开文：《合作制度变迁与创新研究》，第一章，北京，中国农业出版社，2003。

有和社会化大生产这一对根本矛盾。无产阶级革命成功后,从私有制的桎梏下解放,以大机器工业为表征的强大生产力,就为社会主义国家实现人民利益提供了无限的可能。

列宁据此提出,向社会主义的过渡,就是向建立在机器工业等基础上的大经济过渡,大机器工业是社会主义物质生产的泉源和基础。① 列宁指出,"从生产力状况的观点来看,即按整个社会发展的主要标准来看",大工业是社会主义经济的基础;② 建立社会主义的物质技术基础,就是把国家经济,包括农业在内,转到现代大生产的新的技术基础上,③ 使其与公有制相适应,构成社会主义经济的突出特征。列宁还进而指出,重工业正是社会主义的主要基础。④ 只有重工业能够成为整个工业、运输业、农业进行技术改造从而提高劳动生产率的基础。列宁还把电气化看作繁荣社会主义社会和文化的基础。⑤

列宁和马克思以及恩格斯都关注了社会化大生产的实现与改造小农的关系问题,并且认为工业化是理顺工农、城乡之间关系的重要途径。列宁指出,大工业的发展为对农民广泛地进行经济和技术的帮助提供了可能,保证了合作制的物质基础;因此,在使个体农民走上社会主义道路,实现集体农庄这一合作社的高级形式时,要把整个国民经济——包括农业在内转到大机器工业和电气化这一新的技术基础上去。⑥ 列宁还认为,社会主义工业化是消除城乡对立的正确道路。在电气化的基础上组织生产,"将把城乡连接起来……就能消除城乡间的悬殊现象,为提高农村的文化水平、甚至消除穷乡僻壤那种落后、愚昧、粗野、贫困、疾病丛生的状态"。⑦ 列宁不仅把小生产的改造与国家工业化联系起来,而且认为这是缩小城乡差别的必由之路。

**(二)世界经济发展的大趋势**

世界各工业化国家的崛起表明,时代选择它们作为先驱是因为它们较早地选择了工业化,成功完成了工业化的国家才有资格成为时代的强者。这一点已深深为中国共产党及其政府所明了。不用做过多的论证,只要看看中国革命领袖中知识分子尤其是留学精英所占的比例就够了。

---

① 《列宁全集》,第27卷,190~191、194页;《列宁选集》,第3卷,520页,北京,人民出版社,1972。
② 《列宁全集》,第32卷,224页,北京,人民出版社,1982。
③ 《列宁选集》,第4卷,399页,北京,人民出版社,1982。
④ 《列宁全集》,第33卷,332页,北京,人民出版社,1982。
⑤ 《列宁选集》,第4卷,549~550、285页,北京,人民出版社,1982。
⑦ 《列宁全集》,第32卷,310、312~313页,北京,人民出版社,1982。
⑧ 《列宁全集》,第30卷,303页,北京,人民出版社,1982。

同时，如前所述，马列经典作家也敏锐地意识到，工业化是社会主义一个相当重要的不可或缺的组成部分，社会主义国家实现工业化同样是时代的要求。这些预判，就使国家的工业化成了一种众望所归的时代潮流，也成了社会主义国家的时代潮流。中国共产党及其政府无疑会遵从马列主义，应时而动。特别是中国共产党作为执政党的地位已然确立，走向社会主义成为势所必然时，选择工业化战略也就成了大势所趋。事实上，这种抉择来得更早，在七届二中全会上，中共就已提出夺取全国政权后的目标是把中国由农业国转变为工业国。

### （三）历代中国人寄托的使命

中国已有了落后就要挨打的惨痛而又深刻的教训，数千万仁人志士"图强图富"（洋务派）、"实业救国"（民族资产阶级）、"振兴中华"（资产阶级政党）的呼声已在新政权成立后变成了一种强烈的企盼，勇挑时代重担的中国共产党人也更希望能一圆几代人的强国梦，完成前人代代寄托的崇高使命。

在中国共产党建立新中国之前，中国已经经历了两次工业化实践，那就是晚清的洋务运动和国民党政府的工业化实践。

晚清的工业化试验开端于经世派学习西方的主张。在内忧外患萦绕，瓜分危局渐显的背景下，曾国藩、左宗棠、李鸿章、张之洞等洋务派秉承"中体西用"的理念，提出践行学习西方的坚船利炮等军事技术以求自强，学习西方的投资设厂等经济发展战略、政策、办法等以求富民并"稍分洋人之利"的主张。

兴建军事工业是洋务派认为最急的急务。还在镇压太平天国的过程中，曾国藩就在1861年于安庆设立了内军械所。次年，李鸿章在上海设立了三所洋炮局。但这些场所规模都很小。真正开启近代军事工业的，是1865年曾国藩、李鸿章在丁日昌的积极建议下，在上海创办江南制造总局。此后，直到1890年，洋务派主持兴建的大规模军事工业还有金陵机器局、福州船政局、天津机器局、湖北枪炮厂等，中等规模的有广州机器局、山东机器局、四川机器局、兰州机器局、神机营机器局等，小规模的有10所军事工业。通过这些军事工业的创办，清军实现了装备从冷到热的转变，改变了大刀长矛、木船土炮的落后状态，也在一定程度上，增强了国防力量。这些军事工业中虽然仍然大量采用手工劳动，但已开始使用大机器生产、雇工劳动、付给工人工资这些近代工业的生产方式；官办的军事工业产品，虽然不通过出售获利，但也不能不受到生产成本和国际市场价格的影响，在自然经济中进一步添加了市场的因素。

在创建军事工业的同时，洋务派还组建了新式的陆海军，尤其是海军，成了晚清工业化中又一个标志性成果。1874年日本侵略台湾，清政府被迫赔款保地，海防之议顿起，筹建海军开始提上议事日程。丁日昌提出筹建北洋、东洋、南洋三支海军屏卫海疆的建议，受到重视。次年，清政府命令李鸿章、沈葆桢督办北、南海防，重点建设北洋水师。到1894年，通过购买、自建分别建成北洋水师、南洋水师和福建水师，拥有大小船舰六七十艘。其中，北洋水师的主力战舰主要购自德国，拥有大小20余艘战舰（不包括鱼雷艇和扶助船只），先后在旅顺口、大连湾、威海卫设立炮台、修建船坞、建立军事基地，定编定员，经常训练，属于当时实力较强的近代海军。但自1888年海军军费被李鸿章捐给慈禧用作颐和园的筹建经费后，北洋海军船舰再无新添。1895年，李鸿章最得意、用钱最多的北洋水师，在对日甲午战争中全军覆没。福建水师也早在1884年的中法战争中就几乎灭顶。

官办军事工业的创办，也刺激了民办的近代工商业的产生和发展。"中国积弱，在于患贫。西洋方圆千里、数百里之国，岁入财赋以数万万计，无非取资于煤铁五金之矿，铁路、电报、信局、丁口等税。酌度时势，若不早图变计，择其至要者逐渐仿行，以贫交富，以弱敌强，未有不终受其弊者"。① 西方资本主义对中国的经济侵略，使"稍分洋商之利"成了洋务运动又一个重要的组成部分。洋务派在19世纪70—90年代共创办民用企业20多个，除了几个官办、个别一度商办外，大多数都是以官督商办的方式建立的资本主义性质的近代企业。其中最重要的是轮船招商局、开平矿务局、电报局和上海织布局。"在外国经济势力和洋务派的封建官僚势力双重制约之下，官督商办企业很难甚至不能按照资本主义市场经济的法则，获得自由发展和竞争的能力。这也就是经营了二十余年，声势不小但收效不大的原因所在。"②

商办企业出现，是洋务运动时期社会经济变化的另一个重要标志。商办企业主要是由一些官僚、地主、买办和商人投资兴建的，也有一些从手工业工场、作坊采用大机器生产转化而来的。由于实行商建、商管、商营，企业化而非官僚化运作，这种企业被看作最早的近代资本主义企业。1869—1894年，商办企业只有50多个，资本500余万元，说明这还是一支较为弱小的社会新生力量。商办企业中，比较有名的是1869年在上海设立的发昌机器厂，1872年华侨商人陈启源在广东南海设立的继昌隆缫丝厂，1878年轮船招商局会办朱其昂在天津设立的贻来牟机器磨坊，1881年黄佐卿在上海设立的公和永缫丝厂，1882年徐鸿复、徐润在上海设立的同文书局，1886年官绅杨宗濂、买办吴懋鼎、淮军将领周盛波在天津合资开设的自来火

---

① 《李文忠公全书·朋僚函稿》，卷16，25页。
② 李侃等：《中国近代史》，150页，北京，中华书局，2009。

公司等。这些企业投资和规模都很小，设备简陋，技术落后，并且主要生产日用轻化工产品，发展缓慢，但中国的民族资产阶级就是由此诞生的。

兴办新式文化教育事业，是洋务运动又一项重要内容。从1862年奕䜣请求创办北京同文馆和1863年李鸿章在上海创办广方言馆，到1894年在烟台创办烟台海军学堂，30多年间，洋务派共创办新式学堂24所，其中培养外语人才的有7所，培育工程、兵器、轮船人才的11所，电报、通信方面人才的3所，培养陆军、矿务、军医人才的各1所。虽然存在师资、经费、制度、学员等多方面的问题，新式学校在新型人才培养、开通新风方面发挥了不可磨灭的作用。派遣留学生则是当时的另一项壮举。1872年陈兰彬、容闳率第一批幼童30人赴美留学。1873年、1874年、1875年又接连派出三批，共120人。1877年在李凤苞、日意格的率领下，福州船政学堂学生35人踏上了赴欧的征途，其中12人留英，14人留法。留学生均取得了骄人的成绩，也为中国人学习西方开辟了一条重要路径。翻译西书和创办报刊，是洋务运动时期文化教育方面的又一建树。北京同文馆、上海广方言馆，特别是江南制造总局附设的翻译馆，就是洋务运动期间主要的翻译机构。创办报刊方面，1858年伍廷芳在香港创办了《中外新报》，1872年广州的《羊城采新实录》、1873年汉口的《昭文新报》，1874年、1876年上海创办的《汇报》《新报》，就是中国人最早的新闻事业。虽不足以与外国人办的《申报》《新闻报》抗衡，但也为后来以解读时局、传达民意、发表政见、团结爱国为宗旨的新闻事业开了先河。

笔者坚持认为，洋务运动不应简单"盖棺论定"为失败。从世界各国工业化崛起的轨迹看，难道中国能够绕开工业化吗？历史学和经济学的答案都只能是否定的。在发展经济学关于工业化是否就是发展中国家必由之路的讨论中，虽然最后农业的发展受到了足够的重视，但工业化的重要性地位几乎无法撼动。如前所述，西方国家的兴起，实质上是在一系列制度铺垫上实现工业化的过程。中国后来的历史也证明，中华民族同样矢志不渝地通过工业化实现自己的伟大复兴。在洋务运动的试验之后，1927年新建的国民政府、1949年创建的新中国政府都把实现国家的工业化作为自己责无旁贷的使命。新中国的工业化还走过了向重工业偏斜的工业化以及改革开放后新一轮工业化两个持续不断的发展阶段。这说明，从国际经验、中国的现实以及更长久的历史发展过程看，工业化的道路，是任何国家走向富强的必由之路。因此，追求"自强"和"求富"目标的洋务运动开启的道路，通过实现工业化实现民族富强的道路，无疑是中华民族振兴的必由之路。

洋务运动的"失败",不在于它所代表的工业化大方向,而在于完成工业化所需的条件没有完全具备,在于工业化必备的内涵没有充分实现。在一个自我陶醉的"中央帝国"骤然沦为落后国家的特殊时期,完成工业化要具备的前提,不仅包括民族的独立(或者免除灭亡的危险)、封建势力的铲除、先进有效的政治经济制度的建立,还包括大量的资源、丰富的人才、良好的商业传统和市场经营基础等。这么众多、如此繁重的任务,怎么可能希望通过洋务运动一蹴而就?就是后面几项条件,当时也是百废待兴,从零开始。洋务派能够在措手不及的情况下、在几乎所有条件都不具备的情况下,从军事工业、民用工业和文化教育等内涵丰富的众多方面,颇有建树地完成第一次工业化试验,无论如何是难能可贵的。

在后来漫长的探索过程中,中国经过百日维新的君主立宪试验,辛亥革命的民主共和尝试,一直到1949年才选定了适合中国的政治制度。直到新中国成立,才初步全面废除了封建制度,最终铲除了落后的封建势力对中国前途命运的影响;同样经过百余年的前赴后继,浴血牺牲,才解除了民族存亡的危机。而工业化,我们花费的时间和精力更长,经过新中国成立前的两次工业化尝试,新中国成立后以1978年为界标的两阶段工业化努力,直到21世纪,中国才进入工业化的中期阶段,至今中国的工业化尚未完成。在一个从领先转向落后的古老国家中,及时开启势必艰难的工业化新路并毅然决然付诸实施,需要何等过人的胆魄。而在如此艰难险阻下,能够成就震慑当世、震惊后人的"多样化"成就,又需要何等超凡的才情和努力。

第二次工业化实践是国民政府通过建立以"四行二局"为中心的金融体系、实行法币改革等制度措施,推动各产业发展的历程。交通运输业是这时期发展较快的产业之一。1932—1937年,共建筑铁路6 797公里,全国的铁路总长度达到了21 036公里。[①] 民族工业的发展,集中在棉纺织、面粉、水泥、橡胶、火柴等行业。1927年全国民营纱厂73家,纱锭209.9万余枚;1931年增加到84家,纱锭273万枚[②]。荣家申新纺织系统企业就是当时最大的民营企业集团。1937年抗日战争全面爆发后,经济增长放缓,工业化的努力也受到越来越多的限制,1949年更正式从中国内地谢幕。

两次工业化累积的经验,尤其是第一次工业化试验近乎壮美地全面展开,为新中国完成工业化使命提供了难能可贵的借鉴并扫除了很多前进道路上的障碍。自主开放、

---

① 严中平等:《中国近代经济史统计资料选辑》,180页,北京,科学出版社,1955。
② 严中平等:《中国近代经济史统计资料选辑》,163页,北京,科学出版社,1955。

引进外资、市场经济、国家示范、关税保护、学习国外、注重人才、改革先行等，都直接来自前人。

两次工业化的实践更充分证明：在一个落后的国家中，尤其是在中国这样一个由领先逐步陷入落后的国度里实现工业化，不仅需要建立一系列制度使工业化水到渠成，还需要完成国家独立自强、废除封建旧势力等一系列先决任务，是一个兼具"自强"和"求富"内涵的更加任重道远的使命，绝对不是一个可能一蹴而就的使命。

经过两次工业化实践，新中国成立后面对的现实，却是一点也不容乐观。如前所述，毛泽东在《中国共产党第七届中央委员会第二次全体会议上的报告》中估计，中国仅有大约10%的"现代性的工业经济"，另外90%是"分散的个体的农业经济和手工业经济"。1952年年底，经济恢复时期已基本结束，第一个五年计划即将开始，国家工业化也即将起步之时，中国现代工业特别是重工业的底子仍然相当薄弱。现代工业在我国工农业总产值中的比重只有26.6%，重工业在工业产值中的比重仅35.5%；而苏联在其第一个五年计划开始前的1928年已分别达到45.2%和39.5%。1952年我国主要工业产品的人均产量，不仅远远落后于工业发达国家，也落后于1950年的印度。如钢产量中国为2.37公斤／人，印度为4公斤／人，美国为538.3公斤／人；发电量中国为2.76度／人，印度为10.9度／人，美国为2 449度／人。① 所以毛泽东当时说："现在我们能造什么？能造桌子椅子，能造茶碗茶壶，能种粮食，还能磨成面粉，还能造纸，但是，一辆汽车、一架飞机、一辆坦克、一辆拖拉机都不能造。"② 实现国家的工业化已与民族自尊心、自豪感联结了起来，成为民族强盛的希望。

另外一个事件进一步加快了工业化的启动时间。1950年美国发动的朝鲜战争迅速把战火烧到中国边境，并侵犯中国领空，严重威胁中国的安全。与此同时，与台湾国民党政权的较量又趋激烈，国民党声称要"反攻大陆"，台湾海峡严重的军事对峙状态丝毫没有缓解。新中国成立后外交上向苏联的一边倒，除了赢得一些经济援助，也导致了西方国家持续的经济封锁。后来的中印边界纠纷、美国出兵越南以及珍宝岛发生军事冲突，都使新成立的中华人民共和国把自立自强作为头等大事。这使我们没有更多时间仔细研究、比较选择最适合中国的经济发展战略；而苏联的经验，重工业所具有的自我服务、自我循环、资本增密等产业特征，可以避免中国占人口大多数却极度贫困的农民有效需求不足对经济增长的制约，加上我们前述的种种原因，促使新中

---

① 胡绳：《中国共产党的七十年》，304页，北京，中共党史出版社，1992。
② 《毛泽东著作选读》，下册，712页，北京，人民出版社，1986。

国把工业化作为当务之急。

此外,重工业化程度已成为衡量国家经济发展水平和经济实力的标志,这使中国没能如布哈林所说发展农业以刺激对轻工业的需求,进而通过轻工业的发展扩大对重工业的需求,[①] 而是被迫走了一条偏重发展工业尤其是重工业的工业化战略。

## 二、用什么制度支持国家的工业化

国家工业化作为一种战略被选定后,用什么保证它的实施,这是经济制度的实施机制问题,也是一个制度派生的对其他制度的需求问题。

对于国家工业化战略的实施机制问题和制度需求问题,林毅夫等人的分析最有代表性。[②] 在将新中国开启的工业化战略命名为重工业偏斜战略后,他们指出中国的贫弱现实决定了只能将计划经济作为基本的资源配置方式,而计划经济的实施又要求减少政府与农户交易的成本,把农户组织起来就成了势所难免的微观组织制度选择。

对于重工业偏斜战略衍生计划经济体制,可以补充的一点是市场配置资源的方式在当时已经显露明显的缺陷。苏联集体化之前存在的"小商品经济制度本身的潜力业已耗尽,它不再保证国家的需求"[③] 的现象,在新中国工业化即将启动之时也出现了,以致迫使中国政府出台了统购统销政策。

统购统销政策的出台,实质性的原因是农业生产特别是粮食生产的落后与工业化建设大规模铺开形成的需求增长之间的矛盾日趋表面化和尖锐化。

新中国成立后,粮食供求紧张的矛盾显露,1949 年 10—12 月就有过国家与投机商之间的"米粮之战"。到 1953 年春,粮食购销形势开始变得日趋严重,由于我国粮食生产能力低下(1952 年人均仅 70 斤),1953 年城镇人口又比 1952 年增加 663 万,比 1949 年增加 2 016 万。这些城镇人口多来自农村,减少了粮食自给的人数,同时增加了需要国家供应粮食的人口。此外,农民的粮食消费量也在增加,致使国家的粮食赤字越来越大,收购计划难以完成,私商活动频繁,一些地方出现粮食恐慌。面对这种形势,陈云在得罪农民群众和得罪工人阶级的"黑色炸药"和"黄色炸药"中间被

---

[①]《布哈林文选》,上册,414 页,北京,人民出版社,1981。
[②] 林毅夫、蔡昉、李周:《中国的奇迹》,上海,上海三联书店、上海人民出版社,1992。
[③] 苏联科学院经济研究所:《苏联社会主义经济史》,第 3 卷,417 页,北京,生活·读书·新知三联书店,1982。

迫选择了统购统销政策，①取消市场贸易，对农产品统一进行计划征购和计划销售（实际上是配售）。这说明，国家工业化让市场经济体制走开了。随着统购统销政策的不断扩展和完备，计划经济体制就成了最主要的资源配置方式。

对于计划经济体制要求农民组织起来，毛泽东有一个形象的说法，全国各地个体小生产的农民，就像满头乱发无法下手，"捋捋辫子"就容易多了。毛泽东不研究交易成本，但"捋捋辫子"的说法还是很准确到位地指出了改善国家与农民关系的必要性和应当采取的方法。

值得提到的是，不仅计划经济体制要求农民组织起来，高效地收集和传输农业剩余，保证工业化的正常运转，也需要中国农民们告别"个体的小生产"的状态。

农业剩余是很多国家工业化机器运转的"食粮"。只有三种情况例外：一是早期资本主义列强通过对外掠夺完成了工业化所需的资本原始积累；二是直接依靠来自国外的巨额援助；三是通过对外贸易完成资本积累，推动工业化的运转。这三种情况都属于外向型的工业化道路。逐一对照后会发现，对外掠夺既无可能也非我所愿，那么，中国能够通过对外贸易实现资本积累吗？或者在得到很多外援的基础上走一条外向型的工业化道路？

然而历史事实决定了，在当时的国际环境下，中国不可能如台湾地区和香港地区、韩国、新加坡以及某些拉美国家和地区那样，走一条外向型的发展道路。

具体来说，中国与亚洲"四小龙"有以下不同：中国不具备它们资本积累中所拥有的地缘优势和政治优势。韩国和中国台湾作为美国的盟友，其政治地位同"冷战"格局中美国的对外政策直接相关，美国对它们的存在和发展就负有一定的责任，因此，美国为之提供大量资金。在全世界陷入资金稀缺的情况下，美国却出于政治的需要，用"马歇尔计划"促成了欧洲的经济复兴，也使日本经济得以在一片废墟上重新起飞；同样是出于政治的需要，美国在1954年为韩国提供了1.54亿美元的经济援助，1957年又增加到3.83亿美元，停战后4年内（1954—1957）外援总数达11.1亿美元。②韩国在经济发展最快的1962—1972年，得到无偿和有偿的经济援助共达43.7亿美元，如按韩国3 000万人口平均计算，每人得到经济援助达145美元。③这样大的一笔援助，当然对韩国的经济起飞起了巨大的促进作用。

---

① 《陈云文选（一九四九—一九五六年）》，207页，北京，人民出版社，1984。
② [韩]国史编撰委员会：《南朝鲜的物价政策》，载《国外社会科学》，1989（1）。
③ 郝侠君、毛磊、石光荣编著：《中西500年比较》，638页，北京，中国工人出版社，1989。

中国台湾的军事地位与韩国十分类似，因此美国的援助也十分慷慨。台湾国民党政权初期虽然其武器装备完全由美国无偿援助，但其军费开支在财政预算中始终保持在70%左右，最高时达86.6%，因此财政预算用于经济建设的开支十分有限。1960年台湾经济建设费用开支仅占决算支出的1.8%，只有400万美元。1965年，也只占到14.7%，为5 500万美元。① 由此可见，这一时期如果没有大量的美援，仅军事费用便足以使经济不堪重负而面临崩溃，何谈成为亚洲"四小龙"之一。美国军事援助绝大部分用于台湾军费，而经济援助则有相当部分以美援相对基金形式投入台湾产业部门，转化为生产资本。20世纪五六十年代，正是由于美国大量军事、经济援助，才使台湾维持15%~20%的资本积累率②。据统计，1949—1967年台湾共接受41亿多美元的援助，其中17亿美元是经济援助。这一时期除军援外台湾人均接受经济援助187美元。③ 美元同样对台湾的经济"起飞"起了巨大的作用。

而新中国成立后，就外援而言，美英等西方国家对中国实施政治攻势和经济封锁，早已说明中国难以从西方世界获得支持。"冷战"中被迫采取一边倒的外交政策之后，毛泽东寄很高希望的苏联之行，只从斯大林那里得到一笔"有条件"的援助，这些援助对百废待兴的新中国建设事业来说只能是杯水车薪，后来谈成的那些援助项目，都规定了极严格、极急促的偿还要求和期限。很显然，来自苏联的外援也远未达到巨额和巨大的程度，远不足以保障中国工业机器的正常运转。

中国香港和新加坡并没有得到这样的外援"恩惠"，但是它们另有独特条件，就是可用来发展转口贸易的优越的地理条件。就像早期资本主义用商业带动产业、用商业积累的资本发展工业一样，它们也是以贸易促进工业发展的。而这样一种发展模式，对于中国香港、新加坡来说，是可行的，却绝不适用于中国这样的大国。中国香港、新加坡解决资金积累的对外贸易条件，中国并不具备。

那么，曾在20世纪六七十年代经济较快增长的巴西，道路又如何呢？巴西是大国，巴西的自然资源十分丰富，有大量的铁矿、森林，出产大量的咖啡、可可、蔗糖等可以出口换汇的经济作物，巴西人均资源拥有量很大。巴西只比中国少100万平方公里，但人口却比中国少得多，这就使巴西可以通过出卖资源换取外汇。到20世纪80年代，巴西所借外债已超过1 000亿美元。尽管今天还本付息已成为沉重的经济负担，但这

---

① 段承璞：《战后台湾经济》，162页，北京，中国社会科学出版社，1989。
② 段承璞：《战后台湾经济》，195页，北京，中国社会科学出版社，1989。
③ 郝侠君、毛磊、石光荣编著：《中西500年比较》，638页，北京，中国工人出版社，1989。

些外资毕竟成为巴西20世纪六七十年代快速发展的强大动力。中国20世纪50年代有很多资源没有被发掘，连石油都不能自给，自然不能走巴西之路。中国只有像苏联那样，走靠自身积累发展经济的社会主义工业化之路。

因此，现实的结论是，中国发展工业化只能走内部积累的道路。内部积累只能来自国民经济各部门。民族资本主义发展严重不足，国家没收的官僚资本也很有限，农业剩余无疑就成了国家工业化积累最重要的来源。中国是一个人口众多的泱泱大国，占人口绝大多数的是农民，这使资本积累的可能数量不会太小。但农民的贫困却又是不争的事实。经过土地改革和经济恢复，农民仍然相当贫困。于是，既照顾农民利益，又要实现工业化的办法——工业化和合作化、集体化同步启动成为唯一合理的选择。

可以说，这种选择比起先工业化再合作化的主张来，较贴近农民极端贫穷的现实，也较温和一些，因为在用现代工业"装扮"农业之前，如不实现合作化，势必让个体经济继续发展，这不仅为社会主义这一主流意识形态所不允许，为国家所担心（如前所述），也是具有残忍意味的一种允许，因为这意味着放任旧有的商品货币关系复制，放任个体小农之间展开激烈的竞争，无视一些失去土地和其他财产的农民一无所有从而成为雇佣工人，任凭中国像英国那样发生一场牺牲农民获取原始积累的"羊吃人"运动。在工业化与农业的改造同步进行的情况下，通过农业的发展给工业提供剩余积累，农业的发展一定会受到相当大的影响。因为农业剩余在工业化初期，既要成为工业部门劳动人口的食品供给，又要作为工业化必要的资金和原料，只是通过工农产品差价等形式隐蔽实现了而已。[①] 到目前为止，农业剩余对工业化作出了巨大贡献。这其中仅以剪刀差形式提供的积累，1952—1990年累计达8 708亿元，年均223亿元。加上以储蓄、税收等方式提供的积累，总额达11 594亿元，占我国工业化过程中国民收入积累额的1/3左右。[②]

国家工业化和农业合作化同时并进的决策，集中体现在毛泽东提出的过渡时期的总路线中。总路线提出了国家工业化和农业、手工业、资本主义工商业的社会主义改造都要从中华人民共和国成立后开始，用10～15年的时间完成。由此制订的第一个五年计划，也提出了1953—1957年要建设一些大型工业项目，并积极进行社会主义改造。关乎全局的重大决策终于尘埃落定了。

---

① 这些实现形式还有民间借贷、直接投资、购买股票、债券、银行利息等。参见李微：《农业剩余与工业化资本积累》，67页，昆明，云南人民出版社，1993。
② 李微：《农业剩余与工业化资本积累》，308、310页，昆明，云南人民出版社，1993。

总之，工业化决定了新中国只能选择计划经济体制，而计划经济体制以及通过吸纳农业剩余运转国家工业化的路径都决定了中国农民必须走上组织起来的道路。

于是以工业化为核心的制度体系也就大致形成了：居于中心的是林毅夫所说的重工业偏斜战略；保障计划经济体制和农业剩余传输的是统购统销政策；保障农业剩余的产生并不断减少获取农业剩余的交易成本的是各种农业合作社制度。后来的制度体系只是出现了一些微调，没有重大变化。比如，合作社的规模不断扩大，公有化程度不断提高，实现了从互助组、初级社、高级社到人民公社的升级，但都服务于国家工业化和吸纳农业剩余的目标。比如，统购统销政策扩大到了几乎所有的农产品和农村工业品，只是为了强化它的计划职能和传输农业剩余的能力；城乡分割并日趋刚性的户籍制度，也是为了减少完成国家计划和吸纳农业剩余的交易成本；当交易成本越来越高时，意识形态的灌输，各种政治运动也就不断地风起云涌；但所有这些制度都没法改变工业化的核心地位，"大跃进"运动就可以看作工业化战略在农村的极度扩张；等等。这个制度体系应该说曾经发挥了应有的作用，各种促进农业经济增长的实验（如农业学大寨），尤其是"文革"期间农村经济依然保持增长等事实，显示了这个制度体系的作用，人民公社撤销后留下的社队企业、社会保障制度、农业技术、水利设施、基础设施建设等遗产，也反照出其曾经发挥的作用。这个制度体系一直持续到改革开放以前。

## 第三节　农村变迁的历程和特点

从上文分析可见，1949—1978 年的农村变迁历程，基本上可以划分为土地改革、农业合作化、人民公社化三个阶段。土地改革是以工业化为核心的制度体系建立的预备阶段，农业合作化是这一制度体系的初步构成阶段，此后的人民公社时期，就是这一制度固化乃至僵化的阶段。

1949—1957 年的以土地改革和农业合作化为主要内容的制度变迁，总体上讲，是一场强制性制度变迁，国家是这一场制度变迁的决策者，却没有好好研究中华人民共和国成立前两种类型合作制度变迁的经验，没能认真借鉴苏联等社会主义国家的合作实践以及世界各国的工业化道路；国家为了实施工业化战略、建立计划经济体制，用步履不断加快的政策直接导致了合作制度向公有化的加速转变；而农民的私有财产则被层层剥离，其长期信奉的观念、传统和习惯也被主流意识形态所抛弃，代之以对新建的主流意识形态的灌注；合作社也日益偏离了兼具公平和效率功能的组织特征，局限于对公平的不懈追求；相应地，合作社内部必须的、现实中已经涌现的实施机制失去了创新的可能。

  1958年以后的人民公社，更是国家权力干预农村的结果。为了工业化战略目标，为了更多地、更有效地获取农业剩余，国家实现了历史上前所未有的"入主农村"，通过全能型的人民公社制度，实现了对农村、农业、农民的直接的彻底的控制，把农村变成了工业化的一个生产车间，把吸纳农业剩余变成了自己生产、传输农业剩余。虽然后来退到了"三级所有，队为基础"，但很明显，这些制度从头到脚都不是农民的意愿。农民自发创造的"生产责任制"等也因为被设置了难以逾越的红线而大受局限，丝毫难以改变制度变迁的强制性特色。结果是国家通过一次次政治运动维系这一制度，而制度的不断延续导致农民的付出不断增加以致无法忍受。

  虽然如此，站在历史学的角度综合考察当时的国际国内局势，分析中国的社会经济状况，会发现国家正是在强国这一长期目标下，推出了势在必行的工业化战略，选择了必须选择的计划经济体制以及与之相适应的微观组织和制度。这一时期主张强国，虽与改革开放后关注富民出发点有所不同，但归根结底都是为了人民群众过上好日子。而且当时强国的目标更为急迫，对社会大众的泽及面更广。虽然由此导致了对农民利益的伤害，但实际上制度变迁的效果远在此之外，甚至难以完全用经济指标衡量。

  相信，这一段历史的大幕拉开之后，不少人都会有和我们相同的感受和感慨。

第一节　解放后土地改革的准备和条件
第二节　土地改革的过程和措施
第三节　土地改革的完成和成就

# 第一章　农村土地改革

中国共产党成立后领导了多次土地革命。早在大革命时期，在湘、鄂、赣三省地区就出现了大规模的打倒土豪劣绅和不法地主，"推翻地主阶级的政权和武装的涉及土地问题的农民运动"。但总的来说这是一次自发的农民运动，中国共产党并未真正参与领导这次农民运动，并且规模也很小。就实质意义上讲，中国共产党成立后领导的第一次土地革命应该是在国共十年内战时期。《中华苏维埃共和国土地法》是在中华工农兵苏维埃第一次全国代表大会上通过的。大会批准和决定没收地主及大私有者的土地。这次土地改革其实简单地总结就是要"打土豪，分田地"，废除封建剥削和债务，这在一定程度上满足了农民的土地要求。1931年毛泽东总结土地革命的经验是制定了一条完整的土地革命路线，"依靠贫农、雇农，联合中农，限制富农，保护中小工商业者，消灭地主阶级，变封建、半封建的土地所有制为农民土地所有制"。这条路线调动了一切反封建的因素，保证了土地革命的胜利，同时通过这次土地革命使广大贫雇农政治上翻了身，经济上分到了土地，生活上得到了保证。

基于苏区土地占有不均及广大贫雇农缺少土地的现实情况，对土地进行分配，推行土地改革，成为中国共产党解决苏区民生问题的唯一选择。通过对土地的重新分配，可以使许多无地少地的农民获得土地，从而改善他们的生活状况，同时，解决了贫雇农阶层的民生问题也可以调动起他们参与革命的热情，有利于争取群众目标的实现。在土地改革的具体实践中，在面对农村中的雇农、贫农、中农时，不难看出中国共产党的政策具有明显的倾向性，即偏向于其中的贫雇农阶层。这在土地分配标准的变化中表现得尤为明显。1928年3月，中共中央第37号通告要求："以年满十六岁能自耕种的人为一个劳动单位，每一劳动单位平均使用土地（酌量各地情形决定亩数），其余的土地按照各劳动单位所属的四岁以上的人口之多寡平均分于劳动单位使用。"1929年的《兴国土地法》提出分配土地有两种标准：一是以人口为标准，男女老幼平均分配；二是以劳动力为标准，能劳动的比不能劳动的多分土地一倍。以上两个标准，以第一个为主体，有特别情形的地方得适用第二个标准。1931年11月颁布的《中华苏维埃共和国土地法》规定:"地方苏维埃政府,应根据各个乡村当地情形,选择最有利于贫农中农利益的原则来分配土地。为迅速分配土地,中农贫农雇农应按照人口平均分配,富农以劳动力为单位、人口为补助去分配。"中国共产党在中央苏区通过推行土地改革解决苏区的民生问题,改善广大农民的生活水平。但在具体实践中,是倾向于农民中的贫雇农阶层的,一方面是由于贫雇农阶层人数最多、所面临的生存问题最为严重;另一方面也与中国共产党的社会动员密切相关。①

关于解放战争时期土地改革阶段的划分,郭绪印认为,满足农民的土地要求是有步骤的。按照解决农民土地问题的步骤,大致可以分为三个阶段。② 从抗日战争胜利后到"五四"指示颁布之前为第一阶段。这一时期,为了结成广泛争取和平的统一战线,暂时还继续执行抗日战争时期的减租减息政策,新解放区开展减租减息,老解放区开展复查减租减息工作,这是解决农民土地问题的最初步骤。从"五四"指示的颁布到《中国土地法大纲》颁布之前为第二阶段。这一时期,改变土地政策,即由减租减息改为没收地主土地分配给农民,但又对地主、富农等进行了照顾,集中打击汉奸、豪绅、恶霸,并把他们的土地拿出来分配。从《中国土地法大纲》(以下简称《大纲》)颁布到中华人民共和国成立为第三阶段。《大纲》规定了彻底平分土地的原则,更能满足广大农民的土地要求。董志凯则着眼于土地政策的变化,又考虑战争的因素,把它分为全面内战爆发以前的减租减息(1945年8月—1946年4月)、战略防御阶段的初步土地改革(1946年5月—1947年8月)、战略反攻阶段的平分土地(1947年9月—1949年9月)三个阶段。

解放战争时期的土地改革,不是单纯的经济变革,而是与争取革命战争胜利、建立新政权紧密相连的。对于土地改革对解放战争胜利以及农村社会变革的政治作用,学术界都给予充分肯定,但在对于生产力发展的影响上,看法还存在分歧。以董志凯为代表的大部分学者认为,土地改革是极其必要的,它废除了封建土地制度,极大地促进了生产力的发展。以郭德宏为代表的一部分学者在肯定土地改革废除封建土地制度的必要性和对发展生产力的巨大推动作用的同时,也承认在土地改革中的一些错误做法直接破坏了生产力,导致了平均主义盛行。也有一部分学者对传统的小农经济和封建土地制度提出了新的看法,对土地改革的必要性和土地制度变革的意义提出了疑

---

① 曾耀荣、李丹利:《争取贫雇农:中国共产党在中央苏区的土地改革与解决乡村民生问题探析》,载《井冈山大学学报(社会科学版)》,2014(5)。
② 郭绪印:《第三次国内革命战争时期的土地改革》,载《历史教学》,1979(9)。

问。杜敬认为，平分土地并不能彻底消灭封建制度。因为，平分之后，土地归农民所有，允许买卖、允许出租、允许雇工，必然会产生新的两极分化，并可能重新退回封建制度。温锐指出，中国封建社会的小农经济实际上是一个动态经济体系，是一种动态经济和开放经济，与商品生产和资本主义方式并不矛盾。小农经济破产的真正原因是封建特权和封建制度，而非土地私有制。温铁军则指出，在中国土地制度以两田制和两权分离为主要制度形式，在人口膨胀而土地资源不可再生的制约下，中国的土地占有关系不可能呈集中趋势，而是逐渐分散；另外，工商业资本进入农业社会剥削率远高于地租。所以，旧社会的主要矛盾不是地主过量剥夺农民，而是工商业和金融资本的过量剥削导致农民大量破产。这些对土改前农村经济性质和土地制度的研究，均对土地改革的必要性和发展生产力作用的传统论断提出了挑战，促使人们进一步思考土地改革的真正意义。①

新中国成立初期，为彻底完成新民主主义革命的任务，并为社会主义革命和建设创造条件，在华东、中南、西南及西北等新近解放的地区继续开展了土地改革运动。土改的完成，结束了几千年的封建土地所有制，农村发生了深刻变化，对中国经济政治生活产生了深刻的影响。许多学者的研究认为，土改是非常必要的。作为20世纪中期中国现当代史上的标志性事件，土地改革对中国乡村社会产生了广泛而深刻的影响，它不仅实现了农民"耕者有其田"的愿望，变革了农村的社会结构，重组了农村的阶级关系，引发了农村社会的种种变迁，而且成为整个集体化时代农村社会改造工程的逻辑起点，或明或暗地影响了集体化时代的整体运作实践。②

杨世梅认为，中国共产党不断进行土地改革和调整土地政策，并逐步探索出了一条适合中国国情的土地改革路线，最终把封建的土地所有制改造成农民的土地所有制，实现了中国历史上的一次伟大变革。从这个意义上讲，中国共产党领导中国革命的历史就是一部中国的土地改革史。③

杜润生从政治层面对土改运动的意义作了重新解读，认为在中国，土地改革是由半封建半殖民地社会向现代社会转化的一个必经革命步骤。因为通过土地改革，实现了"耕者有其田"，中国共产党得到了农民的拥护，使民主革命的胜利有了保障。新中国对于土地采取没收政策是因为中国共产党将土地改革既作为一项经济制度的改

---

① 张学强：《1979年以来解放战争时期土地改革研究的回顾与思考》，载《广西社会科学》，2003（10）。
② 卢惠：《新中国成立初期的土地改革运动研究综述》，载《宜宾学院学报》，2009（10）。
③ 杨世梅：《论土地改革对中国共产党的意义》，载《前沿》，2006（11）。

革,又作为推进政治变革的一场阶级斗争。受战争环境的影响,在解放区如果不实行最彻底的土地改革,就不能充分满足贫苦农民的要求,就很难克服所遇到的困难。土改使中央政府获得巨大的组织动员能力,使基层得以重组,上层和下层、中央和地方整合在一起,政令统一通行,这对于一个向来被视为"一盘散沙"的农业大国来说,其意义尤为重大。①

孙玉坤等认为,土改的研究不仅要在广阔的历史环境中予以审视,由外而内地重新界定土改的意义和作用,还要从土改的内部生态出发,以一种由内而外、自下而上的视角对土改加以考察。他们指出,既有的土改研究实践多从自上而下的视角进行分析,缺乏对土改自下而上的观照和解读。土改进程中的历史"面相"是十分丰富的,很难在单一的视角中予以剖析。他们认为,土改研究必须转换研究视角,从自下而上的路径出发,重新思考作为国家话语的土改在区域社会的多样化表现,探讨土改历史进程中上层与下层、中央与地方、国家与民众之间是如何相互作用的。②

王英认为,土地改革运动是知识分子学习和实践新中国阶级话语的重要"情境",是改造自己思想融入新社会的重要步骤,阶级斗争概念和新意识形态通过动态的社会实践和政治运动得到表达和强化。尽管社会政治结构会改变人们的思维方式,但身处土改中的知识分子依然流露了多元之声。土地改革的革命场景中,存在主流意识形态和民间伦理之间的诸多摩擦和矛盾。知识分子对土改的不同理解,表明新中国成立初期的思想界,在主流话语系统外,仍然有认识世界的另一种方式。新中国成立初期的土改运动,存在多样的历史叙事。土地改革让象牙塔中与世隔绝的人,深入实际革命斗争,更好地理解中国革命的复杂成因,理解中国革命的复杂历史和现实因素,也因此对中国共产党领导的革命有更深理解和认识。③

何健将土地改革说成是"中国封建社会彻底瓦解的加速器",认为通过土改新型社会关系开始形成,真正确立了现代意义上的行政管理制度,大大增进了中国人民的民主意识,从而加速了中国的社会进程。④

白云涛从土地改革运动与中国工业化关系的角度探讨了土地改革的意义,认为新中国成立初期土地改革运动的目的与解放战争时期土地改革运动目的的最大不同,前

---

① 杜润生:《中国的土地改革》,北京,当代中国出版社,1996。
② 孙玉坤、贾登红、孙国良:《"土地改革与中国乡村社会"国际学术研讨会综述》,载《中共党史研究》,2014(3)。
③ 王英:《新中国成立初土地改革中的多样叙事》,载《党史研究与教学》,2013(1)。
④ 何健:《土地改革运动是一场深刻的伟大的社会大变革》,载《毛泽东思想研究》,2001(4)。

者以为国家的工业化开辟道路为主要目的，后者以发动农民群众、推翻国民党反动统治为主要目的。新中国成立之初的土地改革运动促进了中国工业化的进程。①

尹进从社会史与经济史角度，以桂林地区为例，说明新中国成立初期的土地改革引起乡村社会的重大变化，包括经济、政治、文化、教育等各个方面，从而改变了传统的社会经济结构，并深远地影响以后乡村几十年的面貌。②

李里峰从国家与乡村社会关系的角度对土地改革运动的历史意义进行了新的思考，认为在诸子平分家产制度、乡村社区生存伦理和中国共产党早期经济政策等因素的作用下，土改前夕乡村土地的集中程度和租佃率都远远低于中国共产党领导人的估计，因此土地改革在生产关系和生产力方面的意义可能被高估了。对于中国共产党和国家而言，土地改革更重要的功能，在于重塑"国家—乡村社会"关系，帮助国家有效地控制和治理乡村社会。③

佘君尝试从现代化的角度重新解读新中国成立初期的土地改革运动，指出土地改革运动是中国百年现代化的重要内容和必然要求，土地改革的完成有力地推动了中国现代化的历史进程，由土改到合作化是中国现代化模式发展的内在要求。④

## 第一节 解放后土地改革的准备和条件

### 一、《土地改革法》及其制定

1950年6月，中央人民政府委员会通过和颁布了《中华人民共和国土地改革法》（以下简称《土地改革法》），在针对当时的经济社会发展情况以及总结中国共产党过去领导土地改革的经验和教训的基础上，对1947年颁布的《中国土地法大纲》进行了进一步的完善。其中最大的变动，就是由征收富农多余的土地财产的政策，改变为保护富农所有自耕和雇人耕种的土地及其他财产不得侵犯的政策，为新区土改提供了

---

① 白云涛：《土地改革与中国的工业化》，载《北京党史》，2002（1）。
② 尹进：《新中国成立初期土地改革与乡村社会》，载《广西师范大学学报》，2008（3）。
③ 李里峰：《经济的"土改"与政治的"土改"——关于土地改革历史意义的再思考》，载《安徽史学》，2008（2）。
④ 佘君：《新中国成立初期土地改革与中国现代化的发展》，载《党史研究与教学》，2002（5）。

法律依据，对于迅速恢复和发展生产，保障土改的顺利完成起到了积极的作用。①

**（一）《土地改革法》的主要内容**

新的《土地改革法》延续了新中国成立前土地革命的路线，同时将征收富农多余的土地财产政策，改为保存富农经济的政策，积极保护中农和中小土地出租者，稳定民族资产阶级，从而促进了土地改革的顺利完成，农业生产得以恢复和发展。《土地改革法》对于土地的没收和征收规定：①没收地主的土地、耕地、农具、多余的粮食及其在农村中多余的房屋，但地主的其他财产不予没收。②征收祠堂、庙宇、寺院、教堂、学校和团体在农村中的土地及其他公地。但对依靠上述土地收入以维持费用的学校、孤儿院、养老院、医院等事业，应由当地人民政府另筹经费解决。清真寺所有的土地，在当地回民同意下，酌予保留。③保护工商业，不得侵犯。地主兼营的工商业及其直接用于经营工商业的土地和财产，不得没收。不得因没收封建的土地财产而侵犯工商业。工商企业家在农村中的土地和原由农民居住的房屋，应予征收。但其在农村中的其他财产和合法经营，应加保护，不得侵犯。④革命军人、烈士家属、工人、职员、自由职业者、小贩以及因从事其他职业或因缺乏劳动力出租小量土地者，均不得以地主论。其每人平均所有数量不超过当地每人平均土地数200%者，均保留不动。超过此标准者，得征收其超过部分的土地。⑤保护富农所有自耕和雇人耕种的土地及其他财产，不得侵犯。⑥保护中农的土地和其他财产，不得侵犯。②

关于土地的分配，《土地改革法》中规定：①所有没收和征收得来的土地和生产资料，除本法规定收归国家所有者外，均由乡农民协会接受，统一地、公平合理地分配给无地、少地及缺乏其他生产资料的贫苦农民所有，对地主亦分给同样的一份，使地主也能依靠自己的劳动维持生活，并在劳动中改造自己。②分配土地，以乡或等于乡的行政村为单位，在原耕地基础上，按土地数量、质量及其位置远近，用抽补调整方法按人口统一分配。③在原耕基础上分配时，原耕农民自有的土地不得抽出分配。原耕农民租入的土地抽出分配时，应给原耕农民以适当的照顾。④分配土地时，得以乡为单位，根据本乡的土地情况，酌量留出小量土地，以备本乡情况不明的外出户和逃亡户回乡耕种，或作本乡土地调剂之用。⑤分配土地时，县以上人民政府根据当地土地情况，酌量划出一部分土地收归国有，作为一县或数县范围内的农事试验场或国

---

① 郎迎洁：《〈中华人民共和国土地改革法〉颁布的前前后后》，载《纵横》，2001（1）。
② 莫宏伟、张成洁：《新区农村的土地改革》，镇江，江苏大学出版社，2009。

营示范农场之用。

**（二）《土地改革法》的制定**

制定《土地改革法》，曾多次在较大范围内征求意见。1950年3月12日，毛泽东就对待富农策略问题征询中共中央中南局并华东局、华南分局、西南局、西北局的意见。3月30日，中共中央致电各中央局，就《土地法大纲》若干问题征询各中央局的意见。电报共提出14个问题。在这次征求意见中，不是拿出一种方案走程序，而是拿出多种可供选择的方案。关于富农政策问题，提出两种方案进行询问：一种方案是"只没收分配地主阶级的土地、牲畜、农具、粮食、房屋，而对富农的土地财产一律不动""照此办法，无地少地的农民能分到多少土地，相当于全村平均数的百分之几十"。另一种方案是"如只没收分配其出租的土地，其余的土地财产一概不动"，"照此办法，连同没收地主之土地，加以分配后，无地少地的农民能分到多少土地，相当于全村平均数的百分之几十"。为了解决在"僧多粥少"的情况下土地不敷分配的问题，中共中央在电文中提出了两项办法征求各地的意见：一是"对向来不依靠农业为生的人，原则上一律不分给土地"；二是"不动富农时，雇工可否不分地，而只适当地改善其工资待遇"。以多种可选择方案征求意见的办法，有利于拓宽思路，广开言路，是极其宝贵的经验。1950年5月底6月初，中央又召开土改工作会议，讨论中央政治研究室提出的《中华人民共和国土地改革法（草案）》。在广泛征求意见的基础上，按程序决策和立法。1950年6月6—9日召开的中国共产党七届三中全会审议通过了《中华人民共和国土地改革法（草案）》。这次会议还审议通过了关于土地改革的另外两个文件，即刘少奇向中国人民政治协商会议（以下简称政协）第一届全国委员会第二次会议提出的《关于土地改革问题的报告》和《农民协会组织通则（草案）》。这次全会还讨论了新解放区（新区）土地改革的步骤、大致的时间安排等问题。之后，《中华人民共和国土地改革法（草案）》又经6月14—23日召开的中国人民政治协商会议第一届全国委员会第二次会议审议通过，6月28日召开的中央人民政府委员会第八次会议讨论通过。6月30日，毛泽东发布《关于实施〈中华人民共和国土地改革法〉的命令》，《中华人民共和国土地改革法》正式成为在全国新解放区开展土地改革运动的法律依据。①

---

① 郑有贵：《土地改革是一场伟大的历史性变革——纪念〈中华人民共和国土地改革法〉颁布50周年》，载《当代中国史研究》，2000（9）。

### (三)《中华人民共和国土地改革法》和《中国土地法大纲》的区别

《中华人民共和国土地改革法》(以下简称《土地改革法》)与《中国土地法大纲》(以下简称《大纲》)的精神是一致的,但在一些具体政策上,根据新中国成立后的新形势、新情况,制定和执行了一系列新政策,分别表现在:①进一步规定没收地主土地财产的范围。只没收地主的"五大财产"而不没收"其他财产"。《大纲》规定,没收地主的土地、牲畜、农具、房屋、粮食及其他财产(第六条、第八条),这实际上是没收地主在农村的一切财产。《土地改革法》规定:"没收地主的土地、耕畜、农具、多余的粮食及其在农村中多余的房屋。但地主的其他财产不予没收。"(第二条)"其他财产"主要是指货币、金银首饰和其他细软物件(底财)。根据过去的经验,如果没收和分配地主的货币、金银首饰和其他细软物件等财产,势必引起地主对于这些财产的隐藏分散和农民对于这些财产的追索,容易造成对这些社会财富的破坏和浪费。这些财产保留给地主,可以维持他们的生活,也可以投入生产,这对稳定社会秩序、发展生产有利。②将消灭富农经济的政策改为保存富农经济的政策,这有利于鼓励中农发展生产的积极性,对于土地改革的顺利完成、对于迅速恢复和发展农业生产都起了很大作用。③团结和保护中农的政策,对中农的土地由可以抽动改为"不得侵犯"。《土地改革法》明文规定保护中农(包括富裕中农)的土地及其他财产不受侵犯,少数中农附带出租的土地也不加没收或征收。规定农会组织要积极吸收中农积极分子参加,各级农会领导成员中中农不得少于三分之一。④增加了对小土地出租者的政策,即不加征收。因为此一部分土地所占全国耕地总数很小(一般不超过3%~5%),基本不动他们的土地,对于满足贫苦农民的土地要求和农业生产没有大的妨碍,而照顾这些人,尤其使他们当中的生活困难者得以维持生计,可以起到社会保障的作用。这对安定社会秩序,减少土地改革阻力也是有利的。⑤增加部分土地收归国有的政策。"使用机器耕种或其他进步设备的农田、苗圃、农事试验场及有技术性的大竹园、大果园、大茶山、大桐山、大桑田、大牧场等,由原经营者继续经营,不得分散。但土地所有权属于地主者,经省以上人民政府批准,得收归国有。"城市郊区土地改革完成以后,对分得国有土地的农民,由市人民政府发给国有土地使用证,保障农民对该项土地的使用权。⑥增加了不没收、不分散使用设备耕种和技术性经营的农地的政策。以上两条是为了保护先进的生产力,防止其因分散而受到破坏,以利国计民生。⑦增加了适当照顾原耕农民的政策。《土地改革法》第十二条规定,原耕农民自有的土地不得抽出分配,原耕农民租入的土地抽出分配时,应给原耕农民以适当的照顾。⑧修改了有关债务问题的政策，可以免除农民受高利贷的盘剥，又不会使农村的正常借贷活动受到大的影响，减少了土地改革的阻力。⑨规定只建立农民协会，而不再组织贫农团。这样既不失去依靠贫雇农的基本原则，又能更好地团结中农一起工作，利于土地改革任务的完成。⑩对于大城市郊区的土地改革办法另外做了规定。新中国成立前，土地改革基本上是在农村进行的；新中国成立后，要涉及许多城市，特别是大城市的郊区，而大城市郊区有着许多一般农村所没有的特点。

## 二、全国各地土地改革的准备

中共中央于1950年1月向华东、中南、华南、西北、西南各中央局提出了各地实行土改时间的建议，征询他们的意见。1950年2月28日，中央人民政府政务院发出了《关于新解放区土地改革及征收公粮的指示》，明确规定："所有华东、华中、华南、西北、西南的新解放区，由于准备工作及群众的觉悟与组织还未达到应有的程度，决定在1950年秋收以前，一律不实行分配土地的改革。在1950年秋收以后，在江苏、浙江、安徽、福建、江西、湖北、湖南、广东、陕西九省，甘肃、宁夏、青海三省之汉人地区，凡是准备工作已经充足，群众的觉悟与组织已达应有水平之地区，由各省人民政府决定开始实行分配土地的改革。"①

在大规模的土改运动开始前，各地曾根据中央的要求，选择若干村庄进行土地改革的典型试验。先作典型试验，取得经验，然后全面推开。各地在土改的准备中，也按惯例在少数乡村进行试点，探索在新的历史条件下开展土地改革运动的经验。在这种典型试验中，一切工作的指导方针和依据，也就是后来土改工作全面开展时的中央的那些规定。但由于干部的思想、政策水平和群众的觉悟程度不同，有的在工作中创造了成功的经验，有的则犯了"左"的或右的错误。

云南省在解放初期开拓民族工作的基础上，于1952年、1953年先后两次共抽调3 000多人组成民族工作队，经过认真培训后，分赴德宏、西双版纳、临沧、红河等地，直接开展为土地改革做准备的边疆民族工作。工作的主要内容包括：采取多种方式方法教育、团结、争取各民族上层人物和进行艰苦的发动、组织群众的工作；普遍推行民族区域自治，相继建立了5个专区一级的自治单位、6个民族自治县，在需要

---

① 罗平汉：《土地改革运动史》，福州，福建人民出版社，2005。

实行区域自治或建立联合政府的区乡，大都建立了相应的自治机构；大量培养、放手提拔使用民族干部，到 1955 年年初，边疆民族地区已有当地少数民族干部 2 400 余人；大力发展边疆民族地区的生产贸易和文教卫生事业，解决各族群众生产生活中的实际困难。经过长时期的艰苦工作，全省边疆民族地区终于发生了有利于改革的种种变化。各民族群众开始提出废除封建剥削制度的要求，一些领主、地主迫于形势，自动放弃官租、地租、债利，分出土地，不少上层人士主动提出"早日过关""轻装上阵"。有的民族上层人物自动放弃地租和官租，有的还向政府提出了自己去分土地的要求。

贵州省边沿区在土改前进行了反封建斗争，这是在大规模军事清剿、镇压反革命运动及中心区土地改革的影响下，在干部少而弱的情况下进行的。经过军事围剿，基本上消灭了土匪，镇压了大批明目张胆的匪首、反革命分子，挫败了地主阶级的气焰，广大农民开始从地主阶级长期压迫下解放出来，积极参加清匪、反匪首运动，在政府号召下组织起农民协会与人民武装。有的地方初步进行了反恶霸、减租、退押、征粮、参军、抗美援朝捐献等工作，和中心区一样完成了任务，取得了很大的工作成绩。但是在某些方面还存在不足，如中国共产党的领导极弱，五大任务只停留在形式上，有的政策界限不清，存在捆绑、吊打人的现象，有的把锋芒搞到农民内部，结果地主未斗垮，还造成了阶级阵营的某些混乱。地主阶级准备充分，有的地主甚至掌握农民协会，利用新的形式统治农民，还有的地主分散自己的财产，收买农民，装穷装苦，顽抗不缴斗争果实。农民协会领导不纯，混入了地主阶级。在汉族地区以清匪、反恶霸为主流。第三期土地改革的边沿区匪首、恶霸严重存在，不把这些人打倒，就不可能进行土地改革。因此在第三期土改前必须以清匪、反恶霸为主流开展一个群众性的清匪、反恶霸运动，为土地改革铺平道路。清匪的内容是清匪首、反匪首、挖匪根、追匪枪，以及肃清仍拿着武器的、有现行活动的散匪。清匪、反恶霸必须与减租、退押、反违法斗争相结合，发动群众具体算账，坚决按政策办事。这一阶段，以清匪、反恶霸为主流，结合镇压反革命，把隐藏的匪首、恶霸挖出来，开展轰轰烈烈的群众运动。

东北的新解放区，人口多，土地少。大城市的郊区公地多。农业种植技术、经营方式较进步，农业经济商品化较明显。新区土改是在辽沈战役之后，东北全部解放的形势下进行的。地主阶级的靠山国民党在东北的势力已被打垮，基本群众的斗争取得了在军事上、政治上的有力保障。广大贫苦农民不仅有迫切分地的要求，且顾虑较少。地主阶级见大势已去，公开反抗土改的行动亦必然减少。因之，新区土改的客观条件是十分有利的。中国共产党在领导老解放区土改斗争中，不仅取得了正反两方面的斗争经验,并在运动中培养了大批有经验的干部,这为新区顺利开展土改在组织领导上给予了有力的保障。东北新解放区经历战争时间较长,一般为2~3年时间,农村经济破坏严重,灾区多。长期的战争,特别是国民党军队的反复抢掠,加以天灾(主要是虫灾、水灾),大部农村土地撂荒,种子、耕畜、粮食十分缺乏。东北局全面分析了新区的政治、经济形势,根据中共中央《新解放区土地改革要点》的指示精神,于1949年11月12日发布了《关于新区土地改革的指示》,对开展新区土改的方针、政策及工作方法等作了明确的规定。①

1949年9月26日,宁夏和平解放。但是由于国民党反动派、马鸿逵匪帮在宁夏的长期破坏和残酷剥削压迫,当时宁夏的经济濒于崩溃,民穷财尽,社会上匪盗、散兵活动猖獗,为害百姓。农村封建势力极为顽固,恶霸地主勾结不法分子继续盘剥农民。显然,这些都是巩固新型人民政权和在农村实现社会改革的主要障碍。这就在客观上决定了宁夏的土改必须经历一个准备阶段。中国共产党领导宁夏农民清剿残匪、减租减息、退押、生产救灾、恢复生产、成立各级农民协会、进行土改重点试办等,广泛发动群众,到土改前夕,全省匪患基本肃清,反动封建势力受到沉重的打击,生产救灾取得一定成绩。乡村建立了以贫雇农为优势的各级农民协会。由于土改的重点试办,取得了在宁夏农村进行土改的宝贵经验。广大回汉族农民经过中国共产党的教育和阶级斗争实践锻炼,阶级觉悟普遍提高,要求土改的呼声与日俱增,这说明,全面进行土改的条件业已成熟。为了加强对运动的领导,从省到县成立了土改委员会,负责指导和处理有关土改的各项事宜。为了保证土改任务的完成,宁夏土改委员会还制定了土改干部"不贪污受贿""密切联系群众""团结当地干部""正确执行民族政策、尊重少数民族风俗习惯"等十项守则。全省抽调大批的干部,组成土改工作队,深入农村进行土改。土改前,大部分回汉杂居或部分回民聚居的地方,地广人稀,经济文化落后。不但封建地主和伪乡、保长控制乡村政权,而且封建势力十分顽固,农民无法摆脱封建剥削。在土改准备阶段,从思想教育入手,打消了农民的顾虑,提高了农民的政治觉悟,克服了"和平分田"的思想,使广大农民把个人的命运和土改运动、中国共产党的领导紧密结合起来,焕发出空前的革命积极性。组织和健全了农民协会和农民代表会议,树立了贫雇农的优势。土改准备阶段,采取讲解政策大会、妇女小组会和富农听训会及斗争地主会等形式,把千千万万分散的农民,组织成为浩浩荡荡的

---

① 石雅贞:《东北新解放区的土地改革》,载《东北师范大学学报(哲学社会科学版)》,1986(6)。

阶级队伍，使贫雇农成为农村政权的支柱。

## 三、土地改革前的民主协商

新中国成立初期土地改革运动中贯穿着民主协商。要不要土改、要怎样的土改、怎样进行土改是土改的根本问题，这不仅关系农民的切身利益，还关系广大工商业者、知识分子、华侨、民主党派的利益。在土改进行前和土改过程中，中国共产党就这些问题通过各种形式与各阶层人民反复进行民主协商，最终达成共识，不仅为顺利完成土地改革提供了保障，同时也实现了人民当家做主的民主权利。①

土地改革前的民主协商集中在土地改革的必要性和可行性两个方面。对于土地改革的必要性问题，民主革命时期，中国共产党与其他民主人士就产生过争论。新中国成立后，是否在新解放区进行土改，矛盾再一次表现出来。这集中表现在中国人民政协第一届全国委员会第二次会议上。刘少奇在会上作了《关于土地改革问题的报告》，系统地说明了土改的必要性、正义性和各项有关方针政策。对于中国共产党提出的土地改革政策，大部分民主人士在讨论中表示赞同，但仍有反对的声音。针对这些言论，中共中央的负责同志分别邀请各民主党派、无党派民主人士和一些从地主阶级中分化出来的爱国民主分子的代表人物，进行协商座谈，沟通思想，交换意见。在小组会和大会上，摆事实，讲道理，在共同纲领的基础上统一认识。经过大会、小会以及各种形式的会议的协商讨论和辩论，就土地改革的必要性基本达成共识。会上，民革、民盟、民建、民进、农工的领导人李济深、张澜、黄炎培、马叙伦、章伯钧作了大会发言，分别代表各自党派同意刘少奇的报告。民革主席李济深在发言中说："听到刘少奇副主席关于土地改革问题的报告，觉得这正是适合全国人民的要求的。"民盟主席张澜发言表示，新区土改"保存富农经济，不动富农的土地财产"，可以早日恢复农村经济，可以增加农村生产，可以为国家工业化开辟道路，也利于孤立地主，中立富农，保护中农和小土地出租者。黄炎培在大会上的发言中说："同意刘少奇副主席关于土地改革问题的报告。土改完成之后，不但农业生产可以大大发展，同时也为工业化开辟了道路。"爱国起义将领刘文辉、卢汉等也表示，将无条件、无保留地献出自己的一切土地。讨论中，民主党派、民主人士表示不仅赞成土改，还要参加土改。农工民主党主席章

---

① 张青红：《新中国成立初期土地改革中的民主协商》，载《湖南科技大学学报（社会科学版）》，2013（1）。

伯钧代表民主党派提出《各民主党派参加土地改革的建议案》，会议讨论后一致同意。依据这个建议，政协全国委员会工作会议与各民主党派总部商洽，达成了各民主党派参加土地改革工作的协议。针对部分农民对土改心存怀疑，各级党政部门举办各种报告会、座谈会，采取个别谈话、讲座、上大课等方式，邀请农民代表参加，讨论土改政策。通过与贫雇农反复交谈，贫雇农对自己的命运开始重新认识，认为自己"不是命苦，是地主作恶"，要改变自己的命运，唯有消灭地主阶级。同时，经过沟通、讨论之后，一般贫雇农认同了"不动富农"的思想，说"不动富农自耕部分，是为了叫他生产劳动""这样中农会安心生产了""人民政府还可贷款，协助贫雇农生产，不愁没饭吃"。北京郊区西郊黄村贫农朱文魁说："现在保存了富农的土地财产，大家更没顾虑，更要努力生产，发家致富了。"北京郊区小红门村贫农黄宝贵也说："动富农的土地财产，就像在农民前头划了一道线，谁也不敢冒过去，现在谁在生产上都没顾虑了。"不动富农，"地主更加孤立了"。

土地改革可行性的协商集中在如何进行土地改革上。《关于土地改革问题的报告》指出，土地改革是一场系统的激烈的斗争，在土改中必须发动贫雇农，对地主进行必要的斗争。可有不少住在大城市的民主人士表露"和平土改""官办土改"的幻想，他们认为土改就是分田，只要政府下一道命令，派一些懂得土地改革法的干部到农村去，把地主阶级的土地没收了分给无地少地的农民就行了，没必要发动群众。他们认为，在已试点的土改地区出现了群众对地主严重的打吊现象，"斗争过火""土改偏差大"；中国共产党和国家的土改干部"上层好，中层少，下层糟"；"地方的农会常常被土匪流氓所把持"等问题。对此，中共中央举行座谈会，邀请有关人士进行讨论与辩论。章伯钧说："我们中国农工民主党，在二十二年前，虽然提出过耕地农有的土地政策，却没有采取依靠贫雇农的路线，只提出发行土地债券收买地主土地的办法，对于中国农民的解放运动没有实际的贡献。"著名爱国民主人士程潜说，土改中所传的偏差和错误，"有的是事实，而大部分则是匪特的造谣和顽固地主的叫嚣"。李济深在讨论中提出："各级人民政府在政策执行中如有发生偏差，我们当根据事实的调查研究，立即加以纠正。"经过反复的协商讨论与辩论，分清了是非，最终普遍认为不能进行"和平土改"。后来的土改实践证实了只有放手发动群众进行有系统的斗争，土改才能彻底。此外，关于何时进行土改，党外人士要求中国共产党规定并公布一个各地进行土地改革的时间。在全国政协一届二次会议上，黄炎培、李济深、陈叔通、沈钧儒4人联名提出《请先就各大行政区，各择若干县或乡实行土地改革》议案，认为土地改革在全国推行，无论干部数量和工作经验均恐不够，请先于少数地区实行，然后逐步推广。经过讨论，中国共产党接受了此项建议案，决定"苏、浙、闽、赣、鄂、湘、粤、桂、陕、甘等11省准备在1950年秋收以后分配土地；宁、青两省，在完全汉人居住的地区亦准备秋收后进行土地改革，在少数民族居住的地区及汉人与少数民族杂居地区则不进行；云、贵、川、康在1950年还不能进行土地改革，须待1951年秋收后进行"。各阶层人民通过各种形式的民主协商，发表了自身对于土改的意见。这些意见有一些得到了中国共产党和政府的认同，并最终在土地改革的必要性和可行性问题上基本达成共识。

## 第二节 土地改革的过程和措施

### 一、全国主要地区土地改革过程和措施

全国的土地改革过程一般分为五个步骤：①开展群众性的宣传动员，调整农民队伍。召开群众大会、农民协会大会，宣布进行土地改革，宣传土地改革法令，宣传土地改革方针、政策。召开贫农、雇农会议，吸收中农参加，说明依靠贫农、雇农进行土地改革。在工作中结合检查农民的翻身情况，结合清匪、反恶霸、减租、退押的检查，开展反对地主阶级的违法与分散财产的斗争。过去匪首恶霸赔偿处罚未交的必须追缴，帮工帮粮未退的必须退。在有少数民族的地区召开少数民族代表会议，商讨有关少数民族土地改革中每一重要问题。②发动广大群众划分农村阶级成分。划分农村阶级成分，关系土地改革运动中的全部方针和政策。分谁的田、谁分田、依靠谁、团结谁、打击谁，都取决于正确的划分阶级。在划分阶级过程中，把政策交给群众，让群众充分讨论，使政策和每一个人的具体情况结合而划定每个人的阶级成分。不是由少数人掌握群众的阶级成分，把划阶级成分的决定广泛宣传，为群众所了解。③进行没收征收，结合报产评产和土地登记。划阶级成分结束进入没收征收工作，没收土地要开没收大会，对征收富农出租土地要讲清政策，使之与地主有严格的区别。没收地主的耕畜、农具、家具等，要说明合理合法。进行中避免损失破坏，对东西家具可采

取原房封存或集中封存的办法。结合没收工作,进行报产评产和土地登记,为下一步分田做准备。④进行分配工作。分配工作的关键仍在于依靠群众,充分发动群众的力量与积极性。分配土地,以行政村为分配单位,以乡为调剂单位,事先区、乡负责干部要做周密计划,各村之间先进行适当调剂,然后进行村级的分配工作。分配前要根据调剂后当村土地两头平均数,由各小组提出分配计划,经村农民协会大会讨论通过,上级批准。在分配其他果实中,首先适当满足贫农、雇农要求,在分配果实中应密切照顾生产。⑤总结工作、庆祝胜利、转向生产。没收分配告一段落,即发动群众订立爱国公约,加强教育工作,并对土地改革工作进行检查,有错误的应立即纠正。以乡或村为单位开庆祝大会,庆祝农民翻身和土地改革完成。焚烧旧约,宣布封建制度的死亡,发临时土地执照。对地主个人实行劳动改造,并由群众制定具体办法进行监督。工作方针明确以生产为主,并结合进行建设农村政权工作。

各地由于情况不同,在土地改革过程中也有各自的具体做法和不同的特点。例如,华北地区和东北地区解放较早,条件比较成熟;苏北苏南等革命老区如何发动群众颇为关键;云南等地由于少数民族多,情况则比较复杂。

### (一) 华北、东北地区

新中国成立后不久,从1949年冬到1950年春,中国共产党首先在解放时间较早和条件较成熟的华北部分地区进行了土地改革。华北地区由于大部分老解放区已经进行完土改,对新解放区各阶层人民有很大的影响,因此,在华北新区土改中,没有再把减租减息作为过渡办法,而直接进行没收分配土地。这期间的土地改革,既是新中国成立前土地改革的继续和发展,也为其后的新区大规模土改提供了宝贵的经验。华北新区的土改,首先要破除过去"左"倾政策影响,稳定群众情绪。解放战争时期土改中大量地主、富农被扫地出门,一些中农也受到打击。因此,华北新区农村在土改开始时各阶层情绪均不稳定,存在地主、富农怕打杀,中农怕斗,贫农怕退等现象。为了适应新形势下的土改,中共中央在1949年8月10日发出了《关于新区农村工作问题的指示》,要求以"中间不动两头平的政策"解决即将到来的新区土改,而不要照《中国土地法大纲》中彻底平分土地的政策,这为即将到来的部分新区土地改革提供了政策指导。1949年冬,华北地区在约有1 000万人口的新区进行了土地改革,其中包括河北、山西、察哈尔等省的部分地区和北京、天津的城郊地区。华北地区的河北、山西、察哈尔等省部分地区的土地改革,首先把需要土改的地区分为三类:第一类是纯新区,即未进行过土改的地区;第二类是恢复区,即曾经进行过减租减息、反奸清算、调剂土地，或农民自动分配了土地的地区；第三类是重灾区，即暂不进行土改的地区。华北局根据不同地区的情况采取了不同的做法：在新区以土改为中心，结合生产；在恢复区以生产为中心，结合土改。1949年10月10日，华北局经中共中央批准颁布了《关于新区土改决定》，内容除了继续沿用1947年颁布的《中国土地法大纲》中规定的一般原则外，还提出了若干对地主、富农阶层更为宽松的政策。其中关于地主、富农政策方面是这样规定的：严格区分封建剥削和资本主义剥削，除了没收地主阶级的土地及其封建财产，还要征收旧式富农多余的土地及其财产的封建部分，分配给无地少地农民。但须留给旧式富农与地主和农民同样的一份土地和财产，不许再用扫地出门办法。《关于新区土改决定》重申坚决保护地主富农在城乡的工商业。《关于新区土改的决定》的颁布，对于消除原来农村中各阶级的种种顾虑，起了积极的作用。但是，也有一些干部对某些新政策感到不理解，为了防止重犯过去土改中的错误，华北局于1949年12月又颁布了《关于重申正确执行土改政策中几个具体问题的规定》，重申严格区分封建剥削与资本主义剥削，保护地主、富农的工商业，坚持中农不动两头平的政策等。经过华北局各级中国共产党组织反复的政策教育和解释说服，纠正了一些干部和群众的错误认识，增强了执行政策的自觉性。华北地区，在1950年春完成了大约3/4地区的土地改革，剩下的约1/4地区的土改于1950年冬完成，整体执行效果相比以前有了进步。1950年5月华北局在给中共中央的《华北去冬新区土地改革总结》报告中说："从总的方面看来，这段土改运动是华北自一九四六年以来最稳当最健全的一次。"

新中国成立前后东北地区的土地改革主要是指东北新解放区的土改。东北新解放区是指1947年解放军冬季攻势和辽沈战役解放的地区，主要是以沈阳为中心的辽宁省北部，辽宁省的南部，以及长春、锦州的城市周围。其中包括沈阳、长春、锦州、吉林的郊区，吉林省长春、永吉、九台等县的25个区，辽北怀德、铁岭、新民、法库、开原、昌图等县的55个区，辽中、盘山、台安三县及辽阳、海城等县的部分地区，抚顺、本澳、新宾等县的14个区，锦西、义县、锦县、绥中等县的48个区，滦平、隆化、承德、平泉等地的35个区，共有人口约700万，土地3 000余万亩（1亩＝666.6平方米）。东北新解放区土改采取自下而上的发动群众和自上而下的政府法令相配合的方式方法。在土改中注意在组织贫雇农团和农会的基础上，建立区村两级人民代表会议，使之"成为当地的最高权力机关，以彻底摧毁旧的统治机构"。对于大城市郊区，东北局又采取了不同的分地办法，如对沈阳郊区，规定，原有公地一律不分，对地主和旧式富农除留以自力够种的土地外,其余由政府没收及征收,地权归政府所有,公地与没收、征收的土地,由政府出租给农民使用,原佃富农所租土地不动,允其继续经营,其在原佃土地上的农业投资与设备,予以保护,不予没收。但佃富农必须提高改善雇工待遇,所有"二地主"一律取消。但被没收或征收土地之富农,除其留下的土地外,仍允其租入土地并奖励农业投资及进步的经营方式。

　　土改过程中,东北局指令各省委抽调大批有经验的干部下乡发动群众,约有5 000余人,90%以上是经过土改斗争的老区农民干部和少数新参加工作的贫苦知识分子。这些干部在下乡之前,普遍进行了短期训练,学习中国共产党对农村各阶级的政策,以及如何划分农村阶级以及开展土地改革斗争的工作方法等。干部下乡之后,深入群众,认真贯彻东北局的指示,新区土改迅速展开。东北局在领导新区的土改中,始终坚持与生产相结合的原则。在土地分配中,普遍采取以分地为主,先分地后分浮财的办法。一般的分地原则是:公平合理,利于生产,照顾贫雇农。各地具体做法不一,如辽宁省的辽阳县分地原则是:粮平地不平,好坏搭配,自要公议。沈阳郊区,一般采取"按产量折合,好坏搭配"的原则,实行贫、雇、佃中农、地主均分得同样一份土地(富农土地在征收后,可较贫雇农仍稍多一些)的原则。如郊区苏家屯和深井子两区,实行把土地划分五等,最好地与最坏地搭配,次好地与次坏地搭配,中等地不搭配。规定贫、雇、中农中人口少、劳力少的户分近地与中等地,以便耕种。人口多、劳力多的农民和地主,分好坏搭配地。改变了老区实行的按阶级先后挑地,贫雇农分好地、近地,坏地分给地主富农的做法。对于土改中获得的地主浮财,如金银财宝等,一般不分给个人,由农会派人负责集中变卖换牲畜,买籽种、车马,以备明年生产。粮食和牲畜的分配,采取填平补齐,自报公议的办法。分粮按全村存粮的情况,规定一个标准,缺多多补,缺少少补,根据分得土地多寡,按实际需要分配。分浮财,坚持结合生产,结合救灾的原则。许多农村,农民分得浮财后,集中变卖买牲畜、籽种等。如沈阳郊区新城子区,农民用分得的浮财共买马560匹,买粮39万斤,籽种10万余斤。这种办法,不仅防止了土改中出现大吃大喝的浪费现象,为第二年春耕生产创造了条件,也有利于克服绝对平均主义的毛病。由于广大干部的积极努力,农民群众的热情参加,新区土改经过三个多月的时间胜利结束。

　　东北局《关于新区土地改革的指示》(以下简称《指示》)和《关于沈阳市郊土地问题的解决办法》,与过去领导土改的指示比,明确地指出土改的直接目的是发展生产,把发动农民的反封建政治斗争与发展农业生产的经济斗争结合起来。在对待地主富农的政策上，既改变了"五四"指示中对地主富农照顾过多的右倾偏向，又克服了平分土地运动中出现的地主富农不分，大中小地主不分的"左"倾偏差，明确规定了总的打击比例，并对小地主及富农采取了较宽大的政策，对地主富农的斗争，强调了法制观点，规定对一般地主富农不得乱加扣押，禁止在斗争中打人；在领导方法上，强调了上下结合的原则，既反对不发动群众的包办代替，又反对放弃领导的"尾巴主义"和自发倾向。郊区没收、征收的土地所有权改为国有，对较进步的农业经济采取保护政策，并允许原经营者继续耕种。新区土改政策之所以有上述改变，首先是由于形势发展的要求。东北全境解放后，建设新东北，发展东北经济，进行经济建设的任务压倒一切，土地改革也必须围绕这个中心进行。适应新形势的要求，结合新区的严重灾情，在《指示》中强调生产目的，强调土改结合生产救灾，对于迅速恢复和促进生产的发展是十分必要的。新区土改吸取了平分土地运动中"左"倾错误对革命和生产带来的严重危害和教训，在《指示》中特别强调了对敌斗争中的政策和策略及法制观点，这对于孤立、分化和瓦解地主阶级，迅速稳定社会秩序都有重要意义。对大城市郊区土地政策的改变，则主要是由于郊区特点所决定。郊区地少人多，土地经营方式较进步。比如沈阳市郊，如实行平分，每人所得不过一亩地，其结果一方面会出现土地分配后，不够耕种，浪费人力的现象，同时又将破坏原来比较集中和进步方式耕种的菜田、水田生产。因此，为了适应城市发展对郊区土地使用的自由合理，为了保护较进步的耕种方式以发展生产和满足城市人民的生活需要，采取将没收、征收地主富农的土地归国有，分给农民使用或者交经营者继续经营的办法，是十分正确的。

## （二）苏南、苏北地区

中华人民共和国成立初期的苏南是指长江以南的江苏省地区，位于今日上海、南京、杭州三角地区，北滨长江、东临东海、南接浙江、西连皖南。"全区辖镇江、常州、苏州、松江四个专区及无锡直辖市，有27个县（金山、松江、青浦、嘉定、宝山、川沙、南汇、奉贤、上海、常熟、吴县、太仓、昆山、吴江、江阴、武进、常州、宜兴、金坛、溧阳、杨中、丹阳、丹徒、句容、江宁、溧水、高淳），249个区，2 741个乡镇，其中包括无锡、苏州、常州、镇江四个市的郊区在内。"在苏南区委土地改革委员会的领导下，苏南地区的土地改革从1950年7月初开始典型试验，于1951年3月基本结束。

苏南地区土改先后经过了几个步骤：首先，苏南土地改革工作队同志经过土改政策学习后，接受土改的任务，出发下乡。下乡后召开土改动员大会，表明来意，讲明政策，在深入群众、调查研究农村情况基础上，分别在各村召开土地改革动员大会，与农民讨论土改政策。在农民了解政策后，工作队同志开始充分发动农民群众，壮大农民协会，整理农会组织，准备土地改革。在宣传政策、整理组织和调查研究工作中，宣传教育是重点，它是决定土地改革政策能否正确贯彻的重要基础，因而各级党委要求对宣传教育要反复深入地进行，从干部到群众，从城市到农村，从一家一户到整个乡村、县都要反复宣传。宣传过程中，主要目标是消除广大农民群众心中存在的顾虑，比如担心地主报复、怕变天等；主要内容是反封建、反压迫教育，向广大农民说明土地改革的必要性；主要方法是宣传队的讲解和引导农民回忆、算账、诉苦，引起共鸣。

第二步划分农村阶级。划分阶级是贯彻中国共产党土地改革政策和决定土地改革成败的关键，也是农村最为紧张的时刻，因为划分阶级直接决定经济和政治地位，一切与土地有关的人都极其关心。划分阶级是一个重要而困难的问题，决定土改能否正确贯彻中国共产党政策。工作队同志依靠农民群众登记土地、人口，带领广大农民群众学习如何划分阶级；然后由农民大会评定阶级，在评定阶级基础上，通过阶级评定的决定；最后三榜公布阶级成分。成分榜之一为农民榜，成分榜之二为地主、富农榜，成分榜之三为人民政府核定批准后的总榜。至于具体评阶级、定阶级的详细过程，是一个大而复杂的问题。简而述之，先评大地主后评一般地主、先评容易确定成分的地主后评难以定为地主的阶层；再评工商业家、小土地出租者、富农；最后评农民内部的各个阶层。在划地主、工商业家、小土地出租者和富农成分时，以自报情况为主，再由农民大会评定；对中农、贫农和雇农等成分的评议一般是在农民小组内进行，采取自报公议的原则，以自报为主，公议为辅。阶级划分以后没收、征收土地和财产。没收、征收是土地改革中具有决定意义的阶段，是废除地主阶级的封建土地所有制和实现农民土地所有制的具体过程。对于领导这场运动的中国共产党来说，这既是一个激烈的斗争过程，又是一项复杂的工作。没收、征收的具体步骤和内容一般是先没收、征收土地，后没收农具、耕畜、多余房屋和多余粮食。在没收、征收时，一般是召开农民大会，一边讨论、一边征求意见，同时登记应没收、征收的各种财物。没收、征收之后，再次召开农民代表大会，在民主协商的基础上，由群众自己讨论如何分配，将全区的土地加以重新分配。土地分配是以乡为单位进行调剂，以村为单位进行分配，按土地、人口、阶级情况计算出每人平均土地数和无地少地农民分配的土地数，确定分配标准，先解决村之间的分配，再在农民个人之间分配。总的分配原则是，一切从农民满意和有利于农业生产出发。最后，针对工作中的失误和不足之处加以复查，以自上而下与自下而上相结合的方式进行检查，重点是对漏划、错划、分配不均和土改工作人员的个人错误等一系列情况开展复查。通过复查，进一步教育农民，引导农民转入发展农业生产。

苏南地区具体土改工作的进行，分为三个阶段：第一阶段（1950年7月初至9月以前）为典型试验阶段。1950年7月，中国共产党苏南区党委在无锡县坊前、查桥两乡，吴县的保安、姑苏两乡，松江专区松江县的新农、五龙、城东三个乡，开始进行土改典型试验工作。接着丹徒县、武进县、常熟县等相继都开始了实验阶段。实验目的是取得土改的直接经验，还可以借此训练干部、教育广大群众，初步推动土改的开展。在典型试验乡，每个乡配备的干部较多，一般为十几人到40多人，最多的达46人，最少的也有12人。在土改干部中，除当地干部外，还抽调外区外乡干部参加，积累土改的直接经验。第二阶段（1950年9月至11月）为局部展开阶段。采取的主要方法是：以一个点即一个乡带动周围，将试验乡的土改干部抽调到周围村、乡，领导周围村、乡的工作或者到其他区、县领导土改工作。1950年11月初，为了加强领导，中国共产党苏南区党委农村工作委员会从苏南直属机关及苏南党校，无锡、吴县两个农村工作团抽调干部111人成立土地改革检察队，分4个队16个小组，负责检查土地改革工作，使土改有领导地稳步前进。经过局部展开，取得了在更大的范围内进行土地改革的经验。第三阶段（1950年12月至1951年3月初旬）为全面展开阶段。在华东局"发动群众，大胆土改"的方针指导下，苏南地区于1950年12月开始的第三阶段土改，开始广泛发动群众，在不到4个月的时间里，完成了近2 000个乡的土改，基本完成整个苏南的土改任务。①

苏北的新解放区，主要分布在沿长江一带和较大城市周围，结合本地特点，苏北区制定了《苏北行政区土地改革具体实施办法》，号召各级党政干部宣传新的土地改革法，整顿发展农会组织，自上而下开展了整风运动，提高了干部的思想政策水平，训练了土改干部、积极分子约11 000人，其中工作队4 000余人，这些干部训练完后，先后分派到各乡进行土地改革的典型试验工作。从1950年8月开始，苏北新区进行了土地改革的典型试验，全区（包括老区）共完成了43个乡。各乡的土地改革也大体经过了宣传政策、整理组织、调查研究、划分阶级、没收、征收分配与复查等几个步骤。9月苏北全区土地改革由典型试验转入点面结合、逐步推开阶段。泰州专区11月中旬即已结束42个重点乡的土地改革任务，部分地区如江都县业已走向全面展开

---

① 章林：《新中国成立初期苏南土地改革研究——1950年7月至1951年3月》，载《上海师范大学学报》，2008（4）。

阶段，全专区范围12月中旬完成土地改革新区约250个乡，老区结束土地改革的19个区。南通专区较泰州稍迟，有44个重点乡进行土地改革，于1950年12月底完成这些地区的土改任务。淮阴专区因水灾土地改革工作未能很好地进行，于1950年11月在58个重点乡及典型乡进行土地改革工作，区党委调拨700人分批赶到淮阴。盐城专区在12月底完成运西极少数地区的土地改革任务。到1950年年底，苏北典型试验乡工作大体结束，取得了土改的经验，12月起，苏北大部分新区的土地改革进入全面展开阶段。在全面展开过程中，强调了有领导地放手发动群众，依靠贫雇农，团结中农，有步骤、有秩序、有分别消灭封建制度，大胆展开运动。这一时期自上而下地召开各种会议，消除干部放手发动群众的思想顾虑。各级人民政府建立了人民法庭，严惩不法地主，镇压反革命，给农民的正义斗争以极有力的支持。广大农民群众迅速发动起来，向地主阶级展开了猛烈的斗争，封建地主阶级在政治经济上被彻底打垮，消灭了封建剥削制度。与此同时，老区以及已经分配过土地的老恢复区，也进行结束土地改革的工作，正确执行了《苏北行政区土地改革具体实施办法》中关于老区结束土地改革的各项规定，因此，也取得了很大的成绩，土地改革工作亦接近完成。据统计，苏北全境新区、新恢复区合计1 386个乡，到1951年3月底为止，新区业已完成土地分配的有1 240个乡，占新区、新恢复区总乡数的近90%。其余尚未完成土地分配的146个乡，均为淮阴重灾区和南通扬州郊区，苏北全境老区、老恢复区合计3 874个乡，到1951年1月底完成结束土地改革、确定地权的有2 958.5个乡，占老区总乡数超过76%。从1951年4月起，苏北新区的土地改革进入复查阶段。经过检查，苏北的土地改革情况，大致分为彻底、一般和极不充分三种地区。对群众充分发动、封建势力已彻底摧毁、土地已合理分配的地区，土地改革中各项基本业务已解决。凡群众发动极不充分、封建势力基本上未被打垮、土地分配极不合理、土地改革中其他悬案也很多，这类地区基本上是假土地改革，很多工作要从头做起，特别是改造基层组织和摧毁封建势力，只有将土地改革各项基本业务大体达到第一类型标准时，才能转到颁发土地证，结束土地改革。到1951年年底，苏北全区土地改革胜利结束。①

### （三）云南地区

1951年8月，中国共产党云南省委颁布《云南省土地改革实施办法》等文件，于当年秋季开始试点，1952年首先在全省的内地农村开展土地改革。云南边疆民族多，

---

① 吴玉琴：《江苏省苏北地区土地改革运动述论》，载《许昌师专学报（社会科学版）》，1996（2）。

土改分为以下几种类型：内地坝区的土地改革、内地民族山区的土地改革、缓冲区土地改革、边疆民族地区的和平协商土改。

内地平坝地区包括44个整县和其他地区22个县的一部分，共约4 000个乡、760万人口。坝区土地改革大面积铺开前的1951年9月，省土地改革委员会在昆明、呈贡、晋宁、宜良、澄江、曲靖等县进行土改试点，摸索经验，培养骨干。1952年1月起内地坝区试点结束后全面进驻政区。农民除在减租退押阶段获得的胜利果实外，还分到了土地以及房屋、耕畜、农具等生产资料，基本上满足了生产生活要求。农民协会和人民武装等基层组织也随之建立起来。

云南的内地山区，多是民族杂居的地区，因此又称为"杂居区"，共有25个整县和25个县的一部分，3 800多个乡，500多万人口。杂居区的政治和经济情况都远比内地坝区复杂。山区社会形态与坝区有一致性，基本的和主要的社会形态是封建社会，基本的和主要的阶级对立是地主与农民的对立。山区有许多不同于坝区的特殊性，突出表现为社会经济异常落后，生产力水平极其低下，群众生活极端困苦，所受的欺骗和蒙蔽很深。民族关系异常复杂，各少数民族与汉族之间的矛盾和隔阂很深，各少数民族之间也存在矛盾。加上绝大部分山区未进行减租退押和清匪反霸，群众基础很差，政治上长期不稳定，相当一部分山区基层政权不在人民手中。1952年7月，云南内地山区的土地改革相继开始，土改过程突出了三个特点。

一是强烈的政治性。山区土改从政治斗争入手，一开始就彻底清匪反霸，从政治上打倒封建阶级，建立基层政权，根本改变山区政治上的长期不稳定状态；然后转入没收征收土地等阶段，普遍采取"先轰开，后深入"的办法，即从清匪、反霸、镇反入手，彻底揭发和坚决镇压暗藏的土匪、恶霸和一切反革命分子，压倒敌对阶级的反动气焰；接着再深入下去分头扎根串联，发动群众，把分散、复杂的山区群众动员组织起来，投身土地改革中去。

二是急迫的生产性。山区经济特别落后，群众生产生活中的实际困难特别多，在没收征收和分配阶段，注意广泛宣传政府鼓励和扶持发展生产的政策，调动群众的生产积极性，从有利于发展生产的大局出发，搞好分配。在土地分配中防止大调整式的分配办法，注意照顾原民族、原村寨和原耕户，不提倡山区群众下山分田；重视搞好与生产有关的山林、牛马等生产资料的分配；从坝区调剂部分胜利果实支援山区。

三是贯穿始终的民族性。内地山区多为各民族杂居，各地在山区土改中，十分注重加强民族团结，土改过程中遇有重大问题，尽量通过各民族大多数群众自觉性和自发行动加以解决；有计划地培养少数民族干部，实施民族区域自治；坚持先反汉族恶霸，先斗汉族地主，对少数民族地主、富农执行较宽的政策；少数民族上层除叛变为匪者外，一般都给予生活上的出路；没收、征收少数民族地主的土地前，要征得本民族群众同意，并尽可能采用协商土改、和解和法院起诉等方式；土改中切实尊重少数民族群众的风俗习惯，谨慎对待群众中很敏感的宗教问题；处理好各少数民族的租佃关系，少数民族地主的财产，原则上归本民族群众分配，不硬性进行各民族间的土地和财产调剂。

为了防止和减少土改对边疆的震动，云南省在进行土改的内地与暂不进行土改的边疆民族地区之间划出了一个缓冲地带，习惯称为"缓冲区"。缓冲区包括1个整县和8个县的部分区乡，共110万人口。缓冲区基本上是少数民族聚居地区，少数民族人口约60万，主要为壮、苗、瑶、傈僳、哈尼、傣、彝、白等民族。缓冲区大多处在国防要地，直接受境外帝国主义势力和国民党残余部队的威胁，对内对外都极为敏感。缓冲区的群众一方面要求进行土改；另一方面又要求土改要在比较安定的环境下进行。1952年10月，缓冲区土改的试点工作开始。缓冲区在土改过程中，采取了一整套有别于内地坝区和山区的比较温和、比较特殊的土改政策和使当地各民族群众易于接受的方式方法，各地在执行省委统一规定中，又从自己的具体实际出发，采取了一些补充性政策措施，如对民族上层人物一般不予斗争，对一般地主只搞缺席斗争；属于土司所有的大片荒地，通过协商后分给农民开荒；对某些少数民族地主的土地采取先留后分的办法；靠近大小凉山的彝族上层不划阶级，不侵犯其财产；逃亡在外匪众和匪首也同样分给一份土地等。鉴于缓冲区过去的工作基础薄弱，群众对此顾虑很大，各地都把发动群众和培训骨干作为土改准备阶段的主要任务，采取多种方式方法组织群众先控诉帝国主义和国民党残余军队的罪行，再控诉封建地主阶级的剥削压迫，并注意在实际工作中培养各民族自己的干部。群众发动起来后，组织民族区域自治或民族联合政府，使土地改革在组织领导上具有相应的民族形式。但是，缓冲区土地改革也经历了曲折的过程，首先是这些地区的封建地主阶级极其顽固，疯狂抵制土地改革；其次是一些地区在土地改革中严重违反政策，有的擅自颁布针对民族上层人物的所谓"禁令"，有的乱批乱斗，这就对缓冲区人民的思想造成了一些恐慌，部分地主携家带口逃到当时暂不进行土地改革的边疆民族地区，有的彝族地主甚至逃到当时未进行土改的西康藏族地区。为此，云南省委将原定8个整县中的镇康、河口、澜沧等县划到暂不改革的边疆民族地区，实际进行土改的19个县中，除元江县是整县外，其余都是部分区乡,而且分成多批次进行;土改完成时间从原定的1953年上半年延至1954年下半年;对已经铺开土改的地区认真进行检查,凡是发生严重偏差或没有强有力的干部掌握的地区,均作必要的收缩和缓行;重申省政府明令规定的土改政策。采取上述措施后,缓冲地区土地改革回到健康的轨道继续进行。

云南省以和平协商方式进行土地改革的边疆民族地区,共有160万人,按现在区划,分属29个县市,其中除红河等6个县市全部实行和平协商土改外,其余23个县市都只在部分区乡实行和平协商土地改革。1952年12月,中国共产党云南省委规划了边疆民族地区工作的三个主要步骤:第一步,加强对敌斗争,首先解决各民族群众和帝国主义、境外国民党残余部队的矛盾,为土改准备条件;第二步,采取适合民族特点的方式进行改革,解决民族内部的阶级矛盾;第三步,全力发展各民族经济文化,建设社会主义的新边疆。和平协商土改的政策原则主要有六个方面:划分阶级标准较内地宽,边境沿线农民不公开划阶级;土地先留后分,即没收时先留给领主、地主与农民同样多的一份土地,然后再进行分配;只没收领主、地主的土地和官租、地租、杂派、高利贷剥削,不没收房屋、粮食、农具、耕畜等浮财和底财;改革中采取"背靠背"的斗争方式,不打不杀,除现行反革命分子外不逮捕,一般不剥夺领主、地主的政治权利;对各少数民族的公众领袖,在政治上作适当安排,有些还在生活上给予补助;坚决保护宗教信仰自由,寺观、教会的土地和债务一律不动。1955年年初,边疆民族地区和平协商土地改革首先在条件较好、原为缓冲区的河口、江城、双江、镇康等县和凤庆县大雪山区展开,随后又在澜沧、潞西等县分批铺开180个乡,到1956年2月顺利结束。省委认真分析总结了上述地区土地改革的经验后,1956年在德宏州、西双版纳州和红河州的红河、元阳、金平三县,以及耿马、孟连等县,分批进行和平协商土地改革,至年底全部结束。位于滇西北的中甸、德钦、维西、宁蒗等藏族彝族地区,由于奴隶主与西藏的反动上层勾结串通一气,1956年、1957年公开发动武装叛乱,反对和抵制改革,省委和昆明军区采取坚决措施,发动和武装群众,平息叛乱,建立民族区域自治,然后采取和平协商方式进行土地改革,到1958年9月全部结束。

"直接过渡"是在阶级分化不明显、土地占有不集中的尚未完全进入阶级社会的少数民族地区,不进行土地改革,而是依靠贫苦农民,团结一切劳动群众,团结和改造一切与群众有联系的民族公众领袖人物,在国家的大力扶持下,互助合作,发展生产,逐步过渡到社会主义。采取直接过渡的办法进行改革的,主要是景颇、傈僳、独龙、怒、德昂、布朗、基诺等族聚居区,部分苗、瑶、拉祜、哈尼族居住区,约60万人口,简称"直过区"。按照现在的行政区划,包括贡山、福贡、泸水、沧源、西盟5个整县和其他17个县的一部分。1953年上半年,云南省委派出工作组,深入潞西县景颇族聚居山区,对40个寨子的情况进行了40天的深入调查研究,发现这里最基本的特点是,经济社会发展比其他地区更为落后。各少数民族内部保留原始社会末期氏族家长制度残余。虽然也有程度不同的阶级分化和剥削因素,但从总体上看阶级分化并不明显,土地占有不集中,大量的土地、森林和荒山多为氏族集体共有,有平均分配等原始习惯,生产力水平极其低下,普遍刀耕火种和刻木结绳记事,群众生活非常贫困。头人一般都从事生产劳动,没有很大的剥削特权,对群众未形成绝对统治权力,有的还是通过原始民主选举产生,绝大多数群众都没有打倒推翻他们的要求。各民族大多处在国境线附近,与邻国的同一民族联系密切,受到帝国主义和境外国民党残余部队的袭扰威胁。工作组因此认为,景颇族地区土地改革的内容不多,可以不必重分土地和划分阶级。基于这些特殊情况,中国共产党云南省委决定这类地区不进行任何形式的土地改革,而是按照"团结、生产、进步"的方针,直接办互助组和农业生产合作社,发展生产,过渡到社会主义。1954年年初,省委将这些意见向中央汇报后,受到刘少奇、邓小平等领导人的充分肯定和支持。同年6月,省委在《关于在边疆民族地区有区别、有计划地开展过渡时期总路线的宣传指示》中,正式提出"在阶级分化不明显的落后民族中(如傈僳、景颇等),可通过适当形式说明不进行内部的土地改革"。1956年9月28日,中央云南边疆工作组与云南省委联合向中央呈报的《关于加强云南边疆工作的意见》提出,云南边疆阶级分化不明显的少数民族地区,"过渡到社会主义可以不再经过土地改革运动这一阶段。在群众有了一定程度的发动,经过协商取得上层同意后,即可以采取坚决依靠贫苦农民,团结一切劳动人民,团结和改造一切与群众有联系的民族公众领袖人物,在国家大力扶持和帮助下,通过互助合作,逐步过渡到社会主义"。直接过渡开始前,这些地区也与和平协商土地改革地区一样,进行了以团结各民族的氏族、部落头人为主要目的疏通民族关系的工作,团结和改造各民族公众领袖。安排照顾好各民族的上层人物,并疏通民族关系,调解民族纠纷,停止民族之间和同一民族内部的械斗仇杀。同时从发展生产和开展贸易、卫生、文教工作入手,谨慎稳妥而又深入细致地做好初期民族工作,为直接过渡创造条件。①

---

① 吕志毅:《云南的土地改革概述》,载《云南档案》,2013(3)。

## 二、对主要阶级或者特殊阶层的土改政策与措施

划定阶级成分是土改的中心环节,因此,必须根据实际社会经济状况制定划分阶级成分的标准。这方面沿用了过去的政策框架,但是又根据新区社会状况作了若干改变。1950年8月4日,政务院第44次会议通过了《中央人民政府政务院关于划分农村阶级成分的决定》(以下简称《决定》),作为评定阶级成分的依据。《决定》重新公布了1933年苏维埃政府制定的两个土地改革文件,即"怎样分析农村阶级"和"关于土地改革中一些问题的决定",并在这两个文件基础上增加了两个内容:一是对有关阶级成分的定义,如地主、富农、知识分子、革命军人,以及地主、富农、资本家与工人、农民、贫民相互结婚后的阶级成分的确定,以政务院补充决定的形式增加了专门解释的内容;二是文件的最后部分增加了11条新决定。

这些补充决定和新决定根据新区实际社会状况提出了一些划分阶级成分的新的标准和定义,它们包括:①二地主,即向地主租入大量土地,自己不劳动而转租于他人,生活水平超过中农者,视同为地主。②将工商业兼地主或地主兼工商业确定为阶级成分。这类情况称为其他成分兼地主,或地主兼其他成分。其他成分兼地主者,在土改完成以后按照其他成分待遇。③地主家庭的成员以所有土地的主要部分出租,其数量超过自耕和雇人耕种之数量三倍以上者,虽然自己常年参加主要农业生产劳动,仍应定为地主。④富农出租大量土地超过自耕和雇人耕种之数量者,为半地主式富农。⑤知识分子的阶级成分分为几种情况,受雇于机关、企业、学校等为办事人员者,为职员;受雇于机关、企业、学校为工程师、教授、专家等,为高级职员;独立营业为生之医生、教师、律师、新闻记者、作家、艺术家等,为自由职业者。⑥手工业从业人员方面分为手工工人、小手工业者、手工业资本家三种。⑦商业从业人员分为小商、小贩、商业资本家或商人。⑧革命烈士家属指辛亥革命以来历次革命中阵亡和死难的烈士,以及抗日战争、人民解放战争阵亡将士的父、母、妻(或夫)、子、女及16岁以下的弟妹。⑨18岁以下的少年儿童和在校学生,一般不划定阶级成分,只划定阶级出身。⑩凡依靠或组织一种反动势力,称霸一方,经常用暴力和权势欺压掠夺人民,造成人民生命财产之重大损失者,为恶霸。经举告并查有实据者,由人民法庭判决处理;⑪解放前工人、农民、贫民女子嫁与富农、资本家不满三年,至解放后与其同等生活满一年后,应改为富农、资本家成分;上述出身女子解放后

嫁与富农、资本家过同等生活满一年后,应改为富农、资本家。① 土改过程中对各个不同阶级和阶层采取了不同的政策措施。

### (一) 地主

对地主的土地及其他财产的政策是土地改革中关系地主阶级的反抗程度及社会秩序是否平稳有序的重大问题。新中国在制定土地改革中对地主的政策所掌握的原则是"废除地主阶级封建剥削的土地所有制""对于一般地主只是废除他们的封建的土地所有制,废除他们这一个社会阶级,而不是要消灭他们的肉体"。为此,《中华人民共和国土地改革法》规定,只"没收地主的土地、耕畜、农具、多余的粮食及其在农村中多余的房屋"这五大财产,而对"地主的其他财产不予没收"。"对地主亦分给同样的一份,使地主也能依靠自己的劳动维持生活,并在劳动中改造自己。"②

《关于土地改革问题的报告》指出:"在今后的土地改革中,对于地主这样处理,和过去比较,是要宽大得多了。但地主中的许多人还是可能要坚决反对与破坏土地改革的,还是可能要坚决反对与破坏人民政府的。对于这些坚决的反动的地主分子,就应该坚决地加以惩办,而不应该宽容和放纵。"③ 这些政策的实施,尽可能地避免了地主铤而走险,从而为土地改革构建了一个相对平稳的社会秩序。

罗平汉的研究认为,地主并不关心土地改良和生产工具改进,因为地主既不亲自劳动,又不组织生产。地主占有土地的目的,不是自己耕种,而是出租给农民,然后收取一定数量的地租。既然土地已经租给别人耕种,地主自然不必过于关心土地的经营状况,也不会过于关心土地改良与生产工具改进的情况,他更关心的是地租的收取。从这个角度来看,地主集中一部分土地在自己手中并非为了集约经营,也没有实现规模化生产,对于农业生产力水平的提高没有积极性。④ 正因为如此,土改过程中打倒地主是必然的。

### (二) 富农

徐秀丽认为,在中国共产党领导的土地改革中,没有一个农村阶层像富农那样处在政治上和经济上的不确定地位。一方面,因为富农占有较多的土地和其他生产资料,以雇工经营和出租土地作为主要的收入来源,是革命的对象之一;另一方面,由于富

---

① 李良玉:《新中国成立初期的土地改革运动》,载《江苏大学学报(社会科学版)》,2004(1)。
② 李春宜:《新中国成立初期土地改革中的阶级划分问题——以湖南平江为例》,载《长沙大学学报》,2006(4)。
③ 刘少奇:《关于土地改革问题的报告》,载《刘少奇选集》,下卷,北京,人民出版社,1985。
④ 罗平汉:《怎样正确看待土地改革运动》,载《红旗文稿》,2011(9)。

农属于农民的一部分，其雇工经营方式又属于"农村中的资本主义"，是"新民主主义"所要保存的经济成分。因此，它可能成为经济上被保护、政治上被中立的对象。①

杨勇在其研究中指出，新中国成立初期，中国共产党在经济上对待富农经济由"保存、允许发展"，经由"改造"直至"限制、消灭"。与此相适应的是，在政治上，中国共产党对待富农也经历了土改中不给富农政治权利、土改完成后允许富农享有一定的政治权利到过渡时期对富农进行政治上的改造过程。②

新中国成立以后进行的新区土改中保存富农经济是一个重要问题。围绕是否征收富农出租给他人耕种的土地出现了中南局和华东局两种意见。主张征收的中南局是考虑拿出更多土地分配从而有利于发动农民；而华东局则更多地看到了富农经济与商品经济、城乡生产与城市生活资料供应的关系。中南局邓子恢的意见成为主流，但中央相关新区土改的政策法令却为双方意见都留了口子，原因在于双方意见都有其适应需要的性质以及政策制定所遵循的恰当程序。华东局饶漱石不赞成征收富农的出租土地是因为事先进行了详细的调查研究，吃透了华东特别是苏南地区的经济社会特点。由此，苏南地区保存富农经济的政策其内容与执行效果就要相对完善一些。在这个过程中，中国共产党中央的政策采取了平衡意见、容许地区差异的态度。邓子恢、饶漱石、刘少奇在对待富农的政策上各有认识的重心，但却可以导出土改后不赞成迅速合作化的近似态度。刘少奇长期保存富农经济思想的表述，预示土改后在农村发展道路的问题上将不可避免地在执政高层发生深刻的分歧。③

富农是土地改革的中间势力，土地改革中关于富农的政策是一个极其敏感的政策，也是在制定《中华人民共和国土地改革法》过程中讨论最多、最充分的问题。1950年3月12日，毛泽东在写给各大区中央局负责同志的信中指出："土改规模空前伟大，容易发生过'左'偏向，如果我们只动地主不动富农，则更能孤立地主，保护中农，并防止乱打乱杀，否则很难防止。"④ 为了不把富农推向敌人一边，在土地改革中，对富农采取在政治上中立和在经济上保护的原则。一方面，《土地改革法》规定："保护富农所有自耕和雇人耕种的土地及其他财产，不得侵犯。富农所有之出租的小量土

---

① 徐秀丽：《1950年代中国大陆土地改革中的富农政策》，见《划时代的历史转折——"1949年的中国"》国际学术讨论会论文集》，1999（12）。
② 杨勇：《新中国成立初期中国共产党对富农的政治引导政策评析》，载《阜阳师范学院学报（社会科学版）》，2012（2）。
③ 李良玉：《新区土改"保存富农经济"方针之演绎过程——中共中央、华东局苏南行政区政策疏证》，载《福建论坛（人文社会科学版）》，2011（10）。
④ 毛泽东：《征询对富农策略问题的意见》，见《毛泽东文集》，第六卷，北京，人民出版社，1999。

地，亦予保留不动；但在某些特殊地区，经省以上人民政府的批准，得征收其出租土地的一部或全部。"当然，《土地改革法》对属于封建剥削性质的半地主式的富农所拥有的大量出租土地，仍采取了征收的政策。该法规定："半地主式的富农出租大量土地，超过其自耕和雇人耕种的土地数量者，应征收其出租的土地。富农租入的土地应与其出租的土地相抵计算。"另一方面，《新区农村债务纠纷处理办法》将农民及其他劳动人民所欠富农的债务，由原来的废除改为有区别地处理，规定："凡利倍于本者，停利还本；利两倍于本者，本利停付；付利不足本之一倍者，应承认富农的债权继续有效；付利已达本之一倍以上而不足两倍者，得于付利满两倍后解除债务关系；付利已达两倍以上者，其超过部分也不再退回。"这种对农民及其他劳动人民所欠富农债务采取区别处理的办法，与土地改革的总路线相适应，既废除了农民所受的高利贷剥削，同时又减轻了社会震荡。①

中立富农，原本是新中国成立初期中共中央推行新区土地改革的既定政策。然而，由于以苏区为典型代表的一些地区存在土地分散、地主较少的现象，因此邓子恢提出在土地改革过程中"如不征收富农出租土地，势必减少提供分配土地""雇贫农所得，比之按人口平分标准，要少百分之二十以上"。② 故而中南局请示中央，凡当贫雇农分到土地后，其土地数量仍不到当地平均数80%者，能否征收富农的小量出租土地。实际上，1950年2月，毛泽东、周恩来在给刘少奇的电文中，已明确倾向斯大林的提议，即"即使目前农民要求分配富农多余的土地，我们固不禁止，但也不要在法令上预作肯定"。他们还表示在新区土地改革问题上，"江南土改的法令必须和北方土改有些不同"。所以，在收到中南局关于征收富农出租土地的请示后，尽管毛泽东起初指示"暂时不动富农"，但到了1950年9月，中共中央重新答复说："同意作这样一个原则的规定，但最好作为一个内定的原则，不作为一个法令的规定来公布。征收富农出租的土地应根据当地群众情绪来决定。如当地农民群众确实大多数坚决要求征收富农所有之出租土地时，我们应酌情批准之。"苏区土地改革中对富农土地的处置，基本上是按照这项政策执行的。③

保存富农经济以及对地主财产没收范围的规定都是《土地改革法》中的重要内容，这也是中央和政府在汲取老解放区土改的经验和教训、在华北和河南成功进行土改试

---

① 王瑞芳：《土改后的中国富农：从保存、限制到消灭》，载《河南社会科学》，2004（5）。
② 张永泉、赵泉均：《中国土地改革史》，武汉，武汉大学出版社，1985。
③ 王东：《新中国成立初期"暂时不动富农"政策的形成》，载《党史纵横》，1988（2）。

验后，经过反复调查研究总结的符合中国当时国情的法律条款。它是新区土地改革过程中解决各种问题的法律依据，也是土地改革顺利进行的重要保证。

尤国珍在研究中发现，新中国成立初期，中共中央制定了土地改革中保存富农经济的政策。在实际执行保存富农经济的政策过程中，地方各大区之间却存在较大差异。中南区和华东区作为两个典型地区，因地方调查情况、领导人思想倾向和基层干部群众经历不同，在执行政策结果上出现较大差异。中南区对富农经济的打击相对严重，华东区的富农经济则保存较好，这对当时和以后的经济发展产生了不同影响。华东区由于执行政策效果相对较好，土地改革后经济的恢复和发展较中南区更为迅速。华东区的江浙一带对富农经济保存较好，也为此后商品经济的迅速发展奠定了基础，成为改革开放后中国最具活力的经济地区之一。①

土改中各大区富农的"四大财产"都或多或少地受到触动，这既与土改中成分的错划有关，也与一些地方土改中存在一定的"左"倾错误有关，但富农在土改后仍是农村中拥有生产资料最多的一个阶层，仍然具有较强的经济实力。②

追根溯源，史蕾认为，中国共产党领导的根据地土地斗争，不仅是"保存富农经济"的政策与满足多数人的土地要求的策略相互碰撞的过程，也是经济标准与政治标准，即尊重客观经济规律、循序渐进发展生产力的目的与动员各种资源、为革命战争提供强有力的物质基础和群众基础的要求相互冲突的过程，更是新民主主义经济理论与传统平均主义观念相互摩擦的过程。带有平均主义特征的土地运动，深刻影响富农阶层的历史命运和农村经济的发展进程，但这不能掩盖"保存富农经济"政策是中国革命性质、任务和富农经济特点的认识不断深化的结晶，是新民主主义理论不断充实和完善的体现。③

### （三）中农

中华人民共和国成立前，《中国土地法大纲》公布后，由于政策本身不够完善，且各级地方政府从上到下对政策的理解程度不同，或是出于各阶层自身利益的考虑，中国共产党对中农问题的处理经历了一个曲折复杂的过程。相应地，中农接受中国共产党的土改政策也经历了从恐慌、抵抗到认同的过程。大纲等政策的宣传力度不足，是中农问题存在的一个重要原因。同时，由于村干部文化程度普遍不高，对政策接受

---

① 尤国珍：《新中国成立初期中南区和华东区保存富农经济政策执行差异解析》，载《中共党史研究》，2012（5）。
② 尤国珍：《新中国成立后中国共产党保存富农政策变动的再思考》，载《党史研究与教学》，2011（1）。
③ 史蕾：《"保存富农经济"政策思想演变的理论渊源》，载《党史研究与教学》，2014（1）。

及执行的能力不强,使政策不能有效地传达到地方。一些领导或干部对政策学习不够,实行片面贫雇农路线,即由贫雇农掌权,一切按照贫雇农的要求去办,做了群众的"尾巴",甚至以侵犯中农的利益达成贫雇农的要求。① 团结中农是中国共产党在土改期间对中农的基本政策,也是关系土改效果的一个重大问题。但是,当老区土改迅速推开并向纵深挺进时,集中发生问题、引起中国共产党高层最多关注的恰恰是中农问题,屡屡被要求团结的中农,土改中却每每成为被侵犯的对象。②

新中国土地改革中对中农遵循的是团结的原则。据此,《土地改革法》与新中国成立前的土地改革政策有两项重大改进:一是把土地彻底平分改为中农完全不动。《土地改革法》规定"保护中农(包括富裕中农在内)的土地及其他财产不得侵犯",并对佃中农给予照顾,规定:"应使原耕农民分得的土地(自有土地者连同其自有土地在内),适当地稍多于当地无地少地农民在分得土地后所有的土地",从而保证了佃中农在抽出他们租入土地时不受或少受损失。这样,纠正了过去因中农超过人口平均数的多余土地被平分掉的错误,切实地保护了中农的利益。二是,将贫农团改为农民协会。《中国土地法大纲》规定:"乡村农民大会及其选出的委员会,乡村无地少地农民所组织的贫农团大会及其选出的委员会"为改革土地制度的合法执行机关。新中国成立前,东北、华北等老解放区在土地改革中组织贫农团的实践证明,这不利于团结中农。③《土地改革法》吸取了这一教训,规定"乡村农民大会,农民代表会及其选出的农民协会委员会"为改革土地制度的合法执行机关。换言之,在新中国土地改革中,除了农民协会之外,不再组织贫农团,也不成立雇农工会。不仅如此,还对中农在农民协会领导成员中的数目作了规定,即"农民协会中的主要领导成分应该由贫农雇农中挑选""各级农民协会领导成分中有三分之一的数目由中农中挑选"。这两方面的政策,在经济上保护了中农的利益,在政治上团结中农,对形成反封建统一战线起到了重大作用。④

李建军认为,解放战争时期,《五四指示》规定对中农进行保护,却在执行过程中侵犯了中农利益;随即《中国土地法大纲》推行,对中农利益的侵犯更加严重。对此,

---

① 白卉:《试论1947—1949年华北土改运动中的中农政策》,载《中北大学学报(社会科学版)》,2014(1)。
② 黄道炫:《盟友抑或潜在对手?——老区土地改革中的中农》,载《南京大学学报(哲学、人文科学、社会科学版)》,2007(9)。
③ 席富群:《新中国建立前后党的"团结中农"政策的历史演变及经验教训》,载《中共党史研究》,2006(4)。
④ 肖长培:《新中国成立初期我国新解放区土改"中立富农"政策的产生及特点》,载《福建党史月刊》,1993(6)。

中共中央反复纠正，保护中农利益，土地改革政策逐渐走向成熟。[①]

新中国成立后的土地改革，大多数地区基本做到了团结中农，中农也表示满意，说明《土地改革法》切实关注了中农，最终确立了中农对土地改革的信心。这也足以表明中国共产党对中农的态度。中农彻底打消了原来不敢放手生产的顾虑，开始积极进行农业生产。土地改革后两三年，他们的生活已得到改善，农村阶层结构发生了变化。[②]

此外，在土改后短短的数年间，多数贫雇农的经济地位有了上升，成为新中农。而新中农的崛起，改变了土改前的农村社会结构，导致农村普遍中农化趋向。新中农的崛起和农村普遍中农化，带来的是土改后农村社会结构的新格局：由土改前"下边大上边小"的"宝塔式"结构，即贫雇农占 70% 以上，地主富农占 10% 以下，演变为土改后"中间大两头小"的"纺锤型"结构，即中农占 60%～70%，贫农占 20%～30%，富农占 10% 以下。这种新的"纺锤型"社会结构，表明中农在农村政治和经济中的地位逐渐加强。[③] 土地改革打破了旧的生产关系，出现了土地与劳动力相结合的农村生产力。但构成生产力重要因素之一的生产资料方面，上中农和富农，因土地改革将所租种土地在原耕基础上抽补分配后，导致土地减少而畜力相对增多。贫农和下中农则虽分得了土地，但绝大部分缺乏畜力。这表明，各阶层对耕地和耕畜的占有不仅总体数量缺乏，而且两者之间的不均衡和矛盾亦十分明显。[④] 中农政治经济地位的日益重要，不仅影响农业生产的发展，而且影响农村社会的发展走向。因此，中国共产党在农村的各项工作，必须充分考虑和照顾中农的利益。

### （四）小土地出租者

在土地改革前，有一些因缺乏劳动力，或工人、教职员、自由职业者等从事其他职业而出租少量土地者。新中国成立前的土地改革，对小土地出租者的土地没有明确规定，因而在实践中常常出现没收小土地出租者的少量出租土地的情况。新中国成立后，中国共产党和人民政府对小土地出租者的土地问题给予高度重视，制定了专门的政策。1950 年 1 月 22 日经中央人民政府政务院批准，并于同年 2 月颁布的《河南省土地改革条例》中，首次规定了小土地出租者保留土地的标准，即"其土地数量在当地每人平均土地数百分之一百五十以下者，不得没收，并允许其继续出租"。刘少奇

---

① 李建军：《从中农角度解析解放战争时期的土地改革政策》，载《兰台世界》，2014（3）。
② 张晓玲：《从中农心态变化看土地改革时期中国共产党中农政策的演变》，载《广西社会科学》，2012（10）。
③ 王瑞芳：《新中农的崛起：土改后农村社会结构的新变动》，载《史学月刊》，2003（7）。
④ 张晓玲：《土改后新中农对生产资料占有和使用的历史考察——以鄂、湘、皖三省为例》，载《党史研究与教学》，2011（2）。

在《关于土地改革问题的报告》中,对在全国实行照顾小土地出租者的政策作了充分的论证,指出:"因为我们估计这种小块的出租土地总数,不超过耕地总数的百分之三至五。而照顾革命军人、烈士家属、工人、职员、自由职业者以及因从事其他职业或因缺乏劳动力而出租少量土地者,乃是必要的。因为在中国对于失业及丧失劳动力的人员还没有社会保险,而这些土地很多又是各人劳动所得购置者,故保留这一部分土地,并由其继续出租或自耕,是有一些好处的。"因此,《土地改革法》规定:"其每人平均所有土地数量不超过当地每人平均土地数百分之二百者均保留不动。超过此标准者,得征收其超过部分的土地。"同时,还规定:"如该项土地确系以其本人劳动所得购买者,或系鳏寡孤独、残疾人等依靠该项土地为生者,其每人平均所有土地数量虽超过百分之二百,亦得酌情予以照顾。"这里所规定的小土地出租者保留土地的标准,比5个月前中央人民政府政务院批准的《河南省土地改革条例》规定的标准还有所提高。实践证明,对小土地出租者实行照顾政策,既起到了社会保险的作用,又避免了这一阶层对土地改革可能形成的阻力。

刘诗古、曹树基的研究认为,"工商业兼地主"不是地主,是拥有土地的工商业家,是土改中国家保护的对象,其成分确切的表达应该是"工商业兼土地业主"。但是,在土改中,他们却遭受了与地主几乎无异的斗争和清算,除了"地主"一词兼有意识形态的"地主"与法律意义上的"土地业主"两层意义造成的混淆外,更重要的还与相关政策的含混,以及政策制定者片面强调发动群众、满足群众经济需求密切相关。1951年3月,针对各地土改中的新问题,《关于划分农村阶级成分的补充规定》中提出:"由各地根据当地土地占有情况提出一个适当的小土地出租者每户占有和出租土地的最高标准数。这个最高标准数,须不少于当地最小地主和一般富农一户所占有的土地数,但又不要太高,要是人民认为公平并通得过的。这个数字由专署或县人民政府提出,经省人民政府批准后决定之。在这样设定一个最高标准数之后,对从事其他职业、缺乏耕种土地的劳动力而出租土地在此标准数以下者,可划为小土地出租者;出租土地在此标准数以上者,一般应划为地主兼其他成分或其他成分兼地主,但如其出租土地超过此标准数并不很多,在当地农民同意之下,亦可单依其职业决定其成分,而不划为地主或兼地主。"然而实际情况是"工商业兼地主"在土改期间遭到乡村农会代表一次或多次的经济清算,更有甚者,不经过任何土改机构,乡村农会代表擅自进城逮捕"工商业兼地主"下乡,关押起来进行清算、斗争。"工商业兼地主"不仅丧失了财产权,而且人身安全及自由都受到威胁。他们从拥有公民权的工商企业家沦为了阶级敌人的"地主"。①

中华人民共和国成立初期,城市工商业存在许多困难,失业较为严重。中国的社会保障和救济系统极不发达,土地成为一部分失业和贫困知识分子的最后保障,保留他们的少量土地,有利于缓解政府因救济问题而担负的经济压力。对于拥有较多土地的知识分子,中国共产党对他们的土地采取征收和分配的办法。华东土改文件规定,对于城市中部分高级职员及生活富裕的自由职业者,对其超过规定标准的土地,应予征收分配,而在农村中拥有较多土地的知识分子则和地主一样对待。②

### (五)对少数民族特殊的土改政策与措施

新中国成立以后,在广大少数民族地区开展了规模宏大的土地改革运动,虽然大多数少数民族与汉族相同或相似,但是在少数民族之间或居住在不同地区的同一少数民族之间,其社会发展水平差别很大。例如,内蒙古部分蒙古族地区保持世袭封建王公贵族统治的盟旗制度;藏族大部分地区存在政教合一的僧侣贵族专政制度和大量的分裂势力;四川和云南两省的大小凉山的彝族地区仍保留以黑彝父系血缘为纽带的"家支制度";四川、云南、贵州、广西和青海等省区一些少数民族地区还存在保存程度不一的头人制度、土司制度、千百户制度和山官制度。少数民族地区土地改革运动不仅涉及这一区域政治经济文化社会的方方面面,而且会对这一地区几千年来形成的固有制度与传统观念形成巨大的冲击。在这种情况下,如何根据实际情况对少数民族地区土地改革制定切实有效的针对性政策也就成为各级地方政府在土地改革运动中面临的一大难题。各地政府从少数民族地区不同的实际情况出发采取了很多不同的政策,少数民族土地改革运动与内地土地改革运动相比呈现一种共通性与特殊性并存的现象。③

中国各少数民族地区之间社会经济发展极不平衡,从贯彻执行中国共产党的民族政策和宗教政策,增进全国人民大团结出发,《土地改革法》制定了两条政策:

一是考虑少数民族地区土地问题的某些特殊性,把这些地区的土地改革同汉族地区的土地改革分别开来,规定"本法不适用于少数民族地区。但在汉人占多数地区零散居住的少数民族住户,在当地土地改革时,应依本法与汉人同等待遇"。少数民族地区的土地改革,根据中共中央"坚持民族团结,慎重稳进"的方针,在条件成熟之时进行。

---

① 刘诗古、曹树基:《新中国成立初期土地改革中"工商业兼地主"的政治身份认定——主要以南昌县为例》,载《中共党史研究》,2011(2)。
② 谭志云:《苏南土改中的知识分子问题》,载《江苏大学学报(社会科学版)》,2004(9)。
③ 张翔:《新中国成立后少数民族地区土地改革运动研究述评》,载《学理论》,2013(12)。

二是规定"清真寺所有的土地,在当地回民同意下,得酌予保留"。根据以往经验,少数民族地区必须具备以下几个条件才能进行土改:①社会秩序安定;②民族关系正常;③对社会经济、阶级关系确有调查研究和正确分析;④本民族中大多数人民有要求;⑤本民族中与人民有联系的领袖人物与一般社会人士同意,本民族内部团结;⑥有本民族的革命骨干和实际工作人员。

涉及少数民族的土改,除一般政策外还有其他应该遵守的政策、方法:①先做好与人民有联系的上层人物和宗教人物的统战工作,尽量争取他们赞成土改,至少保持中立。先搞好这一层,然后去发动群众,不要把这两个步骤颠倒过来实行。②尽量缩小打击面,照顾与人民有联系的上层人物和宗教人物,给他们以出路。凡我们已经团结的人,在土改时必须保护。③分配土地时,必须由中国共产党的领导严格控制,采用温和稳妥的方法进行,禁止打人,限制捕人,尽可能不杀一人。④依靠当地少数民族的干部去做工作,不应由汉族干部和其他外来干部包办代替。⑤对于少数民族宗教寺院的土地、房屋及其他有关宗教信仰和风俗习惯的公共的土地、房屋,原则上基本不动,如群众要求,上层人物和宗教人物同意,可以酌情予以处理。为避免在这方面出乱子,在开始土改时,应由各有关地区的高层党委,依据当地民族的情况,分别做出对待这类土地房屋的规定,并加以严格的控制。任何勉强分配的办法都是错误的。⑥在民族杂居地区,应特别注意民族关系。在斗争本民族的地主时,应以本民族的农民为主,并由本民族的干部领导去做。在分配土地、房屋及其他果实时,应注意民族间的公平合理。⑦半农半牧区不进行土改。为了防止因附近农业区实行土改,引起牧畜区震动和损失,应在牧畜区大力宣传"不斗不分、牧主牧工两利"的政策,应在牧畜区发展牧畜业生产。半农半牧区亦应以发展牧业为主,照顾农业。牧畜区和半农半牧区一般禁止开荒,保护牧场。现在不要到少数民族牧畜区和半农半牧区去开荒,将来要开荒,应由少数民族自己去开,汉人在少数民族地区开荒,必须经中央局或中央批准。

例如,贵州省在少数民族地区根据少数民族实际情况进行土改。关于少数民族地区土改方针是:以清匪、反匪首为主流,结合进行减租退押,不开展反霸运动。在少数民族地区,耐心等待少数民族群众觉悟,严防干部硬性制造阶级斗争。在民族杂居地区改革与否,必须由其本民族群众自觉自愿,召开少数民族代表会议,广泛深入地交代政策,并须以其本民族群众为主、由其本民族群众干部进行斗争。严防"急性病"和强迫命令。尊重少数民族的风俗习惯,对于汉族干部应作为重要的工作纪律。同时应大胆放手,相信群众,由少数民族群众用其本民族语言诉苦和研究工作。为了贯彻中国共产党的民族政策,完成少数民族地区的新民主主义改革任务,中国共产党贵州省委认真总结了第三期土地改革的经验,做出了《对目前少数民族地区进行土地改革的意见》,指出:"少数民族是在民族团结,完全是在少数民族自觉自愿并有了干部条件的基础上进行土改。"要求认真贯彻中央的民族政策,注意民族特点,尊重各民族的风俗习惯,严禁强迫少数民族说汉语;大力培养民族干部,由各民族干部领导进行土改,善于等待少数民族觉悟。在方式上采取"自上而下"与"自下而上"相结合、协商和斗争相结合的方式。该意见还指出,少数民族地区土改前的反封建斗争,以清匪反匪首结合进行减租退押,打击面要窄,不进行反霸斗争。根据中国共产党贵州省委的决定,在第四期土地改革中,大力培养少数民族干部,依靠少数民族中的骨干分子,争取和团结少数民族中的上层人士,区别对待少数民族中的大、中、小地主,把打击面缩小至最低限度。①

### (六)对华侨特殊的土改政策与措施

华侨问题是新中国成立初期新区土地改革中面临的特殊问题。中国共产党在制定土地改革中的华侨政策时,面临既要达到土地改革的目的,又要考虑照顾华侨特殊利益的矛盾。肖际唐分析了土地改革中华侨问题特殊的原因所在,进而考察了土地改革中华侨政策酝酿出台的过程,最后对这些政策的内容及特点进行了深入分析。土地改革中华侨政策的制定,表明中国共产党对土地改革中的华侨问题高度重视,同时也折射出这一问题的复杂性。②

土地改革中是否动华侨的土地,在政策制定过程的讨论中,有各种不同意见。由于华侨对土地占用的数量及特点,决定了华侨对土改的态度。一般来说,占用土地较少的华侨,他们认为华侨土地是在海外受尽辛酸换来的,害怕土改时土地被分,这种情况在粤中台山地区尤为普遍。而华侨普遍占用土地,且占用土地数量较多的地方,如珠江、中山地区,土改中若不动华侨的土地,则无地可分,无法满足贫雇农对土地的要求。在听取各种意见后,中央决定在土地改革中采取照顾和保护的原则对华侨的土地财产进行处理。这些照顾和保护原则主要体现在对华侨成分的地主和小土地出租者的处理方面。对华侨成分的地主给予了较大照顾,保护了其在农村的房屋。对华侨地主,不仅保护了其房屋,而且除了土地之外,其他财产如农具、耕畜、粮食都给予

---

① 张刚:《新中国成立初期贵州土地改革研究》,载《贵州财经大学学报》,2013(9)。
② 肖际唐:《新中国成立初期土地改革中华侨政策的制定》,载《中共党史研究》,2013(3)。

了保护。此外，在分配土地时，华侨家庭兼地主者，其国外人口计入其家庭人口数内，并按其职业收入维持其家庭生活程度，酌情分给或不分给土地，一般有职业者不分。华侨兼地主，全家在国外，由其亲属代管土地并拜祭祖先者，可以酌情留其拜祭祖先之用地，以示照顾。对华侨成分的小土地出租者，主要是照顾了出国前原是劳动人民的小土地出租者，其出租土地虽超过当地人均土地数200%，其超过部分的出租土地，亦酌情照顾，不予征收。对华侨工商业家和华侨富农给予了和非华侨成分者相同的待遇，其原因主要是《土地改革法》已经规定了保护工商业与保护富农、中农的政策。政务院《土地改革中对华侨土地财产的处理办法》（以下简称《办法》）体现了对华侨土地财产实行保护和照顾的原则。关于划分侨眷成分的标准问题，《办法》重申，"必须根据政务院关于划分农村阶级成分的决定划分阶级成分"。"过去划错成分者应即纠正"，并强调提出，"某些乡村在不纯分子操纵之下，乱划成分者，应宣布其原划的阶级成分无效，进行重划"。关于如何看待侨汇的问题，《办法》指出，严禁看侨汇收入之多寡而任意提升侨眷的阶级成分。为了防止再出现类似的情况，《办法》对侨汇的性质作了专门的说明：侨汇包括两种来源，一种是华侨工人的工资；另一种是国外华侨工商业者以资本主义剥削而来的利润。而侨汇的绝大部分是前一种。后一种自不能作为封建剥削，前一种本身就是受剥削的，更不能作为封建剥削，因此，"绝不能因为侨汇收入多而划为地主"。关于怎样对待有出租土地的侨眷问题，《办法》指出，单纯根据有无土地出租为划分地主的界限，这是完全错误的。该办法明确规定了侨眷虽有出租土地但不能构成地主的三条界限：一是"绝不能把许多侨眷因主要劳动力在国外而出租小量土地者简单划为地主"；二是"不要把出国后因在国外从事其他职业，积蓄点钱汇回国内购置少量土地出租者划为地主"；三是"即令其国内眷属的主要生活来源是靠土地生活，只要他占有土地的数量在当地小土地出租者的最高标准数以下，均不应划为地主"。[①]

但是，由于华侨土地财产的复杂性和特殊性，该办法显然过于简单和划一，没有充分考虑在土改具体实践中的可操作性，因此存在一些缺点和问题。

值得提出的是，1950年11月2日，广东省人民政府通过的《广东省土地改革中华侨土地处理办法》（以下简称《广东办法》），对华侨的利益保护和照顾较为宽大，尽管颁布不久后即废止，但"含有鲜明的保护华侨的特色"。关于对华侨小土地出

---

① 赵增延：《新中国成立初期侨乡的土地改革》，载《中共党史研究》，1990（10）。

租者的土地保护与照顾，华南分局在制定草案呈报中央的"说明"中指出："在广东600万华侨中，绝大部分是劳动人民，他们在国外辛苦工作积剩下来的血汗钱，多在国内农村中购置土地，作为家庭生活的保障。他们的少量土地，除用作家属耕种外，往往由于劳动力缺乏，而租给其他农民使用。小量土地出租情形很普遍，他们很担心在土改时其小量土地被分掉。"因此华南分局明确提出保护华侨劳动人民（工人、职员、小商贩、自由职业者）的小量出租土地，其每人平均土地数量不超过当地人均土地数200%者均保留不动，超过者酌情予以照顾，华南分局明确提出华侨绝大多数是劳动人民，对正确认识华侨的阶级属性具有重要意义，为保护华侨小土地出租者提供了阶级分析的基础。而在政务院的《办法》中，对广大华侨劳动人民的阶级属性没有明确，这显然不利于在土改实践中保护华侨小土地出租者的利益。另外，在政务院的《办法》中，还给华侨小土地出租者的照顾增加了限制性条件，就是出国前是劳动人民，这点在实践中难以具体区别和把握。广东省通过的是《广东办法》，明确提出是"华侨土地处理办法"，即在土地改革中不涉及华侨的房屋、耕畜、农具、粮食等其他财产的处理，实际上是限制了土地改革的范围，从某种意义上说是突出保护华侨的其他财产。《广东办法》第四条明确规定，华侨家庭之属于地主成分，如其土地确系由国外从事劳动或工商业经营所得购置者，其房屋、家具、耕畜、农具、粮食等，均予保留不动。在没收其土地时，可留给其每人（包括国内外人口）相当于当地农民所得的土地数。在土地较多的地区可留全乡平均水平的土地。而在《办法》中，对华侨地主的土地、耕畜、农具、多余的粮食都进行没收。《广东办法》对华侨家庭之属于富农成分者规定，当地征收富农小量出租土地时，视其国内外人口多少，酌情照顾，如其出租土地不超过自耕自营土地20%至30%者，可不征收。而《办法》中只规定，对半地主式富农的处理和非华侨成分相同，对那些只占小量土地，其出租部分超过自耕雇人耕种部分，按小土地出租者处理。这里，显然对华侨富农没有进行足够的保护和照顾。对华侨房屋的保护，中央的规定不够明确和坚决。如华侨房屋的处理，虽然规定无论是地主华侨还是华侨地主，除原有农民居住的房屋外，其他房屋不动。但是为了满足农民的要求，华南分局也没有完全按照中央的规定处理，同意有条件地没收华侨的房屋。1952年3月23日，华南分局指示，对华侨地主房子过多的乡，着重没收出国前原系地主与罪恶较大、房屋较多的大地主的房屋，但被没收华侨地主户数，至多不能超过整个华侨地主户数的50%。在华侨地主房子不多的乡，只能没收少数罪恶较大、房子较多的大地主的房子。没收华侨地主房子，必须经县委批准。

## 三、土地改革过程中发生的问题及解决

土地改革新区地域辽阔，国民政府统治时间长，群众对中国共产党和新中国政权认识模糊，要在这样的地区实行土改，其艰巨性可想而知。特别是新区中的山区，地处偏远，地方势力强大，整体生活与文化水平低，尤其是群众对外交往少，很少接触外部信息，接受新事物的能力十分有限。因此，在新区中的山区开展土改，其难度又增加了许多。新区土改是破旧立新、建立新秩序的重要举措，只有通过成功的土改，才既能根除封建剥削的基础，又能打垮乡村原有的权威，树立新政权的威望。对于新区中的山区来说更是如此，不通过彻底的土改改变群众的经济地位，就很难打破掌握群众命运的各种旧势力，也不可能使新中国的政权在偏远的山区有效地建立起来。山区土改能否搞得彻底，关键在于能否把广大群众真正发动起来。没有群众的拥护，没有群众自觉自愿的参加，土改的破旧立新就难免走过场，建立的新秩序也难免脱离群众。[①]

土地改革中出现的偏差主要是在土改过程中产生的。比如，中南、西南地区一些干部没有保持足够的警惕，认为在全国胜利的形势下，地主阶级不会抵抗和破坏。干部出现"和平土改"的思想，不积极发动农民与地主开展斗争。中南局、西南局领导发现这个问题后，很快就纠正了这种现象。中南局在布置了第一阶段土改任务后，发现干部对有秩序地进行土改的理解有偏差，出现了一种"和平分田"的现象，登记田地，然后把地主的田地一分了事。中南局布置工作时，要求从政治上对过去的宗法社会恶势力给予打击，为土改开路，但并未被重视。中央指示，政策上是既防"左"又防右的，下边在避免"左"的反思中，又偏右了。广东土改出现的问题是"左"的现象，最突出的是对待华侨问题。比如华侨家属不少都是小土地出租者，被错划为地主；汇款作为收入，收款人被错划为富农。

在相当数量的老解放区，农村基层政权完全控制在中国共产党领导之下，农民阶级占有绝对政治优势，地主阶级没有反抗的基本条件，完全可以通过颁布并实行土改政策的形式，进行"和平土改"。相反的是，有些地区由于在发动群众中片面强调依

---

① 李巧宁：《新中国成立初期山区土改中的群众动员——以陕南土改为例》，载《当代中国史研究》，2007（4）。

靠贫雇农,助长了农民小生产者和农村少数无赖的绝对平均主义思想,违背了"给地主以生活出路"的土改政策,使地主没有分得和一般农民同等的土地和生产生活资料,甚至出现了对地主富农"乱打乱杀"现象。①

《剑桥中华人民共和国史(1949—1965)》中则提到,土改工作队通过诸如"诉苦会"和公审,设法动员全村反对地主。审判的结果是大规模地处决这个阶级的成员,有100万~200万人。在"不要过早地纠偏"这一新指导方针下,被发动起来的群众常常对地主不加约束地施以暴力和采取残暴行为,造成了更多的死亡。虽然和平土改的报道在整个运动中继续出现,但是继续划分阶级界限和制造对抗的活动产生了越来越严重的后果。这种说法缺乏史料支持,当然是不足信的。②

一些研究注意到土地改革中出现的偏差。比如北京郊区的土地改革,曾出现由绝对平均主义思想演化为"左"倾错误思潮,表现在一些人要求平分一切比自己财产多的人的财产,进行乱打、乱罚、乱没收等。③ 侨乡集中的广东、福建在对待华侨地主余粮的问题上,曾经出现两种错误:一是对出国前原系地主者的余粮,不是按照政策进行没收,而是眼向海外,追要侨汇;二是主张没收出国后上升为地主者的余粮。按照政策规定,对他们的余粮,是不得没收的。④

事实上,土地改革中出现的或"左"或右的错误,各级党组织和人民政府一经发现,就会立即采取措施及时予以纠正。中共中央一向都注意反对土改中的"左"或右两种倾向。比如,1950年12月30日中央批复中南局关于发动群众彻底完成土改计划时指出,土地改革中应注意防"左"倾危险。中央这份批示同时转给华东局、西北局和西南局。中央指出,基本同意中南局发这样一个指示,着重纠正土改中的右倾偏向,以便发动群众进行土地改革。但还应增加一些防止"左"倾危险的指示,指出哪些"左"的错误是不许再犯的。例如,侵犯中农利益,忽视联合中农的重要性,破坏富农经济,对地主普遍扫地出门、乱打乱杀,在工作方式上的强迫命令、大轰大嗡等。如此,才能一方面放手发动群众,另一方面又不犯或少犯"左"的错误。否则,某些干部很可能重犯过去某些"左"的错误。1951年6月20日中央转发华东局关于结束土地改革及争取1951年年底全部完成土改的指示时,也有严格依法进行土改的内容,如对错

---

① 白云涛:《新中国成立初土改运动中发动群众与和平土改的争论问题》,载《中国现代社会民众学术研讨会》,2003(11)。
② 叶明勇:《新中国成立后土地改革运动研究述评》,载《北京党史》,2008(9)。
③ 刘裕清:《北京市郊区土地改革运动述评》,载《党史研究》,1985(6)。
④ 赵增延:《新中国成立初期侨乡的土地改革》,载《中共党史研究》,1990(5)。

划的阶级成分，应通过调查及群众评议并经县审查批准切实加以改订。对漏划的地主，应依法没收其土地财产。对确系错误提升的成分，不仅应在政治上坚决去掉戴错的帽子，而且应在经济上坚决按照《土地改革法》的规定予以纠正。

## 四、土地改革中的民主协商

民主协商贯穿于土改的全过程。在对土地改革的必要性达成共识之后，为了制定比较完善的土改法规，从中央到地方，通过分层次地组织各种会议进行座谈，集思广益。从各大行政区到省、县都制定了符合本地情况的土改办法或细则。在实践中，农民是土改的直接当事人，怎样进行土改，还需要与农民商量。在《土改工作干部的八项纪律》中第四、第五条明确规定："尊重人民民主权利，倾听群众意见和批评，不准欺压人民。一切重要问题和大家商量决定，然后推行，不要个人决定，强迫推行。"华东区也提出六大口号："农民团结互让，干部大公无私，目的有利生产，方法民主协商，分配公平合理，结果群众满意。"

划分阶级是土地改革的中心环节，能否正确划分农村阶级成分是土地改革成败的关键。为了保证划分阶级的过程中尽量不出现差错，从中央到地方都有明确规定，必须用民主协商的方法评定阶级。《土地改革法》第三十一条明确规定："划定阶级成分时，应依据中央人民政府颁布的划分农村阶级成分的决定，按自报公议方法，由乡村农民大会、农民代表会，在乡村人民政府领导下民主评定之。其本人未参加农民协会者，亦应邀集到会参加评定，并允许其申辩。评定后，由乡村人民政府报请区人民政府批准。本人或其他人如有不同意见，得于批准后十五日内向县人民法庭提出申诉，经县人民法庭判决执行。"实践中，各地土改干部注意让农民群众自己当家做主，充分发动群众的积极性和创造性，与群众一起商量策划划分阶级的具体办法。比如广州土改时，在"自报公议"的基础上，创造性地采取"五步两榜"的办法。所谓"五步"，即讲阶级、评阶级、审查阶级、通过阶级和批准阶级；"两榜"即在乡农民大会通过后出第一榜，区人民政府批准后出第二榜。海南琼山则采取"三榜定案"的方法：划阶级小组审查出第一榜，群众评议通过第二榜，农民审核、上级批准出第三榜。在进行划阶级之前，先讲阶级，把划阶级的标准与原则交给群众，展开"学划阶级"运动，主要通过农民代表会、贫雇农会议、青年代表会和妇女代表会、村民大会等系列会议进行。具体操作中，采取讲解与讨论相结合的方式。比如每讲一个阶级的标准后，就进行讨论，群众联系本村的例子试划。讲地主时，由群众举出一两户地主，大家讨论试划。把几个主要阶级标准搞清楚后，就着重讨论各阶级间的分别，如地主和富农主要是劳动与不劳动的区别，其间也举出不易区别的试划。通过讲解与讨论相结合的方式，广大群众就能掌握政策的基本要点。划分阶级时，以村为单位进行，先评地主、富农，后评中农、贫农、雇农。土改工作组既要注意群众的情绪又要把握好政策，所以先前酝酿协商显得尤为重要。比如，评地主富农时，先在农协内部做好酝酿和准备。由农协小组会、村代表会提出对象，算账、摆材料，在内部取得一致意见后，召开村民大会，叫地主到场进行评划。①

分配土地财产是农民内部自己的事情，这一工作，从始至终要贯彻的分配原则是："满足贫雇、照顾中农、公平合理、民主协商、干部大公、用于生产。"按北京郊区的土改政策，地主的土地及富农出租的土地，没收为国有，但是原来的佃户原耕不动，由政府发给他们土地使用证继续使用。每一行政村，就只有少数土地可以实际拿来调剂贫雇农。例如，丰台西北的张仪村有204户968人，共占有土地2985亩。实际可分配给贫雇农的，有地350亩，农具444件，大车6辆，牲口8头，房子33间。分配土地财产也采取自报公议。先由需要土地农具的农民在各小组自报需要土地若干亩，什么样的农具若干件。各小组根据群众自报的情况写好单子，送给工作组。主席照着自报的名单进行操作。当念到一个人，大家看他是否需要地，有地是否有劳动力能种。他要的亩数，是否太多或太少。有些人的自报，显然是很合理的。主席就喊："某某人要××亩地，你们同意不同意呀！"下面齐喊"同意"，就通过了。在有争论的时候主席就让各小组各自讨论。经过讨论后，小组长汇集意见，"我这一组同意给他××亩地"，或是"不给他"。如果各小组的意见不一致，主席就喊："了解某某人的情况的人，都说话呀！"于是大家展开讨论。等到各小组讨论的意见差不多时，主席就喊："各小组同意给他××亩，你们同意不同意呀！"下面齐喊"同意"，就通过了。分配农具，也是采用这种讨论的办法。苏南吴江县大古乡在分配土地财产时，同样采取民主协商的方式。最初由区农会的副主任领导，根据政策与本乡实况拟出草案和问题，随即召开村干部会议，反复解释说明，并以民主方式分组讨论。各组热烈发表意见，然后汇合交流经验，再由领导同志根据讨论实况做出总结。之后有步骤地召开各村贫雇农会及各村农会，由村干部把草案传达到基层群众。基层群众也照样地分组讨论、交流经验、

---

① 张青红：《新中国成立初期土地改革中的民主协商》，载《湖南科技大学学报（社会科学版）》，2013（1）。

再作总结。最后由乡干部汇报并反映各方意见，再决定最后的实施办法。其他地区也都采取协商的方式分配土地财产。在分配的过程中，农民表达自身的意见，针对问题讨论再讨论，最终达成共识，完全是民主协商的过程。除了上述两个重要的方面之外，还对在分配土地之后，要不要颁发土地证的问题展开讨论与协商。分配土地后，要不要普遍颁发土地证，农民和土改干部之间存在分歧。不少土改干部认为没有多大用处，或者认为发土地证是单纯的技术工作，是形式问题。可农民群众却觉得"没有凭证心不稳""这是有关后辈子子孙孙的大事"，有了土地证，就能安心生产。经过反复的讨论与协商，最终同意颁发土地证。

## 第三节  土地改革的完成和成就

### 一、土地改革的完成与成就

新中国的土地改革是一场伟大的历史性的经济、社会和政治变革。新中国土地改革的完成，废除了封建剥削的地主土地所有制，铲除了延续两千多年的封建统治的经济基础，免除了每年向地主缴纳大约 3 000 万吨以上的粮食地租。取而代之的是，实行农民的土地所有制，实现了耕者有其田，全国约 3 亿多无地和少地农民无偿地分得耕地 4 700 万公顷和其他生产资料，改变了几千年来土地占有极不合理的状况。土地改革的完成，废除了宗法社会的经济基础，封建地主作为一个阶级永远地被消灭了。农民在经济上对地主的依附关系被废除，成为平等的、更具独立人格的人，形成了一种有利于国家向现代化发展的新的、民主的、自由的社会关系。这一社会结构的巨大变革，为社会主义民主制度建设奠定了基础，成为新中国向现代化迈进的契机。

土地改革的完成，农民有了一份属于自己的土地，给了农民一份保障，为农村社会的稳定奠定了基础。土地改革完成了一场深刻的政治变革，建立起新型的农村基层政权。在封建社会，地主阶级是统治阶级，农民没有任何政治权利。土地改革这场变革，改变了农民的政治地位，改变了农村的政治结构，为新中国新型的农村基层政权的建立奠定了基础。实际上，土地改革还与新型农村基层政权建设联系在一起，土地改革的过程也是农村基层政权建设的过程。发动群众，树立农民的优势地位，随着土地改革的完成，在全国建立起上下相通、城乡相通的统一政权，为中国有一个长治久安的经济建设环境创造了条件。

新中国土地改革的完成，由于受经济、社会、政治变革多重作用的积极影响，极大地解放了生产力。其一，广大农民从封建地主土地所有制的束缚中解脱出来，成为独立的商品生产者。如此，作为生产力中最为活跃的因素的人的解放，是对生产力的最大解放。实践证明，这极大地调动了广大农民的政治热情和发展经济的热情，他们在社会经济生活中释放出长期被压抑的巨大的潜在能力，学习文化科学知识，总结生产实践经验，创造出许多高产经验，有的被推广到全国，为新中国成立初期农业的恢复和发展作出了巨大贡献。其二，把土地这一最基本的生产资料，与劳动力很好地结合起来，塑造了3亿多个具有平等、独立、自主经营的新型微观经济组织，把由地主积累改变为农民积累。生产力的这一组合，释放出巨大的结构效能。过去地主依靠地租获取收入，忽视对农业基础设施进行投资；广大农民则靠租地从事农业生产，维持生计，由于地租及受其他经济和非经济的剥夺，无力积累，时常是简单再生产也难以为继。因此，农业生产效率低下，农业的发展严重受阻。新中国土地改革的完成，解除了苛重的地租，再加上免除了其他经济和非经济的剥夺，为形成扩大再生产能力创造了条件，农民对农业的投入开始增加，从而获得生产要素重组的结构效能。由于新中国的土地改革极大地解放了生产力，其结果是促进了农业及整个国民经济的发展。

土地改革，激发了广大农民的生产积极性，有力地促进了农业生产的发展。据统计，1952年年底农业总产值比1949年增长了48.5%，3年中农业总产值的递增率均在14%以上，其中粮食总产量超过解放前最高年产量的11.3%，棉花总产量超过53.6%。每公顷粮食产量，由1949年的1 035公斤提高到1955年的1 425公斤，提高37.68%。

经过土地改革，打倒了地主阶级，消灭了封建地主阶级的经济基础，使地主富农作为剥削阶级已不复存在，农民的生活得到较大改善，引起了农村阶级关系的重大变化。原来农业人口中人数最多的贫雇农，在分得了土地和农具、房屋以后，迅速上升为中农，使得中农成为农村中的绝大多数，即普遍的"农村中农化"。1951年，据山西、河北、察哈尔28个乡的调查，1 865户贫雇农中，已有1 439户近80%，上升为中农。农民生活水平的提高，大大增强了农民对工业品的购买力。据统计，仅在1951年，农民对工业品特别是对轻工业日用品的购买力，就比1950年提高了25%左右。完成土地改革较早的老解放区东北农民购买力提高得尤为显著，1950年的购买力比1949年提高57%，1951年比1950年提高63.5%。另据统计，由于农民需求激增，1952年棉布产量比1949年增加10.27%。农业经济的发展和农民生活水平的提高，使得农村对重工业产品的需求量也日益增加，促进某些重工业产品产量飞速增长。在土地改革的3年中，整个工业总产值增长了144.9%，巨大的增长与农村土地改革所提供的向工业转化剩余劳动力，以往向地主缴纳的几亿斤粮食地租转化为国家财富，农民因生产和生活对工业产品需求量的扩大紧密相关。同时，随着土地改革的逐步深入和工业生产的恢复和发展，国家的财政收入也逐年增加。据统计，在土地改革进行的3年中，国家财政收入增加了近3倍。到1952年，国家的财政收支从赤字转化为略有盈余。

由于全国各个地区面临的环境各不相同，土地改革完成的时间以及土改后的情况也有所不同。1952年5月，西北局在《关于春耕生产给中央的综合报告》中说："四省（指陕西、甘肃、宁夏、青海——引者注）土地改革基本完成了，新疆也完成了减租。今年农村生产与往年不同：群众生产情绪空前高涨，普遍情况是，春耕动手早、施肥多、掏渠、打井劲头大，翻地、送粪一般比去年早一周，各种作物施肥比过去增加二成。妇女参加生产空前踊跃，仅华阴等四县，妇女参加锄草的达18.9万人。"土改后农民劳动热情高涨是全国普遍现象。

在东北新区，无地和少地农民平均每人分得3亩左右土地。土地多的地区，每人可分得4~5亩，土地少的地区，2亩上下。如辽北省的55个区，2 055 610人，共分得土地12 960 520亩，平均每人6亩地左右。据安东县10个区的统计，318 000余人，共分得870 000余亩地，平均每人2.7亩。同时农民普遍分得了牲畜、粮食和房屋等。如辽中县，全县226 000余名农民，共分得573 600余亩土地，11 570余石粮食，80 000余间房屋，1 940余头牲畜。吉林省长春县9个区，共没收、征收价值39亿元财物用于农民恢复和发展生产。政治上，发动了广大农民群众，打垮了农村中保甲等反动统治机构，建立了以贫雇农为骨干，团结中农的区村政权。土改中，由于群众的发动，涌现大批积极分子。例如，东北地区辽宁省的盘山县，仅10个区，经过土改就涌现1 500余名积极分子。辽中县在3个月的土改中培养积极分子2 400余名。海城训练和培养干部与积极分子4 000余人。在这些积极分子带领下，农民在翻身斗争中，迅速打垮了旧的反动统治机构，普遍建立了农会等群众组织。据辽中县的调查，全县有 56 000 余名贫雇农参加贫雇农团,他们团结了 19 000 余名中农,成立了农会,建立了农村新秩序。世代受压迫的贫苦劳动农民开始成为农村的主人,农民在政治上翻了身。新区土改在经济上、政治上取得的胜利,使整个东北解放区彻底破除了封建剥削制度,解放了广大农村生产力,从而为东北解放区的工业化开辟了道路,使东北解放区从此进入以经济建设为中心的新时期。①

云南坝区土改阶段,涉及人口最多、规模最宏大,对于顺利完成云南省土地改革具有重要的意义。由于土改前深入进行了减租退押和清匪反霸,土改中又切实加强了领导和指导,深入广泛地发动了群众,较好地贯彻了土地改革的总路线和各项政策,因此,整个坝区土地改革进行得比较顺利和彻底,没有出现大的失误和偏差。缓冲地区由于采取了特殊政策和特殊改革方法,受到各民族大多数群众和上层人士的拥护与支持,从总体上说是成功的。中共中央始终关注边疆的和平协商土地改革并多次给予具体指示。中央民委专门派出工作组,具体帮助和指导改革工作,参与了改革的全过程。云南省委用和平协商的办法解决土地问题,无论在土地改革和民族工作上都是一个创举。云南全省声势浩大的土地改革运动,从 1951 年 8 月在昆明市附近的呈贡、晋宁等县开始试点,到 1958 年 9 月滇西北的德钦县和平协商土地改革结束,前后历时 7 年。土改中,共没收土地 1 182 万亩,房屋 169 万余间,耕牛 27 万头,农具 6 万余件,粮食 6 800 多万公斤。广大贫雇农分得了土地和房屋,摆脱了封建压迫剥削。这是云南历史上空前深刻的社会变革,大大解放了农村生产力。特别值得一提的是,在急风骤雨般的、突出阶级斗争的全国土地改革运动中,中国共产党云南省委和云南省人民政府敢于坚持实事求是的思想路线,一切从实际出发,充分考虑云南各地的特殊性,采取了有别于内地土改的许多正确措施,创造性地、扎扎实实地进行工作,使土地改革既符合国家颁布的《土地改革法》,又符合本省的实际,特色鲜明,成效卓著。特别是广大边疆民族地区以各种形式的成功改革,在国内外产生了良好的影响,使以土改为中心的大规模的社会改革在云南这个错综复杂的多民族边疆地区获得了成功,也为做好云南工作提供了有长远借鉴意义的宝贵经验。②

1952 年 4 月,福建省除了金门、马祖等尚未解放的岛屿以外,全部完成土地改革任务。经过土地改革,福建省"共没收、征收封建所有制土地 988.87 万余亩,以及大量耕畜、房屋、粮食等财产。有 767 万多无地或少地的农民,以及农村中其他贫苦劳

---

① 石雅贞:《东北新解放区的土地改革》,载《东北师范大学学报》,1986(12)。
② 吕志毅:《云南的土地改革概述》,载《云南档案》,2013(3)。

动人民分得了这些土地和生产生活资料。农村中的雇农、贫农和中农的土地普遍都有增加。按每人平均计算，雇农的土地占有量由0.24亩增加到2.1亩，贫农由0.61亩增加到1.87亩，中农由1.43亩增加到1.95亩"①。

江西省于1952年下半年结束土地改革复查，中国共产党江西省委、省人民政府宣告"土地改革运动已胜利结束，广大农民群众已取得了土地所有权，废除了旧的封建生产关系，建立了新的生产关系，农民生产积极性已大为提高"。

江西在土地改革中，"没收征收土地1 330余万亩，占全省完成土改地区土地面积的35%，无偿分给279万多农户（占全省农户总数的73.4%）、917万无地少地农民（占农村总人口的64.5%）"。② "平均每户分得耕地5.4亩，人均1.64亩，免除了过去每年向地主缴纳约20亿斤粮食的苛重地租，此外还把11万多头耕畜、118万多件主要农具分给了无地少地的农民"。③ 土地改革后，由于耕牛、农具、农田水利等困难的初步解决，老根据地的农业生产逐步提高，生活日益改善，部分地区已经恢复，甚或超过了解放前水平。江西省1953年除个别地方遭遇山洪水害外，已争取了老根据地的全面丰收。"以江西瑞金冈墩村16户贫农的一般生产为例，1948年（解放前）每亩平均产量为二石九斗，1950年增产47.4%；1951年天旱，但比1948年增产39%；1952年可增产52.8%，生产水平显然已逐渐上升。"④ 1957年，中国共产党江西省委员会、江西省人民委员会在视察老革命根据地的报告中指出："在恢复和发展老根据地生产方面，就我们所到之处，无论是中央苏区的瑞金、兴国，闽浙赣苏区的横峰、弋阳，湘鄂赣苏区的万载、铜鼓或是湘赣苏区的遂川、永新，这些地区的农业生产的总产值，与解放前比较，少者增加了30%，多者增加一倍以上。"⑤ 在中华人民共和国成立后的短短几年时间里，江西、福建等原中央苏区的主要省份的经济状况，就已大体恢复甚至超过了解放前水平，规模宏大的土地改革运动在此过程中发挥了至关重要的作用。

土地改革激发的农业生产热情还表现在农民自发的大规模的水利建设上。西北局的报告中说："今年突出的特点是兴修小型水利有很大发展。陕西关中区许多地方修渠、打井，男女一齐动手，有时夜不停工。据陕西及甘肃、青海9个县不完全统计，已兴修水渠1 820条，可浇地748 555亩。长安一县打井1.4万多眼。各地掏泉、打井、

---

① 福建省地方志编纂委员会：《福建省志总概述》，62~63页，北京，方志出版社，2002。
② 危仁晸：《当代江西简史》，65页，北京，当代中国出版社，2002。
③ 危仁晸：《当代江西简史》，65页，北京，当代中国出版社，2002。
④ 《加强老根据地的工作》，载《人民日报》，1952年2月1日。
⑤ 1950年中国经济论文选编辑委员会：《1950年中国经济论文选》（第二辑上册），北京，生活·读书·新知三联书店，1961。

修渠道、修涝池、修水堰正积极进行。除大型水渠不计外,全区扩大灌溉面积已达164万余亩。"在农村物质生产手段中,具有重要意义的还有生产工具和肥料。农民在土改后,除了使用分得的耕畜、农具和肥料外,还尽可能地购置这些东西,以提高生产力,争取增产增收。这必是全国性的普遍现象。这里举几个典型调查材料:对陕西临潼县8个乡的典型调查,1951年农民用于购买生产资料的开支,雇农较新中国成立前增加了294%,贫农增加518%。土地改革后,农民购买肥料能力提高,有多少,买多少。大部分贫雇农都分到一二百斤豆饼的土地改革果实,但市场销售量仍比往年增加。湖北省孝感县鲁王乡和栗树乡豆饼日销量增加。往年种麦季比插秧季少,1951年却比插秧季还多,接近1936—1937年水平。据调查,这些增大的购买力主要来自贫雇农,中农大致和解放前一样。贫农在解放前一般买不起肥料,主要靠自己积肥、拾粪,现在想尽一切办法买肥料,有的还能买二三百斤。1950年和1951年,湖南农业生产获得了十多年未有的大丰收,1951年早稻比上年增产两成。因此,农民购买力急剧上升,开始大量购买生产资料,特别是肥料,对工业品购买力的绝对数字,也大大增加,总的购买力较解放前增加了243.5%,比上年增加约65%以上。

## 二、对新中国成立初期土地改革的评价

1951年10月23日在北京召开政协第一届全国委员会第三次会议,周恩来在会议上的政治报告对新中国土改作了精辟的评价。他的总结涵盖了如下几点:①中国社会经济结构发生变化,农民的土地所有制取代地主阶级封建剥削的土地所有制,农民翻身掌握了农村政权,农民协会及民兵等基层组织广泛建立起来;②土地改革后取得的经济成就——生产力的解放使得农业增产;③为工业化发展打下基础——农民购买力提高,工业品畅销;④农村文化教育面貌发生变化,农民冬学、夜校的开办,使科学知识得到传播。

学者们研究指出,以新中国成立为标志,新中国成立初期土地改革运动的目的,与解放战争时期土地改革运动目的的最大不同,就是前者以为国家的工业化开辟道路为主要目的,后者以发动农民群众,推翻国民党反动统治为主要目的。①

杜润生将土地改革的意义总结为以下五点:①废除了封建土地所有制,实现了耕者有其田;②激发了农民的革命和劳动积极性,支援了革命战争,解放了农村生产力;

---

① 白云涛:《新中国成立初期的土地改革与中国的工业化》,载《中国共产党与现代中国》,2001(6)。

③改善了农民的生活，提高了农村的购买力；④摧毁了地主阶级的反动统治，巩固了革命政权，农民真正成了农村的主人；⑤掀起了学习文化的热潮，促进了农村的教育和文化事业。①

成汉昌也认为，近代中国，封建半封建的土地制度是一种落后和腐朽的制度，这种情况如果不加改变，农业生产力以及全部社会的生产力就不能解放。土地改革的完成，为国家民主化、工业化，为独立、统一和富强扫除了基本障碍，提供了一个基本的前提。② 此外，他还强调，土地改革有力地配合了当时全国各地进行的抗美援朝、镇压反革命、"三反""五反"、知识分子的思想改造等运动及各条战线的民主改革，在巩固新中国人民民主政权的斗争中发挥了重要作用。③

杜润生认为在中国，土地改革是由半封建半殖民地社会向现代社会转化的一个必经革命步骤。他强调四点：①孙中山也提倡"耕者有其田"，他缔造的国民党后来向封建主义、帝国主义妥协，走向反动，不可能领导完成这个民主革命。废除封建，党取得农民支持，没有土地改革就不会有人民战争的胜利。②过去谈土地改革的必要性，往往偏重于分配土地，但可分配的土地并不很多。新中国成立后，对于土地改革曾有两种选择，一个是有偿征购，另一个是无偿没收。最后选择没收政策，这是因为中国共产党的土地改革既是作为一项经济制度的改革，又是作为推进政治变革的一场阶级斗争。③战争环境的影响不应忘记。如果在解放区没有一场最彻底的土地改革，不能充分满足贫苦农民的要求，就很难克服所遇到的困难。④重组基层，使上层和下层、中央和地方整合在一起，使中央政府获得巨大的组织动员能力以及政令统一通行等好处。这对于一个向来被视为"一盘散沙"的农业大国来说，其意义尤为重大。④

土地改革是对土地这一重要的社会资源进行调整，社会成员的社会地位、社会心理和价值观念必然会在利益调整的基础上得到重新整合，进而影响整个社会的面貌乃至发展进程。土地改革隔断了延续几千年的封建土地制度，荡涤了与之共生共存的统治制度和生产方式，并对新建政权的政治控制能力和社会整合能力提出挑战，在淘汰旧的统治机构的同时，催生出新的政治管理形式。因此，土地改革绝不仅仅是表面上重新分配土地这么简单，它一旦在中国大地上全面开展，势必会引发一连串的共振效应，导致经济、政治和社会的全面变革。土地改革最主要的内容就是变地主土地所有

---

① 杜润生：《中国的土地改革》，北京，当代中国出版社，1996。
② 成汉昌：《中国土地制度与土地改革——20世纪前半期》，北京，中国档案出版社，1994。
③ 卢惠：《新中国成立初期的土地改革运动研究综述》，载《宜宾学院学报》，2009（10）。
④ 叶明勇：《新中国成立后土地改革研究述评》，载《北京党史》，2008（9）。

制为农民土地所有制。过去,土地的所有权和使用权相分离:地主占有土地但不直接使用土地,土地只是收取地租供其享受奢侈生活的工具,因此他们不可能也不懂得改善土地质量和劳动工具;农民通过租种土地获得使用权,不得不负担沉重的地租和赋税,虽终年辛劳却不得温饱,更不用说把资金用于农业生产的改进。在这种情况下,农民只能年复一年地维持简单再生产,对土地进行掠夺式经营,生产力和经济的发展严重受阻。土改改变了生产资料与劳动力结合的方式,使生产要素在重组后释放出巨大的"结构效能"。广大农民获得渴盼已久的土地并解除高额地租及其他非经济剥夺之后,成为独立的商品生产者,发展经济的热情高涨,在政府的引导下兴修水利工程,增加对土地投入,尽可能地购置农具、肥料,争取增产增收。土地改革为新中国成立初期农业和农村经济的恢复和发展作出了巨大贡献。[①]

土地改革的另一个重要的经济功能是为工业化开辟道路,直接推动中国经济的现代化。解放农村生产力,发展农业生产,为新中国的工业化开辟道路,既是中国实行土地改革的基本原因,也是它的基本目的。如果这一目的没有达到,那么,即使其他方面取得了成就,也意味着这一社会变革在主要方面是不成功的。如果对土地改革在经济方面的成就不能做出合乎实际的结论,也就不能正确认识土地改革这一历史事件[②]。旧中国工业化程度低,工商业投资风险大,而封建土地制度具有极强的稳固性,再有受传统重农轻商思想影响,工商业资本和高利贷资本被源源不断地转化为地租,更加导致土地的集中,阻碍工商业的发展。如果不从根本上改变这种制度,中国工业化将遥遥无期。土改之后,地主赖以寄生的土地被没收,从土地中获取地租收入的可能性已经不存在,同时新中国成立初期中国共产党对工商业采取保护和发展的政策,这样社会资本的流向开始发生重大转变,由农业部门流向工商业部门,这一转变对中国社会及现代化的影响非同小可。同时,土地改革解放了生产力,使农村经济增长较快,也为工业化提供丰富的原料、劳动力和市场;农民解除地租剥削后,农业剩余仅为国家和农民分享,又为国家积累工业化资金创造了有利条件,推动了中国的工业化进程。

土地改革运动推动了中国政治现代化进程。土地改革运动首先是作为一场经济领域的变革而出现的,但其政治方面的意义同样不容忽视。土地改革摧毁了封建专制统治的基础,标志着近代以来中国人民反封建任务的最终完成,为中国政治现代化开辟

---

① 佘君:《新中国成立初期土地改革与中国现代化的发展》,载《党史研究与教学》,2002(5)。
② 孙瑞鸢:《新中国成立初期土地改革的动因、政策和成就——对〈剑桥中国史〉第14卷有关部分的评析》,载《中共党史研究》,1994(9)。

了全新的局面。具体表现为：建立新的行政管理制度，这是中国政治现代化的一个重要内容。中国封建社会国家机构设置的特点是中央集权只能延伸到县级组织，县以上是等级森严、高效统一的管理，县以下的广大农村基本是分散、放任的管理。清末民初军阀割据，更加重了农村的分散格局，中央官方管理与地方主义的非官方管理的矛盾加大了国家推行政策法令和改革措施的难度。设置一个统一的中央政府，并保持政令畅通，是现代化不可或缺的因素。土地改革在进行分田地、打破农村宗族势力统治的同时，建立农村基层政权，改变过去各自为政、一盘散沙的政治结构。这种上下相通、城乡联系的基层行政管理制度，一方面使国家权力能直接下达到乡村，提高了新中国的政治控制能力；另一方面也有利于广大农村保持长期稳定。对中国这样一个地域广阔，历史悠久的农业大国来说，强有力的中央集权对现代化建设具有重要的保障作用，而高效严密的农村基层组织是保证这一庞大行政系统有效运行的关键。农村稳定发展为工业化免去了后顾之忧。①

通过土地改革，中国共产党在领导农民推翻封建势力的同时，建立了基层的中国共产党组织体系，加强了对广大农村的控制和影响。这就使中国共产党能够在最广泛的范围内最大限度地调动和整合社会资源，为建立高度集中的政治体制奠定了社会基础。土地改革保证了农民的土地私有，但是这种土地所有制的内涵是：中国共产党夺取政权，领导农民把封建地主土地所有制变为农民的土地所有制，同时又保护了这种所有制。中国共产党的领导是这种所有制存在的前提和原因。在帮助农民恢复和发展生产的过程中，中国共产党通过各种形式的农贷，组织变工队、互助组、各种形式的合作社等，使分散的小农经济越来越多地受到国家的干预。中国共产党的领导和国家干预为以后的农业合作化打下了基础。②

土地改革运动同时还唤醒、增强了农民的民主意识和政治参与意识。传统封建社会中农民地位卑微，农民自身民主和政治参与意识也极为淡薄。土改以后，传统乡村权威因身份的重新划分而丧失，加上首次频繁地接触党政干部，农民在感受自身地位日益提高的同时萌发了民主意识。在运动中受到中央政府从未有过的高度重视，并亲自建立代表自己意愿的权威组织，体验当家做主的滋味，农民的参政意识和要求也不断增强。土地改革不仅使农民在经济上更在政治上翻了身，通过在实践中切切实实地

---

① 佘君：《土地改革的现代化透视》，载《理论月刊》，2002（11）。
② 王永魁：《政治学视角下的土地改革运动》，载《上海党史与党建》，2010（9）。

培养其民主观念和政治热情，有力地推动了中国现代化的发展。①

土地改革在农村建立新型社会关系，改变了农村的社会面貌。传统社会农民与地主是一种不平等的人身依附关系，土地成为维系这种关系的基础。土改后，这种封建性依附关系被摧毁，农民实现了从未有过的身份自由和人格平等，社会地位、经济地位和政治地位都明显上升，在此基础上建立了全新的人际关系，从根本上动摇了农村的封建思想观念。中国古老的农耕文明是在以村落为单位的血缘关系上形成的，农民的宗族观念极强。这种强调家庭和家族利益、强调父辈权威的宗族文化既束缚了人们个体力量的发挥，也极不利于国家的整体发展。土改打破了宗族势力统治，削弱了人们的宗族意识，用更为广泛的爱国主义和社会主义观念取代这种狭隘的思想，使人们在新的集体主义和国家至上的意识激励下齐心协力地建设新中国。另外，值得注意的是，土地改革过程中政府广泛动员农民参与运动的同时更强调有序的领导，培养了大批干部组成工作队深入广大农村地区，组织城市知识分子到农村参与土改，这些举措无形中扩大了城乡交流，党内外知识分子频繁往来于农村与城市，给农村带去了文明的生活方式和先进的科技知识。②

张一平提出，在西方学术话语体系影响和中国自身学术体制转型的背景下，土改研究的理论、方法和话语发生了根本性的变化。无论国家层面的宏观论述还是村庄层面的微观考察，均有来自历史学、社会学、人类学、政治学和经济学等学科的广泛参与，由此导致了先前的生产关系、革命、阶级等分析范式的转变，而现代化理论、国家—社会理论与新制度经济学等工具的应用，值得我们细致梳理并借鉴其得失。③

中华人民共和国成立初期土地改革的完成，标志中国共产党领导全中国人民所进行的新民主主义革命进入一个崭新阶段。土地改革从各个方面影响中国的当时和后来。中国共产党领导全国人民进行的土地改革彻底瓦解了封建社会赖以存在的现实基础——封建地主土地所有制，极大地解放了生产力，为中国的工业化开辟了道路；广大劳苦大众通过积极参与土地革命，恢复了自己作为人的尊严，实现了他们所应获得的民主、自由、平等之身份，改变了自己过去终日劳作而不得温饱的悲惨局面，直接提高了自己的生活文化水平。④

由于封建土地制度一直受到上层政权的保护，因此土地改革自始至终是一场激烈

---

① 莫宏伟、张成洁：《新区农村的土地改革》，镇江，江苏大学出版社，2009。
② 佘君：《新中国成立初期土地改革与中国现代化的发展》，载《党史研究与教学》，2002（5）。
③ 张一平：《中国土地改革研究的理论与方法反思》，载《上海财经大学学报》，2009（12）。
④ 何健：《土地改革运动是一场深刻的伟大的社会大变革》，载《毛泽东思想研究》，2001（7）。

争夺政权的阶级斗争。中国的土地改革，从20世纪20年代开始到新中国成立以前，都是与建立和巩固革命根据地的斗争密切结合在一起进行的。在这个过程中，凡是建立了巩固的人民政权的地方，土改就顺利展开；而如果革命战争失利，旧政权就会复辟，即使已经进行了土改，地主阶级还会反攻倒算，土改的成果就随之丧失。只有坚持武装斗争，夺取并巩固政权，农民运动才能得到保障。而农民土地问题的正确解决，也就能极大地调动农民参加革命战争和政权建设的积极性，并成为夺取武装斗争胜利和巩固人民民主政权的基本力量。基于这样的认识，中国共产党指导土改运动，强调要按照阶级斗争和人民民主专政的学说分析社会结构、分析阶级、分清敌我，讲究掌握政策和策略。土改当然要分配土地，但又不是单纯地分配土地，还要着眼于根本改变农村社会结构、政治结构，亦即不仅要夺取国家政权，而且还要改造基层政权，要建立一种有利于国家向现代化发展的新的、民主的、自由的社会关系。为了达到这个目的，我们在满足农民土地要求的同时，还以更大的注意力，加强农民的教育工作，提高他们的阶级自觉和组织能力，使他们从被压迫者变成政权的主人。我们既未实行土地国有政策，也不实行和平赎买政策（某些民族地区除外），而是放手发动群众自求解放，通过土地改革的实践，提高农民群众自身的政治、思想、组织水平，形成有觉悟、有组织的阶级队伍。中国共产党从解放区做起，直到新中国成立，依靠这支队伍，先后完成了基层政权的改造运动。这是亿万人民群众争取民主的运动。这个运动，为建立一个包括少数民族地区在内的全国从上到下的统一政权奠定了基础，为中国有一个长治久安的经济建设环境创造了条件。如果评价中国土地改革，只局限于计算分配了多少土地，而忽略了上述政治、社会方面的伟大成就，无疑是一种片面的看法。①

传统帝制时代的中国乡村社会是一种"双轨制"结构，即自上而下的官僚行政机构和自下而上的自治性组织并存，乡村社会相对于国家权力而言具有很强的独立性。近代以来国家权力的下沉开始逐步打破这种独立性，但是晚清、民国历届政权并未真正对乡村社会实现全面控制，相反陷入了"政权内卷化"的陷阱。而以土地改革为开端的中国共产党乡村社会变革，却从根本上改变了这种状况，通过群众运动将广大农民群众纳入国家权力体系，形成了广泛的组织网络并大大提升了对乡村社会的控制程度，使国家权力真正实现了现代意义上的乡村社会治理。20世纪中叶中国共产党所领导的土地改革运动，首先是一场生产关系的重大变革，但其历史意义却远远超出了经

---

① 杜润生：《关于中国的土地改革运动》，载《中共党史研究》，1996（12）。

济领域。它在变革土地占有制度的同时，也成功地扩张了国家权力的组织边界和功能边界，重塑了国家与乡村社会的关系，改变了乡村权力结构及其运作方式，确立了运动式乡村治理模式，发明了种种动员技术和治理手段，为此后历次群众运动奠定了基础、创造了条件、提供了范例，从而成为20世纪后半期中国乡村"有计划社会变迁"的宏伟开端。①

---

① 李里峰：《革命中的乡村——土地改革运动与华北乡村权力变迁》，载《广东社会科学》，2013（5）。

第一节　粮食短缺与统购统销制度
第二节　统购统销制度的特点及其演变
第三节　统购统销制度的影响

# 第二章　农产品统购统销

农产品统购统销政策是中国农产品流通体系中最为重要的一环，是新中国经济史中最值得关注的事件之一，这一政策的推行和不断发展是新中国成立初期计划经济体制确立的一个重要标志，并对中国的工业化、合作化和二元经济产生深远而长期的影响。统购统销、统一全国财经工作，以及对资本主义工商业、个体农业、个体手工业的社会主义改造被并称为新中国财经战线上的"三大战役"。统购统销一头在农村征收农民的粮食，对农民的日常生活、生活方式有很大的影响；另一头在城市，城市市民要凭票购买日常生活必需品，统购统销也深刻地影响他们的生活。可以说统购统销制度影响了那时整个一代中国人，无论是农民还是市民。统购统销制度为中国的工业化、中国的社会主义目标、中国的社会发展作出了巨大的贡献，当然这一制度也会有它的不足和缺点。

## 第一节　粮食短缺与统购统销制度

　　中华人民共和国成立后不久即确定重工业优先发展战略。重工业优先发展战略是中共中央模仿苏联模式的结果，工业化战略要求建立高度集中统一的计划市场，但在当时的情况下发展重工业的外部条件非常有限，只能靠农业提供必要的物质保证，这对本不充足的粮食产业造成巨大压力，这是粮食统购统销政策实施的主要历史背景。

### 一、粮食短缺

　　任何制度的产生都有其特定的原因和社会背景，统购统销是为了解决当时中国社会存在问题而产生的。新中国成立初期,中国共产党利用政治上的优势成功地取得了"粮棉之战""银元之战"等胜利,击退了不法资本家的猖狂进攻,控制了通货膨胀,百姓生活日趋稳定。但是不久全国就出现了粮食紧张的局面,特别是城市粮食的供应严重不足,在农村农民有社会主义革命已经完成开始享福的思想,农村的中农化开始加速,这严重影响了中国工业化发展的步伐和社会主义的进展。城市市民的享乐思想开始抬头,消费的数量和质量都在快速增长,这和当时的生产力是不相适应的。

粮食统购统销政策是1953年11月实施的①,是所有农产品中第一个实施统购统销政策的。这一政策一直实行到20世纪90年代(1993年)②,对中国社会产生了深远影响。在统购统销政策实施之前,中国的粮食市场一直都存在并很活跃,农民可以在市场上自由交易粮食等物资,市民也可以在市场上自己购买所需生活资料。这时国家如果需要储备粮食有两种途径,一是向农民征购(征购价格低于市场价格);二是从粮食市场收购(以市场价收购)。粮食市场并没有被国家控制,农户和私商均可自由交易。国家在粮食市场上与私商属于竞争关系,国家只是众多的市场参与者之一,并没有表现出明显的优势,因此当国家的收购价格不占优势时则收购不到粮食。

由于两种市场的存在,即自由市场和以国营商业为代表、在国家计划指导下的计划市场,决定了两种性质的价格(市场市价和国家牌价)。③ 国家为了控制市场不断控制市场的牌价,1952年年底,中央商业部掌握的牌价达到48个主要城市市场的157种商品。到1955年6月第五次全国物价工作会议时,中央商业部及各专业总公司掌握的购销牌价已扩大到76个主要产销市场,掌握的商品种类达到500种。

但这一时期粮食供应却极不稳定,这对国家的重工业发展战略和市场物价稳定都造成较大负面影响,不利于刚刚成立的新国家的发展。从1949年4月至1950年2月,在不到一年的时间里,曾发生四次大的物价波动(分别是1949年4月、1949年7月、

---

① 其标志为1953年10月2日《中共中央关于粮食统购统销的决议》、10月16日中共中央做出《关于实行粮食的计划收购与计划供应的决议》、11月19日中央人民政府政务院第194次政务会议上通过了《关于实行粮食计划收购和计划供应的命令》,并于11月23日予以发布。
② 粮食统购统销结束的标志为1992年4月1日国务院颁布的《关于加快粮食流通体制改革的通知》。该通知指出,要既积极又稳妥地改革粮食价格,按照"统一政策,分散决策,分类指导,逐步推进"的原则,争取在二三年内全部放开粮食价格,但是该通知并没有彻底宣布结束统购统销政策。该通知规定,"销售价格放开后,继续保留城镇定量人口的粮食供应关系,对城镇定量人口是否给予补偿,由地方政府自行确定"。但在同年7月初,全国大部分地区已经事实上取消了这一政策。
③ 市价,是自由市场的成交价格,是由市场供求变动形成的。私营商业就是通过市价这个晴雨表来判断市场动态,并推测国营商业的政策变化趋向,从而决定自己的市场行为。牌价,是国营商业执行的、用挂牌方式公布的国家计划价格。牌价最初是在解放区的工商业中产生的,当时挂牌的目的是为了制约解放区的私营商业,为了控制解放区的物价形势。参见徐建青:《建国前期的市价与牌价——从价格机制到统购统销》,载《中国经济史研究》,2002(2),45~58页。

1949年11月和1950年春节期间），其中前三次物价波动都是由粮食涨价开始的，粮食产、供、销的矛盾十分突出，市场粮价波动强烈，进而牵动其他物价全面上涨，使整个市场不断处于剧烈动荡之中。以北京和上海两个大城市为例，北京1950年3月的粮食批发价格指数，比1949年2月上涨了70多倍；而上海1950年2月每石大米市场交易价，相比1949年5月上涨了60多倍，可见市场波动之大。

四次大的物价波动具体如下：第一次，是由1949年华北发生严重的春旱引起，春粮短收，4月即开始大范围的物价波动，主要发生在华北、西北，并波及了山东、苏北、平津等地。在4月、5月，两个月时间内这些地区物价普遍上涨了50%左右。第二次，在上海解放后不久，最早从银元投机开始，然后转向粮食、棉纱等商品。1949年5月17日到6月9日13天中，上海地区物质总指数上涨了217倍以上。第三次，是新中国成立后的10月15日，从五金、化工开始，紧接着纱布、粮食等价格大幅上涨，最严重时每天上涨10%~30%。第四次，是1950年春节前后，私商利用春节前消费品供应紧张的时机，又掀起一轮新的粮食和纱布物价风波，全国15个大中城市25种商品批发物价指数快速上升。为了稳定市场平抑物价，中央政府下决心要解决粮食问题，这是当时最为突出的困难，一定要下决心处理好。

促使中央下决心解决粮食问题的另外一个主要原因是中央政府粮食收购产生巨大困难。中华人民共和国成立后，全国范围内进行了彻底的土地改革，消灭了地主阶级土地所有制，广大农民翻身做了土地的主人，生产积极性骤然高涨，农业生产出现了喜人的景象，粮食产量从1950年到1952年出现3年连续增长的好时光。如果以1949年粮食产量作为100，则1950年的粮食产量指数为117、1951年为128、1952年为145。然而到了1953年，全国的粮食收购和销售之间出现了严重的不平衡，1953年9月国家只完成了收购计划的80.1%，10月的粮食销售比上年同期增加了31.3%，供需缺口达40亿斤。全国各大城市的库存粮食比1952年同期减少，北京由2.4亿斤减为1.3亿斤，天津由3.1亿斤减为1.6亿斤，上海由3.9亿斤减为2.9亿斤，广州由1.2亿斤减为0.6亿斤。[①] 据陈云估计，1953年粮食部门收购与销售两相比较，可能会出现87亿公斤的缺口。他还预测："粮食不充足，将是中国较长时期内的一个基本状况。"[②] 民以食为天，粮食问题关乎重大。粮食问题关系国家的安全，关系党在人民群众中的威信，所以粮食问题必须解决。

---

① 薄一波：《若干重大决策与事件的回顾》，上卷，255页，北京，中共中央党校出版社，1991。
② 《陈云文选（一九四九—一九五六）》，191页，北京，人民出版社，1984。

引起粮食问题的原因众多，主要有以下几点：

首先，城镇和农村粮食消费量快速增加。城镇消费量增加的主因是城镇人口的快速增加。新中国成立以来，以重工业优先发展为国家发展大原则。大规模的工业建设需要大量的工业劳动者，新中国成立初期中国城市的人口较少，因此这些工业建设所需的劳动力均需从农村招募，结果造成城镇人口迅速增加。1953年城镇人口已达7 826万，占全国人口13.3%，比1952年增加663万人，比1949年增加2 061万人。① 新增加的人口在农村时吃粮问题靠自己解决，基本可以自给自足，但进城之后成为工业工人，他们就要吃商品粮，所以城市的粮食供应压力加大。

随着经济的稳定和工业化的发展，新中国成立初期的建制市镇数量也快速增加。1949年年底，全国建制市由58个增加到136个，增加1.34倍，建制镇更是多达2 000多个，建制市镇的增加为城市化发展提供了基础条件。在国民经济恢复时期中国建制市和建制镇的数量均发展快速，到1952年年底全国建制市已经达到159个，同时国家对这些建制市规范了市的设置标准、城乡人口标准等。由于实行了土地改革、多种经济成分并存发展的新民主主义经济和城乡互助政策，农村生产力大大提高，符合设置镇的地区大大增加，据1953年全国第一次普查数据表明，此时全国拥有建制镇达5 402个。与城镇数量增加相伴生的是城市化程度的巨大变化，具体表现在城镇总人口数量、城镇非农业人口数量的大量增加。城镇总人口数量1949年为5 765万人、1950年增加到6 169万人、1951年增加到6 632万人、1952年增加到7 163万人，到1953年快速增加到7 826万人。短短4年间增加了2 061万人，增加的人数几乎是1949年城镇人口的一半，年增长率达到7.95%，1953年，全国城镇人口已经达到全国人口的13.3%。② 城镇人口中，非农业人口大约占85%。无论从城镇人口还是城镇非农业人口看，新中国成立初期的人口增长都是非常快速的。城镇人口的快速增加是国家鼓励的结果。国家的鼓励政策为城镇人口增加起了推动作用。在新中国成立初期，中国人尤其是中国农民的小康是在农村，即"两亩地一头牛，老婆孩子热炕头"的模式，当时让青年人进城是需要政府推动的。进城是支持社会主义工业化建设，所以是需要推动和鼓励的。这些新增加的城镇人口不可避免地需要大量粮食消费。

在城镇人口增加消费的粮食数量增加的同时，农村地区农民的粮食消费量也在增加。新中国成立后，经过几年的经济恢复，生产增加了，农民的消费量也相应增加了。

---

① 薄一波：《若干重大决策与事件的回顾》，上卷，263页，北京，中共中央党校出版社，1991。
② 中国社会科学院人口研究所：《中国人口年鉴（1985年）》，811～812页，北京，中国社会科学出版社，1986。

他们不仅要吃饱还要吃好,希望家里有余粮,"家里有粮,心里不慌"。土改后虽然中国粮食有大幅度提高,但由于农民生活条件的改善,相当一部分粮食被农民自己消费了。据统计,1949年农村人均粮食消费为370斤(1斤=500克),1952年增加到440斤,人均消费量增加了70斤,这部分粮食消费总量加在一起数目十分惊人。① 由于新中国成立初期农村的土地改革使得经营地主和租佃地主被消灭,富农经济也受到限制,造成农村向城市提供商品粮的机制运行不力,无地少地的农民获得了土地和其他生产资料,虽然免除了过去每年向地主缴纳地租,但他们将这些粮食主要用于自己的消费或存在家中,从而导致城市商品粮供应呈短缺状态。

当时的一些调查也显示农民力图改变生活状态的愿望,如"我们村上前年(1952年)夏天大部分人家一天吃三顿粥,只有少数富裕中农一天吃两顿饭;去年夏天,大部分人家每天能吃上两顿饭了;可是今年却大不同啦,家家都是一天三顿饭了,农忙的时候,还有吃四顿饭的呢"。此外,人口出生率的上升和婴儿成活率的增大,都消耗了一部分粮食。经济作物面积增大,减少了粮食作物的种植面积。

其次,灾荒严重,粮食减产,农民惜售。1953年在全国城镇人口增加的同时却出现了较大面积的灾荒,使粮食产量下滑较为严重。1953年全国共有35 463万亩农田受灾,其中成灾面积为10 629万亩,无论是受灾面积还是成灾面积都大大超过了1952年。1952年的受灾面积和成灾面积分别是13 553万亩和6 198万亩。1953年全国因干旱受灾面积12 924万亩,成灾面积2 011.9万亩,其中春旱面积600余万亩,夏旱面积300余万亩。春旱主要发生在黄河以北地区,入春后一直少雨,持续到6月,有的到8月,3—6月降水比常年同期少三到五成,不少地区牧草干枯,河流断流。长江流域以南大部分地区夏旱,旱灾导致粮食产量下降严重,其中仅湖南一省就因旱灾减产粮食65万吨。汉中地区城固县1953年给南郑专员公署的报告中提到,该县沿汉江地区及部分山区,由于在上一年遭受先旱后淋的灾害,致使夏秋作物减产、歉收,酿成该年春天灾情相当严重,全县有15 560人缺口粮,群众生活普遍发生困难,有的卖青苗土地,卖家具,也有无法生活而投河自杀的,还有外出讨饭或偷盗东西的。②

关于这一情况在国家粮食部1953年4月23日给中共中央的《关于运粮救灾的报告》中有详细的记载,如河南、皖北、苏北大部分地区及晋西南、山东一小部地区,于4月11日、4月12日前后发生严重霜灾。据各地报告初步了解的情况,计河南的

---

① 薄一波:《若干重大决策与事件的回顾》,上卷,265页,北京,中共中央党校出版社,1991。
② 温艳:《建国初期汉中的自然灾害与救灾》,载《汉中师范学院学报》,2005(5)。

9个专署97个县，重灾39个县，受灾面积约3 000万亩，少数最严重的，麦苗已完全无望，必须改种。轻者减产20%~30%。一般减产40%~70%。据河南粮食厅报告，约减产20亿~30亿斤。皖北阜阳、宿县两个专区受灾，阜阳更为严重。皖北受灾田地约3 000万亩，情况与河南相同，估计减产40%~70%。苏北的徐州、淮阴、盐城三个专区，情况大致同豫、皖，受灾区种麦面积约2 300万亩（估计颗粒无收者约800万亩），损失6亿~10亿斤。三省约计受灾8 000余万亩，估计减产约30亿~50亿斤。灾情发生之后，干部、群众情绪低落，人心惶惶不安，坏分子及特务乘机造谣，粮食市场极不稳定，出卖牲畜、农具者已发现不少，群众排队购粮已成普遍现象。因粮食调运不及，已有不少县镇粮食开始脱销。

农民惜售、存粮现象普遍。旧中国农民长期缺粮，形成了"恐粮症"，即使有粮不到万不得已是不会拿出来卖的。当时很多贫雇农都说："过去种人家田，欠人家钱，稻子一收到手，逼着去卖，私商杀价，苦头吃足。现在翻身了，债也还清了，哪个要急于卖粮呢？等等总有好处。"一方面当时粮食等农副产品的供求主要是靠市场自发调节，供给者是上亿分散的单个农户，购买者是国营公司、合作社和私商。在粮食供需关系紧张时，粮食价格就会上涨，这时私商粮贩看有机可乘便趁机哄抬物价，大批抢购粮食，囤积居奇，从而造成供需关系更加紧张。另一方面城镇居民见粮食供应紧张和价格看涨，自然也会加紧储备，结果导致粮食市场更紧张。这种局面严重影响刚刚起步的中国经济和社会的发展。由于自由市场的存在，农民在交完公粮之后，余粮可以自由上市。农民既可以将粮食卖给国家也可以将粮食卖给私人商业部门，这要看价格情况，谁的价格高农民就会卖给谁。1952年7月至1953年6月全年共上市粮食348亿斤，国家和供销合作社收购了69.9%，私商收购了30.1%，私商收购的数量较大。如"河南省唐河县，从1952年9月开始，粮食形势发生了紧张情况。该县当年晚秋减产，特别是红薯冻坏，加上各种粮价不够合理，农民出售土特产、惜售粮食，引起了粮价的波动。到12月粮食供应更加紧张，粮价波动延及全县。当时在上级的指示下，国营粮食商业部门采取的贷、购、救等一系列措施，但未能见效，许多市场粮食脱销被迫停售、限售，加上自1953年1月4日开始撤销国营粮食自营点及各社区代销业务，其结果未能缓和粮食供应的紧张局势。由于1月前许昌专区粮价上涨，致使该区大批小贩来唐河县从事粮食贩运。为避免粮食外流，有关部门于10日采取了凭介绍信限购，外来小贩不供应。这样，市场更加紧张，并且发展到社会不安、群情不稳的动荡局面，进而越来越紧"。①

最后,农副产品出口换汇是工业化建设资金的主要来源。1950—1952年中国基本建设总投资每年平均26亿元,从1953年起增加到平均每年110亿元。这么大规模的数字靠当时"一穷二白"的中国工业自身积累是远远不够的。中国在当时的情况下不可能采取西方国家采取的原始资本积累方式、海外殖民地掠夺方式、商业掠夺等。在中国只有靠农业积累,在初级工业化阶段农副产品出口是主要的出口创汇商品。因此为了工业化的顺利进行,农副产品的出口数量只能增加不能减少。中国当时不仅通过出口农副产品向苏联和东欧国家换取外汇和机器,还对苏联等国家的各项援助贷款报以出口换汇偿还。据统计,1953年出口的粮食达32亿斤,这又加重了粮食紧张的局面。

总之,1953年粮食缺口大约80多亿公斤,如果任由粮食问题发展下去,不仅会威胁城镇居民的生活,而且会引起物价的全面上涨,进而影响社会的稳定和经济建设的顺利进行,所以粮食问题是当时的重中之重,这个问题必须解决。这是统购统销制度出台的重要原因之一。

## 二、统购统销出台

面对当时严峻的粮食危机,时任政务院副总理兼国家财经委员会主任的陈云临危受命,负责解决粮食问题。在这之前因陈云在外地休养,由薄一波主持当时的工作。针对粮食问题,薄一波曾经草拟了《粮食收购办法》《粮食计划供应办法》《加强粮食市场管理办法》和《节约粮食办法》等文件。据薄一波回忆,当时没有提出征购的问题。第二次全国财经会议之后,粮食紧张的状况不仅没有缓解,购少销多的现象反而仍在发展。当时没有实行粮食征购的主要原因是怕农民难以接受。后来薄一波给出的方案是,除依法征收公粮外,有选择地实行余粮认购法、合同收购法、储粮支付货币法和预购等。

1953年年底陈云从浙江回到北京,参加了后期的财经会议。根据各方意见和当时的形势,陈云提出8种解决方案:①只征不配。他说:"如果只在农村征购,在城市里不配给,结果一定会边征边漏。你在农村中征购,换给他钞票,他拿到钞票以后,转

---

① 田锡全:《国家、省、县与粮食统购统销制度:1953—1957》,22页,上海,上海社会科学院出版社,2006。

一个身就可以再跑到城市的粮食公司里去买,结果你征购到的粮食便会统统漏掉。"②只配不征,即只在城市配售,农村不征购。他认为这只是关了一个门。因为如果农民不卖多余的粮食,国家买不到粮食,城市配售无从谈起。③原封不动,即继续自由买卖,结果是必乱无疑。他认为,与其这样乱,不如搞征购。④"临渴掘井",即先自由购买,等到在市场上实在买不到的时候再搞征购。他认为这个办法行不通,因为等到市场上买不到粮食的时候,城市的自由供应也无法继续了。⑤动员认购。1951年,这种办法在东北实行过,即中央把控制的数字层层下达到省、县、区支部,但不给农民交底,由支部召开会议,让农民认购,直到农民认购的数字达到控制数字才散会。这叫强迫而不命令。他觉得,还不如干脆向农民明确征购好。⑥合同预购。他认为,预购合同只有在收获量大于购买量时才能按合同办事,否则,有合同也不能保证买到粮食。⑦各行其是。这样做,全国各地各有各的方法,但互相影响,标准不好掌握,将造成全国混乱。⑧农村征购,城市配给。这种办法国家肯定可以搞到粮食,但也有风险。他说:"又征又配,农村征购,城市配给,硬家伙。……搞不好就搞翻了。城市里的人都要配给,农村里的人都要征购,所以,这件事情跟每一个中国的老百姓都有关系。……如果这个事情出了毛病,翻了车,比新税制翻车要厉害得多。"①

经过多次的讨论和征求意见,陈云认为只有农村征购、城市配给这一种方法具有可行性,也有危险。陈云在1953年10月10日全国粮食工作会议上说:"我现在是挑着一担'炸药',前面是黑色炸药,后面是'黄色炸药'。如果搞不到粮食,整个市场就要波动;如果采取征购的办法,农民又可能反对。两个中间要选择一个,都是危险家伙。现在的问题是要确实把粮食买到。如果办法不可行,落空了,我可以肯定地讲,粮食市场一定要混乱。"② 杜润生后来回忆说:"统购统销,农民可能打扁担;让市场自流发展,物价可能无法控制,通货膨胀会影响城市供应,引起市民反对,还会影响工业,影响出口,破坏整个建设秩序。那时持反对意见的人不少,如:河北省的副省长薛迅、全国供销总社的副主任孟用潜等。"③ 可见统购统销制度出台确实面临许多问题和风险。

实际上陈云早在1951年年底就酝酿过粮食统购问题。在1951年年底的全国财政会议上,陈云讲:"粮食是紧张的,但不要过分恐慌。第一条防止经济作物面积扩大,第二条小公粮一定交国家。征购办法必须采取,则粮食问题可以解决。"1952年年初,

---

① 贾艳敏:《陈云与统购统销政策的制定和实施》,载《贵州社会科学》,2004(3)。
② 《陈云文选(一九四九—一九五六)》,194页,北京,人民出版社,1984。
③ 杜润生:《杜润生自述:中国农村体制变革重大决策纪实》(修订版),40页,北京,人民出版社,2007。

在以陈云、李富春、薄一波三人名义给中共中央的《关于一九五二年财经工作的方针和任务的报告》中提出了实行粮食征购的意见，由于当时的情况和一些人的反对，没有在全国实施，但后来实行的统购统销政策中有一部分内容来源于此。

增加地方粮食机动权。由国家统一组织支配粮食问题压力过大，因此可以考虑中央和地方分级管理的办法，增强地方及时处理粮食问题的机动权，各地区粮食由地区间互相协调，如此可以增加地方的自主性，减少中央为处理此事耗费的精力，加大地区之间的协调互动。但也有人认为应该维持原状，但可以适当增加地区的机动数量。采取供销合作社的办法将农民手中的余粮收集过来，这主要是当时的中共中央农村工作部长邓子恢提出的。他认为农民手中的粮食不能强征强购，应该采用合作社同农民签订产销合同，用工业品和商品交换农民的粮食，在收购时按照等价交换的原则。还有人建议对城市人口进行压缩，但这种办法在当时不太可行，因为这违反了重工业优先发展的原则。

后来1953年提出的这个方案得到毛泽东、周恩来、邓小平等人的支持。1953年10月1日晚，陈云在天安门城楼上，向毛泽东汇报了粮食征购和配售办法，毛泽东表示赞同，并当即要陈云起草《关于召开全国粮食紧急会议的通知》。同年10月16日，中共中央政治局再次召开会议，会上讨论并通过了《中共中央关于实行粮食的计划收购与计划供应的决议》(以下简称《决议》)。11月19日，政务院第一百九十四次政务会议又通过了《关于实行粮食的计划收购和计划供应的命令》(以下简称《命令》)。这就是与全国人民息息相关的粮食统购统销政策，自此正式出台。

配合对个体农业的社会主义改造，是实行统购统销政策的深层次原因。统购统销从解决粮食供求危机入手，上升为过渡时期社会主义体系的重要组成部分，反映了主导中央工作的毛泽东对农业社会主义改造的思考。在酝酿采取统购统销政策时，中央政府一开始就把它作为过渡时期总路线的一部分来对农民进行社会主义改造。计划经济体制是苏联社会主义模式的核心特征之一，也是第一代中国共产党人追求的理想社会目标。统购统销具有共产主义的思想，无疑也是共产党人追求的目标。所以毛泽东将其视为改造农民的重要手段，喻为国营经济的一个"翅膀"。在1953年的中央政治局扩大会议期间，毛泽东写了一篇关于粮食统购统销问题的讲话提纲。他说："我国经济的主体是国营经济，它有两个翅膀即两翼，一翼是国家资本主义（对私人资本主义的改造），一翼是互助合作、粮食征购（对农民的改造）。"[1]

---

[1] 毛泽东：《粮食统购统销问题》，见《毛泽东文选》，第六卷，295页，北京，人民出版社，1999。

在统购统销制度实行之前，各地的粮仓还没有充分准备好。这些粮仓是边修边储，于是在1953年年底和1954年年初形成了粮仓建设的高潮。江津县的案例表明，没有市场调节的粮价不能反映真实的供给与需求。整肃市场造成的粮食危机，迫使政府采用统购统销的方式进一步消灭市场，中国经济由此步入计划经济时代。① 最初在计划统购统销时，可以考虑选用的名字有"计划收购""计划供应"等，但最后确定了"统购统销"。

## 第二节 统购统销制度的特点及其演变

### 一、统购统销制度特点

"统购统销"制度是指由国家统一收购和统一销售农产品的制度，是国家对粮食等农产品的一种垄断行为。这一制度最初主要针对粮食购销，指粮食的"计划收购"和"计划供应"。"计划收购"最初指代粮食的"征购"，"计划供应"最初指代粮食的"配给"（也称配售）。作为统购统销主要决策者的陈云就此作出了详细说明："'征购'这个名称是骇人的，究竟叫什么可以考虑，但性质是这么一个性质""'配给'这个名词有点不太好听，一说起它就想到日伪统治时期的情况。现在改了一个名字，叫作'计划供应'，是粮食部长章乃器先生想出来的。"② 《命令》规定：为了保证人民生活和国家建设所需要的粮食，稳定粮价，消灭粮食投机，进一步巩固工农联盟，特根据《共同纲领》第二十八条"凡属有关国家经济命脉和足以操纵国民生计的事业，均应由国家统一经营"的规定，决定在全国范围内有计划、有步骤地实行粮食的计划收购（简称统购）和计划供应（简称统销）。

粮食统购统销政策的具体内容主要包括四个方面，即对农村余粮户实行粮食计划收购、对城市人民和农村缺粮户实行粮食计划供应、实行粮食市场的严格管理和中央

---

① 李婉琨、曹树基：《粮仓、市场与制度：统购统销的准备过程——以江津县为中心的考察》，载《中共党史研究》，2012（3）。
② 田锡全：《国家、省、县与粮食统购统销制度：1953—1957》，1页，上海，上海社会科学院出版社，2006。

统一管理粮食市场。①

（1）对农村余粮户实行粮食计划收购（统购）。《命令》规定："生产粮食的农民应按照国家规定的收购粮种、收购价格和计划收购的分配数量将余粮售给国家。农民在缴纳公粮和计划收购粮以外的余粮，可以自由存储和自由使用，可以继续售给国家粮食部门或合作社，或在国家设立的粮食市场进行交易，并可在农村间进行少量的互通有无的交易。"粮种和价格由中央统一规定，统购价格的规定大体维持在当时城市出售价格的基础上，以不赔不赚为原则，统购价格必须固定，以克服农民存粮看涨的心理。从以上规定可以看出，国家在农村实行粮食统购的对象，是余粮户，也就是在缴纳公粮之后还有余粮的农民。

（2）对城市人民和农村缺粮户实行粮食计划供应（统销）。《命令》规定粮食统销的对象和办法是：在城市，对机关、团体、学校、企业等的人员，可通过其组织，进行供应；对一般市民，可发给购粮证，凭证购买，或暂凭户口簿购买。在集镇、经济作物区、灾区及一般农村，则应采取由上级政府颁发控制数字与群众实行民主评议相结合的办法，使真正的缺粮户能够买到所需的粮食，而又能适当控制粮食的销量，防止投机和囤积。对于熟食业、食品工业等所需粮食，旅店、火车、轮船等供应旅客膳食用粮以及其他工业用粮，应参照过去一定时期的平均需用量，定额给予供应，不许私自采购。对农村缺粮地区实行粮食计划供应。

（3）实行粮食市场的严格管理，严禁私商自由经营粮食。政务院11月19日《命令》规定：一切从事粮食经营加工的国营、地方国营、公私合营、合作社营的商店和工厂，统一归当地粮食部门领导；所有私营粮商一律不许私自经营粮食，但在国家严格监督和管理下，可以由国家粮食部门委托代销粮食。所有私营粮食加工厂及经营性的土碾、土磨，一律不得自购原料，自销成品，只能由国家粮食部门委托加工或在国家监督和管理下，代消费户按照国家规定的加工标准从事加工。一切非粮食机构和私商，禁止跨行业经营粮食。农民运粮进城出售，由国营粮店或合作社收购。

（4）在中央统一管理下，中央与地方分工负责粮食体制。仍坚持实行以往"统一的管理、统一的指挥和调度"的原则。"所有方针政策的确定，所有收购量和供应量，收购标准和供应标准，收购价格和供应价格等，都必须由中央统一规定或经中央批准，地方则在既定的方针政策原则下，因地制宜，分工负责，保障实施。"

---

① 罗平汉：《票证年代：统购统销史》，28~34页，福州，福建人民出版社，2008。

这四项政策，是互相关联缺一不可的。统购统销在执行的过程中对象不断增加。1953年11月，中共中央批准了中财委《关于在全国实行计划收购油料的决定》；1954年9月，政务院颁布了《关于实行棉花计划收购的命令》。至此农产品的三个主要品种，粮、油、棉全部纳入统购统销的范畴。除这三种重要的农产品外，烤烟、生猪、羊毛、牛皮，以及部分中药材、水产品、废铜、废锡、废钢等几十种产品，都逐步纳入统购统销的范围。在三十多年统购统销制度实施的时间里，它是一个庞大的体系，所产生的影响远远超出农产品流通的范围。

《关于实行棉花计划收购的命令》规定，凡生产棉花的农民，应按照国家规定的收购价格，将所产棉花，除缴纳农业税和必要的自用部分外，全部卖给国家。国家的棉花收购工作，统由国营中国花纱布公司办理。中国花纱布公司委托供销合作社代理收购业务。私营棉花商、贩，一律不得经营籽棉、皮棉的收购和贩运业务，其从业人员在当地人民政府领导下，由中国花纱布公司、供销合作社分别安置。国家收购计划完成后，棉农留作自用部分的棉花，如有节余需要出售时，可由供销合作社继续收购。

像中国这么大一个国家，要在全国范围内实行看似对农民本身不利的政策，没有强大全面的动员力量和方法是很难实施的。因此，为顺利推行粮食统购统销政策，对广大群众进行宣传动员教育，利用各种资源，运用有效方式，激发和鼓动全国人民积极主动地贯彻执行粮食统购统销政策就成为必要。这就是新中国成立初期粮食统购统销中的政治动员，它是结合过渡时期总路线而宣传的。中央规定："实行统购统销必须进行充分的政治动员""必须动员全党的力量，向广大人民，主要是向农民进行充分的工作，才能完成这个极为艰巨的任务。"因为新中国成立初期广大群众对粮食统购统销与国家工业化及农业社会主义改造之间的重大联系缺少自觉的认识，必须进行深入的动员教育。

统购统销中的政治动员机制，重要的工作基础是有严密的基层组织。中国城乡基层组织设置严密，既代表国家在社会基层行使权力，又保证对广大社会成员进行全面的政策教育和宣传；政治动员中坚持说服教育原则，运用了启发式教育方式，引导广大人民群众，尤其是农民群体进行广泛而深刻的自我教育；用有效的利益驱动人民参与。在动员方式中充分利用各种传播形式和媒体进行宣传。最为广泛的是报纸和广播，在集体化时期广播成为农村接收中央信息的重要渠道。新中国成立不久，中央就建立了中央人民广播电台，相应地各大区、省、地等级建立了四级广播电台，组成强大的广播电台网。网络直接深入农村，中央就是利用广播和报纸的广泛覆盖性进行大量的宣传。采取文艺作品的方式进行宣传也是这一时期的重要形式。文艺作品深入农村，深得农民朋友的喜爱，这种形式容易介绍和理解。另外全国有大量的宣传员和报告员，向人民群众讲解时事和政策等。党和政府运用宣传网络进行如此深入细致的动员安排，确保了粮食统购统销政策的广泛深入传达。[①]

粮食统购统销有两大特点，一是强制性，二是保障性。强制性是对于农民的统购而言的，保障性是对于城市和贫困农村的统销而言的。对农民的统购是容不得对抗的，农户必须遵从。在统购统销初期，一些与政策对抗的农民曾受到严厉的惩罚。如湖南常德地委规定："对破坏计划收购和计划供应的反革命分子，要依照《中华人民共和国惩治反革命条例》治罪。"[②] 再如 1953 年四川石柱县法院与公安局组成的"保卫收购办公室"，召开公判大会 9 次，判处死刑 2 人，有期徒刑 5 人，管制 2 人。[③] 保障性体现在城镇居民低水平粮食需求的保障和农村的返销粮上。当农村口粮少到无法生存的时候，政府会通过返销的方式把粮食卖给农民。返销是一种中国特色的社会保障体系。

和统购统销伴随而生的还有票证制度。1953 年年底到 1954 年年初，首次粮食统购工作结束后不久，政府即开始统购统销制度建设。1954 年 3 月 1 日，《人民日报》发表社论，指出这一新的粮食政策不是一个临时性的措施，而是国家向社会主义过渡时期必须采取的一项较长期的措施。时任粮食部长的章乃器 1954 年 9 月 27 日在第一届全国人民代表大会第一次会议上指出："统购统销工作必须逐步制定明确具体的制度，必须积极提高计划的正确性，使工作干部和人民都可以按制度、按计划办事。"[④] 可见统购统销政策出台不久，中央政府就在考虑统购统销制度建设问题。

为配合粮食统购统销政策的实施，全国各地曾先后实行了各种粮食票证，并逐步成为一种制度。票证制度是粮食统购统销制度的一个重要组成部分。田锡全对票证制度的缘起、形成过程和作用，通过河南省的个案做了迄今为止较为深入的研究。他认为票证制度的创立有两个原因：其一，出于贯彻实施粮食统购统销政策的需要；其二，是受革命战争时期以及新中国成立初期发行各种粮食票证做法的影响。形成过程从河南情况来看，经历了初创时期（1953 年 11 月至 1955 年 6 月）、基本成型时期（1955 年 7 月至 1956 年 2 月）和确立时期（1956 年 3 月至 1957 年）三个阶段。1955 年开始对城市居民实行凭粮票购买粮食，1954 年 9 月 15 日政务院决定实行棉花棉布统购统销，

---

① 徐向东：《建国初期粮食统购统销中的政治动员》，载《湖南城市学院学报》，2009（2）。
② 《常德地区志·粮油贸易志》，32 页，北京，中国科学技术出版社，1992。
③ 《石柱县志》，449 页，成都，四川辞书出版社，1994。
④ 章乃器：《章乃器文集》（上卷·学术卷），652 页，北京，华夏出版社，1997。

凭票供应棉絮和棉布。此后各种农产品和农产品以外的商品开始实行凭票供应。如猪肉、鸡蛋、鱼、牛奶、菜、糖、面碱、煤炭、肥皂、火柴、自行车、手表等。凭票购买商品到1985年才开始逐步取消。票证制度在三十多年的统购统销制度中发挥了重要的作用，是与广大城乡居民息息相关的。①

1953—1957年粮食统购统销在基层是如何具体运行的，田锡全以河南省唐河县为例，认为是"全党党员，全力以赴"，以进行广泛的政治动员的方式得以推行的。在具体实施过程中，开展"运动"是其得以推行的重要形式。在"运动"的过程中，政治思想工作的开展也是必不可少的。同时，统购统销政策的推行方式又决定了其推行系统必然是以党政系统为主导。为此，从上到下各级党政部门成立了与国家政权相联结的各级征、购、销机构。②

## 二、农村"三定"与城市"定人"

1953年实施粮食统购统销政策，1954年部分地区却遭受了严重的自然灾害，粮食大幅减产，非灾地区的粮食征购任务比1953年增加很多，征了过头粮；又由于在具体执行过程中一些干部出现作风粗暴等行为，致使到了1955年出现"人人谈粮食，户户谈统购"的紧张局面，为此，陈云向中央建议实行粮食"三定"政策，从而改善了党和农民间的紧张关系。"三定"政策是统购统销制度中一件重要的大事。

统购统销的第二个年头（1954年），6月2日中共中央发出《关于控制粮食数字和掌握粮源的指示》指出："为使国家掌握粮源有把握起见，在征购的方法上，小麦产区及早中稻产区，均应在收获后及时进行夏征，并按比例实行随征带购的办法；在过去无夏征习惯的地区，可采取按田亩、产量、人口实行预征与派购的办法；大豆及杂粮，各地可视具体情况采取预征或动员农民交售的办法。为了解除农民交售的顾虑，农民交售的粮食，均需发给卖粮凭证，以便在秋后统购时一并计算全年交售任务。"1954年10月18日，中共中央又发出《关于粮食征购工作的指示》，规定1954年度（1954年7月至1955年6月）全国共应收粮食878.09亿斤。其中华北62.25亿斤，内蒙古28.74亿斤，西北46.03亿斤，东北168.83亿斤，华东225亿斤，中南220.24亿斤，

---

① 田锡全：《统购统销初期的粮食票证制度探析》，载《史学月刊》，2004（5）。
② 田锡全：《国家、省、县与粮食统购统销制度：1953—1957》，119页，上海，上海社会科学院出版社，2006。

西南127亿斤。同时指示上述指标各地区必须坚决完成,并争取超过。

由于采用了上述两个征粮原则,征粮的基本原则变为:"国家需要,农民够吃,余多多购,余少少购,不余不购。"但是由于指标定得高,工作中出现了很多问题。据统计1954年多购了70亿斤粮食,同时长江、淮河流域和河北均遭遇了百年不遇的大洪灾,急需救济。两个因素造成对一些地方征了"过头粮",影响了农民生产积极性,农民一时有"统购无底""增产无益"的思想。农民对统购开始有抵触情绪,同时一些地方在统购统销过程中,干部态度粗暴蛮横,完全抛弃了说服教育的方法,搞强迫命令,乱批乱斗,甚至还出现了逼死人的现象。

如河南许昌地区的一些农村,干部为了迫使农民卖余粮,带领工作组的人员到农民家里搜查;有些人以组织学习为名,将农民组织在一起,实际上是将农民软禁,不卖粮给国家就不让回家;还有一些人采取极端做法,如熬夜、捆绑甚至扒衣服受冻等,强迫群众卖粮。浙江省1954年粮食总产量为141亿斤,征收和购买的粮食数量加在一起是51亿斤,占总产量的36%强。全省农村人均剩余的粮食只有477斤,而人均每年需要的口粮加上种子至少要540斤。由于征购的任务太重,实际上已经影响了农民的口粮,因此农民的对立情绪很强。有的农民不满地说:"搞别的工作,共产党总有个路线,搞粮食,也没路线了。"在湖南,"新会县莲溪乡党支部在县委负责同志指示下捆绑农民,全乡捆绑了八九个人,竟将不合作的生产队长捆起来,由乡干部拿着秤挨家挨户称粮食,不卖的就当场绑起来(绑了二人)。将浪费了部分粮食去喂鸭子的一个中农拿来斗争,甚至没收了不卖余粮的农民的土地证(全乡没收了三户);高要县第九区在购粮中捆打了十三人,该区依坑乡搜屋三十六户。……湖南全省因购粮问题被迫自杀者一百一十一人"。①

这个问题严重影响了国家和农民之间的关系。有些人认为统购统销就等于剥夺了农民保存和占有自己生产的粮、棉、油等农副产品的自主权利,广大农民感觉极不适应。农民心中无底导致大吃大喝现象出现,全国农村普遍出现杀猪宰羊等情景。全国形成"人人谈粮食,户户谈统购"这样一种人心浮动的局面。这一年又是合作化快速发展的时期,更使农户搞不清形势。农村生产积极性下降导致城镇猪肉、蛋等副食品供应紧张。因为农民家里的口粮已经不多,根本没有余粮饲养家畜家禽。这一问题严

---

① 张学兵:《统购统销制度正负效应的辩证思考》,载《党史研究与教学》,2005(5),22~30页。

重影响了社会的稳定和国家工业化的进程。

"三定"政策的出台。为了解决这个严重的问题,陈云决定亲自到农村进行调查。其实早在1953年陈云就已经估计问题可能会出现。毛泽东当时列了17条可能出现的毛病,陈云又加了一条"有意想不到的毛病"。陈云1955年1月,回到故乡上海青浦小蒸乡,调查了与其有长期联系的两个农户,并考察了米店、粮仓等。除了两个农户外,他还广泛与其他农民、商人、教员、干部等座谈,畅听他们的意见。调研发现,农民对统购统销的最大意见是征了"过头粮",让农民看不到希望,以为收得多就要交得多,农民心里没底。有些地区将农民的口粮都拿走了,对刚刚解放过上好日子的农民来说,有些泄气。陈云也发现如果对农民不征"过头粮",对农民进行说服教育,农民还是可以理解国家的难处的。

因此陈云认为,统购统销必须坚持不能动摇,但在具体执行上可以通过调整征购方案解决,如规定征多少、留多少、缺粮怎么办等办法。此后陈云正式向中央提出粮食"三定"政策。"三定"即定产、定购、定销。1955年3月3日,中共中央、国务院联合发出《关于迅速布置粮食购销工作安定农民生产情绪的紧急指示》(以下简称《紧急指示》),决定在全国城乡实行粮食"三定"制度。

《紧急指示》指出,过去两年来中央决定的粮食统购统销政策已经获得极大成绩,这个政策是完全正确的、必要的,在今后仍应坚决贯彻。但根据各地反映,目前农村的情况相当紧张,不少地方,农民大量杀猪、宰牛,不热心积肥,不积极准备春耕,生产情绪不高。应该看到,这种情况是严重的,其中固然有少数富农和其他不良分子的抵抗破坏,但从整体来说,它实质上是农民群众,主要是中农群众对于党和政府在农村中的若干措施表示不满的一种警告。产生这种情况有很多原因,比如有些地区的互助合作运动搞得过粗过快,某些措施不尽合理,农村供应工作有缺点等。这些缺点都正由中央各主管部门积极克服。应该说,农民不满的主要原因是农民对统购统销工作感到无底;感到增产多少,国家收购多少,对自己没有好处;感到购的数目过大,留的数目太少,不能满足他们的实际需要;对于许多统销物资的供应,城市松,农村紧,也有意见。农民是现实的,如果他们觉得增产没有好处,就不再热心增产。这种趋势发展下去,就将严重影响农业生产,影响工农联盟,影响社会主义建设和社会主义改造的进行。

《紧急指示》要求各地区在春耕开始以前,以乡为单位,将全乡的计划产量大体确定下来,并将国家对本乡的购销数字向农民宣布,使农民预先知道自己全年生产多少,国家收购多少,留用多少,缺粮户供应多少。在确定实行"三定"政策时,毛泽东曾说，粮食定产要低于实际产量，要使农民多留一点，多吃一点，多喂一点，多自由一点，做到人不叫，猪不叫，牲口不叫。《紧急指示》规定，会议确定本年度（1955年7月至1956年6月）粮食征购指标为900亿斤。这个指标和上年度（1954年7月至1955年6月）粮食征购预计完成数比较，只多20亿斤，即大体上仍维持在上年度征购的水平。

"三定"政策确实收到了很好的效果，全国粮食供应量迅速恢复正常。1955年粮食定产一般为实产的90%～95%，实际征购的数量却比计划征购数量多出了40亿斤。这有两个原因：一个是1955年粮食丰收；另一个是各地"三定"政策执行得好，农民放心，干部省心，征购过程中没有出现大的问题。正如有的农民说，"三定是四定"，意思是实行了定产、定购、定销这三项办法，心也就定下来了，所以称为"四定"。北京郊区石景山鲁谷乡一位农民，在"三定"后自撰一副对联，上联是"毛主席号召'三定'，人人高兴"，下联是"共产党规定'四留'，个个不愁"，横批是"努力生产"。①1955年9月27日《人民日报》社论称，粮食定产定购定销是具有重大政治和经济意义的。做好这个工作，就可以为今后几年的粮食工作打好基础，可以使今后的农村工作更加主动，有利于完成农业增产计划，有利于开展农业合作化运动，有利于整个社会主义建设事业的顺利进行。

"三定"大体可以分为两步，一是"三定"到乡，二是"三定"到户。"三定"到乡是解决农民"统购无底"的顾虑，有利于提高农民生产积极性。虽然乡里的数字定了，但农民还是不摸底，非常担心政策会有变化，所以"三定"到户就成为当时的必须之举了。"三定"到户规定了各类农户和不生产粮食的农村居民的用粮标准，按户计算用粮量。凡生产粮食的农户，按照核定的粮食产量，减去用粮量和实缴公粮后，粮食有余的为余粮户，不余不缺的为自足户，不足的为缺粮户。"三定"到户对农村各种农户分得较为清楚，这样农户心里较为有底，知道自己应该交多少粮，能余多少粮，在此很大程度上激发了农民的劳动热情。

为了贯彻"三定"到户的政策，各省、自治区、直辖市结合本地实际情况做了大量的工作。如安徽省训练了40万名各级干部到农村宣讲；四川省每个专区都召开各级领导干部会议，将工作直接布置到乡；河南通过召开干部会议，共训练了骨干分子约10万多人。"三定"工作是卓有成效的，此后农村形势较为稳定，为提高农民的生产

---

① 罗平汉：《一九五五年统购统销中的粮食"三定"工作》，载《中共党史研究》，2007（5），70～78页。

积极性,为城镇供应粮食定量起到了积极作用。随着农村政治体制和人民公社基本核算单位的演变,粮食征购任务也经历了到户、到社、到大队,最后长时期的任务到生产队的演变。农民缴纳公粮也经历了大致同步的演变。粮食"三定"工作,改进和完善了粮食统购统销制度,缓和了农村中的社会矛盾,在一定程度上调动了农民的生产积极性,保证了粮食统购统销制度长久维持。① 经过"三定"政策调整,以及城镇口粮定量供应到人之后,中国的统购统销制度基本定型,这一制度一直延续到 20 世纪 80 年代。

城市以人定量。为了控制城市粮食销量,1955 年 5 月 16 日,中共中央、国务院发出了《关于整顿城市粮食计划工作的指示》,指出为了堵塞当前城市供应中的漏洞和做好城市粮食统销工作,必须对全体干部和居民进行反对浪费和节约粮食的宣传教育,对那些严重浪费国家粮食和破坏国家粮食政策的机关、团体和个人,公开加以揭露和严肃处理。该指示决定全面实行"以人定量"和各种行业定量供应的计划供应制度。各地遂对市镇粮食供应进行整顿,将以往的单纯凭证购粮改为按户核实,一般是在购粮登记的基础上各户居民参照半年来平均实际消费量提出月需计划,核填购粮证,凭核实后的需粮计划数购粮。

中共中央、国务院认为,实行"以人定量"和各行业定量供应的计划供应制度,是保证城市粮食正常供应和克服当前不合理现象的可靠办法。在全面实行"以人定量"之前,全国各主要大城市摸索了很多自己的办法,这些办法不尽相同,主要有如下一些形式:"定人",通常以居民户为单位,核算供应人口;其他机关、团体、学校、厂矿以伙食团为单位,核定供应人口;临时性流动人口,要凭户籍登记核对供应。"定时",大多数地区按月供应。有的地区规定在特定月份内随时购买,有的地区规定在月份内分次购买。还有的地区规定在特殊节日内购买特殊物资等。"定量",北京、上海、武汉、桂林等城市内部掌握每人每月供应标准,该标准不对外公布,但对购粮超过供应标准的要进行了解或追查;广州、山东、安徽、江苏、浙江、福建、陕西等省市凭证按数供应,其中居民按户,机关、团体、厂矿、学校按单位,核定人口,根据实际需要,公开规定每户或团体每月供应数量,并将数量填入购粮证;也有城市如湖北的城市发粮票;兰州等城市以户及伙食团为单位,根据内部掌握的情况,对不同类型人口提供不同的供应标准;成都等地则公开规定不同消费人口的供应标准。

实际统购统销政策之初,城市供应量没有统一标准,而且多数城市对居民的粮食

---

① 唐正芒:《试论 1955 年的粮食"三定"工作》,载《党史研究与教学》,2011(4),7~15 页。

供应量也没有明确限制。计划供应的重点仅是对私商的粮食经营进行禁止,而居民可以自由购买,或者居民自行制订计划指标,审批形式较为简单。其结果是很多城市居民购买了超过需要的粮食,甚至有的粮食又回流到了农村地区。

由于对城市粮食统销控制不严,城市粮食供应量不断增加,加大了粮食紧张的气氛。1954年后江苏省的城市销售量不断增加,仅在1955年1月10日,粮食销量就已经达到全年计划的57%以上。武汉市从1954年10月起粮食销售量快速上升,每月都超过计划数量。粮食销量超过计划的主要原因有两个,一是城市人口不断增加;二是对粮食控制不严。

为了解决城市粮食供应量不断增加的问题,1955年8月25日,国务院公布了《关于市镇粮食定量供应暂行办法》(以下简称《暂行办法》)。《暂行办法》规定,所谓定量供应就是对市镇居民,包括不在市镇内的机关、企业、学校等的非农业人口采取口粮分等定量,工商行业用量按户定量,牲畜饲料用量分类定量的供应制度。同时规定了所有用量必须凭证供应。《暂行办法》还规定,居民口粮要根据劳动力差别、年龄大小、性别和粮食消费习惯等由各省、自治区、直辖市根据情况制定标准。

口粮标准制定主要分为两种类型,即以大米为主食地区和以杂粮、面粉为主食的地区。《暂行办法》规定,在以大米为主食的地区按表2-1所示标准供应,以杂粮、面粉为主食地区按表2-2所示标准供应。

表2-1 以大米为主食地区的居民口粮标准

| | 类　　型 | 成品粮标准/斤 | 不得超过平均数标准/斤 |
| --- | --- | --- | --- |
| 1 | 特殊重体力劳动者 | 45~55 | 50 |
| 2 | 重体力劳动者 | 35~44 | 40 |
| 3 | 轻体力劳动者 | 26~34 | 32 |
| 4 | 机关、团体工作人员,公私营企业职员、店员和其他脑力劳动者 | 24~29 | 28 |
| 5 | 大、中学生 | 26~33 | 32 |
| 6 | 一般居民和10周岁及以上儿童 | 22~26 | 25 |
| 7 | 6周岁及以上不满10周岁儿童 | 16~21 | 20 |
| 8 | 3周岁及以上不满6周岁儿童 | 11~15 | 13 |
| 9 | 不满3周岁的儿童 | 5~10 | 7 |

表2-2 以杂粮、面粉为主食地区的居民口粮标准

| | 类 型 | 成品粮标准/斤 | 不得超过平均数标准/斤 |
|---|---|---|---|
| 1 | 特殊重体力劳动者 | 50~60 | 55.0 |
| 2 | 重体力劳动者 | 40~49 | 44.0 |
| 3 | 轻体力劳动者 | 29~39 | 35.0 |
| 4 | 机关、团体工作人员，公私营企业职员、店员和其他脑力劳动者 | 27~32 | 31.0 |
| 5 | 大、中学生 | 29~36 | 35.0 |
| 6 | 一般居民和10周岁及以上儿童 | 24~28 | 27.5 |
| 7 | 6周岁及以上不满10周岁儿童 | 18~23 | 22.0 |
| 8 | 3周岁及以上不满6周岁儿童 | 12~17 | 14.0 |
| 9 | 不满3周岁的儿童 | 6~11 | 8.0 |

《暂行办法》还规定了诸如人口迁移、人口流动、出生、死亡等方面粮食供应的变化和变通。1955年9月5日，国家粮食部发布了经国务院第十七次会议批准的《市镇粮食定量供应凭证印刷使用暂行办法》，该办法的出台标志着中国统购统销时期粮票制度的正式启动。

各地区在中央的口粮计划供应标准之上又制定了具有各地区特色的、更为详细的执行标准，如重庆市的标准如表2-3所示。

表2-3 重庆市粮食定量标准

| 类 型 | 口粮标准/斤 | 其 中 | | |
|---|---|---|---|---|
| | | 一级 | 二级 | 三级 |
| 特重体力劳动者 | 46~53 | 53 | 50 | 46 |
| 一般重体力劳动者 | 35~42 | 42 | 38 | 35 |
| 轻体力劳动者 | 27~32 | 32 | 30 | 27 |
| 职员 | 25~29 | | | |
| 郊区干部 | 29 | | | |
| 人民警察、仓库管理员等 | 27 | | | |
| 一般职员 | 25 | | | |
| 大、中学生：男 | 31 | | | |
| 大、中学生：女 | 27 | | | |
| 一般市民和10周岁及以上儿童 | 25 | | | |
| 6周岁及以上至10周岁儿童 | 20 | | | |
| 3周岁及以上至6周岁儿童 | 13 | | | |
| 3周岁及以下儿童 | 7 | | | |

注：在体力劳动中女性均比男性同等工种少1斤。

当时不少市民对粮食定量是支持的，如《大众日报》的记载，淄博市煤矿工人陈

怡山说："解放前吃不饱、穿不暖,解放后生活富裕,如不注意节约,就对不起毛主席和农民兄弟。"泰安城关搬运工人朱桥夫说："够吃的,若会调剂,可能还会有节余。"还有许多居民主动减少了自己的供应量,如泰安城关的张继升一家10口人,按国家标准每月需供应308.5市斤,却主动将全家月标准降到262.5市斤。[①]

实施市镇粮食定量供应办法之后,产生的效果是明显的。至此,在《农村粮食统购统销暂行办法》和《市镇粮食定量供应暂行办法》全面实施之后,中国的粮食统购统销制度已经基本定型,之后的实施都是在此基础上进行修正或补充,但总体框架没有发生大的改变,直到党的十一届三中全会之后才有所松动。

### 三、统购统销制度的演变

1953年10月16日中共中央通过的《关于实行粮食的计划收购与计划供应的决议》、1953年11月19日政务院通过的《中央人民政府政务院关于实行粮食的计划收购和计划供应的命令》以及《粮食市场管理暂行办法》,明确提出实行严禁私商自由经营粮食的政策,由国家实行粮食市场的严格管理,将粮食市场掌握在国家手里。同时提出组建国家粮食市场的构想,其主要内容包括:

所有私营粮商,在粮食实行统购统销后,一律不准私自经营粮食。在国家严格监督和管理下,由国家粮食部门委托代理销售粮食的业务。跨行跨业兼营粮食的私商,除少数大城市经国家特许代销者外,一律禁止兼营粮食。

所有私营粮食加工厂及营业性的土碾、土磨,由国家粮食部门视需要与可能委托加工,或在国家监督和管理下代消费户按国家规定的加工标准从事加工,一律不得自购原料、自销成品。

由国家粮食部门委托代销粮食和代理粮食加工的私营店厂,必须严格遵守政府法令,不准有掺杂、掺假、使潮、降低品质、短秤、抬价等损害国家和人民利益的不法行为。

城市中的熟食业、食品工业等所需粮食,旅店、火车、轮船等膳食用粮,及其他工业用粮,一律由国家粮食部门有计划地予以供应,不准私自采购或转售粮食。集镇的旅店、熟食业、副食业等所需粮食,视当地具体情况,由国家粮食部门予以调剂供应,

---

① 《1955年9月1日山东对城市居民买粮定量限制》,载大众网,2009年9月7日。

或准其到指定的国家粮食市场进行采购。

城市和集镇中的粮食交易场所，视需要改为国家粮食市场，在当地政府统一领导下，以工商行政部门为主会同粮食部门共同管理之。凡进行粮食交易者，均需入场交易，严禁场外成交。

城市居民购得国家计划供应的粮食，如有剩余或不足，或因消费习惯关系，须做粮种间的调换，可到指定的国家粮店、合作社卖出，或到国家粮食市场进行相互间的调剂。

农民向国家缴纳公粮和计划收购粮以外，可以自由存储，自由使用，可以售给国家粮食部门和合作社，或到国家粮食市场进行交易，并可在农村间进行少量的互通有无的交易，但严禁投机倒把、扰乱市场。

为切实贯彻国家对粮食的统购统销政策，各级人民政府应组织有关部门切实进行经常的检查和监督，并应发动群众性的监督和检举，对投机取巧、扰乱市场、造谣破坏、违反规定者，必须严予议处。

粮食统购统销制度实行之后，粮食市场的存废问题开始摆在中央领导面前。1957年7月，全国粮食会议上就提出了粮食市场是否要关闭的问题。陈云在会上提出，各地对粮食市场愿意关闭的就关闭，愿意保存的就保存，国家不做统一规定，由各省根据实际情况自行决定。1957年8月17日，国务院发布了倾向于将国家粮食市场取消的文件《关于由国家计划收购（统购）和统一收购的农产品和其他物资不准进入自由市场的规定》（1957年8月9日国务院全体会议第56次会议通过），该规定的主要内容是，凡属国家规定计划收购的农产品，如粮食、油料、棉花，一律不开放自由市场，全部由国家计划收购；国家计划收购任务完成以后，农民自己留用的部分，如果要出卖，不准在市场上出售，必须卖给国家的收购商店，不是国家委托收购的商店和商贩，一律不准收购；如果某些省区由于当地粮食供求情况比较缓和，认为可以开放国家领导下的粮食市场，经过省人民委员会的批准，可以开放当地国家领导下的粮食市场。

1957年10月国务院《关于粮食统购统销的补充规定》，决定关闭国家粮食市场，改由国家粮食机构在可能的范围内，帮助农业生产合作社和农民进行粮食品种的调剂。在这之前，农民在向国家缴纳公粮和统购粮以后的余粮是可以拿到国家粮食市场上交易的，也允许城市居民到国家粮食市场相互进行余缺调剂和品种调剂。实际上这已经将国家粮食市场关闭了。

为了鼓励人民公社向国家提供更多的商品粮，1960年3月23日，国务院发出《关于目前几项价格问题的通知》，决定提高四川、贵州、云南、湖北、湖南、江西、广州7个省、自治区的粮食收购价格，相当于全国粮食平均统购价格提高了2.6%，而统销价格此时原则上不作改变。1960年11月8日，中共中央批转了国务院财贸办公室《关于粮食奖励办法和油料价格的两个方案》，决定从该年的夏收粮食统购开始，以人民公社为单位，按人口平均计算，每人向国家缴纳的公粮和卖给国家的粮食，超过规定的部分按统购价加价10%（不同省份有不同规定）。1961年1月15日，又对粮食价格进行了调整，中共中央批转了中央粮价问题小组《关于提高粮食收购价格问题的报告》，决定从1961年夏收起，全国粮食收购价格平均提高20%。1961年4月4日，国务院发出提高粮食统购价格和提高油脂油料统购价格的通知，决定将稻谷、小麦、玉米、高粱、大豆、谷子6种主要粮食作物每百斤平均统购价格，由原来的7.01元提高到8.78元，每百斤提高1.77元。在城市销售价格不变的情况下，粮食收购出现了购销倒挂现象，城市销价低于购价1.37元。

迫于"三年灾害"带来的粮食物品短缺等严重问题的压力，1962年重新开放了粮食集市贸易。1963年3月，中共中央、国务院批准了全国物价委员会《关于提高农村粮食销售价格和工商行业用粮价格的报告》，将统销给农村的粮食价格提高到与统购价格持平，但对城市的统销价格没做相应改变。1966—1976年，即"文化大革命"当中，任何物品的市场交易都被叫作"资本主义尾巴"，是要"割掉"的，所以这时期绝大部分地区又关闭了粮食集市。

1965年10月，实行粮食征购"一定三年"的政策，即征购任务一定3年，3年内作为征购的基数不变，灾年调减当年任务，丰年实行超产超购、加价奖励，加价幅度为统购牌价的30%~50%。1971年8月从"一定三年"改为"一定五年"，继续实行超购加价奖励的办法，但加价幅度不得高于统购牌价的30%。1979年以后，大部分省、自治区先后把超购任务从"一年一定"改为"一定三年"或"一定五年"，对有余粮的农业生产单位的粮食征超购任务实行包干，一定几年不变。

中共中央十一届三中全会原则通过的《中共中央关于加快农业发展若干问题的决定（草案）》规定，粮食统购价格从1979年夏粮上市起提高20%，超购部分在这个基础上再加价50%。棉花、油料、糖料、畜产品、水产品、林产品等的收购价格，也要分别情况，逐步作相应的提高。农业机械、化肥、农药、农用塑料等农用工业品，在降低成本的基础上逐步降低出厂价格和销售价格，把降低成本的好处基本上给农民。农产品收购价格提高以后，粮食销价一律不动；群众生活必需的其他农产品的销价，也要基本保持稳定；某些必须提价的，要给予消费者适当补贴。大幅度提高农产品的收购价格和降低农业生产资料的价格，本质是以最直接的经济手段满足农民的物质利益要求，通过价格杠杆调动农民的生产积极性。

1982年《关于实行粮食征购、销售、调拨包干一定三年的通知》由国务院颁布。该通知决定，1982—1984年对除西藏、新疆以外的省、自治区、直辖市实行粮食征购、销售、调拨包干。在包干期内，多购少销的粮食归地方掌握，如遇到自然灾害或其他原因而发生的新的粮食亏损，由地方自行解决。调拨包干数量，可以在丰歉年度之间进行调节，但3年统筹，调出总数要如数完成，调入总数不能突破。这一政策标志粮食管理体制从中央一级管理，转变为中央和省级两级管理。

1982年12月31日，中共中央政治局通过的《当前农村经济政策的若干问题》提出调整农副产品购销政策的具体措施。该文件认为，现在正进入城乡社会主义商品生产大发展的时期，为了搞活商品流通，促进商品生产的发展，要坚持计划经济为主、市场调节为辅的方针，调整购销政策，改革国营商业体制，放手发展合作商业，适当发展个体商业。

1983年1月，中共中央发出的《当前农村经济政策的若干问题》指出，对农民完成统购派购任务后的产品（包括粮食但不包括棉花）和非统购派购产品，应当允许多渠道经营。既允许供销合作社、农工商联合企业以及其他集体商业组织经营粮食，也允许个体商贩和农户经营粮食，改变了国家粮食部门独家经营粮食的局面。这是在1978年12月中国共产党十一届三中全会公布集市贸易是社会主义经济的必要补充之后，又一次对粮食流通体制进行的改革。

1979年以后，为配合整体经济体制改革的推进和推动农村物流市场化的发展，农产品正规物流体制也进行了一系列改革。1979—1984年，在计划管理体制下逐步搞活流通，改革不合理的价格制度。经过6年多的改革，突破了长达30年的高度集中的商品流通体制的限制，农产品购销制度和市场交易制度的改革初步形成了农产品流通新格局。中国农产品物流模式也随着市场经济发育程度发生演变，经历了计划经济时期农产品物流发展的起步阶段、转型期双轨制阶段和市场经济时期快速发展阶段，这是伴随农产品统购统销制度而来的。①

---

① 王静：《新中国成立以来农产品物流制度变迁及其启示》，载《陕西师范大学学报（哲学社会科学版）》，2012（1）。

1983年10月29日，为了进一步搞活流通，促进农业资源增值和生产发展，国务院批准《关于调整农副产品购销政策组织多渠道经营的报告》，将商业部主管的一、二类农副产品减为21种，将25种降为三类，实行市场调节，并将非主产区的杂粮、小油料由统购改为议购。商业部《关于完成粮油统购任务后实行多渠道经营若干问题的试行规定》的实施，迈出了变革统购统销政策的重要一步，农村市场日趋活跃，但农村流通领域与农村商品生产发展之间不适应的状况也较为突出。1983年12月取消布票。1984年粮食产量突破8 000亿斤，棉花产量突破12亿担。1985年1月1日，中共中央、国务院在《关于进一步活跃农村经济十项政策》中宣布，用合同订购制度代替统购统销制度。

## 四、其他农产品统购统销

在粮食实行了统购统销制度之后不久，中央就开始部署食用植物油的统购统销，第二年又对棉花实行了统购和对棉布的统销。

由于城市职工人数增加，农民收入增加，全国人民的购买力迅速提高。1953年棉布年产量比1952年增长27%，而市场销售量却增长47.8%，供不应求。为了使全国棉布能在国家计划指导下进行较为合理的分配，取消投机商业的囤积居奇，减少小生产者的惜售和消费者争购，巩固物价稳定的局面，国家决定实行棉布计划收购（统购）和计划供应（统销）的政策。

城镇个体纺织户利用机纱生产，政府控制棉纱原料来源（1951年1月已对棉纱实行统购统销），其生产处于可控的范围内。最难以控制、不易解决的是农村中的广大农民纺织（包括专业和兼业、集体生产和家庭生产）以及土布市场的管理问题。1954年5月，中财委在关于实施棉布计划供应和棉花计划收购给中共中央的报告中提出：棉布计划供应是一件繁重复杂的新工作，我们又没有经验，各地必须充分做好一系列的准备工作。由于棉纺工业的发展和人民购买力的提高，全国平均每人每年对机织棉布的消费量逐年增加，1950年棉布消费为11.99市尺（不包括土布，1市尺≈0.3米），1953年增加到23.08市尺，增长量非常大。棉花产量的增长远赶不上人民对棉花棉布需求的增长。所以1954年7月13日，中央批准中财委关于改变棉花购销制度的建议。9月9日，政务院第224次政务会议通过了《关于实行棉布计划收购和计划供应的命令》

《关于棉花计划收购的命令》,从1954年9月起城乡开始实行凭布票供应棉布。这两个文件指出,实行棉布统购统销是"为了保证棉布能够按照国家的计划进行生产和分配,进一步取缔市场投机,巩固物价稳定",实行棉花统购是"为了保证纺织工业用棉,保证人民生活所需棉花的供应"。① 自1954年9月15日开始,所有国营、合作社、公私合营与私营织布厂和手工业生产的棉纱、棉布和机纱、手纺纱、交织棉布,一律由国营中国花纱布公司统购统销,不得自由出售。所有列入计划供应范围的棉布及棉布复制品,在全国范围内,一律采取分区、定量、凭证供应的办法。居民的定量,在城市与农村、城市中不同阶层之间有所区别,全国平均为20.83尺,相当于定量前的水平。

对为什么要采取棉布统购统销和棉花统购政策,1954年9月14日《人民日报》社论称,这是因为棉花和棉布生产增长的速度赶不上人民需要增长的速度。这个矛盾从1953年开始日益变得明显。

"大跃进"和人民公社化及其后几年的调整,是棉纺织业的发展时机。1960年2月7日,中共中央发出《关于立即停止棉花的土纺土织的指示》。在棉花供应方面,应当立即停止供应土纺用棉,并动员人民公社、生产队和社员把过去留下准备用于土纺的棉花卖给国家。1963年10月9日,中共中央、国务院在《关于力争超额完成一九六三年度棉花收购任务的指示》中提出要切实加强市场管理。1965年2月,全国供销合作总社发出《关于土纺土织问题的通知》,要求加强对土纺土织工作的领导,打击投机倒把活动,同时要求河北、山东、江苏、浙江、河南、湖北、山西、陕西几省报送关于土纺土织情况的材料。1965年8月21日,经国务院批准,全国供销合作总社和中央工商行政管理局做出《关于加强对土纱土布管理的几项试行规定》,从管理范围、原料供应、从业人员和生产单位、产品收购和经营等方面,在政策原则的基础上进一步具体化。②

1953年11月15日,《关于在全国实行计划收购油料的决定》颁布,油料实行计划收购,食油也相应地实行计划供应。该决定规定:"(一)批准中财委提出在全国计划收购花生仁872 400吨,芝麻311 000吨,菜籽431 400吨及其他杂油料752吨,以及对各大区所分配的数字,请各地即在计划收粮食时一同收购。其中油菜籽待明年

---

① 徐建青:《棉花统购、棉布统购统销政策与手工棉纺织业》,载《当代中国史研究》,2010(2)。
② 平湖县实行棉花统购统销政策的演变历史请参见,平湖县供销合作总社:《平湖县实行棉花棉布统购统销始末》,中国·平湖史志网。

春熟时另行收购。上述收购总数望能争取完成（炒花生可以限制，多用榨油）。至于个别品种如需调整，请与中财委（财）商定。（二）为了适应统购统销的业务，请各大区各省、市加强油脂业务机构。"

## 第三节　统购统销制度的影响

### 一、统购统销为中国工业化作出了巨大贡献

新中国成立不久，就确立了重工业优先发展的战略思想。中国工业化的起步没有西方资本主义工业化资本积累的条件，只能依靠农业。1952年年底，农业产值占工农业总产值56.9%，轻工业产值占整个工业总产值64.4%，而其中以农产品为原料的产值又占轻工业产值87.5%。[①] 可见尽管农业相当落后，但在当时的条件下也只能依靠农业积累资金。统购统销首先稳定了全国的粮食市场，使工业工人和城市职工有了最基本的生活保障。同时更重要的是稳定了全国物价，避免通货膨胀，还避免了由于粮价上涨或进口粮食而增加财政预算和外汇开支，而且大大增强了农副产品出口能力和工业设备进口能力。稳定物价，是"一五"期间中国成功开展大规模经济建设的条件之一。"一五"计划的基本建设投资是427.4亿元，其中工业基本投资占58.2%，只有物价基本稳定，国家财政收支才能保持基本平衡，大规模的工业建设投资计划才有可能保障。"一五"期间共安排大中型建设项目694个，但实际上开工建设的是921个，由于经济规模过大，必须从农村招收大量的劳动力。据统计，这一时期从农村招收的劳动力大约为1 500多万人，再加上他们的家人，大约有1 500万～3 000万人口需要供应粮食。粮食的计划收购和计划供应，保证了城市职工以至全体居民的基本生活需要。

统购统销通过工农产品剪刀差为工业建设提供了大量资金。在中国，剪刀差可分为比价剪刀差和比值剪刀差两种。据统计，国家在1953—1981年通过价格剪刀差的方式从农民手中筹集的工业化资金共7 000多亿元，加上农业集体组织内部的积累1 000多亿元，总计约8 000多亿元，相当于同期中国积累基金15 000多亿元的50%

---

① 武力：《中华人民共和国经济史》（上册），204页，北京，中国经济出版社，1999。

以上。① 据冯海发等测算，1952—1990年中国工业建设从农业净调动约1万亿元资金，约占国民收入全部积累额的22.4%。在人民公社期间，农业为工业提供的资金为5 303亿元，平均每年达212亿元，其中以统购统销形式和用剪刀差的方式从农业中抽走的剩余大约4 198亿元，相当于每个农业劳动力向国家提供资金达1 589元，平均每人每年达63元多。在整个人民公社期间统购统销从农业领域抽走的剩余在农业提供的积累中所占的比重基本都高于65%。除此以外，还有其他形式提取农业剩余，如农村居民的储蓄、农业税收等。可以说没有中国的农业就没有中国的工业化，没有统购统销，工业对农业提取的剩余就不容易转移，就容易引起摩擦和矛盾。统购统销避免了矛盾的尖锐化，所以说统购统销为中国的工业化作出了不可磨灭的贡献。

## 二、统购统销加快了农业合作化发展

自古以来，中国农民在缴纳"皇粮国税"之后的余粮，是可以自由处理的。在统购统销之后，农民不适应不习惯这种方式，甚至有所抵触，给征粮带来极大的不便。统购在农村面对的是千千万万的中国个体农户，要想做到尽量多地收购农户的余粮，就要对每个农户熟悉，并对每个农户的余粮进行收购和征购，这样交易成本太大。尤其在国家强制低价收购粮食时，在违背等价交换原则情况下，如何保证实现低价收购粮食和如何保证农民在缺乏价格刺激的情况下继续保持农业向前发展，是摆在当时的主要问题。

统购统销客观上推动了农业合作化的进程。国家向数以万计的农户征购粮食，显然不如向组织起来的农业社实行起来那样简便、低成本。从许多领导人的谈话中可以看出这一点，陈云曾经提道："我们面对着这样为数众多的个体农户，在粮食的统购和统销方面，是遇到了困难的。困难不单来自我们对于统购统销缺少经验，主要的是对这样众多的农户要估实产量，分清余缺及其数量，很不容易。"② "尖锐的粮食产需矛盾是促进大规模开展农业合作化的动因之一。"③ "统购统销也帮了我们，推动了合作

---

① 吴敏一、郭占恒：《中国工业化理论和实践探索》，63页，杭州，浙江人民出版社，1991。
② 《陈云文选（1949—1956）》，276页，北京，人民出版社，1984。
③ 薄一波：《若干重大决策与事件的回顾》，上卷，263、265页，北京，中共中央党校出版社，1991。

化。"① 1953年10月13日，邓小平受毛泽东委托在全国粮食会议上讲话，中心是讲粮食征购和过渡时期总路线的关系。他说："有一个问题想补充一下。就是毛主席昨天晚上交代的：要搞统购统销，必须结合总路线来讲。就是说，一定要把总路线讲明白，才能使我们全党和全国人民赞成这个东西，并执行得好，这是很重要的一个问题。……如果不结合总路线来讲，是不容易一下想通的。"② 因此统购统销客观上推动了农业合作化的进程。

一般农民对粮食统购的态度各不相同。如河北省阜平县城南庄在解放战争时曾是晋察冀军区司令部所在地，毛泽东1948年年初离开陕北移驻西柏坡前，也曾在这里小住过一段时间。这个村的群众听说粮食要实行统购统销后，由于对政策不摸底，表现出不同的心态。比较富裕的户，有的怕闹"二次平分"（指1947年下半年老区土地改革时采取的平分土地办法），赶忙转移藏匿粮食。土地改革时曾被斗争的人，以为土地改革时平分土地，这次是平分粮食。有一个农民在土地改革时曾被斗，听说要统购粮食，找到乡干部说："我有三十多斗小麦，动员出来行不行？"有一个叫童玉得的农民，在搂柴火时多搂了一篓，他说："搂两篓怕人家弄了。"有的翻身户也误认为统购就是平分粮食吃，不积极生产，坐等填坑。翻身户李喜花说："平分时分了土地，现在又来粮食大平分，抽多补少，来给咱们填坑。"而那些不余粮不缺粮的户，有的抱观望态度，认为天塌有大家，地塌有邻家，怎么着与咱们关系也不大。③

乡村干部也表现出不同的态度。如1953年10月21日至11月4日，河北省委召开全省县干部会议，一些干部表现出不同的粮食统购态度：一是有人"替农民抱不平、喊冤"。有的人说，工人和农民生活水平悬殊太大，工农业产品价格剪刀差又很大，农民辛辛苦苦劳动一年，结果生活仍然很苦，政府对农民太苛刻了。二是有人认为统购统销是"对农民又一次下手"。三是有人"对国家、政府考虑得少，对农民考虑得多"。四是对"统购统销和互助合作的关系认识不清，对统购统销是否能提高农民积极性表示怀疑"。④

在农村推行集体化无疑对上述问题的解决有推动作用。在实行统购统销以前，农业集体化已经开始，正好此时粮食统购统销的需要又使农业集体化加速发展，农业集

---

① 邓子恢：《目前合作化运动情况的分析与今后的方针政策》，见《邓子恢文集》，403页，北京，人民出版社，1996。
② 商业部当代中国粮食工作编辑部：《当代中国粮食工作史料》，上卷，（内部发行），176页，1989。
③ 罗平汉：《票证年代：统购统销史》，80页，福州，福建人民出版社，2008。
④ 罗平汉：《票证年代：统购统销史》，74~75页，福州，福建人民出版社，2008。

体化的发展反过来又为统购统销提供了很多保障。林毅夫等人从逻辑上分析了统购统销制度与农业集体化之间的关系。他们认为:"为了确保在低价统派购的条件下农民仍能把资源投入到国家工业化所需的农产品生产中,就要求作出一种强制性的制度安排,使国家能够以行政力量直接控制农业的生产。按照这种逻辑,实行主要农产品的统购统销政策之前,农业集体化运动随之开始并不断加速,直至1958年建立人民公社体制。""建立农产品购销制度只是农村经济传统体制形成的第一步,人民公社化才是这套与宏观政策环境相配套的农村经济体制完全形成的标志。"①

  国家推行合作化之后,政府不再跟农户之间直接发生粮食关系,而是以社为单位对农村进行统购统销,这在一定程度上简化了购销手续,加快粮食收购进度,为购销在制度上提供了保证和便利。到了人民公社时,政社合一的人民公社体制,更为统购统销提供了便利。人民公社时,国家控制农村的一切生产、分配,国家可以直接计划如何生产、生产多少、生产什么等,实际上人民公社已经成为确保统购统销政策顺利实施的基层组织形式。农业生产合作社及后来的人民公社,无形中在国家与农民之间形成了一个利益缓冲体,既能在国家与农民之间发生利益冲突时起缓冲作用,又便于政府贯彻自己的意图,落实生产与收购计划。

  另外,国家控制了最重要的农产品,有的直接进入消费领域,这也为后来建立国家高度集权的计划经济体制奠定了基础。对农副产品统购统销本身就削弱了农村的市场经济,同时割断了农村与城市之间的联系,从而迫使个体农户和资本主义工商业置于国家计划管理之下,在城市接受资本主义工商业的社会主义改造,在农村则只有接受合作化。统购统销促进了合作化的进程,同时粮食及其他主要农副产品统购统销的实施,使中国农业生产完全纳入计划经济轨道,并最终促成了中国计划经济体制的确立。

  陈云在1955年7月第一届全国人大第二次会议上说:应该积极而稳定地发展农业生产合作社,把1.1亿农户组织到生产合作社里来。到那个时候,我们的粮食产量就会大量增加起来,向农业生产合作社进行统购统销的工作,也要容易得多,合理得多。统购统销与农业合作化的结合,农业合作化使购粮单位变得规模化,提高了统购统销的效率。反过来,统购统销也促进了农业合作化的发展速度。

  统购统销曾经发挥了极大的作用,但是统购统销也有它的历史局限性。正如卢锋

---

① 林毅夫、蔡昉、李周:《中国的奇迹:发展战略与经济改革》,38、43页,上海,上海人民出版社,1994。

所说,与历史上许多变革一样,统购统销引发的问题比它直接解决了的问题更为深刻和广泛。①

### 三、统购统销造成城乡分割的二元经济结构

统购统销政策造成了城乡分割的二元经济结构的形成和强化。陈云曾说:"征购要采取公道的价格。什么是公道的价格?不是统统跟着黑市走,而是既对农民合适,也对我们有利。"② 毛泽东也曾经更直接地表达:"你要母鸡多生蛋,又不给它米吃。又要马儿跑得好,又要马儿不吃草,世界上哪有这样的道理!我们对农民的政策不是苏联那种政策,而是兼顾国家和农民的利益。工农业产品的交换,我们采取缩小剪刀差、等价交换或者近乎等价交换的政策。"③

为了执行好粮食统购统销政策就必须做好三项工作:一是关于在农村定产定购工作。由于国家对农业生产合作社的推进和对农业的改造,这项工作比较容易实行。二是关于市场管理工作由于对资本主义工商业改造的开展,私商已经逐渐退出市场,市场已经处于国营领导之下。三是关于城市的定销工作。④ 为了控制由国家供给粮食的城镇人口,则必须限制农村人口流入城镇,这就客观上要求限制自由迁徙的政策方针或法律制度出台。这个工作组织起来有很大的难度,因为新中国成立后没有严格的户籍制度,允许农民自由迁徙、自由流动,流动到城镇后一段时间就可以列入城镇户口。统购统销后城镇人口的增加无疑会使定销的人数增加,从而统销的数量也要增加,这对原本就很紧张的商品粮提出了更大的挑战。因此就必须控制吃商品粮的人数,必须控制农村向城镇的流动。谢敬也曾指出,……统购统销政策和严格的户籍制度共同作用,极大地稳固、凝固了二元化的社会格局,前者确保了对城镇居民实行按户计划的、低价定量的日常生活品供应并实行价格补贴,而后者则严格控制城镇人口的增长……但这种特定条件下的制度安排却造成了城乡差别扩大、社会流动空间狭窄、身份不平等、广大农村城市化滞后等一系列社会问题。⑤ 从国家出台的一系列法律文件可以看出这一问题的严峻性。

---

① 卢锋:《统购统销政策的实施与非市场体制的建立》,载《教学与研究》,1989(3)。
② 《陈云文选》,第二卷,212页,北京,人民出版社,1995。
③ 《毛泽东文选》,第七卷,30页,北京,人民出版社,1999。
④ 刘星航:《粮食统购统销与户籍制度的联系》,载《北京党史》,2002(6)。
⑤ 谢敬:《对统购统销政策运行三十余年的回顾与评析》,载《江西社会科学》,2003(4)。

1953年4月政务院发出《关于劝止农民盲目流入城市的指示》，规定未经劳动部门许可或介绍者，不得擅自去农村招收工人。1954年3月又发出《关于继续贯彻劝止农民盲目流入城市的指示》，再次重申限制农民向城市流动和迁徙。此后又接连出台几个关于限制农村人口迁移的文件。1958年国家出台了硬性的法律条文，1月9日全国人民代表大会常务委员会通过了《中华人民共和国户口登记条例》。这个条例除了详细规定公民应进行各项基本情况的户口登记外，其中的第十条有这样的规定："公民由农村迁往城市，必须持有城市劳动部门的录用证明，学校的录取证明，或者城市户口登记机关的准予迁入证明，向常驻地户口登记机关申请办理迁出手续。"这一规定以法律的形式限制了农民迁往城市，并且成为一种制度固定下来。这也是中国户籍制度的核心内容，延续多年，成为城乡之间人口流动的重要障碍。这一制度严重影响了中国城市化的进程，造成城乡分离，同时也造成了"城市人"与"乡下人"的身份区别，影响了城乡之间的健康发展。今天这个问题依然是影响农村发展的重大因素。现在回顾这一制度的产生，可以看出是与保证统购统销的顺利实施密不可分的。

统购统销政策从根本上否定了农产品作为商品的基本属性，不承认价值规律对农业经济的指导作用，不按照价值规律的客观要求组织农业生产和经营，其结果只能是农产品的价格严重背离市场价格，其价格不能真实反映其内在的价值。农民在农业生产和经营中完全依赖于行政命令，这严重挫伤了农民的生产积极性和自主创新性。薄一波回忆说："因为统购统销割断了农民同市场的联系，土地种什么，信息不是来自市场，农民对自己的产品，处理无自主权，即使有余粮，也不能拿到市场去卖，这就排除了价值规律对农业生产的刺激作用。"①

徐勇认为："统购统销制度的实质是将粮食等主要农产品资源的支配绝对国家化，它对现代国家建构及其乡村治理的构造有着基础性和深远意义。""其一，农产品资源的控制权完全由国家所垄断，推动国家权力的集中和政权的稳定。其二，农产品全面具有公共或者国家属性，大大扩展了'公粮'的义务特性。其三，推动农业生产计划性，农业生产服从国家需要。其四，完成生产和征购任务成为乡村治理的主要内容。其五，强化农民对国家的认同和依从。正是通过统购统销及其相应的制度，国家一方面将农产品的支配权高度垄断在自己手中；另一方面又通过计划收购、计划供应和计划生产，促使国家权力如水银泻地般深入、渗透乡村社会生活，全面而又深刻地建构起农民的

---

① 薄一波：《若干重大决策与事件的回顾》，上卷，280页，北京，中共中央党校出版社，1991。

国家性,将分散又分割的乡土社会整合到国家体系中。"①

## 四、统购统销对农业的消极影响

统购统销对中国农业产生了较大的负面影响。粮食统购统销政策本来是为了应对城市粮食短缺问题的权宜之计,起初并没有长期实行的打算,但政策的惯性到后期产生了路径依赖,结果这一制度被长期化了。统购统销政策的执行过程中,政府总是想从农民手里收购更多的粮食,为此会经常出现高估产、高征购等征购"过头粮"的行为。为了防止这种行为的蔓延,1955 年中央实行了粮食定产、定购、定销的"三定"政策,但实际上农民在"三定"政策之后依然要被征走很多粮食,能留下来的非常少,仅够糊口。由于农民剩余粮食数量非常少,因此对农民的劳动积极性产生较大负面影响。

重工业优先发展战略下的统购统销制度严重制约了中国农业的发展,造成农业效率低下。张学兵认为,首先,相比工业国家,我国对农业的投资比例很小,1952—1978 年,国家给农业的生产、建设等方面返还的资金约在 1 700 亿元;其次,工农业平均增长速度之比悬殊,1953—1984 年农业总产值平均以 4.4% 的速度递增,工业总产值却是 10.8%;最后,农村生产关系屡屡变动,加之动辄进行所谓的"大会战",浪费了劳力,又破坏了生产。②

以河南省唐河县为例,粮食统购统销政策实行的初期,农民的生产积极性明显下降,农村经济出现了借贷困难、副食品价格上涨等紧张和死滞的局面。1953 年年底和 1954 年年初唐河县粮食统购运动后,群众生产情绪明显受到影响,一般害怕粮食生产得多了在整风中出意外,出现了佃户献地、买地者还地、辞退雇工、少数农户分家、大牛换小牛等现象,极大影响了农户的生产积极性。③

粮食征购价格低于市场流通价格,通常低 20%~30%。粮食征购价格是由政府制定并执行的,农民没有议价权。而政府为了保证工业化的优先发展,必须压低农产品的价格,这就是被称为工农产品"剪刀差"的原因。

---

① 徐勇:《瞒产私分:无权者对国家统购统销制度的抵制》,载《华中师范大学学报(哲学社会科学版)》,2007(5)。
② 张学兵:《统购统销制度正负效应的辩证思考》,载《党史研究与教学》,2005(5)。
③ 田锡全:《革命与乡村国家、省、县与粮食统购统销制度:1953—1957》,167 页,上海,上海社会科学院出版社,2006。

表 3-4　一些主要年份粮食收购价格与零售混合平均价格　　单位：元/吨

| 年份 | 1953 | 1954 | 1955 | 1958 | 1959 | 1960 | 1966 | 1968 | 1975 | 1978 |
|---|---|---|---|---|---|---|---|---|---|---|
| 收购价格 | 157.2 | 157.0 | 157.0 | 168.0 | 164.0 | 170.0 | 236.2 | 241.2 | 254.4 | 263.4 |
| 零售价格 | 201.6 | 205.0 | 212.6 | 220.0 | 220.0 | 227.2 | 245.6 | 260.0 | 288.0 | 294.8 |

资料来源：《中国统计年鉴（1983）》，470、478页，北京，中国统计出版社，1983。

城乡两个经济系统之间二元化分隔状态，抑制了农业剩余劳动力的转移，农业占工农业总产值的比重由1949年的70%下降到1978年的25.5%，而农业人口占总人口的比例，1952年为85.6%，1978年为84.2%，二十多年内几乎没有变化。由于农业劳动力转移困难，使劳动生产率提高不多，1978年前几乎处于停滞状态，这也是农业现代化滞缓的原因之一。①

由于国家通过统购统销制度从农村生产队拿走了大部分农业剩余，生产队的分配只能主要按人口平均分配，这样才能保证基本口粮，剩下很小一部分才能按工分分配。在这样的制度安排下，生产队内的农户所有的劳动激励加在一起不过是三五十斤粮食而已（跟国家争取的二三十斤和与生产队其他成员比较只多出一二十斤），所以生产队社员的劳动积极性才如此之低。陆云航通过计量方法证实了这个问题。他指出："在统购统销制度下，农民口粮以外的粮食剩余几乎都被政府的粮食部门低价收购，因此就政府与农民之间的分配关系而论，这是一种个人利益与社会收益不相一致的扭曲的激励机制。政府独享剩余的控制权以及几乎全部剩余的索取权，而农民被排除在剩余分割的谈判之外。在政府通过统购统销制度提取了集体农业的大部分剩余之后，集体农业的经济效率低下。"②

国家的过度征收和提取严重阻碍了农业现代化的投入，过度征购造成生产队损失严重，影响了生产队再投入生产的能力。国家每年从江苏秦村第十一生产队取得的费用为11 800元，这些钱本来可以用来购买7台手扶拖拉机，或15台抽水机，或25台打谷机，或42 000公斤化肥，或者可以让社员盖上十几栋砖瓦房，而实际上在20世纪70年代该生产队仅有1台拖拉机，1台抽水机，1台打谷机，每年仅能使用1 500公斤化肥。③

---

① 侯利敏：《对中国粮食统购统销制度的评价》，载《河北师范大学学报(哲学社会科学版)》，2000(2)。
② 陆云航：《对减轻农民负担问题的一个贡献——统购统销对粮食生产影响的实证研究：1953—1982》，载《南开经济研究》，2005(4)，5～10页。
③ 李怀印：《乡村中国纪事：集体化和改革的微观历程》，222页，北京，法律出版社，2010。

## 五、统购统销退出历史舞台

1978年改革开放以后,农村开始联产承包责任制。1984年人民公社解体,农民生产积极性大幅提高,农民强烈要求取消统购统销,从此统购统销制度逐步退出历史舞台。1992年粮食市场形成,统购统销制度完全退出了中国历史的舞台。统购统销制度有其历史意义,但也有巨大的历史代价。统购统销曾经在那激情燃烧的岁月里让无数人为之激动、为之付出血和汗。今天躺在博物馆里的各种与统购统销相生的票证在向人们诉说它们不平凡的经历,那是有票就有生的希望的年代,那是日用商品极其紧缺的时代,但是人民节衣缩食成就了我们国家伟大的工业化。统购统销与票证一起承受了太多、奉献了太多,为了工业化、为了社会稳定、为了社会主义,中国的广大农民奉献了自己的最大力量,这段历史值得铭记。

第一节　农村发展路径探索
第二节　农业合作化运动
第三节　农业合作化运动的影响

# 第三章　农业合作化运动

中国的农业合作化是伴随农村发展道路的选择，或者说伴随关于中国农村发展道路的探索和相关决策的形成。

中国农业合作化的决策，从总体上看，体现着国家①的意志。国家要把这场变迁纳入实现国家工业化的目标，制度变迁应有的促进农业经济增长、农户增收目标却退到了次要的地位。从这个意义上讲，合作化一开始就是一场强制性制度变迁。国家的选择实际上就是在强制性制度变迁的基调下，主要遵从国家的意愿，在完成国家既定目标的同时兼顾农民的利益。虽然中国农村特别是在不同时期的根据地中都出现过新的农业合作组织，但普遍存在的是"分散的个体的农业和手工业经济"，路径选择问题在所难免。

虽然在今天看来，以上结论无可厚非，但这种选择并不是一蹴而就的，也绝不是轻而易举的。它是在一系列争论中逐渐形成的，是在各种复杂因素的基础上，作出的审慎抉择。其中涉及中国社会政治经济的方方面面，包括制度变迁的启动时间、制度变迁的方向、变迁的大致程序、农业合作制度与其他制度特别是工业化战略之间的关系等重要方面。初步探索的结果，就体现为关于农业合作化的决策体系。

## 第一节 农村发展路径探索

### 一、农业合作化决策形成中的争论

#### （一）制度创新启动时间的确定：现在而不是 10～15 年后

还在新中国成立之前的 1948 年，刘少奇已开始思考是否搞一段新民主主义的问

---

① 新制度经济学中的国家，指的是最高统治者或最终决策者。

题了。1948年9月8日在西柏坡召开的政治局扩大会议和12月25日华北财经委员会的会议上,刘少奇分别做了《关于新民主主义的建设问题》和《新中国经济建设的方针与问题》的报告,提出了民主革命胜利后不要过早采取"社会主义的政策"的主张。1951年7月5日,刘少奇在中南海春耦斋的讲话(对马列学院学生的报告提纲,名为《中国共产党今后的历史任务》)中对这个构想作了进一步的发挥。他认为,一是"新民主主义经济是一种过渡性质的经济""新民主主义阶段"会存在10~20年。二是这个阶段的中心任务是发展生产力,完成工业化。三是应当使五种经济成分都得到发展,但"社会主义与半社会主义性质的经济,比重要逐步增大,私人资本主义经济的比重、个体经济的比重,要相对缩小,其作用也要相对缩小""以便逐步地稳当地过渡到社会主义"。四是国民经济恢复之后应以主要力量发展农业、轻工业及必要的军事工业,然后建立和发展重工业。五是反对过早地"动摇、削弱、直到否定私有制"和过早地采取社会主义步骤。他认为实行社会主义就意味着在城乡触动私有制。在农村,国家拿不出机器、化肥等工业品满足农民需要,实行集体化也不可能。他认为:"私有权在今天中国的条件下,一般地还不能废除,并对提高社会生产力还有其一定的积极性。"过渡阶段可以采取扩大社会主义、半社会主义经济,提高其比重的办法,而不要"侵犯私人资本主义的财产""打草惊蛇"。在农村,对私有制"又动又不动是不对的。太岁头上动土。你去动摇一下,削弱一下,结果猪牛羊杀掉",是对生产力的破坏。六是中国走到社会主义和共产主义,是"很久以后的事情",要等到"工业大大发展了,农业也有了大发展,国家经济的领导更加强了,变成绝对的了,经济管理工作的干部成熟了,数量也多了,党的技术干部也有了,工人阶级和农民的联盟在政治上经济上都巩固了,那时,就会要采取进入社会主义的步骤"。① 在这个构想下,他认为互助合作组织不能过渡到集体农庄,今天组织起来的互助组、合作社与将来的社会主义集体农庄没有关系,集体农庄要等到实现了土地国有、机械化、有了化肥等之后,在较高技术水平上组建起来。他一直反对在土改以后,用推进、扩大互助合作组织的途径,立即起步向社会主义过渡。

可见,刘少奇的主张可以概括为过渡阶段不要搞工业化、农业合作化,不能触动私有制,而形势发展却不是这样。在1953年6月的政治局会议上,毛泽东就说:"'确立'新民主主义社会秩序,这种提法是有害的。过渡时期每天都在变动,每天都在发生社

---

① 薄一波:《若干重大决策与事件的回顾》,上卷,46~52页,北京,中共中央党校出版社,1991。

会主义因素。""要'确立',是很难哩!""农业互助合作也年年在变。过渡时期充满着矛盾和斗争,我们现在的革命斗争,甚至比过去的武装革命斗争还要深刻。这是要把资本主义制度和一切剥削制度彻底埋葬的一场革命。"① 结论就这样做出了,但影响这一结局的因素,却出现得更早。这些因素除了民族资本发展中出现的问题外,更多更深刻的来自农村。

**（二）制度变迁方向的确定：合作社而不是"富农"经济**

1. 土地改革后农村和农民的基本状况

1952年年底基本完成的土地改革,极大地改变了旧中国占人口较多的劳动人民只占有较少土地的不合理状况,使占人口52.2%的贫雇农占有47.1%的耕地（人均2.93亩）,占人口39.9%的中农占有44.3%的耕地（人均3.67亩）,占人口5.3%的富农占有6.4%的耕地（人均3.8亩）,占人口2.6%的地主占有2.2%的耕地（人均2.52亩）②,实现了耕者有其田。

同时,使广大农民免除了旧中国农村繁重的封建盘剥,而且政府大力扶持农业生产。据统计,全国征收农业税1950年为1 350万吨（包括地方附加,以细粮计算）,占粮食总产量的12.3%；1951年为1 810万吨,占粮食总产量的14.5%；1952年增加到1 940万吨,却只占粮食总产量的13.2%。③ 农业生产呈现不断上升的良好势头。单就粮棉产量看,1950年分别为13 213万吨粮食和69.2万吨棉花,比1949年分别增长16.7%和55.9%；1951年分别为14 369万吨和103.1万吨,分别比1950年增长8.7%和49%；1952年分别为16 390万吨和153.4万吨,分别比1951年增长14.1%和53.6%。④ 上述情况突出地说明,个体经济在一定时期、一定条件下,会促进经济增长。

与此同时,新老解放区互助合作组织都有了较大的发展。到1950年年底,我国农村总共有各类互助组272.4万个,参加农户1 131.3万户,占总农户比重10.7%。⑤

但与此伴随的是,土改后一些地区出现了一些令人担忧的新情况,引起了决策层的不同认识。

2. 部分地区的中农化倾向

部分地区的中农化倾向是在某些土改进行较早的地区出现的一种趋势。1950年,

---

① 《毛泽东选集》,第五卷,81~82页,北京,人民出版社,1977。
② 《当代中国》丛书编辑委员会：《当代中国的农业》,149页,北京,当代中国出版社,1992。
③ 李成瑞：《中华人民共和国农业税史稿》,113页,北京,中国财政经济出版社,1959。
④ 国家统计局：《中国农村经济统计大全》,146、149页,北京,农业出版社,1989。
⑤ 《当代中国》丛书编辑委员会：《当代中国的农业》,70页,北京,当代中国出版社,1992。

东北局在 1 月份写给中央的《综合报告》[①]中说明,东北"绝大多数农民"(据全文分析,这部分农民占 70%)都存在中农化的趋势。1951 年 4 月,山西省委在给中央、华北局的《把老区互助组织提高一步》的报告中,也说农村劳、畜力已不是严重问题,一部分农民上升为富裕中农,某些互助组织发生了涣散的情形。同年,东北局再次就中农化的问题向中央作了报告。正是这些情况促成了全国向合作化的转变。

对此,我们认为有几点需要说明。

(1)东北的经济发展有特殊的背景:东北是旧中国经济基础较好的地区之一,是解放最早的地区之一,也是土改最早进行的地区之一。山西的情况也大致如此。因此,中农化在全国并不具有普遍性。实际上,土改后全国各阶层农民拥有的生产资料相当单薄(见表 3-1),经营规模相当狭小。

表 3-1　土改后各阶层农户户均占有生产资料的统计

|      | 耕地/亩 | 耕畜/头 | 犁/部 | 水车/部 |
| --- | --- | --- | --- | --- |
| 贫雇农 | 12.46 | 0.47 | 0.41 | 0.07 |
| 中农 | 19.01 | 0.91 | 0.74 | 0.13 |
| 富农 | 25.09 | 1.15 | 0.87 | 0.22 |
| 地主 | 12.16 | 0.20 | 0.23 | 0.04 |
| 其他 | 7.05 | 0.32 | 0.38 | 0.06 |

资料来源:参见苏星:《中国农业的社会主义道路》,11 页,北京,人民出版社,1976,载《经济研究》,1965(7),13 页。

这种情况说明,增加农民收入应是国家制度创新的首要目标,国家应通过各种形式的制度安排实现这一目标;也说明在此贫弱基础上进行的农业合作事业,必须使农民收入增加,而不应急于实现工业化等目标,至少要兼顾农民收入增加的目标。

(2)对东北的"中农化"趋势需要具体如实地看待。一方面,20 世纪 50 年代划分阶级成分用的是 20 世纪 30 年代毛泽东在《怎样划分农村阶级》中制定的标准,忽视了经济发展带来的变化;而 20 世纪 30 年代的规定很多是弹性的,必然影响准确执行。另一方面,实际执行中确实出现了拔高标准的情况。在东北地区工作中,一度将农村中新发展起来的、拥有"三马一犁"的富裕中农当作富农加以限制,刘少奇曾对此作了批评。[②] 而东北局却坚持变富后的发展道路只有提高农业互助合作形式,有重点地发展农业生产合作社一条路,忽视了个体经济等制度的有益作用,也较早地把经济制度变迁引向了社会主义轨道。

---

[①] 《农业集体化重要文件汇编》,上册,8 页,北京,中共中央党校出版社,1981。
[②] 薄一波:《若干重大决策与事件的回顾》,上卷,197 页,北京,中共中央党校出版社,1991。

在中共七届二中全会之前，邓子恢对于在土改后中国农业的发展道路提出过自己的看法。他在1947年《关于今后土改问题给刘少奇的一封信》中提道："在中国条件下，要发展农村生产力，不是靠美国资本主义的农场经营，也不是靠苏联式的集体农场经营，也不是靠中国式的富农经济；在目前阶段中，发展中国农村生产力的最普遍、最进步、最主要的生产方式是中农式的小农经济。"[1] 这说明土改后，甚至在土改前的决策设计中，个体农民未来的发展方向并非一种，但都受主流意识形态制约而统统自动消失了。邓子恢主张的自动放弃与新民主主义阶段的取消道理是一样的。

与"中农化"趋势密切相关的是对待富农的政策问题。在新中国成立前，受战争的影响，中国共产党对富农的政策一直是以打击和消灭为主。[2] 1949年年初，毛泽东和中共中央开始思考提出新的富农政策。1950年年初毛泽东在与斯大林"打倒地主阶级时要中立富农"[3] 的观点达成一致后，七届三中全会上形成了依靠贫雇农、团结中农、中立富农，有步骤有分别地消灭封建剥削制度，发展农业生产的新区土改路线，并以法律形式写进了《中华人民共和国土地改革法》[4]。

但毛泽东的保存富农政策是暂时的，他一开始就只是说"暂时不动"富农土地，"过一二年再动较好"。[5] 刘少奇所坚持的"在整个新民主主义的阶段中，都要保存富农经济"[6] 的主张没有得到执行。到1952年冬和1953年春，"农业生产合作运动呈现为高潮，社会主义气氛热烈，许多人怕冒富农之尖，富农在农村中实际成为不合法的了"。[7] 1953年12月，经毛泽东审查修改发布的中共中央宣传部《关于过渡时期总路线学习和宣传提纲》明确宣布"逐步由限制富农剥削直到最后消灭富农剥削"，取消了保护富农的政策。[8]

富农经济有封建性和资本主义性的双重特色，特别是新式富农经济，更有较明显的资本主义因素，是当时农村比较先进的经济成分，因此，富农一度被称为农村中的资产阶级。保护富农经济是与保护民族资产阶级相一致的，在当时也确有促进经济发展的作用。旧中国农业底子很薄，基础很差，这固然需要组织起来的生产经营方式，也不能排除发挥其他成分特别是那些实践证明有助于经济发展的成分的有益促进作

---

[1] 《邓子恢文集》，159页，北京，人民出版社，1996。
[2] 薄一波：《若干重大决策与事件的回顾》，上卷，109~117页，北京，中共中央党校出版社，1991。
[3] 薄一波：《若干重大决策与事件的回顾》，上卷，118页，北京，中共中央党校出版社，1991。
[4] 薄一波：《若干重大决策与事件的回顾》，上卷，130页，北京，中共中央党校出版社，1991。
[5] 薄一波：《若干重大决策与事件的回顾》，上卷，127页，北京，中共中央党校出版社，1991。
[6] 《刘少奇选集》，下卷，40页，北京，人民出版社，1985。
[7] 薄一波：《若干重大决策与事件的回顾》，上卷，137页，北京，中共中央党校出版社，1991。
[8] 《农业集体化重要文件汇编》，上册，205~206页，北京，中共中央党校出版社，1981。

用。富农因为拥有较多的生产资料,在利润最大化动机下会对农业追加较多的投入,有利于缓和资金稀缺而国家又无力过多投入农业的两难状况;投入的乘数效应的发挥,又会带来较多的产出,从这个意义上讲,富农经济的存在,是有助于经济增长的。保护富农的政策不能较长时期地坚持下去,与毛泽东和刘少奇在合作化指导方针问题上的不同认识有一定关系,自然也影响了合作化的进程,"对我国农村的社会主义经济发展带来了某些不利的影响"。①

D.C.诺斯指出,在制度变迁中,同样存在自我强化的机制和报酬递增,这使制度变迁一旦走上某一路径,它的既定方向往往会在以后的发展中得到自我强化。所以,制度变迁存在"路径依赖",可能由此进入良性循环的轨道,也可能会因此被锁定在某种无效率的状态下。② 从这种意义上讲,抛弃富农经济(在较短的时间内),对中农化和两极分化现象深表忧虑,正是在形成一种新的影响深远的制度变迁路径。我们还会发现,这一过程中遵循的不是中国农业发展史上已经形成的路径,而是对这一路径选择的否定,而且否定了过去人们在这条"路"上累积的经验,比如否定富农的经济优势。因为,既有的农业合作实践,为时较短,波及面较小,与汪洋大海般的小农经济、农民根深蒂固的旧观念和世代遵从的旧习惯相比,影响毕竟有限。因此,我们不能不担心,一旦这种制度选择形成路径依赖,会不会被锁定在一种无效率的状态下呢?然而这恰恰是农业合作化和集体化③ 实践中体现的一种趋势。我们一再强调土地改革、合作化和集体化以及人民公社化是一气呵成的篇章,就是因为这是一个形成路径依赖并且最终由此导致了一种制度安排无效率状态的过程。

3.少数地区出现的"两极分化"苗头

伴随"中农化"趋势,土改后一些经济较发展的地区产生了"两极分化"的现象。据湖南、湖北、江西3省典型调查,1953年出卖土地的户数占总农户的1.29%,比1952年增加5倍半,出卖土地的亩数占总土地亩数的0.22%。由于土地的出卖,有的中农下降为贫农,贫农则靠出卖劳动力为生。土地租佃关系,高利贷、雇工现象也到处出现,助长了这一"极"的分化趋势。据湖南、湖北、江西、广东4省16个乡的调查,1953年放债户占总户数的10%左右,比1952年增长1倍,贫农中约有1/3的户借债。

---

① 薄一波:《若干重大决策与事件的回顾》,上卷,137页,北京,中共中央党校出版社,1991。
② D.C.诺斯:《经济史中的结构与变迁》,中译本序,上海,上海三联书店、上海人民出版社,1994,见D.C.诺斯:《制度、制度变迁与经济绩效》,123~139页,上海,上海三联书店,1994。
③ 本章的农业合作化和集体化分别指在全国建成初级社和高级社,特别是同时提到合作化和集体化的时候。

另一"极"是新富农的出现。据黑龙江、吉林、辽宁3省典型调查，2 054户农民中，新富农有16户，占总户数的0.78%，有的地方达到总户数的4.6%。[1] 对此，毛泽东指出："在最近几年间，农村中的资本主义自发势力一天一天地在发展，新富农已到处出现，许多富裕中农力求把自己变为富农。许多贫农，则因为生产资料不足，仍然处于贫困地位，有些欠了债，有些出卖土地，或者出租土地。这种情况如果让它发展下去，农村中间向两极分化的现象必然一天一天地严重起来。"[2]

我们认为应该看到这种现象的地区局限性特点，它主要出现于部分经济发展较快的地区，如湖南、湖北、广东、江西、山西、四川及东北，这是一些商品经济发展较有传统、历史上也较富裕的地区。在这样一些地区，在当时市场经济背景下，农民个体经济的小商品特征自然而然地显示出来，并且显露得更多一些，这是不足为怪的。同时，"两极分化"不仅是个别地区的现象，同时也是刚刚出现的个别现象，除借债农户外，卖地租地以及出卖劳动力的农户占总农户的比例很小。总之并非整体现象，却为何引起毛泽东等人的高度注意呢？原因就在于这一现象与毛泽东要建立的社会主义格格不入，甚至可以说水火不容。新中国不允许出现这样的倒退，一直关注农民的毛泽东也不允许这种倒退现象泛滥，何况刚刚通过土地改革对私有财产重新分配，造成了一定程度的均田化，迈出了实现社会主义的第一步。用社会主义新制度克服两极分化，实现共同富裕，就变得很迫切了。

后来选择的正是公平分配以促增长的道路。中国的土地改革，已实现了土地等财产的公平化甚至是平均化的分割，一旦这种做法不能抑制收入分配中的差别，国家必然会循上述思路选择一种以公平为核心的制度消除这种看似可怕的迹象。在当时条件下，不仅历史和现实证明资本主义走不通，而且对马克思主义学说的依从已使选择资本主义成为不可能。特别是收入分配差别扩大的迹象，不仅与必然要建立的社会主义制度格格不入，而且与天下为公的仁本观念和农民的平均思想格格不入，这些思想又是早就深深地烙印在毛泽东脑海里的。毛泽东虽然在1948年批判过农业社会主义[3]，但农业合作化和人民公社化的过程表明，毛泽东并没有放弃这一思想。这些就成为中国选择公平分配制度以至于选择社会主义的合作社的重要因素。

---

[1] 苏星：《我国农业的社会主义道路》，28、30、32页，北京，人民出版社，1976。
[2] 《毛泽东选集》，第五卷，187页，北京，人民出版社，1977。
[3] 《农业集体化重要文件汇编》，上册，23页，北京，中共中央党校出版社，1981。

（三）制度实施步骤的确定：逐渐转变而不是等条件具备后一步实现

1. 从争论到决策

1951年，围绕山西省长治地区建立的10个合作社引发的争论，主要集中在土改后老区的互助组织能不能和要不要发展到农业生产合作社，实质上就是通过建立互助组、合作社逐步向社会主义过渡，还是等到条件具备了之后一步完成向集体农庄的转变的问题。

1950年11月14日，山西省长治地委在《人民日报》发表文章，指出土改后农村出现两极分化趋势，有些互助组涣散解体。华北局政策研究室随即派调查组去长治。调查组到长治时，地委已决定将10个互助组转为农业生产合作社，以防止两极分化。调查组将他们对此的不同意见写成了报告上报中共中央华北局，同时向中共山西省委汇报。报告得到了华北局的支持，省委和华北局发生了分歧。①

1951年4月14日，山西省委向中央、华北局写了《把老区互助组织提高一步》的报告，指出"农民自发力量""向着富农方向发展"，而不是"向着我们所要求的现代化和集体化的方向发展"，这是"互助组发生了涣散现象最根本的原因"。这个情况如不注意，就会使互助组要么涣散解体，要么变成富农的庄园。报告主张通过扶持和增强组内"公共积累"和"按劳分配"因素，使老区的互助组织前进一大步。②

刘少奇接到报告后，于1951年5—7月，连续在几个不同场合对山西省委的观点提出了批评。他具体提出农业合作化不能没有实现工业化、土地国有化和机械化的前提，互助组不能走向农业社会化，不能以之动摇并战胜农民的自发因素，这样做是一种农业社会主义空想等观点，详细阐发了他的新民主主义构想。他指出，互助组"完全不能阻止，还要增加农民自发趋势"。"企图在互助组内逐步动摇、削弱，直至否定私有制走上农业集体化，这是完全的空想。""目前的互助组或供销社都不能逐步提高到集体农庄。集体农庄是另外一回事，要另外来组织。"

随后，毛泽东找刘少奇及华北局负责人谈话，明确表示支持山西省委的意见，批评了互助组不能生长为合作社的观点和现阶段不能动摇私有基础的观点。他说，既然西方资本主义在其发展过程中有一个工场手工业阶段，即尚未采用蒸汽动力机械，而依靠工场分工以形成新生产力的阶段，则中国的合作化，依靠统一经营形成新生产力，

---

① 《农业集体化重要文件汇编》，上册，35~36页，北京，中共中央党校出版社，1981。
② 《农业集体化重要文件汇编》，上册，34页，北京，中共中央党校出版社，1981。

动摇私有基础,也是可行的,毛泽东就这样说服了刘少奇。①

此后,毛泽东采取了一系列措施:1951年9月,召开全国第一次互助合作会议,指示起草了《关于农业生产互助合作的决议(草案)》,指出在土地私有或半私有基础上的农业生产合作社,是向农业社会主义化的过渡形式,但不能不顾生产条件,在现在就过早地否定私有。10月17日,毛泽东起草了中共中央转发东北局10月14日《关于东北农村的生产合作互助运动的报告的通报》,肯定了东北的方针,并作为《党内文件》下发给各地学习。11月21日,毛泽东起草《中共中央转发河北省委关于恢复和发展农业生产的报告的批语》,指出"吸取其中有益的经验在各省推广施行"。河北省委给华北局的这个报告中称,河北互助组1951年已由60万个发展到100万个,并有22个土地入股的农业生产合作社;互助合作组织已经成为生产运动的中坚力量。故应加强对互助合作的领导,发展各种互助合作组织。②12月15日,在毛泽东起草的《中共中央关于印发农业生产互助合作决议(草案)的通知》中,要求各地"即照此草案在党内外进行解释,并组织执行。这是在一切已完成土地改革的地区都要解释和实行的,请你们当作一件大事去做"。③ 这样,初期的农业互助合作就开始蓬勃地发展起来了。

2.关于照搬苏联模式

刘少奇和毛泽东在互助合作道路上的不同看法,涉及苏联模式。刘少奇的一些观点中多少显露照搬苏联模式的迹象。笔者认为,这很有具体分析的必要。固然,实施农业合作制度变迁的目标国家工业化,以及合作社要成为社会主义的制度安排,都是苏联经验中明显体现的;中国要进入社会主义,自然要与苏联保持目标的一致性。但在一些具体问题上、具体做法上,特别是在合作社建立的步骤安排上,在国家工业化和合作社的关系上,中国并没有照抄苏联的经验。一些领导人的意见,也主要是用苏联全盘集体化的做法,作为中国合作社实施的参照,全盘集体化以前的经验和做法被忽视了。

刘少奇所说的集体化(合作化和集体化的概念并不是始终清晰、一致的。中央文件起初是提"农业互助合作运动"④,后来中央的提法又成了合作化,并且其实现形式包括互助组、初级社和高级社,高级社还被认为就是集体农庄⑤),指的是实现集体

---

① 薄一波:《若干重大决策与事件的回顾》,上卷,188~191页,北京,中共中央党校出版社,1991。
② 《建国以来毛泽东文稿》,第二册,517页,北京,中央文献出版社,1993。
③ 《建国以来毛泽东文稿》,第二册,526页,北京,中央文献出版社,1993。
④ 《农业集体化重要文件汇编》,上册,31页,北京,中共中央党校出版社,1981。
⑤ 《农业集体化重要文件汇编》,上册,215、331、360页,北京,中共中央党校出版社,1981。

农庄。他根据苏联全盘集体化的经验,做出小农经济必将直接一次性地被集体农庄这种社会化大生产的组织形式所取代的判断,是欠科学的。

马克思说过,资本主义社会化大生产代替小生产就像火车压碎手推车一样不可抗拒。① 这一前提是没有问题的,但问题在于实现手段和过程。社会化大生产取代小生产是发生在朝夕之间,还是要经过一个漫长的、采用了多种方式的过程?马克思无论如何也没做过认同前者的判断。正像毛泽东举例中所提到的,工场手工业就是资本主义大工业的一个准备阶段,这是马克思总结资本主义发展过程时从未忽视的一个阶段。农业的制度变迁和技术进步同样需要一个过程和一些实现方式:走向资本主义的中国农村就曾出现了经营地主、富农经济和农垦公司等带有阶段性的实现形式,社会主义作为实现社会化大生产的另一种经济制度,其对农业小生产的取代必然也是复杂的、多样性的和漫长的。在马克思、列宁等的合作理论中,实现集体所有制是"把农民吸引到革命方面来"的必要步骤,而合作化则是实现集体所有制必须"大规模采用"的"中间环节",这一中间环节有多种形式。中国农业的变革不仅完全不必要直接从小农经济走向集体经济,而且在中国不具备这样条件的情况下,尝试走一条有中国特色的渐进变革之路,应该是完全可能而且必要的。

具体到农业合作化的道路,苏联并非只经过了全盘集体化一个阶段,而是经历了农业合作社等形式的长期积累和铺垫,最后才一步过渡到集体农庄的。

沙俄时期就有土地共有制的传统,农村就存在农村公社(村社)这一土地占有和使用的主要形式,后又有脱离了村庄、以个人占有和使用土地为特征的独立地段。村社与村庄成员共同占有土地,交给个人耕种并定期在村社成员中重新分配为主要内容。独立地段则是在资本主义因素不断增长特别是斯托雷平改革之后才开始大量出现,它包括家庭和土地都脱离村社的独家农庄、仍居住于村庄但土地却脱离村社的独家农田,以及土地虽不属村社占有但仍保留传统条田制的混合农庄。十月革命后,新的集体农庄的形式——农业公社、劳动组合和共耕社纷纷出现。在十月革命之后随即进行的以满足广大农民由来已久的要求为目的、以土地国有农民自由选择占有使用形式为主要内容的土地改革,在1917—1922年迅速完成之后,村社、独立地段和集体农庄就成了苏维埃政权初期存在的、主要的土地占有和使用形式。

1923年因列宁的《论合作制》发表而开启的新的合作化事业中,苏联的合作社由

---

① 恩格斯:《法德农民问题》,见《马克思恩格斯选集》,第4卷,北京,人民出版社,1972。

"二战"时共产主义时期国家机构的代理人,重又成为独立的社会经济组织,并获得了较明显的发展。1923年下半年到1926年,农村消费合作社由712.93万人增到1 153.29万人,年均有200万人入社。[①] 1927年加入农村消费合作社的股东有980万户,占农户的39%[②];1928年占到了全部农户的54.2%,1929年又增长到58.3%[③]。农业合作社也有了长足的发展(见表3-2)。

表3-2  1925—1929年苏联农业合作社的发展

| 时间 | 1925 | 1927.10 | 1928.4 | 1929年年底 |
|---|---|---|---|---|
| 合作社数/个 | 55 000 | 64 500 | 93 500 | 165 000 |
| 入社农户/万户 | 660 | 950 | 1130 | 2 000 |

资料来源:特里冯诺夫:《新经济政策时期苏联阶级斗争简史(1921—1937)》,179页,莫斯科,政治书籍出版社,1960。转引自沈志华:《新经济政策与苏联农业社会化道路》,112页,北京,中国社会科学出版社,1994。

信用合作社1924年仅5 353个,成员110万户[④];1928年达到9 808个,入社农户7 454万个,占全部农户的27.3%[⑤]。

合作化在苏联农业社会化(包括合作化及集体化)历程中占有重要地位,苏联党和政府甚至致力于使集体农庄纳入合作社。1922年8月俄共(布)第十二次全国代表会议提出:"必须在最近期间使集体农庄联合组织成一般农业合作社,达成完全的组织上的融合。"[⑥] 直到1928年8月29日,共产国际第六次代表大会通过的共产国际章程还认为"农民的农业合作社(销售合作社、采购合作社、信贷合作社、生产合作社)可能而且必须成为联系城乡的基本组织形式之一……成为推动农村社会主义改造和农村集体化的最重要的手段之一"[⑦]。这说明以合作社为主要方式改造小生产,曾是苏联新经济政策时期的重要政策趋向,只是实际执行中效果并不明显,合作社没能取代集体农庄。

到了新经济政策后期,集体农庄的地位逐渐突出,并且成了合作社的最高形式。随后通过向农村提供大量的农业机械(到1928年,整个集体农庄及庄园已拥有9 586

---

[①] H.H. 萨布罗夫:《合作社在恢复时期的发展(1921—1925)》,载《列宁格勒大学学报》,1963(7),13页。转引自沈志华:《新经济政策与苏联农业社会化道路》,112页,北京,中国社会科学出版社,1994。
[②] 转引自沈志华:《新经济政策与苏联农业社会化道路》,112页,北京,中国社会科学出版社,1994。
[③] 转引自沈志华:《新经济政策与苏联农业社会化道路》,112页,北京,中国社会科学出版社,1994。
[④] K. 鲍德斯:《苏维埃制度下的农村生活》,87页,纽约,1927。
[⑤] E.H. 卡尔、R.W. 戴维斯:《计划经济的基础(1926—1929)》,第1卷,154页,伦敦,1969。
[⑥] 《苏联共产党代表大会、代表会议和中央全会决议汇编》,第2分册,232页,北京,人民出版社,1964。
[⑦] 珍妮·德格拉斯选编:《共产国际文件》,第2卷,563页,北京,北京编译社,1964。

台拖拉机、30 700架播种机和37 400架收割机①,但当年使用机械动力的土地面积还不到1%②),使集体化具备了一定的物质技术基础。经过两次高潮,迅速实现了全盘集体化,使集体农庄而不是合作社成为农村中最主要的社会经济组织形式。

苏联的经验表明,实现农业合作化与集体化对物质技术的要求是不同的,不一定非得先实现机械化,这一点已如前述;并且,实现集体化与全盘集体化对机械化的需要程度也是明显不同的。

苏联合作社与集体农庄存在巨大的差异,又存在密切的联系。两者的差异在于:集体农庄实行集体所有,而合作社则以私有权为基础,不局限于劳动的联合;集体农庄实行集体耕种和经营,而合作社则相应可以继续进行个体小生产,由个体小生产走向合作生产;集体农庄以大机器生产为前提,即需要以国家工业化和农业机械化为准备条件,而合作社可以适应较低的技术和生产水平。这些说明由合作社转而上升为集体农庄不是一蹴而就的,但决不能说合作社与集体农庄之间没有联系,只是要使中农们自愿组织的合作社吸纳贫农组建的集体农庄,不是一件容易的事,要充分考虑中农的抵触情绪。这些经验表明,全盘集体化在不具备条件时强行全盘过渡,会伤害制度创新的绩效。这也从另一方面说明,只要具备一定的物质技术条件,农业合作化和集体化是可以渐次逐步实现的,不必等到全部用机械装备农业那一天或那一天的某个时候。我们正是在这一点上,看到了坚持个体经济以及互助组织不能过渡到集体农庄的观点,明显是缺乏历史观的。中国后来的合作化在具体实现形式和步骤方面取得了成功,探索出了由互助组、初级社以及高级社向集体化过渡的渐进形式,在某种意义上讲,这就是列宁《论合作制》中有关思想的运用和发展。而中国照搬苏联模式,在农业合作化的过程中,主要体现在对苏联集体化时期的经验的继承上。

苏联的农业社会化道路还表明,其农业社会化变迁比中国农业合作化和集体化交易成本要低。

首先,村社制度是在土地国有的前提下由村社成员共同占有、使用并重新调整。而中国小农的私有权是稳定的和基本完整的。这两种不同的制度资源,就使合作化面对的阻力明显不同,可以说中国由小农经济向合作化的变革,是一场交易费用更高的制度变迁;而苏联的合作化取代村社制度则是两种相近制度之间的替代,是一种比之中国成本较低的变迁。

---

① 苏联科学院经济研究所:《苏联社会主义经济史》,第3卷,451页,北京,生活·读书·新知三联书店,1982。
② 贾斯尼:《苏联的社会化农业:计划与运作》,451页,斯坦福,1949。

这可以从马克思和恩格斯对俄国旧制度的论述中看出。1881年马克思说:"我深信:这种农村公社是俄国社会新生的支点。"但要发挥作用必须肃清各方面的破坏。①恩格斯此前也在1875年论述过农村公社制度与未来社会制度的联系。他说:"不可否认有可能使这一社会形式转变为高级形式,只要它能够保留到这样做的条件成熟的时候,只要它能够发展到农民不再是个别而是集体从事耕作的程度;并且应该使俄国农民不经过资产阶级的小块土地所有制的中间阶段,而实现这种向高级形式的过渡。"②只是这种过渡需要以无产阶级革命为前提。马克思、恩格斯的研究,表明了村社与合作社乃至集体农庄之间的相近性和共通性,一旦无产阶级革命成功,这种制度就成了可资利用的资源。而中国的小农经济与合作社的关系则完全不同。这就提醒中国政府,这场强制性制度变迁必须逐步地、稳定地实行,一点也不能操之过急。

其次,中国农业合作化的目标与苏联不同,比苏联更高更难以实现。苏联的合作化(以合作社取代村社制度)是不改变土地的私人占有和使用方式的(革命后的政府继承了以前政府的做法);而中国的合作化和集体化是合而为一的(在决策之初集体化和合作化没有区别),如1951年《中共中央关于农业生产互助合作的决议(草案)》中就认为,农民组织进行劳动互助的"前途就是农业集体化和社会主义化"③。

此外,中国农业合作的历程还显示出,照搬苏联模式是其中不可忽视的重要特征。照搬并且表现为只看到或者是偏爱苏联集体化的经验,而对这一过程中的其他部分视而不见。看不到集体化之前由村社向合作社和集体农庄的多项转变、合作社对集体农庄的容纳,以及合作社从低级形式向高级形式的急促变化这样的实现过程,更使照搬色彩明显化甚至于教条化。照搬,主要是对苏联集体化经验的照搬,这是很可惜的事情。在今天看来,如果当时能从苏联合作化和集体化的整体过程把握中国的农业合作问题,也许已节省太多的制度变迁成本,也许很多问题就不会再拿到今天重新探讨了。因为这些问题参照苏联的全部经验就可以得到明确的答案。

刘少奇的说法中也不乏真知灼见,有些是意味深长的。

(1)他指出不要害怕商品经济发展引起的收入分配差距拉大,因为这是可以通过税收、金融等宏观经济政策调节控制的。由于刘少奇的意见被否定,这方面的探索和努力也就中止了,留下了强制性的人为拉平带来的不良影响,特别是对一直依靠劳动

---

① 《马克思恩格斯全集》,第19卷,269、434页,北京,中共中央党校出版社,1981。
② 《马克思恩格斯全集》,第19卷,269、434页,北京,中共中央党校出版社,1981。
③ 《农业集体化重要文件汇编》,上册,38页,北京,中共中央党校出版社,1981。

力投入支撑增长的传统农业来说,这种影响是值得仔细研究的。

(2)批评把平均主义——农业社会主义当作社会主义倡导。农业社会主义虽然合于下层农民的平均观念,有利于对最下层农民形成激励,但激励建立在绝对公平的基础上,对其他各阶层农民主动性和创造性的压抑可能更为明显。

(3)把制度变迁与技术进步结合起来。刘少奇看到了国家工业化、机械化与农业合作化之间的联系和相互制衡关系,应当说,这是对苏联经验的正确总结和运用。不过在这个问题上,毛泽东不仅认识到农业合作化离不开农业机械化和国家工业化,而且从国家工业化战略的高度进行了探索,并果断地将合作化和集体化纳入国家工业化战略框架。这一决策的深远影响,正像苏俄因实施工业化战略(依靠农业支援)后来成了反法西斯战争的中流砥柱一样,中国依靠农业剩余支持工业化的战略,也取得了历史上绝难比拟的成就。

### (四)与国家工业化关系的确定:同时并举而不是先实现国家工业化后完成合作化和集体化

必须指出,刘少奇认为实现集体农庄必须要等到用机械装备农业,有了化肥、农药等之后,即集体化要以国家工业化、机械化为前提,同样是从苏联经验出发,并且同样是从苏联全盘集体化而不是从苏联土改后合作化和集体化的全部经验出发而形成的判断。

**1. 苏联的工业化和合作化、集体化是相互依赖的**

社会主义国家必须建立在社会化大生产的基础上,是马列主义中早已做出的规定。列宁指出,"从生产力状况的观点来看,即按整个社会发展的主要标准来看",大工业是社会主义经济的基础①,社会主义工业化当然也是消除城乡对立的正确道路。在电气化的基础上组织生产,"将把城乡连接起来……就能消除城乡间的悬殊现象,为提高农村的文化水平、甚至消除穷乡僻壤那种落后、愚昧、粗野、贫困、疾病丛生的状态"。②

依此,在新经济政策时期,列宁通过倡导合作社的途径,使对小农的改造首先在制度变革中得到启动。1924—1925年农业合作社联合了24%的农户③,1925年10月1日已有3.5万个合作社,540万社员;1927年10月1日农业合作社系统总计有6.46万个合作社,950万社员;与"野生的"(未参加农业合作社联社的合作社)加在一起,

---

① 《列宁全集》,第32卷,224页,北京,人民出版社,1959。
② 《列宁全集》,第30卷,303页,北京,人民出版社,1959。
③ 《联共(布)第十五次代表大会》(速记记录第一部分),101页,莫斯科,1961。见苏联科学院经济研究所编:《苏联社会主义经济史》,第3卷,432页,北京,生活·读书·新知三联书店,1982。

合作社总数为7.93万个，社员1 010万人。① 1926—1927年合作社中央联社掌握了农产品计划采购量的39.5%和商品量的24.8%；1927—1928年相应为50.1%和34.4%。② 合作社还在组织对农村供应农具和生产资料工作中起了重大作用。临近苏共十五次代表大会时，"整个公营部门在农村供应中占50%以上，同时，机器、优良种籽和化肥的供应几乎全部公有化了。而像布匹、煤油和食盐这样一些商品的供应中，私人资本已经不起什么作用"。不仅如此，合作社还成了技术进步的重要支持组织。农业合作社实施若干年后，"已把农村生产资料的供应越来越密切地与贫农户和中农户以共同购置和使用大型农业机器和拖拉机（机器协作社、机器租赁站）为基础的生产合作化工作联结起来了"③，生产联合的趋势日益增强。最简单的生产协作社总数从1925年1 516个增加到1927年的18 555个，增加11.2倍，社员人数增加11倍。生产合作化的比重从29.2%增加到55.5%，供销和信贷合作社的比重则由64%下降到36.2%。④ 此后，合作社由消费领域向生产领域的转变趋势更强，说明合作社不仅有能力实现入社农户由流通领域联合向生产联合的突破，而且还把国家工业化与改造小农联系起来。后来的全盘集体化（1929—1932年）便发端于较大规模地向农村运送农业机器，并且是在一定的技术基础上完成的。

　　这一历史演变过程说明，苏联的农业社会化中，合作化先于工业化，并得助于工业化；然后工业化的支持使得经过合作化却仍难以满足国家工业化需求的农业能够实现集体化。不容置疑，合作化使得工业化所需的剩余积累得以实现，前述合作社及公营机构对农产品供应的控制就是实证之一。对于农业剩余在支援工业化中的作用，苏联的官方著作也不完全否认。《苏联社会主义经济史》中说，造成苏联工业化的资金，显然不是借"农业殖民化"而得，因为第一个五年计划（1928—1932年）中用于工业发展的积累中，农业所占的比例明显是下降的，从1928年的54%降到1932—1933年度的25%；1932年农业所占比重只有18.1%，比1913年对农村的征收还要小。⑤ 但54%毕竟是一个不低的数字，所以作者紧接着指出："苏联农村对国家工业化的共同事业做出了重大贡献。""农业原料和国家用这种原料生产并销售的工业品之间的比价，

---

① 《苏联合作社网》（统计资料汇编），5~7页，莫斯科，图书联合会，1929。见《苏联社会主义经济史》，第3卷，432页，北京，生活·读书·新知三联书店，1982。
② 《苏联的各种合作社》，185页，1929。《苏联社会主义经济史》，第3卷，432页，北京，生活·读书·新知三联书店，1982。
③ 《苏联社会主义经济史》，第3卷，433页，北京，生活·读书·新知三联书店，1982。
④ 《苏联合作社网》，44、45、12页，莫斯科，图书联合会，1929。
⑤ 转引自《苏联社会主义经济史》，第3卷，123页，北京，生活·读书·新知三联书店，1982。

促使国民收入进行有利于工业的再分配。重工业部门的劳动报酬比轻工业、食品工业和农业部门的工资高,促使了劳动力流入城市,首先流入建筑业和重工业。"[1] 虽没有列出具体统计数字,也足以说明农业和农村为工业化提供的物质资本和人力资本都是不可低估的。而工业提供的物质技术支持是远远不够的:1928年农田耕作中使用机械动力的土地面积不到1%,即使到全盘集体化基本完成的1932年也仍低于20%。[2] 而且这些物质技术支持之所以能够获得,是与合作化以来农村中提供的剩余劳动力分不开的,合作化和集体化并非以工业化为前提,而是互为因果、交相作用的。

依据苏联经验做出合作化和集体化要以工业化、机械化为前提的结论,是又一次错误的照搬。先工业化还是工业化和农业合作化、集体化同时并举的争论,是非曲直实际上已经基本明了。

**2. 中国只能走自己的工业化立国之路。**如引论中所说,新中国必须走工业化道路,而且只能走依靠农业剩余完成工业化的道路。国家工业化和农业合作化同时并进,也就成了势所必然的决策。

## 二、体现国家意志的合作化决策

国家工业化和农业合作化同时并进的决策,集中体现在毛泽东提出的过渡时期的总路线中。总路线提出了国家工业化和农业、手工业、资本主义工商业的社会主义改造都要从新中国成立后开始,用10～15年的时间完成。由此制订的第一个五年计划,也提出了1953—1957年要建设一些大型工业项目,并积极进行各业的社会主义改造。这是关乎全局的重大决策。直接针对农业和农村的,还有以下几个决策,也是对以上争论的总结。

### (一)关于农业互助合作的决议

关于互助合作问题的全国性工作会议召开之后,1951年12月15日正式下发了《中共中央关于农业互助合作的决议(草案)》(以下简称《决议(草案)》)[3]。

《决议(草案)》一开始就指明"农民在土地改革基础上所发扬起来的生产积极性,表现在两个方面:一方面是个体经济的积极性;另一方面是劳动互助的积极性"。《决

---

[1] 《苏联社会主义经济史》,第3卷,123、125页,北京,生活·读书·新知三联书店,1982。
[2] N.贾斯尼:《苏联的社会化农业:计划与运作》,斯坦福出版社,1949。
[3] 《农业集体化重要文件汇编》,上册,37页,北京,中共中央党校出版社,1981。

议（草案）》指出不能忽视和挫伤农民个体经济积极性，但要按照自愿互利的原则发展农民劳动互助。《决议（草案）》还概括了临时性、季节性的简单的劳动互助，常年的互助组以及土地入股为特点的农业生产合作社（也称土地合作社），指出农业生产合作社是"农业生产互助运动在现在的高级形式"。

可以看出，这个《决议（草案）》目标是明确的，所采取的步骤是稳妥的，还集中了党内对农业合作的不同意见，特别是毛泽东和刘少奇的不同意见，如毛泽东提出的发扬农民互助合作积极性、由个体经济向机械化生产的集体农业过渡、农业生产合作社是走向社会主义化的过渡形式等观点；如刘少奇提出的不要过早地否定、限制农民的私有财产，不要挫伤农民的个体生产积极性，不能在互助合作组织中实行绝对平均主义，不能急于达到社会主义等观点。只要仔细分析就会发现，毛泽东的观点占据主导地位，如关于农民的两个积极性的分析，就是在兼顾两个积极性的同时，鼓励农民的互助合作热情。换句话说，就是在保障互助合作这一大方向的前提下，兼顾农民的两个积极性。可以说，《决议（草案）》体现了国家的意志，即要通过建立合作社取代已造成收入分配差距拉大、复制资本主义的个体经济，自然要偏重于发挥农民互组合作的积极性。从这时起，中国农村就注定要走向合作化。

1953年2月15日，《决议（草案）》经过修正以中共中央正式决议的形式下发。

**（二）统购统销政策**

《决议（草案）》和总路线之外的第三个重大决策是粮食统购统销政策的制定。1953年10月，中央政治局召开扩大会议，通过了《中共中央关于粮食统购统销的决议》等文件；11月，中央人民政府政务院颁布了《关于实行粮食的计划收购和计划供应的命令》；12月，开始正式施行对粮食等主要农产品的计划收购和计划供应。这就是我们后来说的"统购统销"政策。统购统销政策由计划收购（统购）、计划供应（统销）、国家控制粮食市场的政策和中央对粮食实行统一管理的政策组成。它是计划体制下国家集中使用资源政策的集中体现。统购统销政策在后来得到了不断发展，直到1985年为合同定购制度所取代。

统购统销政策与农业合作化是合二为一服务于工业化的，也就是说，仅靠实施农业生产合作，还不能保证农业剩余完全用来支持国家的工业化，只有把生产和流通统一掌握在手，才能更有把握保障工业化的顺利完成。因为在个体生产条件下，农业剩余被个体农民平均分割了。① 而在私有产权下，实施统购统销政策就面临国家与个体农民之间的高昂交易成本。因此，统购统销要求把农民组织起来，并改变私有制逐渐建立起越来越大规模的公有制组织。新的途径，就是把合作化和统购统销合在一起，使中央计划可以直接下达给每一个农民，也使千千万万农民都与国家工业化形成休戚与共的关系。为此，就要扩大农民组织起来的规模，保证工业化获得越来越多的农业剩余。这在毛泽东看来，就是要不断扩大所有制的公有程度，并不断扩大管理规模，就是要"捋捋辫子"。而这正好是后来农业合作化、集体化的运行路径。统购统销则是将越来越多的农业剩余运往城市和工业的传送带。

不得不指出一点，粮、棉、油等产品的统购统销，虽然保证了国家的粮食收购，但却切断了农业合作社自主经营产品流通的纽带，农民蒙受了多年的沉重损失，也使得我国农业合作制失去了应有的完整的体制。国家实现了对合作化和统购统销的双重控制，合作社却只有生产没有流通，仅有利于国家增加农业剩余，却不利于农民增加收入，因此，延长生产链条和完善流通体制就成了"大包干"后改革的必备内容。

此外，统购统销政策还体现国家在对重要程度不同的阶级实行了不同对待。换句话说，国家只是努力保护最重要的社会集团以换取支持。在中国，工人阶级和城市居民比农民更接近权力中心、文化水平更高，从而对国家的影响更大。特别是他们更集中、更有经验、更易自觉地集体行动，对国家的稳定影响更大。在这个工人阶级领导的国家里，强行收回农民的粮食和其他农产品，牺牲他们的利益（如因剪刀差造成的损失），以满足城市居民的需求，就是一个很自然的选择。

所以，工业化目标使农业合作组织只能成为与之相适应的、以公有产权为内核的微观组织。因为，在资源高度稀缺的中国实施工业化战略，必然要求计划经济体制与之相适应，极大限度地充分调动有限资源投入既定目标。资源的集中利用，必然要求减低资源转让和使用中的交易成本，组织和市场是有关的两个途径，但后者已不可能（不合于主流意识形态）。要组织起来以降低国家和每一私有者逐一谈判的交易成本，又要使组织合于主流意识形态，还要便于下达和执行中央计划，在可供参考和学习的经验只有苏联经验和中华人民共和国成立前根据地的互助合作传统的前提下，组织必然是社会主义所要求的公有制的经济组织。宏观计划体制不仅要求农业剩余尽可能多地支持工业化，而且要求整个生产过程也纳入计划框架，以实现计划体制实施应该带

---

① 周其仁：《中国农村改革：国家与所有权关系的变化——一个经济制度变迁史的回顾》，载《管理世界》，1995（3）（4）。

来的高产出率。工业化战略就这样决定了农业合作制度变迁的过程和结局。

### (三) 关于发展农业合作社的决议

1953年10月26日,全国第三次互助合作会议在北京召开。在会议召开之前和会议期间,毛泽东曾作了两次关于加快互助合作的步伐以解决工业发展需要与落后农业之间的矛盾的谈话。在第一次谈话中,毛泽东第一次明确提出要试办农业生产合作社,带动互助组大发展。首先,要分派数字,摊派;其次,强调社会主义要占领农村阵地,并进而批评了"确保私有"和"四大自由"。他说:"个体农民,增产有限。""如果不搞社会主义,那资本主义势必要泛滥起来。""'确保私有'是有利于富农和富裕中农的。"要阻止农民卖地,互助组不行,"要合作社,要大合作社才行";最后,他认为从解决供求矛盾出发,就要解决所有制与生产力的矛盾问题。"个体所有制与大量供应是完全冲突的""总路线也可说是解决所有制的问题"。① 11月4日毛泽东又重申了上述主张,再次批评了"群居终日,言不及义,好行小惠"的做法。他说,"群居终日,言不及义"就是言不及社会主义。搞农贷、发救济粮、依率计征、依法减免、只修小型水利,打井开渠、深耕密植、合理施肥,推广新式步犁、水车、喷雾器、农药等提高生产水平的措施,如果在小农经济的基础上进行,就是对农民"行小惠"。"确保私有""四大自由"更是小惠,而且是惠及富农和富裕中农。②

第三次农业互助合作会议一开始即传达了毛泽东的第一次讲话精神,经过讨论,形成《关于发展农业生产合作社的决议》。这个决议与1951年的《决议(草案)》相比,有两个明显的变化:一是对个体农民的认识发生了转变。1953年的决议强调个体经济与工业化之间的矛盾,指出解决这一矛盾只能通过农业合作途径。二是促成了农业合作运动中心的转移。1951年的《决议(草案)》指出要在全国各地大量发展临时互助组,逐步推广常年互助组,有重点地发展土地入股的合作社。这时农业生产互助合作的中心是互助组。这一态势一直保持到《决议(草案)》作为正式决议下发之后。而1953年10月的这个决议,不仅名称改为《关于发展农业生产合作社的决议》,而且郑重地指出,随着互助合作运动质量的提高,农业生产合作社已逐步显示高于互助组的优越性和重要性,"使它目前在整个互助合作运动中日益显出重要的地位,并且日益成为我们领导互助合作运动继续前进的重要环节。因此,中央认为各级党委有必要更多地和更好地注意对发展农业合作社的领导,根据当地的具体情况,准备逐步试办和逐步

---

① 《毛泽东选集》,第五卷,116~119页,北京,人民出版社,1977。
② 《毛泽东选集》,第五卷,120页,北京,人民出版社,1977。

推行的条件"。从此，农业互助合作运动的中心就由互助组转到了农业生产合作社（初级社）。①

首先，在《决议（草案）》作为正式文件下发不到一年的时间里，就提出合作化重点由互助组向合作社转变，国家决策偏急已显示出来。借合作化实现中央计划经济体制，聚集农业剩余以实现国家工业化的决策，极易忽视农民收入的增加，从而影响合作化的进程。

其次，简单地放弃了对技术创新的努力，并斥之为小打小闹、言不及义。这造成了合作化决策中不应有的缺憾。中国农业能在人口大幅度增长而耕地面积基本处于刚性的情况下，维持一个较高的增长率，是由于传统的精耕细作的农业技术不断改进。②无奈这种低成本的、行之有效的以技术促进经济增长的传统，已因偏重过密性增长方式中的劳动力因素，而被大大忽视了。在某种程度上可以说，正是因为忽视了技术的重要性，合作化才不得不走上扩大规模的道路。1953年10月会议的决议强调从互助组向合作社转变的重要性，也就是强调规模扩大的重要性。后来合作化走上了不断扩大规模的道路。

还有，这个会议及决议再次提出要用合作社的方式阻止农民卖地，这说明国家作为公正的代表，已判定农民卖地等将要泛滥的现象是不公正的。国家提供的公正和保护，已使中国走上了公平发展之路。受此影响，中国的合作社制度及其产权制度，就更加偏重于公平性。

上述有关中农化、富农政策、两极分化现象以及山西农村试办农业生产合作社等问题的不同看法以及其决策，体现了国家在制度创新中较明显的选择趋向：选择公平分配推动增长而不是不公平分配的增长道路；选择通过经济组织创新和制度创新的方式促进经济增长，而不是在小农经济、个体经营基础上，通过技术创新和技术进步实现经济增长；偏重于制度带给国家的收益而非带给农民的增益；对苏联经验只作有选择的吸收，而非简单照搬。

总之，农业合作的决策集中体现了国家的意志，只是在一定程度上照顾了农民的意愿，还在某种程度上舍弃和背离了农业生产中的既有优势和传统。这就注定了合作化的制度变迁不能是低交易费用的。高交易费用的存在，必然导致国家入主和急促完成，以通过过程的缩短减少费用。

---

① 《农业集体化重要文件汇编》，上册，215、216页，北京，中共中央党校出版社，1981。
② 刘佛丁等：《近代中国的经济发展》，31、154~155页，济南，山东人民出版社，1996。

也因此，此后的农业合作化、集体化过程，关键就是其中关于速度和规模的争论。争论的结果决定农业合作化、集体化的进程和结局。从某种程度上看，这场争论以及由之决定的农业合作化、集体化进程，也是农村发展道路探索的继续。

## 第二节　农业合作化运动

农业合作制度的变迁，不仅是国家决策的产物，而且国家还控制着变迁的形式、速度、步骤等一系列具体实施过程。这场变迁从设计到实施都是国家独立完成的，广大农户只是亦步亦趋的追随者。国家的推动呈现前缓后急的阶段性特征，整体上看农业合作化是一个被国家加速推动的过程。

### 一、国家的加速推动

相比较而言，1955年以前国家推动农业合作化的速度相对较缓，造成了前后两个阶段截然不同的发展态势。

#### （一）在冒进与反冒进中平稳发展（1949—1955）

1. 第一次冒进与纠正

从新中国成立的1949年到1955年以前，我国互助合作运动的发展一直是比较正常的。

首先，是互助组稳步发展。1951年年底，我国互助组达到467.5万个，比1950年增加71.6%，参加农户也达到2 100万户，比重提高到全国总农户的19.2%。[①] 1952年猛增到802.6万个，一年中增加了335.1万个；参加农户达4 536.4万户，比重上升到全国总农户的39.9%。到1953年我国互助组参加农户已达4 563.7万户，占总农户的40%左右，其中参加常年互助组的农户占参加互助组的农户的29%，常年互助组有了较大发展。1954年参加互助组的农户已达到总农户的58%。

---

[①]《1951年上半年生产互助的情况和今后的意见》，载《中国农报》，1951（9），见《中国农业年鉴（1980）》，北京，中国农业出版社，1981。

其次,初级社即农业生产合作社的试办,也取得了相当进展。1951年,有7个省试办了129个农业生产合作社;1952年增加到3 634个,入社农户57 188户,占总农户的比重为0.05%;1953年又增加到14 171个,另有4 000余个未经批准的自发社;1954年更增加到48万个。① 这些工作为我国发展农业合作化"逐步过渡、循序渐进"奠定了较好的基础。

走互助合作的道路,克服了生产工具和畜力缺乏的困难,保障了生产的正常进行;提高了耕作水平,改进了生产技术、生产条件,增加了单位面积产量,并在防旱防涝和防治病虫害等自然灾害上获得很大成效;激发了农民的集体主义精神和劳动热情,促进了生产的发展。1954年粮食总产达1 695亿公斤,棉花总产达2 130万担,分别比1949年的1 132亿公斤和890万担增长49.7%和139%。②

互助合作的平稳发展,与冒进政策和做法被及时纠正有密切关系。

1952年下半年,受全国第二次互助合作会议召开、农村整党、中国农民代表访苏归来等事件的影响,在批评自发的资本主义势力,宣传合作化、集体化的热潮中,出现了第一次急躁冒进现象。

急躁冒进表现为搞大社、过多地搞公共财产,甚至强迫命令等,加之基层受上级各部门的干预,任务繁多,生产中心往往难以顾及。

对此,中共中央农村工作部在邓子恢主持下起草并经中央和毛泽东主席批准,在1953年3月下发了《中共中央关于缩减农业增产和互助合作发展的五年计划数字给各大区的指示》《中共中央关于布置农村工作应照顾小农经济特点的指示》《中共中央关于农业生产互助合作的决议》《中共中央关于春耕生产给各级党委的指示》等文件。首先,压缩了计划指标,力求切合实际,并保护干部群众的积极性;其次,强调把春耕生产作为压倒一切的中心;最后,要求照顾小农经济的特点,不能侵犯农民私有财产,要切实解决好农民个人利益和公共利益的关系。这些文件的下达及随即开始的检查和纠正使第一次急躁冒进到6月初基本中止,农民卖地、卖耕畜、杀猪宰羊、伐树毁林等现象被遏制,生产情绪趋于稳定。

2.从层层加码到"停、缩、发"

时隔不久,毛泽东开始批判"言不及义",第三次全国互助合作会议及《中共中

---

① 见《中国农业年鉴(1980)》,4页,北京,中国农业出版社,1981。
② 中华人民共和国农业部计划司编:《中国农村经济统计大全》,147、189页,北京,中国农业出版社,1989。

央关于发展农业生产合作社的决议》的形成，促使我国的农业生产合作社又掀起了一个迅速发展的高潮。

1953年10—11月，全国第三次互助合作会议根据毛泽东的要求，各大区农口负责人分别口头提出了各自的发展计划，总计到1954年秋全国将组建31 381个合作社（初级社），1957年达到70万个左右。会后通过的《中共中央关于发展农业合作社的决议》又规定了新的初级社发展指标，从1953年冬到1954年秋收一年内全国农业生产合作社应由现在的14 000多个发展到35 800多个，并责成各地党委努力完成这个计划。各地根据会议加强领导的要求，对原发展计划进行了再次修订，追加的结果，全国发展合作社总计45 000余个。实际发展情况很快突破了上述计划，1954年3月20日中共中央农村工作部指出，"目前各地已经建立和正在建立的农业生产合作社共达7万多个"，超出原订计划1倍。1个月后，这一数字又增加到9万多个。在这种情况下，1954年4月召开的第二次全国农村工作会议对原来的发展计划作了如下修订，"农业生产合作社1955年计划发展到135万个或150万个，参加合作社的农户发展到占全国总户数的35%左右，合作社耕地发展到占全国耕地的40%以上"，部分地区达50%以上，条件较好的地区1960年前后争取基本实现合作化。6月中共中央批转了这个报告，再一次抬高目标，推动合作化更快地发展。到1954年夏，全国各地又新建合作社12万多个，加上原有的7万多个，实际已达20万多个。在这种新形势下，1954年10月召开的第四次全国互助合作会议，又提出了新的规划。会议报告认为，各地在1955年春耕前使初级社达到60万个的计划是合适的，建议中央批准。报告雄心勃勃地预计1957年前后将完成社会主义改造的第一步，实现初级合作化，第二个五年计划转入高级合作化，第三、第四个五年计划实现大规模的农业机械化。12月中央正式批准了这个报告，并要求各级党委把主要精力放在发展初级社上，于是，合作化的热潮又起。到1954年12月底，初级社已发展到48万个，势头已经显得过猛。

这就是说，1953年10—11月、1954年4月和1954年10月三次会议，三次更新规划、提高指标；这些新指标到了地方又被层层加码、不断膨胀；地方的指标又很快被超额完成。在这样一浪高过一浪的推动下，合作化的速度过快，怎能避免？后来的历史表明，这种层层加码，层层加速的做法，并不就此消失，而是计划经济、命令经济的一种重要运作方式。

快速发展造成农业形势一度紧张，主要表现在如下几个方面。

（1）出现攀比风和强迫命令现象。山西长治地委报告说，有些区乡已把未入社入组的农户称为"自发户",强迫群众加入,甚至用中断供应等方法强迫入社,用支部决定、批斗中农来凑社员数量。河北大名县胡气乡共 700 户,要建 600 户以上的大社,为此发动了村与村之间、乡与乡之间的挑战竞赛。辽宁省个别地方还采用了强迫农民签字、指模画押等做法。山东省曹县干部则提出了这样的口号:"运动要暴风骤雨""哪个运动还能不死人,看死的是什么人",这就极大地伤害了农民的积极性。

(2)在 1954 年原订的生产计划粮食只完成 94.2%(3 390 亿斤)、棉花只完成 77.5%(2 130 万担)的情况下,全国共收购粮食 1 036 亿斤,完成计划 110%,比原计划多购了 100 多亿斤。也就是说,在生产计划没有完成的前提下,收购计划却超额完成了。这是怎么实现的呢?当时不少地方出现了多购、超购现象,有的地方把农民留的种子和饲料粮也收购了,个别地方甚至把农民的口粮也收走了一部分。浙江省开化县一个村 72 户,只有 3 户有饭吃,其他人吃树皮、草根。

(3)受以上两方面的影响,从 1954 年春天起,各地出现大量出卖和屠宰牲畜的现象,年底更趋严重。华南分局反映由于农民大量杀猪杀鸭,导致猪价陡跌,不少农民弄死小猪。浙江省毛猪减少 30%。河北省委也在 1954 年 12 月报告了各地牲口价格普遍下跌 1/3~1/2 的反常现象。同时,春耕准备很差,特别是生产资料、耕畜剧减,农具少有添置,积肥也少。农民因从合作社所得收获难以果腹,积极性锐减。个别地方甚至谣言流行。农民看到粮食被调走后痛哭,社会稳定开始受到影响。

针对上述情况,中央确定了初级社的半社会主义性质;同时把合作化运动由大力发展转向控制发展和巩固。1955 年 1—3 月中共中央接连下发《关于整顿和巩固农业生产合作社的通知》《关于大力保护耕畜的紧急指示》《关于在少数民族地区进行农业社会主义改造问题的指示》和《关于迅速布置粮食购销工作安定农民生产情绪的紧急指示》等文件,明确规定,在合作化问题上:一是基本转入控制发展、着重巩固阶段。按不同地区,分别执行停止发展,全力巩固,适当收缩,在巩固中继续发展的不同政策。东北、华北、华东基本完成或已超过原订发展计划的地方停止发展,全力巩固;山东、河南、河北、浙江等原计划过高或仓促铺开的地方适当收缩;东南、西南、西北离完成计划尚远的地方巩固发展。二是巩固中着重宣传自愿原则,要促进生产发展。四个文件的主要精神就是"停、缩、发"。

四个文件下达后,合作化运动仍在迅速发展,1955 年 2 月,全国合作社达 58 万多个,4 月达 67 万多个。3 月上旬,毛泽东回京后,肯定了这一时期采取的措施。合作社迅猛发展的势头才逐渐被遏制下来。①

3. 发展平稳与政策的关系

总体来看，初期的合作化（1955年以前）基本在平稳的状态中向前发展，并取得了一些显著成效。究其政策，有这样几个方面的特点：

（1）始终以经济发展为中心，积极追求经济绩效。在初期的农业合作化过程中，无论是前述的争论，还是后来的决策以及施行，都始终维护发展生产的中心地位。《决议（草案）》指出农民互助合作的积极性，是迅速恢复与发展国民经济和促进国家工业化的基本因素之一。纠正1952年以来每一次冒进的许多措施中，突出的重要的一条就是要切实保证春耕生产成为压倒一切的中心工作，其他一切工作都要围绕这一工作展开，自然也包括农业的互助合作运动。同年6月毛泽东也强调："发展互助合作运动，不断地提高农业生产力，这是党在农村工作的中心。""停、缩、发"方针的酝酿制定，更是要通过遏制合作化的过猛发展，缓解农业生产中的不稳定状况。可以说，这一时期，无论合作化发展得多快多猛，都没能动摇发展农业生产的地位，这就使合作化与农业生产、农业生产与国民经济发展和国家工业化保持协调关系，也保证了合作制度创新的经济绩效能通过这一协调状态实现。

（2）注意照顾小农特点，着力减少政策执行中的交易成本。中国农民有着几千年的私有传统，拥有一块属于自己的土地是农民世世代代梦寐以求的理想。土改后中国农民变成个体私有者，农业的合作化便自然只能以小农经济为起点，因此不能不充分照顾小农的特点，以便合作化逐步为他们所接受。马克思、恩格斯论述合作化问题时，也一再强调不能剥夺农民。也就是说，只有充分照顾小农的特点，政策的规定才会在他们心中引起共鸣、产生认同感，才会相应减少政策实施的成本。初期的农业合作化较好地照顾了小农经济的特点：一是邓子恢等人公开提出了农村工作要从小农经济特点出发的意见；二是上述各项决策中都强调农民土改后有两个积极性——劳动互助合作和个体经济的积极性，指出我们要在激励互助合作的同时，不能忽视和打击农民个体经营的积极性，使两者同时发挥出来，在比较竞争中逐步选择；三是强调要尊重自愿互利的原则，强调采取典型示范的方法。为此中央一再强调不能打击单干农民的积极性，一再坚决果断地纠正互助合作中的行政命令和强迫行为。

（3）坚持逐步过渡，平稳发展。制度变迁一般不外乎渐进性的和急速式的。制度

---

① 见《农业集体化重要文件汇编》，上册，104～105、145～146、153～154、150、186、225、231、249、260、271～273、311、323、290～292、277～288、295～298、278页，北京，中共中央党校出版社，1981。

安排的渐进性变迁会通过创新累积的收益，支付或部分支付更进一步变迁的成本，并最终完成全局性的转化，这是因为制度变迁的成本是相当大的。但如果渐进变迁的收益累积不足以支付进一步变迁的成本，或者因为渐进变迁持续时间较长，致使创新的收益迟迟不能实现，变迁便只能采用急速的革命的方式，以缩短变迁所花费的时间和精力等，尽早获得制度创新的收益。这一时期的制度变迁明显属于前者。

在个体经济普遍存在的情况下，在部分农民有互助合作的要求而另一部分农民希望通过个人努力发家致富的现实面前，必然要求农业合作化采取十分谨慎的态度，也决定了农业合作化需要一个漫长的过程，不能一蹴而就，必须有个体经济到社会主义的集体农庄之间的过渡形式。

农业合作伊始，中共中央就认为农业合作化的完成需要大约三个五年计划时间。1953年形成的过渡时期的总路线也预期农业社会主义改造需要10~15年或更多的时间。同年的《决议（草案）》总结历史经验，提出了我国农业合作化的3种主要形式：临时的、季节性的互助组和常年互助组及以土地入股为特点的农业生产合作社（只是还没有相互衔接起来）。1953年10月毛泽东在修改中央关于统购粮食的宣传稿时，把以上3种形式前后作了衔接。这年12月通过的《中共中央关于发展农业生产合作社的决议》里明确指出："这种由具有社会主义萌芽、到具有更多社会主义的因素、到完全的社会主义的合作化的发展道路，就是我们党指出的对农业逐步实行社会主义改造的道路。"

把互助组作为合作化的一个步骤是中国共产党的创造，1955年6月前发展的65万个初级社，90%是由互助组平稳转变过来的。借助初级社这一承上启下的过渡形式，通过土地入股参加分红，"随着生产的增长，劳动效率的提高和群众的觉悟，逐步而又稳妥地提高劳动报酬"[①] 这一渐进的办法，在保持私有的过程中，逐步触动私有，使农民从观望以至渐渐自觉向高级社过渡。事实证明，这种逐步过渡的设想，起步稳，避免了技术水平的倒退。表现之一就是牲畜头数特别是大牲畜和农用役畜的头数等，保持以较快的速度增长。1949—1954年，牛由4 393.6万头上升到6 362.3万头，骡由147.1万头上升到171.7万头，驴由949.4万头上升到1 270万头，山羊由1 613万头上升到3 315万头，绵羊由2 622万头上升到4 875万头，猪由5 775万头上升到10 172万头，[①] 没有出现牲畜存栏数锐减的局面。

---

① 《农业集体化重要文件汇编》，上册，222页，北京，中共中央党校出版社，1981。
① 《中国统计年鉴（1982）》，159、162页，北京，中国统计出版社，1983。

逐步过渡的另一个体现是采用典型示范并逐步推广的方法。对于每一种新的互助合作形式，不是急于大面积地向全国推广，而是充分照顾全国各地情况的不同，有步骤、有选择地因地制宜。反对全国整齐划一，工作中充分尊重多种形式并重的原则，多方面随时随地吸收群众意见，做到自愿互利。可以说，逐步过渡是初期农业合作化的重要成功经验。因为，初级社作为一种制度创新出来以后，紧跟着就是一个"学习"——推广的过程。"学习"包括无成本的学习——照搬或者套用，以及有成本的学习——积极主动地借鉴吸收后的再次创新，适应性地创新。无疑，后一种学习是有效的，但需要一定的创新和实施成本实现它的效率。这就起码要求不能过急，不能不给时间，不能急速推广。加之合作化之初，既是一个学习的过程，也是互助组、初级社制度创新的过程；既是一个学习典型的过程，也是一个创造典型、确认典型的过程，必须逐步过渡，而且必须放慢脚步。从这个意义上讲，平稳过渡与其说是成功的经验，倒不如说是不得不如此，只有如此。

逐步过渡还体现在坚持积极领导和大力支持帮助的做法中。中央文件一再批评了合作化中急躁冒进和放任自流的倾向，强调要加强对合作化的领导，认真落实合作社的经营管理制度等。同时政府也从多方面给予支持，如向互助组提供购买种子、肥料和农具的贷款等。1950年到1955年7月中央人民政府发放农贷、兴修水利及农村救济共支出46亿元。而1954年上半年国家银行发放的农业贷款中，合作社和互助组占72%。[②] 此外还为互助组无偿培养各类技术人员，吸收互助组的剩余劳动力等。这些措施都积极促进了互助合作组织的巩固和发展。

4.国家目标之间矛盾的体现

既然合作化一开始就是一场强制性变迁，国家要从制度创新中获得更多的潜在收益，要以此支援工业化，那么，国家就会急于建成合作社，急于实现租金最大化的目标。因此，急躁冒进必然伴随合作化过程。行政命令和强迫行为是国家在强制实施制度变迁的过程中容易采取的行为和态度，各级代理人亦步亦趋，从而导致层层加码。这其中除了工业化目标本身具有急迫性外，在国家启动的这一轮制度创新中，国家本身又是投资者，必然要求自己的支出尽快回收，以减少制度变迁中的交易成本，并增加创新带来的潜在收益。

国家还必须实现产出最大化，即由之带来的政治支持最大化的目标。对于任何一个新成立的政府来说，政治支持最大化是一个绝不可以舍弃的目标，甚至可以说是与

---

[②] 莫曰达：《中国农业合作化的发展》，78页，北京，中国统计出版社，1959。

财政收入最大化——租金最大化同等重要的目标。对于采用人民民主专政制度的新中国来说，成立之初政治支持甚至比财政收入更重要，或者说政治支持最大化就为实现最大化的财政收入准备了条件（虽然二者不可兼得）。

在中国，合作社这种只有农民自愿参加才能实现的制度创新，就对国家的态度——理性的冷静提出了严格的要求。冒进与反冒进，就是这两个目标之间的选择侧重之争，是偏重实现哪一个目标的政策之争，当然不是什么路线分歧，以后的争论也不是。但冒进与反冒进哪个占上风，得看有没有约束政治经济领导人的健全的政治制度；如果没有，或不健全，则看领导人的头脑是否冷静了。这一时期，毛泽东的头脑还相当冷静，党的政治制度也相当健全。毛泽东勇于尝试、勇于改正，这是他这时的性格魅力，也是农业合作制度稳态变迁的重要保障之一。

正因为如此，农民的利益（主要是加入互助合作组织后收入增加）受到相当程度的重视。来自福建、江西、湖南、湖北、四川、广西、浙江、山西八省的典型调查表明，土地改革之后到农业合作全面展开之前，合作组织的建立既增加了向国家交售的公购粮，也使农民的收入有了增长。如江西爱国、新华等9个乡，1953年已结束了土改，1955年秋组织起来的农户已占73.9%，加入初级社的占42.3%。农民向国家提供的商品粮由1953年的1 109.21万斤，增加到1954年的1 176.45万斤，1955年达1 202.09万斤，分别占粮食收入的16.3%、22.3%和27.3%。而农副业总收入1954年比1953年增加了1.5%，粮食收入增加了6.1%。① 对陕西粮食作物区、经济作物区、城市郊区、陕北山区、陕南山区9个乡的调查，则表明当地农副业收入增长较快（表3-3）。

表3-3　陕西部分地区农户农副业收入的典型调查　　单位：市斤

| 年 份 | 1952 | 1954 | 1954/1952 /% |
| --- | --- | --- | --- |
| 总收入 | 13 102 192 | 19 026 722 | 145.2 |
| 农业收入 | 12 294 307 | 17 397 313 | 141.5 |
| 粮食收入 | 95 055 524 | 12 143 037 | 127.8 |
| 副业收入 | 807 885 | 1 128 989 | 139.8 |

资料来源：《八省农村经济典型调查》，82页，北京，中国财政经济出版社，1957。

而当地农民向国家提供的商品粮也在增加，据关中和陕南13个乡的调查，1953年农民提供的商品粮为870.75万斤，1954年增加到1 074万余斤。②

二者之间的关系说明，国家的两个目标之间存在既相互矛盾又相互依存的关系。

---

① 《八省农村典型调查》，12、16、14页，北京，中国财政经济出版社，1957。
② 《八省农村典型调查》，83页，北京，中国财政经济出版社，1957。

表 3-4　福建 7 个乡两阶层农业税比较

| 阶　层 | 农业税占应产量的 /% | | 农业税占实产量的 /% | | 农业税占农副业总收入的 /% | |
|---|---|---|---|---|---|---|
| | 1952 | 1954 | 1952 | 1954 | 1952 | 1954 |
| 贫农 | 18.0 | 20.5 | 15.1 | 11.7 | 10.1 | 7.5 |
| 富农 | 21.6 | 24.3 | 15.5 | 19.1 | 11.3 | 13.7 |

资料来源：《八省农村经济典型调查》，9 页，北京，中国财政经济出版社，1957。

表 3-5　江西 9 个乡历年农业税占粮食产量及农副业收入的百分比

| 年　份 | 税额/粮食市斤 | 占应产量的 /% | 占实产量的 /% | 占农副业收入的 /% |
|---|---|---|---|---|
| 1953 | 2 220 261 | 18.7 | 15.7 | 12.6 |
| 1954 | 2 322 769 | 19.4 | 16.0 | 13.0 |
| 1955 | 2 142 033 | 18.1 | 15.1 | 12.3 |

资料来源：《八省农村典型调查》，21 页，北京，中国财政经济出版社，1957。

表 3-6　陕西 11 个乡农民历年农业税负担的比较

| 年　份 | 1952 | 1953 | 1954 |
|---|---|---|---|
| 农业税占实产量的 /% | 13.1 | 12.8 | 10.7 |
| 农业税占农副业总收入的 /% | 11.7 | 11.7 | 9.9 |

资料来源：《八省农村经济典型调查》，85 页，北京，中国财政经济出版社，1957。

此外，更能表明国家目标选择的是，这一时期国家的农业税总量虽有所增加，但占产量和农副业收入的比重却在下降。福建的 7 个乡（表 3-4）、江西 9 个乡（表 3-5）、陕西 11 个乡（表 3-6）的情况都说明了这一点。

从以上 3 个表可以看出，无论是农业税占应产量还是实产量的比例、还是占农副业收入的比例，对贫农、对富农征收的农业税比例，整体都在明显下降。这也表明这一时期国家政策的主调，是以政治支持最大化而非财政收入最大化为宗旨。国家主要致力于社会产出的最大化。

农业税减轻是这种主调的政策体现。1953 年政务院发布的《关于一九五三年农业税工作的指示》，规定 3 年内农业税征收指标稳定在 1952 年的水平上，不再增加。1956 年国务院又发布了《关于新辟和移植桑园、茶园、果园及其他经济林木减免农业税的规定》。这些减免政策的实行，就使 1957 年全国农业税仅占当年农业总产值的 5.5%，比 1952 年的 5.9% 下降了 0.4 个百分点。[①] 这些都说明，国家并不急于获取财政收入最大化，而是要通过产出最大化目标的实现获取最大的政治支持。但国家并非"无为

---

[①] 《当代中国》丛书编辑委员会：《当代中国的农业》，86 页，北京，当代中国出版社，1992。

而治",通过变更规则追求租金最大化方面,已经出现了两次"冒进",只是较快地被遏制罢了。

同时,要看到国家实际上提供了一种对产权保护的歧视性价格,并希望以此补偿因鼓励产出增加而带来的租金减少。政治经济学观点认为国家是产权保护这种服务的寡头垄断者,会按自己的偏好对不同阶层的产权提供不同程度的保护。较低程度的保护会使产权所有者更多地感到风险的存在。为改变这种不利的地位,产权所有者只有以较高的价格购买保护。这样国家就可以部分地补偿因鼓励产出而带来的福利(租金)损失。当时地主、富农是被"歧视"者之一。上述福建贫农和富农的不同税赋说明了这一点。而且地主、富农要过很长一段时间才能加入合作社,这也是"歧视"。保护的"歧视"还体现在一般农民和入社农户身上。笔者在陕西咸阳地区的调查表明,单干户在搞副业的机会、生产资料的供应、先进技术和经验的学习等方面都受到冷遇,这些机会和好处首先落在了互助合作组织身上。后来的农业政策表明,国家不注意富裕中农收入的增加,以至于使富裕中农成了退社风中的中坚。

这种"歧视价格"带来的损益补偿是有限的。较低的农业税率以及其他措施带来的农民收入增加,远远不能适应国家的需要,不能适应国家工业化的需求。受大规模工业化实施的影响,国家不能为农业提供大量的投入。1953—1957年,国家投入农业基本建设的资金共计41.83亿元,平均每年8.37亿元。但前3年并没有增加多少,1954年、1955年还有一定程度的减少。农用生产资料虽然相对量增长较快,但绝对量达到的水平仍相当低。① 这说明通过更新技术以促进农业增长的方法,在当时见效较慢。生产技术水平得不到较快的提高,农业就不能向工业化传输足够的农业剩余。这促使国家把组织和制度创新作为促进经济增长的重要途径。农业合作政策的基调逐渐加快。后来的农业政策正好体现了这种趋势,即由快的冲动变成了实际行为。

(二)过急的决策(1955—1956)

1. 变了味的速度和规模之争:走向高级合作化

1955年下半年到1956年年初,我国农业合作化在不断加速的过程中很快完成了初级化。这种结局很大程度上是政策强力推动的结果,而这一时期的政策也是经过争议形成的。主要是变了味的速度和规模之争,争论包括以下几个方面。

---

① 《当代中国》丛书编辑委员会:《当代中国的农业》,86、88页,北京,当代中国出版社,1992。

（1）浙江整社问题。

1955年春，根据前一段合作社发展过猛、过快，出现了许多违反自愿互利原则、强迫命令、急躁冒进的情况，中共中央农村工作部根据中央决策，主要协助河北、浙江、山东等省（重点是浙江）进行了整顿、巩固工作。实际上，他们是在贯彻执行前述的"停、缩、发"政策。

1954年春季，浙江共有合作社20多个，占农户6‰；1955年4月就猛增到50 950个，占农户30%。① 发展过猛主要表现在对团结中农有所重视。有的地方还提出了"依靠贫农，斗争富农，带动中农""走社会主义道路，就办社。不入社，就跟他们（富农）一样"等口号，存在严重的强迫命令。农民用实际行动表示了不同意见，当年（1955年）猪、羊减少1/3～1/2，卖家具、吃种粮、要饭、卖子女、请愿等现象时有发生，甚至出现饿死人现象。加之统购统销中存在许多问题，就使农民对合作社态度消极甚至不满，春耕中很多社很难再办下去了。② 为此，邓子恢与中共中央农村工作部其他同志一道草拟了《对浙江省目前合作化工作的意见》的电文，并征得了毛泽东同意③，建议浙江省委"对合作化数量分地区进行压缩，有条件巩固的必须加以巩固，无条件巩固的，应主动有领导地转回互助组或单干经营，能够巩固多少算多少，不能勉强维持虚假成绩"，并说如能巩固好3万个社，保持10%以上的农户在自愿基础上继续合作下去，仍应承认是很大的收获。如能巩固得多一些当然更好。1个多月之后，农业生产合作社由53 114个减少为37 507个，减少的15 607个社大部分转为互助组。

1954年4月下旬以后，毛泽东一再发表了他的不同看法，认为这种"坚决收缩"的方针是在一种惊慌失措的情绪支配下定出来的，是被胜利吓昏头脑，犯了"右"的错误。④ "停、缩、发"政策就此画上句号，政策主调很快变成了以"发"为主，争论也就进入发展多快的新环节。

（2）发展速度问题。

1955年6月，毛泽东与邓子恢又在1955年农业生产合作社数量翻半番还是翻一番上发生了争论。

1955年5月17日，中共中央召集的15省市委书记研究农业合作化工作会议提出

---

① 《邓子恢传》，480～482页，北京，人民出版社，1996；参见《浙江省委农村工作部部长吴植椽同志在全国第三次农村工作会议上的发言》，见《农业集体化重要文件汇编》，上册，321页，北京，中共中央党校出版社，1981。
② 《农业集体化重要文件汇编》，上册，321～325页，北京，中共中央党校出版社，1981。
③ 《邓子恢传》，485页，北京，人民出版社，1996。
④ 《毛泽东选集》，第五卷，175页，北京，人民出版社，1977。

1956年在现有65万个社的基础上发展到100万个社的发展计划,毛泽东却提出1956年在现有65万个社的基础上翻一番,达到130万个社的意见。邓子恢仍坚持100万个社的发展指标,认为整个合作化运动应与工业化进度相适应。现有的65万个社中存在问题很多,巩固与发展不能兼顾。

7月31日,毛泽东在《关于农业合作化问题》报告中,严厉批评了某些像"小脚女人,东摇西摆地在那里走路"的同志,重提合作化要大发展的观点。理由是"大多数农民有一种走社会主义道路的积极性。我国社会主义工业化的建设和它的成就,正在日益促进他们的这种积极性""这种状况的农民,占全国农村人口的百分之六十到七十"。① 此后,形成了全国批"小脚女人"的热潮,农业合作化的速度开始不断加快,且越来越快。

正如薄一波所说的那样:"我们曾经高度赞扬的贫下中农的'社会主义积极性',有不少在相当大的程度上是属于'合伙平产'的平均主义积极性。"② 这就是说,贫下中农的积极性是不是社会主义的积极性,尚且是一个问题,更何况用他们的行动和态度而不是全部农民的态度和行为分析农村的情况,决定合作化的步骤和速度,这样的决策只能超前和超出实际。

(3)向办大社转变。

扩大合作化规模的决定,明显体现在毛泽东亲自编辑、写了两篇序言和104条按语,并对许多文章题目内容都做了认真修改的《中国农村的社会主义高潮》一书中。该书正式提倡大力创办高级社和大社,强调"社越大,优越性越大""有些地方可以一乡为一个社,少数地方可以几个乡为一个社"。在条件合适的地方,可以不经过初级社,"由互助组直接进入高级形式"。③

1955年12月21日,毛泽东又提出《1956年至1967年农业发展纲要》。该文件规定,在1955年已有60%以上农户加入农业生产合作社的基础上,要求各省、自治区、直辖市在1956年基本上完成初级形式的农业合作化,达到85%左右的农户加入农业社。要求农业社基础较好的并已办了一批高级社的地区,在1957年基本上完成高级形式的合作化。其余地区,则要求在1956年每区办一个或几个大型的100户以上的高级社。以此为榜样,在1958年基本上完成高级形式的合作化。这就提出了实现高

---

① 《毛泽东选集》,第五卷,168~169、179页,北京,人民出版社,1977。
② 薄一波:《若干重大决策与事件的回顾》,上卷,358页,北京,中共中央党校出版社,1991。
③ 《毛泽东选集》,第五卷,222~223页,北京,人民出版社,1977。

级形式合作化的目标以及时间表，这份时间表大大提前了既往的计划。①

2. 1955年后合作化政策的特点

（1）追求合作化速度不断加快，合作社的规模不断扩大。这已在前述速度和规模之争中充分体现，表明这时政策的重点，已经由如何启动实施合作化，转向毫不犹豫地完成高级合作化，建立社会主义的高级合作社。高级社无疑已是整个变革的主角。

（2）强调所有制的单向选择。

如前所述，初期的农业合作化虽然不断强调动员、引导个体农民走上合作化的道路，但始终没有公开正式地把个体农民作为合作化运动的对象。但是1955年以后政策方向转向了用合作社——包括初级社和高级社——改造、取代小农经济的单轨上，不仅以发展合作社为主要目标，而且社的规模要不断扩大，实现的步骤要不断提前。《中国农村的社会主义高潮》和《1956年至1967年农业发展纲要》进一步提出大办高级社的要求，而且提出实现高级化的急迫的时间表。原因就在于高级社是属于社会主义性质的，实现高级化的意义不仅在于形成"社会主义的高潮"，更在于用社会主义取代小生产。这种所有制单项选择的根本转变，集中体现在1955年10月召开的中共中央七届六中全会精神中。毛泽东在会上作了《农业合作化的一场辩论和当前的阶级斗争》的总结发言，郑重提出了要使"资本主义绝种、小生产也绝种"②，明白无误地表明了在所有制选择中不是兼收并蓄，而是必须用社会主义集体所有制取代个体所有制。这个讲话最终完成了所有制单向选择的决策。这样，就连半社会主义性质的初级社，也肯定不能适应这种要求了，高级社的大发展势所必然。也就是从这次会议后，我国高级社的发展由个别试办转向重点试办，并很快在1956年年初形成大发展。

而高级合作化的办社条件却一再降低。1951年12月15日制定的《中共中央关于发展农业生产互助合作的决议（草案）》规定高级社的办社条件是："在农民完全同意和有机器条件的地方，照顾到了农民的自愿和生产力水平两方面。"1953年2月这个决议被正式通过并颁布时，却改为"在农民完全同意和有适当经济条件的地方"，未对"适当经济条件"作明确的说明和严格的规定，这就为降低标准提供了可能。1955年9月以后，毛泽东在《中国农村的社会主义高潮》一书中为《一个从初级形式过渡到高级形式的合作社》一文作按语，就把试办高级社的条件简单变成大约3年的初级社龄了。在另两篇按语中，对个别地方初级社举办1年就转入高级社和条件差（指解放

---

① 《毛泽东选集》，第五卷，222~223页，北京，人民出版社，1977。
② 《毛泽东选集》，第五卷，198页，北京，人民出版社，1977。

较晚）的地方由互助组直接转入高级社的做法也给予了肯定。1956年1月28日，江苏省委在给中央的报告中提出，"试办高级社一般应该以1954年以前建立的、办社一年以上的老社为基础"，得到了中共中央的肯定①，这就明确把办高级社的条件变成了1年初级社龄。条件差的地区尚可以这样大跨度提前，条件好的地方更应开足马力了。实际情况更是远远突破了1年以上的规定，大部分初级社成立不到1年就转入了高级社，还有不少地方甚至是压根没有经过互助组阶段、初级社阶段，个体农民直接加入了高级社。这样看来，当时政策的基调，就是要一气呵成地建设社会主义，排斥资本主义和小生产。

（3）强调群众运动式的意识形态灌注。

毛泽东一直认为农业合作化是一场严重的政治思想斗争。他说："农业合作化运动，从一开始，就是一种严重的思想和政治的斗争。每一个合作社，不经过这样一场斗争，就不能创立。""反映旧制度的旧思想残余，总是长期地留在人们的头脑里，不愿意轻易地退走。合作化建立以后，还必须经过许多的斗争，才能使自己巩固起来。巩固了以后，只要一松劲，又可能垮台。"② 他还说，只要我们在合作化运动中，乃至以后一个很长的时期内，"稍稍放松了对于农民的政治工作，资本主义倾向就会泛滥起来"。③ 在1953年批评"确保私有""四大自由"时，毛泽东更明白地说："农村的阵地，社会主义如果不去占领，资本主义就必然去占领。……如果不搞社会主义，资本主义势必要泛滥起来。"农业合作化运动的后期，毛泽东进一步强调政治思想工作的作用。在《农业合作化的一场辩论和当前的阶级斗争》《中国农村的社会主义高潮》等著作中，毛泽东更致力于阐发阶级斗争的观点。结合前面论述的所有制的选择，就容易发现用社会主义取代资本主义和小生产，不仅是合作化的目标、内容，也是手段；其中，就包括社会主义的意识形态。

毛泽东强调在合作化运动中运用阶级划分方法。他说："在中国农村中，两条道路的斗争的一个重要方面，是通过贫农和下中农同富裕中农实行和平竞赛表现出来的，在两三年内，看谁增产。"④ 毛泽东还指出："工人阶级和共产党如果要用社会主义精神和社会主义制度去彻底地改造整个农村的小农私有生产资料制度，便只有依靠过去是半无产阶级的广大的贫农群众才能比较顺利地办到，否则将是很困难的。"由于贫

---

① 《农业集体化重要文件汇编》，上册，537~538页，北京，中共中央党校出版社，1981。
② 《毛泽东选集》，第五卷，243~244页，北京，人民出版社，1977。
③ 《毛泽东选集》，第五卷，245页，北京，人民出版社，1977。
④ 《毛泽东选集》，第五卷，213页，北京，人民出版社，1977。

农中的一部分人分得了土地而上升为中农甚至富裕中农了，毛泽东又指出，"将新中农中间已经上升为富裕中农的人们，不称作依靠对象的一部分，而把老中农间的下中农算作依靠对象的一部分""这即是说，贫农和两部分下中农，相当于老贫农，作为依靠对象。而这两部分上中农则相当于老中农，作为巩固团结的对象""合作社的领导机关必须建立贫农和新下中农在领导机关中的优势"，而以老下中农和新老两部分上中农作为辅助力量"。① 中农已经明显受到冷落，但还算是团结的对象。

在《中国农村的社会主义高潮》一书的第一篇序言中，毛泽东分析估计了农村各阶级的行为。他指出："成批地强迫解散已经建成的合作社，引起了干部和农民群众的不满意。有些农民气得不吃饭，或者躺在床上不起来，或者十几天不出工。他们说：'叫办也是你们，叫散也是你们。'叫散，富裕中农高兴，贫农发愁。湖北的贫农听了停或散的消息，感到'冷了半截'，有些中农则说，'等于朝了一次木兰山'。"他接着分析道："有一些中农特别是有严重的资本主义倾向的富裕中农，在合作化的初期，对于社会主义改造这件事是有抵触情绪的，许多经济地位较低、政治觉悟较高的中农，主要是新中农中间的下中农和老中农中间的下中农，只要我们实行对于贫农和中农两个阶层互相有利，而不是只有利于贫农而不利于中农的政策，加上我们的工作方法是好的，他们就愿意加入合作社。但是有一些中农，即使实行这种政策，他们也还是想暂时站在社外，'自由一两年也好'。""广大的贫农和下中农欢迎合作社。一部分中农需要看一看，我们就应当让他们看一看。富裕中农、除了那些自愿的外，更应当让他们看的时间长一些。"再一次提出了依靠"贫下中农"，限制中农的主张。

在行为分析的基础上，毛泽东进而作出判断，指出，在富裕的和比较富裕的中农占农村人口20%～30%、力量相当强大的情况下，合作化开始时的竞赛中，"在富裕中农后面站着地主和富农，他们是有时公开地有时秘密地支持富裕中农的。在合作社的这面站着共产党，他们应当如同安阳县南崔庄的共产党人那样，坚决地支持合作社"。他还指出，我们应该做鸡毛能上天这样的宣传，使站在那里看的群众，一批一批地站到合作化这边来。使富裕中农改变腔调，使地主和富农，一点神气也没有②。中农，尤其是上中农或者富裕中农，已经被隐隐称为斗争的对象。合作化运动的对立面不断扩大，阶级斗争的对象不断增加，阻力自然增大，交易成本增加，这就注定了合作化

---

① 《毛泽东选集》，第五卷，239页，北京，人民出版社，1977。
② 《毛泽东选集》，第五卷，218～219、219～220、232页，北京，人民出版社，1977。

必须尽快完成。草草完成的合作化效率如何，自然也就成了问题。

3.制度变迁是国家控制实施的结果

政策的这些特点说明，1955年以后的农业合作，更明显地变成了经济制度和意识形态重建合二为一的变迁过程，主流意识形态重建和宣传甚至被看作超过经济绩效的制度变迁目标，使农业合作成了一场社会变迁，成了建立社会主义制度的实施过程。这一过程绝不是一个一致同意的过程，而是一个高交易成本的过程。因为基层社会组织没有建立，国家降低交易费用的手段，除了有效率的产权制度和加速推进完成合作化之外，就只有主流意识形态的宣传了。而主流意识形态又和农民的思维定式、价值观念以及习惯、传统脱节，存在高成本，这些成本同样只能借组建合作社来降低和化解。国家由向单个农民转为向合作社宣传，交易成本大为降低，主流意识形态重建的绩效大为改善；进而又由遵从主流意识形态的合作社促使农民接受社会主义从而走上社会主义道路，可以大大减少建立社会主义制度的巨大费用。而且，合作社一旦遵从了主流意识形态，并用主流意识形态武装起来，就成了社会主义的经济组织，也就实际上有了比非社会主义实体和个体更优越的竞争条件，少了一些经营失败的风险，更容易取得成功。更微妙的是，合作社已经是社会主义的经济组织，就把可能发生的退出行为和政治信仰连接起来，使退出成了难以确定大小的政治风险，这自然也部分地遏制农民因经济效益变坏而采取的退出行为。农民的退出行为受到遏制，当然有利于合作社的创立和发展，有利于意识形态的宣传和社会主义经济制度的建立。在这样一种相得益彰的关系下，合作社的推动者和具体建立者，都愿意更多地使用主流意识形态这一"法宝"。

要使主流意识形态简便易用，使合作社在"破"中顺利立起来，阶级分析方法是一个历史经验已经证明有效的途径。合作社建立和发展中的决策者便不得不多花一些时间去划清农村阶级。但因为农民不像国家一样熟悉阶级分析的方法等，信息的不对称，导致主流意识形态的灌注不得不一次次自上而下地进行。

当然，这一时期合作社规模不断扩大，社会主义色彩不断明显，还受另一种制度安排——工业化战略的约束。制度安排是一个集合，制度变迁是一项系统工程，不仅政治规则决定经济规则、非正式制度安排要求正式制度安排与之相适应（如上所说主流意识形态对合作社制度创新的作用），而且制度集合中的各种制度安排也会相互作用和影响。体现国家主要意志、从而体现制度集合的主体目标的制度安排也会限制其他制度安排的变迁方向和速度，如同主流意识形态对其他制度的界定和规范作用一样。

当时国人急于致强，切盼工业化早日实现，因此也急于实现农业合作化和集体化，以给工业化增添更多的助力。从这个意义上讲，合作化和集体化的速度过快，并不完全由国家造成，每一个公民都给它加了一份推动力。当然，国家作为制度的设计者，无疑是动力的源泉。

但是，产权由私有向公有的快速转变，并不代表产权效率的提高。产权的效率受交易费用、剩余权是否明晰确定、与其他制度安排是否处于协调状态等因素影响。前述变迁过程是产权之间的直接替代过程，公有产权最终成了一种"普照的光"。替代虽然是渐进实现的，但公有产权与私有产权的竞争状态并没有持续足够的时间决出胜负，便被迅速推向了公有化。这说明，当时选择一种产权制度形式的标准，不是经济效率，而是国家的意志——社会主义的主流意识形态。因为对主流意识形态的信奉和遵从，农民就与国家保持了思维方式和价值观的一致，这有利于国家实现政治支持最大化的目标。因此，在较为牢靠的政治关系建立起来之后，一旦发现了农民的退出行为，即使这种退出已成为一种集体行动，国家仍会轻车熟路地运用宣传社会主义意识形态的方法，便捷地使产权回复到自己认定的产权形式中。

## 二、农业合作化、集体化的速成与问题

### （一）强制性变迁的初步结局——速成的合作化和集体化

在全国批"小脚女人"的政治声浪中，各地纷纷修改了原订计划，基本上都提出了超过毛泽东在《关于农业合作化问题》中提出的发展计划。

1955年10月中共七届六中会全会召开后，在更热烈的气氛中，各地农业合作化先后掀起热潮。进入1956年以后，农业合作社的发展更加快速。4月30日《人民日报》兴高采烈地宣告："1955年，是中国农业社会主义改造事业取得决定性胜利的一年，和1954年年底比较，农业生产合作社增加了近3倍，入社农户增加了4倍多。现在农业生产中的主要组织形式已经不是单家独户的个体农民，而是农业生产合作社了。"就在当天（4月30日），我国的合作社已达1 008 000个，入社农户达10 668万户，占全国农户总数的90%，这表明我国农业生产的初级合作化已基本完成了。

初级社刚刚建成后，1956年1月以后全国各地便掀起了大办高级社的热潮。1956年10月28日《人民日报》报道《全国多数省市实现高级形式的农业合作化》，指出1956年上半年，北京、天津、上海、河北、山西、辽宁、吉林、黑龙江、河南、广

西、青海等省、自治区、直辖市已经实现高级农业合作化，入高级社农户达 90%~95%；入秋以来实现农业高级合作化的，有湖南、江西、安徽三省（入社户比重分别达 90%、94%、97%）。加入高级社的农户占 80% 以上的有江苏、浙江、湖北和内蒙古；占 60% 以上的有陕西、山东、福建；50% 以上的有甘肃、贵州；广东、新疆已达 40% 以上；四川 9 月底达 30.46%；云南目前达 28.1%，预计完全社会主义的农业合作化将在今冬明春在全国范围内基本实现。实际上速度还要快。12 月底，高级社增加到 540 000 个，入社农户的比重达到 87.8%。不到半年时间，迅速实现了由初级化到高级化（集体化）的转变。但这在很大程度上是人为推动的结果。

简单回顾一下关于合作化的一系列决策：1953 年，要求在 10~15 年的时间内实现合作化，不过那时的政策重点在于是否立即起步进行合作化，并以之改造、取代小农经济；到了 1955 年，随着批评"小脚女人"，浙江整社，要求办大社，到出台《中国农村的社会主义高潮》和《1956 年至 1967 年农业发展纲要》，高级社很快走向了前台，但当时的规定是要求在 1958 年基本上完成高级形式的合作化。实际的发展速度比这两个时期的决策都要快得多。这种"只争朝夕"精神促成的合作化和集体化，留下一系列问题。

### （二）对强制性变迁的反动：退社风

仓促完成的农业高级合作化（农业集体化）迅速剥夺了小农的各种私有生产资料，如土地、果树、林木、鱼塘、大车、船只、牲畜等，并且扼杀了农民借以获得补充收入的家庭副业和一些手工业。农民收入降低，农业生产积极性低落，许多人抱着消极观望的心情对待集体的农业生产。因此，1957 年我国粮食产量比 1955 年只增产了 5.4%，主要是靠扩大耕地面积取得的，单位面积产量反而下降。

（1）一些主要农产品的单位面积产量下降（表 3-7）。

从表 3-7 可以看出，虽然有的农作物亩产量 1956 年较 1955 年有所上升，有的农作物亩产量 1957 年较 1956 年有所回升，但是 1957 年下述作物的亩产量都比 1955 年低。谷子、油料、甜菜、烤烟等作物的亩产量减幅较大。

表 3-7　1955—1957 年主要农作物的亩产量　　　　单位：公斤/亩

| 年　份 | 小麦 | 大豆 | 高粱 | 谷子 | 油料 | 甘蔗 |
|---|---|---|---|---|---|---|
| 1955 | 57.5 | 53.0 | 85.0 | 75.0 | 47.0 | 2 647 |
| 1956 | 60.5 | 56.5 | 70.5 | 65.5 | 49.5 | 2 610 |
| 1957 | 57.0 | 52.5 | 77.5 | 68.0 | 40.5 | 2 599 |

（续表）

| 年 份 | 甜菜 | 烤烟 | 芝麻 | 黄红麻 | 苎麻 |
|---|---|---|---|---|---|
| 1955 | 926.5 | 79.0 | 27.0 | 149.5 | 55.5 |
| 1956 | 734.5 | 69.0 | 21.0 | 125.0 | 41.0 |
| 1957 | 628.0 | 48.0 | 22.0 | 141.0 | 43.5 |

资料来源：《1949—1984 中国农业的光辉成就》，46~47、52、53 页，北京，中国统计出版社，1985。

（2）大牲畜和役畜减少。

1955—1957 年牲畜统计见表 3-8。

表 3-8　1955—1957 年牲畜统计　　　　　　　　　单位：万头

| 年 份 | 大牲畜 | 役畜 |
|---|---|---|
| 1955 | 5 571 | 8 775 |
| 1956 | 5 474 | 8 773 |
| 1957 | 5 368 | 8 323 |

资料来源：《1949—1984 中国农业的光辉成就》，86 页，北京，中国统计出版社，1985。

表 3-8 表明，1955—1957 年，无论是大牲畜还是役畜，都在逐年减少。

（3）不少农户收入减少。根据对 20 个省、自治区 564 个社的调查（表 3-9），1956 年农户减少收入比例约达总农户数的 1/4~1/3（28.90%），其中老上中农收入减少最多，然后是老下中农和其他劳动人民，贫农和新下中农减收最少，但减收户数也接近平均水平。

表 3-9　1956 年除地主富农外农户收入情况统计

|  | 总户数/户 | 减收户/% | 平收户/% |
|---|---|---|---|
| 贫农 | 65 394 | 26.53 | 4.13 |
| 新下中农 | 39 184 | 23.01 | 4.10 |
| 老下中农 | 25 333 | 31.13 | 4.61 |
| 新上中农 | 17 268 | 28.02 | 4.53 |
| 老上中农 | 23 542 | 33.20 | 4.88 |
| 其他劳动人民 | 2 768 | 31.07 | 6.43 |
| 总计 | 195 354 | 28.90 | 4.38 |

资料来源：苏星：《我国农业的社会主义道路》，151 页，北京，人民出版社，1976。

在这种情况下，中共中央采取了一系列措施巩固新建立的高级社。1956 年 4 月 2 日在全国农村工作部长会议上，邓子恢强调对现有的高级社进行整顿巩固，编好劳动组织，搞好集体经营——从制度安排的实施机制的角度，强调制度结构的配套建设和制度整体效益的发挥。毛泽东著名的《论十大关系》报告，则特别强调要兼顾国家、集体和个人三个方面的利益。合作社收入中，国家、合作社、农民各拿多少，怎样拿法,都要规定得适当;合作社所拿部分,生产费、管理费、公积金、公益金各占多少,应当同农民研究出了一个合理的比例——从结构性分配(职业性分配)和再分配(社会分配)的角度,首倡合作社分配制度的调整与创新①。这是一些切中要害、十分关键的制度调整探索。与此同时,中共中央和国务院联合发出了《关于勤俭办社的指示》,以解决合作社中出现的铺张浪费、滥用民力问题。

但在全国范围势不可挡的高级化热潮中,这些并没有得到普遍贯彻。结果高级社的问题不但没有解决,反而随着1956年农民收入减少,出现全国范围的"退社风潮"。

参加闹事的一般是中农、贫农,比较坚决的是富裕中农,地主、富农见风行事,复员军人、撤职干部和其他有胆量的人主持,许多党员和干部参加领导②。范围波及广东、江苏、河南、新疆、辽宁、浙江、湖南、安徽、山东等省、自治区,形成程度不同的群众性退社风。中共中央农村工作部估计,全国闹退社的农户,"一般占社员户数的1%,多的达5%;思想动荡想退社的户,所占的比例更大一点"。如"浙江省宁波专区,已退社的约占社员户数5%,想退社的约占20%"③。

当时已有人认为退社风是由于高级社的生产经营管理存在严重问题,导致农民收入减少引起的。广东省委反映,目前闹退社的主要有3种人:一是富裕中农和一部分有特殊收入的户;二是严重缺乏劳动力的困难户;三是入社前从事其他职业,入社后收入严重减少的户。此外,生产没搞好而减产减收的贫农、下中农也有要求退社的。故认为退社的最根本原因是社的生产没搞好。中共中央农村工作部也分析道,退社的原因主要有:一是大多数是因为收入减少而引起的。各省一般都有10%~20%的社员户收入减少,减少较多的是富裕中农、小商贩和有技术的手工工人,积极想出去单干;收入减少不多的户,情绪也有动摇。二是农业社对社员劳动时间控制过死,社内劳动过分紧张,引起社员不满。社员没有时间经营家庭副业,日常用钱困难,日常生活事务也没有时间处理。有的农民说:"入了社,还不如劳改队。"三是干部作风不民主,对社员的一些日常困难不照顾体贴,甚至还给予打击,社员心里有气。四是对社员入社的生产资料处理不当,特别是将社员的零星树木(用做寿材、嫁妆和盖房)、果树和小块苇塘等也入了社,社员表示最为不满④。农工部不仅注意到社的经营管理,也注意到社的产权安排的影响。

---

① 《毛泽东选集》,第五卷,273页,北京,人民出版社,1977。
② 《农业集体化重要文件汇编》,上册,686~688页,北京,中共中央党校出版社,1981。
③ 《农业集体化重要文件汇编》,上册,655页,北京,中共中央党校出版社,1981。
④ 《农业集体化重要文件汇编》,上册,655~657页,北京,中共中央党校出版社,1981。

其实，高级社这种大而公、权力高度集中而又有民主的制度，不仅超出了当时的技术水平，而且也与农民私有观念依然存在、部分农民依然在观望合作社制度的现实相左，是一种超前的制度安排，与农民求稳的心理和现实发生分歧，影响了同意的一致性；国家的过急政策，拉大了与农民之间的距离，使制度初建时就将缺陷放大，也来不及在制度实施中进行可能的修正。加之，高级社中农民已难行使退出权，退出变成了一种和政治制度、政治信仰联系的违规行为。但退出明显具有潜在收益，而且潜在收益因为被禁止而人为放大、抬高。于是，为了降低独自退出的高风险，并实现退出行为的潜在收益（如有技术或手艺的想单干，有的想要回被征收的私有财产，有的想增收，有的想自由，等等），农民们不约而同地选择了集体行动。

退社风潮显示高级社制度存在缺陷。如前所述，高级社是一种超前的制度供给，但是高级社一经建立就绝不能够推倒重来，因为高级社已经体现农民的利益，起码是他们热情、努力以及付出所凝结成的结果。既然不能解散，就只有克服高级社的缺陷，减少农民的退出行为。笔者认为高级社最明显的缺陷，就是缺乏一种提高公有制度效率的实施机制，以缓解监督不足、经验不足、管理水平不够而造成的效率低下，以及由此带来的规模经济收益难以实现问题。但巧合的是，有关的创新在高级社建成的同时出现了。

**（三）实施机制的创新：包产到户**

退社潮的灰幕中闪耀的包产到户星火，就是对高级社制度的一种补充。高级社是靠国家推动而产生并得以高速实现的。国家推出这种制度，是为了适应工业化战略下的计划经济体制，以及国家信奉的主流意识形态。但是靠什么或者说用一个什么样的机制保持并激励农民的积极性，使其在公有产权下增产增收，使国家的目标得以实现，退社风已证明确实存在这样的制度需求。在这种制度需求下，包工包产到户这种责任制形式便应运而生了。

首先倡行包工包产的是邓子恢。1956年4月2日他在全国农村工作部长会议上说：要"编好劳动组织。三固定也好，四固定也好，要把它固定下来，规定一些制度，编好劳动定额，包工包产，这个东西不搞好，集体经营没有好的结果，没有希望搞好的"。[①] 5月在《农村工作通讯》创刊号他又专门撰文谈包工包产的责任制。他说："合作社是农民联合起来的大生产的集体经济，这种集体经济没有计划管理，没有具体劳

---

[①]《邓子恢文集》，444页，北京，人民出版社，1996。

动分工,没有适当的定额管理制度,是不能够经营的,管理不善,计划不周,分工不明,定额偏高偏低,都会造成生产上的损失。因此,不断改善经营管理工作,编好生产队,规划耕作区和副业组(队),制定劳动定额,推行按件记酬或包工包产,超产奖励,建立牲畜饲养管理制度,就成为领导集体生产的重要措施。"① 此后他又在多次会议上阐述了上述思想。

包工包产到户的实施机制差不多同时出现了,这使我们不得不由衷地佩服中国农民的创新精神:刚刚出现对实施机制的制度需求,中国农民马上就供给了包产到户这种制度安排。1956年4月29日《人民日报》发表了何成的《生产组和社员都应该"包工包产"》一文,介绍四川江津地区许多农业生产合作社把包工包产包到了每户社员的做法。文章指出,这种生产组承包了一定的土地和一定的产量、成本,又把它们分给组里每个社员负责的做法,是把"责任制贯彻执行到底"的正确做法,解决了只有生产队包工包产,生产组和社员不包工包产,社员只顾赚工分,不关心社里生产,生产仍然混乱的问题。此后,山西榆次地区,安徽芜湖、阜阳地区,江苏盐城和广东中山等地,许多高级社都试行过"包产到户"的责任制。而浙江温州专区永嘉县在1956年春夏试验和全县推广"包产到户"的做法,则富有代表性。

浙江永嘉出现包产到户,直接导因于高级社的效率问题:劳动组织扩大了,生产工具仍是传统的小型工具,集体的优越性没能发挥出来;参加生产的劳动力增多,出勤率也很高,一方面带来了窝工现象,另一方面众多的劳动者带着传统工具,用小生产的方式进行细致复杂的生产,问题相当突出;小块地上拥着大堆人,一件农活经过数人合作,很难执行"按件计酬",结果生产的"一窝蜂"带来了评分的"满堂红",平均主义严重。这说明制度与技术之间的差距,急需一种联通它们的实施机制创新出来,以实现高级社制度应该带来的潜在收益。1956年5月在县委副书记李云河等的指导下,燎原农业生产合作社开始试行"包产到户"责任制。群众把"包产到户"责任制和实施效果总结为责任清楚、劳动质量好、大家动脑、干群关系好、记工方便、增产可靠"六好";农活质量高、粮食产量高、学技术热情高、劳模威信高、生活水平高、收入水平高"六高";积肥、养猪、学技术、千斤田、勤奋人、和睦团结等"八多",以及偷工减料少、懒人少、装病者少等"五少"。9月6日永嘉县委召开全县千余高级社主任会议("千人大会"),布置了"多点试验包产到户"的任务,并强调在平原地

---

① 《邓子恢农业问题论文选》,中国社会科学院内部读物,120~126页。

区试验。随后，包产到户在永嘉全县展开，后来统计，共有200多个高级社实行了"包产到户"。温州地区也有1 000多个社，17万多农户实行"包产到户"，占温州农村总户数的15%。

永嘉县实行包产到户带来了很大反响。1956年11月26日《浙南大众》发表了一篇《不能采取倒退作法》的文章，首次公开严肃批评"包产到户"。1957年1月27日《浙江日报》发表李云河的专题报告，并加"编者按"，纠正了对永嘉的批评。但到1957年3月8日，在中共浙江省委和温州地委的指令下，中共永嘉县委发布《坚决彻底纠正包产到户的决定》，永嘉县的"包产到户"一闪即逝①。

### （四）再一次的意识形态灌输

如前所说，国家不会悠然地用经济的办法缓慢地提高经济制度绩效。况且这时国际上发生了波兰事件和匈牙利事件，使党的一些高层领导逐渐转变原来的认识，更注重意识形态。1957年7月，全国"反右"展开后，经毛泽东建议，中央发出了《关于对全体农村人口进行一次大规模的社会主义教育的指示》，指出教育的中心题目是合作社的优越性、统购统销、工农关系、肃反和遵守法制。要通过大辩论，批判富裕中农的资本主义思想和个人主义思想，最终达到使广大群众和乡村干部明白资本主义道路只能使极少数人发财，使大多数人贫困和破产，只有社会主义才是劳动农民共同发展和共同富裕的唯一出路。要求自上而下地派工作组主持这种辩论，切实搞好这场农村整风。

大辩论一开始，富裕中农便成了主要斗争对象。由于把批富裕中农和斗地主、富农结合在一起进行，各地出现了不同程度的对待富裕中农的过火行为，有的地方还出现了乱戴"右派"帽子的现象。这样，虽然通过强势的政治压力把富裕中农的退社问题压了下去，把公有观念灌输了下去，但也造成了农民严重的"耻富、怕富"心理，农村经济的发展中减少了动力和活力。这不能不说是政治压力给经济发展造成了束缚。

## 第三节　农业合作化运动的影响

虽然有人至今认为那是一种理想化的实践，② 但肯定农业合作化在支援国家工业

---

① 王耕今编：《乡村三十年》，上册，163页，北京，农村读物出版社，1980。
② 吴帆、吴毅、杨蓓：《意识形态与发展进路：农业合作化运动再反思》，载《天津社会科学》，2012（1）。

化、促进农村经济增长、意识形态重建以及积累制度变迁经验等方面的成就,肯定这是一部影响深远的历史长篇的观点,还是主流。① 因此,我们也主要从成就特别是制度、经验的角度总结这场制度变迁。

## 一、取得了显著的经济绩效

农业合作化和集体化是有功于世的。1957年农业总产值比1952年增加了24.8%,实现了平稳并且较为快速的增长。农业对工业和贸易的贡献也在明显增加。1957年以农产品为原料的轻工产值达330.1亿元,比1952年增长11.3%;农副产品及其加工品的出口额达11.46亿美元,比1952年增长70.3%,并且比重仍保持占总出口额的70%。"一五"期间农业通过纳税累计向国家提供了150.68亿元,超过同期国家财政支农金额51.3%;由于统购制度形成的农产品低收购价,农民还间接通过工商部门为国家提供了大量资金积累。②

1952—1957年,特别是1955年、1957年农业生产较高的增长率,也在一定程度上体现了高级社带来的经济绩效。比较客观地说,这部分是农民对未来较高预期的体现,部分是国家增加投入的结果。国家投入的增加,则主要表现为1956—1957年国家控制农村经济系统的开支明显增大。据周其仁估算,1952年、1953年、1954年、1955年国家控制农村经济系统的开支指数分别为0.95、1.19、1.31、1.45,1956年、1957年、1958年则分别达到2.41、2.11、3.52。③ 这说明国家付出了比以往四年多得多的努力去组织农民投入生产。而由于社会主义高级社的建立,国家在农民中间建立了巨大威信,促使农民对长远利益有了很高的预期,导致他们为此付出了较多的努力。国家和农民共同努力的结果,集中表现为播种面积不断扩大,从1954年的3 537万亩扩大到1956年的9 750万亩。④ 正是在这样的基础上,1955年、1957年农业生产出现了较高的增长率,分别比上年的农业总产值(按1980年的不变价格计算)增加了8.1%和4.3%。1952—1957年,农业总产值共增长了24.8%。⑤

---

① 见叶扬兵:《农业合作化运动研究述评》,载《当代中国史研究》,2008(1);闫素娥:《关于20世纪50年代农业合作化运动的再评价》,载《史学月刊》,2012(7)。
② 《当代中国》丛书编辑委员会:《当代中国的农业》,127~128页,北京,当代中国出版社,1992。
③ 周其仁:《中国农村改革:国家与所有权关系的变化——一个经济制度变迁史的回顾》,载《管理世界》,1995(3)(4)。
④ 《中国农村经济统计大全(1949—1986)》,146~147页,北京,中国农业出版社,1989。
⑤ 中华人民共和国农业部计划司编:《中国农村经济统计大全》,112页,北京,中国农业出版社,1989。

## 二、初步形成适应工业化战略的经济组织

以工业化为核心的制度体系的设计中，一系列正式制度安排可以按层次排列如下：工业化战略、计划体制和统购统销政策等、农业合作社，新的非正式安排就是属于社会主义的主流意识形态。可以说，是工业化战略、计划经济体制和新的主流意识形态共同决定了农村的微观组织形式不能是互助组，也不能是初级社，必须是高级社。因为国家工业化需要越来越多的农业剩余，而农业剩余的计划征购需要正式制度和非正式制度"双管齐下"地降低交易费用。于是我们看到的变迁轨迹就是互助组、初级社到高级社的正式制度替代过程中伴随一次次的意识形态灌注，结果就打造出了适应工业化战略的社会主义的微观经济组织制度——高级社。

互助组和初级社被替代，是因为其太弱小不足以承担支援工业化等重任。

互助组是1953年以前政策倡导的主要的农业合作形式。临时互助组一般3～5户，多则十几户，而且极不稳定，"忙时互助闲时散"。组员拥有对自己的土地、生产工具和劳动力的完全私有权以及由此带来的收益分配权（剩余索取权）。只是私有产权的框架中加入了互助劳动的楔子，将劳动力的使用权（剩余控制权）在极短的时间里与他人进行了交换，因此劳动成果也要按付出的劳动量（提供的生产资料也折成劳动量）平均分配。由于规模较小、合作时间短，加之亲缘关系、地缘关系等传统力量产生的较强亲和力，极大地剥离了监督成本和信息成本，分配制度基本能做到有效激励。这是一种较低交易费用的有效率组织。但因为规模小，特别是合作时间短，组织起来能够实现的潜在收益也有限。

这是一种标准的低"投入"（交易费用）低"产出"（潜在收益）组织。关键在于组员有完全的退出权，而扩大规模则遇到了较高的交易费用，从而形成了合得来才一起干的结局，合作组织的规模只能局限在很小的水平上，合作也只能局限于很低的层次上。

常年互助组实际上是临时互助组的成员多次博弈后形成的稳定组织。通过对自己投入与收益的反复比较，通过加入与退出的多次选择后积累了经验，从而降低了减少不确定性的信息成本。而常年互助组由于组织起来的信息成本降低，组织的潜在收益就比临时互助组要大得多，这包括组织起来的规模经济、长期合作减少的组织成本、农业以外（如副业）的收益等，就使组织有必要、有可能对劳动的组织、分工协作以

及收益分配拿出制度性的安排。实际上,当时常年互助组较之临时互助组,一般都增加了生产计划、记工清账、排工制度,有的兼营农业和副业。兼业经营的收益不可能太多,而且常年互助组的生产计划和劳动工分登记制度都不允许花费太多成本。较少的潜在收益(受规模限制)以及组员较完整的产权(只是暂时让渡了劳动力支配权)导致的较完整的退出权,就成了限制常年互助效率的主要因素。这种组织能够提供的农业剩余率也将是不理想的。

初级农业生产合作社(初级社)是一种私有产权被大面积改造之后形成的混合产权。这是经过充分的复杂交易后形成的混合经济形式,是建立在私有产权基础上的"股份合作"制度安排。

这种产权制度的形成至少经过了以下几个方面的大规模交易:

第一个方面是私有财产的合并和共有公营。私有者要把自己的土地,大面积的莲池、鱼塘等特殊土地,大型农具、农业运输工具,成片的树林、成群的牧畜,大型的副业工具和副业设备等出售给合作社统一使用,以实现对分散的联合。合作社要将入社农户的土地折算成相应数量的标准亩,并据此付给相应的价款——土地报酬(劳动力的剩余索取权则体现为劳动报酬)。

对于耕畜,当时实行多种方案,如私有、私养公用、私有公养公用或收买为公有,大型农具和农业运输工具则采取租或买的方法。很明显,买是最省交易成本的,只需价格合理就行。

好在这些土地和生产资料还是属于农民所有,只是合在一起共用,农民依然拥有剩余索取权和部分剩余控制权,交易费用不会高得吓人。

第二个方面交易是劝农民缴纳股份基金。股份基金包括公有化股份基金和生产费股份基金。公有化股份基金一般按入社社员的土地多少按比例分摊,相当于合作社收买社员的土地、耕畜、农具等生产资料的价款;生产费用股金则相当于一般农民一年内在同样土地上生产所用的种子、肥料、草料等的价款。第二方面的交易是人为组织生产并维持生产的正常运行,以股份基金的形式出资购买土地、耕畜、农具等生产资料。农民通过缴纳股金,拥有了对合作社财产的股权。由于股金是不付利息的,投资的风险就和合作社的经营状况密切联系起来。[①]

第三个方面交易,是必须定出一个合适的土地报酬和劳动报酬比例。合作社面对

---

① 《农业生产合作社示范章程草案》,见《农业集体化重要文件汇编》,上册,489页,北京,中共中央党校出版社,1981。

资本和劳动力分别占优势的两部分社员。一般说来,资本占优势的是富裕中农和富农,而贫下中农则拥有较多的劳动力。由于社员可以自由地行使他们的退出权,就必须形成一种公允健全的分配制度,以免成员不满乃至退出。实际上各地劳动报酬和土地报酬的比例相差很大,鲜有划一。1954 年河北省委对 31 000 个农业生产合作社的统计发现,土地报酬和劳动报酬的比例有 30 多种,其中各占 50% 的达 71%。而福建省委农村工作部的调查则表明,闽侯、建瓯、永安、连成 4 县的 4 个初级社的土地报酬均在 30% 左右,劳动报酬则均在 65% ~ 70%。① 大致的态势是,土地的稀缺程度越大,则土地报酬相应所占比例较小。合作社相当重视劳动力的报酬,希望使拥有较多劳动力的贫下中农的收益能首先得到保证。

另外还有一场影响深远的交易体现在合作社的分配制度中,这就是劳动报酬的分配制度。"死分活评"是其中的一种方案。后来公社体制中的"大概工"("大寨工")就是由之滥觞开来的。这种计分方法是把每个劳动力按强弱、技术高低评定一定的工分,再根据他每天的实际劳动状况进行评议,给予增减。由于存在监督不足的问题,加之实施成本太高(天天如此,花费时间和精力),必然导致不能准确地计算劳动者投入的劳动数量和质量。

在更多情况下,初级社采用的是规定工作定额和不同报酬标准的做法。对于一种工作,在一定的土地、耕畜、农具、天时等条件下,一个中等劳动力做了一天能够达到的数量和质量,就成了定额;完成一种中等工作定额,记一个劳动日;报酬则按劳动日计算,一个劳动日 10 个工分。劳动日同样要参照工作所需的技术程度、辛苦程度及其在生产中的重要性评定。例如,辛苦的工作,一天可能记 12 个工分,也就是"死分死评"。这是一个比"死分活评"省事的简便方法,但同样是一个非常困难的办法,关键是要把定额所值工分算准、算精确十分不易。因为农业的生产特点不像工业,它需要较长一段时间的工作完成某一项产品(成果),劳动投入是多次性的,而产出则是一次性的,其中没有中间产品,投入的质量和数量都是难以测定的,而且工作受自然条件影响太大,工作成果不像工业产品那样好比较,所以,这种借用于工业的劳动报酬分配办法是难以适应于农业的,同样是高交易成本、不一定有效的。而且,短期的定额分派要计量长期才能完成的农活,难以适应农业劳动的复杂性和多变性;短期的投入要较长的时间才能实现报酬,在土地报酬与劳动报酬并行的情况下,在农民仍

---

① 苏星:《我国农业的社会主义道路》,76、77 页,北京,人民出版社,1976。

然拥有较完整的退出权的情况下，必然影响农民对自己拥有的生产要素投入的预期，影响他们把多少劳动和财产投入社队生产中去，从而影响分配制度应有的激励效应的发挥。

从这些方面看，农民入社后的股权是明晰的，土地和股金的投入会带来相应比例的收益。但由于土地入社和股金缴纳都面临风险，股金分红（土地报酬）和劳动报酬的比例难以合理地准确界定，劳动的质和量因农业自身的特点存在难以计量的问题，这些大量的不确定性因素要减少，初级社的制度还需大量改进，特别是需要寻找一种降低交易费用的内在实施机制。

农民的退出权却成功地部分化解了高交易成本带来的制度失败。因为，合作制度潜在收益的实现，除了产权明晰化外，还需要社员对社内生产的充分投入。农民拥有的退出权正是这样一种内在机制。因为监督不可能完全，社员的劳动投入又不可能获得相应收入，那么，搭便车、偷懒、消极怠工等行为终将导致社员的无效率状态。但是，这种状态持续下去，必然导致初级社的解散。这种潜在的风险，必然是社员们要力求避免的，至少希望通过合作社致富的贫下中农会力求避免。于是一种化解风险的制度就会自发地创新出来，这通常就是互助组时期的口头协议，也就是组织成员之间达成的、努力使合作组织不断向好的口头承诺。历史上普遍存在这样的承诺。笔者在陕西咸阳地区的实地调查，也证实了农民入社之初，都有过"爱社如家"之类的承诺，这甚至是组建合作社的前提。

其实，促成自我实施的还有主流意识形态的作用。

还有就是对传统的继承。小生产者既是私有者又是劳动者，由此形成了他们自己的财产私有观念和劳动致富意念。而初级社不剥夺私有财产却进行共同劳动、分工协作的制度内涵，无疑是对这一传统的部分继承。初级社继承的另一个传统，是个体农户之间长久的互助合作传统。对传统的继承，而也就借传统的"标准行为"功能和意识形态降低其他制度安排费用的功能，大大地降低了交易费用，使初级社的建立这一复杂交易、成本高昂的制度创新过程能顺利进行，并促成经济增长。

1955 年全国进行秋收分配的 634 000 个合作社，平均单位面积产量比个体农户有了较大幅度的增长（表 3-10）。除黄麻外，合作社在主要农作物的单产上都高过个体农户，初步体现了合作社制度的绩效。

表 3-10　1955 年合作社与个体农户主要农作物单位面积产量比较　　单位：市斤

| 作物 | 稻谷 | 小麦 | 大豆 | 棉花 | 黄麻 |
|---|---|---|---|---|---|
| 合作社（A） | 388.9 | 120.4 | 130.8 | 41.8 | 317.8 |
| 个体农户（B） | 352.9 | 112.1 | 109.9 | 33.2 | 330.9 |
| A比B增产/% | 10.2 | 2.4 | 19.0 | 25.9 | -4.0 |
| 作物 | 烤烟 | 甘蔗 | 甜菜 | 花生 | 油菜籽 |
| 合作社（A） | 169.9 | 5 943.0 | 1 797.4 | 2 073.3 | 71.7 |
| 个体农户（B） | 157.0 | 5 425.7 | 1 719.7 | 1 777.8 | 65.0 |
| A比B增产/% | 8.2 | 9.5 | 4.5 | 16.6 | 10.3 |

资料来源：莫曰达：《我国农业合作化的发展》，96 页，北京，中国统计出版社，1958。转自苏星：《我国农业的社会主义道路》，80 页，北京，人民出版社，1976。

另据同年对全国 24 省和自治区 16 199 户的调查，社员人均、户均总收入没有超过个体农户平均水平，更没有超过中农个体户和富农；超过个体农户平均水平也有限，离中农、富农的距离仍是明显的。[①] 从现实出发分析，原因就在于合作社制度刚刚建立，其效率的实现不可能一蹴而就。从制度角度分析是难以找到一个合理的土地报酬和劳动报酬比例，不能有效地计量劳动者的劳动，分配制度的低激励和低效率，造成了初级社制度的效率不能完全实现。

遗憾的是，国家认为初级社因为规模较小等原因，提供的农业剩余有限。因为各种产权形式都包容，完成国家计划、传输农业剩余的成本还很高，"辫子"没有捋顺，不属于社会主义要求的公有制，与主流意识形态还有差距。因此，在初级社刚刚实现之际，就决定向高级社过渡，导致初级社失去了应有的稳定、增效机会。

高级社则发生了完全的改变。集体公有产权结构成了合作社制度的单一色彩和简单特征。

高级社与初级社的明显不同：

（1）土地无偿转为集体所有，土地报酬相应取消。[②] 这是对劳动者的剥夺，无疑增加了制度变迁的成本。

（2）土地以外的其他生产资料，包括藕塘、鱼塘、苇塘、耕畜和大型副业工具，大量成片的果树、茶树、桑树等经济林及大量成片的用材林，成群的牧畜等，都根据所费劳动多少和生产资料的磨损程度付给代价，变为公有，而不是初级社的私有公营。收买这部分生产资料的价款来自社员缴纳的公有化股份股金，这部分股金不能收回，不付利息，退社退还，这是与初级社相同的规定。不同的是社员不用再缴纳生产股份

---

① 苏星：《我国农业的社会主义道路》，81 页，北京，人民出版社，1976。
② 《高级农业生产合作社示范章程》，见《农业集体化重要文件汇编》，564～579 页，北京，中共中央党校出版社，1981。

基金了。富裕中农、富农等拥有较多的生产资料，损失也较多。

（3）和初级社一样，高级社也实行生产责任制，但在同样把社员划分成生产队、副业队的基础上，高级社对社员实行包产和超产奖励的机制。它要求"各个田间生产队和副业生产小组或者副业生产队，必须保证完成规定的产量计划"，超额奖励。① 这是降低监督费用、提高计划经济效率的实施机制。但这是一种只对生产队、副业组（队）和社干部及个别社员发生作用的激励机制。对于大多数社员来说，他在生产劳动中付出的努力（质和量），并不和他的收入相关。由此必然出现干多干少一个样乃至消极怠工等现象。后来包产到户的反复闪现，以至大包干风靡全国，都说明，公有产权制度必须配套供给的实施机制是健全的生产责任制，特别是在农业中、在高级社较初级社规模扩大了的情况下，实施机制不健全，甚至会使有效的产权制度陷于无效率。

（4）要制订生产劳动计划并按完成的劳动日进行分配。高级社"规定各生产队全年的、一个季节的或者一个段落的生产计划"，"同时计算出完成生产计划所需支付的劳动日的数量"，同时要"规定每个社员在全年和每个季节或者每个段落要做到多少个劳动日"。② 年终将扣除生产费用、公积金、公益金之后的全部实物和现金，按照全部劳动日（包括农业生产、副业生产、社务工作的劳动日和奖励给生产队或者个人的劳动日）进行分配。

从中，我们明显可以看出计划经济体制的色彩。这是一种高设计成本的计划，要把每个社员的生理、身体、技术、熟练程度等因素统统考虑进去，规定他们各自要完成的工作日，不是一件轻而易举就能做到恰如其分的事。即使是一个不精确的指标，也需要高监督成本实施。高级社选出了社员大会、管理委员会、监察委员会"三位一体"的社级管理机构，建立了劳动管理上的检查和验收制度，由管理委员会和生产队长"及时地深入地"执行。颁布了以服从指挥、保证质量为宗旨的劳动纪律，并开展劳动竞赛……但由于缺乏有效的实施机制，监督造成的激励不足仍严重影响高级社这种公有产权制度的效率。这从前述农民退社的原因中可以清晰看出。

总体来看，首先，高级社作为一种公有产权制度，使农民在初级社时拥有的退出权受到了更大程度的限制。这种组织结构与广大农村干部和中国农民几千年来习惯了的小农经济的家庭结构存在相当差距。而且高级社制度还与农民特别是富裕中农的私有观念没有消除，因而其观望和疑虑心态并没有消失的现实，形成一定差距。但高级

---

① 《农业集体化重要文件汇编》，上册，572页，北京，中共中央党校出版社，1981。
② 《农业集体化重要文件汇编》，上册，572页，北京，中共中央党校出版社，1981。

社建起了公有产权、扩大了规模,因而暂时满足了农业剩余和主流意识形态两方面目标的要求。但其中隐含的问题,比如实施机制问题、监督问题等,都保留了下来。

遗憾的是,农业合作化、集体化时期的过渡和替代,成了后来制度变迁的模板。那些未解决的问题,也会在未来不断放大。

## 三、强制性制度变迁形成了路径依赖

历史地看,从既有的传统、农业合作制度的决策以及国家控制实施的农业合作化和集体化这一制度变迁过程看,这场制度变迁形成了一种新的路径选择。这种路径选择在以后的制度变迁中得到了强化,形成了后续变迁的路径依赖。

具体来说,这种路径选择和路径依赖体现在这样几个方面。

### (一)国家单方面设计、实施制度变迁

从互助组到初级社,再到高级社的制度变迁过程中,国家的强制作用日趋增强。变迁之初,国家还力求照顾初级行为主体的经济利益,意欲使制度变迁成为上下一致协同递进的状态,农民的个体小生产积极性和互助合作的积极性都得到一定程度的关注;对于农民的退出行为也尝试用经济竞争的办法解决,即通过提高互助合作组织的经济效率、提高组织内成员的收入的办法使退出行为得到化解。但紧接着国家发现这种办法太慢,不直接、不明显有助于国家目标的实现,于是国家使初级行为主体的努力逐渐减少,后来连中农也不再争取而是批判。另外,国家通过组织和制度创新已取得了一些初步的经济绩效,比如,国家财政支农资金没有太明显增加的情况下,农业剩余的索取却得到明显的增加。农民出售农产品少获得的货币和购买工业品多付出的货币由1952年的24.56亿元上升为1957年的49.32亿元[①],说明制度创新已经给国家(而不是农民)带来了收益递增,国家自然要减少初级行为主体的努力,加大强制性制度变迁的力度及速度,结果使国家对农村社区的控制(生产、生活等方方面面)增强,而社区以及初级行为主体在产权和制度交易中的地位不断降低。但高级社却没能成为代替传统社区权威的新权威,新的自我强化趋向导致人民公社制度的应运而生。

这种单方面实施的制度设计(决策)和控制实施,得到认同的程度是有限的。高级社中农民集体退出行为,固然有产权丧失这一主要原因的作用,但高级社没有得到

---

① 李微:《农业剩余与工业化资本积累》,302、304页,昆明,云南人民出版社,1993。

这些农民的认同（起初没有真正被他们认可）是一个不争的事实。

农民收入增加缓慢的历史事实，再次说明布哈林通过增加农民的购买力来实现工业化目标的观点，以及新中国成立之初关于农业合作争论中的观点，都有继续不断反思的必要。

### （二）制度变迁主要服从于国家工业化和建设社会主义的目标，而不是实现和增加初级行为主体预期收益的目标

这场制度变迁的目的之一无疑是使农业微观经营组织的创新一步步纳入国家工业化的全局性战略实施中去。工业化战略要求高度集中地配置使用稀缺资源，要求资源的利用都纳入细致的计划体制。农业作为内部资本积累的重要来源，仅通过农产品统购统销实现的资源计划配置是有限的、不足的，必然要求在生产中对各要素进行集中的计划配置和利用。为了达到减少交易成本的目的，把分散的小农组织起来进行集体生产劳动，以保证产出增加并使农业剩余源源不断地传送到工业化链条上去，就是这场制度变迁和组织创新的内涵和要求。因此，互助组、初级社一开始就是一种尝试性过渡性安排，必然为能进一步实现上述目标的新形式所替代。高级社因为作用主要停留在经济领域，也成为一种过渡性安排。

我们还看到，构建和宣传社会主义的主流意识形态，在分散的个体经济下，同样存在较高的交易费用，国家必然要创新一种合于主流意识形态的制度安排，以减少交易费用。于是，从争论到全国批"小脚女人"，再到农村的社会主义教育运动，主流意识形态重建的力度不断加大，合作组织的形式不断创新，规模不断扩大，产权形式日趋公有化。但当国家不仅要建设社会主义制度，而且要以此形成一种代表国家的社区性权威机构时，连高级社也成了一种过渡性制度安排，人民公社实际上被看成真正社会主义的甚至带有共产主义色彩的政治组织，国家在农村的代理人。

但我们明显看到，工业化战略以及实现计划经济体制，必然形成价格的扭曲，使农产品的生产交换在低于市场均衡价格的情况下进行。这种以廉价的农业剩余支援国家工业化的做法，导致了对农民的隐性剥夺，使为工业化资本积累做出了巨大贡献的农民们，一直徘徊在饥饿的边缘。

### （三）注重意识形态绩效，轻视制度创新带给农民的经济绩效

前面说过农民出卖农产品少收的货币和购买工业品多付出的货币量，都在不断增加，说明国家通过合作制度变迁完成工业化资本积累的目标不断得到了实现。而城市居民与农村居民收入的差别却加大了。1957年城市居民的收入相当于农村居民收入的

3.48 倍，或者说，后者相当于前者的 29%；到改革开放前夕的 1978 年，城市居民的收入仍相当于农村居民收入的 2.36 倍，农村居民只有城市居民收入的 42%。[①] 分配制度上明显表现出农民利益服从于合作社和国家利益的原则。高级社里实行财产合并公有化，资本这一要素已不再参加分配，劳动力付出多少是分配的唯一标准。由于测定和监督困难，便只能始终按一个大致的标准分配结构性收入（职业性分配），即劳动者的工资，于是，平均化的结构性分配成了突出特征；同时，社会性分配也充分体现公平特色，帮养鳏寡孤独者的费用是从社的总收入中提取，即从每个社员的收入中扣留，再通过合作社平均地付给每一个鳏寡孤独者。这些做法在高级社时期已经实施，在人民公社时期（1958—1959 年）则扩大到对子女的教育、儿童和老人的照料，甚至以公社取代了家庭生活。于是出现一种怪现象，一方面，乡村农民与城市居民收入之间存在巨大差距；另一方面，在农村，私人收益率则极接近社会收益率。但这绝不是公有产权有效率的标志，这明显是由于对意识形态绩效的积极追求，农民收入在改革开放前难有较大的增长。

**（四）以一种新的非正式制度安排替代旧的非正式制度安排，并使正式制度安排的创新与新的而不是旧的非正式制度安排相适应**

制度安排的变迁，要求正式制度安排与非正式制度相适应。诺斯认为非正式制度安排更难以变化，因此要求正式安排与之相适应，"由规范、行为准则和习俗来确定"。但在中国农业合作制度的这场变迁中，决定正式制度安排并与之相矛盾的非正式制度安排，却并不是既有的传统——相沿数千年的小生产经验积累、习惯，世代遵从的社区和家庭（主要是）生产生活习惯以及个人的思维定式和价值观念——根深蒂固的私有观念，取而代之的是由主流意识形态内含的集体劳动、社会主义、集体主义及公有观念。由此，创新的农业合作制度也不是合于农民旧有的传统、习惯、私有观念，而是合于集体主义、社会主义、公有观念以及比之小农经济影响面和实践范围都更小的农业合作传统。

理论和实践都证明，制度变迁是一个系统工程，要形成帕累托改进型的制度创新，必然要求制度框架中各制度安排处于协调状态，以降低实施中的摩擦成本。要使正式制度安排不与旧的而与新的非正式制度安排相一致，则新旧非正式制度安排之间、旧的正式安排与新创的正式安排之间、新的正式制度安排与旧的非正式制度安排之间的

---

[①] 杨胜刚：《经济发展与收入分配》，263、264 页，北京，社会科学文献出版社，1994。

摩擦成本都得不到减少和化解，而且旧的非正式制度因为世代相传，在相当大的程度上已被证明卓有成效，因此，其被取代所需的时间可能更长，交易成本更大，这便使制度变迁（包括正式和非正式制度安排的变迁）只能加大人为强制的色彩，结果也只能形成一种很不稳定的结局。这说明注重新制度安排对旧制度安排的替代结果，而忽视了新旧制度安排间复杂的嬗变关系，是从农业合作决策之初就留下的遗憾。

这些还充分说明，在这场制度变迁中，不仅正式制度安排和非正式制度安排处于非协调状态，而且制度变迁中所必须的、在公有化和公有产权下都十分关键的实施机制也没有相应配套地创新。不仅正式制度安排没有找到好的实施机制，而且非正式制度安排也因缺乏应有的实施机制而没能适当地发挥作用。这说明当时对制度安排之间的互补替代关系理解和处理都简单化了。

**（五）正式制度安排之间主要是一个替代性变迁过程**

从土地改革向合作化的转变，到初级社取代互助组、高级社取代初级社、再到高级社这种过渡性安排为人民公社所取代，"替代"是这一系列变迁的主旋律之一。但"替代"过程中渐进变迁的特征并不明显，急风暴雨般的土地改革完成后，并没有出现预期的和风细雨式的渐进合作化和集体化，只是在初级社阶段作了稍多的停留。而初级社这种具有兼收并蓄特征的制度安排（指它可以容纳小生产和集体劳动，可以包容多种产权形式，甚至可以得到旧的小农观念和新的合作精神等非正式安排的"支持"），在没有明显取得优势（如比个体劳动更能让社员增产增收）之前，就已经为更大规模的、产权单一的高级社所取而代之了。

制度变迁单纯替代的成本较高。改革开放后双轨制改革的经验，即在计划体制外实施的以市场化为目标的非全局性、非替代性的制度创新，通过新制度收益的不断累积进一步弥补变革旧制度所需的费用，从而使得全局性的市场化变迁以低成本渐进完成。这实际上是对农业合作化以及后来人民公社化制度变迁经验的反动，也在一定程度上显示了过去经验中存在的问题。

**（六）制度变迁影响并改变了技术变迁的路径依赖**

传统的农业技术，是一种既重视技术进步因素又重视劳动力投入的农业技术，因此，精耕细作和大量的劳动力投入都是传统农业的内在特征。战国时期农业生产工具有重大创新，后来农业生产工具方面的创新一直没有停止。到魏晋、南北朝、隋唐时期，耕作技术方面的创新势头较为迅猛，劳动力与技术越来越紧密地联系起来。宋以后人口的较快增长,更把劳动者技术水平的提高和技术创新的结合放到非常突出的地位。"粪土力勤"成为明清农业技术最重要的特点。到了民国,技术创新有了新的局部性突破,20世纪初出现的引进西方现代机械从事农业经营的做法时有继承者,后来并由此形成了引人注目的农牧垦殖公司等资本主义经营形式。但人口的过快增长,加上农业的比较利益劣势,使这种做法没有成为农业技术变迁的主要趋势;中国农业不可避免地陷入不断追加劳动力以维持不经济的低收入水平这一"过密性增长"陷阱。

这种情形在中华人民共和国成立之后依然存在,并且因人口更多、技术水平更低等因素的影响而变得更为严重,"过密性增长"的轮回更难超越。当中国的工业化只能走内部积累(主要依靠农业剩余)的道路,工业化又不可能在短期内取得成效(受经济基础贫弱等因素的影响),因此不可能指望短期内用现代技术装备农业。在这种情况下,国家选择扩大规模的方法以提高农业生产水平进而提高人民生活水平的发展道路,实在是在所难免。正是因为这一选择,使中国农业只能继续在"过密性增长"的困境中挣扎。这样造成的问题之一是,因为技术进步缓慢,持续为工业化做贡献的农业生产和农民生活难有突破性提高;另一个问题是,在扩大的规模上,继续走"过密性增长"之路,效率的实现又与劳动计量的较大难度形成一对难解的矛盾。由此实施机制就成了制度变迁中非常关键的部分,特别是在公有产权制度下。

总之,我们看到,一种新的、有别于旧传统、旧习惯、旧意识形态甚至旧技术变迁路径的制度变迁路径形成了。追溯以往的历史,联想农业合作化以后的人民公社、1978年以后的农村改革,这一路径选择和路径依赖的形成,影响实在深远,需要做大量的研究以继续探究制度资源的无尽价值。有人认为[①],毛泽东在总结中国土地革命与农业生产实践、学习苏联发展农业经验的基础上,提出的逐步走农业合作化道路的思想,是对马克思主义经典思想的继承和发展,不仅为改革开放初期实行家庭联产承包责任制提供了经验借鉴,也是邓小平"两个飞跃"思想形成的理论基础和实践基础。

## 四、农业合作化中存在的问题

从以上几个方面看,农业合作化的功绩、形成的经验等都是不可抹杀的,但这场变迁不可能没有遗憾。至少,在高级化过程中存在一些明显的缺点和偏差。

---

① 沈红梅、霍有光:《毛泽东农业合作化思想与当代价值》,载《贵州社会科学》,2014(1)。

（1）脱离工业化发展水平和农业生产技术发展水平，单方面强调所有制的变革。高级化过程中对这一点的突破显得尤为突出，但结果并没能由此迅速带来农业技术改造革命。毛泽东在新中国成立之初就指出："中国只有在社会经济制度方面彻底完成社会主义改造，又在技术方面，在一切能够使用机器耕作的部门和地方，统统使用机器操作，才能使社会经济面貌全部改观。"但这一时期，技术变迁明显被忽视了，使制度变迁成为一种超前变革。

（2）一律集体经营、集体劳动，削弱了农户家庭的生产功能，形成模式的单一化；实施机制鲜有创新（包产到户之光一闪即逝），导致制度结构残缺。我国各地自然条件和经济条件千差万别，生产技术水平极不平衡，特别是农业生产本身的特点，决定农业经济组织形式是不能一刀切的。但在高级化的高潮中，就形成了以追求公有化程度为目标的形式简单划一的集体经营、集体劳动的高级社化。应该说高级化后期出现的包工包产和包产到户是对高级化弊端的一个理性的矫正，但却很快被认为是"倒退"而销声匿迹了。主流意识形态刚性也使后来出现的某些劳动组织形式和责任制形式注定遭受同样的命运。这就使后来的集体化道路越走越窄，经济绩效也日趋递减。

（3）过快的公有化、规模化带来高监督成本问题，虽然被主流意识形态重建和宣传暂时压制下去了，但通过政治运动推行制度变迁，给以后带来了长远的影响。浮夸风与强迫命令相互交织，阶级分析与阶级斗争手段反复运用，成了后来农村变革的重要特色，也造成了令人生畏的"悬剑"效果。带来的不良后果之一，是否合乎主流意识形态成了关键的关键，而制度变迁的经济绩效渐渐被忽视，制度变迁的成本甚至可以被忽略。

第一节 农业生产的"大跃进"
第二节 社会主义建设道路的探索
第三节 农村人民公社化运动
第四节 人民公社化运动的历史评价

# 第四章 农村人民公社化运动

20世纪中叶,中国农村社会经历了深刻的变化,先是"耕者有其田"的土地改革,随后进行了农业的社会主义改造,即农业合作化运动,在"大跃进"的热浪中,农业合作化达到了巅峰即人民公社化运动。这段历史剧烈地改变了农村的各种社会关系,对中国农村的发展产生了深远的影响,直至现在。

## 第一节 农业生产的"大跃进"

1958—1960年的"大跃进"运动是以毛泽东为核心的第一代领导集体试图通过大规模的群众运动,以超越常规的社会主义建设速度完成赶英超美的目标,实现由社会主义向共产主义过渡的一次尝试,是一场以"人民战争"的方式进行经济建设的群众运动,是中国现代史上最重大的事件之一。

1956年上半年,针对新中国成立后经济工作开始出现的急躁冒进倾向,主持经济工作的周恩来、陈云,联合刘少奇、李富春、李先念、薄一波等人,采取措施防止冒进,并对脱离现实可能的高指标进行压缩。1956年6月20日,《人民日报》发表刘少奇主持起草的社论《要反对保守主义,也要反对急躁情绪》,形成了"既反保守又反冒进,即在综合平衡中稳步前进"的经济建设思想。这一思想成为党内大多数人的共识,后来被党的八大采纳。但是毛泽东对这一思想却持保留态度。1957年9—10月,在中共八届三中全会上,毛泽东提出对反冒进的批评,认为1956年的反冒进政策扫掉了好多东西,即"多、快、好、省"和农业发展纲要四十条,还扫掉了促进委员会,于是提出要恢复这几样东西,并将1956年的反冒进定性为"右倾保守思想",号召加以肃清。自此以后,毛泽东对反冒进的批判不断升级。

1958年1月,毛泽东在杭州召集部分省、市委书记参加工作会议(杭州会议),点名批评了主张反冒进的周恩来等人。1月中旬,毛泽东又主持召开南宁会议,对反冒进作了进一步的批评,认为:"反冒进使六亿人民泄气,是方针性错误。"同时,毛泽东还警告说:"不要提反冒进这个名词,这是政治问题。"① 于是,经济建设过程中急于求成的"左"倾思想迅速发展。同年3月,中央发出《关于开展反浪费反保守运动的指示》,决定以2~3个月的时间,在全国进一步普遍开展反浪费、反保守,比先进、比多快好省地建设社会主义的运动。这一运动的中心是反保守,其目的是为全面发动"大跃进"运动扫清障碍。1958年5月,中国共产党在北京召开第八次全国代表大会第二次全体会议,正式形成了社会主义建设总路线,即"鼓足干劲,力争上游,多快好省地建设社会主义"。这条总路线虽然反映了广大人民群众迫切要求改变中国经济文化落后状况的普遍愿望,但它强调速度是总路线的灵魂,快是多快好省的中心环节,片面夸大了人的主观能动性,忽视了客观经济规律,以为只要依靠人民群众的"冲天干劲",就可以创造"一天等于二十年"的奇迹。八大二次会议的召开,实际上标志着"大跃进"运动的全面发动。

## 一、运动起因

### (一)传统"大同"思想的影响

中华民族历来是一个憧憬未来、充满理想的民族,自古就有对美好社会的描绘与向往。其中最为人们所熟知的就是《礼记·礼运》中对"大同"社会的追求,"大道之行也,天下为公"。此后,这种对"大同"社会的追求代不绝书。东汉末年黄巾军的"黄天太平"、北宋初年王小波的"均贫富"、南宋初年钟相的"等贵贱、均贫富"、明末李自成的"均田免赋"、太平天国的"天朝田亩制度",可以说"大同"思想贯穿中国几千年历史发展主线,并且内化为中国人根深蒂固的传统观念。毛泽东对这种"大同"思想也是颇为赞许。他在1949年所写的《论人民民主专政》一文中,三次使用"大同"一词类比新中国将要建成的理想社会。1958年3月22日,他在成都会议上的讲话谈到家庭将来的命运时,还提到康有为的《大同书》。他说家庭是原始公社后期产生的,将来要消灭,有始有终。他还非常推崇三国时期张陵、张鲁倡行的五斗米道中所包含

---

① 逄先知、金冲及主编:《毛泽东传(1949—1976)》,720~769页,北京,中央文献出版社,2003。

的原始共产主义成分，希望可以在新中国成立后将其美好的理想变为现实。加之，新中国成立后短短几年，经济建设取得了显著成绩，1957年的工业总产值较1952年增长128%，同期农副业总产值增长24.7%。[①] 巨大的建设成就使全国人民在激动不已之中焕发冲天干劲，在品尝了社会主义这个"甜果"之后，急于想尝尝"共产主义"这个"更甜的果子"。[②] 可以说，"大跃进"运动正是"大同"思想在执政实践中的充分表达。

### （二）国际环境的压力

中华人民共和国成立初期，国际国内对中国共产党有没有领导、组织和管理经济的能力，普遍持怀疑态度。这就促使中国共产党力图在经济建设方面尽快做出成绩驳斥外界的怀疑，以证明社会主义的优越性。党和政府急于求成思想的形成，又进一步激发了人民群众对社会主义的建设热情，相互影响，彼此推动。另外，国际形势的压力也对新中国成立初期经济建设急于求成心理的形成起到了推波助澜的作用。

首先，帝国主义的包围封锁甚至战争威胁对党和人民形成了巨大的压力，使其更加感受到加快工业化建设、增强经济实力和国防力量的必要。正如1958年2月3日的《人民日报》社论称："我们所处的国际环境，仍然有帝国主义虎视眈眈，且美国为首的侵略集团无时不希望颠覆我们的中华人民共和国，如果我们不以最快的速度进行建设，不力争在尽可能短的时间内在经济上赶上发达的资本主义国家，中国的安全就不能认为有充分的保证。同时，从国内情况来说，我们原来是一个'又穷又白'的大国，社会主义制度的物质基础是很薄弱的，如果我们不迅速改变这种落后状态，不力争在比较短的时间内使中国拥有现代工业、现代农业和现代文化科学，提高人民的物质生活水平和文化生活水平，中国的社会主义制度的物质基础就不能认为是巩固的。"

其次，社会主义阵营内部赶超浪潮的影响。面对西方国家在外交、政治、经济等方面的孤立与打压，新中国只能就经济建设问题取经于苏联，但是苏联那种以牺牲农业和轻工业保障重工业发展的模式又严重损害了农民的生产积极性，对此毛泽东感到很不满意。1956年2月苏共二十大关于斯大林个人崇拜问题的揭露更进一步坚定了毛泽东走自己的路的信念。同年4月，毛泽东在《论十大关系》中指出，"苏联和中国都是社会主义国家，我们是不是可以用一种更多更快更好更省的办法来建设社会主

---

① 曹学恩：《大跃进运动发生原因探析》，载《陕西师范大学学报》，2003（6），107页。
② 安贞元：《人民公社化运动研究》，145页，北京，中央文献出版社，2003。

义"，① 正式向全党提出了探索建设中国自己的社会主义道路的建议。1959年1月，苏共二十一大召开，赫鲁晓夫提出苏联已经进入全面开展共产主义建设时期；1961年10月，赫鲁晓夫再次语出惊人，提出苏联将在20年内基本建成共产主义。在此背景下，新中国也不甘示弱，举国上下掀起了"赶英超美赛苏"的热潮，决定要在15年内建成共产主义。② 可见，中苏两国在经济建设方面的非理性竞争成为"大跃进"运动的催化剂。

### （三）"反右"运动的影响

"反右"运动的严重恶果以及中国政治体制存在的严重弊端也在一定程度上推动了"大跃进"运动的爆发。1957年6月到1958年夏，中国进行了一次"反右"运动，55万人被划为右派，受到诸如坐牢、失业、劳动改造等一系列不公正的待遇，受牵连者高达数百万人。③ "反右"运动的后果是极为恶劣的，它中断了社会主义民主化的进程，开创了因言获罪、以权代法的先例。自此，中国民众的言论变得极为"谨慎、小心"，民主党派再也不敢向执政党提出真正的批评意见，生怕"祸从口出"。加之当时各级干部的提拔和任免由上级确定，人民群众对领导干部并无监督权，从而造成经济建设工作不是对人民负责，而是对上级负责、为上级服务的现象。于是上级提出的任务，下级不仅保证切实完成，而且竞相攀比、提前完成的现象此起彼伏。上级又根据下级的"热情"和虚报浮夸，再修订计划，上下相互影响，导致经济指标越定越高，"左"倾错误愈演愈烈，发展速度越来越快。

通过以上几点分析，我们可以得出这样的结论：在总结"大跃进"失误的教训时，不要过多地指责毛泽东个人的不足，这不是一个人的问题。在传统文化的深刻影响下，在当时国民心理素质的基础上，在商品经济严重受阻、家长制官僚经济占主体的背景下，在制度存在严重弊端的形势下，非主观因素也对此产生了重要的影响。

## 二、运动内容

### （一）设定"大跃进"指标

1957年10月26日，中共中央正式公布了自1956年1月起开始制定并经过反复

---

① 《毛泽东文集》，第七卷，56页，北京，人民出版社，1999。
② 《建国以来重要文献选编》，第11册，467页，北京，中央文献出版社，1995。
③ 曹学恩：《大跃进运动发生原因探析》，载《陕西师范大学学报》，2003（6），107页。

讨论、修改而形成的《1956年到1967年全国农业发展纲要（修正草案）》（以下简称《全国农业发展纲要》）。《全国农业发展纲要》提出："从1956年开始，在12年内，粮食每亩平均年产量，在黄河、秦岭、白龙江、黄河（青海境内）以北地区，由1955年的150多斤增加到400斤；黄河以南、淮河以北地区，由1955年的208斤增加到500斤；淮河、秦岭、白龙江以南地区，由1955年的400斤增加到800斤（简称'四、五、八'）"；其中的沙荒地区、土地瘠薄地区、常年旱涝地区、高寒山区、无霜期很短地区、地广人稀地区、大面积垦荒地区，可以按照情况，另外规定增产指标。棉花产量则"从1956年开始，在12年内，棉花每亩平均年产量（皮棉），由1955年的35斤（全国平均数），按照各地情况，分别增加到40斤、60斤、80斤和100斤"①。 正常情况下这一发展计划是可以通过人为努力实现的，只是后来将目标实现的时间一再提前，严重脱离生产实际。

1958年1月1日，《人民日报》发表元旦社论《乘风破浪》，向全国人民发出号召："我们要在十五年左右的时间内，在钢铁和其他重工业产品的产量方面赶上或者超过英国。在这以后，还要进一步发展生产力，准备要用二十到三十年的时间，在经济上赶上并且超过美国。"这就又提出了35~45年赶超美国的口号。"超英赶美"成为当时最为流行的一句口号，也是"大跃进"运动发动后的最主要的奋斗目标。随后，毛泽东起草了《工作方法六十条（草案）》，提出"在今后五年内，或者六年内，或者七年内，或者八年内，完成农业发展纲要四十条的规定"，将实现《全国农业发展纲要》的时间由原定的12年缩短为5~8年。他还提出"各地方的工业产值……争取五年内，或者七年内，或者十年内，超过当地的农业产值"，提出"十年决于三年，争取在三年内大部分地区的面貌基本改观"的口号。② 从这以后，各地都提出了提前实现粮食指标的计划。例如，河南省委要求全省在当年实现"四十条"规定的粮食亩产目标，年底全省城乡彻底消灭文盲。辽宁省是中国重要工业基地，一直是粮食调入省，但是辽宁省委提出要在当年实现粮食、蔬菜、猪肉三自给。广东省委提出，在1962年实现全省粮食平均亩产800斤的目标，1967年达到1 000斤。江西省委则提出了"十年规划，五年完成"的口号。③ 1958年2月，全国一届人大五次会议批准了1958年中国国民经济计划，即规定1958年比1957年，基本建设投资增长17.8%，工业总产值增长

---

① 《农业集体化重要文件汇编（1949—1957）》，762页，北京，中共中央党校出版社，1981。
② 《毛泽东文集》，第七卷，347、348页，北京，人民出版社，1999。
③ 罗平汉：《农村人民公社史》，10页，福州，福建人民出版社，2006。

14.6%,农业总产值增长 6.1%。其中,钢增长 19.2%,煤增长 17.2%,发电增长 18%,粮食增长 5.9%,棉花增长 6.7%。随后 3 月举行的成都会议,对上述指标又进行了修正,要求工农业总产值 1 658.2 亿元,比 1957 年增长 24.8%;国家财政收入 372 亿元,比 1957 年增长 20.7%;基本建设投资 175 亿元,比 1957 年增长 41.5%;钢产量 700 万吨,比 1957 年的 524.4 万吨增长 33.5%;煤产量 16 737.4 万吨,比 1957 年增长 30.1%;粮食产量 4 316 亿斤,比 1957 年增长 16.6%。成都会议后,各部门都按照"大跃进"的要求修改了"二五"计划指标,如农业部提出"在五年内基本实行农业机械化和半机械化",规定到 1962 年全国粮食达到人均 1 000 斤;冶金部提出钢产量到 1962 年达到 1 500 万~1 700 万吨,争取 2 000 万吨;铁道部提出在 15 年内建成全国四通八达的铁路网,成为世界上铁路总长度仅次于美国、苏联的国家。不难看出,这些指标已经远远脱离了实现的可能性。

中共八届二中全会后,超英赶美的时间再次提前,计划指标日新月异。1958 年 5 月底,中央政治局会议将 1958 年钢产量指标从中共八届二中全会确定的 711 万吨提高到 800 万~850 万吨。6 月 7 日,冶金部向中央政治局提出 1958 年产钢 820 万吨,1962 年产钢 6 000 万吨的新指标。毛泽东批示:"只要 1962 年达到 6 000 万吨钢,超过美国就不难了。必须争取在 1959 年达到 2 500 万吨,首先超过英国。"① 国务院副总理李富春向中央提交新的《二五计划要点》,提出了 5 年超英、10 年赶美。6 月 17 日,国务院主管工业的副总理薄一波提出"两年超英"。这样,超英赶美的时间最后定为 2~3 年赶超英国,5~7 年赶超美国。6 月中旬,农业部向中央政治局提出《农业大有希望》的报告,提出"二五"计划期间农业要达到的目标是:1962 年粮食总产量 8 500 亿斤,按 7 亿人口计,每人 1 200 斤,粮食作物总平均单位面积产量超过资本主义国家。随后,华东、西北、华北、西南等协作区分别召开农业协作会议,相继提出了农业"大跃进"的目标。华东地区提出要在 3~5 年内把粮食产量提高到人均 2 000 斤。② 一向低产的西北地区也提出了要成为农业高产区,全地区人均粮食 1958 年要达到 1 100 斤,1959 年达到 2 000 斤,到 1962 年要突破 3 000 斤。同年 7 月,中共吉林省委召开省委扩大会议,提出"苦战三年五载,为建立我省完整的工业化和实现农业现代化而奋斗"的口号,"争取在两三年内,实现我省农业机械化、水利化、电气化、绿化,提前完成农业发展纲要 40 条,使粮食产量,按全省人口计算,平均每人每年达到或超过 2 000 市

---

① 《建国以来毛泽东文稿》,第七册,279 页,北京,中央文献出版社,1992。
② 《农业集体化重要文件汇编(1949—1957)》,41 页,北京,中共中央党校出版社,1981。

斤的指标"。11月,吉林省又提出1959年要实现人均粮食3 000斤,争取4 000斤。①很明显,上述指标的设定已经完全脱离实际,根本没有实现的可能。

1960年1月1日,《人民日报》发表元旦社论《展望六十年代》。社论说,根据最近时期的经验,找到了三个法宝:建设社会主义的总路线、"大跃进"的发展速度和人民公社的组织形式。1月2日《人民日报》又发表社论《开门红,满堂红,红到底》,要求自始至终都要跃进,不但开门红,而且要实现月月红、季季红、满堂红、红到底;不但要做到产量红,而且要同时做到质量、品种、成本和安全样样红,全面跃进。同年1月7日至1月17日,中共中央在上海召开政治局扩大会议,提出1960年国民经济计划和今后3年和8年的设想,明确要求,1960年完成农业总产值为880亿元,增长12%;粮食产量为5 940亿斤,增长10%;棉花产量为5 300万担,增长10%。中央提出的3年奋斗目标是:提前5年实现中共八届八中全会提出的10年赶上英国的口号,提前5年实现12年农业发展纲要,提前5年实现12年科学规划纲要。中央提出的今后8年的基本任务是:建成全国独立的国民经济体系;基本上实现现代化;完成人民公社由基本上生产队(大队)所有制到基本上公社所有制的过渡,并开始向全民所有制过渡,人民公社采取工资制和供给制相结合的分配形式,收入分配以工资制为主。这是在当时的经济条件下是根本无法实现的。

**(二)展开"大跃进"运动**

伴随高指标的提出,以"放卫星"为特征的浮夸风愈演愈烈。1957年10月,苏联成功发射第一颗人造地球卫星,在全世界引起了巨大的震动。受此启发,一些地方把自己假造的所谓"高产典型"称为"卫星"。1957年12月25日,《人民日报》报道说,广东省汕头专区早在1956年就成为全国第一个亩产800斤粮食的专区,这个专区的澄海县则达到了亩产1 257斤。此后不久,《人民日报》又报道说,河北省邢台市南园村红光一社的亩产达到了1 112斤,这地区有7个社的亩产过千斤,这是"大跃进"运动中第一批"高产典型"。随着"反右倾保守思想"的深入,所谓的"高产典型"不断被刷新。6月8日,河南省遂平县卫星农业社称,5亩小麦平均亩产2 105斤。过了4天,这个农业社又"放出一颗"亩产3 530斤的小麦"卫星"。此后,"放卫星"之风遍及全国,"卫星"越放越多、越放越大。随着一颗颗高产"卫星"冉冉升起,农作物产量的统计数据也不断攀升。1958年6月,华东协作区农业协作会议宣布,华

---

① 中共吉林省委党史研究室、吉林省档案馆编:《大跃进运动(吉林卷)》(内部本),38、65页,2005。

东五省市（不含山东）去年的粮食产量715亿斤，今年夏季收了203亿斤，加上秋季将有1 200亿斤，比去年将增加507亿斤，增长近70%。9月30日，新华社宣布，中国1958年的粮食产量将达到3.5亿吨，全国大部分地方的粮食总产量基本实现了"四十条"规定的1967年的指标；大豆、花生、油菜、芝麻等主要油料作物的总产量将达到2 000万吨，大大超过了美国。①

除此之外，农业战线还开展了包括农田水利兴修和农田基本建设运动、积肥运动、深翻土地运动、密植运动、"试验田"运动、工具改革运动等一系列生产跃进运动。其中，全民兴修水利和农田基本建设运动，成为农业"大跃进"的开端。1957年9月24日，中共中央和国务院联合发出《关于在今冬明春大规模开展兴修农田水利运动的决定》，使这一运动"成为随着目前农村社会主义教育高潮而来的生产高潮的主要组成部分"。该决定发出后，各省、自治区、直辖市相继部署农田水利建设运动。安徽省最初提出全省搞8亿土石方的目标，后增至16亿土石方，再增至32亿土石方，最后定为64亿土石方。为了实现农田水利建设目标，各省、自治区、直辖市投入了大量劳动力，1957年10月为两三千万人，11月为六七千万人，12月为八千万人；1958年1月为1亿人，农田水利建设进入高潮阶段。② 1958年10月13日，国务院农业部发表1958年农田水利建设成就公报，宣布"水利建设创世界奇迹"，扩大灌溉面积4.8亿亩，"现有灌溉总面积已经占世界三分之一"。③ 农田水利建设运动的直接目的是扩大灌溉面积，减少水旱灾害面积，促进粮食增产，从而解决长期以来中国粮食不足的问题。尽管关于水利建设成果的统计数字中存在夸张的成分，但是这一运动所取得的成绩仍然是值得肯定的，有些水利工程至今还在发挥重要作用。

在开展农田水利建设运动的同时，中共中央和国务院还领导人民群众开展了全民积肥运动。积肥运动以制造、积累、收集农家肥料为主，包括收集人畜粪便、肥泥、肥土、植物的叶茎，使其腐烂变成肥料。安徽省创造了"烧、熏、挖、换、扫、沤、堆、拾"等多种积肥方法，华东地区提出要"发动群众天天积肥""叫海肥登陆，让山肥下山"。④ 到1958年4月中旬全国共积肥3 100万担，平均每亩可施肥1.8万余斤。积肥运动不像农田水利建设运动那样具有季节性，而是经常性的。在"大跃进"运动中，每年都要投入大量劳动力开展积肥运动，其目的就是为了实现农作物尤其是粮食作物的增

---

① 罗平汉：《农村人民公社史》，11~15页，福州，福建人民出版社，2006。
② 薄一波：《若干重大决策与事件的回顾》，下卷，681页，北京，中共中央党校出版社，1993。
③ 《水利建设创世界奇迹》，载《人民日报》，1958年10月4日。
④ 《农业集体化重要文件汇编（1958—1981）》，42页，北京，中共中央党校出版社，1981。

产。自 1958 年 9 月开始，各地农村还开展了深翻土地运动。各省、区都出动了数以百万计的劳动力，日夜奋战在田间地头。截至 11 月 19 日，全国深耕土地面积达 6.88 亿亩，其中深耕 0.7~1 尺的占已耕面积的 32%，深耕 1.1~2 尺的占 53.5%，不足 0.7 尺的很少。① 实践证明，在一些地区适度深耕是有利于农作物增产的。但是，由于当时认为深翻越深越好，导致全国范围的深翻土地运动最后走向极端，不仅没有实现粮食增产，反而造成了人力、物力、财力的大量浪费。

为了实现粮食增产，在"大跃进"期间还展开了密植运动。密植运动否定农作物的合理密植，在粮食作物播种时多播种子或秧苗移栽时缩小苗间距离，认为种植得越密产量就越高，提出"让土地的每一平方厘米都布满种子"，② 竟在 1 亩地上播种数十斤、上百斤甚至数百斤。其结果是种芽发起，层层叠叠，开始长得好看，不久便密不透风全部枯死，不仅不能增产，有的甚至连种子都无法收回。

在农田水利建设运动和深翻土地运动中，各地出现了工具改革的现象，毛泽东对此高度重视。他在 1958 年 3 月成都会议上说："改良农具运动应推广到一切地方去，它的意义很大，这是个伟大的革命，是技术革命的萌芽，它有伟大的意义，它带有伟大革命的性质。"③ 在毛泽东讲话的鼓舞下，广大农村掀起了工具改革的热潮。3 月 22 日，《人民日报》发表社论《农业技术革命的萌芽》，要求各级党政机关努力领导这个运动，使它更有组织、更有计划地向前发展。应当指出，一些工具的改革或改良，对提高农业生产率不无积极意义，但当时搞所谓"车子化运动""滚珠轴承化运动""绳索牵引机化运动"等，结果事与愿违，造成了人力、物力的很大浪费。

## 第二节　社会主义建设道路的探索

社会主义制度建立以后，如何建设社会主义的问题就直接摆在了党和毛泽东的面前。对于刚刚从战火中走出来的中国共产党而言，建立社会主义是从未有过的事情。新中国成立初期尤其是第一个五年计划期间，中国的社会主义建设基本上是向苏联学

---

① 高其荣：《二十世纪六十年代农业调整研究》，20 页，湘潭大学博士学位论文，2011。
② 梁志远：《大跃进在安徽亳县》，见王梦初编：《大跃进亲历记》，86 页，北京，人民出版社，2008。
③ 薄一波：《若干重大决策与事件的回顾》，下卷，684 页，北京，中共中央党校出版社，1993。

习。但是，1956年苏共二十大揭露了苏联在社会主义建设过程中存在的问题，这对刚刚建立社会主义制度并准备进行大规模社会主义建设的中国共产党来说，无疑敲响了警钟。在这种形势下，毛泽东经过慎重考虑，提出要"以苏为鉴"，少走弯路，探索一条适合中国国情的社会主义建设道路。

第一个五年计划的胜利完成，使广大人民群众建设社会主义的热情空前高涨，干劲十足，但是经济建设的巨大胜利滋生了骄傲情绪，尤其是一些领导干部开始过高地估计主观能动性的作用，低估中国经济发展所面临的困难，产生了急于求成的思想。1956年上半年，由于经济建设工作中的冒进倾向致使基本建设规模过大，造成了30亿元的赤字和物资紧张，为此，周恩来、陈云、李先念等及时总结经验，提出既要反对保守主义，也要反对急躁情绪，强调计划必须要在既积极又稳妥可靠的基础上，建设必须与国力适应。遗憾的是，随着1957年夏季反"右"斗争扩大化，这种既反保守又反冒进的工作方针受到了批判。在中国共产党的八届三中全会上，毛泽东认为1956年的经济文化事业有一个伟大的跃进，指责"反冒进"扫掉了多快好省，《农业发展纲要四十条》和"促进委员会"是"右倾""促退"。1958年年初，在南宁会议、成都会议上，毛泽东继续对"反冒进"进行猛烈抨击，批判的调子越来越高，指责"反冒进"影响了1957年的生产建设，打击了群众生产积极性，指出"反冒进"泄了6亿人民的气，是"方针性错误"，是"政治错误"。"反冒进者"是促退派，认为"冒进"是马克思主义的，而"反冒进"则是非马克思主义。

在这种不断批判"反冒进"的气氛下，1958年5月，中国共产党八届二中全会正式通过了社会主义建设总路线，即"鼓足干劲，力争上游，多快好省地建设社会主义"。其基本点是：调动一切积极因素，正确处理人民内部矛盾；巩固和发展社会主义的全民所有制和集体所有制，巩固无产阶级专政和无产阶级的国际团结；在继续完成经济战线、政治战线和思想战线上的社会主义革命的同时，逐步实现技术革命和文化革命；在重工业优先发展的条件下，工业和农业同时并举；在集中领导、全面规划、分工协作的条件下，中央工业和地方工业同时并举，大型企业和中小型企业同时并举；通过这些尽快地把中国建设成为一个具有现代工业、现代农业和现代化科学文化的伟大的社会主义国家。这虽在一定程度上反映了人民群众在摆脱旧生产关系的束缚后，迫切要求发展生产力，尽快改变中国经济、文化落后状况的强烈愿望，但它更着重强调发挥人的主观能动性，忽视了必须遵守客观经济规律，是当时不断膨胀的"左"倾思想的产物，并招致了严重的恶果。

错误地批判"反冒进",在思想上批掉了实事求是,在政治上批掉了民主作风,在经济工作上批掉了综合平衡和量力而行,在党内生活中形成了"左"比"右"好,宁"左"毋右,只能反右不能反"左"的不正常现象。另外,在批评"反冒进"的同时,肯定了冒进,其结果造成生产指标越来越高,速度也越来越快。特别是在总路线通过后,更加鼓吹高速度,认为"速度是总路线的灵魂""速度问题是建设路线问题,是中国社会主义事业的根本方针问题"。[①] 为了实现按照正常生产秩序无法实现的高指标和高速度,只好打破常规,借助群众运动,煽起狂热情绪,发起了"大跃进"运动和人民公社化运动。冒进的生产指标和高速度则成为"大跃进"运动实践的直接追求目标,相伴而生的人民公社则被看作建成社会主义并向共产主义过渡的最好组织形式。

## 第三节 农村人民公社化运动

农村人民公社化运动(以下简称人民公社化运动)是20世纪50年代末,党和国家为了迅速发展社会生产力,尽快实现向共产主义过渡而主动发起的一场生产关系与社会制度的巨大变革。该运动以暴风骤雨式的政治运动形式掀起了全国上下尤其是农村地区建设人民公社的热潮,甚至将其视作通向共产主义的"金桥"。人民公社化运动是多种因素综合作用的结果,是中国在社会主义建设过程中的曲折探索。

### 一、产生原因

**(一)广泛的群众基础**

人民公社化运动之所以成为一场运动,根本原因在于它有广泛的群众基础。毛泽东曾说:"人民公社这个事情是人民群众自发搞起来的,不是我们提出来的。……不仅南宁会议没有料到,成都会议也没有料到,八届二中全会也没有料到。"[②] 这里的几个"没有料到",毛泽东突出的是人民群众的作用。人民群众在推动生产关系不

---

① 蒋学模:《高速度和大搞群众运动是总路线的灵魂》,载《复旦学报》,1960(6),7页。
② 逄先知、金冲及:《毛泽东传(1949—1976)》,836页,北京,中央文献出版社,2003。

断变革的过程中,确实发挥过重要作用。在农业社会主义改造过程中,因为人民群众走社会主义道路的积极性空前高涨,导致合作化的过程不断加速。1955年年底,毛泽东在为《中国农村的社会主义高潮》一书作序时,对农业社会主义改造的估计是到1956年下半年实现半社会主义的合作化,结果致使1956年年底,全国农村基本建立了完全社会主义性质的高级农业生产合作社。1957年2月,毛泽东在做《关于正确处理人民内部矛盾的问题》讲话时,对农村所有制关系的估计是"第一个五年计划期内建成合作社,第二个五年计划期内合作社能得到巩固,那就很好了"。可是,一年半以后,全国就进入人民公社化运动的高潮。这些超乎想象的事情的发生,虽然离不开领袖人物的偏好,但是决不能否认人民群众的积极回应。人民群众之所以能够与领袖之间形成一呼百应之势,一方面是因为长期处于被剥削被压迫地位、一夜之间变成社会主人的劳苦大众有一种急欲改变眼前依然贫穷落后面貌的强烈愿望;另一方面则是"大同社会""天下为公"的传统孕育的一种民族情结的反映。当然,在领袖和群众的互动中,领袖的作用更为突出。"上有所好,下必甚焉",人民公社化运动也是如此。毛泽东之于人民公社,虽然没有发明权,但对于它的宣传和推广却是满腔热情,不遗余力。他之所以如此热忱于人民公社,同样离不开传统文化的影响。

**(二)国际共产主义运动的影响**

人民公社化运动的兴起直接受国际共产主义运动的影响。"公社"这个名称,源于欧洲中世纪,是当时西欧实行自治的城镇。直到18世纪,欧洲的一些城镇还保留将城镇的政权机构称为"公社"的传统,如1871年巴黎工人武装起义前后,巴黎市政权就被称为"巴黎公社"。在国际共产主义运动中,"公社"或"农村公社"依然是科学社会主义学说中的一个重要概念。1845年2月8日,恩格斯《在爱北斐特的演说》中,两次提到了"公社"。1919年12月,苏维埃俄国召开农业公社和农业劳动组合第一次代表大会,列宁在大会上发表了演说,其中讲到"农业公社"是个很响亮的名称,是与"共产主义"这个概念有联系的。庐山会议期间,毛泽东提出了对人民公社的看法:"请同志们研究一下,看苏联曾经垮台的公社和我们的人民公社是不是一个东西,看我们的人民公社究竟会不会垮台,如果要垮的话,有哪些足以垮掉的因素;如果不垮的话,又是因为什么。不合历史要求的东西,一定垮掉,人为地维持不垮是不可能的;合乎历史要求的东西一定垮不了,人为地解散也是办不到的。"[①] 1958年4月下旬,刘少奇去广州向毛泽东汇报中共八届二中全会的准备情况,在火车上,刘少奇、周恩来、

---

① 李锐:《庐山会议实录》,275页,北京,春秋出版社,1989。

陆定一、邓力群等谈到半工半读、普及教育以及如何过渡到共产主义等问题，其中就谈到了公社，并商定由邓力群负责编辑空想社会主义的书，由陆定一负责编辑马恩列斯论共产主义。这些书的编辑出版，对毛主席最后决定把新合并起来的大社叫作"人民公社"起了不小的促进作用。

### （三）"大跃进"的推动

人民公社化运动与"大跃进"是紧密联系在一起的，如果说"大跃进"是生产力上的急于求成，人民公社化运动则是生产关系上的急于过渡。由于"大跃进"中大搞农田水利基本建设，要求在大面积土地上统一规划，需要把成千上万的农村劳动力组织起来，建成后又要求做到大体与受益单位投入相适应，而当时的条件下不可能也不允许按照商品经济的原则进行结算，因此只能从调整农业生产合作社的规模和行政区划方面入手，于是全国各地农村纷纷出现了小社并大社的现象。针对合并扩大后的农业合作社，群众自发地将其命名为"共产主义公社""大社"或者"集体农庄"等。1958年7月1日，《红旗》杂志第3期《全新的社会，全新人》一文中，明确提出"把一个合作社变成一个既有农业合作又有工业合作的基层组织单位，实际上是农业和工业相结合的人民公社"。这也是"人民公社"概念第一次正式出现在公众视线中。接着，河南省遂平县成立了中共史上第一个人民公社——嵖岈山卫星人民公社。嵖岈山人民公社的建立，积极回应了毛泽东"小社并大社""人多力量大"的思想，同时充分迎合了当时全党和群众中普遍存在的"跑步进入共产主义"的狂热。同年8月，毛泽东在视察山东时指出："还是办人民公社好，它的好处是可以把工、农、商、学、兵结合在一起，便于领导。"[①] 随后召开的北戴河会议，通过了《关于在农村建立人民公社问题的决议》，指出"人民公社是建成社会主义和逐步向共产主义过渡的最好组织形式"。[②] 由此看出，人民公社化运动是"大跃进"发展到一定阶段的产物，[③] 是伴随"大跃进"运动的推进而产生的，是与之相适应的组织形式。[④]

### （四）国家工业化的必然选择

新中国在成立初期始终面临西方发达国家在外交、经济、军事等各个领域的封锁与孤立，整个国家都陷于极大的生存威胁之中，而要保障国家安全与民族独立，就必须建立独立自主的国家工业化体系。这也是为什么毛泽东在对苏联为实现国家工业化

---

① 薄一波：《若干重大决策与事件的回顾》，上卷，740页，北京，中共中央党校出版社，1991。
② 《农村集体化重要文件汇编（1958—1981）》，72页，北京，中共中央党校出版社，1981。
③ 李锐：《庐山会议实录》，4页，长沙，春秋出版社、湖南教育出版社，1989。
④ 薄一波：《若干重大决策与事件的回顾》，下卷，北京，中共中央党校出版社，1993。

而牺牲轻工业和农业的做法提出批评的同时，又不得不承认"社会主义工业化的中心任务，则是优先发展重工业"。① 但是，重工业的优先发展需要巨额资金支持和原材料提供，可是在当时的国际环境下，依靠外援显然是不可能的，唯一的办法只能是依靠本国的资金积累。作为一个传统的农业国家，中国的农业经济在国民经济中的占比始终较大，因此当优先发展国家工业化的战略方针受资金和资源双重制约时，农村和农业就只能责无旁贷地担负国家工业化的发展重任，而农业剩余则不可避免地成为工业化初始资金的重要积累途径。"中国是个农业国，搞工业化投资不能不从农业打主意，不从农业上打主意，这批资金转不过来。"② 既然"工占农利"势在必行，那么就需要在生产环节建立一种政府能够有效控制的制度，"保证国家权力渗透到村庄，旨在强化村庄成为一个行政单位，以稳定国家税源，完成城市工业的原始积累"，③ 于是，人民公社应运而生。人民公社将作为农业集体经济组织形式的合作社与农业基层行政组织的乡合并，有效解决了基层行政组织与经济组织在统购统销政策执行过程中作为两个不同经济主体之间的利益矛盾，降低了中央政府对农业剩余的收购成本。正如毛泽东所说："社并大了，好管，好纳入计划，好领导；工农商学兵结合，便于领导。"④ 实践证明，正是因为有了人民公社这样完整的制度保障，广大农村地区为中国工业化的建设作出了巨大的贡献。数据显示，人民公社化时期，农民把自己50%以上的收入作为"剩余"转为工业资金，农业为国家工业化提供的资金额度占总资金额度的三分之一，⑤ 为国家工业化的实现奠定了坚实的物质基础。

总而言之，人民公社化运动之所以能够轰轰烈烈地兴起，有对国际共产主义运动的现代反应，也是新中国成立初期为保障国家安全、满足经济快速发展的现实因素所致。科学地认识并分析其产生的原因，对我们在改革新阶段坚持解放思想、实事求是、与时俱进的思想路线十分有益。

## 二、发展历程

### （一）建立阶段

早在农业合作化运动的高潮阶段就已经出现了在中国农村建立"大社"的思想。

---

① 李富春：《关于发展国民经济的第一个五年计划的报告》，161页，北京，人民出版社，1955。
② 《陈云文选》，第二卷，97页，北京，人民出版社，1995。
③ 折晓叶：《社区的实践——"超级村庄"的发展历程》，51页，杭州，浙江人民出版社，2000。
④ 薄一波：《若干重大决策与事件的回顾》，下卷，767页，北京，中共中央党校出版社，1993。
⑤ 张素群：《中国农业现代化重大关系研究》，163页，北京，中国人民公安大学出版社，2002。

1956 年完成了高级合作化，每社平均 200 户左右。1957 年冬和 1958 年春的农田水利建设高潮，又出现了联队、联社现象。毛泽东意识到以兴修水利为特点的农业生产需要统一调配农业资源，进而提出办大社的主张。1958 年 7 月《红旗》杂志发表了"在毛泽东同志的旗帜下"一文，引用了毛泽东的论述，"我们的方向，应该逐步地、有次序地把工、农、商、学、兵，组成一个大公社，从而构成中国社会的基本单位"，正式向全社会公开了毛泽东关于办大社的设想。接着，北戴河会议通过了《关于在农村建立人民公社问题的决议》，人民公社化运动的热潮迅速在全国范围形成。同年 9 月底，全国已基本上实现农村人民公社化，74 万多个农业生产合作社合并为 2.6 万多个人民公社，参加公社的农户有 1.2 亿户，占全国总农户的 99% 以上。①

在"大跃进"运动中，自上而下创办的人民公社，以无偿占有农村基层生产资料和农民生活资料为其所有制的基础，以"政社合一"高度集中的"组织军事化、行动战斗化、生活集体化"为管理模式，以吃饭不要钱的公共食堂和供给制为其主要分配方式，创建了中国乡村千年未有的新制度。② 但是随着人民公社制度普及、推广，使得中国农村出现了新中国成立以来最严重的农业形势：农业生产严重破坏、人民生活难以保障。面对空前的困境，整顿、调整人民公社以挽公社大厦于将倾，就成为势所必然和全党共识。

**（二）调整阶段**

中共中央于 1961 年 3 月的中央广州工作会议，通过《农村人民公社工作条例（草案）》。该草案共 10 章 60 条，故而又被称为"农业六十条"。随后在同年 6 月、次年 9 月，1978 年 12 月，先后三次对其进行修改、完善，使其成为人民公社整顿、调整的指导性文件。

1. 人民公社的基本核算单位进一步下放到相当于原初级社的生产队

在挫折面前，毛泽东希望通过体制调整来解决党与农民关系紧张的问题。1959 年 2 月第二次郑州会议上，毛泽东专门谈了他对公社所有制的认识："大家看到，目前我们跟农民的关系在一些事情上存在着一种相当紧张的状态……这里面有几个方面的原因，但是我以为主要应当从我们对农村人民公社所有制的认识和我们采取的政策方面去寻找答案。"③ 根据毛泽东的意见，郑州会议制定了整顿人民公社的方针："统一

---

① 《农业集体化重要文件汇编》，241 页，北京，中共中央党校出版社，1981。
② 辛逸：《"农业六十条"的修订与人民公社的制度变迁》，载《中共党史研究》，2012（7），39 页。
③ 《毛泽东文集》，第八卷，9 页，北京，人民出版社，1999。

领导,队为基础……按劳分配,承认差别。"① 这项方针使公社管理制度有了明确具体的操作内容。1959年4月,中共八届七中全会通过的《关于人民公社十八个问题》确立了三级所有、队为基础的管理体制。1962年9月27日,中共中央又通过了《农村人民公社工作条例(修正草案)》。其纲领明确规定:"生产队是人民公社中的基本核算单位。它实行独立核算,自负盈亏,直接组织生产,组织收益的分配。这种制度定下来以后,至少三十年不变。"②

2. 取消了公共食堂和供给制

公共食堂在公社化初期曾被视为社会主义的阵地,以后经过实地调查,党中央充分体察办公共食堂的弊端,逐渐认识到吃大锅饭不符合人民群众的意愿,开始对其采取灵活措施。"可以办全体社员参加的食堂,也可以办一部分社员参加的食堂;食堂可以是常年的,也可以是农忙的。口粮应该分配到户,分配到社员,以人定量。在公共食堂吃饭的,粮食交给食堂,节约归个人;不在食堂吃饭的,粮食分给个人保管使用。"③这样,就把办公共食堂的选择权完全交给了农民群众。1961年9月,被视为社会主义阵地的公共食堂解散了。

对于与公共食堂紧密联系的供给制,《农村人民公社工作条例》仍坚持供给制和工资制三七开。广大群众对此表示不满,要求取消供给制。同时,面对严重的经济困难,以毛泽东为首的中共中央不再坚持供给制而开始向按劳分配为主的回归,逐步降低了供给制比例,恢复按劳取酬为主的分配原则。在"农业六十条"中再次规定:"生产队必须认真执行按劳分配,多劳多得,避免社员与社员之间在分配上的平均主义。"④至此,人民公社化运动中的供给制结束。

3. 缩小社、队规模

按照当时人们的想法,以为公社的规模越大,越能集中力量办大事。因此,初期人民公社的规模非常大。"公社化前,全国共有74万个农业社,平均每社约170户,2 000亩土地和350个劳动力。公社化后,变成了26 500多个人民公社,每社平均4 755户,6万亩土地,1万个劳动力,全国平均28.5个合作社合并成1个公社。"⑤

---

① 中共中央文献研究室:《建国以来毛泽东文稿》,第八册,90页,北京,中央文献出版社,1993。
② 中共中央文献研究室:《建国以来重要文献选编》,第十五册,625页,北京,中央文献出版社,1997。
③ 辛逸:《对大公社分配方式的历史反思》,载《河北学刊》,2008(4),74页。
④ 中共中央文献研究室:《建国以来重要文献选编》,第十四册,400页,北京,中央文献出版社,1997。
⑤ 罗平汉:《天堂实验——人民公社化运动始末》,99页,北京,中共中央党校出版社,2006。

以这样规模进行大兵团作战，造成了劳动力的极大浪费。公社规模大，也容易造成干部在生产工作中的"瞎指挥"和强迫命令。同时，经过"三年困难"时期，人民公社的规模不得不缩小。1962年2月，中共中央发出了《关于改变农村人民公社基本核算单位问题的指示》，决定对各社、队的规模再作调整，规定生产队的规模，大体上以二三十户为宜，开始对人民公社的规模进行大刀阔斧地削减和调整。截至1962年，"全国共有农村人民公社71 551个，比核算单位下放前增加了15 534个，增加27.7%；生产大队713 385个，增加了5 087个，增加0.71%；生产队5 468 244个，增加了895 502个，增加19.58%。全国平均每个公社有9.6个生产大队，每个大队有7.6个生产队，每个生产队有23.6户"。① 由此看出，人民公社的规模被大大削减了，并一直保持到人民公社的终结。事实证明，如此规模的人民公社比较适合中国农村实际情况，在某种程度上促进了农村生产力的发展。

4. 退赔平调物资

自"大跃进"运动以来，全国平调物资折款总值为250亿元，相当于每个农村人口被"刮"走48.89元，而1961年农民平均消费水平只有68元。② 被平调走这么多的财富，对农业生产和农民生活都带来了严重的影响。1959年党中央通过了上海会议提出的《关于人民公社的十八个问题》，明确规定："对人民公社成立以来的各种账目做一次认真清理，结清旧账，建立新账，……无偿调用社员私人财物，如数退还或作价退还，一时退还不了的，可以延期或分期付还。"③ 人民公社的整顿进入实质阶段，开始清算、退赔工作。1961年6月1日，中共中央做出了《关于坚决纠正平调错误、彻底退赔错误的规定》，要求各单位及其各公社、生产大队、生产队，凡是违背等价交换和按劳分配原则，都必须彻底清算和退赔，并向群众做出检讨。通过这次会议，各地的退赔问题进入一个新的阶段，缓解了同群众紧张的局面。

（三）终结阶段

由于人民公社实行"政社合一"的组织制度，公社集行政、经济等大权于一身，以政代企，政府直接操作、经营农业经济，从而背离了农业经营首要的自身独立性规律，造成政府对农业的管理集中统一、僵化不变，不能根据农业发展的变化和实际需要领导、管理和调控农业经济。同时由于农业生产者没有自主权，不能面向市场独立从事

---

① 罗平汉：《农村人民公社史》，256页，福州，福建人民出版社，2002。
② 薄一波：《若干重大决策与事件的回顾》，下卷，765页，北京，中央党校出版社，1993。
③ 罗平汉：《农村人民公社史》，131页，福州，福建人民出版社，2002。

生产经营活动，只是机械地执行行政命令和计划指令，效益不能成为生产者真正追求的目标，只是单纯完成政府规定的计划任务，导致真正负责生产的农民既没有生产经营的主动性，又缺乏生产经营的逐利性。

（1）经营权力过分集中在县、社两级，基层的生产单位没有自主权，生产计划由国家以行政指令的形式逐级下达，主要农产品由国家统购统收，平均分配。生产队内部根据上级指令对农业生产实行统一计划、统一调度、统一核算，导致在农业生产过程中出现敲钟集合、等齐下地、"干活一窝蜂"的现象，劳动纪律松弛，生产效率低下，出工不出力，普遍"磨洋工"。此外由于主要农产品实行统购统销，将农民局限在单一的农业生产上，禁止其涉足非农业生产或从事商业，造成劳动力都积聚在有限的土地上，劳动资源无法实现有效配置。

（2）由于农民没有生产经营决策权，使其对净收益分配的行为选择往往倾向现期的生活性消费而忽视长期的生产积累。而且，劳动者没有独立的经济利益，在生产经营活动中缺乏必要的激励机制，上边催一催就干一干，不催则不干，甚至催的次数少了也不干，结果就是直接影响农业生产效益的提高。

（3）为帮助农业大干快上，自1957年年底，各级党政机关、国家工作人员被大量派到农业生产第一线。他们政治热情很高，但是由于其长期待在机关和城市，对实际农业生产并不在行，为了争取表面上的数字成绩而不惜"大干"，况且干坏了也不会被追究责任。这在客观上势必助长强迫命令、瞎指挥风的盛行，干出许多吃力不讨好的事。

（4）由于当时党中央对经济工作的指导思想是政治挂帅，政治统帅经济，因而人民公社经济工作追求的主题是"革命化和不断革命"，农村生产工作和其他工作一样，以反修、防修、批判资本主义和防止资本主义复辟为中心。按照这种指导思想，人们只需追求革命觉悟就够了，而不应该追求物质利益和社会富裕，从而使人民公社的工作目标为政治服务而非发展农村生产力，"越穷越光荣"。因此，人民公社虽然经过20年的发展，却仍然停留在年复一年的简单重复劳动，缺乏应有的活力，广大农民生活始终没有实质性提高。

1978年12月，党的十一届三中全会通过了《关于加快农业发展若干问题的决议》，决定实行不改变土地公有制性质的家庭联产承包责任制，改革人民公社的管理体制。1982年1月26日召开的全国五届人大第五次会议决定停止人民公社，建立乡政权。从此，农村改革向纵深发展，人民公社从形式到内容完全解体。

## 三、运动内容

### （一）"一大二公"

毛泽东将人民公社的特点概括为"一大二公"。所谓"大"，是指人民公社的规模大；所谓"公"，是指人民公社的公有化程度高。首先，人民公社的规模大。从人民公社的空间规模看，人民公社和农业合作社在规模方面有极大不同。农业合作社基本上是一村一社，或者数村一社，而人民公社则是一乡一社甚至是一县一社，导致人民公社的职能权力较大，工农商学兵集于一身，政治、经济、文化、教育，甚至社员生活，统统属于人民公社的管辖范围。其次，人民公社的公有化程度较高。人民公社的公有化程度首先表现在生产资料的所有权上。原本属于农业合作社所有的土地、牲畜、农具、公共财产通通收归人民公社所有，包括社员本人拥有的土地及私人财产也收归人民公社所有，由其统一管理、统一经营、统一核算，从根本上消除了生产资料私有制。人民公社之所以能够在较短的时间内迅速整合生产资源、扩大公社规模，取决于"政社合一"的运行特点。人民公社不再是单纯的经济组织，更是一个政治组织，是国家权力在地方基层的实施单位和权力代表。

### （二）大办公共食堂

新中国成立后，毛泽东等领导人将战争年代的组织经验运用到社会建设中，希望通过军事建制的方式统一管理社员生活、统一调配社员劳动力满足大炼钢铁、大兴水利、大搞农业导致的农业劳动力不足，同时改变社员一家一户懒散的生活习惯，以方便统一领导，提高其共产主义思想觉悟，最终达到消除家庭概念、实现"大同"社会的理想。为了便于对社员的军事管理，人民公社开始实施组织军事化、行动战斗化、行动集体化的管理组织模式。同时，为了解决集体吃饭问题，全国范围内的人民公社普遍办起公共食堂。到1958年年底，全国农村的公共食堂总数达到了340多万个。在公共食堂吃饭的人数占农村总人口的90%，[①] 全国农村基本实现了食堂化。由人民公社提供粮食给公共食堂，人民公社社员统一到公共食堂吃饭。公共食堂成为人民供给制的主要载体，并被看作解放妇女、节约粮食、节约劳动力的消灭私有制的"共产主义萌芽"。事实上，在公共食堂创办以后，各地农村普遍实行"吃饭不要钱"。既然是不要钱的饭，也无须定量，可以"敞开肚皮吃饭"，一些公共食堂甚至办起了"流

---

① 罗平汉：《大锅饭——公共食堂始末》，31页，南宁，广西人民出版社，2001。

水席"，让社员随到随吃。有地方仿照东汉末年张鲁设立义舍的办法，在路边搭起了饭铺，为过往行人提供方便，来了就吃，吃了就走，无须付钱。"吃饭不要钱"和"敞开肚皮随便吃饭"造成了粮食的大量浪费，导致一些食堂被迫停办，一些农民不得不外出逃荒。面对严重的饥荒问题，毛泽东最终承认公共食堂存在缺陷，认为其问题主要在于没有把公共食堂办好。《农业六十条》修正草案通过，全国范围内的公共食堂开始解散，公共食堂的数量急剧下降。从1961年下半年起，因公共食堂导致的粮食短缺问题逐渐恢复，全国经济开始好转。

### （三）"五风"盛行

首先，"共产风"是五风之首。所谓"共产风"，就是"一平、二调、三收款"。所谓"平"，就是搞平均主义，在公社范围内进行贫富拉平、平均主义；所谓"调"，主要指县、社两级无偿调拨生产队和社员个人的财物、劳力；所谓"收款"，指银行方面把许多农村中的贷款一律回收。在人民公社化运动中，大小贫富不等的农业合作社被强行划归到一个人民公社，并按照共产主义大协作的精神，将一切财产交给公社，由其进行统一核算、统一分配，这实际上是穷队共了富队的产，贫穷的社员共了富裕社员的产。不仅如此，更为严重的是人民公社在各式各样的"大办"中（大办工业、大办水利、大办养猪）无偿调拨了农业社甚至是社员个人的财务，严重挫伤了农民的积极性。"共产风"严重混淆了集体所有制和全民所有制、社会主义和共产主义的界限，严重伤害了农民的生产积极性，破坏了农村的生产力。

其次，浮夸风。浮夸风主要表现在钢产量和粮食产量的夸张上。《人民日报》的《人有多大胆，地有多大产》一篇文章中写道，一亩地要产5万斤、10万斤以至于几十万斤红薯，一亩地要产一两万斤谷子、玉米。如此难以企及的生产指标，却经常被当地的干部、群众视作理所当然。然而这种夸口是要用粮食填补的。另外，大炼钢铁导致农田无人管理，加上自然灾害，粮食产量远远达不到指标，而按照高指标征收的粮食任务只能由农民埋单，给农民利益造成极大的损害。

第三，"瞎指挥""干部特殊化""命令风"盛行。人民公社"政社合一"的管理体制使权力高度集中于县、社一级的党委，而党委书记特别是第一书记的权力更加巨大，这样，整个人民公社往往操纵在一人或者少数几个人手里。公社建立后，公社的规模扩大了，管理内容增多了，但社、队干部的素质并没有相应提高，社、队干部在生产工作中的"瞎指挥"开始盛行。

"瞎指挥"的主要表现：认为水稻的产量高于小麦，于是一些地方推行"旱改稻"，将旱田改为水田；认为密植可以增产，一些地方开始强行推行农作物密植；认为深耕越深越有利于增产，一些地方要求深耕达到1米以上。一些地方不经过科学论证盲目上马水利项目；违背生产生活规律，搞"大兵团作战""苦战"。这些"瞎指挥"严重破坏了农村生产力，导致粮食作物减产，影响了农民生活。另外，"共产风"盛行，一些公社干部为了追求自己所认为的共产主义，无视一切管理制度，凭借自己拥有的权力，随意支配社员、支配物资，造成了干部特殊化。

"共产风"、浮夸风、瞎指挥和干部特殊化严重损害社员利益，与社员的意愿相左，但要推行下去，就必须通过强迫手段实施，因此就产生了强迫命令风。一些社、队干部利用手中权力，动不动就对社员采取打骂、批斗、关押、饿饭等手段进行处罚。河北省徐水县就设有"劳改队"，以关押、饿饭等手段进行处罚。1958年7—11月，全县被劳改的"坏人""消极分子"多达3 674人。① 湖南省湘潭县农村干部强迫命令、打人骂人、拆屋等情况也相当严重。1958年12月，国防部长彭德怀在湘潭县调查时一针见血地指出："这就好比土地革命时期醴陵、平江一带拆屋、烧房子、犯"左"倾冒险主义！"② 上述种种，严重影响了干群关系，损害了农民利益。

## 第四节　人民公社化运动的历史评价

人民公社化运动是"大跃进"运动发展到一定阶段的产物，是建设社会主义、共产主义的一次尝试和实践。"共产主义是天堂，人民公社是桥梁"的口号充分表现了全党全国人民对建成社会主义、进入共产主义的急切盼望与实施手段，但是因为生产力的发展水平、政治、经济、国民素质等一些客观因素的制约，最终导致人民公社化运动产生了一系列的消极后果和深远影响。

---

① 罗平汉：《农村人民公社史》，99页，福州，福建人民出版社，2003。
② 禹舜主编：《当代湖南简史》，172页，北京，当代中国出版社，1997。

# 一、消极后果

## （一）农业停滞、粮食减产、产业结构混乱

（1）农业劳动力数量和质量下降。全民大炼钢铁、大办工厂、大办水利、大办养猪等一系列"大办"调集了数以千万计的农村青壮年劳动力，导致农村劳动力减少。1958年全民大炼钢铁运动最多时调集农村劳动力达9 000万余人，当时正值秋收农忙季节，农村只剩下妇女、老人、儿童，"谷撒地，薯叶枯，青壮炼铁去，收禾童与姑"①成为当时农村景况的真实写照。全民大办水利也调集了大量的劳动力，多的时候超过1亿劳动力。② 受其影响，全国农村劳动力严重削弱，由1957年的19 310万人减少至1960年的17 019万人，3年减少了2 291万人。③ 留在农村的多为老、幼、妇等弱劳动力，而且由于长期从事高强度体力劳动、加上长期处于饥饿和半饥饿状态，身体素质严重下降。更严重的是，吃"大锅饭"的平均主义分配政策以及"浮夸风""共产风""瞎指挥""命令风"等歪风极大地挫伤了广大农民发展生产的积极性，农民干好干坏一个样，在生产劳动中普遍表现为"大呼隆""出工不出力"，甚至消极抵抗。

（2）畜力和劳动工具数量减少、质量下降。在公社化前，因为担心被"共产"，农村各地普遍出现了农民宰杀牲口（猪、羊、牛、兔）和家禽（鸡、鸭、鹅），大吃大喝；低价变卖农具和其他生产工具甚至毁坏工具、家具的现象，造成了对农业生产力的严重破坏。牲畜数量大量减少，其中农用役畜的头数到1960年年底只有4 124万头，比1957年减少1 244万头。④ 由于生产积极性得不到充分发挥，农民在劳动中不爱惜劳动工具，导致劳动工具丢失和损毁严重，有限的农具也大多破损不堪。

（3）土地抛荒、盐碱化相当严重。全国耕地面积由1957年的16.774 5亿亩减少至1960年的15.729 2亿亩，减少1.045 3亿亩。耕地的减少主要有两个原因：一是大办工厂、大办交通占用了部分耕地；二是抛荒所致。1958年农业战线上"高产卫星"接连上天，使党中央和毛泽东对中国粮食产量做出了错误的估计，出现了高估产。1958年北戴河会议毛泽东提出"三三制"耕作制度后，在急于求成的"左"的氛围下，1958年下半年在全国农村开展了"大面积高额丰产田"运动，许多地方开始实施"三三制"耕作制度，导致1959年粮食播种面积比1958年减少17 386万亩，减少了9.08%。⑤

---

① 《彭德怀传》编写组：《彭德怀传》，349页，北京，当代中国出版社，2006。
② 薄一波：《若干重大决策与事件的回顾》，下卷，681页，北京，中共中央党校出版社，1993。
③ 《中国统计年鉴》（1984），109页，北京，中国统计出版社，1984。
④ 《中国统计年鉴》（1984），159页，北京，中国统计出版社，1984。
⑤ 《中国农村经济统计大全（1949—1986）》，130、147页，北京，中国农业出版社，1989。

减少的粮食播种面积有少量改种了经济作物,而绝大部分被抛荒。

（4）农业总产值尤其粮食产量连年下降。农业产值的下降突出表现为粮食作物产量的下降。1957年,中国粮食总产量为3 901亿斤。1958年,广大干部群众为实现农业增产付出了艰辛的努力,加上这一年是一个难得的风调雨顺的好年成,所以1958年本应是一个丰收年,结果却是"丰产不丰收"。1958年年底,中共中央根据毛泽东的意见公布了一个保守数字：1958年中国粮食总产量为7 500亿斤。后来经过核实,1958年粮食实际产量只有4 000亿斤,仅比1957年的实际总产量增产2.5%。1959年,中国粮食总产量为3 400亿斤,比1958年下降600亿斤,只有1958年总产量的85%,即减产15%。1960年,中国粮食总产量为2 870亿斤,又在1959年的基础上减产15.59%,只及1958年总产量的71.75%,竟跌到了1951年（2 873.7亿斤）的水平。除粮食外,与人民生活密切相关的棉花、油类作物、糖类作物,以及猪肉、麻类、烤烟、蚕苗、茶叶、水产品等作物产量也出现了惊人的下降。以棉花产量为例,1957年的棉花总产量为164万吨,1960年的总产量仅有106.3万吨,下降幅度高达35.18%。1960年,国民经济出现了新中国成立以来最为困难的局面。按每人每年需要250公斤粮食计算,国家一年大约差2 400万人的粮食。加上高征购挤了农民的口粮,大约差3 000万人的粮食。由于粮食不足,国家挤农民,农民挤牲口,使牲畜大量下降。1960年,猪的存栏数为8 227万头,比1957年14 590万头减少近一半。[①]

另外,自1958年开始,中国在重工业方面提出以钢为纲、大炼钢铁的口号,要求举全国之力发展钢铁工业,甚至一度放弃了农业经济领域的发展,大量农村劳动力被调至钢铁生产领域。1958年起,县、社两级也开始兴办工业项目,依靠"平调"的方式,土法上马,一时之间,炼钢厂、炼铁厂、加工厂等大批工业企业纷纷创建。遗憾的是,虽然有助于当地工业总产值的提高,但经济效益却收效甚微。尽管如此,重工业在国民经济中所占的比重由原来的25.5%猛增到52.1%,[②]这对一个农业人口占到80%,吃饭穿衣都远未解决的大国是一件非常严重的事情。由于重工业发展迅速,造成积累与消费、工业与农业等产业比例严重失调。

### （二）百姓生活困苦,环境满目疮痍

随着人民公社化运动的推进,严峻的现实与美妙的理想形成了强烈的反差。首先,在劳动时间和劳动强度上,农民这个群体较工人阶级而言,在体力上承受更多、更繁

---

① 《中国统计年鉴》（1985年）,158页,北京,中国统计出版社,1985。
② 《中国统计年鉴》（1983年）,20页,北京,中国统计出版社,1983。

重的体力压力，在作息时间的安排上，应该相对自由和宽松。但是在人民公社化时期，生活劳作集体化，在公社制度的统一管理和安排下，农民需要统一上下班，早出晚归，还需要加班加点，劳动强度非常之大。在工作量上，由于没有统一的单位衡量，一般农民也较缺乏道德与诚信，往往出现童叟有欺的现象。其次，人民公社制度束缚了农民的经营和财产支配自由。农民彻底失去了对土地的自主经营权，农业生产的种植计划，作物布局，增产措施，社员都无权过问。人民公社以生产队为单位，一年四季，从下种到收割的所有工序与方式，一切听从公社指挥，农民几乎没有发言权。农民同样失去了对财产支配的自由，公社把一切生产资料包括社员的自留地、家畜家禽等财产都收归公社所有，真正属于社员自己的就剩下"一铺一盖，一碗一筷"。最后，农业总产值的连年下降，特别是粮食连年减产的直接后果，导致人民生活水平严重下降。1960年，全国城市粮食供应出现严重缺口，大约缺3 000万人一年的口粮。从5月起，缺粮问题在全国蔓延开来，一些大城市的粮食库存急剧减少，甚至出现无粮可售的危急局面。农民生活比城镇居民的生活更为困难。城镇居民还有国家的计划供应作保障，农民则没有这样的保障。在人民公社化运动期间，高指标、瞎指挥、浮夸风和"共产风"严重泛滥的地区，农民的粮食消费量甚至降到每人每天半斤左右[①]，生活异常贫困，真正是十室九空，家贫如洗。在食油和肉类产品大幅减少乃至根本没有的情况下，这一点粮食显然无法保证农民的正常生活和健康水平。虽然当时全国响应党中央的号召，实行"低标准"和"瓜菜代"，但是无法阻止饥荒在广大农村迅速蔓延，再加上疾病流行，全国尤其是农村的非正常死亡人口迅速增加。处于大饥荒下的中国农村到处呈现一派肃杀、萧条的景象。

　　人民公社化运动，不仅导致农业停滞、人口减少，而且还对生态环境产生了极为深远的影响。自毛泽东提出15年赶英超美目标后，全国开始大炼钢铁。大到钢铁厂，小到平常百姓家，在山上砍树做燃料，挖地堆土炉做工具，从农田里调动大量劳动力，发动群众和学生大炼钢铁，结果风风火火炼出来的不是钢铁，只是一堆无用的铁疙瘩。农田无人打理，粮食烂在地里，山上树木被砍焚烧。钱学森在一篇文章中写道，如果植物能够充分利用太阳提供的光能的30%，而植物利用这些阳光能把空气中的二氧化碳和水分制造成自己的养分，供给自己发芽生长结实，这些植物中仅有20%是粮食的话，那么我们的农业产量将达到亩产50 000斤左右。[②] 为了达到这种结果，深耕、深

---

[①]《中华人民共和国经济史简编》(1949—1985)，331页，长沙，湖南人民出版社，1987。
[②] 钱学森：《粮食亩产量会有多少》，载《中国青年报》，1958年6月16日。

挖、密植肥料都是当时提高亩产量的手段。例如安徽地区提出田地深挖六尺，深翻一丈，男女老少天天在田地里深挖。一亩地撒几百斤种子，比正常数量高上百倍，结果种子全部烂在地里，颗粒无收。这些手段的运用造成人力物力的极大浪费和环境的极大破坏。人民公社成立后，全社社员到公共食堂吃饭，还造成粮食分配消费的无效率化，导致大面积饥荒。饥荒年代，人们不再追求吃好，只要能吃，就往肚里填。没有粮食就吃树叶啃树皮，刚到春天树木还没发芽长叶就已经被饥不择食的群众吃得树皮不剩，到了夏天整片树林草地不见绿色，致使林地面积大幅度下降，资源环境破坏严重。

## 二、积极影响

客观公正地说，人民公社也带来了一些积极影响。这是不能抹杀的。

（1）中华人民共和国成立后，党和国家领导人确定社会主义工业化的中心任务，是优先发展重工业。[①] 然而重工业优先的发展战略需要巨额资金支持，在当时的国际环境下，依赖外援显然是不现实的，唯一的方式是依赖本国的资金积累特别是从农业中提取积累解决。因此，"工占农利"势在必行。[②] 在不断变革农村生产关系、加速农业社会主义改造步伐仍无法实现快速积累建设资金的情况下，人民公社化运动的发动既有必要也在事实上确保了工业化对资金的巨额需求。数据表明，人民公社化时期，中国农村为工业化建设提供了5 400多亿元的资金，年均高达210多亿元。如果将考察的范围扩大到新中国成立头40年，农业累积为工业化提供了近1万亿元的建设资金，占同期国民收入全部累积额的22.4%，平均每年高达近250亿元。若按每个农业劳力平均计算，人民公社时期每位劳力年均向国家提供的剩余达80余元。[③] 正是由于人民公社成功完成了从高度分散、剩余极少的几千万户小农家庭吸收资金的历史任务，保证了中国工业化建设的初步实现。

（2）人民公社为实现农村稳定提供了制度支持。新中国成立初期，中国有5亿多农村人口，农村稳定是整个社会稳定的基本前提。但在宏观经济短缺、许多地方连温饱问题都难以解决的情况下，毛泽东等人逐渐将注意的焦点放到把农民组织起来上，从而为稳定社会、巩固政权寻求制度支持。这种方法的提出与实施收到了一

---

[①] 李富春：《关于发展国民经济的第一个五年计划的报告》，160、161页，北京，人民出版社，1955。
[②] 辛勤：《论人民公社的历史地位》，载《中国当代史研究》，2001（5），27页。
[③] 冯海发、李澂：《我国农业为工业化提供资金积累的数量研究》，载《经济研究》，1993（9），60页。

石二鸟的效果。政府运用长期累积的政治资源，通过制度设置实现、稳定农村的目的。不再与小农个体直接打交道，或多或少地减少和隐蔽了客观存在的政府与个体小农之间的大量矛盾。① 事实证明，"大跃进"与农村人民公社运动期间，正是政治运动频起、人民公社体制下的农村，生产秩序和社会生活保持了相对稳定，这为减缓中国当时混乱的社会状况，为"文革"后期的拨乱反正及稍后的全面改革，具有积极作用。"政社合一"的人民公社把城市以外的几乎所有地区、行业和人员等都纳入 5.4 万个公社、71.8 万个大队和 600.4 万个生产队的行政组织，② 将其统一于一个有序和高效的行政系统之中。

（3）人民公社化时期高度集权的管理体制为农村基本建设提供了可能。以农田水利基本建设为例，县级项目每个土方仅 0.35 元（其中 0.05 元归公社用作行政开支），在公社级项目中，政府每土方只付 0.10 元，同时公社提供 0.15~0.20 元，其余由生产队负担，大队项目则完全由农民负担。③ 事实上，有些地方，政府即便不付出任何费用，也能动员大量的农民从事水利建设。据统计，公社化时期，国家每年用于兴修水利工程的劳动力都在 5 000 万人以上，每个农村劳动力每年有 20~30 天用于农业基本建设。④ 说明人民公社在组织大规模劳动力方面是非常有效的。另外，生产集体还能克服单个小农资金短缺的弱点，优先购买生产急需的机械设备，并逐步实现大型机械化、畜力化、电气化。到人民公社解体时，在一些经济发达省份的农村地区已基本普及农用机械设备。

（4）人民公社制度促进了农村文化教育事业的发展。公社化运动兴起之时，刘少奇就指出："应该使教育与生产劳动相结合，设法逐步做到一个工厂就是一个学校，半工半读，学生是工人，工人也是学生。农村也可以这样做，拨出几百亩地，办一个学校，让他们包产，学生一面生产，一面学习。既是学生又是农民，用这个办法，不要很久，全国人民都能上大学。"⑤ 由此，各地掀起了兴办学校的热潮。短短数月时间，就新增 33.7 万多所小学，有 866 个县宣布扫除了文盲。中等学校由 1.1 万所发展到 19 万多所，高等学校由 220 多所发展到 1 000 多所，各地还办了 2.35 多万所红专大学和半工半读大学。⑥ 这些学校却为农村孩子的成长提供了必要的基础教育，

---

① 王玉贵：《论农村人民公社的制度绩效》，载《中共天津市党委学报》，2010（2），69 页。
② 国家统计局：《中国统计年鉴》（1981 年），131 页，北京，中国统计出版社，1982。
③ 黄宗智：《长江三角洲小农家庭与乡村发展》，235 页，北京，中华书局，1992。
④ 万解秋：《政府推动与经济发展》，33 页，上海，复旦大学出版社，1992。
⑤ 《哲学研究》编辑部：《人民公社向共产主义过渡的问题》，28 页，北京，科学出版社，1958。
⑥ 《哲学研究》编辑部：《人民公社向共产主义过渡的问题》，28 页，北京，科学出版社，1958。

为日后的进一步升学打下了基础。此外，农村学校教育的开展，客观上有利于农业劳动力综合素质的提高。与近年来农村教育一度严重滑坡的现象相比，公社化时期的学校教育有值得肯定的一面。

（5）人民公社制度提供了农村社会的基本保障。人民公社化运动后期实行各尽所能、按劳分配，在具体操作中一般是采取工分制与供给制相结合的分配制度。起初，人民公社按人口平均分配的比例占其年终总收入的60%~70%，后来虽有变化，但维持在50%左右，保证了每一个公社成员的基本生活需求，同时也满足了传统的"不患寡而患不均"的心理需求，避免引起农村社会动荡。1960年，全国人民代表大会通过《1956年到1967年全国农业发展纲要》，明确规定，农业合作社对于社内缺乏劳动力、生活没有依靠的鳏寡孤独社员，应当统一筹划，指定生产队或生产小队在生活上给予适当照顾，做到保吃、保穿、保烧（燃料）、保教（儿童和少年）、保葬（"五保"），使他们生养死葬都有指靠。如果说这时的社会保障还有特定对象，1962年9月中共中央关于《农村人民公社工作条例修正草案》所作的"生产队可以从分配的总收入中，扣留一定数量的公益金，作为社会保险和集体福利事业的费用以及生产队对于生活没有依靠的老、弱、孤、寡、残疾的社员，遭到不幸事故，生活发生困难的社员，经过社员大会讨论和同意，实行供给或者给予补助"等规定，则明确规定了公社制度的社会保障功能。① 到人民公社解体前的1980年，农村社会救济费达到24 534万元，享受补助的五保户达到2 429 877人，贫困户987.8万户。另外，到1984年年底，全国有9 418个大队、663 626人实行养老金制度。全国还办了20 871个敬老院，收养24 430位老人、孤儿和残疾人员。② 可以说，人民公社化运动时期的保障制度，在物质产品尚不丰富的情况下为广大农民提供了基本生存保障。

人民公社化运动从1958年正式开始到1985年解体，历经26个春秋。每一个政策的出台、落实，每个历史事件都是当时历史和时代的产物，人民公社也不例外。因此，对人民公社化运动的是非评判必须结合当时的社会环境进行。总体来说，人民公社化运动是社会主义建设过程中的一次失误。

---

① 王玉贵：《论农村人民公社的制度绩效》，载《中共天津市党委学报》，2010（2），75页。
② 王玉贵：《论农村人民公社的制度绩效》，载《中共天津市党委学报》，2010（2），75页。

第一节　虎头山上的大寨精神
第二节　全国农业学大寨
第三节　农业学大寨运动的后果和影响

# 第五章　农业学大寨运动

"农业学大寨"运动是新中国成立后持续时间最长、影响最为深远的一次全国性的农村运动。位于山西省昔阳县的大寨村在这次运动中成为农业战线上自力更生、发展生产的典型,带领大寨村民的陈永贵也因此从一个普通的农民当上了国务院副总理。

"农业学大寨"运动不仅造就了一代人的价值观,而且这段历史也是中国在探索农业现代化道路中的重要一环。关于"农业学大寨"运动已有大量研究,史学家们着重于梳理"农业学大寨"运动的历史脉络[1]、产生动因[2]以及相关口述史料[3]。在史料厘清的基础上,学者们对"农业学大寨"运动的各个侧面进行细致的专题研究,如近年逐渐开展的区域研究[4]、促使"农业学大寨"运动在全国迅速推广的政治传播和政治动员[5],以及在其过程中劳动管理制度的实施[6]、农民生活状态[7]等。除此之外,"农业学大寨"运动作为中国当代最具影响力的农村运动,将其放置到中国农村社会经济变迁历史中来考察也是重要的视角之一[8]。尽管学界对"农业学大寨"运动的研究已经取

---

[1] 孙启泰、熊志勇:《大寨红旗的升起与坠落》,郑州,河南人民出版社,1990;宋连生:《农业学大寨始末》,武汉,湖北人民出版社,2005;陈大斌:《大寨寓言——"农业学大寨"的历史警示》,北京,新华出版社,2008;李静萍:《农业学大寨运动史》,北京,中央文献出版社,2011。
[2] 如肖克之:《最高指示:"农业学大寨"的由来》,载《当代中国史研究》,1996(5);陶鲁笳:《毛主席与农业学大寨》,载《文史月刊》,1995(5);谭首彰:《毛泽东与农业学大寨运动》,载《党史研究与教学》,2004(5)。
[3] 孙丽萍主编:《口述大寨史:150位大寨人说大寨》,广州,南方日报出版社,2008;杨斌庆:《我所亲历的"农业学大寨"运动》,载《湖北文史》,2009(2)。
[4] 如栾克新:《井陉"农业学大寨"始末》,载《文史精华》,1994(1);温慧梅:《涉县"农业学大寨"运动研究》,河北师范大学硕士学位论文,2010;邓新功:《甘肃省"农业学大寨"运动研究(1964—1980)》,西北师范大学硕士学位论文,2012;刘岩:《农业学大寨运动——以江苏省宿迁县为个案的研究》,南京大学硕士学位论文,2013。
[5] 如张昭国:《"农业学大寨"运动中的政治传播及历史启示》,载《太原师范学院学报(社会科学版)》,2008(4);乔晶:《重构农村:"农业学大寨"运动中的政治动员》,华东师范大学硕士学位论文,2010。
[6] 如李静萍:《二十世纪六七十年代大寨劳动分配办法述略》,载《中共党史研究》,2009(1);鲁小亚:《大寨工:人民公社时期的劳动管理——以山西省大寨村为个案》,华中师范大学硕士学位论文,2014。
[7] 光梅红:《集体化时期农民生活水平研究——以昔阳大寨村为例》,载《中国农业大学学报(社会科学版)》,2011(2)。
[8] 陈吉元等主编:《中国农村社会经济变迁(1949—1989)》,太原,山西经济出版社,1993;温锐:《理想·历史·现实——毛泽东与中国农村经济变革》,太原,山西高校联合出版社,1995;农业部农村经济研究中心、当代农业史研究室编:《当代中国农业变革与发展研究》,北京,中国农业出版社,1998。

得显著成果，但还存在一定的研究空间，比如对大寨精神的起源以及对大寨本身的社会文化环境的考察比较缺乏，以至于无法将史实更加真实地还原到当时的社会情境中，也影响了对其开展原因和发展后果的评价。事件的发展离不开培育其产生并发展的社会沃土，因此对"农业学大寨"运动的社会背景和史实相结合的梳理更显得必要。

## 第一节 虎头山上的大寨精神

大寨位于山西省昔阳县城东南5公里的虎头山下，地处太行山腹地，地形复杂，地势由东南向西北倾斜。村东南的虎头山海拔1 100多米，山上植被稀少，岩石裸露。大寨全年少雨而且雨量分布不均，降水主要集中在6、7、8月三个月。每当雨季来临，山洪卷起石块和泥沙倾泻而下，冲毁田地、村庄。由于虎头山基石是石灰岩，山体石质破碎，大雨过后地表难以存水，只留下乱石滚滚的山坡、河滩。在多年的山洪冲刷下，虎头山水土流失严重，洪水冲出7条沟壑，沟与沟之间纵横8道山梁。除了沟坡上有点零星土地外，沟槽里的黄土全部被冲光，沟底朝天、乱石成堆。

大寨原有耕地约800亩，分成4 700多块，散布在虎头山上的"七沟八梁一面坡"。① 耕地最大的只有5亩，最小的不到1分。坡地里高外低，缺边少堰，梁地没边没堰。"三天无雨苗发黄，下点急雨地冲光"。下雨成灾，不下雨也成灾。由于太行山区的耕地十分贫瘠，农业生产灌溉全凭雨水，洪涝、干旱灾害严重，再加上生产条件极为简陋，粮食产量很低。新中国成立前，亩产最高只有140斤。粮食少生活水平自然也差，在这里生活的不足百户的农民多在山沟两边的土坡上挖建土窑居住，只有少数有钱人住砖房或用石头垒起的窑洞。隐藏在太行山深处的大寨村只有60余户人家，不足200口人，在历史上一直默默无闻，而合作化运动的兴起给了大寨人彻底翻身的机会。

昔阳县作为老解放区土改进行较早，在1946年就组织起以"自愿互利、互助合作"为主要特征的农业生产互助组。大寨的第一个互助组由15户农民组成，采用换工互助的方式合作劳动。这种模式的农业生产在自然条件非常恶劣的大寨远比一家一户单干有效率。到1947年互助组发展到20户农家，而且此时大寨的"灵魂人物"陈

---

① 郑有贵主编：《当代中国农业变革与发展研究》，118页，北京，中国农业出版社，1998。

永贵组织起了由 11 户农家组成的第二个互助组。这个互助组不同于之前"人强、地好、牲畜壮"的"好汉互助组",而是由村里被"好汉互助组"排除在外的老人和孩子组成。陈永贵认为:"老的有经验,小的能长大,只要听党话,路子走不差。"① "老少组"表现出不同寻常的农民气质,真正体现了互助合作精神。他们与"好汉组"齐头并进,取得了不俗的成绩。陈永贵也因此崭露头角。到 1949 年,全村的粮食亩产量由新中国成立前的最高产量 130 斤提高到 175 斤,总产达 14.6 万斤,人均占有粮食 574 斤。这一成果充分显示了互助合作的优越性,也吸引了更多的群众加入互助组。"好汉组"发展到 30 户,陈永贵组织的"老少组"也发展到 29 户,全村 90% 的农户聚集在互助组的旗帜之下。

1951 年 9 月,中央第一次农业互助合作会议通过了《中共中央关于农业生产互助合作的决议(草案)》。12 月 15 日,毛泽东把这个决议草案批转全党,要求各级党委"把农业互助合作当作一件大事去做"。在一系列有关文件精神的推动下,全国初级农业生产合作社有了较大发展。初级农业生产合作社以"土地入股、统一经营、两权分离、集体积累"为基本特征。初级社的建立同样也是为了消除农户个体经营的弊端,降低农户生产经营成本,实现农业生产的规模经营,促进农业生产发展。1952 年,中共昔阳县委开始以村为单位试办初级农业生产合作社,在村党支部书记陈永贵的积极推动下,大寨村初级农业生产合作社于 1953 年 2 月 18 日成立。在之后的生产实践中,初级农业生产合作社产生了较好的制度绩效,毛泽东等领导人开始推动初级社向以"土地及其他所有财产集体化"为主要特征的高级农业生产合作社发展。

1955 年 7 月 31 日,毛泽东在中央召开的省、自治区、直辖市党委书记会议上作《关于农业合作化问题》报告,对农业合作化的理论和政策作了系统阐述,批评"有些同志,从资产阶级、富农或者具有资本主义自发倾向的富裕中农的立场出发",主张稳妥发展农业合作社,并指出"农村中不久就将出现一个全国性的社会主义改造的高潮,这是不可避免的。……在 1958 年春季,将有很多县份和若干省份的农业经济,基本上完成半社会主义的改造,并且将在全国各地都有一小部分的合作社,由半社会主义变为全社会主义"。② 会后,山西全省掀起了大办初级社的第二个高潮。同年 10 月 4 日,中共第七届中央委员会第六次全体会议(扩大)开幕。会上发言或书面发言一致拥护

---

① 孙丽萍主编:《口述大寨史》,广州,南方日报出版社,2008。
② 中华人民共和国国家农业委员会办公厅编:《农业集体化重要文件汇编(1949—1957)》,374 页,北京,中共中央党校出版社,1981。

毛泽东《关于农业合作化问题》的报告，一致批评了合作化运动中的"右倾机会主义"，并于10月11日通过《关于农业合作化问题的决议》。该决议指出："应注意在有条件的地方，有重点地试办高级的（完全社会主义性质的）农业生产合作社。"① 此后，合作化跳跃式发展，在初级合作化基本完成的同时，高级合作化的高潮也随之到来。

1956年1月起，短短两个多月的时间，山西省5万多个新、老初级社合并组成为21 818个高级社，社数减少60%。其中连并带转一举成为高级社的有16 614个，占山西省总社数的76%。同年秋，又有2 000多个初级社转成高级社，10 000多农户相继入社。山西全省加入高级社的农户达到总户数的99%，实现了高级合作化。②

大寨在较短的时间完成了由初级社向高级社的过渡，在1955年12月就成立了土地等生产资料归集体所有的"新胜高级农业生产合作社"。1958年8月，中共中央出台《关于农村建立人民公社问题的决议》。为响应此号召，大寨在晋中地委驻大寨工作组的帮助下，于当月24日率先建立了昔阳县第一个人民公社，1961年改为大寨大队。在上述决议发布后1个月内，全国基本实现了农村人民公社。

大寨村在响应国家号召积极主动地组办互助组、初级社及高级社方面走在了全国的前列。而真正给大寨争得荣誉并被政府和社会各界广为称颂的，是在陈永贵带领下，大寨利用集体力量实施"十年造地计划"，并最终战胜了恶劣的环境，取得了农业上的大发展。

"十年造地计划"是大寨人的第一个创举。虎头山地面坡度大，缺边少堰，水土流失严重，土壤瘠薄，是典型"跑土、跑肥、跑水"的"三跑田"。而且虎头山上没有水源，只有在改土上下功夫，把沟地、坡地整平垫厚。把土地改造好，可以保水保肥达到最重要的目的：耐旱。

土地是农业生产的根本。初级社一成立，陈永贵就下了决心：彻底改造"七沟八梁一面坡"上的土地。陈永贵与乡亲们一起从实际出发，订出"十年造地计划"，要把坡梁上及沟里的"三跑田"全部改造成"保土、保肥、保水"的"三保田"。具体做法是：七条沟全部分段打坝，造成梯田；八道梁上的坡地全部打桩筑堰，对土层薄的地块实施担土垫地，对坡度大的地块实施起高垫低。在具体实施中先易后难，全面规划，集中治理。在时间安排上，一般是每年秋收以后集中劳力治沟，春节到春耕前

---

① 中华人民共和国国家农业委员会办公厅编：《农业集体化重要文件汇编1949—1957》，461页，北京，中共中央党校出版社，1981。
② 山西省地方志编纂委员会编：《山西通志（第八卷）·农业志》，103页，北京，中华书局，1994。

集中劳力平整土地，春夏两季抽空打埂，并维护现有土地。①

1953年冬天，陈永贵带着全村人上阵，打响了治山治沟第一仗。本着先易后难的原则，陈永贵把至关重要的第一仗选在白驼沟。白驼沟是7条沟中最小的一条沟，长不足1千米，宽十几米，上下落差小，地势较缓。经过实地测量，要在沟里分段打下24条石坝，就能把整条沟槽建成25块较大较平的沟地。隆冬季节，原计划1个月的工程，18天就完成了。大寨人闸住了白驼沟，垒起24道石坝，把沟里的乱石滩变成了良田，把原有的小块沟地连成大片平展展的沟地。完工后量了量，沟里的地不仅提高了质量，而且增加了5亩。这是大寨实现合作化之后治山治沟的第一仗。为了纪念合作化的功绩，大寨人把治理后的白驼沟改名为"合作沟"。

初战告捷，大寨人又一鼓作气，从1954年冬到1955年春，把后底沟、赶干道沟、念草沟、小北峪沟闸住了。最后只剩下了最大的狼窝掌沟。

狼窝掌沟长1.5千米，从上游到下游落差100多米，山大，沟深，坡陡，地势凶险，每逢暴雨，山洪滚滚而下，横冲直撞。1955年冬，大寨58个劳动力进了狼窝掌，起早贪黑干了一冬一春，筑下38道堤坝，填了几万方土，把一条乱石山沟修成了层层簸箕形的梯田，造出30多块地。大寨人在新造的土地上播种，为新长成的禾苗施肥、松土。雨季到来，一场暴雨冲垮了大坝，也冲走了地里的土、肥和禾苗。

1956年冬，大寨人重整旗鼓二战狼窝掌。他们总结了第一次失败的教训，认为是坝基不深，坝身不厚，石块太小，阻挡不住洪水的冲击，于是加深了坝基。条条石坝的基础挖到1.5米，坝身的厚度由1层加到4层，为了减缓洪水的冲击，他们还在沟的上方修了一个1亩地大小、约2丈深的"水库"，并在山坡上刨了些鱼鳞坑蓄水。但到第二年又被暴雨冲毁。

1957年冬，大寨人三战狼窝掌。陈永贵总结前两次的教训，认为原来的石坝垒得不够高，坝基窄，坝顶直，水急冲力大，应该再加深、加宽坝基。大坝用石灰浆灌注修成拱弧形，拱背朝着来水的方向，增加石坝承受洪水的冲击力。这次的任务更艰巨，要筑32条大坝，最高的大坝长2.5丈，灌浆用的石灰要6万公斤。② 在冰天雪地里，大寨人苦干了27天，比原计划提前3天完成任务，狼窝掌沟终于被制服了。

经过大战白驼沟、三战"狼窝掌"，大寨人在5个冬春里，在7条山沟里垒起了总长7.5千米的180多条大坝，修了2条盘山渠，2个水库，3 000多个鱼鳞坑、蓄水

---

① 宋连生：《农业学大寨始末》，27页，北京，九州出版社，2011。
② 宋连生：《农业学大寨始末》，30页，北京，九州出版社，2011。

池,把 300 多亩坡地垒成了水平梯田,把 4 700 多块地修成了 2 900 块,还新增加了 80 多亩好地。① 大寨人靠自己的双手,改造了穷山恶水,改造了"七沟八梁一面坡"。基本条件的改善促使全村粮食生产不断提高。1953—1962 年,大寨人在 200 亩梁地上围起了 1 尺多高的地埂;400 亩坡地修起了石堰,变成了水平梯田;7 条共 7 000 米长的山沟,治理成 30 尺一坝、20 尺一埝的 80 亩好地。在没有水浇、电力和机耕的条件下,粮食亩产量从 130 多斤增长到 774 斤,家家户户丰衣足食,78 户有余粮和存款。11 年中,共向国家卖余粮 170 多万斤。②

从 1953 年开始,大寨的耕地面积和粮食产量都有了大幅度提高(表 5-1)。自从合作化以后,大寨在农业经济体制变革中逐渐被发掘,名声与日俱增,被树立为农业生产的模范和典型。

表 5-1　1953—1958 年大寨粮食生产情况

| 年度 | 粮食面积/亩 | 粮食总产/万公斤 | 粮食亩产/公斤 |
| --- | --- | --- | --- |
| 1953 | 814 | 10.164 | 124.9 |
| 1954 | 778 | 10.686 | 137.4 |
| 1955 | 781 | 11.832 | 151.5 |
| 1956 | 768 | 12.933 | 168.4 |
| 1957 | 781 | 13.834 | 177.1 |
| 1958 | 768 | 20.852 | 271.5 |

资料来源:王俊山主编:《大寨村志》,72 页,太原,山西人民出版社,2003。

中共昔阳县委最先发现了虎头山上的大寨精神。大寨村民成功治理白驼沟后,昔阳县推举陈永贵出席当年年底晋中地区劳模大会。陈永贵在会上作了典型发言,这是他第一次在大型会议上发言,讲得客观实在,还有一定的逻辑性。晋中地委书记岳太忠在总结讲话时说:"大寨的陈永贵就很有头脑,是个很好的人才。希望其他合作社也像大寨那样,不仅要搞好当年的生产,而且也要大搞农田基本建设。这样,集体经济才能逐步壮大,社会主义的优越性才能逐步发挥出来!"③

1959 年 10 月,陈永贵作为晋中地区农村党支部书记典型参加了国庆十周年庆典。12 月,晋中地委在大寨召开现场会向全区推广大寨党支部的先进经验。1960 年 2 月中共山西省委批转晋中地委的报告,发出了学习模范支部书记陈永贵的号召。同年 6 月,《山西日报》登载了题为《陈永贵——党支部书记的好榜样》的社论,动员全省党员,特别是各村党支部书记学习陈永贵,带领人民自力更生、艰苦奋斗、改天

---

① 宋连生:《农业学大寨始末》,32 页,北京,九州出版社,2011。
② 宋连生:《农业学大寨始末》,32 页,北京,九州出版社,2011。
③ 宋连生:《农业学大寨始末》,26、27 页,北京,九州出版社,2011。

换地。1961年3月26日，昔阳县委作出《关于推广大寨经验的决定》，指出，大寨生产队几年来在领导农业生产上积累了一整套丰富的经验，都值得我们学习。12月30日，《山西日报》刊登文章《太行山上一面高产红旗——介绍昔阳县大寨大队逐年增产经验》。1962年1月22日召开的昔阳县四级干部会议对大寨经验作了以下概括："一、高举三面红旗，巩固集体经济。二、集体经济无限好，增产粮食离不了。三、党的领导好，社员干劲高。"

大寨被不断称赞并要求学习的经验还包括干部坚持参加集体生产劳动。晋中地委号召全区农业系统学习大寨时，将大寨经验总结为"干部参加生产和领导生产相结合，革命干劲和科学态度相结合，以农田基本建设为中心，运用'八字宪法'①，高速度地发展农业生产"。一些与陈永贵和大寨有关的口号迅速传遍全国，成了大寨经验的宣传符号，如"火车跑得快，全靠车头带""干部干部，先干一步，多干一步""打铁先得自身硬""村看村，户看户，社员看着党支部"。陈永贵认为，干部就是要参加劳动，要在劳动中发挥模范作用。根据陈永贵的提议，大寨党支部为干部参加劳动作出"三不准"规定：一是没有特别重大的事情，一般不准占用劳动时间在村里开会；二是不准干部占用劳动时间在办公室里办公；三是不准从地里叫走社员谈话。干部做社员工作，要利用"三会"时间，即碰头会、饭场会、地头会。每天晚上，支部委员要在一起开碰头会，总结当天的工作，商量第二天的劳动安排。安排的结果在第二天的饭场会上宣布，边吃饭，边开会，边议论。大寨的干部很重视这种不占用劳动时间的开会方式，虽然参加饭场会不记工分，但不参加的人需要说出理由。地头会则是利用劳动中间的休息时间讨论劳动安排或其他事情。大寨党支部的许多工作能够布置得开，群众能够指挥得动，不是靠开会动员，而是干部的率先垂范在起作用。1962年2月，陈永贵出席山西省农业生产先进单位代表会议，大寨被评为"特等模范单位"，获得省里的奖励。

山西省内学大寨的一个重要内容，是学习大寨干部坚持参加劳动的作风。昔阳县经过几年努力，使干部参加劳动逐步成为社会风气。1963年3月23日，中共中央转发了晋中地委农村工作部《昔阳县干部参加劳动已形成社会风尚》一文及山西省委的评语。学大寨运动开始后，山西省内开展关于"干部参加集体劳动的伟大革命意义"的讨论，《山西日报》详细介绍了大寨等先进单位干部参加劳动的具体做法和经验。

---

① "八字宪法"是毛泽东总结的农业生产基本技术措施，即土（土壤改良）、肥（合理施肥）、水（水利灌溉）、种（品种改良）、密（适度密植）、保（植物保护）、管（田间管理）、工（工具改进）。

从此，积极参加生产劳动、以身作则、大公无私的大寨陈永贵式干部成为全省各条战线上干部学习的样板。

1963年3月，中共山西省委在全省农业生产先进单位代表会议上，向全省农业生产先进单位和劳动模范提出开展"学习大寨，一带二"活动的号召，在全省农村广泛开展比学赶帮群众运动。1963年4月，陈永贵再次出席山西省农业生产先进单位代表大会，大寨再次被授予"特等先进单位"称号。山西省委第一书记陶鲁笳在讲话中对大寨大加表彰，要求全省每个农业先进单位都要像大寨那样，不仅要把自己队的事办好，还要发扬共产主义风格，带好两个落后的队。① 大寨成为各地学赶的对象，到大寨参观、取经的人多起来了。但当时的学大寨在多数地区只限于一般口号，领导缺乏具体的组织措施，因而未成为群众运动。1959年到1963年前半年，学大寨虽然有了一定声势，但三年困难时期还是阻碍了学大寨在全国范围的广泛传播。

1963年8月2日，《人民日报》发表了燕铭的署名文章《在农村阵地上——记昔阳县大寨公社大寨大队党支部和支部书记陈永贵》，向全国介绍以陈永贵为书记的大寨党支部，坚持阶级斗争、生产斗争、科学实验三大革命运动，战天斗地，治理穷山恶水，改变生产条件的先进事迹，肯定了大寨作为全国农业战线成功典型的普遍意义。

巧合的是，这篇文章发表的同时，百年不遇的洪灾降临大寨。当年8月2日的大暴雨是对大寨这个多年的先进单位的一次严峻考验。7天7夜连降暴雨500多毫米，相当于平常年景全年的总降水量。山洪暴发使全村800亩耕地中的540亩受到冲刷，139亩被冲毁地基，41亩被流土埋没；没有收成的有447亩，占粮田面积62%；140孔窑塌了113孔，125间房屋倒了77间。被洪水冲盖粮食、生活用品和农具价值4 303元，毁坏已见收入的果树1 095株，占原有株数的38%。② 800多名社员多数无处安身。陈永贵带领大寨人垒起的梯田，除狼窝掌以外其余尽数被毁。危难关头，大寨党支部提出"先治坡，后治窝"的战斗口号。全村人挤在仓房、学校、机器房里，6间房的学校住进了100多口人。

面对这场毁灭性的灾难，大寨人夜以继日地重建家园，不少村庄在争夺救济款和救济物资，大寨却先后四次拒绝救济。一位公社领导给陈永贵打电话，要拨给他们80元医药补助费。陈永贵答道："把钱给兄弟队吧，我们没有伤病员。"过几天公社又

---

① 宋连生:《农业学大寨始末》，63页，北京，九州出版社，2011。
② 陈吉元、陈家骥:《中国农村社会经济变迁（1949—1989）》，378页，太原，山西经济出版社，1993。

来电话，说拨给100块苇席，搭些席棚当临时住处。陈永贵又谢绝了，他说，救济别的队吧，他们比我们更需要。大寨人硬是把被冲倒的庄稼一棵一棵扶起来，培土施肥，精心管理；把冲毁的坝堰重新垒起来，重建倒塌的房屋窑洞。经过连续几个月的日夜奋战，大寨人终于走出了困境。随后大寨党支部确定"三不要""三不少"原则，即不要国家的救济粮、救济款、救济物资，要做到社员口粮、下年生产投资、卖给国家的粮食不少。在经历特大洪水后的秋天，大寨粮食亩产平均745斤，向国家交售粮食24万斤；留足种子、饲料外，社员口粮人均400斤；农林牧副业总收入6 600元，人均83元，工值1元。[①] 各项指标均与上年持平，兑现了"三不少"原则。

大寨人战胜大灾、重建家园的英雄气概及感人事迹再次成为全省瞩目的焦点。大寨正是以1963年为契机，自力更生，艰苦创业，在一片废墟上重新崛起，成为全国驰名的一面红旗。抗灾斗争的胜利显示了依靠集体经济的力量，自力更生、艰苦奋斗的精神，可以战胜贫困、战胜自然灾害。

1963年11月9日，中共山西省委发出《关于号召全省各级党组织向大寨人民学习的通知》（以下简称《通知》），并把大寨精神具体概况为："藐视困难、敢于革命的英雄气概；自力更生、奋发图强的坚强意志；以国为怀、顾全大局的高尚风格；不屈不挠，永远前进，并且把伟大的革命精神和严格的科学态度结合起来。"《通知》提出："大寨人民的这种高贵品质和革命干劲，反映了我们时代的精神面貌，是我们伟大的国家和伟大的人民的革命精神的缩影。"次日，《山西日报》头版头条发表《大寨人民志不屈旗不倒》一文，介绍了大寨人民"用自己双手，靠集体力量，战胜狂洪暴雨，医好灾害创伤"的事迹。同日的《山西日报》还发表社论《学大寨之志长大寨之风》，提出"当前，我省受灾地区的生产自救工作正在展开，为明年农业丰收准备的秋耕、农田基本建设、积肥等冬季生产正在进行，粮食征购工作也普遍开始，那些在生产自救工作中表现信心不足，单纯等待国家救济，农田基本建设中忽视充分发动群众，一味伸手向国家要钱要粮，以及征购工作强调自己困难，甚至企图少报产量、少卖余粮的地区和单位，都应当以大寨作镜子，照一照自己"。11月29日，在昔阳县三级干部会议上，县委进一步总结学大寨："（1）要学坚定不移，办好集体经济的决心。（2）要学英勇顽强在山区建设社会主义的雄心壮志。（3）要学热爱国家，依靠群众，自力更生，勤俭办社精神。（4）要学干部带头参加集体生产劳动，和群众打成一片，一起试

---

① 陈吉元、陈家骥：《中国农村社会经济变迁（1949—1989）》，379页，太原，山西经济出版社，1993。

验,既了解群众思想,又了解生产变化。陈永贵同志有句话,即人的思想天天在变化,社会主义建设年年在变化,没有新的改革不行。(5)要学依靠贫下中农,事事从实际出发,从阶级分析,正确处理敌我矛盾的方法。(6)大公无私,从不自私的高贵品德。(7)要学把困难留给自己,方便让给别人,高贵的共产主义风格。"与此同时,另一份关于《山区农业技术革命的一面旗帜——大寨大队十四年粮食产量稳产高产经验》的调查材料从大寨的实际出发,总结了大寨"技术改革的五条主要经验:一、治山治沟,建造新地;二、扩大高产作物,改革耕作制度,发挥土地潜力;三、块块庄稼长势一样,平衡增产;四、认识自然规律,提高栽培技术,推进产量增产;五、精耕细作,一丝不苟"。

1963年12月7日《山西日报》发表文章《不唯学事迹,更要得精神》,认为大寨的光辉成就是大寨人民在中国共产党的领导下,依靠集体力量,用自己的双手辛勤劳动的成果,是大寨人民革命精神的产物。要学习他们的先进事迹,更要学习创造这些事迹的先进思想。大寨大队用他们自己亲身的经历证明:不管自然条件多么不同,只要人们有了建设社会主义的雄心大志,充分发扬革命精神,并且把革命干劲和科学态度结合起来,就一定能够使大地变样,河山易色,创造出伟大的成绩。陈永贵当月在华北局太原会议上作了自力更生、战胜洪水灾害的汇报。12月28日《人民日报》以《大寨大队受灾严重红旗不倒》为题,发表了赞扬大寨精神的长篇文章。

1964年元旦出版的《山西青年》第一期上详细介绍陈永贵的事迹。省委发专文表扬陈永贵的思想品质,要求全省青年向陈永贵学习。《山西日报》1964年1月7日第一、二版及1月8日第一、二、三版发表了长篇通讯《大寨——自力更生奋发图强建设山区的旗帜》,全面系统地介绍了大寨人民在中国共产党的领导下,艰苦创业的事迹。

时隔1月,陈永贵到北京向国务院汇报情况,引起了中央领导的高度重视。1964年1月19日,已获得山西省劳动模范称号的陈永贵应国务院之邀在首都人民大会堂的万人大会上作了题为《自力更生,奋发图强,依靠集体力量改变山区面貌》的报告。陈永贵的讲话不断被热烈掌声打断,中央人民广播电台实况转播后在全国引起震动。月末召开全国农业会议,陈永贵又应邀介绍了大寨的经验。大寨的成功产生了很大反响。

山西省对大寨精神和大寨经验的认识和总结主要是基层组织、经营管理、科学种田和思想精神等,主要是通过大寨的具体事例宣传大寨精神,总结大寨经验。1963年抗洪胜利后,大寨精神逐渐走出山西省,影响力辐射到全国。最初体现在《人民日报》开始大篇幅高频率地宣传大寨精神。

1964年2月10日,《人民日报》登载了莎荫和范银怀的长篇通讯《大寨之路》。文章第一次全面系统地详细介绍大寨与恶劣的自然条件作斗争、发展生产的先进事迹和成功经验,肯定了大寨人自力更生、艰苦奋斗的革命精神。通讯高度评价大寨之路"是大寨人靠集体的劳动和智慧,征服大自然的路;是大寨人高举毛泽东思想的红旗,扫除旧思想、旧习惯,使农民革命精神昂扬的路;是组织千百万群众,自己解放自己,以艰苦奋斗、奋发图强、自力更生、勤俭创业的革命精神,夺取生产斗争、阶级斗争和科学实验三大革命胜利的路"。文章最后发出号召要"学习大寨精神!""走大寨之路!"同日,《人民日报》发表了宣传大寨的社论《用革命精神建设山区的好榜样》,指出:"大寨的亲身经历证明了这样一条真理:尽管自然条件不利,但是只要人们有了建设社会主义的雄心大志,充分发挥革命精神,并且把革命干劲和科学态度结合起来,就一定能够使大地变样,河山易色,创造出伟大的业绩。"社论提出学习大寨革命精神,就要学习:①远大的革命理想和对未来坚定不移的信心;②敢于藐视困难、敢于和困难作斗争的顽强精神和苦干实干的优良作风;③把伟大革命精神和严格的科学态度结合起来的优良作风;④自力更生、奋发图强的优良作风和严格要求自己、以整体利益为重的共产主义风格。社论号召:"在我们国家的每一个地方,不论是山区还是平原,都有自己的'大寨'。每一个地方,既要很好地学习大寨的经验,也要很好地总结推广自己的'大寨'经验。在无数个'大寨'的光辉事迹鼓舞下,我们农村人民必将鼓起更大的革命干劲,积极开展科学实验,推动农业生产的新高潮,促进我国的农业生产和农业现代化更快更好地向前发展。"《人民日报》高度肯定了大寨已取得的成就和大寨的革命精神,定下了向大寨学习的基调。同月,中央人民广播电台举办"学大寨,赶大寨"专题节目,系统介绍大寨和陈永贵的先进事迹。节目播出后,收到13个省、市100多封听众来信,赞扬大寨自力更生、奋发图强的精神是中国人民意气风发、斗志昂扬的集中体现。

1964年3月山西人民出版社率先出版了《大寨》一书。山西人民广播电台也组织了专题报道。各地开始组织参观访问团、经验交流会、事迹报告会、学大寨先进单位表彰会。一个"县县学大寨,社社学大寨,队队学大寨,人人学大寨"的群众运动在全省普遍开展起来。

随着学习大寨活动在山西省甚至全国的影响力的不断扩大,大寨精神也被尝试进行高度概括。1964年5月7日,山西省省长卫恒在全省农业长期规划会议上将大寨精神归纳为五条:"第一,坚持阶级斗争;第二,苦干实干、勤俭创业、奋发图强、自力更生、愚公移山的革命精神;第三,有实事求是的态度,严格的科学精神;第四,有共产主义精神,识大体,顾大局;第五,有坚强的领导班子,有核心、有骨干、有积极分子。"① 同月,中共中央印发的《第三个五年(1966—1970)农业发展计划的初步设想》将大寨的经验概括为:"大寨的道路,就是在党的领导下,充分调动群众积极性,依靠集体力量,自力更生地和因地制宜地进行农田基本建设、实行精耕细作、发展农业生产的道路。""大寨的精神就是苦干实干,勤俭创业,奋发图强,自力更生的革命精神;就是从实际出发,重视科学实验,扎扎实实地一个一个地解决问题,实事求是的科学精神;就是识大体、顾全局,把方便让给别人,把困难留给自己,热爱国家、热爱集体、热爱社员的共产主义精神。"国务院副总理谭震林在关于该计划几个问题的说明中,也对大寨的发展模式进行概括:"从农田基本建设开始,达到精耕细作,达到稳产高产;主要依靠劳动力的投入。"该文件提出:"发扬大寨的精神,走大寨的道路,应当成为整个农业战线上的行动口号,成为全国所有人民公社、生产大队和生产队的行动口号。""毫无疑问,只要全国所有的人民公社、生产大队和生产队,都学大寨的精神,都走大寨的道路。我们的农业建设和农业生产,就一定能够真正实现总路线所要求的又多又快、又好、又省。"② 5月10日,毛泽东在听取国家计委领导小组关于"三五"计划的设想时说:"农业要自力更生,就要像大寨那样,他们不借国家的钱,也不向国家要东西。"6月,在中央工作会议上,毛泽东在作关于第三个五年计划的讲话时又说:"农业主要靠大寨精神,自力更生。要在种好16亿亩地的基础上,建好4亿多亩稳产高产田。"

为了深入考察,系统总结大寨经验,1965年5月,根据国务院总理周恩来的指示,由农业部部长廖鲁言带领国务院农业办公室、中国农业科学院等单位组成调查组,在山西省委和晋中地委的配合下,深入大寨开展了为期20多天的实地考察。周总理指示调查组的同志们要实事求是地总结大寨经验,分析大寨在生产上取得成就的主观、客观的原因。在4月20日到5月12日共21天的实地考察中,调查组严格遵守不耽误陈永贵和其他干部、社员的劳动时间的原则,白天与社员一起下地劳动,晚饭以后跟干部和社员们座谈,获得了丰富的第一手资料。5月25日廖鲁言向中央、毛泽东呈送了《大寨大队调查报告》(以下简称《调查报告》)。该报告共分八个部分:中国共产党的政策在大寨开了花,人民公社棒打不散;旱涝保收、稳产高产的大寨田;加工改造耕地,蓄水保墒,抗旱防涝;在土地加工改造的基础上,综合实施"八字宪法";自

---

① 李静萍:《农业学大寨运动史》,72页,北京,中央文献出版社,2011。
② 《建国以来重要文献选编》,第十八册,476、477页,北京,中央文献出版社,1998。

力更生,苦干实干;大寨干部、大寨人、大寨田;大寨大队在经营管理方面的新经验;保证大寨这面红旗越举越高。《调查报告》对大寨的自然条件、农田基本建设、科学种田、劳动管理、干部参加集体生产劳动等方面的情况作了全面介绍,认为"大寨是自力更生建设旱涝保收、稳产高产农田的典型"。同时指出:"学赶大寨,必须是思想领先,政治挂帅,使干部和群众革命化。""有了大寨式的干部、大寨式的人,才有大寨田。"《调查报告》最后指出:"大寨是全国农业战线的一面旗帜。要大寨大队和各级领导机关、有关部门,上下共同努力,使这面旗帜越来越红,越举越高。"

《调查报告》把大寨发展生产的主要经验概括为三句话,即以加工改造耕地为中心,综合运用农业生产"八字宪法",达到了旱涝保收、稳产高产。廖鲁言还特别赞赏大寨活土层达 1 尺以上的"海绵田"①,指出,加工改造耕地,提高耕地蓄水保墒能力,抗旱防涝,这是一大革命,它打破了那种"没有水利灌溉就不能稳产"的保守思想,特别是对那些发展水利条件十分困难,而常年降雨量并不太少的地方具有现实意义。

《调查报告》把大寨干部和群众的革命化经验总结为六条:一是大寨人的革命思想和雄心壮志;二是革命干劲和科学态度;三是干部大公无私、以身作则;四是自力更生、艰苦奋斗;五是抓人的工作,做人的政治思想工作;六是共产主义风格高,正确处理国家、集体、个人三者关系。在肯定"大寨是全国农业战线的一面红旗"的同时,也实事求是地指出了存在的问题,如对农林牧副全面发展不够,某些铺张浪费、讲排场的苗头等。对大寨精神的提炼和总结,为周恩来总理归纳大寨精神奠定了基础。

1964 年 12 月,周恩来在第三届全国人民代表大会第一次会议上所作的《政府工作报告》(以下简称《工作报告》)中正式提出学大寨。这个报告是经过毛泽东亲自审阅和修改的。《工作报告》简要地介绍了大寨大队十几年间生产建设的成就和精神风貌,总结大寨的基本经验。《工作报告》指出:"山西省昔阳县大寨公社大寨大队是一个依靠人民公社集体力量,自力更生地进行农业建设、发展农业生产的先进典型。""他们正确地处理了集体和国家的关系,他们只向国家借过一次钱,第二年就归还了。从 1953 年到 1963 年的 11 年中,这个大队在逐年改善社员生活的同时,向国家总共交售了近九十万公斤粮食,每户每年平均交售一千公斤。"《工作报告》代表中共中央和国务院对大寨大队的经验作了科学的概括,对大寨精神作了最高评价,认

---

① 大寨人除了把坡地修成水平梯田外,还通过不断深耕土地、连年不断地施用大量秸秆沤制的农家肥,使土壤结构发生变化。耕地里腐殖质增加,团粒结构增加,促进农作物的根系发育,被称为"海绵田"。这种田具有厚厚的活土层,既松软又能吸收水分,因此不仅保水性能好、抗旱能力强,而且肥力高,有利于稳产、高产。

为大寨大队"是一个依靠人民公社集体力量,自力更生地进行农业建设,发展农业生产的先进典型"。该报告将大寨精神概括为三句话,即"政治挂帅、思想领先的原则,自力更生、艰苦奋斗的精神,爱国家、爱集体的共产主义风格"。这一概括将过去对大寨精神的各种提法统一起来,成为全国农业学大寨运动开展后,各地学大寨的"一个原则、一种精神、一种风格",对学大寨运动的发展起了巨大的推动作用。至此,全国性的"农业学大寨"正式拉开大幕。

## 第二节 全国农业学大寨

从1959年开始,中国农业生产连续出现大幅度减产。1959年,全国农业总产值完成仅为上年的85.4%,粮食产量仅为16 968万吨①,比上年减少2 797万吨,下降14.1%。棉花、红黄麻、烤烟、油料和生猪产量,也分别比上年减产13%~22%。而当年的粮食征购却高达6 740万吨,使农村留粮仅为10 260万吨,农村人均口粮不到183公斤。② 农民吃不饱饭的现象到处发生,农村出现人口外流、浮肿病和非正常死亡现象。1960年,经济状况继续恶化,粮食形势越发紧张。这年5月,各省调出的粮食仅完成计划的一半,北京、天津、上海和辽宁等一些大工业城市调入的粮食不够销售,库存几乎被挖空。尽管中共中央先后于5月和6月接连两次发出紧急指示,要求抓紧时机,突击运粮,但直到秋粮上市,粮食供应紧张的局面仍未缓和。这年秋收,粮食大幅度减产,比歉收的1959年又减少2 583万吨,仅为14 385万吨③,比1951年还少16万吨,粮食生产水平跌到了新中国成立后粮食增减曲线的谷底,农民生活水平降到最低点。

在粮食大幅度减产的情况下,粮食征购却并不减少。"大跃进"中,工矿企业从农村大量招工,城镇人口猛增,致使在主要产粮区不得不实行高征购。1958—1960年3年中的粮食征购量都在5 000万吨以上,每年的征购量及占总产量的比重分别是1958年征购5 875万吨,占29.7%;1959年6 740万吨,占39.7%;1960年5 105

---

① 国家统计局国民经济综合统计司编:《新中国六十年统计资料汇编》,35、37页,北京,中国统计出版社,2010。
② 何理主编:《中华人民共和国史》,235页,北京,中国档案出版社,1995。
③ 国家统计局国民经济综合统计司编:《新中国六十年统计资料汇编》,37页,北京,中国统计出版社,2010。

万吨，占 35.5%。[①] 粮食减产与粮食征购量的增加使人民的日常生活陷入新中国成立后从未有过的困难境况（表 5-2）。许多人饥饿瘦弱，农村普遍发生饥饿、疾病和逃荒现象，人们不得不靠"代食品"维持生存，人口非正常死亡剧增。

表 5-2 1960 年粮食与副食品消费量

|  | 粮食消费/（公斤/人） | | 植物油消费/（公斤/人） | | 猪肉消费/（公斤/人） | |
| --- | --- | --- | --- | --- | --- | --- |
|  | 农村 | 城镇 | 农村 | 城镇 | 农村 | 城镇 |
| 1960 年 | 156 | 193 | 1.5 | 3.6 | 1.2 | 2.7 |
| 与 1957 年相比 | -23.9% | -1.5% | -21.1% | -30.8% | -72.7% | -70% |

参考资料：《当代中国》丛书编辑委员会：《当代中国的农业》，189 页，北京，当代中国出版社，1992。

1960 年 9 月上旬，山西省委书记处候补书记黄志刚来到昔阳县和大寨视察工作。那正是共和国历史上最困难的时期，到处土地荒芜，民不聊生。但在大寨看不到这样的情况。他颇有感触地说："我转了不少地方，哪儿也没有昔阳县的情况好；在昔阳，哪儿也没有大寨好，竟看不出任何灾情，简直就是个'世外桃源'！"在三年困难时期，大寨仍然保持了较高的粮食亩产和售粮量（表 5-3）。

表 5-3 三年困难时期大寨的粮食产量和交售公粮情况

| 年 度 | 粮食总产/（万公斤） | 粮食亩产/（公斤） | 售粮/（万公斤） |
| --- | --- | --- | --- |
| 1959 | 23.50 | 308.0 | 12 |
| 1960 | 24.26 | 330.5 | 14 |
| 1961 | 24.31 | 336.3 | 12 |

参考资料：参阅王俊山主编：《大寨村志》，72、107 页，太原，山西人民出版社，2003。

大寨以苦干、实干和坚韧不屈、百折不挠的战斗意志在恶劣的农业环境中获得了令人赞叹的成绩，但这并不是大寨精神成为时代标杆为全国人民争相学习的全部原因。农业大寨之所以被树为农村集体经济的榜样，而且国家要求全国农业学大寨，其中存在使之成为必然事件的经济原因。第一，20 世纪 60 年代以后，中国的经济建设遇到困难，一方面是因为中苏关系恶化，使得中国外援基本断绝，不得不完全依靠自己的力量，因此非常有必要提倡自力更生和艰苦奋斗精神。另一方面优先发展重工业的战略需要大量资金注入，而当时农业也处于初步发展阶段。在这种必须有先后取舍的情况下，国家用不多的农业剩余支援工业化建设的愿望需要通过鼓励农民无私奉献实现。因此大寨不要国家投资、自力更生发展生产并为国家做出较大贡献的事迹就非常符合

---

[①] 征购数字引自薄一波：《若干重大决策与事件回顾》，下卷，884 页，北京，中共中央党校出版社，1993。

国家的愿望。第二，社会主义改造完成，特别是"大跃进"以后，集体经济如何调动社员的积极性进行农业生产，成为一个迫切需要解决的重要问题。大寨所表现的以集体为重、以国家为重、不计较个人利益的精神，正好满足了精神激励的需要。第三，大寨充分利用丰富的人力资源大力开展农田基本建设，其增产经验带有普遍意义，符合当时国家希望通过建立高产、稳产田解决吃饭和抗灾的设想和规划。

对"农业学大寨"运动的提倡还有一定的政治原因：首先，毛泽东针对国际共产主义阵营出现的修正主义，开始强调要在中国进行"反修防修"斗争。此时农村基层干部的权力强化，特别是"大跃进"和以后的饥荒更是普遍加剧了农村基层干部与普通社员的矛盾，而大寨精神主张的干部参加劳动、密切干群关系、干群同心协力，是"反修防修"的重要途径。其次，在"大跃进"和人民公社化运动遭遇严重挫折后，党内外和国内外对农业集体化和公社化的种种责难、非难和质疑之声泛起，在"四清"运动开展的同时，中共中央和毛泽东一直在寻找激励农民发展生产热情、巩固集体经济的办法，以使中国的农业生产在获得更大发展的同时又能保证农村走社会主义的集体化道路。1962年在批判"包产到户"的同时，毛泽东非常注意培养正面典型，以证明农业集体化和农村人民公社体制的优越性。因此，大寨作为集体化的成功典型成为毛泽东维护集体化的有力武器。[1] 最后，1962年以后，毛泽东不同意恢复"大跃进"以前那种强调自上而下、专业化管理和重视物质刺激的苏联经济管理模式，主张用"政治挂帅""思想革命化"的方式解决经济运行中存在的问题，并对"特权"和"官僚主义"越来越不满意，提倡只有参加体力劳动才算参加劳动。[2]

总之，大寨的发展正好处在全国农村遭受"大跃进"和人民公社化挫折，农村集体经济陷入严重困难的关键时期。大寨人抓住农村经济政策调整的有利时机，利用集体力量战胜恶劣的农业生产环境，干群同心协力、苦干巧干，取得了生产的长足发展。大寨人的成功事迹不仅符合当时发展农业的政策，而且回答了急需解决而又具有普遍意义的问题，就是如何促进走上集体化道路的中国更好地发展。因此，在农业亟须自力更生和大搞农田基本建设的情况下，大寨很快成为指导全国农业生产的典型。

1964年，周恩来在三届人大《政府工作报告》中提倡大寨精神，反映了中共中央和毛泽东的态度及意见。就在这次全国人大会议期间，1964年12月26日，毛泽东邀请著名科学家钱学森、天津回乡知识青年邢燕子和陈永贵等到自己的住所参加生日宴

---

[1] 邹华斌、刘小莉：《毛泽东号召"农业学大寨"的现实政治原因分析》，载《毛泽东研究》，2013年卷。
[2] 武力：《中华人民共和国经济史（1949—1999）》，上册，600页，北京，中国经济出版社，1999。

会，再次肯定和赞扬了大寨的带头人陈永贵，认为"五十而知天命，搞出一个大寨来很好"。同时，毛泽东也告诫陈永贵等："你们有了成绩不要翘尾巴，一辈子也不要翘尾巴，要夹着尾巴做人。"这次谈话体现了毛泽东对"工业学大庆、农业学大寨，全国学人民解放军"的设想，也是对陈永贵带领下的大寨人艰苦卓绝的工作成绩的高度赞赏。

山西是学大寨运动开展最早的省份。早在1963年3月的全省农业生产先进单位代表会议上，中共山西省委就提出了"学大寨，一带二"的口号，号召全省各农业生产先进单位，主动帮助附近一个到两个后进单位，赶上先进水平。同年11月9日，中共山西省委又向全省发出《关于号召全省各级党组织向大寨人民学习的通知》，要求全省农村和城市各级党组织，要把大寨人民的模范事例，作为社会主义教育的活教材，在广大社员、干部和职工中，广泛组织学习和讨论，并把大寨精神运用到实际工作中。该通知发出后，各地纷纷响应省委号召，向大寨学习，一个"学大寨，赶大寨"的运动在山西全省迅速展开。据统计，1963年11月15日至24日，短短几天，山西省有组织地到大寨参观学习的县、社、队干部就达2 000余人。[①] 同时，《山西日报》当月在农村版开设《大家都来向大寨人民学习》专栏，报道全省各地响应省委号召向大寨学习、促进农业生产的活动状况，并对积极响应省委号召开展学赶大寨较好的地、县、社、队予以介绍和表彰。

山西省内的学大寨运动从一开始就不止限于农村，其他各条战线也处处以大寨精神为榜样，"比学赶帮"。工厂、商场、企业普遍开展了社会主义劳动竞赛，争相完成或超额完成国家计划，早已开展的增产节约运动也深入发展。在学校，大寨的模范事迹被当作社会主义教育的活教材在师生中组织学习和讨论，推动了正在教工中开展的"比学赶帮"竞赛，积极提高教学质量。通过学大寨运动，1964年山西全省粮食总产达到48.88亿公斤，棉花总产为0.88亿公斤，林牧副业等也均创历史最好水平。[②]

不仅在山西省内，全国各地也相继热烈开展学大寨运动。以《人民日报》发表的有关学大寨的内容看，自1963年12月4日第一篇关于学大寨的文章《帮的认真、学的劲大——记虎头山下两个生产大队》之后，类似的文章大量出现，涉及众多市县。20世纪60年代中期，"农业学大寨"的几十年里，全国有29个省、自治区、直辖市

---

① 山西省史志研究院：《中国共产党山西历史（1949—1978）》，406页，北京，中央文献出版社，2001。
② 李静萍：《农业学大寨运动史》，88页，北京，中央文献出版社，2011。

710万人次到大寨参观学习,中央和地方先后20多次在大寨和昔阳县召开各种类型的会议。许多国内外领导人先后参观大寨,周恩来总理曾三次陪同外宾视察虎头山①,使大寨精神走出中国,获得更多来自国际上的关注和赞誉。

为了推动"农业学大寨"运动更大规模、更强势头地展开,也为了表彰学大寨运动中涌现的先进典型,1965年11月至1966年3月,全国农业展览馆先后组织大寨式农业典型展览、农业副业展览和水利展览,共展出大寨及大寨式全国先进单位56个,包括8个人民公社,21个生产大队,1个生产队,1个互助组,2个区,13个县,4个专区和2个市。这些典型有的地处山区丘陵,有的在河川平原地区,有的在风沙干旱、土地地质瘠薄地区,也有低洼易涝盐碱地区。它们的共同突出特点是,当地人民充分发扬自力更生、艰苦奋斗的精神,顽强地同大自然作斗争,改变了生产条件,较快地发展了生产,改善了生活,为国家作出了较大贡献。据统计,大寨式农业典型展览开展近半个月,有14万多人前往参观,还有来自36个国家的外国朋友。② 除此之外,农村副业馆和水利典型展也取得了很大成功。农业副业馆展出了35个发展农村副业典型单位的成绩、经验,以及种类繁多、琳琅满目的来自全国各地的副业产品。农业展览馆水利馆展出43个水利典型单位的成就和经验,包括综合治理山水田,修好、管好、用好水利设施的成就和经验,以及通过大兴水利实现大面积增产的经验等。在筹备展览时,主管农业的副总理谭震林指示说,这次展览的主要目的,不是宣传成就,而是用来教育干部、教育群众,说明农村是个广阔的天地,有很大的潜力,鼓舞群众革命干劲。③ 这三次展览运用图片、模型、实物、幻灯等形式,展示农村发扬自力更生、艰苦创业精神,在各种地区、各种自然条件下,努力改变自然面貌和发展农业生产的光辉成就。展览期间,毛泽东亲自接见了陈永贵,周恩来总理等党和国家领导人参观了展览,并专门听取了学大寨事迹和经验的汇报。

当大寨成为全国农业战线的一面红旗,学大寨运动沿着既定轨道向前发展并取得了显著成效的时候,"以阶级斗争为纲"的"四清"运动也进入高潮。之后"农业学大寨"运动被"文化大革命"引入了另一条道路。1967年1月上海"夺权风暴"后,夺权斗争席卷全国。2月,昔阳县也展开了夺权斗争,陈永贵以造反组织责任人的身份当选

---

① 第一次是1965年5月21日,陪同阿尔巴尼亚劳动党副主席科列加一行到大寨参观;第二次是1967年4月23日陪同越南民主共和国总理范文同及副总理武元甲来大寨访问;第三次是1973年4月23日,陪同墨西哥总统埃切维里亚和夫人来大寨参观访问。
② 《学大寨人,立大寨志,做革命先锋》,载《人民日报》,1965年11月16日。
③ 武力:《中华人民共和国经济史1949—1999(上册)》,595、596页,北京,中国经济出版社,1999。

为昔阳县革委会主任，接着又参加了山西省的造反夺权活动，担任了山西省革命委员会副主任、中共山西省核心小组成员等职务。当年9月，省革委会在昔阳县召开农业学大寨现场会，将原中共山西省委、晋中地委、昔阳县委领导人揪到会上残酷斗争。"文化大革命"开始后，陈永贵逐渐成为山西省"左"倾路线的代表。

1968年9月27日，《人民日报》发表了新华社《沿着毛主席"农业学大寨"的光辉道路阔步前进》的评述，提出"学大寨就要像大寨人那样，不断地用毛泽东思想武装人的头脑，狠抓两个阶级、两条道路、两条路线的斗争，大抓人的思想革命化"。1969年中共九大以后，大寨又总结出落实九大提出的把无产阶级专政落实到基层的经验。大寨原本正常的农业生产被"左"倾思想打断，并利用自己的榜样优势宣传被夸大的阶级斗争。

1970年8月25日至10月5日，在周恩来主持下北方地区农业会议先后在昔阳县和北京召开。会议未能摆脱"左"的思想的束缚，与会者在大寨、昔阳县参观学习时，对照大寨大队和昔阳县找差距、挖根源，进行了"路线分析"，提出要继续开展"革命大批判"，建设昔阳县那样的"敢批敢斗"的领导班子，"认真搞好斗、批、改"。同时也重申了"三级所有，队为基础"的制度和自留地制度，坚持按劳分配的原则，允许生产队因地制宜安排种植等。这些纠"左"的措施虽然在一定程度上调动了农民的积极性，但极"左"思潮仍在不断干扰农村的正常发展。9月间，《山西日报》连续发表十多篇文章，提出学不学大寨是走什么道路的问题，阶级斗争是学大寨的第一课，学大寨必须大搞群众运动，学大寨一定要狠抓革命大批判等。山西省学大寨和各种政治运动混在一起，提出："学大寨还是反对学大寨，真学还是假学，是当前我国农村两个阶级、两条道路斗争的集中表现。""不但要学大寨的根本经验，还要学大寨的一整套具体经验。"动不动给人扣上"反大寨"的帽子，加以批判、清查，造成严重恶果。

其他省市出现不同于前期"农业学大寨"精神的情况。1970年11月9日，山东省革命委员会核心小组向中共中央、国务院报告该省当时召开的农村工作会议情况，"重点讨论了进一步开展'农业学大寨'群众运动的问题"，指出"过去我省学大寨运动开展不力的一个重要原因，就是我们许多同志长时间只把大寨看作生产典型，没有把学大寨看成方向、道路问题"，通过学习，一致认为"学大寨就是走社会主义大道，不学大寨就是搞歪门邪道""反对学大寨，就是走资派""学大寨，必须狠抓阶级斗争……不抓阶级斗争，学大寨是一句空话"。中共中央于同日向各省、自治区、直辖市转发了山东的报告,并作了"中央认为这个报告很好"的指示。① 在"大批修正主义,大批资本主义,大干社会主义""大批促大干"的"左"倾思想指导下,学大寨运动走上歧途,离早期的内涵越来越远。

1974年"批林批孔"运动中,大寨又提出他们的经验是在中国共产党的路线指引下,普及、深入、持久地进行上层建筑领域的社会主义革命。在"批邓反击右倾翻案风"中,则宣传大寨坚决与"右倾翻案风"进行斗争,批判修正主义,反对复辟倒退。这样,大寨经验完全背离了它原来的精神,学大寨纳入阶级斗争、路线斗争的轨道,大寨变成了"左"倾错误的一个典型。

1975年9月15日,中共各地县委书记在山西省昔阳县参加第一次全国农业学大寨会议。参加会议的各地区、各部门代表共3 700多人,历时1个多月,从昔阳县开到北京,10月19日会议在北京闭幕。时任国务院副总理的陈永贵致开幕词和闭幕词,会议的中心议题是普及大寨县。会议期间,11个学习大寨的先进典型介绍了经验。10月15日华国锋代表中共中央和国务院作了题为《全党动员、大办农业,为普及大寨县而奋斗》的总结报告,提出"要把全国每个县都建设成坚持毛主席的无产阶级革命路线、坚持社会主义道路的战斗堡垒",要求"苦战五年,到1980年,全国三分之一以上的县建成大寨县,其他的县也都要建成更多的大寨式的大队和公社"。"现在全国已有三百多个学大寨先进县。今后五年内……全国每年平均要新建成大寨县至少一百个"。总结报告提出,"随着建设大寨县运动的普及和提高,随着社会主义农业的发展,特别是公社、大队两级经济的壮大""在条件成熟的时候,将逐步向以大队乃至公社为基本核算单位的所有制过渡"。② 会议还认为,要实现目标"县委是关键",要求会后各个县委在今后五年,每年集中整风一次,要"下硬功夫,对基层党组织一个一个地进行整顿"。"对那些问题特别严重的社队,县委领导要深入基层,发动群众,揭开阶级斗争的盖子,解决领导权问题。"为此,会后全国抽调上百万干部下农村帮助社队进行整顿,开展普及大寨县的工作。

1976年10月,粉碎"四人帮",随即"文化大革命"宣告结束。当年12月10日至12月27日,在北京召开了有5 000名代表参加的全国第二次农业学大寨会议。这次会议揭批了"四人帮"的罪行,提出要"解放生产力"和"生产发展得越多越快越

---

① 中华人民共和国国家农业委员会办公厅编:《农业集体化重要文件汇编(1958—1981)下》,882~885页,北京,中共中央党校出版社,1981。
② 《全党动员,大办农业,为普及大寨县而奋斗》,6~23页,合肥,安徽人民出版社,1975。

好"的观点,但也强调要继续抓住阶级斗争这个纲,开展"农业学大寨"、普及大寨县的运动,号召"掀起大寨县运动的新高潮"。《人民日报》在当年12月11日发表了祝贺会议召开的社论《更高举起农业学大寨的红旗》,全国各地的报刊也都连篇累牍地介绍大寨、昔阳的"新鲜经验"。到大寨参观者纷至沓来,据不完全统计,1977年参观访问的外宾有432批,5 199人,国内参观者共达474 284人;1978年参观的外宾有325批,5 405人,国内参观者共达182 905人。① 直至同年12月中共十一届三中全会以后,对大寨的参观才停止下来。农业部于次年1月31日至2月8日在北京召开全国农牧局(厅)长会议上明确指出,今后不再开展大寨县运动和不再评选学大寨县的先进单位和个人。

1978年12月召开的中共十一届三中全会深入讨论了农业问题,要求纠正农业政策上的"左"倾错误,把加快农业发展放在重要地位,并原则通过了《中共中央关于加快农业发展若干问题的决定(草案)》和《农村人民公社条例(试行草案)》。1980年9月,由《人民日报》《光明日报》、新华社和中央人民广播电台的一些记者联合组成的调查组开赴山西,在大寨和昔阳等地采访40天,写出了两组内参,分别于1980年8月29日在《山西日报》载文《继续肃清学大寨中的"极左"流毒》,9月5日载文《评大寨经验》。山西省委在肃清农村工作"左"倾路线流毒和影响的过程中,总结了全省农业学大寨运动的经验教训,整理成《关于全省农业学大寨经验教训的初步总结》一文,于1980年10月上报中央。该总结指出:"大寨,在农业合作化运动中是先进的。在'大跃进'时许多地方发生浮夸风,大寨的工作则是比较实在的。"大寨在"文化大革命"以前,"的确是山西农业战线上的一个先进单位,是山区生产建设的先进典型"。在"文化大革命"中,学大寨在政治、经济、思想、组织、作风等方面都推行了一套"左"的经验。学大寨运动"离开了正确的路线、方针和政策,给全省人民的政治生活和经济生活带来了严重的危害"。"从大寨、昔阳十多年的实践看",其错误是:"不断地人为地制造'阶级斗争',形成阶级斗争扩大化";"不断地变革生产关系,'搞穷过渡'";在堵"资本主义的路"的口号下提倡取消自留地,限制家庭副业、扼杀多种经营,取消集市贸易;批判定额管理,鼓吹平均主义计酬;搞"一平二调",破坏按劳分配等。事实说明这些错误做法"破坏了全党的各项农村经济政策,破坏了党和群众的密切联系,挫伤了广大干部群众的积极性,严重地阻碍了农业生产的发展"。

---

① 山西省地方志编纂委员会编:《山西通志(第八卷)·农业志》,112页,北京,中华书局,1994。

山西省委在批判了过去的错误之后,承担了责任,提出"全省农业学大寨中发生的'左'的错误,责任在省委",同时也提出要"继续批判'左'倾路线",进一步肃清其影响。

中共中央于11月23日转发了山西省委的总结报告,并在批语中肯定"全国各地学大寨的农业先进典型绝大多数在生产上、建设上都是有成绩的,有贡献的"。大寨"的确是农业战线上的先进典型。周恩来同志所总结的大寨的基本经验以及这些经验在全国的推广,也曾经起过积极的作用"。同时"希望大寨和昔阳县的干部和群众认真总结经验教训以后,恢复过去的自力更生、艰苦创业的好作风、好传统,振奋精神,取得新的进步"。批语指出:"在推广先进经验的时候,必须分析它产生的具体条件,哪些是带有普遍性的东西,绝不能生搬硬套,强迫命令,不分东南西北,不分自然条件和耕作习惯,用大寨这样一个典型的经验去指导农村所有地区、所有行业的工作。"任何先进技术经验或经营管理经验,都必须同农民的经济利益联系起来,重视经济效果,在农民自愿接受的基础上,经过试验逐步推广,切不可用一阵风的运动方式一哄而起,更不能乱扣帽子,采用行政压制手段。"① 这个报告和批语发到全国,"农业学大寨"运动宣告终止。

## 第三节　农业学大寨运动的后果和影响

农业学大寨运动是以毛泽东为核心的中共中央第一代领导集体以大寨自力更生、艰苦奋斗、改变山区落后面貌为典型而发动的一场旨在探索农业发展道路、解决人口大国的人民生存与经济发展问题的群众性运动。这场运动从1964年周恩来在三届人大《政府工作报告》中正式提出大寨精神开始,到1978年12月十一届三中全会后结束,是20世纪六七十年代影响全国的时代精神之一,大寨的领导者陈永贵也在农业学大寨运动中从一个普通的农民当上了国务院副总理。持续近15年的农业学大寨运动是新中国历史上农村运动中持续时间最长、参加人数最多、涉及面最广、影响最大的一场全国性运动。学大寨运动的兴起和"文革"开始后的畸形发展,不仅在中国农业发

---

① 中共中央文献研究室编:《三中全会以来重要文献选编》(上),481页,北京,中央文献出版社,2011。

展史上，而且在中国当代历史上，都产生了深远影响。

"文化大革命"前的农业学大寨运动旨在提倡发扬自力更生、艰苦奋斗的精神，用自己力量改变经济落后的面貌。在中共中央和毛泽东主席的大力倡导下，大寨人的事迹激励全国各地农民群众以愚公移山的意志和气概，填沟造田、平整土地、改土增肥、开荒垦殖、兴修水力、植树绿化，大搞农田基本建设，对农业生产基础设施建设具有极大的促进作用。

作为农业学大寨最早开始的省份，山西省的农业生产条件不断改善。1965年冬，全省投入农田基本建设的劳动力达172万余名，占劳动力总数的28%；建成稳产高产农田84万亩（其中水平梯田42万亩），低标准的基本农田184万亩，加上原有基本农田26万亩，共计294万亩；造林93万亩，零星植树3 800万余株，育苗6.5万亩。全省1965年比1962年粮食总产量增加23.6%（其中小麦总产增加72.4%），棉花总产增加59.3%，油料总产增加98.4%，大牲畜总头数增加12.9%，猪总头数增加70.39%，羊总只数增加8.2%，农业总产值增加33.22%。[1] 其他省份在农业学大寨运动中也积极响应，例如江苏省宿迁县，1964—1980年开展"农业学大寨"运动，从一个"洪水走廊"变成了"淮北江南"，在农田基本建设、兴修水利等方面取得惊人成绩。1969—1974年，宿迁县全县粮食总产量从2.6亿斤增加到6.8亿斤，亩产量递增86斤。[2] 处于较为偏远地区的省市在农业学大寨运动中也取得很大成果。据统计，青海省在农业学大寨中累计平整土地4.6万公顷，治理水土流失面积1 982.4平方公里。牧区投入资源建设的人数达到4万多人，为牧区劳动力总数的1/4，大力开展"草库伦"建设活动，对封育、保护草原，提高牧草质量起到了积极作用。

在农业学大寨运动中，对大寨农业管理模式的强制推行及对大寨经验的迷信，也使各地的农业生产走了一些弯路。

首先，大寨经验中推崇的"大寨工""穷过渡"等平均主义思想，挫伤了农民积极性。大寨村在陈永贵的带领下建立了昔阳县第一个人民公社，这样一夜之间建立的集体经济组织内部没有建立适合农村实际形势、为广大农民所接受的、切实可行的管理制度。公社成立后，大寨村的生产虽然有一定的发展，但是社员并未从中得到多少好处。据统计，1958年全村人均分配比1957年增加了11%，但却有10.7%的农户比上一年减少了收入，8.7%的农户收入与上年持平。减收户和持平户大都是劳力较多的农户，他

---

[1] 山西省地方志编纂委员会编：《山西通志（第八卷）·农业志》，111页，北京，中华书局，1994。
[2] 《"敢"字当头跨大步——江苏省宿迁县学大寨赶昔阳的事迹》，载《人民日报》，1975年9月23日。

们多劳不能多得，"大锅饭"破坏了他们参加集体生产劳动的积极性。① 至于那些增收户，则大多是人口多、劳力少的农户，均贫富的分配方式，助长了这些人的平均主义意识。

大寨的平均主义思想在"文化大革命"之后更加以"大概工"这种评工制度强制向全国推广。1963年以前，大寨的劳动管理以包工制为主，有"三包一奖四固定"等一套定额管理办法。这套包工、包产、包投资，超产奖、减产罚的办法很有效，社员干多少活得多少分，对提高社员的劳动积极性有较好的作用。但在后来不断要求突出政治的大背景下，陈永贵认为"一心为公劳动，自报公议工分"的大寨评工记分方法更适合当时思想领先、政治挂帅的原则，同时还可以化繁为简，简化评工方式。在陈永贵的主持下，大队党支部、管理委员会和社员最后决定实行1960年就曾提出并局部采用的"标兵工分，自报公议"的办法，这种方法被称为"大寨工"或"大概工"。但是当时的山西省及晋中地区都不准备推广，甚至明确反对。直至1967年"文化大革命"爆发，时任昔阳革命委员会主任的陈永贵开始依靠政治高压手段强行推广这套办法。这套方法规定，劳动者获得的工分只与劳动能力和出勤天数相联系。其特点是不反映在生产过程中的实际劳动支出，工分等级差别小而且固定不变，社员之间工分差别不大，所得实际收入大体是平均的。此外，这套方法还将社员个人的思想觉悟作为评定工分的依据，又使社员的工分同劳动支出在一定程度上脱钩，违背按劳分配的原则。大寨式记工法的特点在于平均主义，却被赋予"巩固集体经济""防止两极分化"的特殊含义。昔阳全县415个大队、1 335个核算单位，在1967年5月就全部推行了大寨劳动管理经验。山西全省也有70%的生产队推广了大寨经验，有57个县基本实现了经营管理"大寨化"，占全省总县数的56%。② 1968年年初，上海、天津、山西、山东等地有70%的生产队，广东、广西、河北、黑龙江等地有50%以上的生产队，实行了大寨式的记工法，其他地区也在试行和推广。"大寨工"的评工方法使各地原有的管理办法统统被批判、扫荡，原来劳动管理较好的生产队的规章制度几乎全被冲垮，劳动管理没上轨道的社队更加无所适从，陷入更大的混乱。从此，全国农村人民公社集体经济的劳动管理出现空前混乱，按劳取酬社会主义原则遭到破坏，平均主义在全国农村泛滥，农民的劳动生产积极性又一次受到严重打击，制约了农业生产效率的提高。

大寨1963年抗洪胜利的"衍生物"除了"大寨工"的实行，还有基本核算单位向生产大队过渡，民间称为"穷过渡"。1967年上半年，全县开始推行大寨关于以大

---

① 孙启泰、熊志勇：《大寨红旗的升起与坠落》，17页，郑州，河南人民出版社，1994。
② 陈大斌：《大寨寓言——"农业学大寨"的历史警示》，184页，北京，新华出版社，2008。

队为基本核算单位的经验。昔阳县革命委员会认为:"以生产队为核算单位已暴露出不适应生产力发展的要求:一则不能集中人力、物力、财力进行大规模的农田基本建设,只能修修补补维持简单再生产;二则不能像大寨那样实行土地连片、因地种植,挖掘土地潜力;三则妨碍集中领导、统一指挥;四则不能有计划地建设社会主义新农村。"① 据山西、河北、北京、上海、江苏、浙江等11个省、自治区、直辖市的统计,1970年以生产大队为核算单位的大队已占大队总数14%,其中山西省大多数生产队已合并为大队所有制。浙江省有四分之一的社队实行了以大队为基本核算单位的制度。到1975年9月,全国实行大队核算的大队占总数的9.2%(最高时曾达到14%),远高于1962年5%的水平。在当时的社会条件下,人民公社以生产队为基本核算单位是物质基础薄弱的选择。如果无视生产力发展的不同水平,强行改变经济核算单位,"靠穷精神过渡"到大队一级、公社一级的集体所有制或全民所有制,在很大范围内组织简单协作,就会造成吃"大锅饭"的状态。一些地方核算单位扩大后,人为拉平了原各核算单位的收入分配水平,无偿剥夺了部分农民的劳动果实,一些劳动者付出大量体力创造的少量成果在分配中被均分了,这必然挫伤他们的积极性。一些农村生产队为了避免或减少公社或大队平调其资财带来的经济损失,纷纷杀猪砍树,吃光分净储备粮和公积金,使集体经济遭受严重损失和破坏。事实证明,急于过渡造成的混乱,严重影响了有关地区农业生产的发展和农民生活的改善。脱离农业生产力发展实际水平的"穷过渡"是不利于农业发展的。

其次,在大寨经验的推广过程中,强调"一整套""一本经",在方法上又搞"一刀切",忽视了各地不同的生产条件和生产环节。中国农村地域辽阔,各地的自然条件、生产情况、耕作习惯有很大差别。大寨大队生产的一些具体做法,在一些地方被不切实际地照搬过来,结果是严重违背自然规律和经济发展规律,损失惨重,浪费巨大。山西全省多数大队仿效大寨把社员自留地收归集体代耕,绝大多数集市贸易关闭。大寨在恶劣的自然条件下搬山造田、偏废多种经营等做法也在一些地区照搬,用专政的办法办农业,用主观蛮干代替科学指导。为了追求粮食产量的高指标,有的地方围湖造田、填塘造田,在山区毁林开荒,在牧区毁草种地等,不仅劳民伤财、耗费了大量的人力物力,而且使生态环境日益恶化,自然灾害增加,水土流失也越加严重。例如为了学习大寨,用炸平山头、造平原保粮食高产。素有"千湖之乡"的湖北省,原有千亩以

---

① 宋连生:《农业学大寨始末》,202页,北京,九州出版社,2011。

上的湖泊1 065个，被围掉1/2左右，致使水面减少了3/4。陕西省镇巴县原来森林覆盖率达到60%以上，林茂粮丰，毁林开荒后生态平衡遭到破坏，不仅林产品产量下降，而且水、旱、雹灾频至，全县粮食锐减。浙江有5万亩池塘被填了造田。上海市郊有8万亩池塘被填。内蒙古伊克昭盟开垦了1 800万亩草原，使草原沙化、风沙南侵。这些做法严重违反自然规律和经济规律，劳民伤财，不但经济效益极低，而且生态平衡也遭到破坏。

最后，国家把大寨、昔阳看成特殊的地方和单位，在财力和物力方面，都给予特殊的照顾，这种"树样板"的做法，背离了实事求是的优良作风，也造成了大量的浪费。"文化大革命"中，由于把大寨、昔阳树为先进的典型，国家用大量人力、物力加以支持。大寨大队的农田水利建设、架设高空运输索道、修建喷灌滴灌工程、添置农业机械等，国家给予了很大的支援。大寨大队共接受国家和单位的财力、物力支援达84.46万元。按1976年春大寨的户数和人口计算（83户、480人），平均每户达1万余元，人均1 750余元。① 再如昔阳县，1966年以后，国家在分配水力投资、化肥、农业机械、汽车等方面都给予了过多的特殊照顾，仅晋中地区支援昔阳的农田水利基本建设款就达2 560万元，平均每增加1亩水浇地，要600多元。昔阳的"西水东调"工程，不但破坏原有的灌渠，而且耗费国家投资5 000多万元。② 这种"造典型""树样板"的做法，引起大多数干部群众的不满和反感，破坏了中国共产党实事求是的优良作风。

"文化大革命"开始后，农业学大寨运动发生了"左"的偏向，导致生产建设逐渐政治化。

第一，"文化大革命"开始后，"农业学大寨"运动已不是一般的学先进的生产运动，而是逐渐变成政治工具，成为"文化大革命"用强制手段推行"左"倾政策、宣扬阶级斗争和"无产阶级专政下继续革命"的传话筒和扬声器。1967年3月5日，《人民日报》刊登了陈永贵在昔阳造反夺权的通讯，利用大寨这面旗帜为农村夺权和制造动乱推波助澜。在"大批资本主义、大批修正主义"的口号下，大寨经验、大寨做法附加了许多"左"的色彩，农业学大寨运动也随之失去了它原有的发展生产的价值，大寨人民的辛勤耕作和正常的生产建设淹没在政治声浪之中。1967年9月，在昔阳召开的山西省第一次农业学大寨会议对原省、地、县各级领导干部进行了残酷斗争。1970

---

① 孙健主编：《中华人民共和国经济史（1949—90年代初）》，368页，北京，中国人民大学出版社，1992。
② 《山西日报》，1980年7月9日。

年北方地区农业会议期间,省革命委员会第四次全委会议通过《关于农业学大寨的决议》,提出学大寨要解决"五种人"("走资派""民主派""老好人""坏人"和"被阶级敌人拉下水的人")的问题。1971年4月,中共山西省委第三届委员会第一次会议通过的第一个决议,即《继续深入开展农业学大寨的群众运动的决议》,提出学大寨必须抓根本,狠抓阶级斗争和路线斗争,深入持久地开展革命大批判。后来一次又一次地对大寨、昔阳的经验进行"重新认识",从而越来越深地陷进"左"倾错误之中。全省按照大寨和昔阳的经验,天天抓"阶级斗争""堵资本主义",年年整顿领导班子,解决"五种人"的问题。学大寨与农村中的"斗、批、改""清队""整党""一打三反""批林批孔""反击右倾翻案风"结合在一起,成为"文化大革命"的一个组成部分。

第二,大寨大队和所在的县、地、省的某些负责人受到极"左"思想的影响,否定了大寨原先的经验,认为大寨的根本经验是"大批修正主义,大批资本主义,大干社会主义",即"大批促大干"。不少地区还在政治上推广大寨的阶级斗争天天抓的经验,整天批斗,大搞阶级斗争扩大化,把许多干部群众当作"修正主义分子"批判,当作"敌人"斗争,甚至对社员群众的一些生活小事也要"上纲上线"进行批判。许多领导人都被戴过"反大寨"的帽子,挨过"反大寨"的棍子。甚至在清查"四人帮"的运动中,还把"反大寨""反昔阳"列为清查内容,伤害了许多同志。

第三,"文革"时期的农业学大寨成为执行"左"倾错误的典型,过分地"美化""神化"大寨,把大寨的一切都看成是绝对正确的,以大寨的一些很具特殊性和地域性的做法组织领导全国的"农业学大寨"运动。由于受政治挂帅等"左"的思想影响,逐渐歪曲了大寨经验的实质,有些地方没有学习大寨精神,而是脱离实际,搞形式,大搞阶级、路线斗争,造成生产管理上的混乱,影响广大社员的生产积极性。除此之外,还将农业战线"学大寨"的范围扩大到更广泛的领域,致使工业、财贸、文化、教育、卫生、体育、司法、公安、民兵、青年、妇女等各行各业都提出了学大寨的口号,并且都到大寨"取经"。把大寨一些"左"的思想和做法带到各行各业,使"大寨经验"成为"左"倾思想扩散的工具。

第四,"文化大革命"中,大寨追求"以粮为纲",不注意发展多种经营,把自留地、家庭副业都当作"资本主义尾巴"割掉,刮起"三交一改变"(收交自留地、自留畜、自留树,改生产队核算为大队核算)的"共产风",不准农民搞编织、采集、家庭饲养家畜家禽等,而且还批判集体经济内部的资本主义,限制社队工业和副业发展,扼杀多种经营，取消集市贸易，堵塞城乡交流。在学大寨运动中，农民的家庭副业被当作"资本主义倾向"受到日益严厉的限制，有的地方已发展到打击和取消的地步。但是在20世纪70年代，中国农民远未摆脱自给自足的自然经济形态，农民收入的70%还是来自实物分配，对农民家庭副业和集体工副业的限制，使农民收入增长缓慢甚至下降。统计表明，1976年与1966年相比，虽然粮食产量增加了33.8%，但棉花产量降低了12%，油料作物产量降低了1.8%。① 一味地限制家庭副业不仅减少了农民收入，也使农业内部的产业结构严重不合理，农业生产成本大幅度增加。

今天，客观地认识"农业学大寨"运动，认真反思它的经验教训，对于探索中国特色的农业现代化道路，意义依然十分重大。从"大跃进"、人民公社化到"农业学大寨"运动等一系列农业现代化的艰难探索着，虽然实践证明学大寨运动并不能解决中国农业现代化道路问题，但从整体上看这一曲折迂回的试错过程是具有一定价值的。

许多学者对农业学大寨的影响，从不同角度作出了不同的评价。

持肯定态度的学者以农村经济体制变革趋势为出发点认为："每一个社会发展阶段都有其必须完成的特殊历史任务……新中国在完成原始积累的这一基本历史任务中，是陈永贵们而不是殷实农民们，跟随并协助了工业无产阶级实现了现代工业对传统农业的剥夺，从而完成了这一历史任务。不论从理论，还是从实践讲，陈永贵们的努力，都是建设性的、生产性的、是具有历史进步性的。"持此观点的学者高度赞扬了陈永贵和全体农民"苦行僧"式的努力和贡献，认为如果"没有陈永贵们带领全体农民'苦行僧'（'文革'结束后批判大寨典型时人们曾用'苦行僧'形容当时的大寨人）式的努力，中国工业化原始积累阶段不会那么快终结，新的发展阶段及相应的经济模式不会那么快到来。"② 同时，农业学大寨运动也发挥了集体化体制内部所能容纳的全部生产力，从而使新体制得以产生的物质条件趋于成熟，最终实现新旧体制的转换。"在'大跃进'被证明走不通时，处于低谷中的农村经济如何发展，是全党和毛泽东正在着力思考和探索的课题，要发现和梳理一个成果的典型，这个典型必须继承战争年代的献身精神和英雄主义气概，同时又切实改变了贫穷面貌，生产得到发展，人民生活得到改善。大寨正好是这种非常难得的典型。"③ 可以看出，农业学大寨运动不仅是时代的产物，而且这一运动也实现了它的初衷，即号召学习大寨治山治水、拓展农田的

---

① 董辅礽主编：《中华人民共和国经济史（上卷）》，534页，北京，经济科学出版社，1999。
② 程漱兰：《中国农村发展：理论和实践》，250、252页，北京，中国人民大学出版社，1999。
③ 张湛彬：《陈永贵和大寨的沉浮》，载《党史博览》，2002（2）。

大思路是为了呼应中央"以粮为纲"方针，也是为了解决几亿人口的吃饭问题；提倡学习大寨自力更生、艰苦奋斗的精神，是为了呼应独立自主、自力更生原则和当时国家处于极度困难时期又没有外援的情况下急于恢复国民经济的严峻形势。即便是在"文化大革命"发生后，农业学大寨运动发生逆转，但"大寨宣传的'大批促大干'经验，是同毛泽东亲自发动的'无产阶级文化大革命'的理论和实践声声相应、息息相关的；大寨代表人物反复要求的由生产队所有制向生产大队所有制过渡、由生产大队所有制向人民公社所有制过渡，甚至向县所有制过渡，也是同当时党中央由农民的个体所有制通过合作化过渡到农村集体所有制、再由集体所有制通过人民公社过渡到全民所有制（社会主义社会），最后由社会主义社会过渡到共产主义社会的所谓的过渡理论相一致的"。① 从微观角度讲，大寨精神在一定程度上对农业基础设施建设起到积极的促进作用。有学者认为学大寨运动带有的"左"的思想影响了农业生产，但在改善生产条件方面，比如兴建的大批大中小型水利灌溉工程，确实提高了农田的灌溉率和土壤的蓄水防涝能力，为改善农村环境以及提高农业生产效率创造了有利条件。② 改革开放后，中国的农村经济发展水平之所以能够在短期内迅速提升，除了中共中央正确的决策，实施联产承包责任制外，还得益于农业学大寨时期的基础设施建设，使农业生产可以在硬件设施完备的条件下快速走上高产的道路。

　　从农业学大寨运动中所使用的方式和运动性质上来看，颇多学者提出了批判的观点。有学者认为，毛泽东发动的农业学大寨运动是一场"割资本主义尾巴"的运动，使农民在生产与经济活动中长期失去了最富生命力的"自主"与"自由"，严重抑制了广大农民的生产积极性，导致农业生产和农村经济长期停滞不前，迟缓了农村商品经济和农民摆脱贫困的步伐，客观上背离了毛泽东自己在农村经济变革中自始至终追求发展生产、脱贫求富的终极目标。③ 也有学者认为从20世纪60年代初至70年代的人民公社时期，国家对农村的控制日趋强化，利用农民对政治体系权威的认同使农村处于国家的有效控制之下，承载工业化的巨大重负，但是这种方式形成的迟滞性稳定窒息了农业经济活力，阻碍农村经济社会的现代化进程。④ 人民公社制度和"大寨典型"是毛泽东乡村理想的具体模式，但大寨式的计划体制下的"自给自足"自然经济

---

① 李静萍：《农业学大寨运动史》，436页，北京，中央文献出版社，2011。
② 王瑞芳：《成就与教训：学大寨运动中的农田水利建设高潮》，载《中共党史研究》，2011（8）。
③ 温锐：《毛泽东关于农地所有制变革实践的再探讨》，载《历史教学》，1998（9）。
④ 吴毅：《人民公社时期农村政治稳定形态及其效果——对影响中国现代化进程一项因素的分析》，载《天津社会科学》，1997（5）。

和行政作用下的依靠"穷过渡"带来的"共同富裕"没有给中国农村带来新的进步与希望。① 因此，农业学大寨运动"不仅没有为中国农业找到一条出路，反而强化了人民公社的固有弊病"。②

有学者将对农业学大寨的诟病集中在"文化大革命"开始之后，认为应该把农业学大寨运动放在当时的历史条件下考察，首先要正确区分"文革"前的农业学大寨运动和"文革"后的农业学大寨运动，两者的实质有很大不同。持此观点的学者认为，"文革"后的做法并不是真正的大寨精神的体现，并提出两者间实质性的不同："大寨人坚持治山治水、大搞农田基本建设，在七沟八梁一面坡上建造层层梯田的经验；大寨人在物质基础薄弱、文化条件落后的情况下，坚持科学种田，实行'三深''四不专种''三不空'，努力提高粮食单产产量的经验；大寨人不断加强基层组织建设，充分发挥党支部战斗堡垒作用的经验；大寨干部吃苦在前，享受在后，坚持参加生产劳动的经验……这些经验都和大寨自力更生艰苦奋斗的精神是一致的，曾被国人不断传颂，直到今天，仍然值得学习和借鉴。'文革'开始后，被各种主流媒体总结的'大批资本主义，大批修正主义，大干社会主义'的'大批促大干'的经验；鼓吹斗争哲学，鼓吹七斗八斗，人为制造'阶级斗争'的经验；俨然取消自留地、取缔集市贸易、限制多种经营和家庭副业，不断'割资本主义尾巴'的经验；在生产力低下的情况下，超越生产力发展水平，不断变革生产关系的'穷过渡'的经验……这些经验都和大寨精神是相悖的，早已遭到广大社员的唾弃，必将永远被历史抛弃。"③ 有学者指出，大寨大队在"文化大革命"中完全背弃了"文化大革命"前的那一套。大寨的政治挂帅原则，已变成了阶级斗争扩大化，自力更生艰苦奋斗的精神也丧失了。"林彪、'四人帮'借学大寨推行其极'左'路线，严重破坏了党在农村的正确的方针和政策，极大地挫伤了干部和农民生产的积极性，给农业生产的发展造成极为不利的影响。它使得农业生产发展缓慢，农业结构不合理，偏重粮食种植，忽视和损害了经济作物、林业、畜牧业和副业的种植和生产。另外还造成劳动生产率下降，农产品商品性不高，生态环境恶化，农民生活下降。"④ 也有学者认为，大寨大队主要负责人夺了中共昔阳县委的权，这一事件"对全国农村鼓动造反和制造混乱起了推波助澜的作用。从上到下的'夺权'

---

① 郑以灵：《论毛泽东的乡村理想》，载《厦门大学学报》，1999（2）。
② 肖冬连：《一个时代的终结——对农业学大寨运动的总结》，载《党史博览》，2004（11）。
③ 李静萍：《农业学大寨运动史》，436、437页，北京，中央文献出版社，2011。
④ 孙健：《中华人民共和国经济史（1949—90年代初）》，367~369页，北京，中国人民大学出版社，1992。

斗争，挑起群众组织之间的严重对立，1967年下半年开始，在农村一些地区相继出现武斗，整个农业战线处于无政府无组织的混乱状态。加上'三自一包''四大自由'等影响，使调整时期制定和实施的一些有利于恢复农业生产的农村经济政策在执行中受干扰，农业生产积极性严重受挫。"①

这场规模空前的农业学大寨运动发端于中国农业生产环境最恶劣、最贫穷的地区，最初是以改天换地、劈山造田、基本农田建设、科学种田为主要内容，以大寨为精神榜样，积极发动和组织广大群众进行艰苦奋斗。在当时极其落后的工农业生产水平和"以农养工"的工业化思路下，大寨典型的树立对全国各地农村建设和农业生产的提高发挥了积极的作用。但由于农业学大寨运动在初期就隐含了许多"左"的思想，致使农村中一些"左"的政策长期得不到纠正。在开展过程中又被"文化大革命"所影响，硬搬照套大寨的劳动管理方法、批判多种经营，特别是后期在农村的扩社并队、没收自留地、砍家庭副业和"穷过渡"等做法，损害了中国共产党各项农村经济政策，损害了党和群众的关系，破坏了社会发展必需的公平和效率，对农业生产的消极影响在农业学大寨运动的后期越来越大。

反思农业学大寨运动的功过对于解决当代农村建设和农业发展有着重要的启示作用。有学者认为虽然农业学大寨运动不能解决中国现代化的出路问题，但是它为新时期继续探索中国特色的农业现代化之路提供了有益的历史启示，认为"必须摒弃以群众运动、政治革命和阶级斗争方式搞经济建设的错误做法；必须正确处理积累和消费的比例关系；必须坚持多种所有制经济共同发展，先富带后富，逐步实现共同富裕；必须遵循生产关系一定要适合生产力状况的规律"。② 也有人从解决农民问题的角度出发，认为"保障农民利益的核心问题是要解决农民组织化问题，改变其弱势群体的地位，提高其对资源的控制能力和社会行动能力；保障城乡之间的公平秩序，给农民以平等的国民待遇，实现社会权益与财富的公平分配，实现基本公共服务均等化；各级领导还应始终坚持实事求是的精神，因地制宜，尊重农民的意愿与首创精神，保证决策的科学化与民主化"。③ 具体地看，对农业学大寨中政治传播的历史经验的研究对当今更好地宣传中国共产党的方针政策，形成高度的社会认同也有借鉴和启示意义。④

---

① 郑有贵：《"文化大革命"时期农业生产波动及其动因探析》，载《中共党史研究》，1998（3）。
② 黎丽萍：《农业学大寨运动的历史启示》，载《沧桑》，2013（3）。
③ 刘岩：《农业学大寨运动——以江苏省宿迁县为个案的研究》，南京大学硕士学位论文，2013。
④ 张昭国：《"农业学大寨"运动中的政治传播及历史启示》，载《太原师范学院学报（社会科学版）》，2008（4）。

除了在农业发展和政治传播方面的启示之外，从对农业学大寨运动的开端和发展的研究可以看出，大寨经验和大寨精神是在特定环境下自发产生的，"农业学大寨"口号的提出虽然在一定时间内具有激励作用，但其提倡的具有特殊性的农业发展方式不能作为普适经验大范围推广。对当代农业制度变迁来讲，在全国各界对制度创新的呼唤中，特别是面对中国农村经济发展中亟须解决的现实问题和困境，农业制度创新需要考虑环境的变动性和不确定性，对已有制度作适当的调整、完善和改革，同时也要考虑制度变迁中的路径依赖以及农业发展的周期性、系统性和复杂性，通过政府主导强制和诱致相结合，以渐进展开的方式进行农业制度创新。

第一节　二元户籍制度的历史演变
第二节　二元户籍制度与城乡分治
第三节　二元户籍制度的历史影响

# 第六章　城乡二元户籍制度

## 第一节  二元户籍制度的历史演变

### 一、户籍制度的历史基础

户籍的本义是指登记居民户口的册籍，后逐渐发展为基于家庭出身和居住地而确定个人社会身份的名称或符号的标志。在实际生活中，户籍通过个人的户口表现出来。可以说户口与户籍是内容与形式的关系，户口是户籍的生命实体，居民只有在户口登记部门进行户口登记后，才具有了户籍。有了户籍，个体的存在才能得到法律的认可，个人的各项权利与义务才能得到法律的保护。因此，户籍是居民户口的法律凭证，没有履行户口登记就不能认定有户口。

户籍制度是一项基本的国家行政管理制度。传统的户籍制度是与土地和人口直接联系的，是一种以家庭为单位的人口管理方式。现代多指对户口户籍进行管理的制度，是各级国家管理机构对其辖区范围内的户口进行调查、登记、申报，并按照一定原则进行立户、分类和编制的户口管理制度。

中国的户籍制度有着悠久的历史传统，历经了几千年的批判、继承和发展。原始社会末期，随着生产工具改进，劳动剩余增加，开始逐渐出现以少数人组成的小单元和集体，即家庭。渐渐地，氏族组织慢慢瓦解，被家庭取而代之，家庭发展成为基本的社会生产和生活单位。家庭作为一个社会实体的出现，改变了原有的社会结构和社会关系，社会结构已不再是氏族、部落的集合，个人也已不再通过血缘关系结合在一起。

随着石器的发展和金属工具的出现和使用，生产力进一步发展，劳动生产率有了较大的提高，使得劳动者能够生产出剩余劳动产品，于是出现了奴隶主和奴隶的划分。

而奴隶主为了方便对奴隶的奴役和管理，开始实行初步的人口登记制度。在商代称为"登人"或者"登众"。据甲骨文云：

贞登人乎涿……田。(《英国》837)；

……卜，宾，贞牧称册，……登人敦……(《合集》7343)；

……道王登众，受……(《屯南》149)；

第一句是核对登记丁壮以便进行涿地的农田劳动。第二句中"称册"有举册、持册的意思，即按照人口登记旧册简选武士，以出征敦伐外敌。第三句的"道"为导之本字，有导引之义。[1] 道王登众，说明清查统计族众人口为最高统治者商王所重视，列为例行的政务视察要制。以上资料表明，殷商时期的人口清查统计，已渐趋定期化和制度化。《周礼·秋官》称专门负责民数的官员为司民，"掌登万民之数，自生齿以上，皆书于版，辨其国中与其都鄙及其郊野，异其男女，岁登下其死生"；"登，上也；男八月、女七月而生齿；版，今户籍也；下，犹去也；每岁更著生去死"。"掌国中及四郊之人民、六畜之数，以任其力，以待其政令，以时征其赋"。

以上说明了在西周时期已经明确设立掌管户籍的官职，并且对满8个月以上的男孩，满7个月以上的女孩，都要注明性别，并分城乡进行人口统计。

到了春秋战国时期，三家分晋，田氏代齐，战争日益加剧，各国统治阶级为了战争的需要，加紧敛收田赋、征集士兵。同时，还要稳定社会秩序，防止人口外流。因此，纷纷建立严格的户籍登记制度。户籍制度在这一时代得到了较快的发展。这时期的户籍制度主要有"书社制度"和"上计制度"。

秦自商鞅变法以来，为征收赋税，对人民进行有秩序的统一管理和统治，建立了更为严密的户籍登记制度。不同职业、不同身份的人有与之相对应的不同户籍。这样一来，政府不仅掌握了全国人口数量，也了解了职业构成，并且，利用"连坐法"控制人口迁移。户籍制度就成为国家强制控制人口发展的重要手段。之后，秦统一全国，封建制度日趋完善，为加强中央集权，户籍编制得到了进一步的完善和发展。户籍登记较之以前更加详细，其中包括了户主的姓名、性别、年龄、籍贯等。

汉承秦制，西汉在秦朝什伍制度的基础上，实行"编户齐民"，其目的是让人民休养生息，从而保障国家赋税的征收。此时增补了《户律》，每年仲秋八月"按户比民"，查验户口，史称"算人"。可以说西汉的户籍制度起到了承上启下的作用，一方

---

[1] 严一萍：《释道》，载《中国文字》第7册，1962。

面保留了户籍制度的精华；另一方面创设了新的内容，形成了比较完善的户籍管理制度，为后来各王朝制度的构建奠定了基础。

南北朝时期，由于社会动荡，战争连绵，造成大批人口逃亡与迁徙。因此户口脱漏现象尤为严重，国家掌握的户籍大为减少，自然直接影响到统治者的财政收入。为扭转局面，北魏在统一北方后，颁布"均田令"，并推出"三长制"以清理隐户，校订户籍，成为均田制发挥作用的重要条件。

公元 589 年，隋灭陈结束了三百多年的社会动荡，统一全国，重新建立了强有力的中央集权统治。隋在中央施行三省六部制，其中，设户部专门管理全国的户籍及相关事务，并进行了户籍改革，推行乡里制。

唐承隋制，在均田制的基础上，推行租庸调制，并沿用了隋朝户籍调查和管理的方法——貌阅制、乡里制和坊村分治。坊即城市，村即乡野，所以说这里的坊村分治也许可以被看作中国社会城乡分离的二元户籍制度的雏形。

宋朝于公元 995 年统一了五代十国，为了社会稳定，百姓丰衣足食，不再流离失所，同时巩固国家政权，在全国实施"五等丁产薄"的户籍登记和管理办法。户部在执行户口登记时，要根据每家田地的多少与好坏将其分为五个等级，以此作为赋税的依据。到了宋神宗，为了加紧户籍控制，采用了王安石提出的保甲制，其目的是改革兵制，加强对社会各方面的控制。

明朝建立后，朱元璋要求建立更为完善和严密的户籍体制，遂在全国颁布了"户帖"政策。那时的"户帖"相当于今天的户口本，上面登记的内容有户籍类别、户主籍贯、姓名、年龄以及家庭人口。后又诏令实行黄册制度，按城厢、里甲编户成册，每十年整编一次。

清朝的户籍制度在明朝旧制的基础上得到发展与完善。其中顺治年间编撰黄册，雍正年间实行摊丁入亩。到光绪年间，清政府借鉴国外经验对全国上下进行户口编查。到了民国元年，内务部汇集了各省的户口报表，编印了《内务部民国元年汇造户籍表册》，也是基于光绪帝的那次户口编查。

纵观历史不难看出，早在公元前 5 世纪，随着中国户籍制度的形成、发展和不断完善，中国居民就有了姓氏和名字，同时也形成了高度的社会化以服从国家机器的管理。从国家的角度看，历朝历代，政府为了加强中央集权，征收赋税，保持社会稳定和巩固疆土，都会通过完善户籍制度把人口和土地紧密结合起来，通过限制人口流动，将农民牢牢地束缚在土地上。这样不仅保障了国家赋税，征兵和徭役，而且有利于简单便捷地监视和控制全国人口防止叛乱。因此，与其说中国古代的户籍制度的真正意义是对人口的登记与统计，不如说是统治阶级对人民的控制与剥削。

19世纪中叶，清政府的闭关锁国政策和黑暗腐朽的统治使中国惨遭外来侵略。随着鸦片战争和《南京条约》的签订，中国开始沦为半殖民地半封建社会。被迫的五口通商和资本主义的侵入，使中国的自然经济开始瓦解，资本主义萌芽产生，贫富差距扩大，城乡界限逐渐清晰。

1949年，中华人民共和国成立。新中国的户政管理与中国古代的户籍管理有一定的历史继承性。在新中国新制度建设的大背景下，国家根据国情，探索和创建了城乡二元户籍管理制度。

## 二、二元户籍制度产生的背景

马克思、恩格斯认为城乡分离是生产力发展到一定历史阶段的产物，是人类社会一大进步的表现。他们认为，城乡关系是错综复杂的社会关系中影响全局的因素。"城乡关系的面貌一改变，整个社会的面貌也跟着改变"。① "城乡之间的对立是随着野蛮向文明的过渡、部落制度向国家的过渡、地方局限向民族的过渡而开始的，它贯穿着全部文明的历史并一直延续到现在"。② 马克思、恩格斯还指出："某一民族内部分工，首先引起工商劳动和农业劳动的分离，从而引起城乡的分离和城乡利益的对立。"③ 随着工业革命的开展、机械化大生产的普及、生产力水平和生产率的迅速提高，英、美、日等发达工业国家也经过了几代人多年的努力，才使工农收入趋向平衡。

新中国成立之初，中国人民和政府面临严酷的考验。在国际上，各帝国主义国家对新中国实行经济上的封锁、政治上的孤立、军事上的包围。在国内，一方面，国民党反动派的残余势力气焰嚣张，形成一股反革命势力；另一方面，战后国民经济萧条，城市千疮百孔，人民缺乏经济来源，生活毫无保障。因此，当时的中国要想打破帝国主义的封锁，争取一个相对和平稳定的国际环境，并且顺利接收帝国主义在华资本，没收官僚资本归国家所有，完成土地改革，快速恢复和发展国民经济这一系列任务，就要寻找一个学习的标杆——苏联。新中国作为年轻的社会主义国家，在政治、经济体制的建立过程中很大程度上受苏联的影响。尤其是在经济恢复和发展路线的制定中，

---

① 《马克思恩格斯全集》，第4卷，179页，北京，人民出版社，1995。
② 《马克思恩格斯全集》，第3卷，57页，北京，人民出版社，1995。
③ 《马克思恩格斯全集》，第3卷，24、25页，北京，人民出版社，1995。

随处可以发现"原苏联模式"的影子。如采取优先发展重工业的战略，在社会主义建设实践中强调发展重工业，并建立计划经济体制。中华人民共和国成立初期，我国是典型的农业国，工业体系几乎为零。我国工农业产值比约为3∶7，工农业人口比约为2∶8。① 因此，要想学习苏联大规模地进行工业化建设，就需要撷取农业剩余为工业发展提供积累资金。但是，我国的农业生产处于相对落后的小农经济，产生不出更多的农业剩余，因此，国家只能靠人力的投入，通过农业合作社的形式，通过集体的力量发展农业生产，支持国家工业建设。为坚持社会主义建设道路，完成工业化，新中国在不断探索的过程中逐渐形成了一套完整的政治经济体制，户籍制度便是其中的一项。

### 三、城市户籍管理制度

中华人民共和国成立前夕，户籍制度主要用于管制反革命分子。中国共产党接管城市，为扫清国民党反动派的残余势力，惩治地方恶霸，维持社会治安，稳定社会秩序，建立最初的户籍制度管理人口。1948年中央社会部下发《新解放城市的公安工作介绍》文件，指出："户口工作是管理城市的重要环节，是建立革命秩序、掌握社会动向、了解阶级关系、限制坏人活动的工作基础，是公安工作必不可少的工作。"可见，中央政府在刚解放的城市执行的是军事管理制度，旨在建立革命秩序，管制反革命分子。

中华人民共和国成立后的户籍管理，在延续中华人民共和国成立前的户籍制度管理的基础上进一步扩大了管制对象。1950年6月，政务院和最高人民法院发出《关于镇压反革命活动的指示》，肃清反革命分子。1950年8月，公安部制定的《关于特种人口管理的暂行办法》颁布实施，以便"搞好社会治安，保障安全"。为了配合全国性镇压反革命运动，户籍管理部门放手发动群众，对户口进行全面、广泛的清理和调查研究，以便及时发现并清理苟延残喘的国民党反动势力和其他敌对分子。1950年11月，公安部召开第一次全国治安行政工作会议，明确户口工作的任务："发现、控制反动分子，管制他们不许乱说乱动，……以巩固革命秩序。"此外，公安部部长罗瑞卿还在会议的总结报告上明确指出："户籍工作是一件巨大的工作，做好了，对于我们保护人民利益，发现和控制反革命分子的活动均有好处，……户籍制度对人民要宽，

---

① 引自王春光、孙辉：《中国城市化之路》，46页，昆明，云南人民出版社，1997。

对敌人要加以限制，……户籍工作必须从长远打算，……现在先在城市做起，农村户口工作，可从集镇试办，然后逐渐推广。"① 会议确定了首先在城市中推广户籍管理工作，然后有步骤地在全国建立和完善户籍制度。新中国的户籍制度之所以先城市、后农村的顺序开展，是因为在城市中建设户口管理制度的时机和条件远远优于农村。首先，党中央的工作重心已经从农村转移到城市；其次，城市人口较之农村人口更加集中，便于清查与管理；再次，城市的社会秩序与社会治安在镇压反革命运动后得到较好的巩固和稳定，人民生活趋于安定，为户口制度的建设提供了安稳的社会环境；最后，城市居民较之农村居民具有相对较高的文化素质，这也为户口登记提供了便利条件。1951年7月16日，经政务院批准，公安部颁布实施了《城市户口管理暂行条例》，这是新中国首个全国性的户籍法规，它标志着全国城市统一户口管理制度的形成。该条例指出："全国城市居民一律实行以户为单位的户口登记，……各户均需置备户口簿，按实填写，以备查对。户口管理的各种簿册、表格、证件一律由公安统一制定……人口出生、死亡、迁入、迁出等户口管理工作，一律由人民公安局执行……户口如有变动时，户主需按规定，持户口簿至当地人民公安机关，办理手续。"②

《城市户口管理暂行条例》的实施，使中国在全国范围内建立了统一的城市户口登记制度。该条例颁布后，全国各个行政区、省(市)都积极地在本地区开展城市居民户口登记工作，并以条例为依据，制定了各种适合本地区的具体实施细则和补充办法，这就使政府能够更加准确地了解并掌握城市居民的人口数量、人口状况和社会结构，为镇压反革命、维护社会治安提供了法律保障，也为以后在全国农村建立户籍管理制度奠定了基础。但是，我们也要看到，《城市户口管理暂行条例》只是城市的户籍管理制度，户籍管理的工作还仅仅局限在大中城市，农村的户籍建设工作还没有正式拉开大幕。

## 四、农村户口登记制度

中华人民共和国成立初期，户籍制度并不限制自由迁徙，人民可自由流动。随着农民进城人数的增加和国家进行人口统计的需要，1953年4月，公安部发出通知，要求各地公安机关在办理城乡居民迁移手续时，一律采用由公安部统一制定的"户口迁

---

① 《户口管理资料汇编》，第一册，4~5页，中华人民共和国公安部三局，1964年12月编印。
② 《户口管理资料汇编》，第一册，11~14页，中华人民共和国公安部三局，1964年12月编印。

移证"。通知规定了迁移证发放的范围必须是迁出本户口管辖区的常住居民，迁移证的印制与发放统一由公安部门执行和管理。

同年，为了做好第一届全国人民代表大会和地方人民代表大会选举的准备，政务院发布了《为准备普选进行全国人民调查登记的指示》，不仅在选民登记的同时进行全国人口调查工作，以帮助选举工作的进行，同时也为国家有计划地进行经济、文化建设提供了准确的人口数字，还制定了《全国人口调查办法》，规定中央由内务部、公安部、国家统计局等部门组成全国人口调查登记办公室，负责领导全国的人口调查登记工作；人口调查登记采取调查登记常住人口的办法，每人均须在其常住地登记为常住人口，且一人只能在一个住所登记。这次人口普查，不仅为选举人民代表做好了准备，还在农村建立了一套简易户口登记制度，为建设全国性的统一的户籍管理奠定了基础。

1953年中国土地改革基本完成，获得土地的农民有着极大的生产积极性，但是分散、脆弱的农业个体经济既不能满足工业发展对农产品的需求，又容易出现两极分化的危险。所以，只有组织农户互助合作，才能发展生产，共同富裕。中共中央于1953年先后颁布了《关于农业生产互助合作的决议》和《关于发展农业合作社的决议》。1956年全国基本实现农业合作化。1958年，合作社运动发展为人民公社化运动，土地由农民所有、家庭经营变为集体所有、统一经营，农民按劳分配。此时的农民户口归属于某某公社、大队、生产队，就像城市中每个工人归属于某个国有或集体企业一样。为了让农民安心于农业生产，使农业产出最大化，增加农业剩余保障工业化快速发展，一方面，引导农民认识"参加生产劳动是为建设社会主义做贡献的光荣的职责"，另一方面，控制农村人口流动。于是，与土地集体所有制配套的二元户籍制度开始建立。

1953年中央政府除了对农业进行了社会主义改造，还对全国的工商业进行社会主义改造，并在经济政策方面对农业的各个要素的流动进行严格的限制。1953年年底，国家颁布了《关于实行粮食的计划收购和计划供应的命令》，即统购统销政策。"统购"即有计划地向农民收购粮食，"统销"即有计划地向市民供应粮食。该政策包括四个方面的内容：粮食的计划收购政策、粮食的计划供应政策、由国家严格控制粮食市场的政策和中央对粮食进行统一管理的政策。该文件规定"生产粮食的农民应按国家规定的收购粮种、收购价格和计划收购的分配数量将余粮售给国家"。按照这一规定，国家收购农民余粮的数量占农民余粮的80%~90%，农民能够自己支配包括进行市场交易的粮食非常有限。在粮食买卖方面，国家也进行统一管理，严禁个体商人对粮食自由经营。1955年国家开始发行粮票,进一步贯彻粮食定额供应政策。①

国家这种统购统销政策实施的第二年,"城松乡紧"问题开始出现。在城市,粮食发放方式粗放,城镇居民凭户口簿就可领取粮食,而粮食的需求量大多是自己定的,审批又多流于形式,所以不少居民都领取了超出实际所需的粮食数量。相反,统购政策在农村执行得十分严格,农民卖粮过了头的情况很多,导致农民生活水平下降。因此,从1954年春开始,大批的农民弃耕从工,背井离乡,进城谋生。据统计,1954年迁移人数为2 200万人;1955年上升为2 500万人;1956年又继续增加,达到3 000万人。随着大批农民涌入城市,中央政府面临诸如城市治安混乱,城市人口复杂,城镇交通、住房、医疗等资源紧张一系列问题。为了遏制农民大规模流入城市,中央加快了农村户籍制度建设的步伐。1955年3月,内务部和公安部发出《关于办理户口迁移的注意事项的联合通知》(以下简称《通知》),要求各地政府劝阻人们盲目迁到城市。对于那些在城市中已经稳定下来的人,或找到工作,或考入学校,或老年人投靠城市子女生活,未成年人投靠父母生活以及夫妻团聚等,允许登记落户。除此之外,不许在城市落户。1954年12月,内务部、公安部、国家统计局联合发出通知,要求普遍建立农村的户口登记制度,以加强人口的统计工作。通知指出:"农村户口登记制度的建立,民政部门应担负主要责任,但有关迁移问题,公安部门应予协助。城市和其他设有公安派出所的集镇、水上、工矿区、边防要塞等地方的户口登记工作由公安部门负责。未设公安派出所的集镇、水上、工矿区、边防要塞等地方仍由民政部门负责。""县辖农村地区的人口统计数字,由乡人民政府报县民政科,同时抄报所属区公所,民政科会齐各项统计报表后,交县统计科统计。县辖设有公安派出所的城关区、集镇等地方的人口统计数字,由公安部门报县公安局会齐后,也交县统计科统计。县统计科将两项数字汇总统计后,将统计结果由民政科、统计科分别报告省民政厅和统计局,并抄给县公安局及省公安厅。""县以下的农村和城镇户口登记的簿册和原始统计表,仍应当分别由民政和公安部门保管。"②

不同部门各司其职,形成了分块管理的户籍制度格局,并且切实落实到全国各基层,得到了贯彻执行。通知的发布意味着城市户籍制度的目的偏向于维护社会治安,而农村户籍制度的目的更偏重于统计人口数量。

---

① 陆学艺、王春光、张其仔:《中国农村现代化道路研究》,95、96页,南宁,广西人民出版社,1998。
② 《户口管理资料汇编》(一),30、31页,中华人民共和国公安部三局,1964年12月编印。

1955年6月9日，国务院第十一次全体会议通过了《国务院关于建立经常性户口登记制的指示》，6月22日由周恩来总理签署发布。该指示旨在着重解决农村的户口登记管理问题，规定："全国户口登记行政，由内务部和县级以上人民委员会的民政部门主管。办理户口登记的机关，在城市、集镇是公安派出所，在乡和未设公安派出所的集镇是乡、镇人民委员会。""原由公安派出所办理户口登记的地方，仍按照1951年7月16日公安部公布的城市户口管理暂行条例办理。乡和未设公安派出所的集镇，乡，镇人民委员会应当建立乡、镇户口簿和出生、死亡、迁出、迁入登记册。"① 该指示对离婚、分居、失踪、寻回、收养、认领、雇工、解雇等原因引起的户口变动也提出了具体要求，暂定户口登记的时间为每年一次，要求乡、镇等地区于每年的2月将上年的户口变动数字统计报县，县在每年的3月汇总报省，省在每年的4月汇总报内务部。这些规定和要求，对健全户籍制度起到了保障作用，也为计划经济制度下计划的制订和执行提供了可靠的人口数据。

随着经常性户口登记制度的建立，公民户口意识逐渐加强，报户口、迁户口或销户口几乎成了人人都要遇到的一件事。而户口登记部门签发的户口簿、证件，在配合对敌斗争、证明公民身份、维护公民合法权益等方面，发挥越来越大的功能。据北京、天津等城市的统计，公民经常需用户口作证明的事项达三十余种，群众视户口簿为生活中必不可少的证件。②

1955年8月，国务院正式发布了《农村粮食统购统销暂行办法》和《市镇粮食定量供应暂行办法》两个文件。前者规定，在农村实行粮食定产、定购、定销的办法，明确了农民吃自产粮。后者对企事业单位集体供粮、社会居民供粮以及对粮食转移证、粮票、布票、油票的管理使用作出了具体的规定，并明确提出在"按户核实"供应的基础上，对城镇非农户口实行按人定量供应。自此，粮食与户口便被联系在一起，户籍制度与票证制度开始融合。1955年11月，国务院发布了《关于城乡划分标准的规定》，将"农业人口"和"非农业人口"作为人口统计的指标划分开来，由此，按"农业人口"和"非农业人口"进行划分和管理的城乡二元户籍管理体制开始启用。

1956年1月，国务院发出《关于农村户口登记、统计工作和国籍工作移归公安部门接办的通知》，指出为了统一城乡户口的管理，要求内务部和各级民政部门将掌管的农村户口登记管理工作、人口资料的统计汇总业务以及有关国籍问题的处理工作全

---

① 《户口管理资料汇编》（一），40页，中华人民共和国公安部三局，1964年12月编印。
② 《户口管理资料汇编》（一），59页，中华人民共和国公安部三局，1964年12月编印。

权移交给公安部门。从此,城乡的户籍登记和管理工作以及组织管理机构便全部统一到公安部门中,进一步完善城乡户籍管理制度。之后公安部又发出《建立和健全农村户口管理工作中的几个问题》的通知,要求健全农村的户口登记与管理各方面的工作并对其进行指导。

1949—1956年,全国性的户籍制度按照先城市后农村的顺序逐步在全中国建立起来,并由开始的多部门执行户籍管理工作最后统一到公安部门下。综合各种因素,从整体上看,中国这一时期的户籍管理制度与当时政治、经济发展水平是相适应的。这对解决社会矛盾、稳定社会治安、建设公共秩序、巩固新生政权、保障城乡居民的粮食供给,以及促进"三大改造计划"的完成和中国社会主义建设,起到了积极作用。同时,我们也应该注意到,此时的户籍制度已经有了户籍类别的区分和界定,尤其在1955年将粮食供应与户籍结合在一起,并把农业人口和非农业人口所占比例作为划分城乡的标准之一,是为中国城乡分治之发端。

## 第二节 二元户籍制度与城乡分治

### 一、二元户籍制度的确立

1953—1956年,随着"三大改造计划"的完成,由于城市生产规模扩大和基础设施建设增加,医疗卫生、教育等社会福利完善,农村粮食危机持续存在和工农产品"剪刀差"不断扩大,引起了农民的不满,加上农民对城市生活不断增加的期望值以及户口管理制度不健全,导致这一时期成为新中国历史上人口迁移最频繁的时期。1954—1956年三年间迁移人数就达到了7 700万,其中,1954年迁移的人数为2 200多万,1955为2 500多万,1956年为3 000多万。

城市人口剧增,使城市容纳能力受到挑战。在这种情况下,中央政府于1953—1957年先后多次发出指示,劝阻农民盲目流入城市。1953年4月,政务院发布《关于劝止农民盲目流入城市的指示》;1955年3月,内务部和公安部发出《关于办理户

---

① 《中国人口统计年鉴》,409页,北京,社会科学文献出版社,1986。

口迁移的注意事项和联合通知》；1956年12月、1957年3月和1957年12月，国务院先后发出《关于防止农村人口盲目外流的指示》《关于防止农村人口盲目外流的补充指示》和《关于制止农村人口盲目外流的指示》。这些条例无一例外都是要求对于盲目涌入城市的农民，公安机关要对其进行严格的户口管理，粮油部门不得向其供应粮食，各单位不得私自招聘，铁路运输部门要对其进行严格检查，城市政府应将流入城市的农民遣返原籍，等等。

1958年1月9日，第一届全国人民代表大会常务委员会第九十一次会议召开，在会上审议通过并由毛泽东主席签署颁布了中国第一个全国性户籍管理法规《中华人民共和国户口登记条例草案》（以下简称《登记条例》）。至此，新中国户籍制度最终以法律形式得以正式确立。它作为新中国户政管理的基本法律依据，在之后的户籍管理工作中发挥巨大作用。

《登记条例》表明了户籍制度的宗旨："维持社会秩序，保护公民的权利和利益，服务于社会主义建设。"《登记条例》明确了户籍管理范围："中华人民共和国公民都依照本条例的规定发行户口登记。现役军人的户口登记，由军事机关按照管理现役军人的有关规定办理。居留在我国境内的外国人和无国籍人的户口登记，除法律另有规定外，适应本条例。"《登记条例》规定户籍管理的主管机关："户口登记工作，由各级公安机关主管。城市和设有公安派出所的镇，以公安派出所管辖区为户口管辖区。乡和不设公安派出所的镇，以乡、镇管辖区为户口管辖区。乡、镇人民委员会和公安派出所为户口登记机关。""户口登记机关应当设立户口登记簿。户口登记簿和户口簿登记的事项，具有证明公民身份的效力。"《登记条例》对常住、暂住、出生、死亡、变更登记作了详细的规定，并提出公民迁出本户口管辖区，须于迁出前办理迁出登记并领取迁移证，注销户口。《登记条例》明确提出："公民由农村迁往城市，必须持有劳动部门的录用证明，学校的录取证明，或者城市户口登记机关的准予迁入证明，向常住地户口登记机关申请办理迁出手续。"[①] 这一规定开启了户口凭证迁移落户的先河，以法规的形式，制约农民向城市迁入。《登记条例》的颁布和实施，标志中国户籍制度法制化和制度化的形成以及全国城乡统一户籍登记制度的确立，对中国今后户籍制度的发展和演变产生了深远的影响。

---

① 《户籍管理资料汇编》（一），314页，中华人民共和国公安部三局，1964年12月编印。

## 二、城乡分治格局的形成

《登记条例》颁布后,由于"大跃进"和人民公社化运动的影响,《登记条例》并没有得到很好的贯彻和执行。1958年,一场以"多快好省、鼓足干劲、力争上游"为口号的"大跃进"生产,在中国轰轰烈烈地开始了。国家为实现十五年超英,二十年超美,在全国各地大办工厂、大炼钢铁,进行重工业建设,大量农民以招工的形式再次被招进城市,城镇人口数量猛增。据统计,1958年职工人数总数上升到4 531万人,比1957年增加了近2 081万人;1960年达到高峰,人数为5 100万人,比1957年增加了2 649万人。而城镇人口从1957年的9 949万人增加到1960年的13 073万人,增加了31.4%,从而使得1960年吃商品粮的人口占总人口的比例,由1957年的15%左右上升到20%左右。[1]

大量农民进城,意味着在农业生产的劳动力减少。1960年农业第一线的劳动力比1957年减少了4 000万人,在田间生产劳动的大多是妇女儿童。[2] 农业生产受到影响,国家可向农村统购粮食总量越来越少,而城市由于人口激增,所需的粮食数量与日俱增,这就使城市的粮食供应紧张起来。除了粮食供应紧张之外,在生活的其他方面,比如就业、医疗、交通、教育等,城镇居民也都倍感压力。

城市人口接近饱和,工业过剩的劳动力迫使国家采取了一系列减缩城镇职工和人口的措施。1958年9月,中央"精简干部和安排劳动力"五人小组发出《关于精简职工和减少城镇人口工作中的几个问题的通知》,提出在限制农村、小城镇户口迁往大中城市的同时,加强城市的招工管理。1959年1月,中共中央发出《关于立即停止招收新职工和固定临时工的通知》,指出为避免国家资源浪费和城市及工矿区的市场紧张,要求各企事业单位停止招收新职工,加强劳动力调配工作,如有需要从本地区其他单位的多余职工中进行调剂。1959年2月和3月,中共中央发出《关于制止农村劳动力流动的指示》和《关于制止农村劳动力盲目外流的紧急通知》,指出当前农民盲目外流的现象极其严重,应采取措施予以制止。《关于制止农村劳动力流动的指示》分析了引起农民流动的原因,并指出:"在城市和工矿区,必须严格执行计划供应制度和户口管理制度,没有迁移证件不许报户口,没有户口就不供应粮食,对某些单位人

---

[1] 杨先材主编:《共和国重大事件纪实》,上卷,636页,北京,中共中央党校出版社,1998。
[2] 有林、郑新立、王瑞璞主编:《中华人民共和国国史通鉴》,第二卷,167页,北京,红旗出版社,1994。

口冒领粮食的行为，必须严格纠正。各人民公社也不得随便开发证明信件，转移外流人员的粮食和户口关系。"①

《关于制止农村劳动力盲目外流的紧急通知》指出："城市、工矿区公安机关必须与劳动、粮食、民政等部门密切配合，于最近期内清理一次户口，对于流入的农民，除已有固定工作确实不能离开并补订了劳动合同的，可发给准予迁入证明、经农村前来户口补登户口外，其余应积极协同有关部门动员、收容、遣返。""农村户口登记机关，必须严格迁出审查。凡是迁出的人口，一般都经公社审查批准。凡属盲目外流的人员，一律不得准予办理迁移手续。""各级公安机关必须严密掌握外流人员政治情况，及时互通情报，有效地控制地、富、反、坏、右等分子。"②

在精简城镇人口之后，国家开始加强对城市各种物资和基础设施使用的控制，严格掌握对生活必需品、日用消费品、医疗及教育就业机会的分配。20世纪50年代中期，城镇居民开始发放粮票等票据，实行城镇的粮油、布匹等消费品凭票购买和供应。因为居民只有凭城镇户口才能领取各种票，并获得教育和就业的机会，所以户口成为人们在城镇生活的必要条件。没有城镇户口，就购买不到基本的生活消费品，享受不到城市居民的待遇，有效地阻止了农民盲目进城。户籍制度与粮油等生活用品供应和教育、就业等社会保障制度的提供挂钩，使户籍因附加了不平等的权利而身份化。

人民公社化运动开始以后，乡镇人民委员会与公社合为一体，公安派出所改成了人民公社的治安保卫部门，于是户口登记工作就下放到人民公社的基层生产组织，公社主要进行指导。1958年10月，公安部在《关于人民公社化后怎样管理农村户口的几点意见》中提出，户口管理工作"由人民公社管理，由生产队登记""人民公社、生产大队和生产队的户口管理人员，一般还是由会计员和记账员兼任为好""户口登记簿可以和社员基本情况登记簿合二为一"。③

户籍制度与人民公社制度相结合，将我国农村与城市彻底分割开来。每个在农村出生的人，不管愿意与否，都要落户为农村户口。农民的生产生活以及生老病死都要依赖于土地，依赖于人民公社"三级所有"的组织体系。

---

① 《户口管理资料汇编》（二），384、385页，中华人民共和国公安部三局，1982年6月编印。
② 《户口管理资料汇编》（一），305~307页，中华人民共和国公安部三局，1964年12月编印。
③ 《户口管理资料汇编》（一），293页，中华人民共和国公安部三局，1964年12月编印。

### 三、城乡分治格局下的权益分化

随着全国性户籍制度建立，户籍在人们社会生活中的作用越来越大。新中国在恢复国民经济和完成社会主义改造以后，国家经济建设的重点转移到城市建设和工业化上。国家将大量资源投入城市和工业，对农村和农业资源投入很少，造成了城市和农村、工业和农业之间的发展不平衡、不协调，从而使城市有更多发展资源和机会，农村缺少发展资源和机会。二元户籍制度，将城市居民绑定在城市、农村居民绑定在农村，使城市居民和农村居民享受不同的权益。城市居民户籍附着了大量的权利和机会，包括生活必需品的供应、住房的优惠、教育与就业机会、养老和劳动保险等社会保障。而这些资源、权益对于农村户口就少得多，户籍成为社会资源分配的依据，城乡居民的身份化象征。

粮油必需品供应制度出现了城乡差别。中华人民共和国成立初期，农业生产力落后，农产品供给存在严重短缺问题。一些私商抢购囤积、农民惜售、市民储购，导致粮食收购困难，粮食供应紧张，粮食市场混乱。为此，1953年开始，国家对粮食实行统购统销，规定：生产粮食的农民应按国家规定的收购粮种类、收购价格和计划收购的数量将余粮售给国家。在城市，对机关、团体、学校、企业等人员，可通过其组织，进行供应；对一般市民，可发给购粮证，凭证购买，或暂凭户口簿购买。在实行粮食统购统销后，国家还先后对食用植物油、棉花、棉布等诸多农产品实行统购统销，从而进一步扩大了统购统销的范围和影响。在国家对粮油实行统购统销政策的同时，规定农民吃自产粮，农村居民进城须自带粮食，或按农村粮食统购统销办法换取地方或全国粮票。从此，居民在进行户口迁移时，还要办理粮食供应关系的迁移手续，粮食和人们的户口紧密联系在一起。国家在对油料、棉布等的供应实行统购统销后，在供应上也和人们的户口挂钩，并发放票证，实行定期定量供应。农民则自耕自食，国家从农民那里进行计划收购，其价格远远低于市场价格；国家为保证市民的粮油等供应，每年还支付巨额财政补贴。

城乡住房制度也有差别。住房是人们日常生活中最为重要的生活资料，人们的衣、食、行都是建立在住的基础之上的。在城市，住房则由国家统一建造，然后当作福利分配给干部、职工使用，个人仅支付很少的房租，住房的投资和维修都由国家包下来。在农村，农民住房要靠自己勤奋劳动、节衣缩食、积累材料和金钱建设，国家不提供补贴。

城乡医疗、养老、劳动保障等制度也存在差别。非农户口居民的医疗、养老、劳动等保障有一套成熟且完整的制度，国家对此有严格的规定。农村户口居民主要依靠自己承担。1951年2月，政务院公布了《中华人民共和国劳动保险条例》，规定凡具有100名职工以上的工厂、矿场及其附属单位和业务管理机关，对在铁路、航运、邮电和工矿企业工作的工人和职员实行劳动保险，给予企事业单位职工以广泛的医疗、工伤和养老保障。1952年6月又推出了《关于全国各级人民政府、党派、团体及所属事业单位的国家工作人员实行公费医疗预防的指示》，拓展了医疗保障对象的范围。1957年2月，卫生部发布了《关于职业病范围和职业病患者处理办法的规定》，扩大了医保的保障种类。在城市，这些生活保障都是以企事业单位的形式给予的，农民无法享有。

教育和就业机会的差别。国家为了大力发展教育事业，把大量的资金投入中小学建设中，但只限于城市的学校建设。城市孩子可供选择的学校要比农村孩子可选的学校多很多。1958年国家取消了对农村的教育补贴，改为农民在"三提五统"中支出，农村学校只能靠农民自己投资建造，基础设施条件差，并且缺乏优秀的师资力量。在就业方面，国家推出相关政策保证大学生就业以及避免城镇职工失业。例如，1951年5月劳动部发布《关于各地招聘职工的暂行规定》，1953年政务院颁布《关于就业问题的决定》。1956年年底，随着"三大改造"的完成，国家承担了国企、公私合营企业的所有职工，大中专、技校学生以及复员军人的就业，使他们成为用人单位的固定职工。在农村，农民一旦脱离了农村合作社就等于失业，进城就业的机会极其稀少。

兵役制度的差异。国家对非农户口的义务兵有优先照顾。1958年3月发布的《关于处理义务兵退伍的暂行规定》提出，入伍时原是正式职员或工人，退伍后要求工作的，原单位应当在两个月内安排其工作；入伍时是学校未毕业的学生，退伍后根据个人要求且符合条件的，原学校应在其退伍后的下一学期准予入学；入伍时没有固定职业但是非农户口的，退伍后劳动部门给予优先就业。但是，入伍时是农村户口，除非服役后提拔为干部，否则就只能回到原籍参加农业生产。

### 四、城乡分治格局下的人口流动

城乡分治格局下，户籍利益化导致越来越严重的城乡分化。城乡分化又会刺激大批农村人口流向城市，而城市人口的增长对国家来说又意味着负担的增加。所以，国家要采取办法减少城镇居民的数量。"文化大革命"期间鼓励城市青年上山下乡也是出于此目的。

1966年的"文化大革命",使户籍制度变得异常混乱。户籍管理制度的混乱和放松使农村人口大量涌入城市。仅1970—1971年城镇企事业单位就招收新职工1 073万人,其中600万人是从农村招收的。1967—1976年,扣除其中800万返城知识青年,估计有1 000多万人是从农村招收的。①

与此同时,城市人口也在向农村转移,一些知识分子、民主人士和干部遭到迫害和批斗,被下放农村,还有一些知识青年上山下乡。这些人被编入生产队参加农业生产劳动,变成了农业劳动生产者。他们虽然不需要迁移户口,但其职业发生了转变,由非农转为农业,所以在人口统计时不再作为非农人口,而算作农业人口来对待。

世界上衡量经济结构二元分化程度的重要指标是二元结构强度,一般用农业与非农业间的相对国民收入差距衡量。根据美国经济学家库茨涅兹的统计分析,世界上发展中国家这一差距最大为4.09倍,而到1978年我国的二元经济结构强度却高达6.08倍。这表明,当时我国的二元经济结构特征已经十分突出。②

## 五、城乡分治格局的松动

1978年12月,党的十一届三中全会召开,作出把工作重心转移到社会主义现代化建设上来和改革开放的决策。1980年9月,中共中央印发《关于进一步加强和完善农业生产责任制的几个问题》,农村开始实行以包产到户为特征的家庭联产承包责任制,人民公社体制瓦解,到1983年被彻底废除。农村实行以家庭为单位的联产承包责任制,极大调动了农民生产劳动积极性,解放了生产力,农村出现了大量剩余劳动力。

由于刚起步的城市和工业改革无法吸纳大量农村剩余劳动力,1981年12月,国务院发出《关于严格控制农村劳动力进城做工和农业人口转为非农业人口的通知》,要求引导农村多余劳动力在乡村搞多种经营;加强户口和粮食管理,从严掌握农村人口迁往城市;严格控制从农村招工,清理企事业单位使用的农村劳动力。农村人口进城控制促使农民另找出路,一些有胆识的农民在农村办起工业,乡镇企业异军突起。

---

① 田方、林发棠:《中国人口迁移》,302、303页,北京,知识出版社,1986。
② 周振华:《体制变革经济增长——中国经验与范式分析》,369页,上海,上海人民出版社,1999。

1983年1月,中共中央印发《当前农村经济政策的若干问题的通知》,允许农民从事个体商业和服务业,经营农副产品"可以进城,可以出县、出省",大量农民进入城镇务工经商。1984年1月,中共中央印发《关于一九八四年农村工作的通知》,允许农民和集体资金跨地区流动,要求各地"选若干集镇进行试点,允许务工、经商、办服务业的农民自理口粮到集镇落户"。1984年2月,国务院出台《关于农村个体工商业的若干规定》,鼓励农村剩余劳动力经营社会急需的行业,允许农村个体工商户自理口粮到集镇摆摊设点,有条件的也可以开店经营。农民企业家、乡镇企业职工、农民工、个体户开始从农民中分化出来。1986年乡镇企业职工达到8 800万人,占农村总劳力的30%;1988年农民工达到3 000多万人。

1993年2月,国务院颁发《关于加快粮食流通体制改革的通知》,放开粮食价格和经营,实行40年的城镇居民粮食供应制度被取消,标志着一度与大多中国人形影不离、有"第二货币"之称的粮票,走下了中国历史的舞台,一个食品紧缺的票证时代终结了。城市户籍和粮食供应脱钩,农村人口可以在城乡间、城市间自由流动,但是大部分进入城市的个体工商户、农民工,户籍还在农村,仍是农民身份。他们在子女教育、医疗卫生、养老保险等方面,与城市居民相比,权益仍存在明显差异。

## 第三节　二元户籍制度的历史影响

中华人民共和国成立后形成的二元户籍制度,一方面,控制城市人口稳定增长,促进国家合理使用有限资源推进工业化,避免了一些发展中国家城市曾出现的"贫民窟"问题;另一方面,将农民固定在农村土地上,安心从事农业生产,为城市和工业发展提供必需的农产品和积累资金。当时历史背景,这种户籍制度对我国促进工业化发展、保持社会稳定确实发挥了积极作用,但是也留下了政治、经济、社会、文化方面发展深深的"烙印",制度的弊端逐步显现。

### 一、造成城乡居民身份社会分化

二元户籍制度将公民划分为"城镇人口"和"农村人口",公民一出生就被烙上了不同身份，在其今后生活中享受不同的权益。尽管我国《宪法》规定中华人民共和国公民一律平等，但是二元户籍制度却分割了公民权，使持不同户口、在不同地区居住的居民难以享有同等的公民权益。城市居民又比农村居民享有更多的社会资源。特大城市、大城市要比中小城市和小城镇居民享有更多的社会资源。二元户籍制度造成的不公平环境，使农民即便进城也被称为农民工，享受不到城市居民的福利待遇，包括子女就学、医疗保险、社会保障等。二元户籍制度，使市民子弟和农民子弟因为身份不同享受不同公民权益，户口成为社会身份和社会地位的象征，明显带有终身制和世袭制的色彩。

## 二、阻碍城乡人力资源合理配置

二元户籍制度阻断了城乡人口的自由流动，一方面，政府通过法制化手段控制农村人口流入城市，并用集体经济制度将农民固定在土地上，使几代农村人口从青年开始一直生活在农村。大批农民一辈子在农村，重复着简单、低效的农耕劳动，农民缺乏发展机会而造成人力资源的极大浪费。另一方面，由于城市户口的优越性，城镇居民决不愿意放弃城镇户籍自愿到农村。农村优质人口只有流出没有流入，造成农村优质人力资源严重失血，农村缺乏活力和生机。

## 三、滞缓二元经济社会结构变化

发展中国家的二元经济结构，即传统的农业部门和现代的工业部门并存，是发展中国家工业化初中期存在的普遍现象。我国的二元经济结构尽管早在旧中国已经形成，但是，二元户籍制度扩大和固化了我国的二元经济结构。二元户籍制度人为阻断了工业化过程中城乡人口的合理流动，也阻断了城乡自由贸易和资源要素交换，没有很好发挥城市和工业发展带动农村经济社会发展的作用。

当前我国户籍制度正在不断调整；但是，固化的户籍制度很难一步改革到位，户籍改革大大滞后其他方面的改革，户籍制度仍影响人们的各种权益，城乡二元户籍制度改革仍然在路上。

第一节　农田水利
第二节　农田整治
第三节　植树造林
第四节　农业防灾

# 第七章　农田水利和农业基础设施

## 第一节 农田水利

农业是国民经济的基础,水利是农业的命脉。农田水利是为农业生产服务的水利事业,其基本任务是通过各项工程技术措施改造对农业生产不利的自然条件,合理利用水力资源,以调节农田土壤水分状况和地区水情,防止旱、涝、碱等自然灾害,为保证农业高产稳产创造有利条件。[1] 新中国成立后,中国共产党和人民政府非常重视农田水利基本建设,领导广大农民在全国范围内进行了大规模的农田水利建设,取得了举世瞩目的成绩,促进了农业生产的发展。

### 一、国民经济恢复时期的农田水利(1949—1952)

中华人民共和国成立后,中国共产党和中央政府十分重视水利对农业的促进作用,贯彻"防止水患,兴修水利"方针,坚持不懈地领导全国人民大兴水利,布置和指导全国各地农田水利建设。

1950年3月20日,周恩来和时任水利部部长的傅作义共同签发了《中央人民政府政务院关于1950年水利春修工程的指示》,指出"今年水利建设的方针,仍以防洪、排水和灌溉为首要的任务",将农田灌溉列为与防洪同等重要的任务。

由于新中国成立初期大部地区兴建大型农田水利工程的条件尚不成熟,因而以兴修中小型水利工程收效最大,尤其是小型水利工程,花钱少、收益快、得利大,群众自己也能举办,最受群众欢迎。1950年春,老区、新区或灾区都普遍展开了修渠、打井、增修水车、筑堤筑圩、开塘打坝等农田水利工作。

---

[1] 王瑞芳:《当代中国水利史(1949—2011)》,1页,北京,中国社会科学出版社,2014。

1950年的农田水利工作以兴修中小型水利工程收效最大。如华东及中南各区，修建塘坝涵闸进行排水灌溉的小型工程有25万余处，增产粮食约14亿斤。华北各省及山东在修整中小型渠道和推广水车、水井，变旱地为水田等方面，共使农田受益面积达440万余亩，相当于大型渠道受益面积的6倍。①

新中国第一年的农田水利建设取得的巨大成绩，成为新中国第一个秋收获得丰收的重要原因。据1950年9月《人民日报》报道："全国各地早秋收成一般都在八成或八成以上，比去年增产一成到三成。"据农业部估计，全国可产棉1 500万担左右。②

1950年12月，农业部农田水利局在农田水利工作会议的总结报告中，对新中国成立一年来的农田水利工作进行了总结。报告指出："在工程方面：总计恢复和兴修大型渠道70余处，小型渠道塘坝156 780处，打井80 263眼，完成水车制造10万辆，贷出73 230辆，增加及修复龙骨水车、风车、筒车等提水工具6.9万架，凿自流井186眼，添置及改装抽水机2 000余部，总计恢复和扩大灌溉面积686万亩，群众性的及贷款整修的水利工程共改善受益面积2 900万亩。在灌溉管理方面也有了初步的改进，有些地区改变了封建的管理系统，有的打破了过去县、区为界限的管理系统，成为以渠道或河系范围的统一管理。同时因各地注意和加强了管理，解决很多水利纠纷，扩大了受益面积。"③

1950年12月，为了更好地指导各地农田水利的发展，中央人民政府发布了《兴办农田水利事业暂行规则草案》，指出制定这一规则是为了促进农田水利事业的普遍发展，提高农业生产，为谋农田水利事业的发展，除由国家投资或贷款兴办外，奖励群众合作及私人或团体投资兴办。草案明确规定："凡经核准之私人或其他组织拟办之农田水利事业，而财力不能胜任者，得向领导机关请求投资或贷款办理之。"④ 这个草案对各地群众自办水利起到了一定的推动作用。

1951年则以修建小型农田水利工程为主。据农田水利局统计，1951年全国共计兴修了大型渠道90余处，小型渠道塘坝139.496 6万处，出贷铁制水车95 209辆，新打和修复水井15万眼，机械灌溉和排水的动力增加到8 000马力，其他提水工具增加到67 591架，新建和修复工程共计扩大耕地受益面积902万亩，整修工程保障和改善

---

① 张子林：《怎样把农田水利工作做得更好些？》，载《人民日报》，1951年4月2日。
② 《人民政府领导农民战胜灾患改进技术，全国大部地区早秋丰收》，载《人民日报》，1950年9月13日。
③ 农业部农田水利局：《农田水利工作会议总结报告》，见中国社会科学院、中央档案馆编：《1949—1952中华人民共和国经济档案资料选编·农业卷》，548页，北京，社会科学文献出版社，1991。
④ 《兴办农田水利事业暂行规则草案》，见中国社会科学院、中央档案馆编：《1949—1952中华人民共和国经济档案资料选编·农业卷》，494、495页，北京，社会科学文献出版社，1991。

耕地受益面积7 150多万亩，做出了比1950年更大的成绩（1950年扩大灌溉面积776万亩，保障和改善受益面积2 970万余亩），增加粮食产量估计最少有50亿斤。此外，1951年还有重点地兴修了大型农田水利灌溉工程。陕西省的洛惠渠注意了挖斗渠工作，在2个月的时间内建成了450公里的渠道，600多座大小建筑物，因此，灌田面积从1950年的5万亩增加到1951年24万亩。川西著名的都江堰岁修工程，1951年挖河土方120多万立方米，等于10年来挖河土方的总数；另外增填土方53万立方米，装竹笼20多万条，动员人工将近37万。这样大规模的整修之后，保障了300万亩农田的丰收。①

1952年2月8日，政务院第123次政务会议通过了《中央人民政府政务院关于大力开展群众性的防旱、抗旱运动的决定》，指出各地要重视防旱、抗旱工作，必须采取三项措施：①充分利用一切水源，开展群众性的兴修农田水利运动。各地区应根据不同的自然条件和群众习惯，组织一切人力、物力和财力，号召因地制宜地大力恢复、兴建各种水利工程。②充分做到经济用水，珍惜水量，发挥水的最大灌溉效能。对一切渠道坝堰，应加强灌溉管理，根据作物需要，将灌水量减到最低限度，并组织群众日夜轮浇，以扩大灌溉面积。③总结和推广群众在耕作技术方面的防旱抗旱经验，普遍进行"天下农民是一家"的教育，克服干部与群众中的保守、本位思想，做到互助互让，提倡上游照顾下游，老灌区照顾新灌区。②

全国各地群众性的防旱抗旱运动开展以后，大部分地区兴修农田水利有了显著成绩，灌溉面积和保墒面积大大增加。1952年全国各地农田水利建设的成效较往年显著，群众性的农田水利建设有了突出进展。1952年12月19日，水利部在《1952年防旱抗旱运动中的农田水利工作的报告》中指出，截至12月，全国共兴修、整修渠道18.7万道，塘、坝、涵、闸等工程208万处，新打的砖、石、土井75.3万眼，贷出水车16.7万辆，添置抽水机3 500多马力，共可扩大灌溉面积3 240万余亩，超过1950年、1951年两年增加灌溉面积的总和1 000万余亩。其中1952年实际受益面积约计8 000万余亩，水田面积3.7亿余亩，两项总计45 000万余亩，约占全国总耕地面积的30%。在旧有水地中的10 600万亩，也因修整了灌溉设备，进行了改善工程或加强

---

① 张子林：《发展农田水利是农业增产的重要措施》，见中国社会科学院、中央档案馆编：《1949—1952中华人民共和国经济档案资料选编·农业卷》，512、549页，北京，社会科学文献出版社，1991。
② 《中央人民政府政务院关于大力开展群众性的防旱、抗旱运动的决定》，载《人民日报》，1952年2月13日。

了管理,用水情况大有改进,从而保证了1952年的农业丰产。① 在大型农田水利灌溉工程方面,1952年新建工程88处,续办1951年未完工程16处,共计104处(其中灌溉工程88处,排水工程16处),全部计划受益面积6 817 532亩。共计完成灌溉工程67处,排水工程9处,当年实际受益面积为263.4万亩。共计做了土方2 714万立方米,石方约11万立方米,大小建筑物1 249座。同时,随着防旱运动的开展,不少地区的灌溉管理工作也较往年有所提高,并增加了灌溉面积。

从总体上看,全国扩大灌溉面积呈现明显上升的趋势:1950年为1 204万亩,1951年扩大2 796万亩,1952年扩大4 017万亩。灌溉面积的增长幅度,基本上与国家和群众的投入成正比。② 正因农田水利建设取得了显著成就,灌溉面积不断增长,全国农田的受灾面积也相应大为减少。据统计,1949年全国水灾面积在1亿亩以上,1950年为6 000万亩左右,1951年为2 100万亩左右,至1952年9月21日仅为1 600万余亩。③ 受灾面积的减少和灌溉面积的增加,无疑为农业生产的发展创造了良好条件。

表7-1　1950—1952年全国水利建设成就

|  | 1950年 | 1951年 | 1952年 |
| --- | --- | --- | --- |
| 基本建设投资款/万元 | 9 206 | 19 508 | 32 799 |
| 建成大型水闸/座 |  |  | 3 |
| 扩大灌溉面积/万亩 | 1 204 | 2 706 | 4 017 |
| 拥有万亩以上灌渠/处 | 1 254 | 1 279 | 1 346 |

资料来源:中国社会科学院、中央档案馆编:《1949—1952中华人民共和国经济档案资料选编·农业卷》,555页,北京,社会科学文献出版社,1991。

国民经济恢复时期,农田水利工程的修复,加上土地投资的增加、农业劳动力的增多、耕种面积的扩大和耕作方式的某些改变,都直接促进了农业生产的恢复和发展。据国家农业部统计,1949年全国粮食总产量仅及抗日战争前的74.6%,而在完成土地改革后的1952年,粮食产量显著提高。"三年来,粮食的供应,不仅做到了自给,而且还有部分输出,一反近数十年来粮食进口的颓势。1952年全国的总产量已较1949年大为增加,并且超过了战前最高年产量16.9%;在质的方面也有不少的提高,1949年水稻与小麦的产量,占粮食总产量49.67%,至1952年已增加为53%。"④

---

① 水利部:《1952年防旱抗旱运动中的农田水利工作的报告》,见中国社会科学院、中央档案馆编《1949—1952中华人民共和国经济档案资料选编·农业卷》,507页,北京,社会科学文献出版社,1991。
② 中国社会科学院、中央档案馆编:《1949—1952中华人民共和国经济档案资料选编·基本建设投资和建筑业卷》,942页,北京,中国城市经济社会出版社,1989。
③ 傅作义:《三年来我国水利建设的伟大成就》,载《人民日报》,1952年9月26日。
④ 农业部农业计划司计划科:《三年来粮食生产恢复与发展情况的分析》,见中国社会科学院、中央档案馆编:《1949—1952中华人民共和国经济档案资料选编·农业卷》,565页,北京,社会科学文献出版社,1991。

表 7-2　1949—1952 年粮食、棉花、油料的播种面积和产量情况

| 品种 | 年份 | 播种面积/万亩 | 亩产/公斤 | 总产量/万吨 | 比上年增减 播种面积/万亩 | 总产量/万吨 | 总产量/% |
|---|---|---|---|---|---|---|---|
| 粮食 | 1949 | 164 938.0 | 69 | 11 320.0 | | | |
| | 1950 | 171 609.0 | 77 | 13 215.0 | 6 671.0 | 1 895.0 | 16.7 |
| | 1951 | 176 653.0 | 82 | 14 370.0 | 5 044.0 | 1 155.0 | 8.7 |
| | 1952 | 185 968.0 | 88 | 16 390.0 | 9 315.0 | 2 020.0 | 14.1 |
| 棉花 | 1949 | 4 155.0 | 11 | 44.4 | | | |
| | 1950 | 5 678.9 | 12 | 69.2 | 1 523.9 | 24.8 | 55.8 |
| | 1951 | 8 226.9 | 13 | 103.1 | 2 543.0 | 33.8 | 48.8 |
| | 1952 | 8 363.6 | 16 | 130.4 | 136.7 | 27.3 | 26.5 |
| 油料 | 1949 | 6 341.8 | 41 | 256.4 | | | |
| | 1950 | 6 265.0 | 48 | 297.2 | -86.8 | 40.9 | 15.9 |
| | 1951 | 7 718.0 | 47 | 362.0 | 1 453.0 | 64.8 | 21.8 |
| | 1952 | 8 570.9 | 49 | 419.3 | 852.9 | 57.3 | 15.8 |

资料来源：农业部计划司编：《中国农村经济统计大全（1949—1986）》，146、189、191 页，农业出版社，1989。王瑞芳：《当代中国水利史（1949—2011）》，99 页，北京，中国社会科学出版社，2014。

## 二、第一个五年计划时期的农田水利（1953—1957）

"一五"计划时期，随着全国大规模经济建设的开展，农田水利建设的重点由整顿修复原有灌溉、排水工程为主，转变为按国民经济发展的要求，有计划、有步骤地兴修新的水利工程设施，以逐步提高和扩大抗御水旱灾害的能力，更有效地发挥水资源的使用效益，扩大农田水利灌溉面积。①

1953 年 9 月，水利部发布《中央人民政府水利部关于农田水利工作的报告》，对新中国成立后三年间的农田水利建设情况及存在的缺点和不足作了全面总结，逐步确定了兴办群众性小型农田水利为重点的思路。报告指出："根据目前农村分散的小农经济特点，及目前国家财力和工业化的程度，以开展群众性的小型水利最为有效，应当作为水利部门工作中重点任务之一。"②

1953 年 12 月，水利部召开全国水利会议，时任水利部副部长的李葆华在会议总结报告中提出："今后水利建设，应根据国家在过渡时期的总路线，在各级党政统一领

---

① 《当代中国》丛书编辑部：《当代中国的农业》，414、415 页，北京，当代中国出版社，1992。
② 《中央人民政府水利部关于农田水利工作的报告》，见中国社会科学院、中央档案馆编：《1953—1957 中华人民共和国经济档案资料选编·农业卷》，620、621 页，北京，中国物价出版社，1998。

导下,按照各地具体情况定出具体的要求和可行的步骤,使水利建设为国家工业化与农业的社会主义改造服务,并逐步地战胜水旱灾害,为农业增产特别是粮食和棉花的增产服务,求得每年灾害有所减轻。"① 他要求:"在开展群众性的水利工程时,必须因地制宜,根据群众需要与可能,并贯彻群众自愿的原则,同时切实整顿现有水利设施,发展其应有效益。"② 此外,会议对群众自办工程的出工负担问题,提出了应贯彻"受益多的多负担,受益少的少负担,不受益的不负担"的原则。③ 这项原则后来演变成"谁受益,谁负担",成为开展农田水利建设的基本原则。

在农业合作化运动中,全国各地为促进农业丰产,大力开展农田水利建设。1955年1月,水利部召开全国水利会议,提出积极兴办农田水利,以逐渐减免各种水旱灾害,保证农业生产的增长;提出1955年发展农田水利的任务是:为满足农业增产特别是粮食、棉花增产的需要,扩大灌溉面积1 400万亩。④ 1955年1月23日,《人民日报》就此次会议发表了题为《抓紧冬春季节开展农田水利工作》的社论,要求凡是没有拟订和布置1955年农田水利计划的地区,都应当根据可能的条件,尽快地订出计划,布置任务。各级党政领导机关在安排农村工作时,应当适当地统一安排农田水利工作,把农田水利工作列入自己的工作日程。社论强调指出:"发展农田水利是保证农业增产和促进互助合作的重要条件之一;因此,1955年对于农田水利工作也是具有决定意义的一年。"

1955年10月后,在全国农业合作化运动的高潮下,出现了增加农业生产和兴修农田水利的高潮。1955年年底,毛泽东在《中国农村的社会主义高潮》按语中明确指出:"兴修水利是保证农业增产的大事,小型水利是各县各区各乡和各个合作社都可以办的,十分需要定出一个在若干年内,分期实行,除了遇到不可抵抗的特大的水旱灾荒以外,保证遇旱有水,遇涝排水的规划。这是完全可以做得到的。"⑤ 他肯定了群众自办为主、小型为主的农田水利建设思路,随后又进一步指出,农田水利建设要把大型水利工程和小型水利工程结合起来,把国家兴办和农业生产合作社兴办结合起来。1956年1月,毛泽东在《对〈一九五六年到一九六七年全国农业发展纲要(草

---

① 李葆华:《四年水利工作总结与今后方针任务》,见《当代中国的水利事业》编辑部编印:《历次全国水利会议报告文件(1949—1957)》,137页,1987。
② 李葆华:《四年水利工作总结与今后方针任务》,见《当代中国的水利事业》编辑部编印:《历次全国水利会议报告文件(1949—1957)》,138页,1987。
③ 李葆华:《四年水利工作总结与今后方针任务》,见《当代中国的水利事业》编辑部编印:《历次全国水利会议报告文件(1949—1957)》,141页,1987。
④ 《水利部召开今年全国水利会议》,载《人民日报》,1955年1月19日。
⑤ 《建国以来毛泽东文稿》,第五册,498、499页,北京,中央文献出版社,1991。

案)〉稿的修改和给周恩来的信》中,对上述思想进行了系统阐述。他指出:"一切大型水利工程,由国家负责兴修,治理为害严重的河流。一切小型水利工程,例如打井、开渠、挖塘、筑坝和各种水土保持工作,均由农业生产合作社有计划地大量地负责兴修,必要的时候由国家予以协助。通过上述这些工作,要求在七年内(从一九五六年开始)基本上消灭普通的水灾和旱灾,在十二年内基本上消灭特别大的水灾和旱灾。"①这是毛泽东关于农田水利"两条腿走路"思想的最早体现,对随后的全国农田水利建设发展起了巨大的推动作用。

截至1955年11月,全国共扩大灌溉面积1 580多万亩,超过原计划12.9%。国家为了帮助农民兴修水利,除发放大批贷款外,还新建了许多抽水机站和排水站。据不完全统计,1955年全国增加了1 200多台抽水机,共有27 000多马力,受益面积达90多万亩。②

1956年,在农业合作化高潮中各地展开的大规模兴修水利运动,使中国的农田水利建设工作得到了空前迅速的发展。全年兴修农田水利工程的灌溉面积达到1.5亿多亩(当年受益达1亿亩),等于新中国成立前中国历史上有水利设施的灌溉面积的一半、新中国成立后7年来发展的灌溉面积的1倍,超过第一个五年计划任务指标的近一半。全国因改建、扩建和整修旧有灌溉工程而改善的灌溉面积和防涝排水(包括沟洫畦田)面积,分别达到7 500万亩和8 700多万亩,分别超额完成了年度计划任务。③

1957年8月16日至8月29日召开的全国农田水利会议,总结了第一个五年计划期间农田水利工作的成就和经验,确定了今后水利建设的基本方针。会议明确指出,依靠群众,因地制宜,大量兴办各种各样小型农田水利,有重点地举办大型工程的农田水利建设方针,是完全正确的,是几年来农田水利工作取得成就的重要原因之一。密切依靠党政领导,认真贯彻群众路线的工作方法,是开展农田水利工作的重要保证。

第一个五年计划期间,国家投资修建和扩建的灌溉工程增加了灌溉面积4 100多万亩;加上农民群众自己投资兴修的数以千计的塘坝井渠和小型水库增加的灌溉面积,到1957年7月,全国总灌溉面积已由新中国成立前的2.3亿亩和1952年的3.1亿亩,发展到5.2亿亩,相当于世界各国灌溉面积总和的30%。在灌溉面积的总量和增长速度方面,中国已居世界第一位。全国约17亿亩的耕地中,有30.5%是水田和水浇地;

---

① 《建国以来毛泽东文稿》,第六册,4页,北京,中央文献出版社,1992。
② 《全国今年扩大灌溉面积一千五百多万亩》,载《人民日报》,1955年11月20日。
③ 《1956年水利建设成就空前巨大,对战胜洪涝旱灾、保证农业增产起了很大作用》,载《人民日报》,1957年1月11日。

全国每个农业人口平均占有的水田和水浇地，也由新中国成立前的半亩增加到1亩左右。①

"一五"时期农田水利工作的巨大发展，对提高中国农业生产和改变农村经济面貌起到了显著作用。典型调查表明，农田得到灌溉以后，结合农业措施，一般增产50%到1倍，有些地区增产2~3倍。"一五"时期全国粮食总产量逐年增加，1957年总产量达到3 900.7亿斤，比1952年的3 278.3亿斤增长了19%。② 5年间全国耕地面积中水田面积和水浇面积的增长情况详见表7-3，5年间全国农田灌溉面积增长情况详见表7-4。

表7-3　1953—1957年全国耕地面积、水田面积、水浇地面积变化情况

| 项目＼年份 | 1952 | 1953 | 1954 | 1955 | 1956 | 1957 |
| --- | --- | --- | --- | --- | --- | --- |
| 耕地面积/万亩 | 161 878 | 162 793 | 164 032 | 165 235 | 167 737 | 167 745 |
| 水田面积/万亩 | 38 780 | 38 932 | 39 402 | 39 811 | 41 109 | 41 299 |
| 增长/% | — | 0.39 | 1.6 | 2.66 | 6.0 | 6.49 |
| 水浇地/万亩 | 7 334 | 7 529 | 7 985 | 8 275 | 15 312 | 16 027 |
| 增长/% | — | 2.66 | 8.88 | 12.83 | 108.78 | 118.53 |
| 水田占/% | 24 | 23.9 | 24 | 24.1 | 24.5 | 24.6 |
| 水浇地占/% | 4.5 | 4.9 | 4.9 | 5.0 | 9.1 | 9.6 |

资料来源：国家统计局编：《建国三十年全国农业统计资料（1949—1979）》，10页，北京，中国统计出版社，1980。

表7-4　1952—1957年全国农田水利灌溉面积增长情况　　单位：万市亩

| | 1952年 | 第一个五年计划期间 | | | | | 1957年为1952年的% |
| --- | --- | --- | --- | --- | --- | --- | --- |
| | | 合计 | 1953年 | 1954年 | 1955年 | 1956年 | 1957年 | |
| 实有灌溉面积 | 31 737 | — | 33 376 | 34 834 | 36 941 | 48 358 | 51 541 | 162.4 |
| 新增灌溉面积 | 4 018 | 21 808 | 1 802 | 1 602 | 2 226 | 11 870 | 4 309 | 107.3 |

资料来源：中华人民共和国农业部计划局：《第一个五年计划期间农业统计资料汇编》（内部资料），141页，1959。

### 三、"大跃进"时期的农田水利（1958—1961）

1957年9月24日，中共中央、国务院发布《关于今冬明春大规模地开展兴修农田水利和积肥运动的决定》。随后，1957年冬到1958年春，全国发动了数千万农民在农村掀起了空前规模的农田水利建设热潮，农业生产开始出现"大跃进"的局面，由

---

① 《第一个五年计划期间水利建设的成绩巨大，工程总量可筑"长城"四十多座，灌溉面积增长速度占世界首位》，载《人民日报》，1957年10月4日。
② 中国社会科学院、中央档案馆编：《1953—1957中华人民共和国经济档案资料选编·农业卷》，774页，北京，中国物价出版社，1998。

于一些大型工程需要投入大量人力、物力和财力，不少地方的干部自发地将一些农业合作社合并成大社，试图通过并社集中劳力、物资和资金以解决所面临的实际问题。而中央对不受社界、乡界、县界限制组织协作进行农业水利建设的行为，也给予高度评价。全国各地兴修农田水利以排山倒海之势向前发展。

据《人民日报》1958年5月3日报道，以水利为中心的农田基本建设高潮的规模，投入的人力、物力和财力，进度和成就都是史无前例的。据1958年4月中旬的不完全统计，全国农村兴修水利、水土保持和洼地治理三项完成的工程总量，共达土石方250多亿立方米，全国农民共做了130多亿个工日。以1亿劳动力计，每个劳动力就做了130多个工日。这事实上是5亿农民的总动员。半年来修成的农田水利工程、水土保持工程和洼地治理工程，成绩都是巨大的。在农田水利方面，截至1958年4月底，新增灌溉面积达3.533 4亿亩，比新中国成立以来8年间新增的灌溉面积2.732 1亿亩多29.3%，比新中国成立以前原有的灌溉面积2.389 3亿亩多47.9%。这就使全国灌溉面积（包括水田和水浇地）从1957年10月前的5亿多亩一跃而达8.654 8亿亩，达到耕地总面积的50%以上；使5亿农民每人有1.7亩多可浇灌的耕地，比新中国成立前每人平均占有的可浇灌的耕地增加了2倍多。①

1958年5月21日至6月5日，农业部在武汉召开南方地区农田水利工作会议，总结了1957—1958水利年度南方各省水利建设的经验。会议认为，南方各地和全国一样掀起了农田水利建设的高潮，取得了史无前例的巨大成绩。南方各省兴修农田水利最主要的经验是：必须加强各级党委对水利工作的领导，在政治挂帅的前提下做到政治和技术结合，领导和群众结合，充分发挥群众的革命干劲和无穷的智慧；必须坚决贯彻"蓄水为主，小型为主，社办为主"的水利建设方针，在这个基础上结合必要的排水工程、大中型工程和由国家举办的工程；必须加强和扩大社与社之间、乡与乡之间、县与县之间、省与省之间的共产主义的协作；必须破除迷信，解放思想，大胆革新，大胆创造，不断提高劳动效率和工程质量。此外，还必须加强对水利灌溉的管理，做到节约用水，合理用水，提高水的利用率。②

1958年6月20日至7月16日，农业部召开的北方地区农田水利工作会议指出，全国实现水利化的关键在北方，北方的任务要比南方大得多。为此，北方各省（自治

---

① 《灌溉面积已占总耕地一半多，每个农民平均占有可浇灌耕地比解放前增加两倍以上》，载《人民日报》，1958年5月3日。
② 《争取南方地区基本水利化，农田水利工作会议提出大干一冬春的宏伟任务》，载《人民日报》，1958年6月9日。

区），市应掀起一个"学河南、赶河南的运动"，把水利建设推向高潮。会议确认今后水利建设的方向：继续贯彻以小型为主、蓄水为主和群众自办为主的方针，以兴修小型水利工程为基础，中型为骨干，辅以必要的大型；大、中、小型相结合，由点到面，由分散到系统，由一乡一社到中小河流域的综合开发，结合中小河流域治理，大力发展农村水电、航运和水产事业；争取在一两年内基本消灭水旱灾害，全面完成水利化。①

1958年8月29日，中共中央政治局北戴河会议通过的《中共中央关于水利工作的指示》指出，加强党的领导，坚持政治挂帅，统一规划，全面治理，贯彻"三主"方针，坚决依靠群众，是做好农田水利建设工作的基本关键。为更好地完成兴修农田水利工程的规划，中共中央提出如下意见：①方针问题。在贯彻执行"小型为主，以蓄为主，社办为主"的"三主"方针时，应该注意在以小型工程为基础的前提下，适当地发展中型工程和必要的可能的某些大型工程，并使大、中、小工程相互结合，有计划地逐渐形成比较完整的水利工程系统。在兴修水利工程时，不论是小型工程、中型工程或一般的大型工程，必须是依靠群众力量为主，国家援助为辅，并且应当实行以蓄为主，达到充分地综合利用水利资源的目的。力求农田灌溉、水力发电、船运尽可能互相结合，对于农村小型水力发电，应有计划地发展。②规划问题（略）。③解决不同地区水利问题的办法：平原和低洼易涝地区，应像安徽淮北地区那样实行河网化，或参考运用河北、天津那样洼地改造的经验；山区、半山区和丘陵高原地区，应像甘肃武山、湖北襄阳、河南潾河那样实行山上蓄水，水土保持，山区、平原、洼地全面治理，引水上山、上塬，开盘山渠道以至像引洮工程那样，开辟山上运河，解决山区水利；渗漏严重地区，如甘肃河西接近沙漠地区，主要是大量修筑水库，衬砌渠道，消除渗漏，并要充分拦蓄和利用雪水，保证灌溉；水土流失地区，必须实行工程措施和生物措施相结合的办法，积极推广山西大泉山、河南禹县的经验，挖鱼鳞坑、水平沟，修建谷坊、山塘、水库，以及种树种草，封山育林，耕地梯田化等，经过这些措施，达到蓄水保土；在兴修农田水利的同时，应积极进行平整土地，达到兴修与利用结合。④加强工具改革，要使所有的运输工具都装上滚珠轴承，这是克服劳力不足、提高工效、提前和超额完成任务的一个关键。在开挖土石方工程中，应注意提高操作技术，如松动爆破法、定向爆破法等。只要抓紧了工具改良和提高操作技术这两个关键，兴修水利工程的巨大任务，就有可能提前和超额完成。② 该指示发布后，大规模农田水利兴

---

① 《北方地区农田水利工作会议决定，大干一年提前实现水利化》，载《人民日报》，1958年8月1日。
② 《中共中央关于水利工作的指示》，载《人民日报》，1958年9月11日。

修高潮的序幕逐渐拉开。

1958年10月14日,农业部正式发布的1958年农田水利成就公报指出:"一年期间,全国共扩大灌溉面积4.8亿亩,洼改治涝面积2.1亿亩,水土保持初步控制面积30万平方公里,新建农村水电站10万千瓦,水力站18万马力,完成土石方总量580亿公方。当前我国的灌溉面积已达10亿亩,占全国耕地总面积的比例,由1957年9月份的31%跃升到59.5%,占世界灌溉总面积的三分之一以上。从发展速度、建设规模、完成数量上看,今年我国农田水利建设事业的发展,创造了世界水利史上的奇迹。"①

1958年冬的水利运动在各地各项工作更"大跃进"的形势下展开,但投入水利冬修的劳动力比上年度减少。为此,各地开展了工具改革、施工方法改革的高工效运动。1959年1月2日至13日,农业部召开全国农业工作会议。时任中共中央书记处书记的谭震林在会议结束时指出:"1958年我们确定了水、肥、土、种、密、保、工、管这一整套增产经验(史称农业'八字方针'——作者注)。我们相信,只要认真全面地执行这八条增产措施,加上人民公社经营管理水平的提高,在1959年内取得比1958年更大的丰收,是完全可以预期的。必须继续宣传人定胜天的信念,继续兴修农田水利工程,但计划不要过大,以免影响质量和挤掉其他任务。无论施工和灌溉都需大力改善工具和操作方法,提高工效,节约劳力。"②

1959—1960年度的农田水利建设运动,是在中共八届八中全会召开后的"反右倾"、鼓干劲中开展起来的。1959年10月24日,中共中央和国务院发出了《关于今冬明春继续开展大规模兴修水利和积肥运动的指示》,明确指出:"在今后几个冬春,再搞几次水利建设高潮,力争在较短时间内实现水利化。"具体来说,就是号召各地各级党委和政府在1959年冬1960年春继续展开一个大规模的群众性的兴修水利运动,力求在全国范围内基本上控制一般地区的水旱灾害,提前实现农业发展纲要中对水利的要求。该指示指出,首先,人民公社是水利运动的新基础,给水利运动带来很多新的特点。其次,群众性的兴修水利运动要继续贯彻执行以蓄水为主、社办为主、小型为主和大中小型工程相结合的方针,全面规划,综合利用。此外,要做好劳力安排,主要还是依靠群众力量,经费的主要来源是公社各级的公共积累,器材也主要采取就地取材和土洋并举的办法来解决。中、小型水利工程占用的土地,一般由县、社自行

---

① 《水利建设创世界奇迹,一年扩大灌溉面积四亿八千万亩,现有灌溉总面积占世界三分之一》,载《人民日报》,1958年10月14日。
② 《干劲足信心高措施好,力争农业更大胜利》,载《人民日报》,1959年1月19日。

调剂解决。①

指示下达以后，各地普遍修订了1959年冬和1960年春兴修水利的计划，成立了专门组织，由党委书记亲自挂帅，加强了对水利建设的领导。成千上万的由各地人民公社社队自办的小水库、塘坝、机井和平整耕地等工程已经开工；一部分由许多县、许多人民公社协作兴办的大、中型骨干工程，包括大中型水库、河网化工程、大规模的引水工程也已经开工；一部分过去未完成的大工程，如河北省、北京市的密云水库（密云水库曾属河北省，1958年10月划归北京）等大水库工程，山东省的位山水利枢纽工程，江西省的赣抚平原灌溉工程等也相继复工。

1961年11月25日，中共水利电力部党组报送中共中央的《关于当前水利工作的报告》中，列举了三年"大跃进"的成绩：全国灌溉面积，1949年的可灌面积为2.4亿亩，1957年为4.5亿亩，1960年曾统计为10亿亩以上，经各省初步核实，有效灌溉面积为6.7亿亩。1957年的保证灌溉面积为3亿亩，1960年曾统计为5亿亩，经各省初步核实为4.5亿亩。机电排灌设备，1949年拥有9万马力，1957年有56万马力，1961年有600万马力。其中电力排灌1949年基本没有，1957年为5万千瓦，估计到1961年年底可达100万千瓦。大型水库（包括水电站及其他部门主办的），1949年5座，1957年21座，1960年动工兴建与续建的达300座。在这300座中，截至1961年已建成与基本建成的87座，已拦洪尚未建成的84座，共171座。连同1960年以前建成与基本建成的共计139座，已拦洪尚未建成的87座，两项合计226座。②

关于"大跃进"时期兴修水利的得失问题，学术界主要有两种观点。

第一种观点认为，水利化运动有得有失，得大于失，成绩是主要的，但也有不少失误和值得吸取的教训。这种观点是学术界的主流意见。如水利部农村水利司编著的《新中国农田水利史略》指出，这次全国性规模空前的群众性治山治水运动，虽然取得了多方面的成果，但由于社会主义建设经验不足，对经济发展规律和中国经济基本情况认识不足，在农田水利建设中提出了不少不切合实际，甚至违背科学常识的口号，如要求"在两三年内基本消灭普通水旱灾害"；在华北平原提出"一块地对一块天"，大搞平原蓄水工程；在群众性农田水利运动中，片面提倡"共产主义协作""大

---

① 《中共中央、国务院关于今冬明春继续开展大规模兴修农田水利和积肥运动的指示》，见中国社会科学院、中央档案馆编：《1958—1965中华人民共和国经济档案资料选编·农业卷》，390、391页，北京，中国财政经济出版社，2011。
② 《中共中央批转水电部党组〈关于当前水利工作的报告〉》，见《建国以来重要文献选编》，第14册，859页，北京，中央文献出版社，1997。

兵团作战"等，使得瞎指挥、浮夸风和一平二调的"共产风"在水利运动中愈演愈烈，严重挫伤了群众兴修水利的积极性，造成人力物力上的大量浪费，并给以后的水利工作遗留下很多难以解决的问题和大量的维修、配套、加固、保安工作量。由于不少工程不按基建程序办事，缺乏前期工作，仓促上马，违反自然规律和人力物力的可能条件，造成很大损失。例如在黄河下游修建花园口等大型拦河引黄枢纽，在缺乏排水设施的情况下发展引黄灌溉，大引大灌，引起了大面积的土地盐碱化，结果是"一年增产，二年平产，三年减产，四年绝产"，最后不得不毁闸平渠，被迫停灌，造成大面积的农业减产。① 武力主编的《中华人民共和国经济史》在论述"大跃进"经济建设方面的成就时也指出："从1958年初开始，广大农村掀起了兴修水利的高潮。虽然由于不量力而行，半拉子工程很多，当时的经济效果很差，有的工程事前对水文地质勘测不够，草率上马，遗留问题很多，但这些工程的大部分经过修改续建，在后来也确实发挥了作用。特别是这几年对黄河的治理应该说是有成效的。"②

第二种观点认为，"大跃进"时期的水利建设有得有失，失误太多，得不偿失。有人在肯定成绩的同时，强调水利建设运动中的重大失误和严重不足。薄一波在《若干重大决策与事件的回顾》中指出，发动"大跃进"，是党在20世纪50年代后期工作中的一个重大失误。"大跃进"使我国经济发展遭遇到严重的挫折，教训非常深刻。1957年9月，空前规模的农田水利建设运动的掀起，实际上吹起了农业"大跃进"的号角。③ 他在评价"大跃进"的得失时，首先肯定了水利建设所取得的成绩，但认为这些成绩的取得也付出了极大的代价，甚至有些成绩实际上也没有完全拿到手。由于盲目施工等原因，农田水利基本建设的后遗症也不小。④

客观地说，"大跃进"时期农田水利建设取得了空前的成就，但同时也存在一些失误、甚至是比较严重的错误。这一时期的农用水利建设有得有失，成绩巨大，教训深刻。

## 四、调整巩固时期的农田水利（1962—1965）

由于"大跃进"和人民公社化运动中的"左"倾错误，加上1959年开始的"三年灾害"，

---

① 水利部农田水利司编著：《新中国农田水利史略（1949—1998）》，13页，北京，中国水利水电出版社，1999。
② 武力主编：《中华人民共和国经济史》，上册，457页，北京，中国经济出版社，1990。
③ 薄一波：《若干重大决策与事件的回顾》，下卷，679~681页，北京，中共中央党校出版社，1993。
④ 薄一波：《若干重大决策与事件的回顾》，下卷，711页，北京，中共中央党校出版社，1993。

使我国农业生产遭到极大的破坏,1960年全国粮食产量跌到了1951年的水平,农民发展生产的积极性受到严重打击。从1960年起农田水利建设陷入十分困难的境地。很多工程,特别是一些在建的大型水库、灌区,实际上已处于停工半停工状态。中共中央从1960年冬开始纠正农村工作中"左"的错误,1961年1月中共八届九中全会正式通过了国民经济调整、巩固、充实、提高的八字方针,随后又制定了《农村人民公社工作条例(修正草案)》,农田水利工作随之进入整顿、巩固、续建、配套阶段。①

1962年11月,农业部在北京召开全国农业工作会议,提出"1962年的农田水利冬修应以小型为主,配套为主,群众自办为主"。② 同年12月,水利电力部召开全国水利会议,根据当时水利形势和发展要求,在《水利工作的基本总结与今后的方针任务》的报告中,提出了新的水利工作方针"巩固提高,加强管理,积极配套,重点兴建,并为进一步发展创造条件"。在坚持"小型为主、社办为主"的同时,放弃了"以蓄为主",代之以"配套为主",重视工程配套设施建设,对现有工程加强管理,并分别进行必要的续建、配套和调整,确保安全,充分发挥工程效益。依靠社队力量,大力恢复、维修和发展小型农田水利,力争基本完成现有工程的配套,以尽快充分发挥效益。③

1964年1月11日至2月5日,水利电力部召开全国水利会议。会议认为:"水利建设是农田基本建设的主要内容之一,是五亿农民的切身事业。国家对水利建设的投资,是对农民的支援。因此,依靠群众,自力更生,勤俭办水利,是水利工作的根本路线。""'大跃进'中,我们在依靠群众办水利的问题上,有丰富的经验,也有深刻的教训。主要教训是:没有把群众力量完全用在刀口上,工程上马过多,还修了一些不应该修的工程;使用群众力量过了头,急了一些,多了些,产生了一平二调的'共产风',妨碍了当年农业生产,挫伤了群众的积极性。在最近两三年中,纠正上述错误以后,在一些地区又发生了单纯依赖国家,束手束脚,不敢放手发动群众的偏向。"④ 为此,水利电力部强调水利建设必须坚持新的"三主"治水方针,即"小型为主,配

---

① 水利部农村水利司:《新中国农田水利史略(1949—1998)》,14页,北京,中国水利水电出版社,1999。
② 《中共中央、国务院批转农业部党组关于全国农业会议的总结》,见《建国以来重要文献选编》,第15册,748页,北京,中央文献出版社,1997。
③ 《水利工作的基本总结与今后的方针任务》,见《当代中国的水利事业》编辑部编印:《历次全国水利会议报告文件(1958—1978)》(内部发行),170页,1987。
④ 《水利电力部关于1964年全国水利会议对当前工作和今后任务的讨论》,见中国社会科学院、中央档案馆:《1958—1965中华人民共和国经济档案资料选编·农业卷》,419、420页,北京,中国财政经济出版社,2011。

套为主,群众自办为主"。

1964年8月5日,《人民日报》发表题为《水利建设和稳产高产田》的社论,明确指出:"在今后一个时期内,水利建设的重点,应当……充分挖掘现有水利设施的潜力。挖掘潜力的办法,一是续建配套,二是加强管理。"社论强调:"工程的规模宁可小一些,但一定要力求每个工程都是成套的、齐全的。要做到修建一处工程,就配套一处工程。"

1965年8月,全国水利会议确定的"三五"期间水利工作的方针是:"大寨精神,小型为主,全面配套,狠抓管理,更好地为农业增产服务。"(简称"大、小、全、管、好"——作者注)新中国水利建设的方针再次调整,"三主"方针逐渐被吸纳到这条新的治水方针中。会议强调:"必须在水利部门的全体干部中,进一步树立依靠五亿农民办水利、水利为农业增产服务的思想,进一步克服恩赐观点和重大轻小、重骨干轻配套、重修轻管、重工程轻实效的思想。"[①]

中共中央有关水利建设的方针和政策发布后,全国各地按照中共中央的要求逐渐放慢了水利工程的建设速度,水利建设的重点逐渐转到配套工程的建设上来。

据国家统计局1963年4月对全国大中型水利灌区的配套和利用情况的统计,全国已有设计灌溉面积在万亩以上的大中型水利灌区3 989处,设计灌溉面积29 141万亩,实际建成配套的灌溉能力为16 581万亩,占56.9%。另据其中896处灌区的统计,1962年达到灌溉能力的为3 743万亩,当年实际灌溉耕地2 791万亩,仅及74.6%,尚有25.4%的能力没有充分利用。[②]

## 五、"农业学大寨"时期的农田水利(1965—1978)

在农业学大寨运动中,全国农村广大干部群众以大寨为榜样,掀起了农田水利基本建设高潮。兴修水库、平整土地、治河修渠、坡地改梯田、治理盐碱地、打井抗旱、兴建水电站等,取得了一系列令人瞩目的成就。迄今遍布全国的大中小水库,除了建于"大跃进"时期之外,多数是在"农业学大寨"高潮中修建的。这些农田水利设施

---

[①] 《水利电力部关于全国水利会议的报告》(1965年9月14日),见中国社会科学院、中央档案馆编:《1958—1965 中华人民共和国经济档案资料选编·农业卷》,422、423页,北京,中国财政经济出版社,2011。
[②] 国家统计局:《全国大中型水利灌区的配套和利用情况》,见中国社会科学院、中央档案馆编:《1958—1965 中华人民共和国经济档案资料选编·农业卷》,462、463页,北京,中国财政经济出版社,2011。

有效地增加了农田灌溉面积,增强了防涝抗旱能力,对农业生产的发展提供了可靠的保障。

但是,这一时期的农田水利建设高潮,由于受"左"的思潮干扰,加上当时科研、设计单位被撤销,工程技术人员下放农村劳动,致使许多工程前期工作不足,施工质量缺乏保障,因而出现了许多问题,留下了不少深刻的经验教训。

### (一)"文化大革命"对农田水利事业的影响

1964年年底至1965年年初,全国范围内开始了"农业学大寨"运动。广大农民响应号召,自己组织起来集资,积极投入兴修农田水利建设的群众运动中去。

"文化大革命"爆发后,日益好转和发展的农田水利事业遭到严重破坏,各地水利部门被撤销或削弱,水利工作人员被下放,正常工作受到严重影响。1967年7月,中共中央、国务院、中央军委、"中央文革小组"发布对水利电力部实行军事管制的决定。1968年春,在"军管会"领导下设立生产组,抽调少数干部应付日常工作。1969年秋,水利电力部大部分干部下放"五七"干校。1970年3月,水利电力部生产组分解为水利、电力等几个组。水利组定员23人,负责抓各项水利工作。

由于"文化大革命"的冲击,1967—1969年农业生产连续下降,严重影响了国民经济的稳定。

### (二)改土治水为中心的农田水利建设新高潮

1970年8月25日,中共中央、国务院在山西省昔阳县召开北方地区农业会议,中心内容是学习和推广山西昔阳县大寨大队和昔阳县的经验。9月1日,会议转到北京继续举行第二阶段会议,主要是总结和交流全国各地农业学大寨的经验。9月14日,会议进入第三阶段,着重讨论实现《全国农业发展纲要》的措施和各项农村经济政策。12月11日,中共中央批准《国务院关于北方地区农业会议的报告》,第一次正式提出要大搞农田基本建设,要求各地在第四个五年计划内,"通过改土和兴修水利,做到每个农业人口有一亩旱涝保收、高产稳产田。丘陵地区,要搞梯田。平原地区,要搞深翻平整,改良土壤。水利建设,要坚持小型为主、配套为主、社队自办为主的方针。治水要与改土、治碱相结合。要积极打井,研究利用地下水源"。①

北方地区农业会议之后,全国农村掀起了以改土治水为中心内容的农田水利建设

---

① 《中共中央批准国务院关于北方地区农业会议的报告》,见中华人民共和国国家农业委员会办公厅编:《农业集体化重要文件汇编(1958—1981)》(下册),893页,北京,中共中央党校出版社,1981。

新高潮。农田水利建设作为农业学大寨运动的重要组成部分,在各地广泛开展起来。其主要特点是由过去的偏重防洪向综合开发利用的目标发展,贯彻毛泽东的"水利是农业的命脉"的号召,重点解决农业用水和抗旱问题。这次农田水利基本建设规模之大、进度之快、成效之明显,超过了以往的各个时期、包括"大跃进"时期的水利建设高潮。

1970—1971水利年度,全国各地农村贯彻北方地区农业会议的精神,大搞农田水利基本建设,有近百万名干部、1亿多农民投入水利建设运动。据《人民日报》报道,我国1970—1971年水利建设年度中以兴修旱涝保收、高产稳产农田为中心的农田水利基本建设取得了很大成绩,各地兴修农田水利共完成土石方工程50多亿立方米,增加旱涝保收的农田面积达3 000多万亩,这是近10年来增加最多的一年。①

1971—1972水利年度,全国农村继续广泛掀起农田水利建设高潮,新修了一批水库、塘坝、水井、涵闸、渠道等工程,进一步扩大了旱涝保收、高产稳产农田的面积。据19个省、自治区、直辖市的不完全统计,1971年冬至1972年年初共兴建各种水利工程达100多万处,到1972年1月中下旬已完成的土石方量达30亿立方米,相当于上年度完成的土石方工程量的一半以上。其中,大量是农村社队自办的当年施工当年受益的小型水利工程,还有一些是续建和配套工程。辽宁、吉林、青海、甘肃、陕西、山西、河北、北京、山东、江苏、安徽、浙江、湖南、广西、广东、四川、云南、贵州等省和自治区,总结了几年来水利建设的经验,针对各地不同的自然条件,进行了全面规划,做到因地制宜,统筹兼顾,综合治理,力求变水害为水利。地处华北平原的冀、鲁、豫、苏、皖5省把治水和治碱结合起来,使许多盐碱地得到改造。②

1972年12月,水利电力部召开全国水利管理工作会议。会议要求建立健全必要的规章制度,按时完成水利工程的大检查。检查的内容为"五查""四定"。"五查"是指查工程建设和投资使用情况、工程安全、工程效益、综合利用、管理现状;"四定"是指定任务、措施、计划、组织体制。

1974年和1975年,水利电力部两次召开农田基本建设会议,进一步推动了全国农田水利建设的高潮。全国各地每年冬春农闲之时,都组织广大农民投入兴修农田水利运动中。1974年2月19日,新华社对当年的农田基本建设进行了报道,已经完成水库、塘坝、渠道、涵闸、水井、排灌站等各种水利工程60多万处,增加和

---

① 《在毛主席的革命路线指引下,我国农田水利建设今年取得很大成绩》,载《人民日报》,1971年12月8日。
② 《我国农田水利建设取得新成就》,载《人民日报》,1972年2月23日。

改善灌溉面积2 000万亩，深翻改土1.9亿多亩，平整农田4 000多万亩。又据新华社1975年3月11日报道，全国各地共开工修建140多万处各类水利工程，已有三分之二完工。到1975年1月底，全国新增加改善的灌溉面积3 000多万亩，新修梯田1 300多万亩，改造低产田6 800多万亩。

这样一来，在农业学大寨运动高潮中，以治水改土为中心的山水田林综合治理的农田基本建设被当作一项伟大的社会主义事业来办，全国每年冬春都有上亿劳力投入农田基本建设，许多县、社、队组织农田基本建设常年施工。农田基本建设也由单项治理发展到山、水、林、田、路等综合治理；打破了社队界限，按地区、按流域统一规划，统一治理。1975年9月，中共中央在山西省昔阳县召开第一次全国农业学大寨会议，总结交流各地在1970年北方地区农业会议以后开展农业学大寨运动的经验，研究进一步开展农业学大寨运动、尽快普及大寨县的问题。1976年12月10日，第二次全国农业学大寨会议在北京召开，标志农业学大寨运动达到了最高潮，全国性的农田水利基本建设更是提到了迫切议事日程。

1977年7月，水利电力部、国家计委、国家建委、农林部等11个部委联合召开全国农田基本建设会议，明确指出，国民经济全面跃进的形势已经出现，农业非大上不可。农业要大上，就非大搞农田基本建设不可。会议要求1977年冬和1978年春掀起一个农田基本建设的新高潮，到1980年要实现每个农业人口有一亩旱涝保收、高产稳产的农田。在此次会议精神的指导下，全国性的农田水利基本建设高潮继续推进。1977—1979年，中共中央、国务院连续召开了3次农田基本建设会议，使全国农田基本建设得到了迅速发展。据统计，3年完成土石方510亿立方米，平整土地2.5亿亩，增加灌溉面积3 000万亩，除涝面积1 600万亩，增加机电排灌动力1 500多万马力，同时对大量的中小型水库进行了维修、加固和配套，并修建了大量田间工程。①

作为农业学大寨高潮的重要组成部分，农田水利基本建设的高潮与农业学大寨运动高潮是同步并生的。由于农业学大寨运动到1980年正式结束，故全国性的农田水利基本建设高潮也持续到1980年左右。

在农业学大寨运动中，全国各地农田水利基本建设取得了巨大的成绩。不仅兴修了大批大中小型水利灌溉工程，提高了农田的灌溉率和土壤的蓄水防涝能力，为改良土壤环境、防治盐碱化起到了重要作用，而且投入大量的人力、物力进行了各种规模

---

① 水利部农村水利司编著：《新中国农田水利史略(1949—1998)》，17页，北京，中国水利水电出版社，1999。

的灌区配套设施及水电站建设，为改善农村环境以及提高农业生产效率创造了有利的条件。

农田水利基本建设的大力开展，增强了全国的农田灌溉和防涝抗旱能力，为农业持续丰收提供了保证。以全国受灾面积不同、但成灾面积基本相同的1976年与1965年相比较，1965年自然灾害[①]受灾面积合计为2 080万公顷，成灾面积达到1 122万公顷；而1976年自然灾害受灾面积是4 250万公顷，但成灾面积仅为1 144万公顷，即成灾面积占受灾面积的比例由1965年的53.9%下降到1976年的26.9%。其中水灾由50.3%下降到31.7%，旱灾由59.5%下降到28.6%。[②] 此时期农田水利建设与农业生产技术的改善，是促使粮食、棉花、油料等主要农作物指标显著增产的重要因素之一。以1978年与1957年相比，全国粮食单位面积产量由每亩98公斤提高到169公斤，增产72.4%。全国粮食产量保持了比较稳定的增长，1964年为3 750亿斤，1965年为3 890亿斤，1966年4 280亿斤，1967年达到4 356亿斤，连年上升；棉花产量1964年为3 325万多担，1967年达到4 707万多担，有了大幅度提高。粮食总产量从1966年的21 400万吨增加到1976年的28 631万吨，增长了7 231万吨，年平均增长率为2.95%。[③] 可见，农田水利建设对农业生产和粮食增产起了重要的积极作用。

在农业学大寨期间的农田水利建设高潮中，还陆续建成一批大中型骨干灌溉排水工程，如江苏江都排灌站、陕西宝鸡引渭上塬工程、四川都江堰扩建工程、湖北引丹灌溉工程、甘肃景泰川高扬程提水一期工程等，加强了防洪抗旱能力，扩大了农田灌溉面积。迄今遍布全国的大中小水库，除了建于"大跃进"时期之外，多数是在农业学大寨高潮中修建的。据统计，到1979年，全国各地共建成了大、中、小型水库（库容10万立方米以上的）8万多座。新中国治水工程取得了初步成效，水利建设的预定目标基本实现，不仅洪水泛滥的历史基本结束，而且变水害为水利，基本上消灭了大面积的干旱现象。

**（三）对这一时期农田水利建设的评价**

在1979年7月召开的全国农田基本建设会议上，时任国务院副总理李先念对农田水利基本建设的成败得失作了比较客观的评价。他指出："过去我们搞农田基本建设，亿万农民战天斗地，艰苦劳动，的确取得了伟大的成绩，这一点必须充分肯定。

---

① 自然灾害指水、旱、霜、冻、风、雹等。
② 国家统计局：《建国三十年国民经济统计提要》（内部发行），74页，1979。
③ 国家统计局编：《新中国五十年》，545页，北京，中国统计出版社，1999。

但是由于林彪、'四人帮'的干扰破坏,加之我们在领导工作中也有一些缺点和错误,农田基本建设中存在的问题很多。这些问题,概括起来,主要表现在两个方面:一是违反自然规律,有些地方搞了不少无效工程,甚至有的变水利为水害,有的破坏了生态平衡,劳民伤财,浪费严重;二是违反经济规律,搞一平二调,增加了农民的不合理负担,特别是非受益地区农民付出了巨大劳动,经济上没有得到什么好处。这些都挫伤了群众的积极性。"[①]

1980年9月,水利部召开全国水利厅(局)长会议,总结新中国30年治水的经验教训指出:"三十年来,国家和人民用了很大的人力、物力、财力兴修水利,它的作用是明显的。现有的水利设施,已初步控制了普通的水旱灾害,基本保障了工农业生产的发展和城乡的安全。同时,发展了灌溉、发电、航运、养殖等事业,并为工业和城乡用水提供了水源。水浇地面积已扩大到7.1亿亩,其粮食产量占到全国粮食总产量的三分之二。"但是,"水利工作也走了不少弯路,造成一些浪费和损失。会议分析了造成这些错误的主观和客观原因。认为从水利工作本身来说,最根本的经验就是要尊重科学,按照自然和经济两大规律办事,要以最小的代价取得最大的经济效果,并充分估计和防止可能发生的副作用"[②]。时任国务院副总理的万里出席了全国水利厅(局)长会议,在讲话中肯定了新中国成立以来的水利建设成就。他指出:"30年来的水利建设取得了很大成绩,这一点必须肯定。三十年水利基建投资和农田水利事业费一共花了760多亿元,还不算社队自筹资金。国家和社队投入大量的人力物力财力,取得了显著效果。如防洪、排涝、灌溉、发电,打机井230万眼,灌溉面积达7亿亩。水利对农业的发展起了很大作用。"[③] 时任水利部部长的钱正英在会议总结讲话中指出:"三十年来,全国人口增加了约一倍,粮食总产从2 200多亿斤增到6 600多亿斤,按农业人口人均产粮从506斤增到816斤。外国专家评论中国以相当于美国二分之一的可居住面积,养育了相当于美国四倍多的人口,是世界罕见的。水利是起了重要作用的。"[④]

随后,国务院批转了《水利部关于三十年来水利工作的基本经验和今后意见的报

---

1 李先念:《不能放松农田基本建设》,见《李先念文选》,384页,北京,人民出版社,1989。
2 《全国水利厅(局)长会议提出调整时期水利工作重点,搞好续建配套充分发挥现有工程效益》,载《人民日报》,1980年10月6日。
3 《万里同志谈搞好我国水利建设时指出:要总结经验教训,按科学规律办事》,载《人民日报》,1980年10月6日。
4 钱正英:《全国水利厅(局)长会议总结讲话》,见《当代中国的水利事业》编辑部编印:《历次全国水利会议报告文件(1979—1987)》(内部发行),92页,1987。

告》，再次肯定了新中国水利建设取得的巨大成就，也指出了存在的问题："过去凡是这样兴修的水利工程，社队得益，效果显著，有的地方虽然一时群众负担重了些，但能很快见到实效，群众也是满意的。但有的地方，在只算政治账、不算经济账的错误思想指导下，盲目'想新的，干大的'，追形式，图虚名，不计成本，不讲经济核算，办了些像昔阳'西水东调'那样的蠢事。有的工程，只凭需要，不讲可能，结果力不从心，一拖再拖，有头无尾，成了投资多年不见效益的'胡子'工程。一些自然条件比较困难的地方，工程造价要高一些，但也要算经济账，选择投资少、见效快、受益大的最优方案。"[1]

## 第二节 农田整治[2]

农田整治是一项综合工程，既包括平整土地、加强耕作及轮作倒茬，也包括改良土壤，提高土地肥力，还包括建设排灌渠系工程等措施。

### 一、改良土壤

1950年农业部召开第一次全国土壤肥料工作会议后，农业部门一直把改良土壤、增施肥料列为农业增产的重要措施，并制定了各种办法，广为推行。1958—1960年，农业部在全国开展了第一次以耕作土壤为主要对象的群众性土壤普查工作，初步摸清了全国耕作土壤的情况，总结了农民群众在生产实践中积累的利用土壤和改良土壤的丰富经验。农业部以这次土壤普查资料为基础，编制了反映中国农业土壤基本概况的《中华人民共和国农业土壤图》《中国农业土壤肥力概图》《中国土地利用现状概图》，并出版了《中国农业土壤志》。1978年，经国务院统一部署，结合全国自然资源调查，又开展了以县为单位的全国第二次土壤普查工作。

各地农业、水利和科研教学等有关部门以及当地政府，在土壤普查的基础上，总

---

[1] 《水利部关于三十年来水利工作的基本经验和今后意见的报告》，见《当代中国的水利事业》编辑部编印：《历次全国水利会议报告文件（1979—1987）》（内部发行），123~124页，1987。
[2] 由于部分内容在前一节中已有涉及，本节仅就前一节中没有的内容做详细说明。

结农民经验，对各种类型的中低产田进行改良利用。20世纪50年代初期，全国有盐渍土壤3 300多万公顷，其中盐渍耕地700万公顷，占耕地总面积的6.9%。这种具有酸、瘠、板、蚀等特点的盐渍土壤，对农作物生长不利。经过三十多年的努力，采取农业措施和水利工程措施相结合的办法治理，大多数灌溉区的次生盐渍化基本得到了控制。从20世纪50年代开始，中国开展了对红壤的考察和研究，为大面积开发利用和改良提供科学依据。从20世纪60年代开始，南方各地对红壤性耕地进行了不同程度的改良。江西、浙江、贵州等省开发了大片红壤荒地，建立了一批垦殖场。海南岛、雷州半岛、西双版纳等地开发利用红壤，发展了橡胶和其他热带作物。主要分布在东北和西北干旱和半干旱地区的930多万公顷风沙农田，其中受害较重的有330多万公顷。广大农民针对风沙土风蚀严重、漏水漏肥、易旱、瘦瘠等症状，因地制宜地采取了植树种草、防风固沙、改良土质、培肥土壤、合理种植、加强管理等综合治理的措施。农业部门和当地政府组织人民群众运用这些经验，开展了大规模的防沙、治沙工作，不少地区已改变风沙土和水土流失的状况。另外，对低产水稻田等其他低产土壤的改造，也取得了不小成就。

在对中、低产农田改良的同时，开展了高产农田的建设。全国各地从20世纪60年代中期开始，以兴修农田水利和改良土壤为中心内容建设稳产高产农田。到1970年，全国的高产稳产农田达3 000万公顷。70年代，全国普遍开展了以丰产方为中心内容带动中、低产农田改良的活动，有效地提高了单位面积产量，使大面积农田均衡增产。1973年，农林部大力推广河北省石家庄市、河南省新乡和山东省烟台3个地区建设小麦丰产方的经验。1974年，全国小麦平均每公顷产量第一次突破1 500公斤。[①]

## 二、盐碱地治理

1958—1960年的三年水利"大跃进"高潮中，由于在平原地区推行"以蓄为主"的治水方针，县县乡乡拦蓄雨水，水不出县、水不出乡，盲目修建河网化、开运河、修平原水库、引黄大水漫灌、河沟打坝建闸、节节拦蓄、大搞坑塘、抬高路基、修筑边界圩等工程，许多平原骨干排水河道作为输水渠道，引黄泥沙大量淤塞河沟，致使

---

① 《当代中国》丛书编辑委员会：《当代中国的农业》，401、402页，北京，当代中国出版社，1992。

排水能力本来就低的河道进一步降低了排水能力，雨水、河水引得进，排不出，大量渗入地下，地下水位普遍升高，致使内涝灾害加剧，次生盐碱地迅速扩大。在这期间，全国增加次生盐碱地2 720万亩（其中河北、山东、河南三省增加2 100万亩），连原有盐碱地共10 400万亩。①

华北平原日益严重的盐碱化问题，严重影响了粮食产量，引起了中共中央和国务院的高度重视。1961年10月和1962年2月，时任国家计委主任的李富春两次谈到盐碱化问题。他说："华北平原土地盐碱化严重，新盐碱化土地3 000万亩，如不采取措施，将会继续盐碱化。"② 他建议："水利建设要总结经验，有些省土地碱化吃了亏。不能光蓄不排，要上下兼顾。"③

1962年2月20日至3月2日，中国水利学会在山东济南召开了华北平原地区预防和改良盐碱地学术讨论会。会议认为，预防和改良次生盐碱地的根本措施在于灌排兼施，渠灌井灌结合，自流扬水并举，自排抽排并举，根据具体条件，因地制宜。会议认为预防和改良次生盐碱地的当前措施主要有四项：①积极进行灌区工程配套；②更好地发挥原有河沟的排水能力，改建不合理的工程设施；③加强灌溉管理，健全管理组织，建立必要的规章制度；④提高耕作技术，因地种植，平地筑埝，增施有机肥料，适时耕作，加强田间管理。④

1962年4月6日，《人民日报》发表题为《适时适量进行春灌》的社论，对盐碱化的原因作了分析，提倡合理灌溉，反对只灌不排或大水漫灌的不良灌溉习惯。⑤ 同年5月25日，《人民日报》发表了中国农业科学院农田灌溉研究所粟宗嵩撰写的《防治灌区土壤次生盐碱化要因地制宜》一文，对防治灌区土壤次生盐碱化给予具体的技术指导。⑥

1962年5月30日至6月6日，中国水利学会在新疆乌鲁木齐市召开了西北地区（包

---

① 国家计委农村水利局：《1962年水利建设情况和1963年初步设想》，见中国社会科学院、中央档案馆编：《1958—1965中华人民共和国经济档案资料选编·农业卷》，460页，北京，中国财政经济出版社，2011。
② 李富春：《关于一九六二年计划调整问题》（1962年2月16日），见中国社会科学院、中央档案馆编：《1958—1965中华人民共和国经济档案资料选编·综合卷》，459页，中国财政经济出版社，2011。
③ 《国家计委传达富春同志关于提前于十一月底编好七年规划的指示》，见中国社会科学院、中央档案馆编：《1958—1965中华人民共和国经济档案资料选编·综合卷》，465、466页，北京，中国财政经济出版社，2011。
④ 《中国水利学会召开学术讨论会，探讨华北平原防治盐碱地问题》，载《人民日报》，1962年3月13日。
⑤ 《适时适量进行春灌》，载《人民日报》，1962年4月6日。
⑥ 粟宗嵩：《防治灌区土壤次生盐碱化要因地制宜》，载《人民日报》，1962年5月25日。

括内蒙古）预防和改良盐碱地学术讨论会。会议初步探明了西北地区盐碱地的特点和防治盐碱化的基本措施。会议认为，农业措施中的平整土地（包括筑畦、平沟）、加强耕作（灌后松土、耕翻晒垡、早春耙地、适时中耕等）以及轮作倒茬，对于减少地下水的补给、减少地面蒸发、增加土壤团粒结构、提高土壤肥力、减轻盐分对作物危害程度有着很好的效果。有些地区群众采取秋后灌水压碱、加强耙耱措施、防止水分蒸发和土壤返盐的办法，也可以保墒防盐，不再进行冬灌就可以保证来年春播。内蒙古河套灌区采用"轮歇"的办法、新疆有的地区采用"休闲"的办法恢复地力，在一定条件下也是可行的。①

1962年12月18日，《人民日报》发表中国农业科学院农田灌溉研究所粟宗嵩撰写的《为华北平原发展农业生产"除四害"》，提出了华北平原治理盐碱地的对策。②

同年12月，农业部召开改造利用涝洼、盐碱、风沙地现场会议。会议交流了各地治理涝洼盐碱地和风沙灾害的成功经验，并举行座谈，研究了推广这些经验的措施。会议认为，同涝洼、盐碱和风沙灾害作斗争都需从根本上下功夫，从水、土两个方面进行基本建设，改造自然，改变生产条件，建设稳产高产农田。从当前情况和已有经验来看，修建台田、条田是排涝治碱的有效措施，造林改土是治沙的有效措施。但是洼地也不仅是排水防涝的问题，还要防止干旱，发展灌溉，而且各地具体条件不同，涝碱程度不同，措施也不能千篇一律。因此，要根据排涝治碱和发展生产的需要，进行统一领导，全面规划，合理布局，综合治理，分期分批施工，加强技术指导，保证工程质量，做到搞一片，成一片，工程配套，当年受益。会议指出，治理涝洼、盐碱和风沙等灾害已经有了方向，有了办法，有了经验。不少县和社队治理后发生了显著的变化。大力推广这些经验，长期阻碍这些地区发展农业生产的涝洼、盐碱等问题就可逐步解决。③

---

① 《中国水利学会在乌鲁木齐召开学术会，讨论西北地区盐碱地预防和改良措施》，载《人民日报》，1962年6月16日。
② 粟宗嵩：《为华北平原发展农业生产"除四害"》，载《人民日报》，1962年12月18日。
③ 《从根本上下功夫，从水土两方面进行基本建设，涝洼盐碱风沙地区农业生产大有可为》，载《人民日报》，1965年12月26日。

## 第三节 植树造林

中华人民共和国成立后,党和国家十分重视植树造林,毛泽东同志向全国发出"绿化祖国"[①] "实行大地园林化"[②] 的伟大号召。1949—1978年,中共中央、全国人大常委会、国务院为了保护森林、发展林业,先后就植树造林、护林防火、林权处理、制止乱砍滥伐、节约木材、加强木材市场管理等方面发布了一系列法令、条例、决定、指示和通知(详见表7-5)。党的十一届三中全会以后,把植树造林定为基本国策,确定每年3月12日为全国的植树节,开展全民义务植树活动。

表7-5　中央发布的关于林业的文件

| 发布日期 | 发布单位 | 文件题名 |
| --- | --- | --- |
| 1950年5月16日 | 政务院 | 《关于全国林业工作指示》 |
| 1950年6月15日 | 政务院 | 《关于禁止砍伐铁路沿线树木的通令》 |
| 1950年10月19日 | 政务院、中央军委 | 《关于各级部队不得自行采伐森林的通知》 |
| 1951年2月2日 | 政务院 | 《关于一九五一年农林生产的决定》 |
| 1951年3月17日 | 政务院 | 《关于春季严禁烧荒,烧垦防止森林火灾的指示》 |
| 1951年4月21日 | 政务院 | 《关于适当地处理林权明确管理保护责任的指示》 |
| 1951年8月13日 | 政务院 | 《关于节约木材的指示》 |
| 1952年3月4日 | 中共中央 | 《关于防止森林火灾问题给各级党委的指示》 |
| 1952年3月4日 | 政务院 | 《关于严防森林火灾的指示》 |
| 1953年9月30日 | 政务院 | 《关于发动群众开展造林、育林、护林工作的指示》 |
| 1954年12月10日 | 国务院 | 《关于进一步加强木材市场管理的指示》 |
| 1956年4月18日 | 中共中央、国务院 | 《关于加强护林防火工作的紧急指示》 |
| 1956年6月5日 | 国务院 | 《关于保护和发展竹林的通知》 |
| 1956年11月20日 | 国务院 | 《关于新辟和移植桑园、茶园、果园和其他经济林木减免农业税的决定》 |
| 1957年4月8日 | 国务院 | 《关于进一步加强护林防火工作的指示》 |
| 1958年4月7日 | 中共中央、国务院 | 《关于在全国大规模造林的指示》 |
| 1958年9月13日 | 中共中央 | 《关于采集植物种子绿化沙漠的指示》 |
| 1960年4月7日 | 国务院 | 《关于加强松香生产和采购供应工作的指示》 |

---

① 《中共中央致五省(自治区)青年造林大会的贺电》,载《人民日报》,1956年3月1日。
② 《向大地园林化前进》(节选),载《人民日报》,1959年3月27日。

续表

| 发布日期 | 发布单位 | 文件题名 |
|---|---|---|
| 1961年6月26日 | 中共中央 | 《关于确定林权、保护山林和发展林业的若干政策规定(试行草案)》 |
| 1962年2月17日 | 国务院 | 《关于开荒、挖矿、修筑水利和交通工程应注意水土保持的通知》 |
| 1962年4月15日 | 国务院 | 《关于节约木材的指示》 |
| 1962年6月7日 | 中共中央 | 《关于南方五省、区林业问题的批示》 |
| 1962年9月14日 | 国务院 | 《关于积极保护和合理利用野生动物资源的指示》 |
| 1962年10月18日 | 国务院 | 《1963年对集体所有制木材生产的收购指标和奖售问题的决定》 |
| 1963年5月27日 | 国务院 | 《森林保护条例》 |
| 1965年4月16日 | 国务院 | 《关于加强东北林区防火灭火的紧急通知》 |
| 1967年9月23日 | 中共中央、国务院等 | 《关于加强山林保护管理,制止破坏山林、树木的通知》 |
| 1970年5月15日 | 国务院 | 《关于加强护林防火工作的通知》 |
| 1971年3月25日 | 国务院、中央军委 | 《关于加强护林防火工作的通知》 |
| 1979年1月15日 | 国务院 | 《关于保护森林,制止乱砍滥伐的布告》 |
| 1979年2月23日 | 五届人大常委六次会议 | 《中华人民共和国森林法(试行)》 |
| 1980年3月5日 | 中共中央、国务院 | 《关于大力开展植树造林的指示》 |
| 1980年12月5日 | 国务院 | 《关于坚决制止乱砍滥伐森林的紧急通知》 |

资料来源:《当代中国的林业》,54~56页,北京,中国社会科学出版社,1985。

## 一、1949—1957年的护林造林

1949年,《中国人民政治协商会议共同纲领》作了"保护森林,并有计划地发展林业"的政策规定。1950年,第一次全国林业会议确定了"普遍护林,重点造林,合理采伐和合理利用"的林业建设方针。"一五"期间,随着林业的发展,这个方针改为"普遍护林护山,大力造林育林,合理采伐利用木材"。

### (一)护林防火与封山育林

1952年3月,中央人民政府政务院发出《关于严防森林火灾的指示》,提出:①在每年容易发生山火的季节,山区和山区附近的各级人民政府应把护林防火列为中心工作之一,由领导负责亲自布置、检查和督促。发动群众把护林防火与农业生产密切结合起来。②大面积的山林,根据行政区划,分区分段负责保护。一省之内发生严重森林火灾,由省主席负责;在县、区、村内发生森林火灾,由县、区、村长负责,并

根据损失轻重，对有关人员给以处分。相邻地区实行联防。③在保证不破坏山林的原则下，组织群众进行副业生产。把入山进行副业生产的群众和山区居民组织起来，给予护林任务，使他们的副业生产组织与护林组织、副业生产任务与护林任务结合起来。④在山区和山林附近地区严禁烧垦、烧荒，积极说服农民用割草代替烧荒。对放火烧山或以其他方式破坏山林者依法惩处。⑤在防火期间，要严防通过林区的火车机车喷火和锅炉抛火。政务院的这个指示，是对全国各级人民政府和全体人民发出的护林防火的动员令。政务院人民监察委员会也指示全国各级人民监察委员会贯彻执行政务院的指示，并且要求：各大行政区和省人民监察委员会将检查各级人民政府的护林防火作为重要工作之一；在每年容易发生山火的季节，山区和附近地区的各级监委会应会同有关机关重点检查当地的护林防火工作，并选聘在护林防火中表现积极的农民、妇女、青年和农林机关职工为监察通讯员，加强林区监察工作。

第一个五年计划期间，由群众护林防火发展到群众护防、专业护防与推行护防技术措施相结合。各地整顿和健全了护林防火指挥机构和群众性的护林组织，把护林防火同群众的切身利益结合起来，调动了群众护林防火的积极性。

封山育林是我国的传统习惯，也是恢复和发展森林的一个省工省钱、简便易行的有效办法。1949年12月，林垦部召集参加全国农业会议的各大行政区和各省的林业代表就此问题进行座谈，得到一致赞同。林垦部随即给全国各地布置了封山育林112万亩的任务。

由于各级人民政府的积极领导和山区群众的共同努力，1950—1952年，全国完成封山育林6 210万亩，收到较好效果。"一五"期间，封山育林在巩固以往成绩的基础上继续发展。1954年，林业部确定以水土流失严重的河流、水库上游山地和灌丛、疏林地为封山育林重点。黄河、淮河、永定河、辽河等大中河流上游山区都逐渐封禁起来。

### （二）从重点造林到大范围造林

1950年5月政务院发布《关于全国林业工作的指示》，提出："在风沙水旱灾害严重的地区，只要有群众基础，并备种苗条件，应选择重点，发动群众，斟酌土壤气候各种情形，有计划地进行造林，并大量采种育苗以备来年造林之用。"

1950—1952年,全国造林的重点地区在冀西、冀中（永定河下游等地）、陕北、豫东、东北西部和苏北沿海一带。在完成豫东、陕北和东北西部防护林后，配合治黄、治淮，在黄河中游的泾河和永定河流域，淮河上中游的河南桐柏山、伏牛山和安徽大别山等地营造水源林。同时,开始在长江以南大力营造用材林。计划每年造林 1 500 万亩,建立木材生产基地。造林时,注意贯彻执行"谁种谁有,伙种伙有"的政策,既提倡互助合作,也注意发挥农民个体造林的积极性。较大规模的防护林、水源林和用材林为农民力所不及,则由国家统筹营造。造林方式有多种,国家设立造林站营造,或由当地农民成立造林互助组、合作社分区分段包种包活,国家给以一定报酬,或由国家资助树苗和口粮,由农民造林,按合同分成。在矿山附近和铁路、公路两旁,由各有关部门大力营造用材林。造林必须讲求质量。1953 年,林业部要求造林成活率一般不低于 80%,条件困难地区也不得低于 60%。

"一五"期间,在过渡时期总路线的指引下,各地造林事业有很大发展。"一五"计划第一年即 1953 年,全国造林 1 650 万亩。在植树造林活动中,广大青少年是一支生力军。在党、团组织的倡导下,1955 年秋冬季,全国参加植树造林的青少年达 6 600 万人,组成 18.2 万个青年造林队和突击队,造林 546 万亩,植树 22 亿株。为配合治理黄河,绿化黄土高原,控制水土流失,团中央、林业部和黄河水利委员会于 1956 年在革命圣地延安召开陕西、甘肃、山西、内蒙古、河南 5 省、自治区青年造林大会,发出《致全国青少年的信》,倡议在全国青少年中开展植树造林大竞赛,掀起青少年绿化黄土高原和绿化祖国的高潮。1957 年 10 月,中共中央公布《1956 年到 1967 年全国农业发展纲要(修正草案)》,提出:"在 12 年内,在自然条件许可和人力可能经营的范围内,绿化荒山荒地。"为了保证绿化质量,林业部颁发了《绿化规格(草案)》。

"一五"期间,全国造林成绩显著:湖南、贵州、四川、江西、广东、广西、浙江等 10 省、自治区营造了大量用材林;营造豫东沙荒防护林 69 万亩,保护了 255 万亩农田;东北西部防护林已初具规模;黄河、淮河等河流中上游配合水利工程造林,控制全国水土流失面积达 69.2 万平方里。

## 二、1958—1965 年的造林运动与林木大破坏

这个时期的林业建设,经历了"大跃进"、三年经济困难和国民经济调整三个阶段,是在曲折的道路上逐步前进的。这一时期,我国林业有不少新的发展和成就,但"左"的错误思想也使我国林业遭到了较严重的破坏和损失。

### （一）造林运动

1958年4月，中共中央、国务院发布了《关于在全国大规模造林的指示》。1958年5月，中共八届二中全会通过了《1956年到1967年全国农业发展纲要（修正草案）》，林业建设进入新的发展时期。第二个五年计划期间林业工作的基本任务是：大力开展群众性的造林运动，适当发展国营造林，迅速绿化一切可能绿化的荒山荒地；加强森林经营管理，改善森林生长条件，提高森林生长率，更好地发挥森林在国民经济中的防护作用和经济作用；大力开发利用现有森林资源，大量增产木材；积极发展木材机械加工和化学加工工业，提高木材利用率。这个时期，全国造林、育林、护林、木材采伐和加工利用都有新的发展。

国营林场发展。国营林场分两种类型：一种是经营林场，主要任务是对大面积的天然次生林进行经营管理，抚育成林；另一种是在大片荒山、荒地进行造林的造林林场。1949—1957年，全国建立国营林场418处，造了500多万亩新林，对一部分天然次生林进行了经营管理，积累了办场经验。一些地区还建立了国营林场的中层管理机构。1965年，全国国营林场达到3 564处，经营面积10.2亿亩，其中森林面积4.4亿亩，林场职工28.1万人。1958—1966年造林4 135万亩。

社队林场兴起。社队林场是农村中一种专业性的集体经营林业组织。1957年春天，湖北省黄梅县永安乡永安农业生产合作社以林业专业组为基础，仿照国营林场办法办起林场，实行计划管理、劳动管理和技术管理，取得良好效果，这是中国第一个社办林场。1958年年初，林业部在黄梅县召开社队林场现场会，推广社队办林场的经验。1958年下半年，全国大部分省、自治区先后进行了社队林场的试点和推广工作。到1960年9月，全国已建立社队林场8万个，拥有劳力100万个，具备了相当的生产规模。但是这个时期受"左"倾思想影响，社队林场发展过快过急，有不少因条件过差而垮了下来，没垮的，在三年困难时期，遇到缺钱缺粮的困难。在国民经济调整期间，社队林场有了新的发展。社队林场经营专业化，造林数量多、质量好，林木生长旺盛，是绿化祖国的一支骨干力量。

飞机播种造林试点。飞机播种造林，是利用飞机在人烟稀少的偏远荒山和广大的沙漠地区营造林木、增加植被的一种办法，具有省工、省钱、收效快的优点，是造林技术上的新发展。中国以前没有飞机播种造林的条件和经验，1956年在广东省吴川县初次试播没有成功。1958—1960年，北方在陕西、甘肃、青海、内蒙古、河南、宁夏、新疆、黑龙江、北京，南方在四川、云南、湖南、湖北等省、自治区、直辖市进行飞播造林试点，大部地区失败了。只有1959年在四川省凉山自治州飞播云南松10.3万亩取得初步成功，使飞播造林人员增强了信心。1963年，林业部在四川省凉山自治州西昌市召开以南方各省、自治区为主的全国飞播造林经验交流会，决定将飞播重点由北方转移到南方。1965年，南方各省、自治区的飞播试点基本结束，开始转入扩大试验和推广阶段。林业部1965年11月在西昌召开了第二次飞播造林经验交流会。1966年1月林业部向国务院写了飞播造林获得初步成功的报告，受到党和国家领导的重视。

### （二）林木大破坏

1958年"大跃进"和人民公社化在全国展开以后，以高指标、瞎指挥、浮夸风和"共产风"为主要标志的"左"倾思潮，对林业建设的干扰、破坏也十分严重。不仅在林业生产建设方面造成人力、物力、财力的巨大浪费损失，而且使全国各地的林木普遍遭受了一次严重的破坏。"共产风"和"一平二调"更是大大挫伤了广大群众植树造林的积极性。

这次林木大破坏不仅范围广、规模大，而且时断时续、此起彼伏，从1958年开始，前后延续4年之久。林木破坏的原因主要有三个方面：一是各地大炼钢铁，大办社队食堂，大修水利和大搞工具改革，砍伐了大量林木；二是在木材生产中的高指标、瞎指挥，造成乱砍滥伐，集中过量采伐；三是困难时期毁林开荒，生产救灾，毁掉不少林木。其中以第一方面的破坏最为严重，遍及全国各地，毁掉的林木也最多。不论天然林或人工林，不论防护林或经济林，不论村前屋后、路旁、水旁的散生林木，还是风水林、风景林，都不同程度地遭到破坏。据中共中央办公厅调查组1962年在福建、广东、广西、湖南和江西5省、自治区调查的结果，当时破坏最严重的是丘陵区和浅山区，有些地方的林木被砍光了，有些地区的森林资源减少很多，如湖北省1957年林木蓄积量为4 122万立方米（不包括神农架林区），经过几年破坏后，仅剩下2 733万立方米，减少了34%。广西1958年因烧炭、炼钢砍伐木材1 750万立方米，相当于当年国家计划在该自治区收购木材127万立方米的10倍以上。

"大跃进"和人民公社化运动中，"共产风""一平二调"风刮起来后，林业首当其冲，受害很大。造成树权、林权不清，林木、林地所有制混乱，不仅严重挫伤了山区广大农民造林植树、经营山林的积极性，而且增加了国家、集体、个人之间的林权、树权、地权纠纷，带来一系列不良后果，使林木权属方面有些问题长期得不到解决。这是以后多次发生群众乱砍滥伐、抢砍山林和殴打护林员事件的根源，影响深远。

### (三)林业建设方针政策调整

1. 确定以营林为基础的林业建设方针

根据几年来党和国家领导人对林业工作的意见和林业建设正反两方面的经验,林业部于1964年提出"以营林为基础,采育结合,造管并举,综合利用,多种经营"的林业建设方针。

2. 制定《林业十八条》,调整农村林业政策

"大跃进"和人民公社化后,农村的林木权属混乱,群众植树造林、经营山林的积极性明显下降。中共中央于1961年6月发布了《关于确定林权、保护山林和发展林业的若干政策规定(试行草案)》(以下简称《林业十八条》)。《林业十八条》的核心是确定和保证山林的所有权,重申"天然的森林资源和人民公社化以前已经划归国有的山林,仍归国家所有"。针对公社化运动中入社、并社时发生的"一平二调"和"以大吃小"等问题,确定"高级合作社时期,划归合作社、生产队集体所有和社员个人所有的山林,应该仍然归生产大队、生产队集体所有和社员个人所有"。"人民公社化以来和今后新造的各种林木,都必须坚持'谁种谁有'的原则,国造国有,社造社有,队造队有,社员个人种植的零星树木归社员个人所有。"明确规定:"高级社时期确定归社员个人所有的零星树木,社员在村前村后、屋前屋后、路旁水旁、自留地上和坟地上种植的树木,都归社员个人所有。""山林归谁所有,林木的产品和收入就归谁支配,任何单位和个人都不得侵犯。"《林业十八条》强调指出,不论是公社、县以上单位,还是生产大队,生产队,凡是无偿砍伐社队和社员个人的树木,都"必须认真清查,坚决、彻底、全部退赔。一次还不清的,可以分期退赔,退清赔清为止"。《林业十八条》的颁布和贯彻执行,使林木所有单位和所有者的正当权益得到保护,人心逐步稳定。但是,不久爆发了"文化大革命",《林业十八条》未能坚持贯彻执行。

3. 扩大对林业的经济扶持

为了保证国有林区的迹地更新经费,1961年12月林业部和财政部正式规定,东北、内蒙古国有林区将更新费改为育林基金,从每立方米原木的销售利润中提取10元作为育林基金,实行专款专用。为了发挥南方山区优势,加速木材、竹材生产基地建设,国务院于1963年作出建立集体林区育林基金制度的决定,1964年1月1日开始实行。每年从木材生产和木材收购中提取数亿元育林基金作为育林费用。为了发展经济林,繁荣山区经济,中共中央1961年发布了《关于收购重要经济作物实行粮食奖励的指示》,对国家收购桐籽、茶籽、松脂、毛竹、核桃、棕片和生漆等主要林产品的奖售粮食标

准作了规定。1962年和1964年国家调整了奖售标准,除粮食外,还奖售化肥,奖给布票。1963年8月,国家追加了一笔垦复和抚育竹子、油茶、油桐的长期无息贷款。国家采取的这些经济扶持政策和措施,对促进各地经济林的发展起到了积极作用。

### 三、1966—1976年林木破坏与植树造林

1966—1976年的"文化大革命",使林业机构受到破坏,林业方针政策和规章制度被废弃,全国林木遭到严重破坏,林业生产建设受到严重影响。

**(一)林木破坏**

"文化大革命"期间,不少地方基层护林防火站被解散,大批护林防火专业人员被下放,一些重点林区的防火设施被破坏;林区公、检、法机构被砸烂;许多护林防火规章制度被废除,结果是全国林木被冉一次大破坏。

1. 森林火灾连续发生

例如,1967年1月下旬至3月上旬,黑龙江、吉林、内蒙古发生森林火灾20余次,其中延烧面积几十万亩至200万亩的特大火灾3次。1970年和1971年,黑龙江共发生森林火灾931次,受害森林面积1 200多万亩。1972年森林火灾更为严重,仅春季黑龙江林区即失火804次,受害森林面积1 900多万亩,为前两年受害森林面积的1.5倍。此后数年森林火灾不断发生。邓小平主持中央工作期间,国务院于1975年8月在哈尔滨召开全国森林防火现场会议,公布了森林火灾的严重情况,要求各地各级领导切实搞好护林防火工作。但是,由于受"左"的路线干扰,会议精神未能贯彻。1976年,黑龙江火灾受害森林面积仍达1 900多万亩。1966—1977年,全国发生森林火灾11万多次,受害森林面积1亿多亩,平均每年达1 000多万亩。

2. 乱砍滥伐不断发生

例如,1976年福建省刮起抢砍山林之风,有人大搞木材投机倒把,全省破坏山林近80万亩,损失木材80万立方米,打伤护林员400多人。被破坏的森林既有国有林,又有集体林。全省106个国营林场中有70个遭到抢砍滥伐,损失林木1 270万株,4.3万亩山林被砍光。

3. 大面积毁林种粮

当时,广大农村贯彻执行"以粮为纲"的方针,大面积开荒种粮,大批林木被毁。为了平整土地,有些地方的农田林网和在农田中间种的经济林木也被砍掉。例如,山

西省昔阳县为了"割资本主义尾巴",不准社员个人在房前屋后植树,连集体种植经济林也受到限制。由于搞"穷过渡",搞乱了林权,生产大队的森林被平调,引起乱砍滥伐树木。白羊峪大队原有 2 万亩以油松为主的用材林,竟被砍成了疏林和荒山。在"以粮为纲"的方针指导下,全县大搞毁林造地,砍掉树木 100 多万株。"文化大革命"后,昔阳县仅保存林地 20.7 万亩,比 1965 年的 48.2 万亩减少了一半多。

### (二)平原绿化

1971—1973 年和 1975 年,周恩来、邓小平同志主持中央工作,林业建设曾经两度出现转机。1971 年全国林业工作会议和 1973 年全国造林工作会议对平原绿化问题作了研究,提出"四旁"植树"上《纲要》县"① 的标准为人均 100 株。这个标准的确定推动了各地的平原绿化工作。如河南省许昌地区和安徽省阜阳地区加快了绿化步伐,经过三四年努力,两个地区的一部分县达到了《农业发展纲要》规定的指标。有的县把平原绿化纳入农田基本建设,统筹兼顾,全面规划,实行山、水、田、林、路综合治理,大搞方田林网,面貌为之一新。1972 年,河南省博爱县县委领导农民群众大搞农田林网,用三四年时间将全县 92% 的耕地(32 万亩)用林网分隔成 1 861 块方田,初步形成了以农田林网为主体,网、带、片相结合的平原防护林体系。

### (三)南方用材林基地建设

1971 年 9 月,全国林业工作会议通过了《全国林业发展规划(草案)》,提出:"南方 9 省、自治区(湖北、湖南、广东、广西、贵州、安徽、浙江、江西、福建)自然条件好,林木生长快,是扩大我国森林资源的重要战略基地。要充分利用有利条件,大造速生丰产林,加强大片用材林基地建设。"农林部经过调查研究,于 1972 年 12 月拟订了《关于在南方 9 省、自治区建立大片用材林基地的规划意见(初稿)》,要求从 1973 年到 1980 年营造用材林 8 000 万亩,以杉木为主。1974 年农林部又提出,南方 9 省、自治区林区 300 多个适于种杉的县,在继续加强老林区建设的同时,要加快绿化荒山,力争在 1985 年以前建立以杉木为主的速生用材林 1 亿亩,20 年左右成材,增加林木蓄积量 10 亿立方米。

从 1976 年起,国家每年拨款 2 000 万元补助南方重点用材林基地县的社队造林。这些县每年营造用材林近千万亩。出现了湖南株洲、湖北崇阳等新的用材林基地,为

---

① 《一九五六年至一九六七年全国农业发展纲要(修正草案)》(简称《农业发展纲要》)第十八条要求在"四旁"(村旁、宅旁、路旁、水旁)都植上树。1971 年全国林业工作会议和 1973 年全国造林工作会议规定,在一个县内,人均"四旁"植树 100 株就算达到《农业发展纲要》的要求,这个县也就算"上《纲要》县"。

国家储备了一批后备森林资源。

## 四、1976年以后义务植树国策确立

1976年粉碎"四人帮"以后,尤其是1978年中共十一届三中全会以后,党中央、国务院将植树造林定为基本国策,林业建设进入一个振兴发展的新阶段。

首先,把义务植树定为国策。1979年2月23日,第五届全国人民代表大会常务委员会第六次会议规定每年3月12日为全国植树节。在邓小平同志的倡议下,根据国务院的提案,1981年12月13日第五届全国人民代表大会第四次会议通过了《关于开展全民义务植树运动的决议》,决定"凡是条件具备的地方,年满十一岁的中华人民共和国公民,除老弱病残者外,因地制宜,每人每年义务植树3~5棵,或者完成相应劳动量的育苗、管护和其他绿化任务"。1982年2月18日国务院颁布了《关于开展全民义务植树运动的实施办法》。12月26日邓小平同志提出,全民义务植树这件事,要坚持20年,一年比一年好,一年比一年扎实。为了保证实效,应有切实可行的检查和奖惩制度。1984年成立中国绿化基金会,确定了中国植树节节徽。

其次,建立绿化组织机构。随着《关于开展全民义务植树运动的决议》的颁布,从中央到地方普遍建立了绿化机构,加强了组织领导。1982年2月27日中央绿化委员会成立,由国务院和有关部委,解放军总参谋部、总政治部、总后勤部,团中央、全国妇联、全国总工会、中国民航总局等部门负责人24人组成。中共中央书记处书记、国务院副总理万里担任主任委员。中央绿化委员会办公室设在林业部,下设3个组,城市组设在城市建设总局,农村组设在林业部,部队组设在总后勤部。全国29个省、自治区、直辖市和2 412个地、县,以及解放军各大军区、各军种与各军、师、团,都相继成立了绿化委员会,由各级政府、军队、有关部门和人民团体的负责同志组成。

最后,全民开展义务植树活动。全民义务植树是中国特有的一种全民性的、法定的、无报酬的、为国家和社会服务的植树活动。中国森林覆盖率低、国土面积大,为了振兴林业,加快绿化进度,必须动员全国全民全社会参加。为了积极响应全国人民代表大会的号召,各级绿化委员会协助党、政、军领导机关广泛发动工人、农民、青少年、妇女、科技人员、干部、居民和全军指战员,组成浩浩荡荡的绿化大军,从东海之滨到青藏高原,从西沙群岛到黑龙江畔,到处可以见到人民群众为绿化祖国山河而战天斗地的动人场面。

## 第四节 农业防灾

由于季风气候的特点以及历史上不合理利用自然的结果，使得我国成为一个自然灾害频发的国家。新中国成立伊始，我国的农业生产仍属于自然农业，抗灾能力明显不足。据统计，1949—1978年，全国平均每年受水、旱灾害的面积约4亿亩。受灾面积超过4亿亩的共14次，平均每2年1次。其中水灾受灾面积平均每年1亿亩，超过2亿亩的共4次，平均每7年出现1次。洪涝灾害主要发生在黄淮海平原及长江、珠江中下游。除了水灾，还有旱灾。旱灾主要分布在黄淮海平原、黄土高原及四川等部分地区。旱灾的特点是，受灾面积广，历时长。冀、鲁、豫、皖四省平均每年受旱面积1.1亿亩。总之，南方多洪涝，较大者平均每四年一遇；北方多干旱，较重者平均每三四年一遇。黄淮海平原既有洪涝又有干旱，平均两年一遇，旱涝各半。[①] 其他的如风暴、冻害等更是时有发生，造成的损失有轻有重，持续的时间有长有短。

新中国成立伊始，各级党政领导、各地生产部门和广大人民群众都很关心和重视气象，希望能利用气象服务安排生产生活，及时掌握防灾抗灾的主动权，最大限度地保护人民财产的安全，减少或避免灾害造成的损失。

### 一、气象服务的历程

第一阶段，以国防和军事服务为主。

1949年年底，全国解放战争尚未结束，当时气象工作主要为配合人民解放战争服务。1950年6月，美国发动侵朝战争，中国举国上下开始抗美援朝。当时，气象工作在人民革命军事委员会的直接领导下，围绕抗美援朝的总任务，特别是为建设人民空军的需要，在基础十分薄弱的情况下，一面大力建设气象台站网，为空军提供气象保障系统；一面加强天气预报、警报和气象资料的服务。1950—1952年，我国国民经济处于三年恢复时期，气象部门就开始在做好军事气象服务的同时，尽可能配合交通、

---

① 汤奇成编著：《水利与农业》，23页，北京，农业出版社，1985。

渔捞和农林水利等建设，开展气象服务工作。各地气象台也逐步开展了为经济建设和防灾抗灾的气象服务，逐步扩大了服务范围。①

第二阶段，既为国防建设服务又为经济建设服务。

1954年6月，全国气象工作会议确定了"要为国防现代化、国家工业化、交通运输业及农业生产、渔业生产等服务，防止或减轻人民生命财产和国家资财的损失，积极支援国家各种建设"的五年气象工作总方针。之后，在全国范围内组织了危险天气通报网和广播航空天气电报，保证了军航、民航的飞行和机场设备的安全。为适应渔业、盐业、工业、内河航运、牧业生产等服务需要，同时建立了一批气象台和气候站，并于1956年陆续接管了民航、航空工厂以及农林等部门的专业气象台（站、组），开展了为国家和重点工程提供工程设计所需的气象资料和天气预报服务。

1954年年初，根据周恩来总理签发的《关于加强灾害天气的预报、警报和预防工作的指示》精神，气象部门与交通、农业、渔业等部门分别签订了气象服务合同，并联合下发了加强预防台风工作等通知。同年，气象部门布置各气象台加强霜冻的区域预报，各地气象站开展了单站霜冻补充预报，为当地农业服务。

1955年，随着农业合作化运动的发展，气象部门提出了"预报下乡"，并开始筹建农业气象工作台站。1957年，为配合东北地区的航空护林任务，成立了护林流动气象台，黑龙江、吉林、内蒙古三省区开始进行森林易燃性预报。此外，各地气象台积极开展了防汛气象服务工作。1954年，长江防汛气象服务成绩显著，中央气象台和上海、武汉气象台受到通报表扬。1955年开始承担长江、黄河、淮河、海河、松花江、新安江等主要江河流域的气象资料整编和气候分析服务。1956年6月1日天气预报公开广播后，气象工作为群众和生产建设服务更为直接广泛了。②

第三阶段，气象以农业服务为重点。

1958年6月，气象部门召开了第三次全国气象会议。会上制定了"以农业服务为重点"的气象服务方针。这一方针的制定，从当时我国农业在国民经济中所占的比重，农业生产直接受气象条件的影响，气象服务与新的集体农业很不适应等问题来看，是及时的、正确的。

为了开展为农业的气象服务，采取了一系列有效措施，主要是按照行政区划建设

---

① 《当代中国》丛书编辑委员会：《当代中国的气象事业》，187页，北京，中国社会科学出版社，1984。
② 《当代中国》丛书编辑委员会：《当代中国的气象事业》，188页，北京，中国社会科学出版社，1984。

气象台站网。到1962年年底,除个别边远省(区)外,基本上实现了"专专"① 有台、县县有站,还发动群众在农村建立了大批气象哨组。在天气预报上,推广了云南省镇雄县气象站的单站补充预报,打破了只有气象台才能做预报的旧框。同时,加强了对气象人员的为农业服务思想教育。

由于采取了这些措施,较好地解决了过去在为农业服务中遇到的困难。例如,解决了由于我国地域辽阔、地形复杂,气象台预报难以适应各地气候、生产等不同需要的问题;克服了由于我国通信条件比较落后,气象台预报很难迅速及时地分发到专、县,特别是广大农村等困难;促进了气象台站网建设,使专、县的两级领导在指导生产和组织防灾方面有了"气象参谋",可以随时咨询。气象台的天气预报经过县气象站补充订正后,预报准确率一般都有所提高,并能较好地结合当地生产实际。这使气象服务深入生产第一线,起到了宣传、教育农民重视利用气象科学指导生产、趋利避害发展生产的作用。这样一来,气象工作在广大农村、牧区扎下了根,深受各地党政领导、生产部门和广大群众的重视和欢迎。在三年困难时期,在十年动乱中,农业气象服务工作也始终没有中断。②

## 二、农业气象服务

气象为农业服务大体分为两类。一类是运用基本气象服务手段为农业服务,包括天气预报、气象情报、气候资料等;另一类是运用专业气象服务手段为农业服务,即农业气象服务。

我国农业气象服务,始于以天气预报为主要手段的基本气象服务。新中国成立初期,天气预报服务仅局限于大的灾害性天气预报、警报,后来发展到广大气象站的补充天气预报;在不断加强农业灾害性、关键性、转折性天气预报的同时,逐步开展了结合各种农用的长、中、短期天气预报。气象情报服务,由雨量情报和气候旬报开始,逐渐发展到内容比较丰富、形式灵活、针对性强的专业情报。气候资料服务,由统计整编农业需要的项目,向农牧业应用气候分析服务发展。随着气象为农业服务的逐步深入,农业气象工作也日益显示其重要作用,成为气象为农业服务的重要手段。

---

① 专指的是专区。1958年,气象部门提出"专区有台,县县有站,社社有哨,大队有组,生产队有联络员,全面实现气象化"的口号。
② 《当代中国》丛书编辑委员会:《当代中国的气象事业》,188~190页,北京,中国社会科学出版社,1984。

## （一）农业气象预报服务

农业气象预报是针对农业生产的具体要求，以农业气候条件为背景，农业气象观测为基础，农业气象指标为依据，密切结合天气预报，运用一定的分析方法编制的专门性预报。农业气象预报为增强农业生产的预见性、科学地组织和指导农业生产服务。

我国农业气象预报工作，是从1954年的霜冻预报开始的。到1959年，全国约有80%的农区气象台站，普遍进行了群众性的农业气象调查，总结出许多服务指标，开展了农业气象预报服务工作。其中包括作物播种期、收获期、果树开花期预报，农业的灾害性天气和病虫害预报。北方干旱地区有的站还进行墒情预报等。中央气象局发布了全国范围生产关键期的农业气象预报。但后来特别是"文化大革命"期间，农业气象预报受到了干扰和削弱，全国范围的农业气象预报被迫中断，直到20世纪70年代后期才得到恢复和发展，并由围绕农事季节的物候期和气象条件预报发展为农作物产量形成的综合预报。长江中下游水稻寒露风预报、北方冬小麦干热风预报、东北主要粮食作物低温冷害预报、江浙地区麦类赤霉病预报等，均由试验性预报转为正式提供服务。1982年年底统计，全国开展各种农业气象预报的台站已达929个，有些农业气象预报项目已成为气象台站固定的经常性的服务内容。例如，为安排年度农业生产的生长期热量条件预报和农业气候展望，为关键农事季节服务的北方春季第一场透雨、南方春播期间的低温、作物安全齐穗期等农业气象预报，为灌溉、施肥、打药、除草等田间作业服务的农用天气预报等。农业气象预报的开展，在生产中发挥了一定的作用，其服务效益是明显的。[①]

## （二）农业气象情报服务

20世纪50年代，中央气象局着手筹备并组织开展农业气象旬报服务。1956年，指定上海市和湖南省为农业气象旬报试点。到1958年年初，江苏、浙江、安徽、山东等14个省开展了农业气象旬报服务。同年，明确了各级农业气象旬报的内容、格式、编制程序和服务范围，颁发了农业气象旬报电码，正式布置各级气象部门开展这项服务。自1958年6月起，在全国选择550个农业气象观测站，组成情报服务网，开始了全国的农业气象旬报服务。至1959年，编制农业气象旬报的台站达1 096个。此后，气象部门还根据农业生产的需要，相继开展了雨情、墒情、温情、灾情等定期和不定期的农业气象情报服务。如陕西等地配合播种和收获编制了农业气象五日报。1959年，

---

① 《当代中国》丛书编辑委员会：《当代中国的气象事业》，210页，北京，中国社会科学出版社，1984。

中央气象局曾草拟了《农业气象年报编制方法》,并布置试点。以后,这项工作暂时停顿。"文革"十年中,只有少数台站坚持雨情、墒情等情报服务,大多数农业气象情报服务停止。1980年重新组建农业气象观测网,恢复了中断十多年的农业气象观测,为农业气象情报服务创造了条件。①

### (三)农业气候区划

农业气候区划是从农业生产角度综合评价各地气候状况,进行科学分区,为制定农业规划提供依据。它是合理利用气候资源,调整农业结构和布局,实行科学种田的一项重要的气象服务。

我国的农业气候区划工作始于20世纪50年代。1958年,中央气象局下发了农业气候调查提纲,广西、云南等省、区进行了农业气候调查试点。1959年,全国有三分之一的省、区全面开展调查,其余的进行了部分调查,多数写出了总结。湖南、新疆、江苏、四川等完成了省级农业气候区划。1963年,国家开始制定农业发展规划。同年,全国气象局长会议提出了"统一领导,分省进行,先省后全国,先综合后单项作物,先试点后分期分批开展"的原则,推动了农业气候区划工作。到1964年,有14个省、区作出了省级区划。但是,这项工作由于1965年全国开展"四清"运动而被迫停顿下来。1979年,国务院决定在全国开展农业自然资源调查和农业区划工作,这项工作才又重新提上议事日程。②

### (四)农业气象试验研究成果服务

农业气象试验研究的成果可以直接为农业生产服务,往往能起到其他服务手段无法起到的作用。

20世纪70年代以前,农业气象试验研究多属于农业气象指标鉴定之类的工作,且在"文革"十年动乱中一度中断。自70年代后期,加强了紧密结合生产问题的试验研究。例如,开展了防御气象灾害的技术措施、防护林带和保护地栽培的气象效应、农田小气候的改善等研究。试验的规模从单站的简易对比观测试验,发展到大范围多站点的联合观测试验。试验获得的结论科学可靠,在生产中推广应用后效果明显。例如,南方稻区许多气象台站,在选择杂交稻适宜制种地区、解决父本母本花期相遇问题、提高制种产量等方面,进行了农业气象试验研究,从而为杂交稻的大面积推广作

---

① 《当代中国》丛书编辑委员会:《当代中国的气象事业》,201、202页,北京,中国社会科学出版社,1984。
② 《当代中国》丛书编辑委员会:《当代中国的气象事业》,200页,北京,中国社会科学出版社,1984。

出了贡献。①

### （五）林业、牧业的气象服务

我国林业气象服务是从 20 世纪 50 年代后期开始的。当时部分林区气象台站配合森林防火开展了森林火险预报。但后来由于专业气象台站移交等原因，服务工作未能坚持下去。从 70 年代后期起，林业气象服务工作恢复并有所发展，不仅一些林区气象台站逐步恢复了森林火险预报，而且其他地区的不少气象台站开始进行飞机播种造林等专业气象服务。

气象为牧业生产服务，目前主要是针对危害牧业生产的旱、风、冷、雪等灾害性天气开展预报服务。我国牧区主要为天然放牧草场，地处北部和西部高原、荒漠，多为干旱半干旱气候，冬季较长，天气灾害频繁，加之当时基本上是粗放经营，"靠天养畜"，因此，气象服务十分重要。随着天气预报质量的提高和传递手段的改进，气象服务效果日趋显著。

### （六）结合农业生产进行气候试验研究

从 20 世纪 50 年代开始，农业气象部门、农业部门及有关单位密切合作，针对生产上急需解决的问题，逐步开展了农业气候研究工作。不少地区通过分期播种，研究稻、麦、棉、玉米、谷子、大豆等作物的农业气候条件和指标，为研究农业气候资源的开发利用积累了资料。许多地区开展区域性农业气候资源利用研究。例如，华北地区研究热量资源，统计不同界限温度以上的积温，为合理利用农业气象资源提供了基础资料；产稻区研究双季稻生产的气候条件，提出双季稻的北界、合理搭配早晚品种、适时播种、防止早稻烂秧和晚稻寒露风等一系列措施，为因地制宜发展双季稻提供了科学依据。60 年代以后，各地气象研究部门围绕干旱问题，对作物水分指标、土壤水分变化规律、作物需水量等方面进行试验分析，提出西北内陆地区光热条件适宜于发展灌溉优质棉生产，为开发西北干旱地区气候资源提供了科学依据。70 年代以后，许多气象研究部门对小麦干热风发生的天气气候背景、危害机理以及防护措施开展研究，取得显著成果。在此期间，气象部门还对青藏高原进行了农业气候鉴定，确定适合于高原气候种植的作物种类和品种，为高原地区发展农业提供了气候依据。②

总而言之，1949—1978 年，气象为农业服务工作取得了很大成绩，建立了比较牢

---

① 《当代中国》丛书编辑委员会：《当代中国的气象事业》，204、205 页，北京，中国社会科学出版社，1984。
② 《当代中国》丛书编辑委员会：《当代中国的农业》，396 页，北京，当代中国出版社，1992。

固的为农业服务的思想、组织及业务基础,有效地实现了农业防灾。但是这一阶段的农业防灾工作也有严重失误,主要是因为指导思想上的片面性,把为农业服务与为国民经济其他部门的服务对立起来,只强调"重点",忽视或削弱了为国民经济其他部门的服务。在强调以农业服务为重点时,也往往只注意为粮食生产服务,忽视了因地制宜,在强调预报服务时,又常常忽视了应用气候、气象资料和气象情报等方面的服务等。

### 三、农业气象灾害研究

20 世纪 50 年代,气象部门开展了华北地区小麦霜冻调查及其试验,确定了冬小麦霜冻受害的各级指标,分析了霜冻发生的气候特征及地域分布与危害情况,为气象台站开展霜冻预报及农业部门防御霜冻提供了科学依据。与此同时,中国科学院地理研究所还开展了对华南橡胶冻害的考察,初步提出了防御橡胶冻害的小地形生态环境,为后来橡胶北移,合理利用小气候,提供了科学依据。

20 世纪 60 年代,围绕干旱问题,在作物水分指标、土壤水分变化规律、作物需水量等方面进行了试验。1980 年,中国农业科学院农业气象研究室编写出版了《北方抗旱技术》一书,对耕作保墒、抗旱播种等方面进行了理论阐述。

在低温冷害的研究方面,通过对南方水稻烂秧及寒露风的调查研究,总结出了冷尾暖头、抢晴播种以及以水调温的经验,深入系统地研究了水稻受寒露风危害的生理机制以及寒露风出现的农业气候规律,开展了寒露风农业气象预报及防御措施的研究。

20 世纪 80 年代,中央气象局天气气候所农业气象研究室编写出版了《寒露风》一书,对这方面研究工作作了概括和总结。此外,对我国东北地区冷害问题组织科研协作,研究了主要作物的冷害类型和危害关键期,作出了以热量为主的农作物的品种区划,提出了防御低温的措施。

干热风是我国北方麦区主要农业气象灾害。历史上较严重的干热风平均 10 年有 1~2 次。1954 年开始,气象部门和农部门与有关省开展了大量的调查研究,1975—1977 年及 1979—1982 年两次组织了较大的科研协作。通过这些工作,在热风发生的天气背景、危害机理、北方麦区干热风气候区划及防御措施的研究等方面,取得了进展。[1]

---

[1] 《当代中国》丛书编辑委员会:《当代中国的气象事业》,267 页,北京,中国社会科学出版社,1984。

第一节 农业科学研究
第二节 农业技术推广
第三节 农业投入品
第四节 农业机械化

# 第八章　农业科技与物质装备

## 第一节　农业科学研究

新中国最初的三十余年里，我国的农业科学研究经历了曲折的发展过程。这一过程大体可以划分为三个阶段，每一阶段都伴随政策与体制的相应变更。

### 一、农业科学研究体系的初步形成（1949—1966）

1949—1966 年是我国农业科学研究体系的初步形成阶段，这一时期我国农业科学技术发展比较顺利，在农业科研机构建立、农业科研队伍培养、科研学科设置、科研条件创造、农业科技成果推广等方面，成绩喜人。这一时期取得的成绩也为我国农业科学技术的现代化奠定了较好的发展基础。但是，在后期阶段，由于受到当时历史条件的限制，农业科技工作战线也受到了"左"倾思想的影响，在实践上出现了一些问题。

（1）中华人民共和国成立初期，党和政府重视农业科学技术事业，在百废待兴的基础上，率先开始了农业科研机构的组织建设工作。华北农业科学研究所于 1949 年 5 月 1 日成立，随后，各大区的农业科学研究所在华中、华南、西南和西北相继建立；同时，政府还设立了一批中央一级的专业研究机构。另外，部分省区相继成立了综合性和专业性的研究机构。为适应全国土地改革和互助合作运动的需要，这些新成立的研究机构，贯彻"理论结合实际，为生产建设服务"的方针，深入农村，建立基点，总结群众生产经验，大力推广农业实用技术，有力地促进了当时农业生产的恢复和发展。

（2）开展农业科学研究的规划和组织工作。1955 年 11 月，农业部召开全国农业科学研究工作会议，制定了 1956—1967 年 12 年的农业研究工作方案。成立了农业科学工作长期规划综合小组，按学科、专业设立农学、园艺、畜牧兽医、昆虫、植病、土壤肥料、林学、水利、气象、农业机械、农业经济11个专业小组，完成了1956—1967年国家重要科学技术发展规划中有关农业4项共51个中心问题说明书的编写工作。1956年，农业社会主义改造基本完成以后，中共中央颁布了《1956—1967年全国农业发展纲要（修正草案）》和《1956—1967年全国科学技术远景发展规划》，在全国范围内掀起了农业技术革命高潮。1957年3月1日，国务院批准成立中国农业科学院，由我国著名水稻专家丁颖教授任第一任院长。原由农业部直接领导的东北、西北、华东、华中、华南、西南农业科学研究所和镇江蚕业研究所，南京、北京两个农业机械化研究所，均划归中国农业科学院领导，并着手成立作物育种栽培研究所、土壤肥料研究所、植物保护研究所、原子能利用研究室、农业气象研究室等第一批18个研究所（室）。[1]

这一时期，全国相继建立了全国性的林业、农垦和水产等科研机构。1952年1月林业部组建了林业科学研究所，该机构是在原华北农业科学研究所森林系的基础上组建的。1956年6月，农垦部接管了原属林业部的华南特种林业科学研究所，后来把该机构更名为华南热带作物科学研究所。在水产方面，1949年，国家将原在上海的中央水产实验所迁至青岛，更名为黄海水产研究所。1953—1957年，先后在南京、广州建立了长江水产研究所和南海水产研究所。同时期，省、地两级农业科研机构也纷纷在各省、自治区、直辖市政府的推动下普遍成立。据1956年不完全统计，全国综合性和专业性的省级农业试验场（站），从1949年的35个增加到93个；地市级农业科研机构从1949年5个省、自治区的10个，增加到14个省、自治区的76个。在此期间，一些省、自治区还建立了省、地级的林业科学研究所和水产科学研究所。[2]

1958年，农村人民公社化运动前后，毛泽东、周恩来、刘少奇、朱德、邓小平等同志分别视察了中国农业科学院、山东省农业科学研究所和浙江省农业科学研究所，并作了重要指示。随后中国农业科学院又相继成立了蔬菜研究所、养蜂研究所、农田灌溉研究所、畜牧研究所、棉花研究所、果树研究所、农业经济研究所、甜菜研究所、茶叶研究所、油料作物研究所、麻类研究所、烟草研究所、水稻生态研究室、小麦品种研究室、农业遗产研究室等。同年，东北、西北、华东、中南、华南五个大区所分别下放到所在的吉林、陕西、江苏、湖北、广东，西南农业科学研究所从重庆迁到昆

---

[1] 张银定：《我国农业科研体系的制度变迁与科研体制改革的绩效评价研究》，17、18页，中国农业科学院学位论文，2006。
[2] 张银定：《我国农业科研体系的制度变迁与科研体制改革的绩效评价研究》，17、18页，中国农业科学院学位论文，2006。

明。在此前后，全国29个省、自治区、直辖市相继成立了农业科学院，省辖的地区（市、州）也相继成立了农业科学研究所。1959年前后，中国农业科学院又相继成立了大豆、花生、甘薯、水牛、黄牛、家禽、柞蚕、沼气等一批专业研究所。农垦方面，将云南、广西热带作物试验站扩建为研究所，黑龙江省成立了东北农垦总局科学研究所及农垦部实验农场，新疆生产建设兵团建立了农林牧技术研究所。林业方面，中央林业科学研究所扩建为中国林业科学研究院。水产方面，水产部在上海兴建了东海水产研究所和渔业机械仪器研究所。农业机械化方面，除中国农业科学院设有北京、南京两个农业机械化研究所外，根据毛泽东指示，省、地、县三级都要有农机研究所，1959年年底已达658个。[①] 中国科学院还建立了微生物、生物物理、遗传等研究所。这个时期农业科研事业虽有很大发展，但因条件较差，工作困难很大。

（3）农业科学研究机构的调整、整顿与重组提升。1960年，根据国家科委关于《关于科研机构精简、迁移、合并、下放和撤销的意见》，农业部决定将原属中国农业科学院建制的大豆、花生、薯类、沼气、养猪、养羊、黄牛、水牛、家禽、柞蚕等11个研究所下放归所在省的建制和直接领导。经过这次精简下放，中国农业科学院由原来的36个研究所、职工8 759人，缩编为22个研究所、职工2 916人，即机构下放1/3多，职工精简2/3以上，使刚刚组建的这个全国性的农业科研机构大伤元气。与此同时，林业、农机等科研机构也相继进行精简下放，削弱了研究机构的骨干作用，使科技人员的稳定性和科研工作的连续性受到一定的影响。1961—1965年，通过贯彻"调整、巩固、充实、提高"的方针，国务院在广州召开了全国科技工作会议，落实党的知识分子政策。接着，国家科委和中国科学院共同制定了《关于自然科学研究机构当前工作14条意见》（以下简称《科研14条》），进一步明确了农业科研机构的根本任务，纠正了精简过头的问题。1962年8月，国家科委和农业部在北京召开了国家科委农业组扩大会议。周恩来接见了参加这次会议的农业科学家，并指出"农业科学研究机构精简过了头""这件事做错了"。他还说："科学研究方面的设备、仪器、人才和场地都要解决，可作为紧急措施来处理。"周恩来总理亲自批准给中国农业科学院增加400名人员的编制。此时，林业、水产、农垦等部门的科研机构有所恢复。中国农业科学院与南京农业机械化研究所合并，成立了中国农业机械化科学研究院。同年，经国务院农林办公室批准，农业部成立了农业科技事业管理局，林业部、水产部、农

---

① 张银定：《我国农业科研体系的制度变迁与科研体制改革的绩效评价研究》，17、18页，中国农业科学院学位论文，2006。

垦部也相继成立了科技局或科学技术委员会，使农业科技工作的管理逐步得到了加强。

总的来说，在这一阶段，由于以下几个方面的原因，我国农业科研体系建设取得了初步成效，确立了高度计划集中的农业科研运行机制：①当时我国的农业科研力量薄弱、农业科研水平低，因此，只有集中有限的人力物力，统一计划安排农业科研工作，才能在较短的时间内提高我国农业科研的水平，并集中解决农业生产中的一些重大技术难题；②当时建立什么样的社会主义农业科研体制，没有现成的经验可供借鉴，只有照搬苏联的高度集中型计划模式；③这种农业科研体制的形成，也是适应当时高度集中的社会经济政治体制的结果。

在这一时期，农业科研体系的领导体制发生了重大变化，行政性的科研管理体制在此期间得到确立，农业科研机构事实上已经没有决策自主权，完全变成了行政机构的附属物，农业科研活动的集中计划管理体制也大大加强。

## 二、农业科学研究体系的削弱（1966—1976）

1966—1976年，我国农业科学技术研究事业遭受了严重摧残和破坏，除了个别领域和项目取得了一些成就外，整个农业科学研究工作基本上处于停滞状态，许多方面甚至出现了倒退。

早在20世纪50年代后期，科技战线曾经出现过一些"左"的思想和政策。到"文革"时期，这种观点发展到了极点，提出"依靠七亿五，不依靠七千五"（依靠农民群众，不依靠科技人员）。在这种思想指导下，"搬神拆庙""下楼出院"等拆散专业科研机构的做法屡屡出现。1970年8月23日，国务院决定撤销了中国农业科学院的建制，将中国农业科学院与中国林业科学院合并，成立中国农林科学院。1970年10月24日到12月9日，经国务院先后批准，将中国农业科学院畜牧研究所下放给青海省；将中国农业科学院麻类研究所下放给湖南省；将中国农业科学院棉花所、农田灌溉、植物保护等研究所及果树研究所郑州分所下放给河南省；将中国农业科学院油料、烟草、土壤肥料、蔬菜、作物育种栽培、茶叶、柑橘、蚕业、草原、甜菜、养蜂等研究所，农业气象、植物保护研究所农药室、西昌试验站、兽医药品监察所、中国林业科学研究院木材工业、林业、紫胶、林产化工等研究所，热带林业研究站、亚热带林业研究站分别下放给有关省、市、区；将中国农业科学院哈尔滨兽医研究所下放给黑龙江省，中国农业科学院兴城果树研究所（部分）下放给陕西省，中国农业科学院兰州兽医研究所（包括兰州畜牧部分和永昌、皇城羊场）下放给甘肃省；将中国农业科学院仪器厂下放给河南省周口地区。

1970年，农林口各部门所属科研单位原有68个，职工13 963人，下放后合并成立中国农林科学院，暂编620人（其中干部603人，工人17人），组成35个科技服务组，分赴大寨、韶山、延安等地，强调不带科研任务，接受再教育。这种拆散专业科研机构的做法，波及全国各地。福建、江西、安徽等省都撤销农业科学院。广东、江苏等省撤销农业科学院建制，成立农林科技服务站、农业科学实验所等等。陕西省按地区建立连队，在全省设立100个农村基点。辽宁省学习"朝阳"经验，实行开门办科研，机构撤销，人员下放。农业科研机构成为"重灾户"。[①]

这一时期，农业科技研究战线的广大科研工作人员顶住压力，努力抗争，在极端困难的条件下坚持了一些必要的科研工作。1972年，周恩来多次指示，要加强自然科学的基础理论研究。同年4月，根据华国锋的批示，农林部召开了《全国农林科技座谈会》，并在全国农业展览馆展出了1966—1972年间全国各地农林牧渔方面所取得的科研成果。在座谈会上提出并组织了水稻雄性不育和杂种优势利用（杂交水稻）、马传染性贫血病防治等22项全国重大科研会战项目，会后这些项目取得了不同程度的进展与突破。会议强调指出，对下放所不能撒手不管。下放也要承担任务，仪器、资料不得分散毁坏。这次会议后，一些下放所的科研工作得到恢复与加强。经国务院批准，1973年1月，农林部成立了科教局，加强对农业科技教育的组织和管理。1975年，邓小平同志主持中央工作，对科技战线进行整顿，向党中央提出的《科学院工作汇报提纲》，对科技战线存在的问题及改进办法，作出了实事求是的深刻分析。当时"四人帮"一伙以《汇报提纲》为借口，在全国范围内掀起了"反击右倾翻案风"运动，使整顿工作一度停顿。

这一时期，虽然整个国家农业科研体系发展受到了破坏，但也取得了一些成绩，其中一个典型就是建设"四级农业科学实验网"（以下简称"四级农科网"）。到1975年年底，全国已有1 140个县建立了"四级农科网"组织。这一组织是在特殊的历史条件下发展起来的，在指导思想上贯彻了"左"的一套，特别是贬低了科研机构和专家在农业科研中的作用。但由于后期加强了对农业科研的重视，特别是国务院用行政手段组织了全国农业科研协作攻关计划，因此，这一时期我国的农业科研取得了以中国籼

---

[①] 张银定：《我国农业科研体系的制度变迁与科研体制改革的绩效评价研究》，20页，中国农业科学院学位论文，2006。

型杂交水稻培育成功为代表的一批重大突破性的科研成果。

### 三、农业科学研究体系的恢复、发展与完善

1976年10月"四人帮"被粉碎，标志着十年"文革"结束，各条战线开始逐步走上正轨。中共十一届三中全会以后，全国上下贯彻中央"调整、改革、整顿、提高"的方针，拨乱反正，纠正"左"的错误，农业科学研究事业也充满生机，各项工作迅速得到恢复与发展。

1977年，中共中央和国务院批准农林部《关于加强农林科教工作和调整农业科学教育体制的报告》，原下放各地的研究所全部搬回北京，下放地方的研究所收回，恢复以部为主的领导管理体制。1978年2月6日，经国务院批准，恢复中国农业科学院和中国林业科学研究院建制，国家水产总局也组建了中国水产科学研究院建制。各省、自治区、直辖市的农业科学院和其他研究机构恢复了建制。

1979年，中共十一届四中全会通过《中共中央关于加强农业发展若干问题的决定》，明确指出要组织技术力量研究解决农业现代化中的科学技术问题，中央要办好中国农业科学院等几个重点的高级农业科学研究院，各省、自治区、直辖市要根据农业区划办好一批农业科研机构，逐步形成门类齐全、布局合理的农业科学技术研究体系。

从此，中国农业科学研究事业进入了一个新的发展时期。截至1982年，在"经济建设必须依靠科学技术，科学技术工作必须面向经济建设"的方针指引下，农林系统初步形成了中央和地方两级管理的农业科学研究体系。到1985年，全国农、林、牧、渔、农机化科研机构1 428个。按行业划分，农业637个，林业259个，牧业115个，水产119个，农垦61个，农机化237个。按层次划分，国家级95个，省级492个，地（市）级839个。经过整顿建设，中国农业科学院已成为农业科研系统中的专业较全、力量较强、以农牧业为主的综合性研究机构，拥有研究所34个，分布在14个省、自治区、直辖市。该院有图书馆、研究生院和出版社。到1986年年底，全院职工10 586人，其中科技人员5 063人。中国林业科学研究院已成为综合性的林业科学技术研究机构，拥有10个专业研究所、4个中心以及3个实验局。全院有职工5 105人，其中科技人员1 657人，科研、生活条件有较大改善。①

---

① 张银定：《我国农业科研体系的制度变迁与科研体制改革的绩效评价研究》，21页，中国农业科学院学位论文，2006。

表 8-1　1949—1978 年中国农业科研体系的重大事件

| 年份 | 重 大 事 件 |
|---|---|
| 1952 | 在东北、华北、华东、华中、华南、西南和西北建立农业科学研究所 |
| 1955 | 成立农业科研协调委员会 |
| 1956 | 颁布了《1956—1967 年全国农业发展纲要（修正草案）》和《1956—1967 年全国科学技术远景发展规划》 |
| 1957 | 成立中国农业科学院，七大区的农科所划归中国农科院领导 |
| 1958 | 七大区农科所下放归所在地的省政府领导 |
| 1960—1961 | 中国农科院 1/3 的所被撤销或下放农村，人员减少 70%，直到 1962 年才得以恢复 |
| 1961 | 制定了《关于自然科学研究机构当前工作 14 条意见》 |
| 1963 | 成立农业部科技局 |
| 1964 | 成立华南热带植物研究院 |
| 1970—1972 | 中国农业科学院建制被取消，大部分研究所和研究人员下放农村 |
| 1978 | 恢复中国农科院及中国林科院，成立中国水产科学院 |
| 1979 | 中共十一届四中全会通过《中共中央关于加强农业发展若干问题的决定》 |

数据来源：张银定：《我国农业科研体系的制度变迁与科研体制改革的绩效评价研究》，中国农业科学院学位论文，2006。

## 四、农业科学研究的成效与经验

我国农业科研体制，是在特定的政治、经济、社会背景下形成的，既有其特有的特点，也存在一些明显的弊端。

### （一）基本特点

我国农业科研体制的基本特点有：①整个农业科研机构基本依附于各级政府，由此决定了科研机构也由各级政府来进行设置；②条块分割明显，农业科研机构属于各具体部门；③各级各类农业技术研究机构都追求"大而全"和"小而全"，这在一定程度上削弱了社会化协作程度，从而影响研究和服务的效率。

### （二）主要弊端

上述特点导致我国农业科研体制存在一些弊端：①各自为政，自成系统，实行按行业设置机构，这种机制不适应农业全面发展的现实需要；②按行政隶属关系层层设立机构，导致单位重叠和某些工作重复，很容易造成人力、物力等资源的极大浪费；③专业与学科设置比较陈旧，导致研究思路很难拓宽，造成许多研究不能适应农业和农村经济社会发展形势的真实需要；④从总体上看，整个农业科研体制结构松散，因此，缺乏业务指导的统一性，不能形成力量的协调统一，从而使体制的整体优势难以有效发挥。

### (三) 经验与启示

新中国成立到改革开放前，我国农业科研体系的变迁，虽然道路并不顺畅，但也有一些经验值得总结，教训应该汲取。

（1）科学技术是第一生产力这一论断得到实践的证实。高度重视和大力发展农业科学技术，是促进农业发展，解决"三农"问题的根本途径。一直以来，由于农业科研机构是我国现代农业技术创新的主要供给者和主体，因此，建立和进一步完善农业科研体系是必然的选择。

（2）只有组织多学科、跨部门、跨地区的协作攻关，才能研究解决综合性的重大农业科技问题，才能取得重大突破性的农业科技成果。20世纪70年代初，我国籼型杂交水稻技术的突破性进展，就是在中国农业科学院和湖南省农业科学院的共同主持下，集合150多个科研、教学单位1 400多人参加的大协作攻关取得的。[①] 该项成果是水稻发展史上一次历史性飞跃，不仅为水稻产量的提高开辟了新的途径，而且还为自花授粉作物利用杂种优势闯出了一条研究的新路子，大大丰富了遗传育种理论的内涵。实践证明，只有紧密地组织起来，通过集中人力、财力办大事，才能真正研究和解决综合性的重大农业科技问题。

（3）农业科学研究活动具有相对的独立性，有其自身的发展规律，因此不能同行政管理活动等同起来，采取行政机关的管理体制，研究单位不应该成为政府行政机构的附属部门。农业科学技术发展与其他一切自然科学研究一样具有积累性和继承性，因此，如果滥用行政手段，搞形式主义，违背科学规律，一定会给农业科学研究工作带来意想不到的损失。因此，有必要遵循农业科技的自身特点与规律，保持研究工作的稳定性和连续性。

（4）农业科研和技术开发是典型的智力创新活动，需要强大的基础理论作为基础指导。因此，必须明确农业科研体系中科研机构的层次性，处理好农业科研机构设置中的分散性和规模效应的关系，充分发挥科研资源的效率，重视专业科研人员在发展农业科学中的骨干作用。过去那种在发展农业科学技术中采用的"群众运动"方法和政治运动手段，都违反科学研究的客观规律，不仅不能取得良好的效果，而且只能带来科学研究的停滞和落后。

（5）在整个农业科研体系结构中，科研体制的合理布局对农业科研的效率提高至

---

① 张银定：《我国农业科研体系的制度变迁与科研体制改革的绩效评价研究》，21页，中国农业科学院学位论文，2006。

关重要，但科研体制同时又必须符合农业科研的自身规律和社会政治经济发展的现实需要，因此必须在这些关系中找到最佳结合点。

## 第二节　农业技术推广

20世纪50年代初，为了迅速改变农业和农村的落后面貌，大幅度地提高农业生产力，我国开始着手建立由政府直接领导、自上而下的国家农业技术推广体系。这一体系在我国农业和农村经济发展中发挥过重要的历史性作用，也经历了一个不断调整和发展的过程。

### 一、农业技术推广组织体系的创立

新中国成立后，围绕积极恢复农业生产，我国政府开始着手农业技术推广体系的构建。1951年，在东北、华北地区试办农业技术推广站，开展农业技术的推广普及，如组织群众开展良种评选，总结劳模先进经验，推广密植和马拉农具等新技术。1953年，根据《中共中央关于互助合作的决议（草案）》的精神，农业部颁布了《农业技术推广方案（草案）》。1954年，农业部正式颁布了《农业技术推广工作站条例》。同年，全国农业科学技术工作会议召开，对农业技术推广工作进行了具体部署，进一步充实基层推广站的任务，推动农业技术推广体系的建设。据1954年年底的统计，全国有55%的县和10%的区建立了农业技术推广站，共建站4 549个，配备人员32 740人。[①]

1955年，随着农村集体化的发展，中央进一步要求各地都应建立乡村农业技术推广机构，规定农业技术推广机构应当总结农民的生产经验、普及现代农业科学技术、帮助农民增加生产和提高收入、促进集体化、改进农业技术推广和管理。中央还规定，农业技术推广人员应是中专农校毕业生，或接受过半年以上技术培训、有长期生产经验的农民。到1956年，全国共建立16 466个农业技术推广站，配备人员94 219人，

---

① 农业部教育司：《2005农业科技推广报告》，3~4页，北京，中国农业出版社，2006。

同时还培训了大批农民技术骨干，建立了一批农民科技组织。①1956年，农业部发出《关于建立畜牧兽医工作站的通知》，推动各地先后将原有县级畜牧兽医事业机构改建为畜牧兽医站，并增建了一批新的县级畜牧兽医站。许多地方还增设了配种站、草原改良站等。水产部门也加强了水产技术推广站建设，到1957年，全国部分省市建立了120多个县级水产技术推广站。②至此，我国农业技术推广体系初具规模。

## 二、农业技术推广的曲折发展

1958年秋，农村人民公社建立，农业技术推广机构的管理体制相应发生变化，有的省取消了县以下行政区，改为以公社为单位建立农业技术推广站；有些省仍保留区一级建制，区技术推广站也继续保留；有的省还建立了一批集体性质的公社农业技术推广站；有的省从县综合性技术推广站中划出植保站、土肥站，或单独建立种子站和畜牧兽医站等。1959—1961年，为贯彻中央精简压缩机构人员的政策，全国约1/3的农业技术推广站被精简，大批农业技术推广人员被下放或改行，初具规模的农业技术推广体系遭受严重冲击。1961年12月，全国农业工作会议提出恢复、整顿"三站"（农业技术推广站、种子站、畜牧兽医站）的工作任务，开始在县级建立、恢复农业技术推广站。1962年年底，农业部下发《关于充实农业技术推广站，加强农业技术推广工作的指示》，提出对农业技术推广站进行整顿、充实和加强，农业技术推广事业迅速恢复。到1963年年底，全国农业技术推广机构恢复到11 938个，职工71 469人。③1965年2月，国务院召开全国农业科学实验工作会议，提出在全国范围开展以"样板田"为中心的农业科学实验运动，要求省、专区、县、公社四级，都要办好一两个或三五个"样板田"；在农村普遍建立干部、老农和知识青年"三结合"的科学实验小组，大搞"三田"（实验田、示范田、丰产田）活动。

## 三、农业技术推广的萎缩停滞

1966年"文革"开始后，农业技术推广工作陷入停顿状态，绝大多数农业技术推

---

① 农业部教育司：《2005农业科技推广报告》，4页，北京，中国农业出版社，2006。
② 黄佩珉：《中国农业科技与推广体制的变迁》，http://www.econ-stage.net.cn。
③ 农业部教育司：《2005农业科技推广报告》，4~5页，北京，中国农业出版社，2006。

广机构被撤销,农业技术推广人员大批流失。但我国农业技术推广事业仍在继续开展,1969年湖南省华容县探索创办"四级农科网",即县办农科所、公社办农科站、生产大队办农科队、生产队办农科小组,取得一定成效。1971年在湖南全省推广,其他一些省也纷纷效仿,引起中央有关部门的重视。1974年,农林部、中国科学院等部门在华容县召开"全国四级农业科学实验网经验交流会",拟定了《关于建立健全四级农业科学实验网的意见》,规定"四级农科网"要开展科学实验、总结推广先进经验和技术、繁育良种和选育新品种、做好病虫害测报和防治技术指导,提出争取3年左右时间,在全国大部分农业地区基本普及"四级农科网"。同年,国务院号召全国学习此经验,风靡全国的千所万站运动展开。到1975年,全国有1 140个县建立了农业科学研究所,26 872个公社建立了农业科学实验站,四级农业科学队伍有1 100多万人,试验田280多万公顷。[1] "四级农科网"对普及农业技术和发展农业生产,在农作物新品种和栽培技术的引进、试验、示范推广上起到了重要的作用,一定程度上促进了农技推广体系的建设,保持了农技推广工作的连续性。从1976年开始,政府每年拨出专款资助"四级农科网"的建设,使农业推广和科学研究更好地结合起来。

1978年以前,农业技术推广体系是开展农村科技服务的主要力量,其体制随着相关政策的演变而不断地调整(表8-2)。

表8-2 1949—1978农业技术推广主要相关政策[2]

| 时间 | 文件名称 | 颁布部门 | 核心内容 |
| --- | --- | --- | --- |
| 1953 | 《农业技术推广方案(草案)》 | 农业部 | 要求各级政府设立专业机构,配备专职人员,开展农业技术推广工作,重点推动建立以县示范繁殖农场为中心、互助组为基础、劳模和技术员为骨干的技术推广网络 |
| 1954 | 《农业技术推广工作站条例》 | 农业部 | 对农业技术推广站的性质、任务、组织领导、工作方法、工作制度、经费、设备等做出更明确规定 |
| 1956 | 《关于建立畜牧兽医工作站的通知》 | 农业部 | 推动各地将原有县级畜牧兽医事业机构改建为畜牧兽医站,并增建一批新的县级畜牧兽医站 |
| 1962 | 《关于充实农业技术推广站,加强农业技术推广工作的指示》 | 农业部 | 提出对农业技术推广站进行整顿、充实和加强 |

---

[1] 农业部教育司:《2005年农业科技推广报告》,5页,北京,中国农业出版社,2006。
[2] 根据刘东著《新型农村科技服务体系的探索与创新》第一章整理。刘东:《新型农村科技服务体系的探索与创新》,北京,化学工业出版社,2009。

续表

| 时间 | 文件名称 | 颁布部门 | 核 心 内 容 |
|---|---|---|---|
| 1974 | 《关于建立健全四级农业科学实验网的意见》 | 农林部、中国科学院等 | 规定"四级农科网"要开展科学实验、总结推广先进经验和技术、繁育良种和选育新品种、做好病虫害测报和防治技术指导，提出争取3年左右时间，在全国大部分农业地区基本普及"四级农科网" |

## 第三节　农业投入品

农用工业是指直接为农业生产和建设提供生产资料和物质技术装备的工业部门。一般而言，农业投入品主要包括农业机械、化学肥料、农药、农用薄膜、饲料添加剂等，本节主要围绕化肥、农药、农膜、饲料4种农业投入品展开。[①]

### 一、化肥

#### （一）发展概况

我国的化肥生产开始于20世纪30年代。先后于1935年和1937年建成投产的大连化学厂和南京永利宁厂是新中国成立前仅有的两个化肥厂，而硫铵是其唯一的产品，当时农民称它为"肥田粉"，历史上最高年产量（按实物计算）总共为22.7万吨（1941年）。到1949年，只有永利宁厂还在生产，年产量为2.7万吨（按实物计算），这也是当时全国的化肥产量。[②]

1949年以后，我国加快了化肥工业发展的速度。20世纪50年代，在吉林、兰州、太原和成都建成了4个氮肥厂。20世纪六七十年代，又先后在浙江衢州、上海吴泾和广州等地建成了20余座中型氮肥厂。1949年以后，经过国民经济恢复时期，1952年化肥产量增加到了19.0万吨（标准肥）。在第一个五年计划中，对老厂进行了大规模扩建，加上从1955年起建造了一些磷肥厂，到1957年，化肥产量达到了73.5万吨（标

---

① 农业机械化将在下一节专门阐述。
② 《化肥工业的历史回顾》，http://www.doc88.com/p-966176194103.html。

准肥)。[1]

### (二)氮肥工业的发展

氮肥工业的发展可以分成初创、发展和引进提高三个阶段。

1. 初创阶段(1957—1960)

这一时期我国陆续建成投产了四川化工厂、吉林化工公司化肥厂、兰州化工公司化肥厂、北京化工实验厂和太原化工公司化肥厂五个中型厂。除北京化工实验厂生产碳酸氢铵外,其余四个厂都生产硝铵。这些工厂的建立为我国氮肥生产的发展打下了基础。

值得一提的是,1958年,化工专家侯德榜开发了合成氨原料气中二氧化碳脱除与碳酸氢铵生产的联合工艺,在上海化工研究院进行了中间试验,1962年在江苏丹阳投产成功;从此,一大批小型氮肥厂迅速建立起来,成为氮肥工业的重要组成部分。这种工艺利用氨水脱除原料气中的二氧化碳,以反应产物碳酸氢铵作为肥料品种。由于生产简便、原料单一、单厂投资少,因而发展较快。这些厂的规模一般产氨为3 000~5 000吨/年,后来扩大到了10 000吨/年以上。[2]

2. 发展时期(1961—1975)

20世纪60年代初,由我国自行设计、制造和安装的25 000吨/年的制氨装置相继在上海吴泾、浙江衢州和广州等地建成投产,标志我国氮肥生产进入新的发展时期。这些厂的产品都是硫铵。随后所建的氮肥厂主要分为两种类型:产氨能力相当45 000t$NH_3$/a的碳铵生产装置和能力相当60 000t$NH_3$/a的尿素生产装置。前者以江西氨厂(1966年)、宝鸡氮肥厂(1968年)和宣化化肥(1968年)等为代表,后者有石家庄化工厂(1965—1966年)、银川化肥厂(1970年)和鲁南化肥厂(1971年)等。其中尿素厂的投产开始了我国高浓度氮肥的生产。这些厂大都以煤为原料。分别在1966年和1970年投产的泸州天然气化工厂和兴平化肥厂,则采用了天然气和重油为原料制氨。[3]

3. 引进、提高时期(1976—1978)

这一期间我国从国外引进13套大型制氨装置。这些装置的集中建成投产,使我国氮肥面貌大为改观,气(液)态烃成为氮肥生产的主要原料之一,尿素在氮肥品种中的比重迅速上升,生产技术达到了世界先进水平。随后几年引进的几个大型装置,

---

[1] 农业机械化将在下一节专门阐述。
[2] 《化肥工业的历史回顾》, http://www.doc88.com/p-966176194103.html。
[3] 农业机械化将在下一节专门阐述。

使我国在用煤和重油生产氮肥的技术方面也得到很大提高。

1983年我国氮肥厂构成是：大型厂14个、中型厂55个、小型厂1 216个，按采用的原料和生产的产品分类见表8-3和表8-4。

表8-3　氮肥厂按采用原料分类　　　　　　　　　　　　　　单位：个

| 工厂规模 | 煤焦 | 重油 | 天然气 | 油田气 | 炼厂气 | 焦炉气 | 轻油 |
|---|---|---|---|---|---|---|---|
| 大型厂 | 35 | 14 | 8 | 2 | 2 | 6 | 6 |
| 中型厂 | | | 3 | | | | |
| 小型厂 | 大部分厂以煤焦为原料 | | | | | | |

注：部分厂同时使用一种以上原料。
资料来源："化肥工业的历史回顾"，http://www.doc88.com/p-966176194103.html。

表8-4　氮肥厂按生产产品分类　　　　　　　　　　　　　　单位：个

| 工厂规模 | 尿素 | 硝铵 | 碳铵 | 硫铵 | 氯化铵 | 甲醇 |
|---|---|---|---|---|---|---|
| 大型厂 | 14 | | | | | |
| 中型厂 | 34 | 19 | 15 | 4 | 4 | 11 |
| 小型厂 | 大部分厂生产碳酸氢铵（包括氨水） | | | | | |

注：部分厂同时使用一种以上原料。
资料来源：《化肥工业的历史回顾》，http://www.doc88.com/p-966176194103.html。

### （三）磷肥工业的发展

我国磷肥生产自1955年起，但普通过磷酸钙真正成为一个磷肥品种大量供应是在1958年南京磷肥厂、太原磷肥厂、衡阳化工厂和宜昌市磷肥厂等投产之后。20世纪60年代初，我国继续建成投产的湛江化工厂（1963年）、铜官山磷肥厂（1963年）和株洲磷肥厂（1965年）等，使普通过磷酸钙成为我国最主要的磷肥品种。

钙镁磷肥是在20世纪50年代初开始研制的。1950年代末，中国开发了高炉生产熔融钙镁磷肥的方法，并在1960—1970年代建立了一大批工厂，诸如四川高桥磷肥厂、北京化工实验厂、江西樟树磷肥厂、兰溪磷肥厂等应用研究成果建厂投产。到1960年代获得了较大发展。1963—1966年陆续建成东乡磷肥厂等10余个厂，使钙镁磷肥成为我国另一主要磷肥品种。

改革开放前，我国的磷肥产量中以低浓度品种为主，其中普通过磷酸钙占70%以上，其余几乎全部是钙镁磷肥。

对于各种高浓度磷肥品种，国内早在1950年代初就开始进行系统研究，其中诸如磷酸、重过磷酸钙、磷酸铵、硝酸磷肥、沉淀磷酸钙和偏磷酸钙等都取得了可供设计生产厂的数据。以后虽采用研究成果建了一些装置，但规模较小。改革开放后的几年，各地有不少厂以小规模生产各种复合肥料，但总的说来产量不大，远远不能满足需要。

**（四）钾肥工业的发展**

钾肥生产是我国化肥工业中最为薄弱的一环，原因是未能找到大型可溶性钾盐矿藏。虽然1958年青海察尔汗钾肥厂就开始从盐湖光卤石中提取钾盐，但终究数量较少。对明矾石的综合利用曾进行了长期试验研究，后来又在温州建造了生产装置，取得了建设大厂所需数据。对钾长石的利用进行了不断试验研究，但成果不太理想，生产上仅限于将它混入石灰石、磷矿、白云石或蛇纹石后煅烧，以此获得各种低浓度的钾钙、磷钾钙和磷钾钙镁混肥。有的磷肥厂在进料中配入部分钾长石制取含钾普通过磷酸钙（又称磷酸钙，简称普钙）。此外，磷酸二氢钾的制造和应用也得到一定的发展。

新中国成立30多年以来，我国的化肥工业发展很快，约占世界总产量的1/10，仅次于苏联和美国，居世界第三位（表8-5）。

表8-5 我国化肥产量的增长　　　　　　　　　　　　　单位：万吨

| 年份 | 氮肥 | 磷肥 | 钾肥 | 合计 | 世界总产量 | 在世界总产量中所占比重/% |
|---|---|---|---|---|---|---|
| 1950 | 1.5 | | | 1.5 | 1 279.8 | 0.1 |
| 1960 | 19.6 | 19.3 | 1.6 | 40.5 | 2 810.0 | 1.4 |
| 1970 | 152.3 | 90.7 | 0.5 | 243.5 | 6 595.2 | 3.7 |
| 1980 | 999.3 | 230.6 | 1.9 | 1 231.8 | 11 889.8 | 10.4 |

数据来源：《化肥工业的历史回顾》，http://www.doc88.com/p-966176194103.html。

我国的化肥生产和国外相比尚有一段差距，主要表现在如下几个方面：（1）肥料品种还是以低浓度为主，氮肥平均只含27%的氮（N）；磷肥只含14%的$P_2O_5$，而国外达到40%以上。（2）氮磷钾比例还很不适应农业需要，$N：P_2O_5：K_2O$的生产比例为1：0.25：0.002，消费比例为1：0.22：0.02，而国外可以达到1：0.6：0.6。[1]（3）生产能耗比较高，反映了生产厂规模小和工艺技术比较陈旧。当时，我国化肥能耗占总能耗7%[2]，到20世纪80年代后期，合成氨厂的能耗才明显降低，但距国外先进水平尚存在一定的差距，尤其是小型厂和中型厂。

## 二、农药

新中国的农药工业一直得到国家的重视，高等教育、科学研究、选派专业人员出

---

[1] 《化肥工业的历史回顾》，http://www.doc88.com/p-966176194103.html。
[2] 《化肥工业的历史回顾》，http://www.doc88.com/p-966176194103.html。

国深造、培训、技术考察、技术交流、探试技术和装置引进与合作、投资建厂和装置技术改造等各方面都得到相应的政策支持。

### (一) 农药科研与教育

现代农药的起步需要做大量的基础工作。早在1949年，黄瑞纶、邢其毅、周长海等对用作种子消毒剂的醋酸苯汞杀菌剂的试制进行了合作研究。1950年黄瑞纶、邢其毅、周长海在《科学通报》上发表了《种子消毒剂有机汞化合物的试制，汞制剂的制备》。

中国研究磷酸酯类化合物的合成并引用到农业生产上，以胡秉方、陆钦范等为最早。1950年，胡秉方将合成对硫磷的四种方法加以研究比较，认为Fletcher的五硫化二磷法最为简单经济，其反应条件较易控制，为我国大量生产对硫磷打下了基础。陆钦范在此基础上进行了设计，开始了对硫磷的小型生产。20世纪50年代初，南开大学杨石先先生和他的助手首先合成了我国独特的生长调节剂。

1956年，北京农业大学黄瑞纶先生在《科学通报》上发表了《农业药剂在我国农业生产中的重要性及其发展的趋势》，全面论述了农业药剂在生产中的重要地位，国内外发展情况，我国农药的发展方向和今后的趋势，对农药毒性，对人畜安全性、残留毒性，对人身体健康的影响等方面提出了很多远见卓识，对我国农药的研究和生产有很好的指导作用。

1956年，北京农业大学胡秉方、陈万义先生在《化学学报》上发表了《有机磷化合物的研究》，1958年南开大学陈茹玉、邱桂芳先生在《化学学报》上发表了《几种α-烃基取代烷基膦酸（β-氯乙基）酯的制备》，1959年《化学学报》上发表了陈茹玉、杨华静先生的《马拉赛昂类型化合物的制备》，杨石先、陈天池、李正名、李毓桂先生的《有机磷杀虫剂的研究 I》，胡秉方、陈万义先生的《有机磷化合物的研究 V》等研究报告。

1962年，杨石先先生向中央领导同志提写了一份《关于我国农药生产，特别是有机磷生产的几点意见》，针对有机磷农药一般毒性大的特点，提出选择毒性较低的几个品种优先进行生产，同时注意采用先进的药械，以提高药效和降低成本，对使用人员要进行严格的培训，以确保安全。

同一年，杨石先先生受周恩来总理的委托，筹建了南开大学元素有机化学研究所，先后开展了有机磷化学及有机氟、有机硼等领域的研究，为开辟我国发展农药的道路做出了贡献。至1966年，其研制的久效磷、螟蛉畏等有机磷农药，以及除草剂燕麦敌、杀菌剂叶枯净、植物生长调节剂矮壮素等新农药，先后投入生产，有的还成为我国农药的主要品种。

在现代农药起步阶段，相应地有关农药学科的高等教育事业也已开始创办。北京农业大学的前身北京大学农学院农化系已开设了农药方面的课程，1948年，该校系即有卞绍庄、韩熹莱、李范、李进等毕业生，1949年以后，先后有宋振环、叶秀林、屠豫钦、刘孟英、陈馥衡、陈万义、高中兴、焦书梅、经致远、冷欣夫、李伟格、刘伊玲、钱传范、尚鹤言、王笃祜、高永根、黄尚容、刘书琴、厉墨宝、费有春、黄显臣、徐映明等毕业生，1963年以后的本科毕业生就更多了。中华人民共和国成立以后，北京农业大学、南开大学相继开始培养农药专业的研究生。1951年，屠豫钦先生成为北京农业大学的第一位农药专业的研究生，也是我国第一位农药专业的研究生。紧接着，1952年邱国雄，1953年陈万义、刘伊玲也就读了研究生……改革开放以后，北京农业大学成为国内第一个农药博士研究生授予点，不断地向国家输送一批批硕士生、博士生。20世纪50年代中期，南开大学李正名先生等也成为杨石先先生的农药合成专业的研究生。1962年，南开大学元素有机研究所成立后，培养了大批农药专业人才。

上述举措，为农药行业输送了一批批高级专门人才，为农药创制工作奠定了重要基础。这期间，华北农科所、上海病虫药械厂研制的"六六六"于1951年投产，之后浙江化工研究所研制的"毒杀芬"在浙、闽、皖等省投产。沈阳化工研究院继"六六六"研究成果产业化后又开展了一系列研究，包括改进"六六六"生产工艺，实现连续化生产（1954—1975），以及有机氯农药，如"杀螨砜"（1965—1966）、"三氯杀螨砜"（1963—1966）等；有机磷农药，如乙基内吸磷（1957—1964）、对硫磷（1961—1965）、"敌敌畏"（1966）、甲基内吸磷（1964—1970）等；除草剂，如2甲4氯钠盐（1959—1965）、"敌稗"（1963—1964）、五氯酚钠（1956—1962）、"燕麦敌2号"（1967—1971）、"除草醚"（1964—1969）等；杀菌剂，如"代森锌"（1963—1966）、"代森锰"（1965）、2，4，5-三氯酚铜（1959）、"克菌灵"（1959）等研究，成为我国最早、最主要的农药研究部属研究院所。省市化工（农药）研究单位，如江苏所、浙江所、四川所、湖南所、安徽所、上海所、山东所、广州所等也做了大量仿制工作。在有机农药合成工作起步的同时，我国开展了粉剂、可湿性粉剂、油剂、乳油和复配剂以及相应加工助剂的研究工作，对农业贡献巨大的"甲六粉"（3% γ-"六六六"+1.5%甲基对硫磷）是复配制剂中最成功的一个典范，其杀虫谱广、药效好、使用安全，又不易产生抗药性。

### (二)农药工业的发展

从新中国成立初期到20世纪80年代30多年间,我国现代农药工业主要经历了两个阶段。

1. 我国农药工业的起步阶段(20世纪40年代中期至60年代中期)

我国农药工业最早起始于20世纪40年代中期,四川中央工业实验场(厂)曾开始"滴滴涕"的合成研究。1950年四川泸州化工厂新建"滴滴涕"车间,1951年投产,产量113吨,主要用于卫生防治。① "滴滴涕"和"六六六"的研制和生产标志新中国现代农药工业发展的序幕就此拉开。

1952年,沈阳化工研究所(原东北局化工研究室)为抗美援朝所需开发的"六六六"也在沈阳投产。1957年,在天津农药厂建成投产了我国第一个有机磷杀虫剂——"对硫磷"生产装置,它标志我国现代农药工业向前迈进了一步。

江苏南京钟山化工厂是我国于20世纪50年代确立的最早专门生产农药加工所需的化学助剂的生产企业,为我国农药乳剂的发展提供了大量的乳化剂,直到今天,也是水基性制剂加工助剂的主要供应商。

2. 提升发展阶段(20世纪60年代中期至80年代初期)

(1) 禁用有机汞农药。

20世纪60年代和70年代初,我国主要粮食作物的水稻稻瘟病和小麦锈病的防治主要使用高毒、高残留、高危害的醋酸苯汞("赛力散")和氯化乙基汞("西力生"),使用方式是以其粉剂拌种。但是,由于拌过药的种子被多种方式误食,曾经在浙江等地发生了多起有机汞中毒事件。有机汞中毒事件和防治病害的迫切需要,引起了政府、国内科研院所和高校的关注,农业部门提出了中国作物和果树的十大难治病害(水稻稻瘟病、纹枯病、白叶枯病,小麦条锈病,棉花黄萎病、枯萎病,玉米大小斑病,甘薯黑疤病,柑橘黄龙病,苹果腐烂病),并在国内组织攻关,寻找其代用药剂。

这一时期的科技攻关取得了一批可喜的成果。例如,中科院上海有机化学研究所梅斌夫先生研发出防治甘薯黑斑病和水稻苗期病害的有很好效果的乙基大蒜素(随即开发出"抗生素401""抗生素402"),上海农药研究所沈寅初先生研究出"抗生素井冈霉素",对纹枯病有很好的效果,而且价格便宜,又不产生抗药性。

1970年,沈阳化工研究院张少铭先生等人合成并筛选出"多菌灵",1971年完成

---

① 《新中国60年:农药工业的发展历史回顾》,农博网,http://nongyao.aweb.com.cn/2009/0827/819508533960.shtml。

中试，1973年投产，比BASF公司至少早两年。"多菌灵"是内吸性杀菌剂，这在当时世界上也是仅有的几种内吸性杀菌剂之一。"多菌灵"在防治小麦赤霉病中发挥了重要作用。当时长江中下游小麦赤霉病极其严重，感病麦粒食用或作为饲料会引起人畜中毒。在无药可用的情况下，"多菌灵"的问世解决了这一防治难题。后来"多菌灵"的使用范围扩至其他粮食作物、果树、蔬菜和多种经济作物。

其间，仿制农药稻瘟净、异稻瘟净、克瘟散等也相继问世、投产，稻瘟病的防治也做到有药可用。再加上代森锌、代森锰等复配剂的生产，以及氟硅酸钠等在小麦锈病地区的使用等，这就为禁止生产、禁止使用创造了条件。1972年我国宣布停止赛力散、西力生等农药的生产，1973年禁止使用，一类药效好、使用方法简单，成本低的高效药剂就这样退出了"农药界"。

禁用有机汞以后，根据农业病害发展的情况，又不断研究出其他高效杀菌剂，例如"托布津""甲基托布津""硫菌灵""甲霜灵"等高效内吸性杀菌剂，以及三唑醇、三唑酮、烯唑醇、丙环唑等并产业化，促进了我国杀菌剂的发展和产业的提升，也使农药工作者对蓄积性慢性毒性的认识有了飞跃。

（2）禁用有机氯农药。

自20世纪50年代"六六六"生产以后，农药生产在我国发展迅速。70年代"六六六"最高年产量曾达到35万吨，加上"滴滴涕"年产量达2.5万吨左右，以及"艾氏剂""狄氏剂""异艾氏剂""异狄氏剂""七氯""氯丹""毒杀芬"等多种有机氯农药，年产能力和产量共达40万吨左右。这是我国有机氯农药发展的昌盛时期，也有人称为"有机氯时代"。[①] 这是因为，有机氯农药生产原料简单易得、工艺流程短、杀虫谱广，既有触杀又有胃毒作用。另外，所有有机氯农药都消耗氯气——氯碱工业中氯平衡的主要产品，占我国氯气消耗的35%以上，当时国家缺少烧碱（氢氧化钠），要想多产烧碱，必须有能"吃氯气"的产品。

但是，到1964年，浙江省海盐县及附近的几个县出现了水稻螟虫对"六六六"的抗药性，表现为药效差。黄瑞纶先生考虑我国有机磷杀虫剂的生产已初具规模，提出以有机磷农药取代"六六六"粉剂中一半的有效成分，配制成混合粉剂，并与中国农科院植物保护所的王君奎先生以及湖南化工研究所紧密协作，研发出甲（乙）基对硫磷和"六六六"混合粉剂，即"甲（乙）六粉"代替单一的"六六六"粉，并亲自

---

① 《新中国60年：农药工业的发展历史回顾》，农博网，http://nongyao.aweb.com.cn/2009/0827/819508533960.shtml。

带领教师、学生赴农村进行药效试验，观察人体中毒情况，获得了极大的成功，1965年获国家科学技术委员会奖。

1966—1981年，沈阳化工研究院对"甲六粉"也做了大量的研究工作，1977年获沈阳科技大会奖。"甲（乙）六"粉剂的年产量达数十万吨，在20世纪60年代中期至80年代初期，一直是我国的主要农药品种（制剂），其吨位占制剂总产量的40%以上，在农业上发挥了巨大作用。它既有触杀、胃毒作用又有内吸性，既有速效性又有较长的持效性，既降低了各自用量又提高了防效，使用方便安全，深受广大农民的欢迎，成为当时的"巨无霸"。它也是两种作用机制不同的杀虫剂混配加工成功的典范。

"滴滴涕""六六六"在防治棉花、林业害虫，特别是对鳞翅目害虫，以及在防治卫生害虫虐蚊、跳蚤、虱子等方面发挥了较大作用。其他有机氯杀虫剂"七氯""氯丹""艾氏剂""狄氏剂"也是防治地下害虫的骨干品种。"六六六"等还是我国频繁发生的蝗灾的主要克星。有机氯农药的生产和使用为我国农业、林业、卫生害虫防治做出了巨大贡献。

随着"六六六""滴滴涕"等有机氯的大量使用，相应地带来的累积毒性（残留毒性）愈来愈引起人们的关注，特别是美国生物学家卡尔逊首先于1962年在《寂静的春天》一书中，描写了"滴滴涕"给生态带来的危害，促使一些农药工业发达国家加强了对"滴滴涕""六六六"类农药的管理，并纷纷制定了食物中的残留标准。美国于1977年宣布禁用"六六六"，"滴滴涕"的使用仅限于疟蚊防治。在这种形势下，中国农副产品出口因"六六六""滴滴涕"含量超标，每年都有多件受阻事项发生，货物不能上岸或就地销毁，且情况愈演愈烈，对我国的国际形象产生了不良影响。

为此，当时的石油化学工业部给各省、自治区、直辖市石油化工厅局下发《征求关于划分高效、低毒、低残留农药概念的初步意见的函》，以文件形式对农药提出了高效、低毒、低残留概念和划分标准，并将"六六六""滴滴涕""毒杀芬""艾氏剂""杀螨砜""三氯杀螨砜""杀螨酯"等列为高残留农药。此函对我国各省、自治区、直辖市更好地发展高效、低毒、低残留农药，以适应农业需要和保障人畜安全、环境安全具有深远的意义。

1978年，化工部在张家口召开了取代"六六六""滴滴涕"座谈会。会议分析了这类农药存在的问题和应采取的对策。会上多数同志认为，应加强对高效、低毒、低残留农药品种的研发和扩大生产，以尽早停用"六六六""滴滴涕"等。同年，化工部于7月底至10月初组织氯碱及农药中间体生产技术考察团，考察了法国、美国、德国、瑞士、瑞典等国的五硫化二磷（有机磷农药中间体）、甲基异氰酸酯及甲萘酚（甲萘威的中间体）及甲萘威、间甲酚（杀螟硫磷的中间体）、苯酚、顺酐（马拉硫磷的中间体）、邻仲丁基酚（巴沙的中间体）、氢氰酸及三聚氯氰（均三氮苯类除草剂的中间体）、二氯苯及氯甲苯等。这次考察是寻找替代"六六六""滴滴涕"的有机磷类及氨基甲酸酯类农药为主要目的。由于国外大公司的技术垄断及要价过高等原因，只引进了一套1.2万吨/年的间甲酚生产技术和装置，设置在北京燕山石化公司向阳化工厂。这反映了化工部为取代"六六六""滴滴涕"等农药在认识上的思考和在技术装备上的探索。随后，时任国务院副总理李先念批准化工部关于引进农药和中间体的建议，专门批准数亿美元专项外汇资金。

1979年2月底5月初，化工部又组织了更高规格的农业化学考察团赴美国、日本、意大利、荷兰、瑞士、英国的36家公司，主要考察了杀虫剂和中间体呋喃酚、克百威、涕灭威、甲萘威及异氰酸酯、二嗪磷、亚磷酸甲酯、吡啶、低碳脂肪胺，以及除草剂、杀菌剂及中间体。此次考察的杀虫剂及中间体也多是为取代高残留的"六六六""滴滴涕"而做的准备。

由于国际上的压力和我国农药工业已有充分的思想准备和具有一定的农药品种生产基础，1983年，时任国务院副总理的万里同志主持国务院会议，他在听取有关部门汇报后果断作出决定，于1983年4月1日起停止"六六六""滴滴涕"的生产和使用，仅保留天津化工厂和扬州农药厂用于生产出口非洲等地防治疟蚊的"滴滴涕"（世界卫生组织允许使用），保留沈阳化工厂、天津大沽化工厂"林丹"（"六六六"中高纯度有效成分γ-体）的生产（法国等国家订货），相应地保留其提纯γ-体后的无效体"六六六"用于六氯苯（杀菌剂）、三氯苯（溶剂及中间体）、五氯酚钠（杀灭血吸虫寄主钉螺用药）、五氯酚（铁路枕木防腐）的生产。禁产禁用"六六六""滴滴涕"，促进了高效低残留杀虫剂的发展。

"六六六""滴滴涕"等有机氯农药禁产、禁用后，1983年我国其他农药品种的年总产量（90%以上为杀虫剂），按100%有效成分计算只有13万吨左右，而年用量要21万~23万吨，需求差距较大。而且有机氯农药的大量停产，影响了氯碱生产中氯气的去处，直接影响了烧碱的产量，给国家增加了很大压力。[①]

为此，国家计划委员会和国家经济办公室（后改名国家经济委员会）召开了工作

---

① 《新中国60年：农药工业的发展历史回顾》，农博网，http://nongyao.aweb.com.cn/2009/0827/819508533960.shtml。

会议,研究如何抓紧高效低毒(包括加工后低毒化的品种)、低残留农药及能够多"吃氯"的产品的生产、基建、扩建和改造。国家批准了三套5 000吨/年"杀螟硫磷"生产装置的建设(只建成天津、宁波两套);两套1 000吨/年的"久效磷"生产装置(南通、青岛)及配套中间体亚磷酸三甲酯装置的建设;新建湖南临湘的氨基甲酸酯厂("叶蝉散""仲丁威"等及配套的氯碱、光气、邻异丙基酚、邻仲丁基酚、异氰酸甲酯);100吨/年的"克百威"及配套中间体异氰酸酯(湖南)、5 000吨/年的乙酰甲胺磷项目的建设(湖北,后缓建);1 000吨/年的"涕灭威"及光气、异氰酸酯配套装置的中试成果产业化项目(国家科委、国家计委先后投入建设资金)、1 000吨/年的醚醛为拟除虫菊酯配套(江苏)等。国家还批准了多套甲基对硫磷、对硫磷、甲胺磷、马拉硫磷、辛硫磷、"敌百虫""敌敌畏""乐果""氧乐果"的技改或扩建。

以上项目的基本建设加技术改造,国家投入资金10亿元以上,其中仅技术改造部分,国家经贸委每年出资1.5亿元,连续几年,其效果明显,生产能力增加较快。国家每年还批准成亿美元进口几万吨农药以及配套原料中间体,连续几年。1984—1986年,我国杀虫剂年产量达18万吨,较快地解决了"六六六""滴滴涕"的取代问题。这是我国农药发展史上值得歌颂的篇章,从那以后,不仅不再发展高残留农药,而且我国杀虫剂在数量、品种上满足了农业的需要,更主要的是体现了对人民负责任的精神。

20世纪50年代后期,我国也已有少量除草剂生产。到六七十年代,我国除草剂生产已有一定规模,品种有2甲4氯、"2,4-滴及2,4-滴丁酯,2,4,5-涕"(除草剂名称)、"敌稗""除草醚""茅草枯""五氯酚钠""五氯酚""敌草隆""利谷隆""绿麦隆""氟乐灵""燕麦敌""新燕灵""阿特拉津""西玛津""扑草净"等。但是1978年总产量只有22 047吨(原药),只占农药总产量的4.1%(杀虫剂占90%以上),使用面积在1.2亿~1.5亿亩,最大用户主要是新疆生产建设兵团、农垦系统,如黑龙江农垦局,广东(含海南岛)、云南等省、市的农垦局、国有农场,广大农村还主要靠人工除草。①

### 三、农膜

新中国成立30余年间,我国的农膜从无到有,产量和覆盖量不断增加,但这一

---

① 《新中国60年:农药工业的发展历史回顾》,农博网,http://nongyao.aweb.com.cn/2009/0827/819508533960.shtml。

时期的农膜使用主要是棚膜，只有极少量的地膜（表 8-6）。我国大力推广使用农膜，主要出于两个原因：一是我国耕地面积少，仅为国土面积的 7%，人均耕地面积不到世界水平的 1/3；二是我国淡水资源贫乏，人均占有量相当于世界水平的 1/4，属于世界上 12 个贫水国家之一。有限的土地和淡水资源成为制约我国农业发展的因素。针对以上不利因素，我国一直致力于探索一条适合中国国情的发展农业的路子。随着农业技术的发展和塑料工业的兴起，我国大力开发、推广农用薄膜（包括地膜和棚膜）。

表 8-6　农膜覆盖和使用数量变化

| 年份 | 地膜覆盖面积 / 万公顷 | 棚膜覆盖面积 / 万公顷 | 棚膜用量 / 吨 |
| --- | --- | --- | --- |
| 1963 | | | 200 |
| 1965 | | | 12 000 |
| 1975 | | | 35 000 |
| 1978 | | | 195 000 |
| 1979 | 0.004 4 | | |
| 1980 | 0.168 8 | 0.654 | 217 000 |

数据来源：根据中农集团公司农膜部：《中国农膜五十年的发展》整理。中农集团公司农膜部：《中国农膜五十年的发展》，载《农资科技》，1999（5）。

### （一）棚膜的发展历程

我国的塑料棚膜发展大致经历了以下几个阶段。20 世纪 60 年代初，以 PVC 棚膜试制成功为标志，进入塑料棚膜应用的时代。在这之后的 10 年内，PVC 大棚膜得到了迅速的推广和应用。1970 年代中期，LDPE 大棚膜在中国问世，开启了聚乙烯农膜应用的新时代。1970 年代末期，防老化 LDPE 棚膜开发成功，标志聚乙烯棚膜应用的开始。1980 年代初期，成功开发了具有更好耐候性能的 LDPE 大棚膜。同时大棚膜的应用从单纯的种植业（农业）推广到养殖业（牲畜和鱼）、其他种植业（林业）。1980 年代末期，具有防老化和防流滴的双防聚乙烯大棚膜开发成功。从此，聚乙烯大棚膜的应用进入功能性应用的新阶段。1990 年代初开始，功能性聚乙烯大棚膜的开发进入一个加速及提高质量的发展阶段。

我国棚膜工业发展的典型事件如下[①]：

1958 年，中国访日农业代表团带回少量 PVC 薄膜在北京和上海进行了水稻育秧试验。

1959 年，在广东三江流域扩大试验，结果证明，不仅节约了种子，防止了烂根，而且产生了明显的增产效果，引起农业部门的关注。自此，开创了我国生产和应用农

---

① 中农集团公司农膜部：《中国农膜五十年的发展》，载《农资科技》，1999（5），9~10 页。

膜的新阶段。

1963年，用国产PVC树脂试制成功育秧膜；用PVC棚膜制成小拱棚，试种蔬菜和经济作物。

1964年，在寒冷的东北吉林省用PVC膜做成大棚种植蔬菜，使蔬菜的供应期延长了2个月，黄瓜、西红柿增产30%~40%；在18个省市推广，共计用量达1 300吨以上。

1965年，大棚膜在全国28个省市迅速推广，用量为12 000吨；试制成功无滴防尘PVC大棚膜。

1976年，LDPE大棚膜在中国问世，并在华北地区以南推广。

1978年，试制成功厚度为0.012mm的能使用14个月的耐老化DLPE大棚膜。

1980年，开发出能使用两个年度的LDPE长寿大棚膜。

1982年，大棚膜开始推广到养殖业（牲畜和鱼）和种植业（林业）。

1985年，试制成功厚度为0.05mm、使用寿命为4～6个月的薄型LDPE大棚膜。

1986年，畜牧养殖越冬棚膜在甘肃、内蒙古、黑龙江等高寒地区推广，使用寿命达3年。

**（二）地膜的发展历程**

严格来说，1978年以前，我国在地膜覆盖技术上没有进行推广研究，直到1979年才从日本引进地膜覆盖技术，当年在黑龙江和山西两省进行了1公顷的地膜覆盖栽培试验，获得了增产30%~50%的显著效果。1980年扩大到1 667公顷。1981年用我国国产的DLPE树脂生产地膜，并进行了多种作物的栽培试验，最初应用于蔬菜。1982年扩大到棉花、花生。1983年对西瓜、甘蔗、烟草等40多个品种的经济作物进行了覆盖试验，都获得了成功。自此，从北方到南方，从低海拔的沿海平原到高海拔的高寒山区，地膜应用迅速推广。①

---

① 中农集团公司农膜部：《中国农膜五十年的发展》，载《农资科技》，1999（5），10页。

## 第四节 农业机械化

农业机械化（以下简称"农机化"），实质上就是用现代工业装备农业，用农业机械替代手工工具和人畜力劳动，发展农业生产力的过程，是由传统农业向现代化农业转变的必要条件。纵观中国农业机械化走过的历程，道路曲折起伏，呈现一幅错综复杂、色彩缤纷的画卷。

### 一、农业机械化政策演变

中国农业机械化的政策和机制变迁与国家在不同时期面临的主要任务和国家治理体制变革息息相关。

新中国成立之前，由于受到多年战争的影响，中国的经济发展陷入停滞的状态，工农业生产力都受到了极大的破坏。中华人民共和国成立初期，百废待兴，恢复正常的经济秩序，理顺各方面的生产关系成为这一时期的首要任务；表现在农业机械化发展方面，工作重点是增补农具、推动农具改革和思想发动。1949—1958年的最初10年间，农业机械化建设的机制与政策方面主要做了以下工作：①部局级直接抓农机化工作；依靠从美国归国的一批农机专家，办机耕学校，培训拖拉机手；用当时有的一批国外拖拉机兴办国营农场和国营拖拉机站。②毛泽东亲自过问，政务院于1950年5月起在北京中南海举办了为期50多天的新式农具展览会，使中央领导人普遍认知农业机械和机械化对于农业发展的重要意义。③1955年7月31日《关于农业合作化问题报告》集中反映了毛泽东的农业机械化思想，规划了我国农机化的基本轨迹。其主要内容包括三个方面：一是农机化目标，在技术方面，在一切能够使用机器操作的部门和地方，统统使用机器操作；二是指导思想，在我国的条件下，必须先有合作化，然后才能使用大机器；三是工作任务，估计在全国范围内基本上完成农业方面的技术改革需要20~25年的时间。④1957年10月，时任党的总书记的邓小平提出"农业必须逐步机械化"。1958年3月，中共中央政治局成都会议就农具改革运动讨论并通过了《关于农业机械化问题的意见》，这是中华人民共和国成立以来党中央专门就农业机械化发出的第一份长篇文件。

1958年开始的"大跃进"和"人民公社"运动，虽然违背经济规律，但由于大规模兴修水利工程，对农业机械化有了更高要求，在农机化机制和政策上有新的调整。1958—1965年，工作重点转向战略决策和大规模实施：①副总理级直接抓农机化工作。②1959年4月29日，毛泽东给农村生产队长们写了一封信，提出了"农业的根本出路在于机械化"，我国农业机械化的经典理论应运而生。③1959年8月国家决定设立农业机械部，使国务院有了直接管理农业机械化的职能部门，中央一级有了推进农机化的组织保证。④1962年党的八届十中全会把先集体化后机械化确定为党在农业上的"根本路线"，农业机械化被赋予太多的政治责任。为了取得经验，1965年八机部提出在全国100个重点县推行农业机械化的试点。

1966年开始的"文化大革命"，使国民经济的许多部门遭到严重破坏，但农业机械化却保持了政策的连续性，没有受到巨大冲击，反而一枝独秀获得较好发展。在这10年中，农业机械化工作的重点是全党动员，战略决战。在政策和机制上进一步强化了保障功能。具体措施有：①中央首脑直接抓农机化工作。① ②1966年7—8月召开了第一次全国农业机械化会议；1971年8—9月国务院召开第二次全国农业机械化会议，提出鼓足干劲，保证用仅剩的10年时间，基本上实现农业机械化。③1975年9月，国务院召开第一次全国农业学大寨会议，对农业机械化提出"下定决心，五年实现"的目标。④1976年"文化大革命"结束之后，在12月国务院召开的第二次全国农业学大寨会议提出，保证1980年基本上实现农业机械化。⑤1977年1月中共中央批准《国务院关于1980年基本实现农业机械化的报告》，提出这是毛泽东的遗志。作为组织措施，9月中共中央批准国务院成立农业机械化领导小组。⑥1978年1月国务院召开了第三次全国农业机械化会议，提出"全党动员，决战三年，为基本上实现农业机械化而奋斗"。

1978年10—11月，在北京举行的十二国农机展览会震动了中国政经界。这是新

---

① 1966年"文化大革命"前夕，毛泽东看了湖北省一份关于农业机械化的报告，明确提出"用25年时间，基本上实现农业机械化"，要求"抓紧从今年起的15年"。毛泽东于3月12日发表关于农业机械化的一封长信，是我国农机化史上又一份重要文献。中央领导人的直接运作，促成1966年7—8月的第一次全国农业机械化会议的召开。周恩来总理在此次会议和1969年的一次专业会议上，先后就农业机械化问题发表重要讲话。1971年8—9月国务院召开第二次全国农业机械化会议，提出鼓足干劲，保证用仅剩的10年时间，基本上实现农业机械化。从国务院1971年12月3日给毛主席、中共中央的报告看出，国务院实际上已成为实现农业机械化的执行机关。

中国成立近30年中国举办的第一次大型国际农机博览会。它在国人面前打开了一扇了解世界现代农业的窗子，成为中国改革开放的前奏。这是中国农机化发展史上一个辉煌的乐章。1978年12月中共十一届三中全会通过《关于加快农业发展若干问题的决定（草案）》，果断放弃"1980年基本上实现农业机械化"的口号。这是我国高级领导层在政策上发生的重大转折之一，是中共中央在农机化战略上的重大调整。1980年7月，农机部部长杨立功向《农业机械》杂志发表谈话，通过新华社公布于世。党的十一届三中全会标志着中国农机化一个历史阶段结束，一个新时期到来。

## 二、农业机械化的发展历程

计划经济体制下，中国农业机械化走的是国家、集体投资，国家、集体所有，国家、集体经营的道路。简言之是官办机械化。具体发展可分为三个阶段。

### （一）农业机械化开创阶段（1949—1957）

为了尽快恢复被战争破坏的农村生产力，在继续完成土地改革的过程中，从增补旧式农具、推广新式农具开始抓起。这一时期的主要工作包括：增补旧式农具，推广新式农具，创办国营机械化农场，试办国营拖拉机站，创建农机工业。

新中国最早的国营机械化农场于1947年冬在东北解放区建立。全国第一个拖拉机站于1950年3月在沈阳建立。我国第一台中小型履带拖拉机于1950年12月在山西省制造成功。我国第一台联合收割机于1955年4月从北京农业机械厂开出。1955年9月，中国第一个拖拉机厂在洛阳破土动工兴建。

1958年4月，天津拖拉机厂制成我国第一台40马力轮式拖拉机。中国第一拖拉机厂于同年7月制成我国第一台54马力履带式拖拉机。这两种机型成为中国农机化的脊梁。它们的诞生可以说是我国农业逐步用机械动力代替畜力的真正开端。

据不完全统计，到1956年，我国共建立了730处国营机械化农场，占有1 274万公顷耕地。这730处国营农场共拥有拖拉机存量4 500台，总动力约10.8万千瓦；还有1 400台联合收割机，1 300辆农用汽车，1.1万台机引农具，为中国农业机械化初期的发展起到了良好的示范作用。到1957年，全国建立352个国营拖拉机站，拥有1.2万标准台拖拉机，当年完成机耕作业面积达到174.6万公顷。全国建立起了一批农业机械化科研机构，其中6个为省级以上，科研工作的重点就是拖拉机和收获类机械的引进、试验和仿制。农机工业也得到了一定的发展。1949年年底，全国仅有农机具制造企业36个,职工总人数为4 000人;到1957年,全国农机制造企业达到276个,职工总数为12.3万人,固定资产总值28亿元,能够生产五铧犁、圆盘耙、播种机、谷物联合收割机等农机具。农机具的鉴定、推广以及农机化教育培训机构都得到了一定程度的发展。到1958年,由于在生产组织和经营管理上,国营拖拉机站与农民集体经济之间出现了矛盾,于是政府通过社有社营、国有社营、联社经营、国社合营等不同形式,改变国营拖拉机站的经营体制,将国营拖拉机站下放。到1958年年底,已将各地的拖拉机站中71.2%的拖拉机和农机具下放给了人民公社。①

### (二)调整与探索阶段(1958—1965)

1958—1965年是中国农机化发展的第二阶段,工作重点是战略决策和大规模实施。这一时期的主要工作包括:大搞农具改革运动,拖拉机站下放与重新收归国营,调整农机工业。这一阶段,逐渐形成了一系列发展农业机械化的方针政策,如先合作化后机械化;农业的根本出路在于机械化,机械化和半机械化并举;"三主"方针,即农业机械制造以地方为主,农业机械以中小型为主,实现农业机械化以农业合作社自己的力量为主等。

1959年是我国农业机械化的历史标志年。同年4月29日,中共中央主席毛泽东《给农村生产队长们的一封信》,提出"农业的根本出路在于机械化",我国农业机械化的经典理论应运而生。为了加快全国的农机化进程,在毛泽东直接关心和干预下,1959年8月,国家决定设立农业机械部。同年11月,我国重大建设项目中国第一拖拉机厂正式建成投产。

1960年,通过国营拖拉机站经营及所有权下放,各地人民公社大多数都有了自己经营管理的拖拉机站。但人民公社管理拖拉机站存在很多问题,如维修服务体系不健全、拖拉机和农机具损坏严重、农机具利用效率低。这段时间全国拖拉机站大多发生亏损。全国约有25%的拖拉机、12%以上的农业排灌设备由于缺少配件和修理力量不足而停工,还有相当一部分带病工作。

1961年,农业机械部出台了关于加强设备维修工作的指示,针对当时出现的只注重农机生产,忽视维护和修理的情况,要求对目前所有的农业机械动力设备进行普查和技术鉴定,编制维修计划,限期修复。同时强调,要认真贯彻先维修后制造的方针,提高现有农机具的作业能力。

---

① 晓琳:《与中国农机行业同行——从50年的〈农业机械〉》看中国农机行业的发展》,载《农业机械》,2008(18),165~166页。

1962年开始，国家出台了将拖拉机站重新收归国营的决定，大约1年的时间，全国拖拉机站实行社营的拖拉机只有4.9%，并且从这时开始，对现有农业生产机械的维护和修理成为管理部门最为关心的问题之一。针对这一情况，农业机械部出台了关于建立农业机械修配网的意见，提出要在全国范围内逐步建成一个农业机械修配网，各省、自治区、直辖市应根据农业机械的分布情况及保有量，同时还要考虑农业机械今后的增长情况，分别在专署、县设立不同规模的修造和修配厂，在县以下人民公社设立修理站和流动修理站，并明确规定了各级修造、修配厂的主要任务。

到1963年年底，全国已有846个县属农机修配厂，职工规模为7.6万人，分别比1958年增长了4倍和3.5倍。1960—1966年，国家对农机修理网加大投资力度，共形成有效投资3.6亿元，投放设备近8000台，至此，农机修配网基本形成。[1]

伴随农业机械化工作的推进，农机科研和推广工作也逐渐受到重视，1962年中国农业机械化科学研究院成立。同年12月，农业部出台了关于充实农业技术推广站，加强技术推广工作的指示。农业技术推广站的主要任务包括：推广和传授新技术；对林、牧、副、渔业生产和水土保持给予技术指导；推广农业科学研究的成果；宣传农业知识帮助建立技术小组，培训农民技术员；帮助社队研究当地农业生产的特点，制定增产的技术措施，并提供技术指导。

总之，在第二阶段形成了全国上下齐抓共管农机化的一个高潮。据不完全统计，由党中央批转和由国务院直接下发的农业机械化文件达19件，副总理以上领导人发表讲话、批示和撰写农机化文章有14次，其间仅《人民日报》发表农业机械化类社论就有18篇之多。农机化工作在全国达到空前的广度和深度。我国农机化的一些重要决策和重要工作是在这期间部署的，这为未来农机化的发展奠定了思想和物质基础。

**（三）高速发展阶段（1966—1979）**

1966—1979年中国农机化发展进入第三阶段，工作重点是全党动员，战略决战。这一阶段是中央领导直接抓农机化工作，国务院实际上成为实现农机化的执行机关。为了实现毛泽东1955年提出的在25年内基本实现农业机械化的设想，国家分别于1966年、1971年、1978年三次召开全国农业机械化会议，采取一系列政策措施，动员全党全国人民为1980年基本实现机械化而奋斗，形成了第一个农机化发展高潮。

---

[1] 晓琳：《与中国农机行业同行——从50年的〈农业机械〉看中国农机行业的发展》，载《农业机械》，2008（18）。

1966年7月，在武汉召开的第一次全国农业机械化会议上，明确了当时我国农业机械化发展目标，即到1980年，在全国要全面实现农业机械化，具体目标是：农、林、牧、副、渔主要作业的机械化水平达到70%以上，全国农用拖拉机达到80万台左右，手扶拖拉机达到150万台左右，排灌机械总动力达到4 444万千瓦，平均每公顷耕地化肥施用量达到600千克左右。① 1971年8月和1978年1月，先后召开了第二次和第三次全国农业机械化会议，突出强调这一目标的重要性。经过这一阶段的发展，农机化在生产、科研、推广、销售、维修、培训等方面基本形成了健全的网络体系，为下一阶段的发展打下了坚实的基础。但是，1966年以后，正值我国"文化大革命"和"左"的思想愈演愈烈时期，我国的所有农机工作都是围绕如何在1980年实现全面农业机械化的发展目标展开的。由于农业机械化的实现要靠农机装备水平的大幅度提升，使得当时农机生产的重心全部转移到大型农机具的生产上了，导致小型农机具和半自动化农机具的供应出现严重不足。由于我国农机生产技术和科研水平落后，大型农机具的生产也不理想，加之当时特殊的政治背景，农业机械化的发展情况未能达到之前制定的脱离中国实际的发展目标。1978年12月，中共十一届三中全会的相关决定果断放弃了"1980年基本实现农业机械化"的口号。

总而言之，新中国三十年间，我国农机化是在国家工业化先天不足的条件下起步的，出现了不顾经济规律和客观条件，孤军深入，急于求成，利用行政手段强行推进等问题。但瑕不掩瑜，新中国三十年来我国农机化取得了一定成就，基本建成了门类比较齐全的农业机械工业体系，推进了农机产品的标准化、系列化和通用化；相对健全的农机科研、鉴定、推广、培训、供应、维修等农机化支持网络建成。种植业综合机械化程度由新中国成立初期的不到1%提高到20%左右，农机装备总动力也由最初的7.35万千瓦增加到13 371.83万千瓦。①

---

① 晓琳：《与中国农机行业同行——从50年的〈农业机械〉看中国农机行业的发展》，载《农业机械》，2008（18），169页。
① 晓琳：《与中国农机行业同行——从50年的〈农业机械〉看中国农机行业的发展》，载《农业机械》，2008（18），169页。

第一节　农业经济增长
第二节　粮食生产
第三节　种植业结构与经济作物生产
第四节　农业垦殖
第五节　农业发展的地位与作用

# 第九章　农业经济发展

## 第一节　农业经济增长

### 一、农业经济增长概况

中华人民共和国成立初期，全国农村总人口比重高达 87.5%，农业劳动力比重为 88%，且当时农村人口几乎为绝对贫困人口，农村居民家庭恩格尔系数在 98% 以上，属于典型的"生存型农民"。① 农业是国民经济的主要支柱产业，农业总产值占工农业总产值的 70%，农业净产值占工农业净产值的 84.5%，在国民收入总构成中，农业占 68.4%。② 由于长期的战争破坏和自然灾害的侵袭，农业生产力水平极其低下，甚至还不及"二战"前的水平。1949 年我国粮食产量为 11 318 万吨，仅及"二战"前的 75.2%，人均占有量仅为 209 公斤，根本无法满足人民的基本生活需求。③ 经过近 30 年的发展，至 1978 年改革开放前期，我国粮食总产量已上升至 30 476.5 万吨，比 1949 年增加近 19 158.5 万吨，增幅达 169.27%；农村贫困人口大幅度减少，贫困人口发生率下降至 30.7%；农村人口比重下降 5.4 个百分点，农业劳动力比重下降 17.5 个百分点；农业占 GDP 比重下降 22.3%。

表 9-1　中国主要农业指标变化（1952—1978）

|  | 1952 年 | 1978 年 |
| --- | --- | --- |
| 人均 GDP/ 美元 | 59.0 | 165.0 |
| 农村劳动力比重 /% | 88.0 | 70.5 |
| 农业占 GDP 比重 /% | 50.5 | 28.2 |
| 农村人均纯收入 / 元 | 73.0（1957 年） | 134.0 |
| 农村人口比重 /% | 87.5 | 82.1 |

---

① 《2008 年世界发展报告：以农业促发展》，北京，清华大学出版社，2008。
② 陈廷煊：《1949—1952 农业生产迅速恢复发展的基本经验》，载《中国经济史研究》，1992（4），24~36 页。
③ 世界银行著，胡光宇，赵冰译：《2008 年世界发展报告：以农业促发展》，北京，清华大学出版社，2008。

续表

|  | 1952年 | 1978年 |
|---|---|---|
| 每个农业劳动者养活人口数/人 | 3.3 | 3.4 |
| 人均农业劳动力粮食产量/(公斤/人) | 947 | 1 076 |
| 农业劳动生产率/元(1987年人民币) | 748 | 781 |
| 农村贫困人口/万人 | 47 800 | 25 000 |
| 农村贫困发生率/% | >95 | 30.7 |
| 国际贫困人口/万人 |  | 64 000（1981年） |
| 国际贫困发生率/% |  | 64（1981年） |
| 农村居民家庭恩格尔系数/% | >95.3（1957年） | 67.7 |
| 城乡居民收入相对差距/倍 | 3.22（1957年） | 2.57 |

资料来源：《2008年世界发展报告：以农业促发展》，4页，北京，清华大学出版社，2008。

从农业总产值的变化看，从1953年实行第一个五年计划开始至1957年的合作化运动初期，我国农业总产值以年均5.2%的速度快速增长，1953—1978年的26年间，农业总产值年增长在10%以上的有3年，负增长的有6年，增长速度低于2%，基本上处于停滞的有3年。[①] 除个别时期外，粮食、棉花、油料作物、甘蔗、肉类等各主要农产品均表现稳定增长趋势。总体上看，1953—1957年合作化运动开始初期各主要农产品产量增长率最高，之后的增速表现较为稳定。

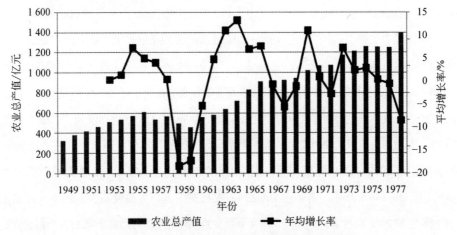

图9-1　1952—1978年农业总产值变化及年均增长率
资料来源：根据《新中国六十年统计资料汇编》整理。

表9-2　1953—1978年农业产量的增长率

|  | 1953—1957 | 1958—1965 | 1966—1978 |
|---|---|---|---|
| 粮食 | 3.5 | — | 3.5 |
| 棉花 | 4.7 | 3.1 | 0.2 |
| 油料作物 | 0 | -1.8 | 2.8 |
| 甘蔗 | 7.9 | 3.2 | 3.6 |
| 肉类 | 3.3 | 4.1 | 3.4 |
| 农业总产值（不包括副业产量） | 5.2 | 4.1 | 3.4 |

资料来源：罗德里克·麦克法夸尔、费正清编：《剑桥中华人民共和国史（1966—1982）》，535页，海口，海南出版社，1992。

① 黄少安、孙圣民、宫明波：《中国土地产权制度对农业经济增长的影响：对1949—1978年中国大陆农业生产效率的实证分析》，载《中国社会科学》，2005（3），38～47页。

从生产结构看，新中国三十年，农业生产结构基本保持稳定，传统种植业在农业生产总值中所占比重一直保持在 80% 以上；其次为牧业，所占比重在 10%~14%；林业、渔业所占比重相对较小，仅维持在 2%~3%。

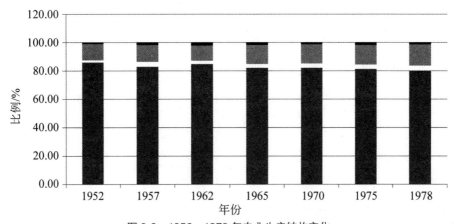

图 9-2　1952—1978 年农业生产结构变化
资料来源：根据《新中国五十年农业统计资料》整理。

## 二、农业经济增长的阶段与特征

### （一）国民经济恢复阶段（1949—1952）

土地分配严重不均是制约农业生产力水平提高的重要因素之一。新中国成立初期，占乡村人口不到 10% 的地主富农占有 70%~80% 的农村土地，而占乡村人口 90% 以上的雇农、贫农、中农以及其他人民，却只占有 20%~30% 的土地。[①] 土地改革彻底打破了这种状况，至 1952 年年底，全国已完成土地改革的 4.2 亿农业人口的地区内，约 7 亿亩土地没收、征收后分配给农民，此外，农民还获得了大量耕畜、农具、房屋等生产生活资料。至 1953 年，全国平均每个农业人口平均占有已耕地面积 3.21 亩。[②] 占农村人口 9% 的地主、富农占有耕地面积仅为 8% 左右，占农村人口 90% 以上的贫雇农、中农占有耕地面积 90% 以上。[③] 土地改革极大地调动了农民生产积极性，为国民经济恢复奠定了重要基础。

三年国民经济恢复时期，兴修水利也是恢复工作的重点之一。1949 年，全国

---

[①] 王国敏、赵波：《中国农业现代化道路的历史演进：1949—2010》，载《西南民族大学学报（人文社会科学版）》，2011（12），7~212 页。
[②] 苏星、杨秋宝：《新中国经济史资料选编》，55 页，北京，中共中央党校出版社，1999。
[③] 栾雪飞、刘颖：《20 世纪 50 年代初大陆与台湾土地改革比较》，载《东北师范大学学报（哲学社会科学版）》，2001（6），34~40 页。

农田受灾面积达 1.2 亿亩，灾民约 4 000 万，其中重灾区占 2 800 万亩。从 1950 年至 1952 年，国家用于水利建设的经费共约 7 亿元，占国家预算基本建设投资的 10% 以上。全国 4.2 万公里的堤防绝大部分进行了整修。一些水灾比较严重的河流开始了全流域的治理。①

此外，为了进一步提高广大农民的积极性，国家先后出台了一系列奖励农业生产的农业税收、农产品收购等政策。国民经济恢复时期，农户的平均农业税负担占其收入的 15% 左右，这一比例随着农业生产的发展逐渐缩小。农业税在国家财政总收入中的比重逐年降低，1950 年为 29.6%，1954 年已下降至 13.4%。同时，农业税收越来越多地被重新返还运用于农村建设中。据粗略估计，国家直接用于农村建设的经费占农业税的比重从 1950 年的 37.7% 上升至 1952 年的 70% 左右。② 1950 年以来，国家实行了奖励增产主要技术作物的价格增产，并按照不同地区分别规定了棉粮、烟粮和麻粮的合理比价，实行优级优价、低级低价、公平合理地按级定价，并保证收购和运销，推行对农产品的预购办法，鼓励农民提高工业原料作物的产量和质量，调整工农产品相对价格，帮助农民积累资金，扩大再生产。1953 年秋，国家实行了对粮食和主要农产品的计划收购与计划供应政策，在有力支持了国家工业化建设的同时，也进一步保护和提高了农民的生产积极性。1950—1954 年，国家共发放 30 多万亿元的农业贷款，对于帮助农民解决生产和生活困难，扶持农业生产，打击农村高利贷以及促进农业合作组织的发展，发挥了重要作用。

经过土地改革以及随后推出的一系列有利于农业恢复和发展的政策，成功地调动了农民的生产积极性，农业生产率及绩效水平显著提高。1949—1952 年，我国农业总产值以年均 15.4% 的速度快速恢复和发展，3 年共增长 53.4%。1952 年主要农产品产量已恢复或超过了抗日战争前的最高生产水平。③ 粮食产量由 1949 年的 2 161 亿斤提高到 1952 年的 3 088 亿斤，增加了 42.8%，年均增长 12.6%，比解放前最高年产量高出 11.3%；棉花产量由 1949 年的 889 万担提高到 1952 年的 2 607 万担，增加 193.3%，年均增长 64.4%，比解放前最高年产量高出 53.6%。④

---

① 孙瑞鸢：《建国时期土地改革的动因、政策和成就》，载《中共党史研究》，1994（5），43~50 页。
② 苏星、杨秋宝：《新中国经济史资料选编》，169 页，北京，中共中央党校出版社，1999。
③ 农业部农村经济研究中心编：《当代中国农业史研究文稿》，139 页，北京，中国农业出版社，2010。
④ 孙瑞鸢：《建国时期土地改革的动因、政策和成就》，载《中共党史研究》，1994（5），43~50 页。

随着农业生产的恢复和发展，农民收入也有了明显增加，农民生活得到初步改善。据统计，1952年与1949年相比，各地农民收入增长30%，平均每人消费水平约增长20%。[1] 1949年农民消费品购买力为65.3亿元（人民币新币），1952年增长为117.5亿元；农民净货币收入1949年为68.5亿元，1952年为127.9亿元。[2]

### （二）农业合作化运动阶段（1953—1958）

从1953年起，我国开始实施第一个五年计划，工业化成为经济发展的重心。在斯大林式重工业导向发展战略的指引下，通过农业合作化提高农业产出效率，以满足工业扩张对农产品急速增长的需求，逐渐被认同为一种能够同时促进工业和农业共同发展的战略路径。事实上，各种形式的合作化试验在土地改革完成前就已经开始了，在合作化初期，政府对合作化的态度是谨慎和渐进式的，农民被鼓励和积极引导加入各种以自愿为基础的合作社。以农业生产资料仍归个人为主，相邻农户之间在农忙时节的临时合作为特征的"互助组"，成为合作化初期最主要的合作社形式。从这一时期的农业产出增长情况可以明显看出，农业合作化运动无疑是成功的。1952—1958年，尽管人口增长了14.8%，但农业产出连年增长，以1952年价格衡量的农业总产值增长了27%，在同一时期谷物产出增长了21.9%。[3]

表9-3　1952—1958年中国的人口、农业总产值和粮食产出

| 年份 | 人口/百万 | 农业总产值/亿元 | 农业产出（1952=100） | 粮食产出/百万吨 |
| --- | --- | --- | --- | --- |
| 1952 | 574.8 | 461 | 100.0 | 163.9 |
| 1953 | 588.0 | 510 | 103.1 | 166.9 |
| 1954 | 602.7 | 535 | 106.6 | 169.5 |
| 1955 | 614.7 | 575 | 114.7 | 184.0 |
| 1956 | 628.3 | 610 | 120.5 | 192.8 |
| 1957 | 646.5 | 537 | 124.8 | 195.1 |
| 1958 | 659.9 | 566 | 127.8 | 200.0 |

资料来源：林毅夫：《制度、技术与中国农业发展》，22页，上海，上海三联书店，1992。

农业生产发展和劳动生产率的提高，极大地促进了农民生活水平的改善。第一个五年计划期间，农民的消费水平平均增长了17.1%，年均增长率为3.2%，与职工消费水平提高的速度接近。到1958年和1959年，农民消费水平的增长速度快于职工，工农消费水平的差额进一步缩小了。[4]

---

[1] 农业部农村经济研究中心编：《当代中国农业史研究文稿》，149页，北京，中国农业出版社，2010。
[2] 栾雪飞、刘颖：《20世纪50年代初大陆与台湾土地改革比较》，载《东北师范大学学报（哲学社会科学版）》，2001（6），34~40页。
[3] 王国敏、赵波：《中国农业现代化道路的历史演进：1949—2010》，载《西南民族大学学报（人文社会科学版）》，2011（12），207~212页。
[4] 苏星、杨秋宝：《新中国经济史资料选编》，北京，中共中央党校出版社，1999。

表 9-4 1952—1959 年农民消费水平变化

| 年份 | 全国居民 | 职工 | 农民 | 农民与职工消费水平的比例（以农民为1） |
|---|---|---|---|---|
| 1952 | 77.6 | 173.5 | 63.3 | 2.41 |
| 1953 | 83.7 | 187.0 | 65.3 | 2.22 |
| 1954 | 84.0 | 187.7 | 66.1 | 2.22 |
| 1955 | 89.2 | 189.7 | 71.8 | 2.07 |
| 1956 | 93.6 | 207.0 | 72.8 | 2.20 |
| 1957 | 96.0 | 207.7 | 74.1 | 2.21 |
| 1958 | 111.3 | 227.0 | 86.9 | 1.97 |
| 1959 | 123.0 | 240.6 | 95.6 | 1.90 |

注：1952—1957 年消费额按照 1952 年不变价格计算，1957 年、1958 年、1959 年按 1957 年不变价格计算。

资料来源：苏星、杨秋宝：《新中国经济史资料选编》，445 页，北京，中共中央党校出版社，1999。

### （三）农业遭受严重自然灾害阶段（1959—1961）

在严重自然灾害等因素的影响下，从 1959 年起，中国农业生产突然出现连续 3 年的剧烈滑坡，谷物产量在 1959 年下降了 15%，1960 年和 1961 年的谷物产量仅为 1958 年水平的 70%。① 仅 1960 年和 1961 年这两个灾年中，受灾面积就分别达到 2 500 万公顷和 2 880 万公顷，这是自 1949 年以来受灾面积最多的一年。②

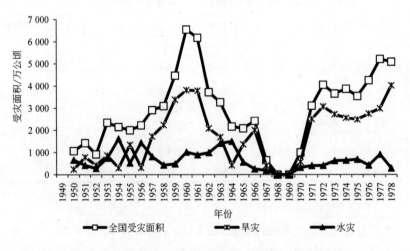

图 9-3 1949—1978 年全国受灾面积
资料来源：根据《新中国五十年农业统计资料》整理。

---

① 林毅夫：《制度、技术与中国农业发展》，17 页，上海，上海三联书店，1992。
② 罗德里克·麦克法夸尔、费正清主编：《剑桥中华人民共和国史（1966—1982）》，537 页，海口，海南出版社，1992。

表 9-5　1958—1960 年农业总产值及主要农作物产量变化[①]

| 年份 | 农业总产值 / 亿元 | 年均增长率 /% | 粮食 / 万吨 | 棉花 / 万吨 | 油料 / 万吨 |
|---|---|---|---|---|---|
| 1958 | 566 | 2.5 | 19 765.0 | 196.9 | 477.0 |
| 1959 | 497 | -13.6 | 16 968.0 | 170.9 | 410.4 |
| 1960 | 457 | -12.6 | 14 384.5 | 106.3 | 194.1 |

数据来源：根据《新中国五十年农业统计资料》整理。

### （四）五年调整阶段（1961—1965）

以 1960 年 11 月 3 日《中共中央关于农村人民公社当前政策问题的紧急信》为标志，农业开始进入调整时期。人民公社体制继续完善，生产管理责任和收入分配的基本核算单位已经下放到生产队。这一制度成为自公社体制成熟至 1979 年之前的基本农作制度。与此同时，农村集市于 1959 年年初重新开放，1960 年夏天"自留地"恢复，重工业导向的发展战略也暂时为"农业优先"战略所取代，更加强调工业应为农业发展的需要服务。经过 5 年的调整，工农业生产基本恢复，且工农业产值比例较为协调，农业内部结构也有所调整。1965 年，全国工农业总产值为 2 235 亿元，其中农业总产值 833 亿元，与 1957 年相比增长 10%，农工业总产值比例从 1961 年的 34.5∶65.5 改变为 37.3∶62.7；在农业总产值内部，农业（作物栽培）的比重从 1961 年的 81.2% 降至 1965 年的 75.8%，牧业从 1961 年的 7.9% 增至 14%，经济作物在农业总产值中所占的比例也有所提高。[②]

表 9-6　1961—1965 年工农业总产值指数

| 年份 | 工农业总产值指数（上年=100） | | 占工农业总产值比重 /% | |
|---|---|---|---|---|
| | 农业总产值 | 工业总产值 | 农业总产值 | 工业总产值 |
| 1961 | 97.6 | 61.8 | 34.5 | 65.5 |
| 1962 | 106.2 | 83.4 | 38.8 | 61.2 |
| 1963 | 111.6 | 108.5 | 39.3 | 60.7 |
| 1964 | 113.5 | 119.6 | 38.2 | 61.8 |
| 1965 | 108.3 | 126.4 | 37.3 | 62.7 |

资料来源：《中国统计年鉴》(1983)，18、20 页，北京，中国统计出版社，1983。

---

① 农业总产值单位为：亿元，农作物产量单位为：万吨。
② 苏星：《新中国经济史》，402 页，北京，中共中央党校出版社，2007。

表 9-7　1961—1965 年农业结构变化　　　　　　　　　　　　%

| 年份 | 农业（作物栽培） | 林业 | 牧业 | 渔业 | 副业 |
|---|---|---|---|---|---|
| 1961 | 81.2 | 1.7 | 7.9 | 1.9 | 7.3 |
| 1692 | 78.9 | 1.7 | 10.3 | 1.8 | 7.3 |
| 1963 | 76.1 | 1.9 | 13.3 | 1.8 | 6.9 |
| 1964 | 76.0 | 1.9 | 13.9 | 1.7 | 6.5 |
| 1965 | 75.8 | 2.0 | 14 | 1.7 | 6.5 |

资料来源：苏星：《新中国经济史》，402 页，北京，中共中央党校出版社，2007。

### （五）"文化大革命"阶段（1966—1976）

"文化大革命"时期，农业在不断调整中缓慢增长。据国家统计资料显示，与 1968 年相比，1975 年我国农业总产值增长 26.2%，年均递增幅度近 3.4%。1966—1976 年，农业产量的增长高于人口的增长（2%）。这一阶段的农村经济总体上来看处于发展很不平衡状态，呈现曲折增长态势。在此阶段，有 7 年呈现正增长的态势：其中，1967 年农业经济发展属徘徊阶段，仅增长了 1.6%；1969 年属于恢复性增长阶段，增长了 1.2%；而 1966 年、1970 年、1971 年和 1973—1975 年的 5 年时间属于稳步增长阶段，增长速度分别为 8.7%、5.76%、3.23%、8.3%、3.55% 和 3.1%（根据 1993 年国家统计局数据）。而 1968 年、1971 年、1974 年、1975 年 4 年属波动性负增长。①

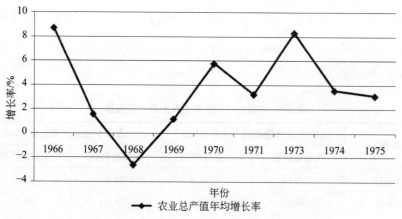

图 9-4　1966—1975 年我国农业总产值年均增长率

资料来源：陶艳梅：《新中国初期三十年农业发展研究》，西北农林科技大学博士学位论文，2011。

"文化大革命" 10 年中，农田水利基本建设、化肥投入、耕作制度及农业科技也取得了一定成绩。国家对农林水气系统的基建份额保持在 10% 左右，其中用于水利建设的占 64%。到 1978 年，农用动力排灌机械拥有量比 1965 年增长 6 倍多，有效灌

---

① 陶艳梅：《新中国初期三十年农业发展研究》，西北农林科技大学博士学位论文，2011。

溉面积达 6.7 亿亩，其中机电排灌面积占 55.4%。以杂交水稻、杂交玉米、杂交高粱为代表的新品种引进并大面积推广。化肥施用量成倍增长对农业增产也有重大作用，1978 年化肥施用量达 884 万吨，比 1965 年增长 3.55 倍。改革耕作制度，发展间套复种多熟制，提高了土地产出率。这些技术变化和增产措施，使农业生产在极端困难的条件下保持了缓慢增长的局面。

### 三、农业经济增长效率及主要动力

根据黄少安的研究，总体而言，新中国三十年中，我国农业总产值的增长始终伴随土地、劳动力、动力以及化肥等要素投入的相应增加，但在不同阶段各要素增加幅度及发挥作用存在差异，从而导致我国农业增长的投入产出效率及主要动力呈现明显的阶段性特征。

1949—1952 年，国民经济恢复阶段，无论是农业总产值还是各生产要素投入都出现了迅猛增长，农业总产值年平均增长率达到 13.81%，土地投入、化肥施用量和农业动力各种投入年平均增长率分别达到 14.94%、183.33% 和 27.46%。但劳动力投入下降了 2 173 万人，年均下降 4.06%。投入农业的劳动力减少可能与当时的战争和支援战争占用大量人力有关。但化肥和农业机械（1952 年仅为 18 万千瓦，只相当于当年动力总数的 0.04%）等投入绝对数量十分小。

进入第一个五年计划实施阶段后，农业总产值和各生产要素投入的增长率趋缓并保持稳定，农业总产值年平均增长率达 1.36%，劳动力、土地、化肥年均增长分别为 2.03%、1.11%、89.2%，土地和农业动力投入仅在 1958 年稍有下降。这一阶段，虽然要素投入增长速度和产值增长速度都不是很快，但是相对增长平稳。而且，经过几年恢复性增长后，可用于增加的要素已经很有限，技术性要素又很缺乏，再加上国家的工业化开始明显占用更多资源。所以，从要素增加速度和产出增加速度看，这一阶段都不是很快，但是不等于投入和产出的比率不高。

1959—1962 年，农业总产值出现大幅波动，年均增长率降为 -5.6%。土地和劳动力投入的增长也降至负数，1959—1962 年四年劳动力平均比 1958 年减少 2%，土地年平均投入比 1958 年减少 5%，化肥和农业动力虽然仍保持增长趋势，但增长幅度与上两个阶段相比明显下降，化肥年均仅增加 4.3%，农业动力年均增加 3.5%。

1963—1978 年，农业总产值和要素投入增长相对平稳。农业总产值年均增长 7.03%，化肥、农业动力和财政支持的年增长率分别为49.84%、17.1%和16.45%，远大于劳动和土地的年均增长率2.09%和1.47%，其中农业动力投入的增加主要源于农业机械化的推广。和前面三个阶段相比，在劳动和土地增长较小的情况下（在1倍的增幅以下），化肥、农业动力和财政支持的数量却增长了数倍。但农业机械和化肥投入数倍的增长，远远没有换取农业产值应有的增长，至少可以说，这些投入在当时的产权制度下利用率很低。

表9-8 不同时间段的年平均要素增长率和产出增长率                %

| 年份 | 要素投入增长率 | | | | 总产出增长率 |
|---|---|---|---|---|---|
|  | 土地 | 化肥 | 动力 | 劳动力 |  |
| 1949—1952 | 14.90 | 183.33 | 27.46 | -4.06 | 13.81 |
| 1953—1958 | 1.10 | 89.20 | 6.00 | 2.03 | 1.36 |
| 1959—1962 | -5.00 | 4.30 | 3.50 | -2.06 | -5.60 |
| 1963—1978 | 0.47 | 49.84 | 17.10 | 2.09 | 7.03 |

资料来源：黄少安、孙圣民、宫明波：《中国土地产权制度对农业经济增长的影响：对1949—1978年中国大陆农业生产效率的实证分析》，载《中国社会科学》，2005（3），38～47页。

从以上分析可以明显看出，除了劳动、土地等传统生产要素投入增长外，化肥、农药、品种改良等生物技术的发展以及农业机械等现代投入要素的推广和运用，在新中国三十年的农业增长中一直具有十分重要的作用。尤其在农业集体化后，虽然劳动力投入的绝对数量增长相对有限，但在国家力量下大规模的农村劳动力集体动员和资金投入，推动了农业机械、化肥、农药、品种改良等技术进步，为提高土地产出率作出了贡献。

表9-9 农业投入变化

|  | 1957年 | 1962年 | 1965年 | 1970年 | 1978年 |
|---|---|---|---|---|---|
| 农村中的劳动力/百万人 | 205.7 | 213.7 | 235.3 | 281.2 | 303.4 |
| 农业中劳动力/百万人 |  |  | 233 |  | 294.2 |
| 可耕地/百万公顷 | 112 | 102.3 | 103.9 | 101.2 | 99.4 |
| 水浇面积/百万公顷 | 27.34 | 30.48 | 33.06 | 36.04 | 44.97 |
| 电力灌溉面积/百万公顷 | 1.2 | 6.07 | 8.09 | 14.99 | 24.9 |
| 农业使用机械/百万马力 | 1.65 | 10.29 | 14.94 | 29.44 | 159.75 |
| 农业使用电力/每公顷千瓦 | 1.25 | 15.7 | 35.80 | 94.5 | 253.1 |
| 化学肥料的消费/百万吨养分 | 0.373 | 0.63 | 1.942 | 3.21 | 8.83 |

资料来源：罗德里克·麦克法夸尔、费正清主编：《剑桥中华人民共和国史（1966—1982）》，536页，海口，海南出版社，1992。

## 第二节 粮食生产

### 一、粮食生产政策变化

#### （一）恢复发展期（1949—1957）

新中国成立伊始，随着土地改革任务逐步完成，全国的粮食、棉花、油料等主要农产品的产量开始逐年增加，1952年比1949年分别增长44.8%、195.5%、63.7%。1951年2月，政务院颁布《关于一九五一年农林生产的决定》，把奖励生产劳模和开展生产竞赛运动作为带动发展农林生产的10项措施之一。在农业部的全国农业工作会议上，把爱国增产运动作为发展农业的重要方针。同年11月，农业部发布《一九五一年农业丰产奖励试行办法》，奖励水稻、小麦、棉花、谷子、玉米、大豆、薯类等获得高产的农民、互助组和农业生产合作社。农业部为了改进奖励办法，此后发布了《关于开展爱国增产竞赛和奖励增产模范的指示》《关于奖励农业增产模范的暂行规定》。20世纪50年代初期的爱国丰产运动使一批劳模和丰产单位得到了表彰，使传统农业生产经验得到了推广运用，提高了全国农业生产量。1953年国家对粮食开始实行统购统销政策。1955年8月，国务院公布《关于农村粮食统购统销暂行办法》，对农村粮食实行"定产、定购、定销"。[①] 1957年的粮食总产量达到19 505万吨，比1949年总产量的11 318万吨增长72.3%，年平均递增6.5%；粮食单产量从1949年的每公顷1 029公斤增加到1957年的1 460公斤，人均占有粮食从1949年的208.9公斤，增加到306公斤。粮食播种面积从1949年的10 995.9万公顷扩大到13 363.3万公顷，增加21.5%。

#### （二）曲折发展及调整期（1958—1965）

1958年开始的"大跃进"和人民公社化运动，在以高指标、瞎指挥、浮夸风和"共产风"为主要标志的"左"倾错误思想严重影响下，再加上提倡"少种、高产、多收"和连年发生严重自然灾害，粮食播种面积、单产量和总产量大幅度下降。1961年粮食总产量和播种面积比1957年减少5 855万吨、1 219万公顷，分别下降30%、9.1%，单产量也下降23%。进入20世纪60年代以后，中共中央在指导思想上逐步转入调整，1961年1月正式通过调整国民经济的"八字方针"[②]，开始大规模的农业调整。1960

---

① 指国务院要求全国各地以乡为单位，确定全乡每户农民的常年计划产量和全乡粮食统购统销的数量。
② "调整、巩固、充实、提高"的八字方针。这个方针的基本内容是："以调整为中心，调整国民经济各部门间失衡的比例关系，巩固生产建设取得的成果，充实新兴产业和短缺产品的项目，提高产品质量和经济效益。"见薄一波著：《若干重大决策与事件的回顾》，下卷，892页，北京，中共中央党校出版社，1993。

年8月，中共中央针对粮食供应紧张的状况，通过《中共中央关于全党动手，大办农业，大办粮食的指示》强调："农业是国民经济的基础，粮食是基础的基础"，① 接着制定《农村人民公社工作条例》（"六十条"），人民公社实行以生产队为基本核算单位，推广包工责任制。在经济政策方面，减轻农业税，提高粮食收购价格；国家拨出对人民公社的投资；大幅度增加农业基本建设的投资；增加农业贷款，降低农贷利率。同时，增加物质技术支持；动员群众兴修水库、打井修渠；加大化肥施用面积；推行农业"八字宪法"②，扩大小麦良种种植面积，推广水稻薄膜育秧、精耕细作等技术措施。③ 此后5年间，农业生产得到恢复。1965年粮食总产量达到19 453万吨，单产量1 626公斤/公顷，基本恢复到1957年的生产水平。由于人口增加，粮食的人均占有量下降到272公斤。

### （三）缓慢增长时期（1966—1978）

1966年开始的"文化大革命"致使粮食生产出现下降和停滞。"文革"初期，1966年到1969年期间粮食总量在21 000万吨左右。从1970年开始农村局势趋于相对稳定，国务院重申和制定有利于调动农民生产积极性的方针政策，增加国家农业基本建设投资的比重，治理大江大河、兴建大型灌区，积极发展农机工业，使得粮食生产条件有较大改善。1978年与1965年比较，农田灌溉面积扩大36%，达到6.7亿多亩；改造一大批中低产田、建成一批梯田；农家肥增加，化肥生产在技术上过关，引进大化肥成套设备陆续投产，化肥生产有很大发展；农业机械动力达到1.6亿马力，增加9.7倍。④ 同时，大力提高复种指数，大面积推广杂交种以及丰产优良品种，虽然粮食播种面积仅比1965年扩大0.8%，粮食总产量达到30 477万吨，比1965年提高56.7%。

## 二、粮食播种面积、产量及人均占有量

### （一）粮食播种面积

新中国成立以前，由于多年战乱，耕地面积急剧减少，1949年的粮食播种面积为10 995.9万公顷。新中国成立初期，进行大量垦荒和复垦，我国农业生产得到快速恢复，粮食播种面积逐年扩大。20世纪50年代后期，粮食播种面积达到顶峰，

---

① 中共中央文献研究室编：《建国以来重要文献选编》，第十三册，516页，北京，中央文献出版社，1996。
② 毛泽东根据我国农民群众的实践经验和科学技术成果，于1958年提出来的农业八项增产技术措施，即土（深耕、改良土壤、土壤普查和土地规划）、肥（合理施肥）、水（兴修水利和合理用水）、种（培育和推广良种）、密（合理密植）、保（植物保护、防治病虫害）、管（田间管理）、工（工具改革）。简称"八字宪法"。
③ 郑重：《对建国以来粮食生产的回顾》，载《农业经济问题》，1988（2）。
④ 郑重：《对建国以来粮食生产的回顾》，载《农业经济问题》，1988（2）。

1956 年为 13 633.9 万公顷。根据不同时期粮食播种面积的变化，可大致分为三个阶段。1949—1957 年，国家组织大规模开荒，对由于战乱等因素造成的抛荒地进行复垦，同时，全国范围内大力推行增加粮食生产的政策，粮食播种面积显著扩大，这个时期是粮食播种面积攀升最快的时期。20 世纪 50 年代末期，由于"大跃进"和人民公社化运动影响，全国大办工厂、大炼钢铁，致使耕地面积迅速减少，农业生产发展遭受严重挫折。1959 年粮食播种面积缩小为 11 602.3 万公顷。此后几年受严重自然灾害影响，粮食播种面积一直在 12 000 万公顷徘徊。1958—1978 年 20 年间，全国粮食播种面积年际间差异不大，变化趋于平稳。

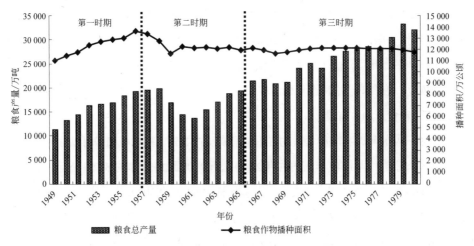

图 9-5　全国粮食播种面积和粮食总产量的变化情况
数据来源：根据《新中国五十年农业统计资料》整理。

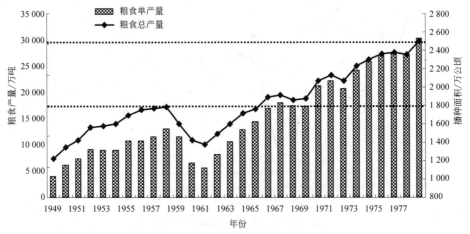

图 9-6　1949—1977 年全国粮食总产量、单位面积粮食产量变化
数据来源：根据《新中国五十年农业统计资料》整理。

### (二)粮食总产量和单位面积产量

1949—1978年,全国粮食总产量迈过2个1亿吨的台阶,1949年粮食总产量为11 318万吨,1978年达到33 212万吨,增长193%。以粮食总产量每增加1亿吨为一个台阶,改革开放前三十年前,我国粮食生产迈过了2个台阶。第一个台阶,粮食总产量从1949年的11 318万吨增加到1966年的21 400万吨,用了17年,粮食总产量增加10 082万吨,增长89.1%;第二个台阶,粮食总产量从1966年的21 400万吨增加到1978年30 477万吨,用了12年,粮食总产量增加9 077万吨,增长42.4%。新中国三十年间,我国粮食单产量和粮食总产量增长变化趋势一致。1978年粮食单产量为每公顷2 527公斤,比1949年的1 029公斤增长146%。20世纪50年代末开始到20世纪60年代初期,由于受"左"倾错误的影响,粮食单产量急剧减少,下降到1950年的生产水平。此后,由于一系列恢复和发展农业生产的政策和措施的贯彻,粮食生产得到恢复,粮食单产量也逐年稳步增加。

### (三)粮食人均占有量

1949—1978年,我国粮食人均占用量呈波动式增长,按增减趋势可以分为四个时期。第一个时期,从1949年人均占有208.9公斤增加到1958年的302.6公斤,年均增长率为4.4%。第二个时期,粮食人均占有量从1958年的302.6公斤锐减到1961年的206.7公斤,年增长率为负11.8%。第三个时期,农业生产得到恢复,人均占有量上升到1966年的291公斤,年增长率为7.1%。第四个时期,粮食人均占有量呈波动增长,在历时12年的涨落波动后,1978年人均占有量达到318.7公斤,年增长率为0.9%。

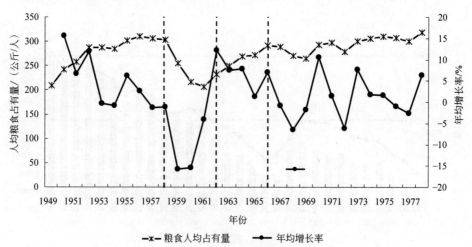

图9-7 1949—1977年人均粮食占有量及年均增长率的变化
数据来源:根据《新中国五十年农业统计资料》整理。

## 三、粮食作物结构及生产

### (一) 粮食作物结构

我国粮食作物包括谷物、豆类和薯类作物。图9-8显示了近30年中国粮食作物种植结构的变化趋势。水稻、小麦和玉米三大粮食作物种植面积占全国粮食作物种植总面积的50%以上,并且所占比例呈逐年上升趋势,分别从1949年的23.38%、19.57%、11.75%,上升到1978年的28.54%、24.20%、16.55%,近30年分别上升5.16、4.63、4.80个百分点;除薯类种植有所上升外,高粱、谷子、大豆与其他粮食作物的种植比例呈下降趋势,分别从1949年的8.11%、8.37%、7.57%、14.88%,下降到1978年的2.87%、3.54%、5.92%、8.59%,近30年分别下降了5.24、4.83、1.65、6.29个百分点。

从图9-9全国粮食作物产量构成比例可以看出,水稻、小麦、玉米所占比重大,并呈上升趋势,谷物、大豆、薯类所占比重呈下降趋势。水稻的产量比重变化不大,除1961年跌落至39.3%之外,基本保持在40%以上。1978年的水稻占比从1949年的43%增至44.9%。小麦的产量比重在近20年时间里一直在11%~12%,进入20世纪70年代以后呈明显增加趋势。1978年的小麦占比从1949年的12.2%增至17.7%。玉米的产量比重基本在11%左右,从20世纪70年代开始对玉米饲料需求增加,玉米生产比重逐年显著增加,到1978年增加到18.4%,比1949年增加7.4个百分点。谷类作物和大豆的产量比重呈逐年下降趋势,高粱和谷子的产量比重分别从1949年的6.0%、6.9%,分别下降到1978年的2.6%、2.2%;大豆的占比从1949年的4.5%降至1978年的2.5%。薯类作物产量比重,除1958—1962年期间出现明显增加,年平均占比在15.2%以外,产量比重基本保持在10%。

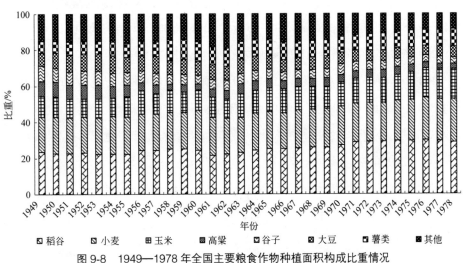

图9-8 1949—1978年全国主要粮食作物种植面积构成比重情况
数据来源:根据《新中国五十年农业统计资料》整理。

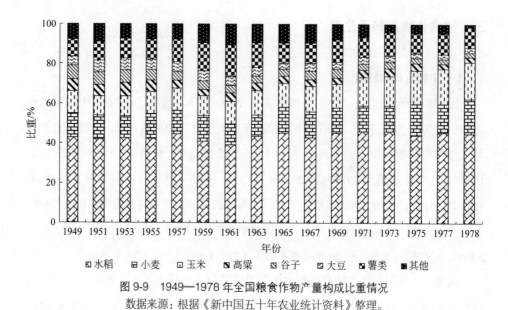

图 9-9 1949—1978 年全国粮食作物产量构成比重情况
数据来源：根据《新中国五十年农业统计资料》整理。

### （二）主要粮食作物的生产

新中国三十年间，粮食及主要农产品的产量以及人均占有量均大幅度增加。1949年，我国农业总产值仅 326 亿元，粮食 11 318 万吨、棉花 44 万吨、油料 256 万吨、糖料 283 万吨；到 1978 年时，分别为 1 397 亿元、30 477 万吨、217 万吨、522 万吨和 2 383 万吨，与 1949 年相比，无论是总量还是人均占有量均有较大幅度提高。粮、油、棉和猪等农产品全面稳定增长，为人民生活水平不断提高提供了物质基础。

1. 水稻

在粮食作物中，水稻栽培面积最大、产量最多。水稻生产在中国国民经济和人民生活中占有十分重要的地位。新中国水稻生产是在产量水平很低的基础上起步的。1949—1978 年间，水稻种植面积除在 20 世纪 50 年代初出现明显波动，之后呈上升趋势。20 世纪 70 年代后播种面积保持比较稳定、持续增长的走势。

1949 年全国水稻种植面积为 2 570.9 万公顷，总产量 4 865 万吨，平均每公顷只有 1 890 公斤。新中国成立以后，中央政府对水稻生产非常重视，采取了一系列扶持政策和措施，不仅促进水稻种植面积不断扩大，单位面积产量也不断提高。1950—1952 年，中央和地方各级农业部门主要从以下几个方面指导水稻生产①：①发动群众开荒造田，兴修水利，扩大水田面积；②开展群众性地方水稻品种的评选、鉴定和推广工作；③改进水稻栽培技术，总结推广各地丰产经验。由于以上措施，全国的水

---

① 《当代中国》丛书编辑委员会：《当代中国丛书　当代中国的农作物业》，76 页，北京，中国社会科学出版社，1988。

稻生产恢复很快,1952年全国水稻种植面积扩大到2 838.2万公顷,比1949年增长10.4%;总产量达到6 843万吨,比1949年增长40.7%;1949—1952年水稻年平均增长率达到12.1%。

第一个五年计划时期,水稻生产主要是发展双季稻和推广相应的栽培技术。1954年南方各地"三改"①面积达到20万公顷,比1953年扩大2.8倍,取得显著增产效果。到1957年,南方13个省、自治区、直辖市的双季稻面积发展到690.27万公顷,与此同时,各地还总结推广培育壮秧、合理密植、适时早播、防治病虫害等技术经验,其中水稻合理密植的增产效果最为明显。由于这一时期双季稻面积迅速扩大和单产显著提高,水稻生产获得较大发展。1957年全国水稻播种面积达到3 224.13万公顷,比1952年增长13.6%;总产量达到8 678万吨,比1952年增长26.8%。

1961年水稻总产量只有5 364万吨,倒退到1950年的水平。1958—1961年,水稻产量的年平均增长率为–11.3%。1962年全国贯彻"八字调整方针",开始纠正农村工作中"左"的错误。各级农业部门为了发展水稻生产,积极解决早稻烂秧问题,保证早稻种植面积。同时,广泛宣传水稻塑料薄膜育秧的新技术和矮秆水稻丰产品种的推广工作。经过四年努力,到1965年,全国水稻播种面积恢复到2 982.47万公顷。单位面积产量提高较快,达到每公顷2 940公斤,使总产量达到8 772万吨,超过1957年水平。

在十年"文化大革命"中,水稻生产也遭到一定破坏。但是,由于坚持大搞农田基本建设,加上20世纪70年代化肥生产有了相当大的发展,有利促进双季稻的发展。1976年全国双季稻种植面积发展到128.93万公顷,比1965年增长75.2%。② 同时,矮秆水稻良种在南方各省主要稻区得到基本普及,从而使得水稻产量有较大的增长。1978年全国水稻总产量达到13 693万吨,比1965年增产4 921万吨,增长56.1%。

2. 小麦

小麦是我国第二大口粮作物,种植面积和产量仅次于水稻,在粮食生产中占有极其重要的地位。新中国成立后,中央政府把发展小麦生产作为解决粮食问题的重点作物来抓。各地有序改善农业生产条件,努力扩大种植面积,推广增产技术,以促进小麦生产的迅速发展。新中国成立后,小麦生产整体上表现为逐年增长的趋势,生产播

---

① "三改"是指对水田进行单季稻改双季稻、间作稻改连作稻、籼稻改粳稻。
② 《当代中国》丛书编辑委员会:《当代中国丛书 当代中国的农作物业》,78页,北京,中国社会科学出版社,1988。

种面积呈波动式发展，常年保持在2 500万公顷左右。

1949—1957年是小麦生产较快恢复和发展时期。各级地方政府和农业部门在恢复和发展小麦生产方面做了如下工作：①做好防灾抗灾和控制病害的工作。1950—1953年尽管各种灾害频发，由于采取有力的防灾救灾措施，大大减轻了灾害造成的损失，小麦生产仍得到一定的发展。4年间小麦种植面积扩大11.9%，总产量增长23.3%。②总结推广丰产经验。1954年和1955年，农业部在北方冬麦区总结和推广陕西省武功县以轮作倒茬、普及良种、条播密植、加深耕层、施足底肥为主的增产经验。在南方冬麦区，总结推广江苏省南部水稻小麦两熟地区深沟宽畦、匀播密植、增施肥料的增产经验。到1956年，全国小麦良种种植面积达到1 593万公顷，占麦田面积的58%；小麦总产量达到2 480万吨，比1949年增产79.6%。

1960年、1961年两年小麦产量连年下降。1961年全国小麦总产量下降到1 425万吨。1962年开始，中央调整国民经济方针，以调动农民生产积极性。各级农业部门总结小麦生产的经验，因地制宜调整小麦生产布局，积极推广良种，广泛开展试验示范的样板田活动。同时，还加强了对化肥、农机具等农用物资的支援，使小麦生产得到了较快的恢复和发展。到1965年，全国小麦总产量达到2 522万吨。

1966—1969年，小麦产量徘徊不前。从1971年开始，国家把发展小麦生产列为农业工作重点，每年农林部召开现场会议，进行监督检查，总结交流经验。由于各地大力改善小麦在土、肥、水、机等方面的生产条件，1976年全国小麦总产量第一次超过5 000万吨，达到5 309万吨。

3. 玉米

1949年以来，我国玉米播种面积除1952—1962年呈现显著下降以外，整体呈现波动式增加趋势。新中国成立后，为了恢复和发展粮食生产，农业部1950年召开全国玉米工作座谈会，制订了《全国玉米改良计划》，提出推广人工辅助授粉和去雄选种等增产措施，选育和推广品种间杂交种。1951年和1952年，全国开展爱国增产竞赛运动，农业生产部门和科研单位对玉米高产经验及时进行总结和推广，对提高玉米产量起了重要作用。1952年玉米总产量达到1 685万吨，比1949年增产443万吨，增长35.7%。1954年以后，玉米种植面积迅速扩大。1956年全国玉米种植面积扩大到1 766.2万公顷，比1952年增加40.6%，总产量达到2 305万吨。

20世纪50年代末至60年代初期，玉米种植面积和产量均有下降。1962年全国玉米种植面积为1 281.7万公顷，比1956年减少484.5万公顷；玉米总产量为1 625万吨，比1956年减少680万吨。1963年后，玉米生产又有了发展，在南方和北方都出现了一批高产地区和高产典型单位，连续几年夏玉米的平均亩产量在800斤左右。到1965年，全国玉米播种面积恢复到1 567万公顷，总产量达到2 366万吨，超过1956年产量水平。

20世纪70年代，农田基本建设发展较快，灌溉面积不断扩大，化肥施用量增加，玉米和其他作物的间、套、复种面积增加，特别是玉米杂交种的扩大应用和推广，使玉米生产获得迅速发展。1978年玉米种植面积扩大到1 966.1万公顷，总产量为5 595万吨，单产量提高到2 803公斤/公顷。

4. 大豆

1949—1957年，大豆生产处于快速发展时期。由于大豆的生产成本较低，出售价高于玉米等其他作物，农民的种植积极性较高。再加上各地普及推广地方良种，加强田间管理，大豆的单产量也提高很快。大豆生产发展形势呈现良好的态势，种植面积、单产量和总产量均有快速增长。1957年全国大豆种植面积由1949年的831.9万公顷增加到1 274.8万公顷，单产量由611公斤/公顷提高到788公斤/公顷，总产量由509万吨上升到1 005万吨。20世纪50年代，我国是世界上最大的大豆生产国和净出口国。

1958—1978年，大豆生产处于滑坡下降期。1958年后，国内出现粮食供给不足，有些地方为了追求粮食的高产量，扩种玉米、甘薯等高产作物，导致玉米、甘薯等高产作物种植面积迅速扩大，单产量水平较低的大豆种植面积被大量压缩，大豆生产发展缓慢。20世纪70年代，玉米的单产量提高很快，但大豆的单产量却徘徊不前，一直保持在1 000公斤/公顷左右。国家对种植其他经济作物按经济政策给予一定物质奖售，但大豆种植没有这些奖励政策的扶持，致使农民对大豆种植积极性不高。1978年全国大豆种植面积和总产量分别减少到714.4万公顷和757万吨，比1957年分别减少560.4万公顷和248万吨，分别下降44%、24.7%。虽然单产量水平不断提高，但由于种植面积大幅度减少，全国大豆总产量呈现滑坡趋势。

# 第三节 种植业结构与经济作物生产

## 一、种植业生产政策变化

1949—1978年近三十年间,虽然农业生产有很大的发展,但农业内部生产结构不合理的状况未能得到根本改善。农业种植业结构长期存在只重视粮食种植业、忽视经济作物种植业和林业的状况。从1953年实行粮食统购统销制度开始,列入国家计划购销制度的农产品种类和数量不断扩大,农产品产销计划通过人民公社制度得到强制执行。这种计划经济体制对我国种植业的生产发展、结构变动发挥主导作用。种植业生产的发展历程可以划分为三个时期。

### (一)恢复发展时期(1949—1957)

1949年以前,由于连年战争和各种频繁的自然灾害影响,农业生产遭到严重破坏。1949年12月,农业部在北京召开全国农业生产会议,指出"恢复和发展农业经济,在当前是极其重要的问题"。① 会议确立1950年农业生产运动的方针是以恢复为主,以增产粮棉为中心(增产粮食100亿斤、植棉5 000万亩、产皮棉13亿斤)②,对其他经济作物争取恢复和增产。1953年,政务院颁布《关于实行粮食的计划收购和计划供应的命令》和《粮食市场管理暂行办法》,对粮食、油料开始实行统购统销的政策,1954年棉花也纳入国家计划。统购统销政策在当时粮食、油料等供需关系紧张的情况下,起到合理分配农产品资源,保证国民经济协调发展和人民生活基本需要的作用。1956年1月,中共中央发布了《1956年到1967年全国农业发展纲要(草案)》,规定粮棉增产指标和扩大复种面积。该纲要(草案)还提出,各地在保证完成国家规定的粮食、棉花、大豆、花生、油菜籽、芝麻、麻类、烤烟、丝、茶、甜菜、果类等多项农作物计划指标的条件下,还应积极发展其他一切有销路的经济作物。粮食及经济作物的生产在这一阶段均得到恢复与发展。

---

① 李德彬、林顺宝等编:《新中国农村经济纪事 1949.10—1984.9》,13页,北京,北京大学出版社,1989。
② 李德彬、林顺宝等编:《新中国农村经济纪事 1949.10—1984.9》,14页,北京,北京大学出版社,1989。

### （二）生产调整时期（1958—1965）

从 1959 年开始，全国农业生产连续出现大幅度减产，除粮食外的棉花油料等经济作物产量也明显下降。1960 年棉花总产量 106 万吨，比 1957 年减少 35.4%；糖料总产量 986 万吨，比 1957 年减少 17.1%。同年，油料总产量 194 万吨，烤烟总产量 19 万吨，黄红麻总产量 20 万吨，分别比 1957 年减少 53.8%、26.9%、33.3%。1960 年只有茶叶、水果产量比 1957 年有所增长，分别增长 21.4% 和 22.5%。1960 年 3 月 19 日，中共中央转发农业部《关于全国农业工作会议的报告》。报告指出，我国农业应当是以粮为纲，"粮、棉、油、菜、糖、果、烟、茶、丝、麻、药、杂"统一安排，全面发展多种经营。[①] 这是"以粮为纲,全面发展"作为党指导农业工作的重要方针被正式写入中央文件。1960 年 8 月中央发出"全党动手，大办农业，大办粮食"的指示，指出农业是国民经济基础，粮食是基础的基础。1961 年 1 月，中共八届九中全会通过对国民经济实行"调整、巩固、充实、提高"的方针。1961 年，中共中央决定提高粮食和一部分农副产品的收购价格。同年，为了鼓励农民种植经济作物，中共中央决定对棉花、油料、烤烟、麻类、茶叶、糖料等 10 个品种的经济作物实行奖售粮食的政策。1962 年由于粮食供应紧张，对棉花、油脂、麻类、糖料等改为奖售化肥。1962 年 9 月通过的《农村人民公社工作条例修正（草案）》（以下简称《六十条》）中规定，以发展粮食生产为主,同时积极发展棉花、油料和其他经济作物的生产。这些措施的实施，对推动全面发展农业生产起到重要作用。1965 年全国粮食总产量达 19 453 万吨，棉花总产量达 210 万吨，糖料总产量达 1 538 万吨，分别比 1960 年增长 35.2%、98.1%、56%。黄红麻总产量达 28 万吨，油料总产量达 363 万吨，烤烟总产量达 37 万吨，分别比 1960 年增长 40%、87.1%、94.7%。只有茶叶和水果的总产量比 1960 年有所下降，分别减少 25.7%、18.6%。

### （三）徘徊缓慢发展时期（1966—1978）

"文化大革命"前期农业生产力受到严重破坏，农业生产出现下降和停滞的局面。粮食生产和经济作物生产出现严重失调，棉花、油料、糖料、麻类等经济作物的发展速度远远落后于粮食发展速度，种植业生产结构的不合理进一步加剧。1969 年棉花总产量下降到 208 万吨，比 1966 年减少 11.1%。其他经济作物除茶叶有所增加外，油料、糖料、黄红麻、烤烟的总产量，比 1966 年分别下降 15.1%、8.3%、2.9%、22.4%。

---

[①] 中共中央文献研究室编：《建国以来重要文献选编》，第十三册，98 页，北京，中央文献出版社，1996。

1970年后,农村发展局势趋于相对稳定,农业生产逐步恢复。1971年3月,中共中央转批《关于全国棉花、油料、糖料生产会议的报告》,决定适当提高部分油料、油脂收购价格和糖料收购价格,促进经济作物生产发展。此后几年,农业生产徘徊不前。1971—1977年,粮食总产量平均年递增3%,油料、糖料总产量分别徘徊在400万吨和1 200万~1 900万吨。1975—1977年,棉花连续3年减产,油料产量倒退至20世纪50年代的生产水平。1978年的棉花、油料人均占有量为2.3公斤、5.5公斤,低于1957年的水平。

## 二、种植业结构变动

改革开放前,在计划经济的背景下,种植业的比重在农业生产结构中高达80%左右。而种植业主要以粮食生产、粮食产量的增长为主,经济作物长期得不到发展。表9-10列出了粮食与经济作物播种面积及其比例变化情况。粮食的播种面积在种植业结构中占绝对优势,生产规模的变化比较稳定,基本保持在18亿亩左右。粮食播种面积占播种总面积的比重呈下降趋势。经济作物播种面积呈徘徊上升的趋势,占总播种面积的比例从1952年的8.8%提高到1978年的9.6%。经济作物的播种面积在20世纪60年代初,播种面积一度减少到1.31亿亩。其他农作物占总播种面积的比例呈稳步上升趋势,从1952年的3.4%增长到1978年的10%,提高6.6个百分点。从表9-11看,1978年与1949年相比,粮食作物一直处于支配地位,油料作物和棉花稳居第二、第三,茶叶种植面积超过糖料作物上升到第四,烤烟和麻类作物的排位不变,位居第六、第七。

表 9-10 粮食与经济作物播种面积及其比例

| 年份 | 粮食 | | 经济作物 | | 其他农作物 |
|---|---|---|---|---|---|
| | 播种面积/亿亩 | 占总播种面积比/% | 播种面积/亿亩 | 占总播种面积比/% | 占总播种面积比/% |
| 1952 | 18.6 | 87.8 | 1.87 | 8.8 | 3.4 |
| 1957 | 20.0 | 85.0 | 2.17 | 9.2 | 5.8 |
| 1962 | 18.2 | 86.7 | 1.31 | 6.2 | 7.1 |
| 1965 | 17.9 | 83.5 | 1.83 | 8.5 | 8.0 |
| 1970 | 17.8 | 83.1 | 1.76 | 8.2 | 8.7 |
| 1975 | 18.2 | 81.0 | 2.01 | 9.0 | 10.0 |
| 1978 | 18.1 | 80.4 | 2.17 | 9.6 | 10.0 |

数据来源:根据《中国统计年鉴(1980)》整理。

表 9-11　全国主要农作物占总播种面积比重构成情况　　　　　　%

| 年份 | 粮食 | 棉花 | 油料 | 糖料 | 黄红麻 | 烤烟 | 茶园 | 其他 |
|---|---|---|---|---|---|---|---|---|
| 1949 | 88.47 | 2.23 | 3.40 | 0.10 | 0.02 | 0.05 | 0.12 | 11.53 |
| 1950 | 88.81 | 2.94 | 3.24 | 0.10 | 0.04 | 0.05 | 0.13 | 11.19 |
| 1951 | 88.64 | 4.13 | 3.87 | 0.12 | 0.13 | 0.18 | 0.14 | 11.36 |
| 1952 | 87.77 | 3.95 | 4.05 | 0.15 | 0.11 | 0.13 | 0.16 | 12.23 |
| 1953 | 87.92 | 3.60 | 3.72 | 0.17 | 0.05 | 0.13 | 0.17 | 12.08 |
| 1954 | 87.20 | 3.69 | 3.90 | 0.20 | 0.05 | 0.15 | 0.18 | 12.80 |
| 1955 | 85.94 | 3.82 | 4.53 | 0.21 | 0.08 | 0.17 | 0.19 | 14.06 |
| 1956 | 85.65 | 3.93 | 4.29 | 0.23 | 0.09 | 0.24 | 0.20 | 14.35 |
| 1957 | 84.98 | 3.67 | 4.41 | 0.27 | 0.09 | 0.23 | 0.21 | 15.02 |
| 1958 | 83.96 | 3.66 | 4.18 | 0.39 | 0.08 | 0.23 | 0.23 | 16.04 |
| 1959 | 81.47 | 3.87 | 4.32 | 0.44 | 0.08 | 0.21 | 0.28 | 18.53 |
| 1960 | 81.27 | 3.47 | 3.85 | 0.44 | 0.08 | 0.18 | 0.25 | 18.73 |
| 1961 | 84.80 | 2.70 | 2.96 | 0.28 | 0.05 | 0.10 | 0.24 | 15.20 |
| 1962 | 86.73 | 2.49 | 2.96 | 0.17 | 0.04 | 0.13 | 0.20 | 13.27 |
| 1963 | 86.11 | 3.14 | 3.24 | 0.19 | 0.05 | 0.17 | 0.15 | 13.89 |
| 1964 | 85.07 | 3.44 | 3.67 | 0.30 | 0.06 | 0.20 | 0.18 | 14.93 |
| 1965 | 83.49 | 3.49 | 3.61 | 0.36 | 0.08 | 0.23 | 0.23 | 16.51 |
| 1966 | 82.40 | 3.35 | 3.55 | 0.37 | 0.12 | 0.26 | 0.26 | 17.60 |
| 1967 | 82.26 | 3.52 | 3.54 | 0.37 | 0.12 | 0.28 | 0.20 | 17.74 |
| 1968 | 83.07 | 3.57 | 3.29 | 0.35 | 0.11 | 0.23 | 0.30 | 16.93 |
| 1969 | 83.44 | 3.43 | 3.31 | 0.36 | 0.10 | 0.23 | 0.32 | 16.56 |
| 1970 | 83.12 | 3.48 | 3.15 | 0.41 | 0.09 | 0.20 | 0.34 | 16.88 |
| 1971 | 82.95 | 3.38 | 3.29 | 0.44 | 0.09 | 0.22 | 0.36 | 17.05 |
| 1972 | 81.94 | 3.31 | 3.58 | 0.50 | 0.11 | 0.23 | 0.41 | 18.06 |
| 1973 | 81.56 | 3.33 | 3.58 | 0.53 | 0.17 | 0.24 | 0.45 | 18.44 |
| 1974 | 81.39 | 3.37 | 3.58 | 0.51 | 0.19 | 0.26 | 0.52 | 18.61 |
| 1975 | 80.95 | 3.31 | 3.78 | 0.55 | 0.20 | 0.31 | 0.58 | 19.05 |
| 1976 | 80.64 | 3.29 | 3.87 | 0.60 | 0.22 | 0.36 | 0.64 | 19.36 |
| 1977 | 80.63 | 3.24 | 3.78 | 0.58 | 0.25 | 0.38 | 0.68 | 19.37 |
| 1978 | 80.34 | 3.24 | 4.15 | 0.59 | 0.27 | 0.41 | 0.70 | 19.66 |

数据来源：根据《新中国五十年农业统计资料》整理。

上述一组数据显示了1949—1978年粮食及主要经济作物播种面积的变化趋势。粮食作物播种面积比较稳定，1950年为11 440.6万公顷，1978年为12 058.7万公顷，增加5.4%。年际变动较大的年份为1952年、1959年、1960年，变化幅度分别为5.3%、-9.1%、5.5%。进入20世纪60年代后，年变动幅度均在1%上下。从粮食占总播种面积的比重看，1949年为88.47%，1978年为80.34%，下降了8.13个百分点，为其他经济作物的发展提供了空间。

棉花是我国主要的经济作物，与粮食、油料一并构成我国农业政策长期调控的农产品。棉花生产规模的波动较大，1948年播种面积为277万公顷，在1950—1952年、1954—1956年两个增长期之后，1956年棉花种植面积达到625.5万公顷。1957—1962年，棉花种植面积开始逐年减少,到1962年种植面积下降到349.7万公顷,为1949年来的历史最低水平。从1963年开始,棉花生产得到恢复,种植面积一直在500万公顷左右徘徊。棉花占总播种面积的比重从1949年的2.23%增加到1978年的3.24%。

油料作物一直是生产规模仅次于粮食的经济作物。1949年播种面积为422.8万公顷,1978年为622.2万公顷,增加了47.2%。油料作物生产可分为三个阶段:1949—1957年为恢复发展时期,1958—1967年为徘徊发展时期,1968—1978年为稳定上升阶段。油料占总面积的比重也从1949年的3.4%提高到1978年的4.15%。

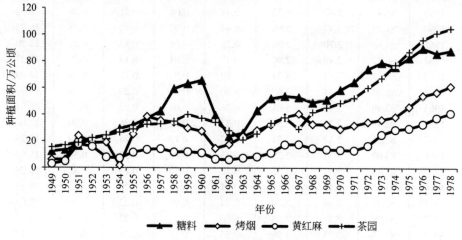

图9-10 1949—1978年粮食及主要经济作物播种面积的变化
数据来源:根据《新中国五十年农业统计资料》整理。

糖料作物播种面积总体呈增加趋势如图9-10所示,1949年的播种面积为12.4万公顷,到1978年达到88万公顷,增加了6倍多。糖料作物的生产发展经历三个阶段:1949—1960年呈大幅上升趋势,增幅最大的年份为1958年,达到39.4%;1961—1962年糖料种植面积大幅减少,减少幅度分别为39.7%、40.2%;1963—1978年糖料生产逐步得到恢复,呈徘徊上升趋势。糖料占总播种面积的比重从1949年的0.1%上升到1978年的0.59%。

黄红麻在我国麻类生产中占主导地位。麻类的生产发展经历两个阶段:20世纪50年代为恢复阶段,60年代开始进入稳步发展阶段。增幅较大的年份为1950年、1951年、1955年,增幅分别为69.0%、261.2%、61.1%。减幅较大的年份为1958年、1961年、1968年,减幅分别为16.8%、41.6%、16.4%。黄红麻种植面积占总播种面积的比重从1949年的0.02%增加到0.27%。

烟草工业的发展使烟叶生产逐渐向烤烟集中，缩减晾晒烟的生产。烤烟的生产发展经历三个阶段：1949—1956 年为恢复阶段，1957—1970 年为徘徊发展阶段，1971—1978 年为稳定增长阶段。烤烟种植面积从 1949 年的 6.1 万公顷增加到 1978 年的 61.3 万公顷，增长 9 倍。烤烟种植面积占总播种面积的比重也从 1949 年的 0.05% 增加到 1978 年的 0.41%。

20 世纪 50 年代，茶叶的生产主要以复垦、扩大种植面积为主，茶叶的种植面积呈逐年上升趋势，年均增长率为 10%；进入 60 年代后，呈徘徊发展趋势，在自然灾害期间茶叶种植面积减少，年减幅达到 14.6%；70 年代后，进入稳定发展阶段，年增幅达 9.8%。1978 年的茶叶种植面积为 104.75 万公顷，比 1949 年增长 5.8 倍。茶叶占总播种面积的比重从 1949 年的 0.12% 增加到 1978 年的 0.7%。

### 三、主要经济作物生产

#### （一）棉花

1949—1978 年，棉花生产经历两个阶段：1949—1958 年棉花生产迅速恢复和上升，1959—1978 年棉花生产受挫下降徘徊不前。

从 1950 年起，国家采取奖励植棉的政策和措施：①制定棉粮比价政策，保证种棉花比种粮食经济收益高；②规定棉田以棉花抵交公粮的政策；③制定棉花分级标准和优棉优价的政策，鼓励棉农提高棉花质量；④棉花收购部门与棉农签订预购合同，并供应粮食、肥料、煤炭等。[①] 1958 年全国棉花种植面积扩大到 555.6 万公顷，比 1949 年扩大 1 倍；棉花每公顷产量 352.5 公斤，比 1949 年提高 113.6%；棉花总量达到 196.9 万吨，比 1949 年增长 3.4 倍。

1959 年后的三年经济困难时期，粮棉矛盾日益突出，棉粮比价失调，导致棉花生产大幅度下降。1962 年棉花总产量降到 75 万吨，比 1958 年较少 61.9%。为了扭转棉花生产严重下降局面，1962 年 12 月中央发出《关于 1963 年发展棉花生产的决定》，确定促进棉花增产的经济政策：①保证棉农口粮不低于邻近粮产区生产队的标准；②调整棉价，提高棉花收购价 10%；③恢复预购合同，发放 15%~20% 的预购定金。1963—1966 年，由于中央政府重视总结推广棉花丰收经验，加强棉花良种繁育推广工

---

① 《当代中国》丛书编辑委员会：《当代中国丛书　当代中国的农作物业》，200 页，北京，中国社会科学出版社，1988。

作，棉花生产逐步回升。1966年棉花种植面积扩大到492.5万公顷，总产量达到234万吨，比1963年分别提高11.7%、95%。

"文化大革命"时期，各地片面强调"以粮为纲"，棉花生产再次受到限制。1971年粮食实行了超购加价30%的办法，相对降低棉粮比价标准。由于棉花生产直接受粮食条件的制约，长江流域一些主要棉区粮食生产基础较好，粮棉矛盾的影响较轻，棉花生产比较稳定，江苏、湖北一些重点产区还有所发展；但黄河流域棉区，河北、山东、河南三个重点产棉省，粮棉矛盾突出，棉田面积大量减少，单位面积产量降低，棉花总产量大幅度下降。① 1969—1978年，全国棉花总产量有7年低于1968年，只有3年高于1968年。总的看来，从1966年到1978年，全国棉花总产量一直在220万吨上下。

## （二）油料作物

中国的油料作物品种繁多，习惯上将花生、油菜、向日葵、芝麻和胡麻统称为五大油料作物，是中国人主要的食用植物油来源。从图9-11来看，五大油料作物的产量占全国油料作物总产量的95%以上。

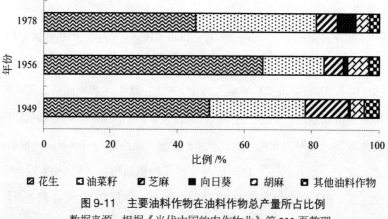

图9-11　主要油料作物在油料作物总产量所占比例
数据来源：根据《当代中国的农作物业》第233页整理。

中国的油料生产经历曲折发展的过程。1950—1952年油料生产发展显著，1952年油料作物总产量比1949年增长63.6%。随着经济建设的开展，对油脂的需求量也日益增加，为改善供求关系，政务院与1953年12月和1954年9月先后两次发布关于增加油料作物生产的指示。② 指示中强调要加强对油料作物增产的领导，以保证油料的供应，并要求没有种植油料作物的农民，腾出少量土地（按每人不超过1分地的标准）种植油

---

① 《当代中国》丛书编辑委员会：《当代中国丛书　当代中国的农作物业》，203页，北京，中国社会科学出版社，1988。
② 周恩来：《中央人民政府政务院关于增产油料作物的指示》，载《山西政报》，1954（1），23、24页。
周恩来：《中央人民政府政务院关于发动农民增加油料作物生产的指示》，载《山西政报》，1954（18），35、36页。

料作物,这对促进缺油地区实现食油自给起到重要作用。① 1956年,全国油料作物种植面积扩大到682.7万公顷,总产量达到509万吨。全国有19个省、自治区实现食用油自给并有调出。1953—1956年平均每年调出食用油38万多吨,净出口28万多吨。

1956年以后,油料生产急剧下降,1961年油料作物总产量跌落到仅有181万吨,比1956年总产量下降64.4%。1963年以后,油料生产有所回升,但上升速度较慢,与需求量相比差距仍然很大。1971年,国务院召开全国棉花、油料、糖料生产会议,总结交流粮油双丰收和油料高产单位的先进经验,制定加速油料生产发展和改善油脂收购的政策,规定油料产区农民的口粮不得低于邻近粮食产区的标准,油料收购价格调高17%,这些政策和措施对促进油料生产增产起到一定作用。② 但由于"文化大革命"等影响,油料生产一直徘徊不前,油料作物产量维持在400万吨左右。1977年,全国油料作物总产量只恢复到402万吨,比1956年还低21%,食用油供需矛盾比较突出。

(三)糖料作物

为了恢复和发展糖料生产,20世纪50年代,农业部和轻工业部等有关部门召开糖料工作会议,提出扩大糖料种植面积和提高单位面积产量的方针。同时,为了推广先进技术以及丰产经验,农业部先后召开糖料作物经验交流会,举办生产技术培训班。全国各地也制定比较合理的收购价格政策,采取必要的经济扶持措施。③ 通过以上政策和措施,农民的生产积极性得到大幅度提高。1952年的糖料产量超过解放前的历史最高水平。1953年以后糖料生产实现6年增。1958年糖料作物种植面积达到59.4万公顷,比1949年增长3.8倍;糖料总产量达到1 563万吨,比1949年增长4.5倍。

1958年后,糖料产区的征粮任务加重,糖农的口粮得不到保障,各地出现普遍压缩糖料种植面积改种粮食的现象,再加上"瞎指挥风"的影响,糖料生产遭受了严重的损失。从1959年开始,糖料生产急剧下降,到1962年糖料种植面积下降到23.7万公顷,总产量下降到378万吨,分别比1958年减少60.1%和75.8%。单产量也下降明显,1962年糖料生产每公顷产量下降到15 958公斤,只相当于1958年的60.6%。

1961年,贯彻国民经济调整、巩固、充实、提高的方针,糖料生产逐步回升。同年4月中共中央发布《关于收购重要经济作物实行粮食奖励的指示》,主要产糖区先后制定恢复和发展糖料生产的奖励政策,以促进糖料生产的恢复。1963年农业部、轻

---

① 《当代中国》丛书编辑委员会:《当代中国丛书 当代中国的农作物业》,233页,北京,中国社会科学出版社,1988。
② 《当代中国》丛书编辑委员会:《当代中国丛书 当代中国的农作物业》,234页,北京,中国社会科学出版社,1988。
③ 《当代中国》丛书编辑委员会:《当代中国丛书 当代中国的农作物业》,252页,北京,中国社会科学出版社,1988。

工业部和商业部联合召开全国糖料生产会议,提出适当扩大种植面积和积极提高单产量相结合的方针,并推出一系列促进生产政策①:①种植糖料作物的土地免除购粮任务,以现金抵交农业税;②糖料集中产区农民口粮标准要保证不低于附近粮产区的水平;③提高奖售标准;④调整、提高广东省、广西壮族自治区的甘蔗收购价格;⑤继续发放预购定金;⑥甜菜运费按丙级公路运价。由于调动广大农民的生产积极性,到1964年糖料种植面积恢复到43.1万公顷,糖料总产量达到1 347万吨。

1966年"文化大革命"开始,扶持糖料生产发展的经济政策受到批判,致使刚刚得以恢复的糖料生产走向下坡路。此后几年全国糖料生产一直处于徘徊不前的状况。1972年,国务院批准的《关于安排1973年糖料生产的报告》提出要适当集中种植,在主产区建设一批高产稳产的糖料生产基地。此后,糖料生产状况逐步有所改善,到1978年糖料总产量达到2 382万吨,糖料种植面积88万公顷。

### (四)黄红麻

1949年,中国黄红麻种植面积为2.9万公顷,总产量仅为4万吨。为了改变旧中国的黄红麻、麻袋依靠国外进口的局面,国家实行鼓励发展麻类生产的政策(见表9-12),以调动农民的生产积极性。各级农业部门保证种子供应,举办技术培训班,印发技术资料,宣传种麻意义和推广种麻技术。供销部门及时供给生产和生产资料,做好麻类作物的收购工作。到1952年,全国黄红麻种植面积扩大到15.8万公顷,总产量达到31万吨,分别比1949年增长了4.4倍和6.8倍。

表9-12 发展麻类生产的主要政策

| 主 要 政 策 | 具 体 做 法 |
| --- | --- |
| 麻产区粮食政策 | 制定合理的产区粮食政策,保证供应麻农的口粮 |
| 预购合同政策 | 对麻农生产的原麻实行预购,签订预购合同,发放预购定金,把国家收购计划与群众生产计划衔接,并对麻农给以经济扶持 |
| 奖售政策 | 对农民交售的麻类产品实行供应一定数量的粮食、化肥等奖售 |
| 价格政策 | 合理调整麻类产品的收购价格(麻粮比价),指导麻类生产发展 |
| 征收技术改进费的政策 | 征收技术改进费,以促进麻类生产技术改进、提高产量。技术改进费包括先进技术的宣传推广,技术人员培训,良种选育、引进和繁育推广,农机具的创制、示范和推广,增添麻产技术干部等 |

资料来源:《当代中国丛书 当代中国的农作物业》,278~281页,北京,中国社会科学出版社,1988。

1953—1954年,由于对麻类作物需求减少,许多产区出现降价收购,甚至拒收现

---

① 《当代中国》丛书编辑委员会:《当代中国丛书 当代中国的农作物业》,254、255页,北京,中国社会科学出版社,1988。

象，严重影响农民种麻积极性。再加上麻类产区发生炭疽病，导致黄红麻种植面积和产量急剧下降。1954年全国黄红麻种植面积减少到7.2万公顷，总产量为14万吨。1955年后，中央调整收购计划，加大收购工作力度，农业部门也针对病害问题，实施有效预防措施。同时，积极在南方发展黄麻生产，在麻类产区改进耕作制度，推广套种技术，提高复种指数。到1957年，黄红麻种植面积为14.3万公顷，总产量达到30万吨。

1962年黄红麻种植面积减少到6.2万公顷，总产量为13万吨，比1957年分别减少56.3%、56.7%。麻类作物产量的减少，致使麻纺工业原料严重不足。1963年以后，国家为了解决粮麻矛盾，除加强经济政策扶持以外，在农业生产上也采取有力措施，加快黄红麻生产发展。具体的农业生产措施有以下三种[1]：①挖掘土地潜力，开辟新麻区，利用江、河、湖堤外滩地和低洼易涝盐碱地种植麻类作物；②推行"南种北植"增产措施，把南方中、晚熟品种的种子调到日照时间较长的北方种植，以达到增产效果；③大力推广优良品种"青皮3号"。由于以上生产措施的实施，黄红麻的产量得到大幅度的提高。1978年黄红麻的种植面积为41.2万公顷，总产量达到105万吨。

**（五）烤烟**

1949年以前，由于英美烟草公司的大肆倾销和战乱等原因，我国烟草生产遭到严重破坏，1949年，全国烤烟面积仅有6.1万公顷，总产量为4万吨。新中国成立后，政府制定了"重点恢复老烟区，适当发展新烟区"的工作方针，1950年将烤烟生产纳入统一计划，实行统购统销。此后，又制定一系列扶持烟草生产的经济政策和措施，比如烟粮比价政策，烟草预购政策，供应烟草生产所需的商品肥料及烤房所需的木料、煤炭等。[2] 1956年，烤烟种植面积扩大到38.5万公顷，烤烟总产量增加到40万吨。在"大跃进"和三年自然灾害时期，烟草生产急剧下降，1961年烤烟面积减少到14.7万公顷，烤烟产量下降到10万吨，比1956年分别减少61.8%和75%。

1963年12月，国务院在北京召开全国烟叶增产会议。会议分析了1958年"大跃进"以后全国烟叶生产形势，研究恢复和发展烟叶生产的方针、政策和措施。加强对烟叶生产的领导，改进烟叶的收购和奖售办法，保证烟区所需的肥料、煤炭、木材等物质的供应。1963年中共中央决定对烟草行业实行集中统一管理，并建立第一个具有

---

[1] 《当代中国》丛书编辑委员会：《当代中国丛书 当代中国的农作物业》，273~275页，北京，中国社会科学出版社，1988。
[2] 《当代中国》丛书编辑委员会：《当代中国丛书 当代中国的农作物业》，293页，北京，中国社会科学出版社，1988。

托拉斯性质的联合企业。同年7月，中国烟草工业公司正式成立。1964年又试办烟草托拉斯，对烟草的收购、分配、调拨、复烤、发酵实行统一管理经营。到1967年烤烟种植面积达到40.7万公顷，比1961年增长1.8倍；烤烟总产量猛增到57万吨，比1961年增长4.7倍。

"文化大革命"期间，烟草生产管理机构多数遭到破坏，一些合理的奖售政策和措施被取消，严重挫伤农民的生产积极性。1970年全国烤烟种植面积减少到29.1万公顷，总产量减少到40万吨，比1967年分别下降28.5%和29.8%。20世纪70年代以后，国家又公布了一些扶持烟叶生产的政策。1973年国家提出实行农副产品统一奖售办法，规定每收购100斤烤烟或晒烟，奖售化肥20斤。有些产烟区又增加地方奖售办法，比如奖售粮食、布票、饼肥等。同年发布的《全国棉、糖、烟集中产区座谈会议纪要》中规定，产烟区每超购100斤，补助化肥30斤。由于扶持政策的执行，烟草生产得到新的发展。到1978年，全国烤烟种植面积增加到61.3万公顷，总产量达到105万吨。①

### （六）茶叶

20世纪50年代初期，政府加强对茶叶生产的指导，垦复荒芜茶园和改造老茶园。为了扶持茶叶生产，采取发放金融贷款、预付采购定金、制定茶粮比价和奖励等办法调动农民生产积极性，使得茶叶生产得到迅速恢复和发展。②1954年茶园种植面积为2.65万公顷，比1949年的1.55万公顷增加71.1%；茶叶总产量达到9.2万吨，比1949年的4.1万吨增加了1.2倍；茶叶单位面积产量也从1949年的265.35公斤/公顷，提高到1954年的347.94公斤/公顷，增加31.1%。

1954年12月，为了满足国内外的供应需求，农业部召开全国茶叶会议，确定大力发展茶叶生产的方针，提出以互助合作为中心，积极改造老茶园，提高单位面积产量，垦复荒芜茶园，有计划地开辟山区丘陵地带新茶园。在经济政策上给予农民支持，比如允许农民申请使用公有荒山、荒地栽种茶树；垦复和新辟茶园，获取收益前免征农业税；提高茶叶收购价格；给予农民资金扶持。③1953年到1957年在茶区还设立技术指导站，以提高茶园管理水平、茶叶质量和单位面积产量。到1957年茶园种植面

---

① 《当代中国》丛书编辑委员会：《当代中国丛书　当代中国的农作物业》，294页，北京，中国社会科学出版社，1988。
② 《当代中国》丛书编辑委员会：《当代中国丛书　当代中国的农作物业》，360页，北京，中国社会科学出版社，1988。
③ 《当代中国》丛书编辑委员会：《当代中国丛书　当代中国的农作物业》，361页，北京，中国社会科学出版社，1988。

积达到32.93千公顷，比1954年增长24.4%；茶叶总产量达11.2万吨，比1954年增加21.7%。

20世纪50年代末期，各地搞"大兵团作战"发展新茶园，1959年茶园种植面积达到40.13千公顷。但是由于多数新辟茶园没有深耕施基肥，茶园基础差，导致大量低产茶园产生。1959年3月，农业部提出脱离客观生产规律的"一季超全年""夏季赶春茶，秋季超夏茶"的丰产运动，使得茶树生产遭到破坏。1962年茶叶总产量下降到7.4万吨，单位面积产量降到264.41公斤/公顷，分别比1957年减少33.9%、22%。1963年，农业部召开全国蚕茶生产会议，总结经验教训、研究科学种茶，并采取进一步扶持茶农生产的经济政策。这些扶持措施的实施，有效调动了茶农的生产积极性，使得茶叶生产得到恢复。到1967年，茶叶单产量为386.71公斤/公顷，茶叶总产量达到11.3万吨，恢复到1957年的生产水平。

"文化大革命"开始以后，发展茶叶生产被当作资本主义倾向批判，茶叶生产又一次受到挫折。1974年3月，农业部召开全国茶叶大会，会上重申了"大力发展茶叶生产"的方针，提出："要巩固提高现有茶园，加速改造低产茶园，积极发展新茶园，努力提高单产，努力提高质量。"[①] 这次会议对茶叶生产发展起到积极的推动作用。到1978年，茶园种植面积达到104.75万公顷，比1967年的29.13万公顷增加2.6倍。茶叶总产量达到26.8万吨，比1967年增长1.4倍。

## 第四节 农业垦殖

新中国的农业垦殖业，是在毛泽东等老一辈领导人的亲自决策和领导下，在王震同志的直接指挥和组织下创建的。我国的农业垦区是在大规模开垦荒地的基础上建设和发展起来的，既是国民经济的重要组成部分，同时也是我国重要的商品粮基地、经济作物基地、畜产品基地和农畜产品加工业基地，是新中国农业现代化的"国家队"。新中国成立后，农垦国营农场的技术装备、经营管理、科技人才和劳动生产率都比全

---

① 《当代中国》丛书编辑委员会：《当代中国丛书 当代中国的农作物业》，363页，北京，中国社会科学出版社，1988。

国农村高,在实现我国农业现代化、农业专业化、社会化、商品化的转变和农村社队、专业户(组)实行经济联合等方面起到了示范带头作用。在开展经济建设的同时,农垦还承担屯垦戍边、人员安置、社会发展等方面的重要任务,在开发边疆、建设边疆、保卫边疆和维护民族团结等方面发挥重要作用。① 截至1979年年末,农垦已建设和发展成为一个拥有1 088万人口、2 047多个国有农场、44 860万亩土地(其中耕地6 536万亩、橡胶园461万亩)的庞大的经济社会系统,拥有农垦职工495万人,大中型拖拉机48 292台,联合收割机14 836台,农用载重汽车16 574辆,工农业总产值达到81.43亿元,成为我国国民经济的一个重要组成部分和维护国家安全、社会稳定的一支重要力量。②

## 一、农垦发展历程

新中国的农垦是在1947年创办的少数农场基础上建立发展起来的。全国解放后,为了促进战后我国经济的迅速恢复,加强粮食等农产品的供给,同时也为了安置战后的军队复员(转业)官兵的就业问题,根据中共中央关于解放军转入生产建设的战略决策,以成建制的转业官兵为骨干,吸收大量城市知识青年和移民以及科学技术人员,组成农垦大军,在祖国边疆和荒原上,开荒造田,创建国营农场。东北地区主要是在黑龙江开垦大面积原始荒地,包括通过整治河道,排除渍水,开发低洼沼泽地,建立粮食、大豆商品生产基地。西北地区主要在新疆开垦盐碱荒漠,兴建水利,植树造林,改良土壤,建立棉花、粮食商品生产基地。华南主要在广东、海南、云南修造梯田,营造林带,建立天然橡胶和热带作物生产基地。在其他省、自治区主要是开垦荒地、荒山、滩涂建立农畜产品和土特产品商品生产基地。③ 从整个发展过程来看,新中国的农垦事业可以划分为三个阶段。

### (一)创建阶段(1949—1956)

新中国成立初期,为了克服长期战争所导致的经济困难,迅速恢复和发展生产,同时为解决大量军人妥善安置问题,中央人民政府人民革命军事委员会决定组织军队参加农业生产。1949年12月5日,发布《关于一九五〇年军队参加生产建设工作的指

---

① 廖周:《新中国农垦事业发展的两条重要历史经验》,载《中国农垦》,2015(10),31页。
② 中华人民共和国农垦部计划局编:《全国农垦统计资料汇编(1949—1979)》,1981。
③ 《当代中国》丛书编辑委员会:《当代中国丛书 当代中国的农垦事业》,9页,北京,中国社会科学出版社,1986。

示》指出:"人民革命军事委员会号召全军,除继续作战和后勤服务者以外,应负担一部分生产任务,使我人民解放军不仅是一支国防军,而且是一支生产军,借以协同全国人民克服长期战争所遗留下来的困难,加速新民主主义的建设。"① 为加强对国营农场的领导,1949年年底,农业部设立垦务局,1950年改为国营农场管理局。1952年2月2日,毛泽东主席发布《人民革命军事委员会命令》,批准人民解放军31个师转为建设师,其中参与农业生产建设的15个师,分布在新疆、甘肃、宁夏、江苏、山东、海南等省、自治区,以它们为主建立一批农场。同时,农业部在河南、河北、山东、山西、江苏、安徽等省兴建地方国营农场。

到1952年年底,全国已有22个省、自治区、直辖市建立了562个国营农场,共有职工35.9万人,耕地面积565万亩,生产粮食4.52亿斤、棉花9.18万担、干胶35吨、饲养牲畜98万头。1950—1953年,针对国营农场经营管理和基本建设不完善等问题,农业部要求国营农场贯彻党中央提出的"投资少、收效快、收益大、不与民争地"的方针,对农场进行整顿、巩固、提高,促进其稳步发展。农业部提出在第一个五年计划期间,国营农场的耕地要达到800万~1 000万亩,发展重点在东北和中南地区。1954年7月中共中央批准成立新疆军区生产建设兵团。随后在1956年中央制定的《农业发展纲要四十条(草案)》中,提出"国家应当有计划地开垦荒地。从1956年起,在13年内,要求国营农场地耕地面积由1955年的1 300多万亩增加到1亿亩左右",并且规定国营农场在生产技术方面应发挥示范作用,实行多种经营,提高劳动力利用率和劳动生产率。

1956年5月,中共中央、国务院决定成立农垦部,王震任部长,张林池、张仲瀚、姜齐贤任副部长。农垦部统一管理全国的军垦农场和地方经营的国营农场。到1956年年底,中国农垦事业已初具规模,与1949年比较,国营农场由26个增加到730个;耕地面积由45万亩扩大到1 274万亩;粮食总产量由2 000万斤增加到13.1亿斤;职工人数由4 300人增加到37.8万人;工农业总产值由385万元增长为4.26亿元,增加110倍。

**(二)大规模发展阶段(1957—1966)**

1957年2月,农垦部召开全国国营农场工作会议,邓子恢副总理作了《几年来国营农场、牧场的巨大成就和今后的基本任务》的报告,提出今后农垦部和国营农场的

---

① 农垦部政策研究室等编:《农垦工作文件资料选编》,19页,北京,中国农业出版社,1983。

基本任务是：发展农牧场，扩大耕地面积；大量提高农畜产品供应以满足国家和人民需要；从各方面支援农业合作社；为社会主义建设积累资金；培育能胜任大规模农业生产的管理和技术人才。1958年1月，朱德副主席在农业水利工会第一次大会中提出国营农牧业不仅要以粮食、棉花、经济作物和畜产品供应人民生活和轻工业的需要，而且要成为供应出口物资的基地。国营农场建场初期，要根据具体情况，实现一边建场，一边生产，争取当年盈利，最大限度发挥国家投资的效果。①

1958年2月24日，中央军委发出《关于动员十万干部转业复员参加生产建设的指示》。同年3月中共中央提出，在有大量可垦荒地、没有充足劳动力、又有复员部队可调动的条件下，应该实行军垦。1958年8月29日，中共中央作出《关于动员青年前往边疆和少数民族地区参加社会主义建设的决定》，提出5年内动员大批青年从内地到边疆和少数民族地区参加开发和建设工作，使其能逐步与内地同步发展，并责成农垦部负责此项工作。1958年春天开始，10多万解放军转业官兵陆续到达各个垦区。同时，大批内地支边青年和城市知识青年，也响应党的号召，奔赴边疆，参加边疆建设。据统计，从1958年到1966年边疆地区累计安置城市知识青年25.61万人。1959年至1961年到边疆和少数民族地区农场工作的青年达93万人，随迁家属43.8万人。

1958—1960年，农垦事业在规模和速度上得到空前发展，但是由于"大跃进"运动中高指标、瞎指挥、浮夸风和"共产风"严重泛滥，国营农场出现劳动生产率低下、经济效益普遍下滑等问题。1960年冬，党中央纠正农村工作中的"左"倾错误并且对国民经济实行"调整、巩固、充实、提高"的方针，农垦系统也进行调整。1961年国务院副总理邓子恢到黑龙江垦区视察，提出国营农场应根据农业生产特点，实行"包、定、奖"生产责任制，改革工资制度。

1962年9月，农垦部向党中央报告，提出整顿国营农场的十项主要措施：①调整领导管理体制，对农场实行统一领导，分级管理，农场的生产计划权、产品处理权、资产管理权、人员调动权，统归国家指定的各级管理机关所有；②明确农场的经营方针，实行"以农为主，农牧结合，多种经营"；③实行定型、定员、定额；④农业机械和农具的配备和补充重点武装适宜机械作业、出商品粮多的部队；⑤压缩基本建设，加强农田水利建设，提高抗灾保收能力；⑥逐步建立和健全经营管理制度，提高经营管理水平；⑦因地制宜地建立耕作、轮作、积肥施肥、培育良种、水利排灌等农业生产技术制度，提高技术水平；⑧合理调整劳动报酬；⑨正确安排好职工生活，

---

① 农垦部政策研究室等编：《农垦工作文件资料选编》，180、279页，北京，中国农业出版社，1983。

有计划地逐步解决职工住房问题，分给职工家属自用地，发展家庭副业生产；⑩加强对职工的政治思想教育。同年11月，中共中央转发农垦部的《国营农场领导管理体制的规定》，明确规定了对农场实行统一领导、分级管理的具体要求。

1963年1月，国务院副总理谭震林提出国营农场要搞机械化生产，提高劳动生产率和商品率。他在1964年全国国营农场工作会议上提出，国营农场要从我国农业特点出发，加强农业现代化建设，进行农田基本建设，实行精耕细作，经济合理地利用土地，充分发挥土地的潜力，最大限度地提高单位面积产量。1964年2月，陈漫远任农垦部副部长，对国营农场的经营管理进行了大量调查研究，提出改革意见。同年8月陈漫远向中央提出《关于党组扩大会议对几个主要问题讨论意见的报告》，9月中共中央转批此报告，对农场经营管理提出五条要求：①国营农场必须实行一业为主，农牧结合，多种经营的方针；②必须改变只把从18岁到45岁年龄范围的职工算作劳动力的办法；③农场在农闲时期进行农田基本建设，不管是大型的或小型的，只要是本场的闲余劳力，这种劳力就不计算在基本建设费用内；④职工用农闲时间自己修建或修理房屋，应当鼓励，并给予支持，过去这些修建工程都按基本建设加以控制是错误的，应当改正；⑤国营农场应当建立自己的小型的粮、油、糖加工厂，以利用农闲劳力发展生产，应给予支持。

1965年4月中共中央批转《关于改革国营农场经营管理制度的规定（草案）》，并在国营农场中开始试行。农垦系统认真贯彻党中央对农垦工作的方针政策，进行一系列卓有成效的工作[①]，随后各地农垦企业进行调整和整顿，农垦系统经济效益全面提高。1964年全国农垦企业扭转连年亏损局面，到1966年3年间共盈利3.52亿元。1957—1966年是农垦事业大发展的10年，其建设成果基本上奠定了中国农垦的现有格局，为中国农垦的规模化发展储备了可靠的土地资源。10年期间共开垦荒地5 568万亩，完成基本建设投资53亿元，新增固定资产总值34.6亿元。1956年与1966年全国农垦经济指标的增长状况见表9-13。1966年工农业总产值比1956年增长8.15倍，耕地面积达4 784万亩，粮食总产量80.9亿斤，上交国家粮食28.2亿斤。

---

[①] 工作主要内容：对职工家属划给自用地，鼓励发展家庭副业；普遍实行"包、定、奖"责任制；贯彻"一业为主，多种经营"方针，大力发展多种经营；恢复和加强农垦管理部门；关掉317个无法经营的农场，退耕286万亩不宜耕种土地；恢复与建立企业经营管理制度；加强科技工作，提高生产技术水平；重点武装一批机械化生产队，提高亩产量和劳动生产率。

表 9-13　1956 年与 1966 年全国农垦经济指标比较

| 项　　目 | 1956 年 | 1966 年 | 增长倍数 |
| --- | --- | --- | --- |
| 工农业总产值 / 亿元 | 4.26 | 39.0 | ≈8.15 |
| 农场数 / 个 | 730 | 1940 | ≈1.66 |
| 耕地面积 / 万亩 | 1274 | 4784 | ≈2.76 |
| 职工人数 / 万人 | 37.8 | 283.9 | ≈6.51 |
| 拖拉机马力 / 万马力 | 14.7 | 86.4 | ≈4.88 |
| 粮食总产量 / 亿斤 | 13.1 | 80.9 | ≈5.18 |
| 上交粮食 / 亿斤 | 5.1 | 28.2 | ≈4.53 |
| 橡胶面积 / 万亩 | 109.04 | 250.11 | ≈1.29 |
| 干胶总产量 / 吨 | 33 | 23 234 | ≈68.77 |

注：工农业产值均按 1980 年不变价格折算。
数据来源：《当代中国》丛书编辑委员会：《当代中国的农垦事业》，18 页，北京，中国社会科学出版社，1986。

### （三）曲折发展阶段（1967—1978）

"文化大革命"中，农垦部及省、自治区、直辖市的农垦管理机构被撤销，大批国营农场被撤销，原有的管理制度被破坏，大多数干部被下放到"五七"干校劳动。

20 世纪 60 年代末期，农垦管理机构被撤销后，全国大部分省和自治区相继以国营农场为基础，成立生产建设兵团或农业建设师，划归各大军区或省军区领导。生产建设兵团的成立，对稳定混乱局势和巩固边防起到了积极作用。1970 年，国家召开生产建设兵团工作会议。周恩来总理针对当时兵团丢弃农垦事业优良传统的现象时指出："南泥湾精神不能丢，丢了要恢复起来。" 1973 年 5 月，周总理在中央工作会议上批评了兵团机构庞大、非生产人员过多等问题，提出生产建设兵团还有个工资问题，要逐步把工资制改为工分制。此后，兵团纠正和改变了一些错误做法，恢复和建立了一些规章制度，启用了一批原农垦的干部和科技人员，合并一些盲目扩建的单位，使生产管理得到一定程度的好转。由于当时处于"文化大革命"期间，生产建设兵团不可能从根本上改变错误的方针政策，严重的亏损局面也不可能彻底扭转，多数生产建设兵团生产发展缓慢。据兵团和农建师统计，1971 年粮豆总产量为 50 亿斤，1972 年降到 46 亿斤，1973 年降到 41 亿斤；粮豆亩产量由 1971 年的 194 斤，降到 1973 年 167 斤。由于生产下降，成本提高，经营亏损十分严重。

1972 年 5—6 月，中国人民解放军总参谋部、国务院农林部联合派出 3 个小组到黑龙江、新疆、内蒙古、浙江、安徽等省、自治区的 5 个兵团调查研究，1973 年 2 月向国务院、中央军委写了关于生产建设兵团领导管理体制问题的报告。报告从兵团的性质、任务，领导关系，组织编制三个方面论述兵团存在的主要问题。1972年，经国务院、中央军委批准，首先撤销武汉军区湖北生产建设兵团；1974年，又撤销了云南、福建、广东生产建设兵团和广西、宁夏农建师。1975年邓小平副总理主持中央日常工作，提出进行全面整顿的方针，加快了改变生产建设兵团管理体制的步伐。这一年，相继撤销了内蒙古、江苏、安徽、浙江、山东生产建设兵团和江西、西藏、甘肃、青海、陕西的农建师。1976年春，撤销了黑龙江生产建设兵团。各地生产建设兵团撤销后，省、自治区成立农垦局，各生产建设兵团改称农牧场，农场机制的地区成立地区农垦局。

由于农垦系统各级领导、干部和广大工人、知识青年的艰苦努力，"文化大革命"的十年间，农垦事业仍然取得了发展。十年间，全国农垦系统共开垦荒地1 967万亩，新增耕地面积1 354万亩。1976年工农业总产值由1967年的25.7亿元增加到59.2亿元，其中农业产值由15.6亿元增加到33.8亿元；粮豆总产量由82.5亿斤增加到120.5亿斤；上交商品粮豆由28.2亿斤增加到37亿斤；橡胶干胶产量由2.5万吨增加到7.5万吨；牛奶产量由3.7亿斤增加到5亿斤；肉类产量由1.6亿斤增加到3.1亿斤。十年中，国家给农垦系统拨出基本建设投资37亿元，拨付知识青年安置费11亿元。各兵团利用这些资金兴办一批工业企业，增加了通信和交通运输设备，兴建各种用房，扩大生产规模。然而由于经营管理不善，造成投入多，产出少，经济效益低下，损失浪费大，亏损严重的局面。在"文化大革命"中，农垦系统由盈利变为亏损。1967—1976年连年亏损，亏损总额为32亿元，其中，1976年亏损高达近4.7亿元，亏损企业占企业总数的73%。1976年，除广东、西藏、甘肃、河南、湖北、北京等省、自治区、直辖市的农垦企业有盈利外，其他省均亏损，黑龙江和新疆两个垦区亏损为2.1亿元。

1977年12月，国务院召开全国国营农场工作会议，提出国营农场的基本任务和办好农场的方针政策。为了加强对国营农场的领导和管理，国务院决定成立国家农垦总局，黑龙江、新疆、广东、云南4个垦区实行国家农垦总局和省、自治区双重领导，以省、自治区为主。全国各省、自治区、直辖市根据国务院关于加强对农垦工作领导的要求，建立健全农垦管理机构。到1978年年底，全国有27个省、自治区、直辖市设立了农垦局。1979年4月，国务院决定在国家农垦总局基础上恢复农垦部。同年，农垦部颁布《国营农场工作条例（试行草案）》，指出，国营农场的任务是"分别建成为国家可靠的商品粮食、工业原料、出口产品和城市、工矿区副食品的现代化生产基地"。

中共十一届三中全会后，我国农垦进入新的历史发展时期。

## 二、农垦经济发展

### (一) 工农业总产值增长

到 1978 年,农垦是拥有 513.98 万职工、1 095.84 万人口、6 426 万亩耕地的大型企业。农垦的工农业总产值 1978 年和全国各省市工农业总产值比较(均按 1970 年不变价),超过了西藏、宁夏、青海、新疆、贵州、内蒙古等省(区)。农垦的人均产值 1980 年为 880 元(按 1980 年不变价),比 1980 年全国人均产值 710 元高出 24%。和全国农业总产值相比,1980 年全国农业人口人均产值仅为 270 元,农垦为其 2.26 倍。① 从 1953 年到 1980 年,尽管有十年动乱和工作上的失误,农垦工农业总产值按 1980 年不变价折算每年仍增长 16.3%,其中"一五"期间增长 35.6%,"二五"期间增长 28.9%,三年调整时期增长 15%,十年内乱期间增长 6%("三五"时期增长 5.6%,"四五"时期增长 6.2%),"五五"期间增长 9%。②

如表 9-14 所示,1978 年农垦工农业总产值 85 亿元,比 1952 年 1.47 亿元增加 56.8 倍,其中,农业总产值为 47.4 亿元,占 55.76%,工业总产值为 3.76 亿元,占 44.24%。从收入水平看,1979 年农垦人均纯收入 254 元,比人民公社人均纯收入 84 元高出 170 元。③ 从人均占有量看,1979 年农垦人均占有粮食 1 293 斤、棉花 11.8 斤、油料 19.3 斤,分别比全国农业人均水平高出 57.1%、114.5% 和 21.4%。④

表 9-14　农垦工农业总产值及构成

| 年份 | 1952 | 1957 | 1965 | 1978 |
|---|---|---|---|---|
| 1.农业总产值 / 万元(比重 /%) | 12 260(83.36) | 50 381(74.72) | 279 038(76.41) | 474 319(55.78) |
| (1) 种植业产值 / 万元 | — | — | 179 700 | 313 872 |
| (2) 林业产值 / 万元 | — | — | 21 500 | 57 180 |
| (3) 牧业产值 / 万元 | — | — | 46 040 | 65 883 |
| (4) 副业产值 / 万元 | — | — | 30 163 | 35 579 |
| (5) 渔业产值 / 万元 | — | — | 1 662 | 1 805 |
| 2.工业总产值 / 万元(比重 /%) | 2 448(16.64) | 17 043(25.28) | 86 126(23.59) | 376 069(44.22) |
| 工农业总产值总计 / 万元 | 14 708 | 67 424 | 365 164 | 850 388 |

---

① 胡中:《关于农垦经济的地位、作用和发展战略问题》,24 页,载《国营农场经济研究资料》,内部期刊,1983(1),24 页。
② 胡中:《关于农垦经济的地位、作用和发展战略问题》,26 页,载《国营农场经济研究资料》,内部期刊,1983(1),26 页。
③ 中华人民共和国农垦部计划局编:《全国农垦统计资料汇编(1949—1979)》,Ⅺ 页,1981。
④ 中华人民共和国农垦部计划局编:《全国农垦统计资料汇编(1949—1979)》,Ⅻ 页,1981。

### （二）种植业发展

种植业是农垦国营农场的主要组成部分，对国营农场的发展起着重要作用。国营农场种植的主要作物有水稻、小麦、玉米、棉花、油菜、花生等，同时充分利用各种资源，积极发展林、果、茶和土特产品生产。从1949年到第一个五年计划结束，国营农场的种植业以发展粮棉生产为主。同时，国家有计划地在新疆内陆早熟棉区、湖北江汉平原、湖南洞庭湖畔，以及江苏、浙江、上海、安徽、山东的沿海沿江地区垦荒造田，集中新建了一批以粮棉生产为主的国营农场。到1957年，粮食作物面积扩大到710万亩，比1952年增加2.4倍；大豆种植面积为170万亩，比1952年增加3.5倍；粮豆总产量由1952年的4.519亿斤，增产到1957年的14.576亿斤，增加2.2倍；棉花种植扩大到67万亩，总产量增加到36.33万担，比1952年增加2.95倍。1978年棉花总产量148.31万担，比1952年的9.18万担增长15.16倍；糖料总产量1 885.96万担，比1952年的0.18万担增长10 476.6倍；干胶总产量96 006吨，比1952年的35吨增长2 742倍（表9-15）。

表9-15 农垦主要农产品产量

| 年份 | 1952 | 1957 | 1965 | 1978 |
| --- | --- | --- | --- | --- |
| 农作物总播种面积/万亩 | 316 | 1 163 | 3 962 | 6 469 |
| 1. 粮食总产量/万斤 | 45 190 | 145 763 | 716 644 | 1 297 008 |
| 其中：粮食产量 | 41 058 | 132 628 | 649 123 | 1 130 387 |
| 大豆产量 | 4 132 | 13 135 | 67 521 | 166 621 |
| 2. 棉花总产量/万担 | 9.18 | 36.33 | 141.83 | 148.31 |
| 3. 油料总产量/万担 | — | — | — | 170.75 |
| 4. 糖料总产量/万担 | 0.18 | 223.62 | 1 126.09 | 1 885.96 |
| 5. 水果总产量/万担 | 0.46 | 7.40 | 171.45 | 490.01 |
| 6. 茶叶总产量/万担 | — | - | 4.94 | 26.45 |
| 7. 人参总产量/万斤 | 1.46 | 1.42 | 47.08 | 113.9 |
| 8. 干胶总产量/吨 | 35 | 346 | 16 659 | 96 006 |

数据来源：根据《全国农垦统计资料汇编（1949—1979）》和《当代中国的农垦事业》整理。

从第二个五年计划开始到1967年，随着耕地面积的扩大，粮豆总产量也不断提高。1956—1960年的5年间，粮食播种面积迅速增加。1960年时播种面积高达3 500.94万亩，比1959年高出120.3%。1960—1962年粮食单产大幅度下降，但贯彻"调整、巩固、充实、提高"的方针后，生产得到恢复和发展，每年向国家上交商品粮由4.7亿斤增至29亿斤。1965年农作物总播种面积为3 962万亩，比1957年扩大3.4倍；粮食总产量为71.67亿斤，比1957年提高4.92倍。农场的棉花和其他经济作物的生产也都有较大幅度的增长，1967年棉花播种面积220.5万亩，亩产67斤，总产皮棉148.19万担，与1957年相比，面积扩大2.2倍，单产增加24%，总产增加3.08倍。①

1968年和1969年农场的粮食产量下降，1970—1973年发展缓慢。1975年后农场的生产开始恢复。1978年农业生产得以发展，粮食作物面积发展到3 924.59万亩，亩产288斤，总产量113.04亿斤，与1967年相比，种植面积扩大27.6%，亩产提高17.6%，总产量增加50.2%。在"以粮为纲"的影响下，棉花种植面积减少，1978年的棉花播种面积198.4万亩，比1967年减少22万亩；总产量148.3万担，基本与1967年持平。1979年后，国营农场的种植业生产得到全面发展。在"不放松粮食生产，积极发展多种经营"的方针指导下，各地农场因地制宜地调整作物布局，粮食和棉花、油料、糖料等经济作物的生产都有较大的发展。

### （三）开荒建场

大规模开发利用荒地资源是发展我国农业的重要方向。1950年农业部国营农场管理局开始勘察荒地资源。1954年农业部成立土地利用总局，统一组织全国荒地资源的勘测与开发利用。各省、自治区也相继成立土地利用机构。农垦部成立之后，全国荒地勘测工作划归农垦部管理。1956—1960年，农垦部荒地勘测设计院组织有关部门，先后协助湖北、江西、黑龙江、广东、云南等省进行了大规模的荒地勘测规划工作。到1960年年底，全国25个省、自治区都对荒地资源进行了初步普查。新中国成立到1980年全国已开荒4.95亿亩，其中国营农场开荒面积1.03亿亩，约占开荒总面积的20.9%。全国历年荒地开垦面积见表9-16。

表9-16　全国历年开荒面积　　　　　　　　　　单位：万亩

| 时期 | 开荒面积 | |
|---|---|---|
| | 全国 | 其中：国营农场 |
| 1949—1952 | 15 055.8 | 383.8 |
| 1953—1957 | 8 213.0 | 1 302.8 |
| 1958—1962 | 15 880.0 | 5 161.8 |
| 1963—1965 | 3 337.0 | 857.3 |
| 1966—1970 | — | 725.5 |
| 1971—1975 | 3 528.6 | 1 064.4 |
| 1976—1980 | 3 497.4 | 832.7 |
| 总计 | 49 511.8 | 10 328.3 |

数据来源：《当代中国丛书　当代中国的农垦事业》，116页，北京，中国社会科学出版社，1986。

---

① 《当代中国》丛书编辑委员会：《当代中国丛书　当代中国的农垦事业》，140页，北京，中国社会科学出版社，1986。

农垦系统 1979 年共有土地总面积为 44 860.36 万亩。这些土地主要分布在内蒙古 11 200.76 亿亩，黑龙江 10 280 万亩，新疆生产建设兵团 5 122.8 万亩，新疆畜牧场 9 083.66 万亩。从表 9-17 可看出，1978 年农垦系统的土地按用途划分为：耕地 6 426 万亩，占 14.32%；草原 17 725 万亩，占 39.51%；林地 2 708 万亩，占 6.04%，其中定植橡胶 451.54 万亩，占 1.01%；水面 1 123.56 万亩，占 2.5%；其他 16 275.05 万亩（荒地、荒山、道路、水库、工厂、矿山、建筑用地等），占 36.28%。

表 9-17　土地利用情况

| 年份 | 1952 | | 1957 | | 1965 | | 1978 | |
|---|---|---|---|---|---|---|---|---|
| 土地总面积/万亩 | 面积 | 比重/% | 面积 | 比重/% | 面积 | 比重/% | 面积 | 比重/% |
| | 1 045.2 | 100 | 11 362 | 100 | 45 485 | 100 | 44 860 | 100 |
| 1.耕地面积 | 565 | 54.06 | 1 581 | 13.92 | 5 002 | 11 | 6 426 | 14.32 |
| 2.林地 | 4 | 0.38 | 628.6 | 5.53 | 3 602 | 7.92 | 2 708 | 6.04 |
| 3.胶园 | 90.28 | 8.64 | 103.71 | 0.91 | 229.46 | 0.5 | 451.54 | 1.01 |
| 4.果园 | 3.08 | 0.29 | 14.88 | 0.13 | 84.03 | 0.19 | 105.41 | 0.24 |
| 5.茶园 | — | — | 0.98 | — | 22.11 | 0.04 | 45.44 | 0.1 |
| 6.草原 | 53.52 | 5.12 | 5 493.22 | 48.35 | 23 274 | 51.17 | 17 725 | 39.51 |
| 7.水面 | 7.09 | 6.78 | 204.86 | 1.8 | 270.68 | 0.6 | 1 123.56 | 2.5 |
| 8.其他 | 322.23 | 30.83 | 3 334.75 | 29.35 | 13 000.72 | 28.58 | 16 275.05 | 36.28 |

注：表内"其他"，是指荒地、荒山、道路、水库、工厂、矿山、建筑用地等。
数据来源：根据《当代中国的农垦事业》整理。

各地在早期建立的一批国营农场，由于事先缺乏严格的建场勘测规划和设计，造成一定程度的浪费和损失。农业部国营农场管理局在总结办农场经验与教训的基础上，1952 年制定《国营机械农场建场程序暂行办法》，强调必须进行调查勘测和规划设计，按规划设计的要求开荒建场，并对开荒建场的各项主要工作程序和要求作出具体规定。1963 年农垦部进一步对《国营机械农场建场程序暂行办法》作了补充修改，制定《国营农场建场程序规定（草案）》，提出新建农场必须进行勘测、规划、设计，按建场程序规定开荒建设；未经规划的必须进行规划补课。到 1966 年 5 月，全国有 500 多个国营农场进行了规划补课，编报建场计划任务书和规划设计文件，使农场的生产建设有目标、有计划地发展。

为适应大规模垦荒建场的需要，农垦部于 1958 年 2 月在北京召开全国国营农场社会主义建设积极分子大会。会议上提出，开荒建场要采取"边开荒，边生产，边建设，边积累,边扩大"的方针(以下简称"五边方针")。建场方针的提出,对扩大耕地面积、逐步减少亏损起到了一定积极作用。但由于没有及时提出执行"五边方针"的具体规定,导致开荒和生产、生产和基建、基建和积累之间的比例失调,许多企业出现无力归还银行贷款,生产难以周转的现象。1963年开始,农垦系统所属企业的全部收支纳入各级财政预算进行管理,从而划清基本建设投资和流动资金界限,取消基本建设财务包干制度,并要求建场要按基本建设程序办事。

在开荒建场中,采用老场扩建新场方式,即以早期建立的农场为依托,对老场周围荒原进行勘测规划,提出建立新农场计划,按建场程序建场,同时老场给予新场基础设施、物质、技术、人才等方面支持。另外一种方式是以场扩场,即对已建立的老场进行勘测规划补课,以现有场、队为基础,进一步开发利用当地资源,扩大场、队经营规模,或建立新的生产队,发展农、林、牧、渔和工业生产,发展多种经营。

农垦的基本建设主要包括:开荒造田、平整土地、保持水土、改良土壤、防农田护林带、修建灌溉排渠系统和田间道路等农田基本建设;农、林、牧、渔等产品加工设施、建筑材料生产和农机制造修配设施;采掘和工业建设,公路、桥梁、水利、电力、电信、房屋等工程建设和商业、服务业等公共建设。① 农垦的各项基本建设资金主要来源于国家投资和自筹资金。各垦区和农场坚持自力更生、艰苦奋斗的精神,多方面筹集建设资金。基本建设投资情况见表9-18。从1952年到"五五"期间投资总额达172.9亿元,国家预算内总投资98.64亿元,占57.05%;自筹资金总额74.26亿元,占42.95%。

表9-18　农垦历年基本建设投资总额　　　　　　　　单位:亿元

| 投资 | 1952 | "一五" | "二五" | 1963—1965 | "三五" | "四五" | "五五" |
|---|---|---|---|---|---|---|---|
| 投资总额 | 2.08 | 10.97 | 30.6 | 15.67 | 19.86 | 37.97 | 55.75 |
| 其中:<br>国家预算内<br>自筹及其他 | 1.13<br>0.95 | 6.73<br>4.24 | 15.46<br>15.14 | 10.95<br>4.72 | 11.32<br>8.54 | 25.91<br>12.06 | 27.14<br>28.61 |
| 自筹资金占投资总额比重/% | 45.67 | 38.65 | 49.47 | 30.12 | 43 | 31.76 | 51.32 |

数据来源:《当代中国丛书　当代中国的农垦事业》,133页,北京,中国社会科学出版社,1986。

(四)农业机械装备水平

农垦国营农场使用的农业机械在1956年以前主要是从苏联进口,小部分从捷克

---

① 《当代中国》丛书编辑委员会:《当代中国丛书　当代中国的农垦事业》,131页,北京,中国社会科学出版社,1986。

斯洛伐克和匈牙利进口。1952 年共有大中型拖拉机 1 151 台、联合收割机 276 台、农业机械总动力为 12.57 万马力。到 1957 年共有大中型拖拉机 4 477 台、联合收割机 1 406 台,农业机械总动力为 53.77 万马力,分别比 1952 年增长 2.89 倍、4.09 倍和 3.28 倍。1959 年,各农场相继开始使用国产机械,到 1965 年农机总马力比 1957 年增加 2.34 倍。各农场也重点加强机引农机具的配套,机引农机具从 1957 年的 1.1 万台增加到 9.1 万台,增加 7.3 倍。20 世纪 70 年代末到 80 年代初,各垦区从东欧国家引进联合收割机,还从其他国家引进一些先进的农业机械。从表 9-19 来看,到 1978 年全国国营农场拥有大中型拖拉机 48 615 台、联合收割机 13 587 台、大中型机引农机具 17.87 万台、农机总动力 717.82 万马力。随着农机装备的不断加强,农业机械化程度不断提高,农场种植业的机械化水平比全国农村平均机械化水平高出几倍。如表 9-20 所示,国营农场的机耕面积、机播面积、机收面积均高出全国农村的 1.38 倍、4.99 倍和 11.15 倍。

表 9-19 各类型农业机械数量的变化

| 主要农业机械 | 1952 年 | 1957 年 | 1965 年 | 1978 年 |
| --- | --- | --- | --- | --- |
| 1. 大中型拖拉机 / 台 | 1 176 | 4 815 | 18 668 | 51 005 |
| 其中:农用拖拉机 | 1 151 | 4 477 | 18 262 | 48 615 |
| 2. 小型机手扶拖拉机 / 台 | — | — | | 13 577 |
| 3. 各种汽车 / 辆 | 2 032 | 3 008 | 9 293 | 25 883 |
| 其中:农用载重汽车 | 271 | 1 305 | 5 415 | 16 254 |
| 4. 联合收割机 / 台 | 276 | 1 406 | 5 411 | 13 587 |
| 5. 大中型机引农机具 / 万台 | 0.25 | 1.1 | 9.1 | 17.87 |
| 6. 农业机械总动力 / 万马力 | 12.57 | 53.77 | 179.53 | 717.82 |

数据来源:根据《全国农垦统计资料汇编(1949—1979)》整理。

表 9-20 1983 年国营农场农业机械化程度与全国农村平均比较

| 项目 | 全国农村平均(A) | 国营农场平均(B) | (B−A)/A |
| --- | --- | --- | --- |
| 机耕面积占耕地面积比重 /% | 33.8 | 80.6 | ≈1.38 |
| 机播面积占耕地面积比重 /% | 12.0 | 71.9 | ≈4.99 |
| 机收面积占耕地面积比重 /% | 4.6 | 55.9 | ≈11.15 |
| 化学除草面积占耕地面积比重 /% | 6.7 | 30.6 | ≈3.57 |

数据来源:《当代中国》丛书编辑委员会:《当代中国丛书 当代中国的农垦事业》,223 页,北京:中国社会科学出版社,1986。

20 世纪 50 年代初,国营农场创立初期,黑龙江省的九三、通北、绥滨、宝泉岭等大型机械化水平较高的农场,平均每个农业工人每年生产粮食 5 万斤左右。有的农场的生产队每个农业工人一年生产粮食达到 7 万 ~8 万斤。农机具机械化利用程度大大提高了国营农场的劳动生产率。同时，国营农场的农业机械化，对全国广大农村的合作化、机械化起到了积极的示范和推动作用。从20世纪70年代初开始，农场的人口和劳动力大幅度增加，对劳动生产率的提高产生一定影响，但由于农场的农业机械化程度较高，农场的劳动力生产率仍大大高于全国农村的平均水平。从表9-21可看出，1983年的国营农场每个职工所生产的粮豆、皮棉、油料、糖料和农业产值，与全国农村人均生产量相比，分别高出1.43倍、2.54倍、0.46倍、6.65倍和1.96倍。

表9-21　1983年从事农林牧副渔劳力平均每人生产的主要产品

|  | 全国农村A | 国营农场B | （B-A）/A |
|---|---|---|---|
| 粮豆/斤 | 2 393.0 | 5 822.0 | ≈1.43 |
| 皮棉/斤 | 29.3 | 103.8 | ≈2.54 |
| 油料/斤 | 66.7 | 97.6 | ≈0.46 |
| 糖料/斤 | 254.8 | 1 948.8 | ≈6.65 |
| 肉类/斤 | 88.6 | 187.5 | ≈1.12 |
| 农业产值/元 | 890.3 | 2 632.9 | ≈1.96 |

数据来源：《当代中国》丛书编辑委员会：《当代中国丛书　当代中国的农垦事业》，224页，北京，中国社会科学出版社，1986。

## 三、三大垦区的发展

### （一）黑龙江北大荒农垦

开发建设北大荒，是党中央、国务院、中央军委的一项重大战略决策，是我国社会主义现代化建设的一项宏伟事业。经过几十年的艰苦奋斗、开发建设，黑龙江垦区已成为我国耕地面积最大、机械化程度最高的国营农场群，成为国家重要的商品粮生产基地和农副产品精深加工基地。

从1949—1959年，工农业总产值以年均81.5%的速度超高速增长，1960—1962年的三年间，由于"大跃进"和严重自然灾害的影响，工农业总产值呈负增长。从图9-12可以看出，1963年至1978年的15年间，工农业总产值年增长在10%以上的有9年，负增长的有3年，增长速度在5%左右的有2年。

从粮食总播种面积的变化来看，1949—1978年的30年间，播种面积呈负增长的有3年（1961年、1962年、1973年），增长速度在10%以上的有12年，增长速度低于5%以下的有5年。1960—1961年，虽然播种面积有所扩大，但由于严重自然灾害，总产量和亩产量均有大幅度下降；"文化大革命"开始后的1968年、1969年，农垦的管理机构受到严重破坏，粮食总产量和亩产量均有所减少。总体上看，1949—1959年的 10 年间粮食总播种面积和总产量增长率最高，除个别时期外，之后表现较为稳定。

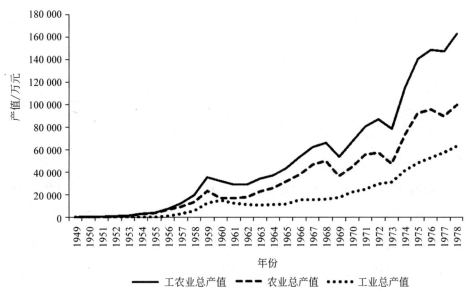

图 9-12　黑龙江农垦区工农业总产值的变化（1949—1978）
数据来源：根据《开发建设北大荒（下卷）》整理。

从第一批农场创建到 1978 年年底，黑龙江垦区的开发和建设大体上经历了三个阶段，即创业阶段、发展阶段、曲折前进阶段。

创业阶段（1947—1955）。黑龙江垦区是在战争年代为适应革命形势的需要而创建的。1945 年 12 月 28 日，为解决粮食问题，毛泽东主席发出了《建立巩固的东北根据地》的号召，要求"除负有作战任务的野战兵团外，一切部队和机关，必须在战斗和工作之暇，从事生产"，并派出大批部队和地方干部进入东北，先后创建一批地方农场。从 1947 年春至 1949 年年末，共创办国营农场 100 个。宁安农场是北大荒第一批建立的农场之一，同期建立的还有通北、赵光、花园、永安、查哈阳等农场。1948 年年末东北全境解放后，为加强对国营农场的领导，决定建立国营农场领导机构。1949 年 3 月，东北农林部下设东北公营农场管理处，1950 年后改为东北机械农场管理局，1953 年改称东北国营农场管理局。在 1950 年召开的第一次国营农场工作会议上，林枫作了《迎接大规模经济建设，办好国营农场》的总结报告，指出农场存在"投资高、产量低、浪费多、亏损大"的问题。随后，中共中央东北局作出《关于加强国营农场工作的决定》，对各国营农场进行整顿和改制。1953 年 12 月，中共中央东北局召开第二次国营机械农场工作会议，提出国营农场的建设方针是"不与民争地，花钱少、办事多、收效快",其任务是"为国家增产粮食,生产有利,示范农民,积累经验,培养干部;为国家积累资金,扩建新场"。1954年国庆期间,苏联政府向我国赠送可供2万公顷耕地使用的全套建场所需的机械设备。国务院作出在黑龙江省建立国营友谊农场的决定。这是我国第一个用比较先进的农业机械装备并实行科学管理的国营农场。1955年8月,为响应党中央号召,一大批青年志愿者奔赴北大荒,成为开发建设北大荒的一支重要的生力军。

发展阶段(1956—1966)。1954年秋,中国人民解放军铁道兵司令员王震组织铁道兵复员军人到北大荒办农场。1955年元旦成立八五〇农场。1956年6月,王震参加在密山召开的"铁道兵农垦局成立大会",提出建场方针和要求:"要实行全面规划,分区布点,边开荒、边生产、边建设、边搞水利,由小到大、由少到多的建场方针和以农为主、多种经营的方针。"1958年3月,通过《关于发展军垦农场的意见》。同年4月10日农垦部下发文件指出:"国务院决定从本年度退役军官中转到国营农场排连干部6万人,班以下工农骨干和青年学生两万人;七个预备师,四个预备医院,两个兽医院,一个汽车修配厂,直属第一速成中学参加生产建设,这是发展国营农场的一支生力军。"1958年3—5月,人民解放军转业复员官兵从全国各地向北大荒进发,总人数达8.15万人。广大复转官兵坚持"边开荒、边生产、边建设、边积累、边扩大"的"五边"方针,进一步开发三江平原,增加耕地面积。1959—1961年,北大荒经历"大跃进"和严重自然灾害后,垦区经济出现严重亏损。据统计,黑龙江垦区国营农场1960年亏损8 731万元,1961年亏损9 585万元;粮豆总产量1960年比1959年减少31.21万吨,1961年比1960年减少3.82万吨,亩产只有41公斤。① 1963年2月,农垦部召开"黑龙江地区重点机械化生产队会议",决定给黑龙江垦区优先装备100个重点机械化生产队。据统计,1962年年末至1967年,全垦区实现了重点机械化,拖拉机增加87%,联合收割机增加140%,汽车增加107%。1964年9月农垦部下发以加强企业管理为主要内容的"五条指示"。1965年4月又制定《关于改革国营农场经济管理制度的规定》(以下简称《十六条》)。根据"五条指示"和《十六条》精神,垦区改变单一经营模式,实行以粮为纲、农牧并举、多种经营的方针。到1968年年末,国营农场由1954年的63个增加到124个,耕地1 911万亩,粮豆总产量40万吨,实

---

① 中共黑龙江省委党史研究室、黑龙江省农垦总局编:《开发建设北大荒》,12页,北京,中共党史出版社,1998。

现盈利 3 742.7 万元。

曲折前进阶段（1967—1978）。"文化大革命"期间，黑龙江垦区从领导体制、经营管理制度到生产规章制度被全盘否定，国营农场经济遭受严重破坏。1968 年 6 月 30 日，沈阳军区黑龙江生产建设兵团正式成立。生产建设兵团接收国营农场 93 个，职工总数 25.5 万人，耕地面积 1 843 万亩。生产建设兵团的主要任务是"屯垦戍边"，即保卫边疆、建设边疆、发展生产。1968 年冬开始，城市知识青年响应毛主席"知识青年到农村去接受贫下中农再教育"的号召，陆续来到北大荒。到 1971 年年末，国营农场系统共接收安置城市知识青年 45 万人。大批知识青年进入北大荒，不仅提高了垦区职工的文化素质，还继承和发扬了艰苦奋斗、勇于开拓、顽强拼搏的精神，在艰苦的环境下，为开发建设北大荒默默奉献力量，成为推动垦区发展的新生力量。生产建设兵团成立后，1968—1975 年，国家对兵团的基本建设投资累计 14 亿元，主要用于农用拖拉机、联合收割机、化肥、农药物资的购置和更新，使农业生产得到较快的恢复。1972 年 3 月 7 日，黑龙江省革命委员会决定重建省国营农场管理局，把下放给所属地区的市县农场收回，又将原属内蒙古自治区的呼伦贝尔盟和大兴安岭两个农垦局的 32 个农牧场并入省农场管理局。国营农场管理局领导的农场共有 78 个，总耕地面积 1 750 万亩，草原 1 500 万亩，林地 800 万亩，总人口 47 万人。至此，形成黑龙江生产建设兵团和省国营农场管理局两大系统。此后，为了进一步推动国营农场的经济建设和发展，1976 年撤销黑龙江生产建设兵团，同年 2 月 25 日成立黑龙江省国营农场总局。总局下设 11 个国营农场管理局，共管辖 53 个农牧场 3 522 个生产队，共有土地总面积 14 959 万亩，耕地 2 891 万亩，总人口 189 万人，职工 86.5 万人。

**（二）新疆生产建设兵团**

根据毛泽东主席关于军队参与生产建设工作的指示，新疆军区代司令员王震于 1950 年 1 月 23 日向驻疆部队发布了开展大生产运动的命令，动员 11 万指战员在天山南北、戈壁荒滩就地屯垦，创建军垦农场。1953 年将驻新疆部队划分为国防部队和生产部队，将军区生产部队、第五军的大部和改编的第二十二兵团编为农业建设师和工厂建筑师，并于 1954 年 12 月 5 日正式成立新疆军区生产建设兵团，当时兵团总人口 17.5 万人。

兵团是新疆生产建设的主力军。1950 年耕地面积为 6.4 万公顷，到 1978 年年底达到 90.07 万公顷；工农业生产总值由 1950 年的 1 105 万元增加到 1978 年 116 816 万元。

其中，农业总产值由1950年的1 105万元增加到1978年的62 305万元，工业总产值由1952年的3 221万元增加到1978年的54 511万元；人口由1952年的27.33万人增加到1978年的211.98万人；粮食由1950年的3.29万吨增加到1978年的86.69万吨。从图9-13可以看出，1954—1960年，总播种面积呈大幅度增加趋势。除在1961年和1962年总播种面积有较大下降以外，此后的各年份虽有波动，但仍呈上升趋势，1970年开始播种总面积基本持平。粮食作物播种面积的增长与总播种面积的变化基本上保持一致。经济作物的播种面积相对增长缓慢。

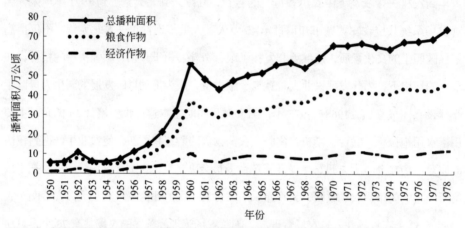

图9-13　新疆建设兵团历年的总播种面积、粮食作物播种面积和经济作物播种面积（1950—1978）
数据来源：根据《全国农垦统计资料汇编（1949—1979）》整理。

从图9-14的主要农产品产量可以看出，1950—1978年，除了1967年、1968年和1974年的粮食产量有较大幅度下降以外，29年间粮食总产量基本上平稳上升，1966年以前保持比较快速增长。棉花、油料和甜菜3种经济作物的产量呈波动式增长，在反复上升下降中艰难发展，"文革"期间经济作物的发展遭受严重破坏，1976年以后有较大幅度发展。

新疆生产建设兵团从创建到1978年年底，大体上经历了三个发展阶段，即艰苦创业阶段、大发展阶段、严重挫折阶段。

艰苦创业阶段（1949—1957）。1949年10月至1957年年底，是新疆现代农垦事业的艰苦创业时期，也是新疆兵团屯垦戍边事业的奠定时期。1949年10月12日，王震司令员率领解放军第一野战军第一兵团的第二、六军共8.9万多人，向新疆进军。1950年3月，解放军发扬南泥湾精神，在天山南北各地掀起大生产运动。1950年，驻新疆的部队一年就开荒83万亩，当年收获粮食6 854万斤、棉花7 500担、油料372万斤、瓜菜4 509万斤，养畜18万头。由于新疆雨量稀少，广大官兵在开荒造田同时，大力修建水利工程。从1950年起，用二三年时间，修筑了一大批纵横交错的

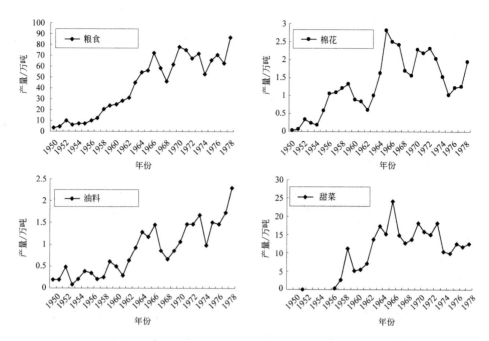

图 9-14 新疆建设兵团历年粮食总产量、棉花总产量、油料总产量和甜菜总产量（1950—1978）
数据来源：根据《全国农垦统计资料汇编（1949—1979）》整理。

灌溉渠道，修建了一大批大中型的水利工程。1951 年新疆军区制定开发新疆、发展生产的三年规划。到 1952 年共建成 27 个军垦农场、61 个工矿企业。1954 年 10 月至 1957 年年底，是新疆兵团成立和建设正规化国营农场的阶段。1954 年 10 月 5 日召开新疆军区生产建设兵团成立大会，宣布新疆军区生产建设兵团正式成立，军区政委王恩茂兼任兵团政委，司令员为陶峙岳。1954—1957 年，兵团国营农场从 43 个增加到 59 个，耕地面积从 7.73 万公顷增加到 22.48 万公顷，工农业总产值从 8 856 万元增加到 2.287 亿元。[①] 粮食总产量 12.24 万吨，棉花 1.09 万吨，造林保有面积 0.56 万公顷，牲畜年末存栏 74.3 万头，利润总额 0.29 万元。[②]

大发展阶段（1958—1965）。1958 年年初至 1966 年是新疆兵团的大发展时期，兵团各项事业全面大发展，基本上奠定了兵团现有规模和战略格局。1958 年到 1960 年是新疆垦区快速发展的 3 年，兵团除对南疆的塔里木河流域和北疆的玛纳斯河流域重点开发外，还对伊犁、博乐、塔城和阿尔泰等边缘地区进行了开发，3 年累计共开荒造田 855 万亩，新建 99 个农场，修建大、中、小水库 18 座。随后，国家的三年困难时期（1959—1961）使兵团经济也进入调整期，压缩开荒面积，增加粮食生产，节约口粮，支援内地重灾区，共渡难关。从 1964 年起，兵团经济开始全面发展。1957 年至

---

① 刘武英、段秀成：《新疆近现代农垦史研究》，载《安徽农业科学》，2007，35（35）。
② 新疆生产建设兵团《屯垦戍边》编辑委员会编：《屯垦戍边四十年》，3 页，北京，中国统计出版社，1994。

1966年年末，兵团国营农场从59个增加到158个，职工总数达到80.12万人；耕地面积到达1 370万亩，比1956年增长6.23倍；粮食总产量72.06万吨，棉花总产量2.49万吨，年终牲畜存栏208.57万头；工农业生产总产值7.52亿元，利润总额1.13亿元，向国家交售粮食22.5万吨。兵团始终把林业建设作为国营农场建设的重要内容，把植树造林同水渠、道路、条田、居民点建设作为五位一体，同步规划，同步建设。到1966年共有林木64.9万亩，约占耕地总面积的5%。在发展农业生产同时，新疆垦区实行农工商综合经营。到1966年，兴办独立核算的工厂108个、工程建筑企业24个、运输企业21个、商业企业40个，另有厂办工业单位189个。各团场也分别建成了农工商综合经营的新镇。

严重挫折阶段（1966—1978）。1966年5月至1978年，是兵团屯垦戍边事业遭受严重挫折的时期。"文化大革命"期间，兵团各项事业遭到严重破坏，生产力急剧下降。从表9-22可以看出，1976年国民生产总值3.564 8亿元比1967年的5.588 6亿元下降36.2%；1976年国民收入3.319 8亿元比1967年的4.834 7亿元减少31.3%；1976年社会总产值7.858 2亿元比1967年的11.566 1亿元减少32.1%。1966—1974年，兵团人口和职工大量增加，生产连年下降，财务连年亏损。耕地面积减少52万亩，粮食单产由1 401公斤下降到1 085.5公斤，粮食总产量由14.4亿斤下降到10.5亿斤，棉花总产量由49.8万担下降到30万担。1968年兵团开始出现经营亏损，亏损额达到3 850万元。截至1975年，兵团累计亏损额7.94亿元，兵团经济濒临崩溃边缘。1974年和1966年相比，总人口增加77万人，耕地面积减少52万亩。兵团从全国农垦的盈利大户变成亏损大户，成为国家沉重包袱，加上其他一些原因，直接导致1975年3月25日新疆生产建设兵团建制被撤销，由新疆农垦总局主管国营农场。1978年党的十一届三中全会以后，新疆农垦事业进入新的历史发展时期。

表9-22  1967—1978年新疆生产建设兵团经济发展状况    单位：亿元

| 年份 | 国民生产总值 | 国民收入 | 社会总产值 | 农业总产值 | 工业总产值 |
| --- | --- | --- | --- | --- | --- |
| 1967 | 5.588 6 | 4.834 7 | 11.566 1 | 3.300 2 | 5.344 01 |
| 1968 | 4.625 9 | 4.171 5 | 10.406 5 | 3.136 8 | 4.808 3 |
| 1969 | 5.141 7 | 4.602 2 | 11.382 5 | 3.847 1 | 4.998 9 |
| 1973 | 6.731 5 | 5.908 2 | 14.329 9 | 4.509 8 | 6.918 6 |
| 1974 | 6.213 4 | 5.375 2 | 12.857 1 | 3.495 9 | 6.690 5 |
| 1976 | 3.564 8 | 3.319 8 | 7.858 2 | 4.246 4 | 1.820 8 |
| 1978 | 7.399 9 | 6.165 6 | 14.191 8 | 6.230 5 | 5.451 1 |

数据来源：根据新疆生产建设兵团《屯垦戍边》编辑委员会编《屯垦戍边四十年》中的历年数据统计完成。

### (三)海南农垦

新中国成立初期,为了打破帝国主义列强对我国的经济封锁,按照中央的决定,以解放军专业部队林业工程第一师和坚持琼崖斗争的琼崖纵队部分队员为骨干的创业大军,于 1952 年 1 月开始在海南岛"屯垦戍边"。种植橡胶不仅是满足当时国民经济建设急需,而且是符合国家长远发展需要的战略决策。早在 1951 年 8 月,政务院作出了《关于扩大培植橡胶树的决定》,建立我国自己的橡胶生产基地。同年 9 月在广州主持召开的华南垦殖筹建工作会议,确定建立华南垦殖局(后改名为华南垦殖总局),叶剑英兼任局长,并以原海南行政公署橡胶垦植处为基础组建华南垦殖局海南分局。1952 年 1 月 1 日,海南垦殖分局正式成立,领导全岛国营农场橡胶垦殖工作。海南国营垦殖场第一批种植橡胶树 19 863 亩,320 489 株。

经过几十年的艰苦创业,海南农垦已成为全国最大的天然橡胶生产基地,形成农、林、牧、副、渔多种经营,农、工、商、运、建综合发展,以全民所有制为主体的大型国营农垦企业。从表 9-23 工农业总产值及构成来看,至 1980 年,海南垦区工农业总产值 5.9 亿元,比 1960 年增长 4.87 倍。其中,农业产值约 5.28 亿元,比 1960 年增长 5.34 倍,占 89.2%,;工业产值约 0.64 亿元,比 1960 年增长 2.64 倍,占 10.8%。

表 9-23 海南农垦工农业总产值及构成(1951—1980)

| | | 1951—1960 | | 1961—1970 | | 1971—1980 | |
|---|---|---|---|---|---|---|---|
| | | 合计 | 1960 年 | 合计 | 1970 年 | 合计 | 1980 年 |
| 产值/万元 | 工农业总产值 | 30 001 | 10 084 | 141 925 | 27 755 | 444 733 | 59 221 |
| | 其中:农业产值 | 24 968 | 8 331 | 122 228 | 25 368 | 386 904 | 52 846 |
| | 工业产值 | 5 033 | 1 753 | 19 697 | 2 387 | 57 869 | 6 375 |
| 比重/% | 农业 | 83.2 | 82.5 | 86.1 | 91.4 | 87.0 | 89.2 |
| | 工业 | 16.8 | 17.5 | 13.9 | 8.6 | 13.0 | 10.8 |

注:1951—1970 年按 1957 年不变价格计算,1971—1980 年按 1970 年不变价格计算。
数据来源:海南省农垦总局编:《海南农垦四十年》,28 页,1991。

表 9-24 显示,"一五"期间,海南农垦经济在"零"的基础上开始发展,工农业总产值取得极高的发展速度;"二五"期间,海南垦区工农业产值增长速度有所放慢,年平均增长为 14.5%;1963—1965 年的三年调整期中,由于贯彻"调整、巩固、充实、提高"的八字方针,经济发展卓有成效,种植的橡胶进入第一个投产高峰期;"三五"期间,虽然受到"文化大革命"的影响,仍达到年平均 15.6% 的增长率;"四五"期间,由于遭受严重自然灾害影响,加上领导体制变化、工作指导失误等因素,经

济发展速度大幅度下降，仅为4.7%；"五五"后期，贯彻党的十一届三中全会精神，垦区经济得到恢复，年平均增长率为8%。

表9-24 不同时期工农业总产值年平均增长率

| 时 期 | "一五" | "二五" | 三年调整 | "三五" | "四五" | "五五" |
|---|---|---|---|---|---|---|
| 工农业总产值/% | 35.8 | 14.5 | 31.0 | 15.6 | 4.7 | 8.0 |
| 其中：农业产值/% | 35.8 | 14.4 | 31.2 | 17.2 | 3.3 | 8.9 |
| 　　　工业产值 | — | 14.8 | 29.6 | 4.0 | 16.0 | 1.9 |

注：按可比价格计算。
数据来源：海南省农垦总局编：《海南农垦四十年》，28页，1991。

从1951年海南垦殖分局组建到1978年，橡胶事业的发展大体上可以划分为三个阶段。

创业起步阶段（1951—1957）。中共中央和国务院对海南岛橡胶生产基地的发展和建设非常重视。1952年12月16日，中共中央作出《关于华南垦殖工作几个问题的决定》，确定1953年前后，把发展橡胶的重点转移到海南，并将林一师部队的领导关系由中南军区移交给华南垦殖局指挥，保持部队原建制番号和供给标准，还从华南垦殖局抽调两名副局长及各种技术骨干加强海南农垦的力量。1957年至20世纪60年代初期，党中央副主席朱德先后三次视察海南岛垦区。1960年2月，周恩来总理视察了海南岛西联农场和华南热带作物学院。1951—1957年，海南垦区共有国营农场37个，职工3.94万人，共植胶67.49万亩。1957年遵照农垦部决定，华南垦殖局海南分局改名为海南农垦局，国营垦殖场改称国营农场。

发展调整阶段（1958—1965）。1958—1962年，受"大跃进"运动影响，海南垦区工作上急躁冒进，造成失误，5年共种胶119.89万亩，仅1960年就开荒种胶89.82万亩，但由于开荒定植质量不高，胶园疏于管理，到1965年这5年定植的橡胶实际存在23.6万亩，损失80%。1961年开始贯彻"调整、巩固、充实、提高"的方针，缩短基本建设战线，自力更生克服困难。1960年以后，大批退伍复员转业官兵来到海南岛，为橡胶农场提供了大量劳动力。1962年3月7日，国务院副总理邓子恢批转何康等人《关于发展我国天然橡胶生产的几点建议》；同年7月24日，农垦部颁发《国营农场工作条例（草案）》。此后，海南垦区经济状况有所缓解，开始探索建立适应垦区生产力发展水平的经营管理制度，总结提出胶园"四化"建设，即林网化、梯田化、覆盖化、良种化。这些经验做法在整个橡胶垦区普遍采用后，大大提高了橡胶种植和生产水平。1965年,中共中央对农垦部1964年8月报告的"五条"批示和农垦部党组制定的《关于改革国营农场经营管理制度的规定(草案)》,使海南农垦改变了经济徘徊状态。到1966年,海南岛经过10年的开发建设,共建橡胶农场90多个,国营农场内同时种植多种热带经济作物,如剑麻、咖啡、可可、油棕、椰子等。

曲折发展阶段(1966—1978)。"文化大革命"开始后,农场的生产秩序被打乱,橡胶发展停滞乃至减产倒退。1969—1974年6年种胶172.84万亩,共4 322万株,到1975年只存98.08万亩,损失率高达43%。到1978年全面清点实存82.47万亩,损失率达52.3%。1975—1977年是橡胶生产的调整期。1974年6月26日,国务院、中央军委决定恢复农垦体制。同年10月1日,海南垦区分设海南、通什两个农垦局。恢复农垦领导体制后,一方面解决前几年橡胶发展遗留下来的问题,核实面积,加强管理,取得初步成效;另一方面,进行辟山填沟造田、围海造田和对原有水田进行大规模平整等,大搞以提高口粮自给率为目标的学大寨运动,因此在这3年橡胶事业发展缓慢,新种胶15万亩。1978年后是橡胶持续、稳定发展的新时期。1978—1980年,定植面积47.63万亩,保存率高达96.6%。历年的产胶状况见表9-25。

表9-25 历年的产胶状况

| 时期 | 1960年以前 | 1961—1965 | 1966—1970 | 1971—1975 | 1976—1980 |
|---|---|---|---|---|---|
| 垦区天然胶产量/万吨 | 0.48 | 3.43 | 11.66 | 18.06 | 30.68 |
| 占全国天然胶生产量/% | 50 | 68.2 | 73.3 | 65.7 | 61.7 |
| 平均亩产干胶/公斤 | 17.2 | 20.7 | 32.4 | 33.0 | 49.5 |

数据来源:海南省农垦总局编:《海南农垦四十年》,32页,1991。

在发展橡胶的同时,以防风林为主的林业也相应发展。垦区从20世纪50年代中期开始,实行"一业为主、多种经营"方针,多种经营的对象、项目,不断有所发展,并开始以经营高价值的热带地区特有的香料(香枫茅)、纤维料(剑番麻)、油料(油棕、腰果)等商品性经济作物生产为主。20世纪60年代增加了粮食、食油、肉、菜、果等自给性主副食品生产和出口饮料生产(热带大茶叶)等任务。由于资源条件、体制政策和认识上的局限性等原因,这些项目的发展曲折缓慢,到20世纪70年代中期,许多项目未形成规模生产,经济效益不高,而自给性生产则大多处于高亏损状态。

## 第五节 农业发展的地位与作用

中国共产党的领导人对农业的地位和作用早就有深刻的认识。1959年4月,时任国务院副总理的陈云就提出"粮食定、天下定;粮食紧,市场紧";同年7月,毛泽东主席在庐山会议上第一次提出"农业是国民经济的基础"。

农业是国民经济的基础,是工业原料和食物的来源。但对尚未完成工业化进程的转型国家来说,农业还担负为工业部门提供更多的生产要素以加速工业部门的扩张的职能。在以刘易斯为代表的二元经济模型中,发展中国家的工业化进程被描述成一个现代部门不断扩张、传统部门不断缩小的过程,且在这个过程中,作为传统部门的农业向现代部门提供经济剩余和劳动力,支撑现代部门的发展。西蒙·库兹涅茨(S.Kuznets)认为,在欠发达的传统农业国中,农业部门对整个国民经济增长具有四种形式的贡献能力:产品贡献、市场贡献、要素贡献和外汇贡献。在工业化的初级阶段,农业部门的主要任务是提供食物,养活城镇人口,同时为基础薄弱的工业部门提供原始积累,从而支持整个国民经济的发展。

### 一、农业对国民经济增长的贡献

新中国三十年,农业作为我国国民经济的第一产业,对国内生产总值增长的贡献率均值为37%,尤其在新中国成立初期,农业作为国民经济恢复和增长的主要支柱产业,对国内生产总值的贡献率一直保持在40%以上。

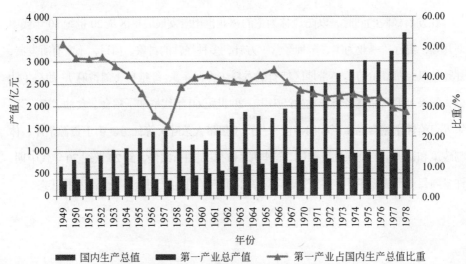

图9-15 1952—1978年农业占国内生产总值变化趋势
资料来源:根据《新中国六十年统计资料汇编》整理。

农业对国民经济增长的拉动作用在国民经济的恢复、调整等时期尤为明显。农业增加值占国内生产总值的比重，在1949—1952年的国民经济恢复时期和1962—1965年国民经济调整时期高达40%左右。[①]

表9-26　农业增加值对GDP的贡献　　　　　　　　　　单位：%

| 年份 | GDP年增长率 | 农业增加值年增长率 | 农业增加值对GDP的贡献 | |
|---|---|---|---|---|
| | | | 百分点 | 比重 |
| 1949—1952 | 19.29 | 14.1 | 9.66 | 41.13 |
| 1961—1965 | 8.98 | 9.8 | 4.23 | 42.33 |

## 二、主要农产品的产出贡献

中国的农业提供于国民经济发展的产品贡献是巨大的。1949—1979年，主要农产品的产量都获得了较大增长。粮食产量从1949年的11 318万吨增加到1979年33 211万吨，30年间增加了21 893万吨，增长193.3%，年均增长率达3.65%。棉花产量从1949年的44万吨增加到1979年224万吨，增加近5倍。油料和糖料产量也显著增加。与世界其他国家相比，中国用世界7%的土地养活了世界21%的人口，这无疑是新中国三十年中农业取得的最大成就。

表9-27　1949—1978主要农产品产出贡献　　　　　　单位：万吨

| 时　期 | 粮食 | 棉花 | 油料 | 糖料 |
|---|---|---|---|---|
| 1949—1952 | 38 905 | 347 | 970 | 1 879 |
| "一五" | 90 809 | 686 | 2 229 | 4 919 |
| "二五" | 82 100 | 692 | 1 462 | 4 649 |
| 1963—1965 | 55 203 | 496 | 964 | 4 095 |
| "三五" | 109 181 | 1 140 | 377 | 5 466 |
| "四五" | 131 535 | 1 147 | 2 135 | 9 150 |
| "五五" | 152 649 | 1 120 | 2 738 | 11 731 |

资料来源：韩永文：《我国农业在国家工业化建设进程中的贡献分析》，载《当代中国史研究》，1999（2）。

除了直接的农产品产出贡献外，我国农业为工业生产提供的原材料供给贡献也是十分巨大的。据统计，全国居民的生活必需品，有80%以上是农副产品及其加工品；

---

[①] 郑有贵：《半个世纪中农业对国民经济的贡献》，载《古今农业》，1999（3）。

轻纺工业所需的原料，70%左右要靠农业提供，按生产每件棉纱需用棉花193.5公斤计算，新中国三十年间我国的棉花总产量可以生产67 013万件棉纱，用这些棉纱可生产7 450亿米棉布；油料总产量至少可生产9 800万吨食用油；糖料总产量可生产1.9亿吨糖。其他以农林畜产品为基本原料的轻纺工业产品，如毛线、丝、罐头、卷烟等产量增长也十分迅速。①

## 三、农业对工业化建设的资本贡献

### （一）工农业剪刀差

世界各国经济发展和转型的经验表明，传统农业国的工业化进程中，农业为工业发展提供原始基本积累是一条基本规律。中国也未能例外。农业为国家工业化建设提供资金贡献大体通过三个途径：工农业产品价格"剪刀差"、税收和储蓄。而在1949—1978年近三十年间，通过工农业产品价格剪刀差方式使农业部门的资金流入工业部门则是最主要的渠道。

为适应加速工业化、尽早尽多地积累资金的需要，国家从1953年开始，在政府集中计划体制下，实行了粮油的"统购统销"制度，严格控制粮油市场，禁止私商对粮油的自由经营，实现了国家单一渠道的贩运经营。1954年秋季起，又对棉花实行了统购统销。1955年开始，先后对生猪、烤烟、黄麻、芒麻、糖料、蚕茧、羊毛、部分水果、水产品和中药材等数十种农产品实行派购制度。至此，农产品由市场调节的自由贸易政策完全被农产品统购统销制度所取代。这项制度在1978年经济体制改革后开始有所变化，但直到1985年才逐渐被农产品合同定购和市场收购制度所代替。农产品统购统销制度的建立，帮助国家以较低的价格获取大部分农业剩余，并通过工农业产品价格"剪刀差"的方式，迅速积累起工业化所需要的资金。同时保证农产品市场和价格的稳定以及城镇居民粮食和工业原料的低价供应。在降低重工业发展成本的同时，也提供了一种强制性地从农业提取工业化积累的方式。1952—1957年，中国通过工农产品"剪刀差"从农业部门获得的净积累为475亿元，占同期财政收入的30.9%；1959—1978年则为4 075亿元，占同期财政收入的21.3%。②

---

① 韩永文：《我国农业在国家工业化建设进程中的贡献分析》，载《当代中国史研究》，1999（2），66~77页。
② 陶艳梅：《新中国初期三十年农业发展研究》，西北农业科技大学博士学位论文，2011。

## （二）税收与储蓄

除了工农业产品价格"剪刀差"外，税收与储蓄也成为农业向工业部门输送资本的渠道之一。税收与储蓄即由新中国成立初期的以税收为主要方式逐渐演变为以工农业产品价格"剪刀差"方式为主，继而缓慢演变到以储蓄方式为主的过程。1952年，农业资金以税收方式流入工业部门的比例为55.9%，而以价格"剪刀差"方式流入工业部门的比例为44.1%。在随后的"一五"期间，尽管税收方式流入工业部门的资金比例趋于下降，以价格"剪刀差"方式流入工业部门的资金比例有所上升，但两者相差不是很悬殊，税收方式的比例平均为42.8%，"剪刀差"方式的比例平均为54.7%。"二五"时期，我国开始了工业化建设大跃进，农业发展走入低谷，过高而且过于显性化的税收使农民不堪重负并将引起不满，因而国家政策手段作了调整，即在人民公社化的制度保证下提高了以价格"剪刀差"方式流入工业部门资金的比例，使工农业产品价格"剪刀差"这种比较隐性化的方式成为将农业资金流入工业部门的主要渠道。到1960年，这一比例已由1957年的52.4%迅速提高到80.5%，同期税收方式的比例则平均下降到23.7%。[①] 1952—1978年，从差价转移农业资本总额达3 932亿元，农业税达776.7亿元，扣除财政支农资金1 562.2亿元，总计农业资金净流出达3 146.5亿元，相当于同期工业固定资产净值总额。[②]

---

[①] 韩永文：《我国农业在国家工业化建设进程中的贡献分析》，载《当代中国史研究》，1999（2）。
[②] 牛若峰：《中国农业的变革与发展》，北京，中国统计出版社，1996。

第一节　农村工商业的历史背景及政策选择
第二节　社队企业发展历程与绩效
第三节　农村信用社发展历程与绩效
第四节　供销合作社发展历程与绩效

# 第十章　农村工商业发展

## 第一节 农村工商业的历史背景及政策选择

### 一、农村工商业的历史背景

1949年以前的中国是一个半殖民地半封建国家，生产力水平落后，有将近90%人口从事传统、分散的个体农业经济和手工业经济，人民生活水平极为低下。在中国农村，传统商业、手工业和副业有悠久的发展历史，手工工匠们技艺相当高超，但是受社会制度、战争状态、政策乃至观念等因素的束缚，传统手工业始终未能像西欧的农村手工业一样，进化为现代工业。中国农村的手工业和副业长期处于农业的从属地位，在农户家庭收入中仅仅起着补充的作用。

中国农村现代工业企业最早出现在清同治十二年（1873），中国近代民族工业的先行者、南洋华侨陈启源，在广东南海县的简村办了一个名为继昌隆的缫丝厂，这是中国第一家农村民营工业企业。此后，不少农村的传统手工业进行了生产工具的改革，到1936年，全国的丝织机中，已经有20.3%是电力织机这种近代机器。① 但是，20世纪上半个世纪，中国战乱频仍，摧毁了东南沿海农村工业，也打断了农村工业向现代工业演进的历程。至1949年中华人民共和国成立，农村现代工业基础基本等同于无，粉坊、油坊、豆腐坊等传统手工业作坊和传统手工艺人，如木匠、铁匠、泥瓦匠、石匠、篾匠等，广布于农村，为农民提供简单的生产和生活用品。

新中国成立前夕，我国城乡工业整体仅占工农总产值的15.5%，而重工业仅为4.5%。在国民经济形势最好的1936年，新式工业也仅占工业的1/3左右。② 在这么薄

---

① 刘小京：《20世纪80年代前的中国东部沿海地区农村工业化》，见中国社会科学院农村发展研究所编：《中国农村发展研究报告（2）》，344页，北京，社会科学文献出版社，2001。
② 许涤新、吴承明：《中国资本主义发展史》，第3卷，39页，北京，人民出版社，1993。

弱的工业基础中,外国资本、官僚资本占35%以上,民营资本仅为28.8%。到1948年,国统区民营资本下降为24.65%,官僚资本为64.1%。1949年,与解放前的最高年份相比,农业总产值下降20%以上,工业总产值下降一半,其中重工业下降70%,轻工业下降30%。1949年工业产量大幅度下降,钢产量仅15.8万吨,比最高年(1943年)产量92.3万吨,减少82.9%;原煤产量由6 188万吨降到3 243万吨,下降47.6%;棉纱由245万件降到180万件,下降26.5%。粮食产量从3 000亿斤下降到1949年的2 263亿斤,下降24.5%;棉花产量从1 698万担降到889万担,下降47.6%。1949年粮食平均亩产仅137斤,棉花平均亩产仅21斤。加上无力抗拒自然灾害,1949年全国受灾面积达1.2亿亩,约4 000万灾民急待救济。①

1927年6月,陈果夫请"中国合作之父"薛先舟替国民政府撰写了《全国合作化方案》。1928年10月,国民党中央确定合作运动为7项国策运动之一。由于南京政府的大力宣传与倡导,合作运动在全国农村普遍开展起来,1945年年底,全国合作社数达到172 053个。②到1949年2月底,国民党统治区共有各类合作社17万多个,其中信用合作社约5万个,约占合作社总数的30%。③合作社在中国共产党领导下的革命根据地和边区也得到了迅速发展,合作商业也是革命根据地商业的重要组成部分,当时开展了消费合作社、粮食合作社、供销合作社、信用合作社等多种形式的合作。皖南事变后,边区遭受了严厉的经济封锁,为渡过难关,边区政府在财政经济上采取了自力更生的方针,金融上发行边币,加强对外贸易,推出了农村商业政策解决农村的供销问题,农村商业活动主要通过集市、农村消费合作社进行。1939年有消费合作社155个,到1944年消费合作社的数目有281个,占边区合作社总数的44.3%。④

总体而言,在战乱背景下,旧中国作为一个整体,农村的工商业发展效果差强人意,尤其在解放战争后期,国统区恶性通货膨胀和投机倒把盛行,经济已近崩溃,城乡和内外的经济交流中断。长期的战争和分割局面,农村旧的工商业网络在很多地方基本瓦解。正如邓小平所说:"建国以后,我们从旧中国接受下来的是一个烂摊子,工业几乎等于零,粮食也不够吃,通货恶性膨胀,经济十分混乱。"⑤在这样的经济背景

---

① 周洪等:《中华人民共和国国史通鉴》,第1卷,1页,北京,红旗出版社,1993。
② 中国人民大学政治经济学系编写组:《中国近代经济史》,下册,19页,北京,人民出版社,1978。
③ 马忠富:《中国农村合作金融》,84、85页,北京,中国金融出版社,2001。
④ 陕甘宁边区财政经济史编写组:《抗日战争时期陕甘宁边区财政经济史料摘编·互助合作(第七编)》,138页,西安,陕西人民出版社,1981。
⑤ 《邓小平文选》,第三卷,63页,北京,人民出版社,1993。

下,中国共产党带领全国各族人民选择了社会主义道路,建立了新民主主义政权,采取了一系列有效措施进行经济建设,调整生产关系,使国民经济得到了迅速恢复和发展。经过三年的国民经济恢复时期,1952年与1949年相比,农民收入增长了30%以上。1952年,工农业总产值达810亿元,比1949年增长了77.5%,主要工农业产品产量大大超过了历史最高水平。其中,农业总产值增长53.5%,粮食总产量增长44.8%,棉花总产量增长1.9倍,年均增长率高达43.2%,其他农副产品生产也有了很大的发展。

## 二、重工业优先发展战略确立

新中国成立之初,我国工业基础薄弱,技术落后,体系不全,生产资料工业基本上没有建立,能源、冶金、制造等重工业薄弱,主要的机器设备需要依靠进口;工业的布局极不合理,70%以上的工业集中在东部沿海地带,内地,特别是边远地区,很少甚至根本没有现代工业。这正如毛泽东主席所说:"现在我们能造什么?能造桌子,能造茶壶、茶碗,能种粮食,还能磨成面粉,还能造纸,但是,一辆汽车、一架飞机、一辆坦克、一辆拖拉机都不能造。"[①] 中国既需要"自强"地在世界民族之林站稳脚跟,也需要"求富",以解决人民生活问题。

面对这样一个工业基础,急于在国际上站稳脚跟、发展生产的中国领导人,既深受马克思理论"生产资料生产优先增长规律"的影响,又目睹苏联在重工业优先增长理论的指导下,在较短时间内实现了工业化的建设成就,选择重工业优先发展战略是自然而然的事。

优先发展重工业的思想在1949年9月中国人民政治协商会议通过的《共同纲领》中已经萌芽。《共同纲领》第35条规定:"应以有计划有步骤地恢复和发展重工业为重点,如矿业、钢铁业、动力工业、机器制造业、电器工业和主要化学工业等,以创立国家工业化的基础。同时,应恢复和增加纺织业及其他有利于国计民生的轻工业的生产,以供应人民日常消费的需要。"[②] 重工业优先发展战略目标第一次清晰地提出,是在国民经济发展第一个五年计划制订前后。薄一波回忆说:"把一个经济落后的农业大国逐步建设成为工业国,从何起步?这是编制计划之初就苦苦思索的一个问题。有关部门的同志也曾引经据典地进行过探讨,把苏联同资本主义国家发展工业化的道路

---

① 《毛泽东选集》,第五卷,484页,北京,人民出版社,1977。
② 中共中央文献研究室:《建国以来重要文献选编》,第一册,9页,北京,中央文献出版社,1992。

作过比较，提出过不同的设想。经过对政治、经济、国际环境诸多方面利弊得失的反复权衡和深入讨论之后，大家认为必须从发展原材料、能源、机械制造等重工业入手。"①

1952年5月，李富春在中央财经委员会召开的全国财经会议上，比较深入、具体地阐述了第一个五年计划的指导思想、方针任务等。他提出，经济建设的重点放在重工业，尤其是钢铁、燃料动力、机械军工、有色金属和化学工业等基础工业上，为我国工业化打下基础；农业、轻工业、交通等事业应当围绕重工业这个中心来发展。② 7月，中央财经委员会向中共中央和国务院提交了《一九五三年至一九五七年计划轮廓（草案）》及其《总说明》，提出五年计划的方针是：经济建设的重点是工业，工业建设又以重工业为主、轻工业为辅。12月，中共中央发布的《关于编制一九五三年计划及五年建设计划纲要的指示》要求我们"以有限的资金和建设力量，首先保证重工业和国防工业的基本建设，特别是确保那些对国家起决定作用的，能迅速增强国家工业基础与国防力量的主要工程的完成"③。至此，优先发展重工业的战略基本确立。

## 三、计划经济体制建立

计划经济体制建立，一是受马克思主义理论的指导和苏联建设的影响；二是在当时资金、人力、物力均十分短缺的情况下，国家要谋求发展与振兴，完成重工业优先发展的战略目标，只有选择能有效集中各种资源的计划经济体制。

### （一）所有制上实行单一的公有形式

通过多种所有制改造、公私合营、合作化运动和人民公社运动，包括土地在内的主要生产资料经过社会主义改造，逐渐建成了"一大二公"的所有制体系。与公有制相配套，相继成立了中央财经委员会、全国编制委员会、全国仓库物资清理调配委员会，指定人民银行为国家现金调度的总机构，指定国家计划委员会负责统一全国财政收支、统一全国物资调度和统一全国现金管理。1950年3月3日，政务院通过并发布了这个《关于统一国家财政经济工作的决定》，实行统一全国财政收支、统一全国物资调度和

---

① 薄一波：《若干重大决策与事件的回顾》，上卷，29页，北京，中共中央党校出版社，1991。
② 房维中、金冲及等：《李富春传》，421页，北京，中央文献出版社，2001。
③ 中共中央文献研究室：《建国以来重要文献选编》，第三册，449页，北京，中央文献出版社，1992。

统一全国现金管理,从而"奠定了以集中统一为基础的财政经济管理体制"。[①]

### (二)指令性计划

1950年开始试编了包括农业、工业、文教卫生等20多项内容的《1950年国民经济计划概要》。1950年8月,中共中央召开了第一次全国计划工作会议。会后,初步形成中国计划经济体制决策等级结构的雏形,即决策权归国家,决策权力的分配采取行政方式,形成条块分割的等级结构。中共中央又采取了一系列措施加强计划方面的领导与管理,实现了对国营工业生产和基本建设的计划管理,各级管理者由行政任命,管理权力集中,管理者以行政手段管理经济业务。在1951年9月召开的第一次互助合作会议上,要求各地将组织和发展手工业生产合作社的计划纳入地方工业计划。对私营工商业,在1950年调整私营工商业的基础上,要求其遵照执行政府制订的产销计划。

### (三)统购统销制度

为保证工业化顺利实现,中共中央在1953年下半年决定实行粮食统购统销政策。1953年10月16日,中共中央作出《关于实行粮食的计划收购和计划供应的决议》,紧接着又分别对油料和棉花实行统购统销。城市政府要对分散的4亿农户进行统购统销,交易成本过高[②],这直接促成了农业合作化运动和政社合一的人民公社制度。统购统销政策保证了城市和工业发展的需要,同时通过剪刀差削减了农民的资金积累,切断了农民与市场的传统联系,引发了农村自由市场的萎缩,限制了农村工商业的发展。

### (四)单位制度

单位制度是计划经济年代中国社会的重要组织制度,农村人民公社和城市中企事业单位是计划体制的基本实施单位,城市中的每一个居民都纳入企事业单位体系,农村中的农民也被纳入人民公社、大队和生产小队这三级"单位"。"单位"成为一种集人事控制、资源积聚、资源分配、信息传递、福利保障等多重职能于一身的复合体。在农村,公社、生产大队和生产队这三级单位是动员资源,从事土地改良、水利建设和道路建设,进行劳动积累的主要工具。单位制度也是确保统购统销制度、指令性计划得以贯彻的基层组织形式。

### (五)户籍制度

1949—1958年,急剧增加的城市人口给城市物资供应系统带来巨大的压力,城市

---

[①] 薄一波文稿丛编:《若干重大决策与事件的回顾》,上卷,60页,北京,中共党史出版社,2008。
[②] 温铁军:《中国50年来粮食供求的6次粮食供求波动分析》,载《山东省农业管理干部学院学报》,2001(2)。

人口过度增长是 1953 年粮食供应危机的重要成因之一，这一次粮食供应危机直接促成了统购统销政策的出台。为了保证统购统销制度的实施，严格的户籍管理制度也应运而生。1958 年 1 月，全国人大常委会通过了《中华人民共和国户口登记条例》，城乡二元分割的户籍管理制度以立法的形式得以确立。严格的户籍制度不但控制了人口的城乡流动，也同样控制了人口在农村的流动。切断人口城乡流动保证了农村工商业发展所需的能人留在农村，这些能人是农村工商业发展的基础力量。

### （六）分配制度

国家财力集中在中央，国家对重要物资实行统配，地方没有真正的财权，主要的工农业产品采取实物分配形式，市场交换的比重很小。1954 年开始，劳动力的招收和调配由国家统一管理为主，工资由中央劳动部统一管理，职工人数计划由国家下达，招工必须经主管单位审批，"铁饭碗"的劳动制度逐渐形成。

总之，在中国共产党的七届三中全会后，一个以指令性计划为主、带有强烈行政性和强制性的计划配置资源的基本方式，覆盖了国民经济的各个方面和各个领域，以至于毛泽东主席在政协第一届全国委员会常务委员会上宣布现在"已经开始有计划的建设了"①。这种计划经济体制对于农村工商业的发展起了禁锢的作用，但是，由于国家对城市的控制远强于农村，也给农村社队企业的成长留下了空间，尤其在"文化大革命"期间，城市经济陷于混乱，农村社队企业在夹缝中成长，为改革开放后异军突起的乡镇企业打下了基础。

## 第二节 社队企业发展历程与绩效

### 一、社队企业政策演变

1951—1953 年，国家政策以规范和帮助农村工商业发展为主。1951 年 12 月 5 日，中共中央在《关于农业生产互助合作的决议（草案）》（1953 年 2 月 15 日通过为正式决议）中，对发展农村副业作了明确的规定，要求部分地区"在适宜于当地的情况下，

---

① 《毛泽东选集》，第五卷，69 页，北京，人民出版社，1977。

发展农业和副业（手工业、加工工业、运输业、畜牧、造林、培养果树、渔业及其他）相结合的互助。按照农业和副业的需要和个人的专长，实行合理的分工分业，并把妇女及其他半劳动力组织起来，使人尽其力"。该决议提出帮助农民成立"各种副业和手工业的生产合作社"。与这一决议一秉相承，1955年11月9日，全国人大常委会第二十四次会议通过的《农业生产合作社示范章程（草案）》指出："在不妨碍农业生产、不进行商业投机的条件下，农业生产合作社应根据需要和可能，积极地经营副业生产，逐步地发展农业同手工业、运输业、畜牧饲养业、渔业、林业等生产事业相结合的多种经济，以便发挥合作社的潜力，帮助农业和整个农村经济的发展。"在"副业规模比较大的合作社，还可以根据需要，设专门负责副业的生产队或生产组"。① 在这些政策的支持下，农村社办副业发展步入正轨，许多高级农业合作社设立了副业生产专业队，这些家庭副业和手工业，后来成为农村社队工业的基础力量。

1953—1956年政策变化较快。这一时期，毛泽东多次说过要让资本主义绝种，后来发展为割资本主义尾巴。1956年12月7日，毛泽东同民建和工商联负责人谈话时说："只要社会需要，地下工厂还可以增加，可以开私营大厂，订个协议，10年、20年不没收，华侨投资10、20、100年不要没收，可以开投资公司，还本付息。可以搞国营，也可以搞私营，可以消灭了资本主义，又搞资本主义。"② 毛泽东这一说法，体现其对于经济发展客观规律认识的跳跃性，由此决定了国家经济政策时有反复，农村工业发展一波三折。

1958—1960年的"大跃进"时期，有关社队企业的政策出现了一次盲目鼓励发展的倾向。随后的1961—1965年国民经济调整时期，社队企业的发展则以调整收缩为主。1957年，由于农业未能完成预定的计划，中央认为必须通过兴修水利发展农业，进而发展工业。1958年2月2日，《人民日报》社论提出"全面大跃进"的思想。1960年上半年，全国掀起"全面大跃进"的高潮，提出要实行农业"大跃进"，积极发展地方工业，实现工农业同时并举。"大跃进"运动将社会主义改造过程已经出现的急躁冒进推向了一个新高潮。在"大跃进"背景下，农村工业以一种运动的方式得到了非常规的跳跃式发展，而这种非常规的发展也必然引发其后的治理整顿。

1958年3月，中共中央在成都召开工作会议，通过了《中共中央关于发展地方工

---

① 中共中央文献研究室：《建国以来重要文献选编》，第七册，376页，北京，中央文献出版社，1993。
② 《毛泽东文集》，第七卷，170页，北京，人民出版社，1999。

业问题的意见》，明确提出发展中央工业和发展地方工业同时并举的方针，号召人民群众大办工业。"在干部中应该提倡，既要学会办社，又要学会办厂。""农业社办的小型工业，以自产自销为主，如农具的修理，农家肥料的加工制造，小量的农产品加工等。"同年4月5日，政治局会议批准了《中共中央关于发展地方工业问题的意见》，这是中央大力发展地方工业的重要文件，也是中央大力发展农村社办工业的第一个文件。关于地方工业的形式，该意见指出，县以下办的工业主要应该面向农村，为本县的农业生产服务。县以下工业企业的形式大体可分为县营、乡营、合作社（农业社或手工业社）营，县社合营，乡社合营三种。明确提出"社办工业"的生产经营范围及规模："农业社办的小型工业，以自产自用为主，如农具的修理，农家肥料的加工制造，小量的农产品加工等。"① 成都会议还通过了《关于把小型的农业社适当地合并为大社的意见》，提出在乡的范围内发展小型工业。

1958年9月1日，《红旗》杂志第七期全文刊载《嵖岈山卫星人民公社试行简章（草案）》。经毛泽东主席批示后，这个简章在全国范围产生了极大影响，嵖岈山卫星人民公社成了全国公社建设的样板。这个简章提出要尽快发展工业，首先是建立开采矿产、冶炼钢铁、制造滚珠轴承、加工农产品、制造农具、制造化肥、制造建筑材料、修理机器、水力发电、利用沼气以及其他的工厂和厂矿。嵖岈山卫星人民公社的做法受到全国乡办、社办工业的学习和模仿。同年11月初，毛泽东在《十五年社会主义建设纲要四十条（一九五八——一九七二年）》修改稿中乐观地认为，经过大办人民公社，就可以迅速实现社会主义工业化，提出要促进全国工业化、公社工业化、农业工厂化，逐步使社会主义的集体所有制过渡到社会主义的全民所有制。

1958年8月17日，中央政治局扩大会议在北戴河召开。会议的主要议题之一是关于在农村建立人民公社的问题。会议通过了《关于在农村建立人民公社问题的决议》，宣布"共产主义在我国的实现，已经不是什么遥远将来的事情了。我们应该积极运用人民公社的形式，摸索出一条过渡到共产主义的具体途径"。② 会议之后，全国迅速掀起人民公社化的热潮，短短1个月时间，全国农村基本上实现了人民公社化。在这场运动中，小商小贩被取缔，私有林木家畜被充公，家庭副业被限制，农民自留地被取消。与此同时，"浮夸风、共产风、强迫命令风、干部生活特殊化风、生产瞎指挥风"

---

① 中共中央文献研究室：《建国以来重要文献选编》，第十一册，226、227页，北京，中央文献出版社，1995。
② 中共中央文献研究室：《建国以来重要文献选编》，第十一册，450页，北京，中央文献出版社，1995。

在社会弥漫，正常经济秩序被严重破坏，广大农民的生产积极性严重受挫。经过"大跃进"和大炼钢铁的虚假繁荣后，国家进入严重的经济困难时期。

1958年12月7日，中共中央批转了轻工业部提交的《关于人民公社大办工业问题的报告》，提出贯彻工农业并举的方针，在人民公社大办工业，既是解决当前矛盾的关键，也是轻工业发展的基本方向，强调要在"切实抓紧农业的同时，还要大力举办工业"，认为公社办工业是完全有条件的，没有任何工业是公社不可以办或办不起来的，提出先进行试点，然后在11月底或12月初选择较好的试点经验在全国推广。中共中央在批示中指出，轻工业部党组关于人民公社大办工业的报告很好，要注意抓紧人民公社办工业的领导工作。批示明确了人民公社办工业的基本途径和要求：人民公社办工业，可以从小土群入手，逐步向半土半洋和小洋群发展。所需主要原料，一般也要就地取材。无论公社或者联社办的工业，凡是原料、设备需要向外地采购，产品需要向外地销售的，都必须纳入国家（中央、地方）的统一计划。1958年12月10日，中央在《关于人民公社若干问题的决议》中提出要实现"公社工业化"。"人民公社必须大办工业。公社工业的发展不但将加快国家工业化的进程，而且将在农村中促进全民所有制的实现，缩小城市和乡村的差别。""有计划地发展肥料、农药、农具和农业机械、建筑材料、农产品加工和综合利用、制糖、纺织、造纸以及采矿、冶金、电力等轻重工业生产。""应当根据各个人民公社的不同条件，逐步把一个适当数量的劳动力从农业方面转移到工业方面。"1959年3月，在中共中央政治局扩大会议上，毛泽东指出："目前公社直接所有的东西还不多，如社办企业、社办事业由社支配的公积金、公益金等。虽然如此，我们伟大的、光明灿烂的希望也就在这里。"

在公社办工业、大炼钢铁等口号的倡导下，在中央政策的鼓励下，"成千成万的小工厂在农村雨后春笋般地兴建起来"，数以千万的农民群众投入被称为"小土群"的土法炼钢运动中，各地农村迅速办起了一批小矿山、小高炉、小煤窑、小机械修造厂、小建材厂和交通运输等社办企业。国家一些工业部门也借助社队办工业的机遇，在农村大办本系统的工业企业，如造纸厂、粮食加工厂、化肥厂等，这就形成了社队企业的第一次发展高潮。

1959年4月开始，中央对于农村工业的态度逐步降温，社队企业也受到治理整顿。整顿的步骤先是决定大队不办企业，后来决定公社不办企业，只有生产队可以酌情办一些不与国营工业争原料的工业。由于公社办的企业多数是平调生产队的物资和社员的财物建立起来的，侵害了农民的利益，同时缺少管理经验和相应的技术，效率极低，浪费极大。加之社办企业占用了大量农业生产的强劳力，造成了农业生产劳动力不足，粮食大量减产。1959年粮食产量比1958年减产30%，1960年又减产26.5%。农业不能为城市提供足够的农副产品，中央对农村"大办工业"的提法进行了反思，认为农村人民公社应大办农业，社队办工业应放在相对次要的地位。中央开始对社队企业进行整顿，整顿的结果是社队企业数量、产值和规模迅速缩小。

1959年4月，中央政治局会议通过《关于人民公社的十八个问题》，规定："县、公社和生产大队曾经把原高级社经营的一些企业调来归自己经营。这些企业单位，按照新规定的管理体制仍然可以由原高级社（现在的生产队）经营的，应当发还。"1959年8月5日中央《关于迅速恢复和进一步发展手工业的指示》说："这些公社工业，仍然应当按手工业合作社的办法来办，实行集体所有制。"该指示限定公社工业的主要经营领域应当是农具、农副产品加工和传统产品生产方面，"与现代工业争原料的公社工业，应当让路给现代工业。"① 这一指示敲响了清理社队工业的警钟，随后，1960年8月，中共中央在连续发出的《关于全党动手，大办农业，大办粮食的指示》和《关于坚决地认真地清理劳动力，加强农业生产第一线的紧急指示》指出"社办企业事业的摊子铺得过多、过大……劳动力的浪费非常严重"，提出精简社队企事业单位人员的要求。1960年11月发出的《中共中央关于人民公社当前政策问题的紧急指示信》（以下简称《十二条》）明确规定，"凡是作为公社派出机关的管理区（生产大队）……不要直接经营生产企业""整顿县社工业、精简人员"。

按照要求，在1961—1965年的国民经济调整时期，社队企业被大量精简，留下的部分社队企业也被交给公社或下放到生产队经营。1961年4月，邓子恢在基层调研期间向龙岩地专机关干部宣讲《农村工作六十条》，强调农村社队一般不搞工业。1962年以后，中央又多次发出指示整顿社队企业。1962年5月28日，中共中央、国务院在《关于进一步精减职工和减少城镇人口的决定》中指出，农村社办工业企业摊子多，产值低，劳动生产率低，原材料浪费大，消耗商品粮不少，"今后，在调整阶段，农村人民公社一般地不办工业企业"。人民公社不办工业的规定直到"文革"前期一直被严格遵循。1962年9月召开的中共八届十中全会修改通过《农村人民公社条例修正草案》，规定："公社管理委员会，在今后若干年内，一般地不办企业，已经举办的

---

① 中共中央文献研究室：《建国以来重要文献选编》，第十二册，483～484页，北京，中央文献出版社，1996。

企业，不具备正常生产条件的，不受群众欢迎的，应该一律停办。"① 1962 年 11 月 12 日，中共中央、国务院《关于发展农村副业生产的决定》指出："公社和生产大队一般地不办企业，不设专业的副业生产队。原来公社大队把生产队的副业集中起来办的企业，都应该下放给生产队经营。"②

1965 年 9 月，为了缓解日益趋紧的物资供应，中共中央、国务院发布《关于大力发展农村副业生产的指示》，提出"以农为主、以副养农、综合经营"的方针，号召全国农村主要以生产队为主大力发展集体副业生产。1966 年，毛泽东在"五七指示"中也指出："农民以农为主（包括林、牧、副、渔），也要兼学军事、政治、文化，在有条件的时候也要有集体办的小工厂。"③ 这个说法因为"文革"时期的政治、经济动荡而未能实行，但在思想上和理论上，已经给社队企业的发展留下了空间。

1966—1976 年"文化大革命"期间，农村工商业反而获得相对宽松的发展环境。1966 年开始，许多党政领导机关被夺了权，城市工厂"停产闹革命"，生产陷于停顿和半停顿状态。与此同时，农村的形势比较稳定，"在农村地区，文化大革命几乎只是四清运动的延伸而已"。④ 由于城市工商业生产的无序，市场上工业品极度短缺，又有"五七指示"作依据，农村出现了既需要又允许社队工业发展的有利环境，许多无法在城市进行的生产转移到乡下，社队企业重获生机。

1970 年 8—10 月，国务院召开北方地区农业会议。1971 年 8—9 月，国务院召开全国农业机械化会议。这两次会议都强调要提高中国的农业机械化水平。为达到这个目标，会议要求落实四项措施：①建立县、社、队三级修造网；②发展"五小"工业（小钢铁、小煤窑、小机械、小水泥、小化肥），为农业机械化创造物质基础；③管好社队企业，让其充分发挥作用；④国家每年从农村经济预算中拨款 10 亿元，推动农业机械化。⑤ 两次会议拉开了农村工业高速发展的序幕。在农业机械化目标的推动下，在全国范围内初步形成了一个农业机具制造网络，不少社队企业开始向农机以外的制造业发展。

1974 年 12 月 15 日，《河南日报》发表了题为《光明灿烂的希望》的调查报告。

---

① 中共中央文献研究室：《建国以来重要文献选编》，第十二册，621 页，北京，中央文献出版社，1996。
② 中共中央文献研究室：《建国以来重要文献选编》，第十二册，703~704 页，北京，中央文献出版社，1996。
③ 《建国以来毛泽东文稿》，第十二册，53、54 页，北京，中央文献出版社，1998。
④ 黄树民：《林村的故事》，素兰、纳日碧力戈译，96 页，北京，生活·读书·新知三联书店，2002。
⑤ 潘维：《农民与市场——中国基层政权与乡镇企业》，79 页，北京，商务印书馆，2003。

受报告影响,永康县人民银行干部周长庚执笔于1975年9月5日向毛泽东主席和党中央写信。中共中央办公厅信访处以"来信摘要"的形式,摘录了周长庚来信的主要内容,呼吁加强对社队企业的领导、提出了帮助和支持农民兴办各类企业的建议。1975年10月11日,《人民日报》刊发了原作者修改后的调查报告,即《伟大的光明灿烂的希望——河南巩县回郭镇公社围绕农业办工业、办好工业促农业的调查》,并配发了评论员文章,呼吁全国"要满腔热情地支持社队企业的发展"。

这些来自民间和媒体的声音引起了中央领导人对社队企业的重视,这些声音也得到权威会议的响应。1975年8月18日,邓小平在国务院召开的计划务虚会议上提出:"确定以农业为基础、为农业服务的思想。工业支援农业,促进农业现代化,是工业的重大任务。工业区、工业城市要带动附近农村,帮助农村发展小型工业,搞好农业生产,并把这一点纳入自己的计划。许多三线的工厂,分散在农村,也应帮助附近的社队搞好农业生产。一个大厂就可以带动周围一片。这样还有一个好处,附近的社员就会爱护工厂,不去厂里随便拿东西。"① 这个思想推动了工业向农村的扩散,在国营企业的帮助下,又一批社队企业建立起来。1975年10月15日,华国锋在全国农业学大寨会议上代表党中央和国务院做总结报告时提出:"社队企业的发展,使公社、大队两级经济强大起来,有效地帮助了穷队,促进了农业发展,支援了国家建设,加速了农业机械化的步伐。"这次会议后,社队工业发展步伐加快了。

1976年12月,第二次全国农业学大寨会议召开,在会上有9个单位介绍了社队办企业的经验,农林部人民公社企业局将这些材料汇编成专集出版。1978年,《社队办企业》报告第二集出版,有18个单位介绍了他们发展社队企业的经验。1976年4月,农业部成立了社队企业管理局,随后各省相继成立了社队企业局,表明社队企业在国家管理部门中得到了正式确认。社队工业的发展为农业机械化、农田水利事业提供了有力的支持,还吸纳了大量农村剩余劳动力,使农民增加了收入,初步改变了农村的经济结构。从长远发展来看,客观上还为20世纪80年代乡镇企业的大发展准备了一定条件。费孝通在80年代进行农村调查时发现,当时发展较快的许多乡镇企业,有相当一部分是建立在"文革"时期兴起的社队工业基础之上的,"等到党的十一届三中全会解开了捆住的手脚,社队工业和其他各种小工业就如雨后春笋般一下子生长了起来,蓬蓬勃勃地向前发展"。② 有学者甚至认为,在1966—1978年的13年里,社

---

① 《邓小平文选》,第二卷,28、29页,北京,人民出版社,1983。
② 费孝通:《小城镇 大问题》,见费孝通著,张智楚编:《走出江村》,158页,北京,人民日报出版社,1997。

队企业取得的成就毫不逊色于改革开放头 10 年的乡镇企业。[①]

## 二、社队企业发展历程

### （一）萌芽期（1949—1957）

新中国成立后，为了尽快恢复经济，国家号召全国人民因地制宜开展生产，当时大量存在的农村家庭副业和手工业，在国民经济恢复和余缺调剂中，发挥了不可或缺的作用。

中共中央通过的《关于农业生产互助合作的决议（草案）》（1951 年 12 月 5 日）和全国人大常委会通过的《农业生产合作社示范章程（草案）》（1955 年 11 月 9 日），鼓励农村建立在农业互助组的同时，帮助农民成立各种副业和手工业的生产合作社。在这两个决议的引导下，第一个五年计划期间（1953—1957），兼营手工业的农民先后都参加了农业合作社，专业手工业者组织起手工业小组或手工业合作社。这些手工业社由于是从属于农业社的，因此被称为集体副业。那些分散在乡镇就地从事手工业生产的专业手工业者，单独组织成手工业小组或手工业合作社，统归县手工业联合社管理。各地农业合作社陆续兴办了一批拥有简单生产设备的小作坊式工场，从事小农具制造、修理、砖瓦、石灰烧制、石料加工、土纺、土织、缝纫、食品加工以及手工艺品制作等工副业生产。在吉林省，5 994 个高级农业合作社中就有一半左右建立了副业生产专业队。[②]

1956 年，无锡县东亭镇的"春雷农业生产合作社"，为解决人多地少的矛盾，把"五匠"（木匠、泥瓦匠、篾匠、铁匠、石匠）组织起来，办起了春雷高级社木工场，这是苏南也是江苏省有据可查的第一个社队工业。[③] 到 1956 年农村社会主义改造完成时，新中国农村工业有四股力量：①农村集镇手工业合作社；②一些较大或有发展前途的个体手工业作坊并入了农业社；③新办了一些副业组织和作坊；④恢复发展了家庭手工业。所有这些，当时虽列入副业，但却为乡镇工业的发展奠定了基础，也是乡镇工业的萌芽。[④]

这一时期，我国国民经济之所以能够在极其困难和复杂的情况下得到迅速恢复，

---

[①] 潘维：《农民与市场——中国基层政权与乡镇企业》，70 页，北京，商务印书馆，2003。
[②] 韩媛媛：《异军突起的序曲——社队企业三十载》，载《中国档案》，2013（2），76～77 页。
[③] 张义主编：《江苏农村经济 50 年（1949—1999）》，46 页，北京，中国统计出版社，2001。
[④] 蔡养军：《中国乡村集体企业经验的制度考察》，中国政法大学博士学位论文，2004。

与当时采取的经济政策，以及充分发挥农村副业和手工业者的积极性是分不开的。据资料统计，1952年农村手工业和农产品初加工业产值81亿元，1953年为88亿元，1954年为90亿元，1955年为97亿元，1956年为99亿元。① 到农村社会主义改造完成时，1957年的统计显示，农村集镇手工业社产值约40亿元，农业社和农民家庭手工业商品部分约20亿元，农民自给性手工业和农产品初加工产值约100亿元，以上总计160亿元。② 县手工业联合社管理下的手工业者和农业生产合作社副业组的手工业者，后来都直接成了社队企业初期发展的主体力量。③

**（二）社队企业"大跃进"和治理整顿时期（1958—1965）**

社队企业的大量涌现是在1958年"大跃进"和人民公社化运动时期。在"大跃进"和人民公社背景下，农村工业以一种运动的方式得到了非常规的、浮夸式的发展，而这种非常规的发展造成了严重的经济困难，引发了其后的治理整顿。

在《中共中央关于发展地方工业问题的意见》《关于人民公社大办工业问题的报告》以及嵖岈山卫星人民公社样板的带动下，全社会兴起一股浮夸风和形式主义，社办企业在广大农村一哄而起。1958年下半年，各地动员了数千万社员大炼钢铁、大办工业，共建造炼铁、炼钢炉60多万个，小煤窑5.9万多个，小电站4 000多个，水泥厂9 000多个，农具修造厂8万多个，以及大批土化肥厂、粮食加工厂、榨油厂、制糖厂、缝纫厂等。④ 1958年年末统计，全国社办工业的职工达到1 800万人⑤，全国社办工业企业有26万个，产值62.5亿元。到1959年，社办工业企业又发展到70多万个，工业产值超过100亿元，占全国工业总产值的10%。⑥ 到1960年，社办企业总数达到11.7万个，社办工业企业总数占工业企业总数的46.1%，占集体工业企业总数的74.1%。⑦

当时的公社工业由四个方面组成：①地方国营下放了一部分；②约有35%的手工业社（3.5万个）转为公社工业；③将农业社原来的工厂"平调"改为公社工业；④用"平调"社员财产的方法兴办了一些企业。据国家统计局1958年年末的统计，全国社办工

---

① 张毅、张颂颂：《中国农村工业化与国家工业化》，147页，北京，中国农业出版社，2002。
② 张毅：《中国乡镇企业的过去、现在和未来》，见张毅：《中国乡镇企业——历史的必然？》，161、169页，北京，法律出版社，1990。
③ 胡必亮、郑红亮：《中国的乡镇企业与乡村发展》，23页，太原，山西经济出版社，1996。
④ 朱镕基：《当代中国的经济管理》，57页，北京，中国社会科学出版社，1985。
⑤ 汪海波：《新中国工业经济史》，214、215页，北京，经济管理出版社，1986。
⑥ 胡必亮、郑红亮：《中国的乡镇企业与乡村发展》，39、40页，太原，山西经济出版社，1996。
⑦ 《中国工业经济统计年鉴》，21页，北京，中国统计出版社，1989。

业有 26 万个，总产值 62 亿元，务工社员（含大炼钢铁时）最高曾达 1 800 多万人。[①] 1958 年年底，农村人民公社工业的职工达到 1 800 万人，产值有 60 多亿元。1959 年产值上升到 100 亿元左右。[②] 到 1960 年，社办企业总数达到 11.7 万个，社办工业企业总数占工业企业总数的 46.1%，占集体工业企业总数的 74.1%。[③]

1961—1965 年的国民经济调整时期，中央对"大办工业"的提法进行了深刻反思，认为农村人民公社应大办农业，社队办工业应放在相对次要的地位，要为农业服务，从而扭转了农村工业化政策。按照要求，社队企业被大量精简，留下的部分社队企业也被交给公社或下放到生产队经营。经过几年的精简，社队企业数目和产值都迅速减少，农村工业的发展跌入了低谷。1961—1965 年社队企业产值变动情况如表 10-1 所示。

表 10-1　1961—1965 年社队企业产值变动情况　　　　单位：亿元

| 年份 | 社队企业 | 社办企业 | 队办企业 |
| --- | --- | --- | --- |
| 1961 | 51.8 | 19.8 | 32 |
| 1962 | 40.9 | 7.9 | 33 |
| 1963 | 40.2 | 4.2 | 36 |
| 1964 | 44.6 | 4.6 | 40 |
| 1965 | 29.8 | 5.8 | 24 |

资料来源：张毅：《中国乡镇企业简史》，39 页，北京，中国农业出版社，2001。

到"文化大革命"前夕，全国只剩下大约 1.1 万家社队企业，公社企业名存实亡。从 1958 年到 1966 年的 9 年时间里，农村工业经历了迅速兴起和迅速衰退的过程。但是，社队企业这一阶段的发展，为"文革"期间农村工业的持续发展及改革开放后乡镇企业的异军突起，打下了物质、人才、技术基础，积累了一定的管理经验，让广大农民和乡村干部意识到了发展工业对农村经济的重要性。

**（三）"文化大革命"及社队企业复苏期（1966—1978）**

1966 年，"文化大革命"爆发以后，整个社会掀起了批判资本主义的狂潮。政治上，打倒走资本主义道路的当权派，原民族资产阶级分子和个体工商业者被重新戴上资本家帽子进行批斗；经济上，消灭私营经济和个体经济，取缔家庭副业和集贸市场，废除农村自留地，割资本主义尾巴，国民经济整体陷入混乱状态，在此期间，农村工业却在夹缝中逐步恢复并得到一定的发展。在农村，不需

---

① 马杰三、张毅：《中国乡镇企业年鉴（1978—1987）》，494 页，北京，中国农业出版社，1992。
② 汪海波：《新中国工业经济史》，北京，经济管理出版社，1986。
③ 《中国工业经济统计年鉴》，21 页，北京，中国统计出版社，1989。

要国家投资的社队企业,以"五七指示"中"亦工亦农"的设想为理论依据,因地制宜,利用当时被下放或者遣返农村的技术人员和供销人员,艰难地走出了发展之路。从全国来看,1970年,人民公社企业由1965年的1.22万个增加到4.47万个,工业产值由1965年的5.3亿元增加为26.6亿元,5年增加了4倍,加上队办工业产值40亿元。1970年社队两级工业产值合计达到66.6亿元,为1965年29.3亿元的230.7%。①

在北方地区农业会议和全国农业机械化会议后,农业机械化目标的确立拉开了农村工业高速发展的序幕。20世纪70年代初,全国2300个县(市)中,除81个县以外都有了农机厂;1970年代中期,29个省、自治区、直辖市中,27个省、自治区、直辖市每个县都有了农机厂,新疆91.3%的县办了农机厂。全国近半数的人民公社办起了自己的农机修理厂(站)或农机修造厂(站),还有一部分生产大队也办了农业机具修理或修造厂(站),在全国范围内初步形成了一个农业机具修造网络。以"农业机械化"为契机,不少社队企业寻求并得到了城市工厂的技术援助,不少社队企业开始向农机以外的制造业发展。国家规定社队企业只能生产、维修农机产品,但在市场需求的刺激下,农民常常会越过这些规定。费孝通在《江村五十年》中就提到,江苏江阴一家队办厂"很巧妙地在厂门口挂上农具厂的招牌,偷偷摸摸地生产着与农具不沾边的塑料制品"。②

1974年开始,在政策支持、权威肯定和民间呼吁的推动下,社队工业出现了第二次发展高潮。1971年社队企业数5.31万个,产值92亿元;1976年年底全国社队企业增加到了111.5万个,总收入占人民公社三级总收入的23.3%,高达272.3亿元。许多产品产量在全国同类产品产量中占有相当地位,如原煤产量占17%,水泥占8%,木材占8%,原盐占7%,丝绸品占14%,机制纸和纸占15%,磷肥占37%,化学农药占7%,地方建筑材料(砖、瓦、沙、石)有80%是社队工业提供的。③

表 10-2 社队工业企业总产值增长情况

| 年份 | 合计 | | 社办工业 | | 队办工业 | |
|---|---|---|---|---|---|---|
| | 绝对数/亿元 | 比上年增长/% | 绝对数/亿元 | 占社队工业产值/% | 绝对数/亿元 | 占社队工业产值/% |
| 1970 | 64.0 | — | 26.7 | 41.7 | 37.3 | 58.3 |
| 1971 | 77.4 | 21.7 | 39.1 | 50.2 | 38.3 | 49.2 |

① 马杰三:《当代中国的乡镇企业》,47页,北京,当代中国出版社,1991。
② 费孝通:《江村五十年》,见《费孝通选集》,256页,天津,天津人民出版社,1988。
③ 祝慈寿:《中国现代工业史》,553页,重庆,重庆出版社,1990。

续表

| 年份 | 合计 | | 社办工业 | | 队办工业 | |
|---|---|---|---|---|---|---|
| | 绝对数/亿元 | 比上年增长/% | 绝对数/亿元 | 占社队工业产值/% | 绝对数/亿元 | 占社队工业产值/% |
| 1972 | 93.8 | 20.5 | 46.0 | 49.1 | 47.8 | 50.9 |
| 1973 | 107.3 | 14.3 | 54.8 | 51.0 | 52.5 | 49.0 |
| 1974 | 129.0 | 20.5 | 66.8 | 51.7 | 62.2 | 48.1 |
| 1975 | 169.4 | 31.1 | 86.8 | 51.2 | 82.6 | 48.8 |
| 1976 | 243.5 | 43.7 | 123.9 | 50.9 | 119.6 | 49.1 |
| 1977 | 322.7 | 32.5 | 175.3 | 54.3 | 147.7 | 45.7 |
| 1978 | 385.3 | 18.4 | 213.8 | 55.5 | 171.5 | 44.5 |

资料来源：国家统计局：《中华人民共和国成立30年以来农业统计资料》，10页，北京，中国统计出版社，1980。

社队工业紧紧围绕农业办工业，为农业服务、为城市工业加工服务，生产上注重就地取材、就地生产、就地销售，较好地适应了当时农村的生产力状况，在夹缝中取得了立锥之地，具有顽强的生命力。到1978年，全国共有社队企业150万家，是1959年的2倍多；有2800多万农村工人，占农村劳动力的9.5%；94.7%的公社和78.4%的大队都有工业企业，近30%的公社和大队收入都来自社队企业。[1] 社队企业涉及机械、化工、针织、交通、建材等30多个行业，产品有7000多种，畅销国内外市场。在"文化大革命"期间，社队企业成为中国农村经济的一个重要组成部分。

在社队企业发展的同时，从20世纪70年代初期开始，东南沿海地区的联户企业开始萌芽。当时，农村劳动力众多而耕地稀少，生产资料和生活资料供应不足，为了解决吃饭和发展问题，东南沿海地区部分农民敏感地捕捉到了市场需求，建立了机制灵活的联户企业。这些联户企业由几户农户集资入股，向大队交一定的管理费，以"队办企业"的名义生产经营。这类企业在初期具有合作经济性质，随着经营规模的扩大，逐渐演变为私营企业。例如在福建省晋江县，1978年有社队企业1141家，从业人员51961人，总收入4214万元（占全县工业总产值的17.6%），其中联户企业的户数、从业人数和收入分别占其总数的87.47%、74.94%和74.05%。[2]

---

[1] 潘维：《农民与市场——中国基层政权与乡镇企业》，70、71页，北京，商务印书馆，2003。
[2] 根据张厚义等《中国私营企业工作报告（1978—1989）》《中国国情丛书——晋江卷》以及王浣毅等《中国乡村的民营企业与家族经济》整理而成。转引自张大伟：《私营企业主的成长历程》，中国社会科学院研究生院，2000。

## 三、农村工业发展绩效

毛泽东主席曾把社队企业称为:"我们伟大的、光明灿烂的希望也就在这里。"1981年5月4日颁布的《国务院关于社队企业贯彻国民经济调整方针的若干规定》总结指出:"社队企业对于利用和发展地方资源,安排农村剩余劳动力,巩固壮大集体经济,增加社员收入有明显效果;对于逐步改变农村和农业的经济结构,支援农业发展,促进小集镇建设,起了积极作用;对于发展商品生产,活跃市场,扩大出口,增加国家财政收入也作出了贡献。社队企业已成为农村经济的重要组成部分,符合农村经济综合发展的方向。"农村工业的主体是社队企业,各地社队企业均按照为农业服务、为工业服务、为城乡人民生活服务、为出口服务、为中小城镇发展服务的方针来经办。社队企业主要有以下几类:①根据当地资源条件,发挥资源优势,建立的水泥厂、砖瓦厂、采石厂等建材工业;②轻纺服装工业;③食品加工业和农副产品加工业;④钢铁冶炼、机械五金和农机具制造业;⑤造纸、塑料、皮革制品等工业都有不同程度的发展。一些社队还大力发展服务业和交通运输业,兴建了一批旅店、饭店和各种小食店等。

### (一)促进农村经济快速发展

新中国三十年农村工业的发展,改进了农业生产条件,为农业发展提供了大笔资金,是农业内部积累的重要来源。社队企业在新中国成立初期农村自给半自给经济向市场经济生产转变发挥了重要作用。它是农村经济的重要组成部分,社队企业的发展,符合当时农村经济社会的现实。据统计,大约94.7%的公社和78.4%的大队都有自己的工业企业,近30%的公社和大队收入都来源于社队企业。[①] 社队企业还生产大量的化肥、农药、中小农具等,从物资上支援了农业生产。随着社队企业的发展,农村经济结构出现了新的变化,由单一的农业经济向多部门经济发展。在社队企业没产生前,农村只是以种植业、养殖业为主的单一的农业经济,手工业、家庭副业所占比重极小,只是依存于农业部门之内,并未形成一个独立于农业的生产部门。自从社队企业产生和发展以后,相继形成了社队工业、社队建筑业、社队交通运输业和社队商业、饮食服务业等独立于农业部门之外的多部门经济,社队企业生产经营涉及机械、化工、针织、交通、建材等30多个行业,产品有7 000多种,畅销国内外市场。发展社队企业,

---

① 马杰三:《当代中国的乡镇企业》,58页,北京,当代中国出版社,1991。

合理开发和利用了农村广阔的市场和丰富的资源，调动了农民生产积极性，有力地改变了农村的落后面貌。

1970—1978年，社办工业总产值的年递增率为29.6%。从事社队工业的劳动力，1976年为1 769.8万人，约占农村总劳动力的6%。[①] 到1978年，全国共有社队企业150万家，是1959年的2倍多；有2 800多万农村工人，占农村劳动力的9.5%；94.7%的公社和78.4%的大队都有工业企业，近30%的公社和大队收入都来自社队企业。[②] 在广州，1965年郊区社队企业有223个企业，企业人员7 164人，总收入1 039万元，占公社、大队、生产队三级收入的9.5%。1971年，发展为552个企业，人数30 287人，总收入4 165万元，占三级收入的25.2%，利润总额达793万元。1976年，又发展为5 725个企业，企业人数59 576人，总收入达1亿多元，占三级收入的36.2%。社队企业的发展有力地支撑了广州农村集体三级所有的收入增长。[③]

（二）国家工业建设的重要组成部分

社队企业是国家工业化不可缺少的重要组成部分。首先，社队企业向国内外市场提供了大量商品，拾遗补阙，弥补了城市工业生产的不足，特别是国营大工业不愿生产和不能生产的品种繁多、规格杂乱、批量较小的商品。其次，在"文化大革命"期间，城市工商业陷于混乱，商品短缺，出口任务有时都不能完成，此时，农村工业迅速发展，弥补了市场不足。再次，社队企业为城市工业提供配套加工和工业协作。社队企业同城市工业协作，为国营企业加工零部件，进行下脚料处理等，一般收取的加工费都低于国营企业内部加工费，而所创造的产值统一列入城市大工业产值，这样，农村社队企业创造的一部分产值转化为国家工业产值。农村通常也会接受城市大工厂淘汰的机械设备进行生产，变废为宝，增加了国营企业的设备残值，也节约了国家的工业投入。在河北省，社队企业"在1978年有1 500多种产品支援工业建设、繁荣市场和外贸出口，产值达26.5亿元。其中，社队企业所产的黄金占全省总产量的26%，建筑材料占80%，原煤占地方煤炭产量的40%，出口物资占全省总出口量的12%"。[④] 这些数据，有力地说明社队企业是国家工业化的重要组成部分。

---

[①] 吴敏一、郭占恒：《中国工业化理论和实践探索》，162页，杭州，浙江人民出版社，1991。
[②] 潘维：《农民与市场——中国基层政权与乡镇企业》，70、71页，北京，商务印书馆，2003。
[③] 《广州年鉴》编纂委员会：《曲折发展的农村社队企业》，载《广州年鉴1983》，中国广州网。
[④] 《社队企业发展情况和问题（1979-10-24）》，河北省档案馆藏，河北省手工业联社档案957-4-108.3。转引自刘艳桃：《河北省社队企业研究》，河北师范大学学位论文，2007。

### (三) 促进了农业现代化

新中国农业现代化最早的理解是农业生产的水利化、机械化、电气化、化学化。实现农业现代化，需要大量的资金，而当时国家能向农业提供的资金是有限的，靠国家财政提供农业现代化所需资金，客观上存在困难。发展社队企业，可以为农业现代化积累资金，社队企业的利润成为农村集体经济组织资金积累的有效途径。利用社队企业积累的资金，农村集体购买了大批化肥、农药、机械，有效地推进了农业现代化建设。例如被毛主席誉为"我们整个国家的形象"的遵化县西铺"穷棒子"大队，党支部带领社员自力更生大办工业、副业，经过3年的时间，到1973年就收入24万元。他们用这些收入购买了大小拖拉机10台，各种农业机械220台（件）①，全大队实现农业生产和生活上的机械化和半机械化，促进了农业和农村的现代化建设。再如，河北省束鹿县自1971年到1974年"为农业提供各种机械4 500多台，水泥井管113万米，水泥11 800多吨，马车、人力车32 600多辆，中小农机具88万件，各种农机配件140万件"②，有力地促进了农业机械化进程。到1976年前后，全国化肥总产量的近50%、农业机械产品的75%都是由农村的小型化肥厂、小型农机厂生产的。③ 1971年第二次全国农业机械化会议后，经过几年会战，在广西形成了以年产丰收37型拖拉机5 000台、工农12型手扶拖拉机3.5万台为主的农机制造能力，建立并加强了柳州拖拉机厂、南宁手扶拖拉机厂、玉林手扶拖拉机厂、桂林联合收割机厂和南宁插秧机厂等一批农机制造企业。1978年年底与1965年相比，农机总动力增长18.9倍，达426万马力；拖拉机增长66.6倍，达8.79万台，162万马力；运输机械增长96倍，达7.5万台；机耕面积增长11.6倍，达1 376万亩，占当时耕地面积的34.7%。全区已建立比较完整的农机管理服务体系，培养了一支10多万人的农机化技术队伍。④

### (四) 有利于小城镇建设

社队企业的发展，对于小城镇发展有不可低估的作用。邓小平在《改革的步子要加快》的谈话中指出："乡镇企业的发展，主要是工业，还包括其他行业，解决了占农村剩余劳动力百分之五十的人的出路问题。农民不往城市跑，而是建设大批小型新型乡镇。"邓小平这段话向我们指出了农村企业的对于小城镇的作用和意义，这一判

---

① 《关于涿鹿县县社工业发展和整顿的调查报告（1973-10-10）》，河北省档案馆藏，河北省电子工业厅档案1052—2—30.3. 转引自刘艳桃：《河北省社队企业研究》，河北师范大学学位论文，2007。
② 《1975年全省县社二轻工业副业会议文件（1975-10-15）》，河北省档案馆藏，河北省二轻工业局档案957—4—49.8, 9。转引自刘艳桃：《河北省社队企业研究》，河北师范大学学位论文，2007。
③ 《新中国五十五年统计资料汇编》，北京，中国统计出版社，2005。
④ 何继华：《广西社队企业研究（1953—1983）》，广西师范大学学位论文，2007。

断同样适用于改革开放前的社队企业。中华人民共和国成立初期的乡村集市是一种定期聚集进行的商品交易活动形式。集市是传统村庄沟通有无的场所。农村中的小商小贩和手工业者，定期赶集或游动叫卖，推动了乡村的商品流通。1953年后，国家对这些小商小贩以及手工业者进行了社会主义改造，农村手工业者和小商小贩参加了农业，或者组织了专业的合作社。这些专业性的合作社一般相对集中于集镇，为专业市场的兴起打下了基础，从而推动小城镇建设。社队企业，特别是社办企业，主要集中在公社所在地的集镇，这会促使集镇加速发展，一方面人口会增加，经济实力提高，商品生产更为发达，集市贸易也发展起来了，集镇上的文化、教育、商业、生活服务设施的需求增加，而公社经济实力增强，也为这些设施的建设提供财力和物力上的保证。这样一来，农村集镇以社队企业为中心，教育、文化、卫生、商店、旅馆、饭店、交通、邮电、理发等服务行业逐步发展起来，变成了农村经济中心和文化中心，成为联系城乡经济的纽带。有资料显示，江苏省无锡县从1970年以来，随着社队工业的发展，已有34个公社所在地有县、社、队工厂450家，平均每个集镇13家，产值占全县工业产值67%。[1] 在农村工业比较发达的浙江温州，20世纪60年代温州的城镇化水平只有6%~8%左右，1978年增长为12%。

**（五）吸纳农村剩余劳动力**

1955年，毛主席在主持编辑出版的《中国农村的社会主义高潮》中亲自撰写了大量编者按语。他在为《多余劳动力找到了出路》的一篇典型材料写的按语中指出，农村出现剩余劳动力的情况，是一个带普遍性的问题，多余的劳动力出路在哪里呢？主要地还是在农村。由此可见，当时国家领导人就已经意识到要在农村内部解决剩余劳动力问题，后来农村利用自身条件，在国家鼓励下发展了社队企业，适应了解决剩余劳动力问题的需要。中国广大农村地区，人多地少，劳动力相对过剩。国家选择重工业优先发展战略，推行限制农村人口向城市转移的严格的户籍制度，决定了城市工业难以成为农村剩余劳动力吸纳的主战场。当城市出现就业困难时，国家组织知识青年上山下乡，将多余劳动力向农村释放，以缓解城市就业紧张。这种情况迫使农民寻找"离土不离乡"的非农产业，于是走出了发展农村工业的道路，农村工业就成了吸纳农村剩余劳动力的主要力量。社队企业就地发展，充分利用当地既有的各种资源，产品结构相对简单，生产技术水平要求不高，具有投资少、劳动力密集等特点。通过发

---

[1] 张毅、肖湘：《中国社队企业》，载《农业经济》，1983（1）。

展社队企业，可以大量吸收农村剩余劳动力，充分利用农村的人力资源优势。社队企业的发展，也使农村剩余劳动力可以就地安排，转移到林业、牧业、水产业、工业、商业、运输业、建筑业、服务业等行业，发展多种经营，在产值增长上增强了国家的实力，减少了农村剩余劳动力对城市的就业压力。1958年年底，农村人民公社工业的职工达到1 800万人[1]；1958—1978年，全国农村社队企业平均每年吸收130万人；到1978年，全国共有社队企业150万家，吸纳2 827万农村工人，占农村劳动力的9.5%[2]，全年工资总额87亿元，平均每个职工年工资收入306元[3]。在浙江鄞县，1978年年末社队企业增至1 764家，从业人员84 666人，产值16 288万元，占全县工业总产值的58.93%。[4]

**（六）改变了农村面貌，提高了农民生活水平**

1978年，农民人均从社队企业获得收入10.74元。在广东东莞，1975年社队企业人数已达到50 880人，公社、大队两级经济收入共7 673多万元，占三级经济的27.1%。[5] 1976年，在浙江慈溪，当地的社队企业总产值达到1.2亿元，占全县农村人民公社总产值的49.78%。全县公社、大队积累资金2 135万元，占全民所有制经济资金积累总数的72.3%，公社、大队社队企业经济在全县国民经济中的比重明显增加。[6]

社队企业建立之初，其发展定位是为当地农业服务、为农村服务。社队企业发展得较好的地方，商品经济相对发达，农民收入增加较快，生活相对富裕。社队企业的发展，公社大队资金积累雄厚，为本地教育、医疗、文化等公共事业提供了资金，建设了一批沼气、道路、电网、自来水等基础设施，兴建了幼儿园、学校、医院、敬老院等公共福利事业，提高了农民的收入水平，显著改善了农民生活。例如广西浦北县张黄公社在20世纪70年代中期新建校舍744间，合作医疗站60间，所需经费全部由社队企业的收入解决。民办教师的工资也全部由大队企业和学校勤工俭学的收入中开支。合作医疗如果经费有困难，也由大队企业收入垫支或补贴。社队企业的发展，密切了城乡和地域间的联系，并把工业文明带入农村，可以有效地克服和改造旧社会遗留下来的小农经济的旧思想、旧传统观念和习惯势力，原有的狭隘

---

[1] 汪海波：《新中国工业经济史》，214、215页，北京，经济管理出版社，1986。
[2] 潘维：《农民与市场——中国基层政权与乡镇企业》，70、71页，北京，商务印书馆，2003。
[3] 刘玉峰：《乡镇企业发展30年的十大启示》，载《中国现代企业报》，2008年10月31日，A01版。
[4] 王文杰：《50年代至70年代鄞县社队企业的形成和发展》，鄞州史志网站，2010-04-30。
[5] 刘韦玲：《东莞社队企业的发展及其历史作用东莞党史网》，2009-09-24。
[6] 《慈溪县社队企业的发展历程》，慈溪史志网，2014年2月12日。

封闭观念和意识逐步被打破，现代信息观念、科技观念、市场观念逐步形成，提升了人们的精神文化生活，促进农民摆脱传统习惯，开阔视野、增长知识；更新道德观念，密切了农村干群关系和邻里关系，造就一代新型农民企业家，为后来乡镇企业崛起奠定了坚实的基础。

## 第三节　农村信用社发展历程与绩效

### 一、农村信用社政策演变

新中国通过土地改革建立的农民土地所有制，激发了农民生产的积极性。为了改变长期战争导致的落后的农村经济，尽快使农民脱离贫困，在国家的号召下，在农村成立了农村信用社（以下简称农信社）以帮助发展农村经济。1949年11月，华北供销合作社总社和中国人民银行根据《中国人民政治协商会议共同纲领》第三十八条"关于合作社"的相关规定，联合出台了《关于典型试办合作社信用部的指示》，指出为了活跃农村金融，帮助农民生产生活，将选取定点示范县，开展信用合作。1951年5月，《农村信用合作社章程准则（草案）》《农村信用互助小组公约（草案）》《农村信用合作社试行记账办法（草案）》三个草案在第一届全国农村金融工作会议上颁布，向农民表明了农村信用社自愿、自享、自助的合作社性质。信用社不以盈利为主要目的，以农民自己的资金帮助需要帮助的社员，坚持自愿入社、资金互助。另外，文件专门就农村放贷工作的任务、方法及原则等问题进行了讨论，指出要帮助社员购买农具和牲口、公共用具及设备，还提出具有优先发放权，简化手续以及降低利息等优待方法。在生产上帮助农户之外，也可以给予适量的生活贷款，解决生活上的困难。第一届全国农村金融工作会议详细阐述了农村信用社的经营宗旨、民主管理以及贷款原则，合作互助的性质在农民、农村中广泛传播。1951年6月开始，各地纷纷开展了农村信用社试点工作。1951年8月，《关于农村信用合作工作各点的联合指示》在中国人民银行的支持下出台，指出为了扩大农村信用合作社在农民中的威信，为了解决农村经济发展资金短缺的问题，为了让农民过上温饱的日子，农村信用社信用部应运而生，支持农民生活和生产活动，打破了农民对高利贷的依赖局面，充分发挥农村信用社的作用，在很大程度上打击了农村的高利贷势力。1953年12月，在《关于发展农业生产合作社的决议》中，阐明了农村信用社的合作性质，并对地位、任务做了明确的规定。到1953年年底，全国共建立信用社、信用互助组织和供销社信用部25 290个，其中信用社7 785个，信用互助组14 912个，供销社信用部2 593个。①

农村自由借贷政策先松后紧。1954年前，为了促进农村经济的发展，国家对自由借贷持积极态度，希望通过自由借贷帮助农民度过日常困难。因此，自由借贷有较大的发展。例如，1954年，江苏省3个村当年农贷、预购定金和信用社贷款的总数是6 767万元，而私人借贷则为4 108万元，私人借贷占贷放总数的37%。吉林省3个县3个村当年农贷、预购定金和信用社贷款的总数是21 699万元，私人借贷有5 988万元，私人借贷占总借贷的21%。② 但是，1954年，国家认为自由借贷助长了高利贷的滋生，开始管制自由借贷，并对农信社农贷工作给予大力支持，同时认为农户应当配合农信社的农贷工作，用农信社贷款取代自由借贷，提倡集体化性质的合作社。

1958年10月，全国财贸工作会议上，国务院决定将原有财贸管理体制改为"两放、三统、一包"的新财贸管理体制。③ 为了积极支持人民公社运动的进行，国务院还做出了将农村信用社管理权交给人民公社的决定。1959年1月，人民公社运动如火如荼，为了控制财政拨款中企业流动资金的运用，国务院又提出了实行全额信贷。1959年4月，颁布了《关于加强农村人民公社信贷管理工作的决定》，随即又将农村信用社从人民公社收回，下放给生产大队，由生产大队对信用分部进行管理。1961年又停止了全额信贷。这样反反复复，导致农村信用社产权归属不清，加紧对农村信用社借贷的控制，阻碍了农村信用社的独立发展。1962年8月，国务院颁布了《关于农业生产资金问题的通知》，规定农村信用社贷款资金的来源、用途以及期限等，大力倡导在国家资金支援的同时农户能够自力更生，进行农业生产。1962年11月，中共中央和国务院批复了中国人民银行拟定的《农村信用合作社若干问题的规定》，明确指出农村信用社作为国家银行在农村的基层机构，必须对国家银行负责，促进农村金融的发展。同时再一次明确了农村信用社的合作性质。由于政府对农村信用社的资金借贷问题进行了管制，农村信用社的存贷款余额较以往有了明显的下降。如此一来，虽然国家有效地控制了农村借贷资金的发放，但是农民无法通过正规途径解决资金需求，转而求助于农村高利贷。由此，农村高利贷快速发展。为此，1963年10月，国务院在《关于整顿信用合作社打击高利贷的报告》中明确指出："在整个社会主义时期，农村的阶

---

① 黄聪英：《制度变迁与我国农村信用社改革研究》，福建师范大学硕士学位论文，2005。
② 成思危：《改革与发展：推进中国的农村金融》，7页，北京，经济科学出版社，2005。
③ 中华人民共和国财政部办公厅：《1958年大事记》，财政部办公厅网站资料。

级斗争是长期的复杂的,高利贷的活动也是时起时伏的,打击高利贷的最有效的办法,是在生产发展的基础上,依靠信用社,组织农村资金的余缺调剂。"

截至1963年,已经建立了16万个农村信用社,为农村发放贷款16亿多元。在不断发展改革的过程中,还确定了农信社的主要目标:一是利用农信社贷款帮助贫下中农;二是不遗余力地打击农村高利贷活动。①

通过一系列政策的颁布和实施,政府有效地控制了农村借贷资金的发放,部分农户不能从农信社获得所需的贷款,只好求助于私人借贷,因此这一系列政策不仅没有打击农村高利贷,反而从一定程度上助长了高利贷的发展壮大。

虽然高利贷在一定程度上能在生活上和生产中给予农户帮助,但是当时认为,高利贷活动是资本主义金融在农村的猖獗行为,通过高利贷活动对贫下中农进行资本主义剥削,是必须被革命的活动。只有利用农村信用社在农村借贷中的地位和作用,才能有效打击高利贷活动。由于贫下中农是高利贷的主要借贷者,为了从需求方面打击高利贷活动,1963年,农业银行加大了农村信用社的借贷投放量,用以帮助贫下中农生产生活。此外,还确定了部分贫下中农困难户为重点帮助对象。为了进一步帮助困难农户,坚决打击农村高利贷活动,1965年8月,国务院又将来自于全国各地用于生产的贷款资金的5 000万元调拨到农村,以零利息贷款的方式帮助贫下中农。根据《一九六三银行工作安排》,为了提高农业资金的使用率以及有效遏制资金挪用现象,各地区农信社必须加强资金监管力度,从而间接打击农村高利贷活动。

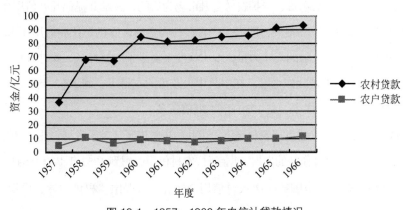

图10-1 1957—1966年农信社贷款情况

数据来源:卢汉川主编:《中国农村金融历史资料一九四九——一九五八·大事记》,长沙,湖南省出版事业管理局印刷。

"文化大革命"时期,农村金融系统遭受了重创。为了避免农村信用社走上资本

---

① 管延春:《当代中国农村合作金融史研究》,浙江大学博士学位论文,2005。

主义道路，为了使农村信用社员工积极向农民靠拢，1969年11月，在中国人民银行的带动下，就农村信用社改革问题召开了会议，表示要在人民公社和生产大队的领导下，将农村信用社的管理权交由贫下中农委员会。在这样的管理模式下，农村信用社变成了银行的农村基层单位，担负银行在农村的金融业务，进一步破坏了农村信用社的合作性和独立性。

"文化大革命"结束后，农村信用社千疮百孔。为了恢复农村金融，1977年《关于整顿和加强银行工作的几项规定》出台，明确指出农村信用社作为农村基层机构，受人民银行领导，对国家银行负责。农村信用社的资金需在国家计划下管理应用，明确了农村信用社职工的权利和义务。1979年2月，国务院恢复了中国农业银行的地位，管理和领导农村信用社在农村的发展，农村信用社作为中国农业银行农村基层网点存在。这样一来，农村信用社真正披上了"官服"，开始吃上了"官饷"。

## 二、农村信用社的发展历程

### （一）恢复与增长期（1949—1957）

新中国成立前，农村信用社在我国已经开始发展，到1949年年底，全国约有农村信用合作社800余家。新中国成立初期，中国农村经济的发展处于前所未有的困境，要恢复农业生产就急需解决农民生产的资金问题。国家看到了农村信用社在农村资金运作中的作用，以补给物资、维护农村金融市场为目的，鼓励并提倡开办信用社，基本形成了"一体两翼"的格局，即以生产合作社为主体，以供销社和信用社为两翼。农村信用社作为农村金融的支柱力量，很大程度上促进了农村经济，此时农村信用社的主要组织结构形式是合作金融。在中共中央政策的支持下，到1952年年底，全国共有农村信用社2 000多个，是1950年的20倍还多。[①]

1953年，为了进一步发展农村经济，中共中央做出了《关于发展农业生产合作社的决议》，促进了农村合作社的发展。据统计，农村信用组织到1953年共有9 841家。[②]

1954年2月，召开了全国第一次农村信用合作会议，提出"积极领导、稳步前进"的方针以及"一乡一社"的目标。到1955年年底，全国共有信用社15.9万个，占全国乡数的85%；社员7 600万户，占总农户数的65.2%；存款6.1亿元，其中社员股金

---

① 谢安：《我国农村信用合作社的制度变迁》，湖南农业大学硕士学位论文，2001。
② 李让：《我国农村信用社改制相关问题研究——基于A市农村信用社实证》，北京交通大学硕士学位论文，2009。

2亿元，贷款3亿元。① 随着农村信用社在试点中取得较好的成果，农信社开始在全国范围普及。扩大发展导致许多地方建立空壳农信社，只注重数量，缺乏对质量的管制。因此，1956年，各地的农信社纷纷停业整顿。到1957年年底，全国约有80%的乡镇都建立了农村信用社，共有信用社88 368家；存款20.7亿元，其中社员股金3.1亿元，农户储蓄存款7.3亿元；贷款9.5亿元，其中农户贷款5.3亿元。② 农村信用社为农民生活提供了基本保障，促进了农村生产发展，成为农村金融组织的支柱力量。

1951年政务院批准成立农业合作银行监管农村信用社，负责农信社对农村基础设施的投资进行监管。1952年，由于农业合作银行人员负责业务水平落后等原因被撤销，农村金融工作的管理权又回到了中国人民银行手中。1955年，为了更好地领导和管理农信社，重新成立农业银行，负责管理农村信贷业务。从农村信用社监管机构的不断改变，反映了贷款业务不断增加，农民对贷款资金需求量较大。据统计，在三年国民经济恢复时期，国家银行发放的农业贷款累积约为16.6亿元，绝大部分是发给贫困农民的。其中贫农贷款约占贷款总数的77.39%，中农贷款占21.1%。合作化运动开展后至1957年，国家又先后增加农贷25.8亿元，连同原有的农贷资金，总指标已经达到40亿元，其中农民生产生活贷款达10亿元左右。③

随着农村信用社数量增加、分布范围扩大、监管机构不断发展，以合作金融方式出现的农村金融体制初见雏形。农村信用社是我国农村金融的主力军，为农民、农村提供低利率的金融服务，虽然存在规模较小、管理缺乏、机构混乱缺乏等问题，但是它充分体现了自愿入股、民主管理、合理经营的特性。自此，农信社顺利地在农村扎根并健康发展，为农村经济的发展提供了资金支持。

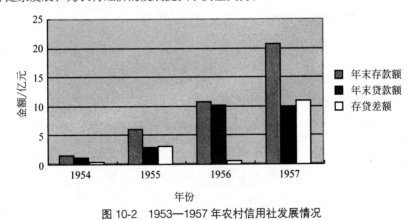

图10-2　1953—1957年农村信用社发展情况

数据来源：苏星：《我国农业的社会主义改造》，北京，人民出版社，1980。
路建祥：《新中国信用合作发展简史》，北京，中国农业出版社，1981。

---

① 谢安：《我国农村信用合作社的制度变迁》，湖南农业大学硕士学位论文，2001。
② 成思危：《改革与发展：推进中国的农村金融》，7页，北京，经济科学出版社，2005。
③ 卢汉川主编：《中国农村金融历史资料（1949—1985）》，湖南省出版事业管理局印刷。

## （二）曲折发展期（1958—1966）

1958年，农村信用社的业务和管理权都下放到了公社，后又交由生产大队管理，并改名为信用分部。农村信用社建立初期拥有自愿、自享、自助的合作社性质，在生产大队的管理下，这种性质荡然无存，农信社的独立性也渐渐失去。到1959年年底，全国共有信用分部20万个，信用社服务站17万个①，农信社变成了生产大队的组成部分，作用逐渐丧失，资金被生产大队挪作他用甚至挥霍浪费的现象屡见不鲜，农信社的业务由于资金短缺难以维持，信贷关系名存实亡，阻碍了农村经济的发展。1958年农信社全部资金储蓄量为20亿元，到1962年年底，只剩下了9.7亿元，下降了一半多。1959—1961年，我国发生了严重的自然灾害，成灾面积分别达到9.7%、15.3%和18.6%，之后的1962年和1963年又分别达到11.9%和14.3%，②农业生产出现了剧烈下滑，谷物产量在1959年下降了15%，1960年和1961年的谷物产量只有1958年的70%。③农业生产量的下降，导致农民基本生活性需求得不到满足，生活成本显著增加。相比于富农，中农、下农和贫农没有积蓄满足自然灾害时期的生活需求，寻求农信社贷款的农户剧增，而农信社的扭曲发展又无法满足农户的贷款需求。1962年11月，《农村信用合作社若干问题的规定》正式通过，明确指出农村信用社是"集体所有制"，应当帮助国家银行维护农村金融秩序。农信社的管理控制权重新回到国家银行。信用社重新开始发展，但是整顿并没有令农信社走出阴影，反而继续深陷"官办"的泥潭。到1965年年底，全国信用社的各项贷款达到48亿元，比1962年年底增加20亿元，增长70%；社员贷款增加2.7亿元。④

## （三）倒退期（1966—1978）

"文化大革命"期间废除了农村信用社的各项制度，农村信用社发展遭受了重创。1969年，农村信用社实行贫下中农监管机制。农村信用社的机构原本以公社为单位设立，实行贫下中农管理后，农村信用社的机构设置混乱，没有固定的设立单位。在此期间，农信社的管理权先后"三放两收"。农信社的领导和管理权先后交予不同的组织阶层。农信社的职工给予国家干部待遇，通过财政补贴平衡盈亏，成为国家基础银行。至此，农村信用社的独立性全部失去，合作性质完全被异化，业务遭到了严重破坏，合作社性质的农村金融系统几乎崩溃。

---

① 谢安：《我国农村信用合作社的制度变迁》，湖南农业大学硕士学位论文，2001。
② 成思危：《改革与发展：推进中国的农村金融》，7页，北京，经济科学出版社，2005。
③ 林毅夫：《制度、技术与中国农业发展》，5、6页，上海，上海人民出版社、上海三联书店，1994。
④ 尚明：《当代中国的金融事业》，455页，北京，中国社会科学出版社，1989。

农村信用社发展的扭曲促使了农村私人借贷的大步前进。1957年以前，私人借贷在农村并不多见，利率普遍较低，而在三年自然灾害以后，高利贷分布更加广泛，利率也普遍较高。

表10-3 农村信用社存贷款情况

| 年份 | 存款合计 | 其中 | | | 贷款合计 | 其中 | | |
|---|---|---|---|---|---|---|---|---|
| | | 集体存款 | 农户存款 | 其他 | | 集体贷款 | 乡镇企业贷款 | 农户贷款 |
| 1963 | 31.4 | 21.3 | 10.1 | — | 13.8 | 5.6 | — | 8.2 |
| 1965 | 48.0 | 35.1 | 12.9 | — | 13.5 | 3.1 | — | 10.4 |
| 1970 | 76.4 | 61.4 | 15.0 | — | 18.8 | 5.6 | — | 13.2 |
| 1972 | 90.9 | 61.5 | 20.1 | 9.3 | 21.1 | 7.9 | 1.2 | 12.0 |
| 1974 | 121.2 | 78.1 | 30.6 | 12.5 | 22.0 | 10.7 | - | 11.3 |
| 1976 | 141.2 | 89.4 | 36.9 | 14.9 | 35.8 | 17.1 | 7.0 | 11.7 |
| 1977 | 151.3 | 89.3 | 46.5 | 15.5 | 39.7 | 18.4 | 9.9 | 11.4 |

数据来源：《中国金融年鉴》编委会：《中国金融年鉴（1989）》，北京，中国金融年鉴编辑部，1989。

总之，新中国三十年农村信用社经过了曲折发展历程：1949—1957年，是农村信用社成立和健康发展时期，较好地维持了农信社的性质和宗旨；1958—1978年，是农村信用社的扭曲发展阶段，管理权先后交给了不同组织机构，使农信社完全脱离了合作社的性质和任务。从农村信用社的发展实践看，农村基层金融组织按照国家计划执行和管理，而没有根据农村具体情况运行，不能因地制宜、审时度势是农信社丧失独立性的根本原因。从理论上说，农信社应该实行社员自治。但是，新中国三十年间，农信社的所有权及管理体制屡屡变更，致使资金缺少甚至资金链断裂，形成了利益分配不均、借贷不知何处的局面，阻碍了农村信用社健康有序发展。

### 三、农村信用社对农业农民及城乡关系的影响

新中国三十年，中央和地方政府认识到农村经济发展的重要性，不但从政策上帮助农民，还给予了资金支持，"从1950年到1955年，国家先后发放的农业贷款累计数字共48亿元，平均每年约有10亿元贷款通过农村信用社在农村中周转"[①]。农户从农信社借贷的资金主要用于三个方面：基本生活需求、基本生产需求和一般经营性需

---

① 曹菊如：《解决农业资金的两个环节》，载《人民日报》，1956。

求。基本生活需求是指农户婚丧、疾病、口粮等。基本生产需求主要是指用于购买农业生产需要的各种器具、肥料、化学用品等。一般经营性需求是指从事非农生产的农户用以应对在生产过程中突如其来的资金短缺所需的资金。对于社员基本生产需求的贷款申请，农村信用社给予较大的支持，对于基本生活需求，农村信用社只给予有还款能力的农户小部分资金帮助。从事一般经营性生产的农户，大多不是中农及以下，而且生活一般也较殷实，不符合农信社扶持农民农业发展的主要对象，基本不给予贷款。因此农村信用社给予的贷款资金大多运用到中下贫农的基本生产性需求中，小部分给予农户基本生活需求。1958年以前，农村信用社的存在非常有效地将农村闲散资金组织起来，走合作化的道路，解决了农户生产生活上资金不足的问题，在促进农村经济发展上做出了很大贡献，农信社实质上成了农民自己的银行。这一阶段，农信社发展时间比较短，大多规模较小，管理水平也不高，农信社干部、员工的待遇尚未有统一规定。

• 农村信用社能给予农民较多的贷款量，而且以帮助贫农、中下农为主要目标，又给予较低的利率，在很大程度上能够帮助农民的生产生活。但是，农信社给予农民的贷款对农业农民的影响是有限的。分析其原因主要有：①农业贷款期限一般较短，特别是副业贷款，期限只有3个月，同时又实行强制性还款，必须在贷款期限的最后一天缴清所有贷款，不得有任何原因的拖延。②农民贷款的用途多种多样，而农信社能够给予农民的贷款大部分是用来帮助农民进行农业生产的，当然也有小部分是用作农民婚丧、疾病、口粮等，但是远不能满足农民生活的需求。因此，单一的贷款供给与贷款用途的多样化需求之间产生了较大的矛盾。③农村信用社在给予贷款时，一般选择具有土地且有较好生产经营能力的中农，对中农的帮助远远超过贫农，因此贫农的生产生活有巨大的资金缺口。④农信社更倾向于将贷款给予互助组和农业生产社，过度强调了集体经济，于是缩减了对农民个人生产生活的贷款。⑤农信社贷款程序比较复杂，需要递交不少材料，耗时费力。

1958—1978年，农村信用社的发展是扭曲、停滞不前的，先后遭遇了"大跃进"、人民公社运动、"文化大革命"，受到了严重的创伤。在遭遇三年自然灾害后，想要从农信社贷款进行生产生活，这时的农信社却已经归生产大队所有，农信社资金被挪用，农民从农信社根本得不到贷款。"文化大革命"期间，信用社严重脱离社员群众，合作金融组织的特点基本消失，农信社变成了又一"官办"银行。由于农信社对农民贷款的供给不能满足农民生产生活上对资金的巨大需求，农民为了农业生产和发展，不得不诉诸私人借贷，促成了高利贷的滋长。例如对山西、吉林等省的调查，"借高利贷的一般占总农户的10%到20%，放高利贷的3%到6%；在灾区，借高利贷达到总农户的40%到60%"。① 农民对私人借贷的需求不断增加，助长了高利贷利率的上涨。根据调查数据显示，各地借贷利息一般月息是五分、六分（借款100元月息5元、6元）、"大加一""大加二"（借款100元，月息10元、20元），有的高至"大加三""大加四"。标会的利息也很好，例如10元的标会，价低者得标。由于部分贫农急需用钱，只能求助于高利贷，因此投标数只收六、七元，而下个月还款时却要还10元，利息高达50%~70%。②

另外，农信社的存在和发展没有消除实物借贷。由于我国农村地区长久以来是自给自足的小农经济模式，客观上促进了实物借贷。

新中国成立初期，经济条件极其落后。1949年，全国人均总产值只有100元左右，城乡发展极其不平衡，坐落在大城市的工业只占社会总产值的10%，其余均分散在落后的农业和手工业。③ 毛泽东在党的七届二中全会上提出："城乡必须兼顾，必须使城市工作和乡村工作，使工人和农民，使工业和农业，紧密地联系在一起。"为了控制物资供销、稳定市场、控制物价，政府在各地建立了国营商业和供销合作社。城乡之间利用国营商业和供销合作社进行物资交换，断绝了私商牟取暴利的途径。农村信用社建立初期，本着自愿入社、资金互助的原则为入社农户办理存贷款业务。这时候，新中国刚刚成立，农户急需资金，为自己的生产生活提供必要的保证。1949—1952年，政府在农村进行了土地革命，农民对自己分得的土地进行劳作、生产，必须投入一定的资金。因此，农村信用社进一步推动了城乡关系的发展。

但是，中国的工业化进程是在借鉴苏联工业化经验的基础上，尝试向重工业倾斜的中国式工业化道路，导致城乡资金流动严重倾斜，大量农村资金通过各种渠道为城市工业提供资本积累。农信社作为银行的基层金融机构，为农民提供存贷款服务，社员本可以通过向农信社贷款，用来发展农业和手工业，在国家积极发展重工业政策的引导下，农民对农信社资金的利用仅仅是满足生活必须，因此农信社的存款增加额总是大于贷款增加额。在"一五"时期，农村储蓄量比贷款量多3.5亿元，"四五"时期上升到28.4亿元。农村资金一直以储蓄资金的形式流入城市的重工业投资，在城乡资

---

① 农行总行：《关于打击高利贷斗争的情况简报》（1964年11月20日），见卢汉川主编：《中国农村金融历史资料（1949—1985）》，429页，长沙，湖南出版事业管理局，1986。
② 杨以丹等：《农村高利贷及其治理的历史审视：1957—1966年》，载《中国经济史研究》，2008（2）。
③ 赵保佑：《统筹城乡经济协调发展研究》，华中农业大学学位论文，2008。

金流动中，农村一直是净流出方。从城乡关系层面看，农村信用合作社的发展，偏离了原先促进农村经济的目标，反而将农民生产限制在满足生活需求的范围内，制约了农村经济的发展，导致城乡资金分配不协调。1953—1957年，随着重工业的发展，农村迁往城市的流动人口数量大大增加，城市人口从7 826万人上升到9 949万人，全国城乡人口比重由13.3%上升到15.4%。①"大跃进"时期，又出现了大批农村人口涌向城市的现象，到1960年，城市人口增加了3 124万。大批知识分子在国家政策的引导下，前往城市发展工业，致使农村劳动人口下降，劳动者素质普遍偏低，城乡发展不平衡显得更为严峻。

## 第四节　供销合作社发展历程与绩效

### 一、供销合作社政策演变

20世纪的二三十年代，西方合作思潮在我国传播后，许多爱国有志之士意识到在农村开展合作运动的必要性和紧迫性，开始在我国农村发起各类合作社试验。1923年，中国华洋义赈救灾总会创办的合作社，最多发展到1万多个。梁漱溟在山东邹平创办的以运销合作为主的合作社，最多时发展到300多个。晏阳初在河北定县创办的合作社，以信用合作为主，兼营运销、购买等业务，最多时发展到100多个。1922年，《中国共产党第二次全国代表大会附加决议案》明确指出："工人消费合作社是工人利益的自卫组织，共产党须注意和活动此组织。"1923年，在毛泽东指导下，由李立三、毛泽民担任总经理建立了安源路矿工人消费合作社。我国供销合作社的前身和雏形，是抗日时期和解放战争期间各地建立的供销合作社。当时，在陕甘宁边区和敌后各抗日根据地，既开展了消费和流通领域的合作，又开展了农业生产领域的互助合作。在晋冀鲁豫解放区，1947年8月统计，各类合作社发展到5 491个，社员74万人，资金23亿多元；东北地区的供销社基层社发展到7 500个，占全区行政村总数的22%，社

---

① 孔凡文、许世卫：《中国城镇化发展速度与质量问题研究》，18页，沈阳，东北大学出版社，2006。

员达349万人。① 根据1949年9月统计,全国"共有合作社22 817个,社员1 384万人,股金1 482万元"。② 但就全国而言,在商品化程度很低,农民以自足自给经济为主的旧中国,合作社的发展没有得到农民的积极响应,合作社也没有给积贫积弱的农村经济带来较大的改善。

新中国成立后,国家选定了城市和工业优先发展的战略,开始了以社会主义和工业化为取向的国家建设历程。这对农村的商业布局产生了根本的影响,其中最重要的事件,是统购统销和供销合作社为主导的农村商业领域的全面重建。

初期,领导人和学者都把合作社经济看成新民主主义经济的五种经济成分之一,受到了高度重视。1949年1月26日,华北供销合作委员会在石家庄召开了华北供销合作会议,在总结过去办合作社经验的基础上,产生了11个文件,为新中国成立后建立和发展合作事业做了思想、理论和组织准备。1949年,党的七届二中全会上,毛泽东在会议报告中指出:"单有国营经济而没有合作社经济,我们就不可能领导劳动人民的个体经济逐步走向集体化。""谁要是忽视或轻视了这一点,谁也就要犯绝大的错误。"③ 1949年9月29日,作为临时的宪法《共同纲领》规定:"合作社经济为半社会主义性质的经济,为整个人民经济的一个重要组成部分,政府应扶助其发展,并给以优待。"合作社经济作为一种基本的经济形式,取得了合法的经济地位,迎来了发展的黄金期。

1949年11月1日,在东北、华北、华东等原来老解放区建立的各级大行政区和先前成立的许多省、市、行署区的供销合作社领导机构的基础上,在政务院之下成立了中央合作事业管理局,作为中央人民政府主管全国合作事业的行政机构。中央合作事业管理局成立以后,一方面指导、组织、推动全国供销、消费、手工业等合作社的发展;另一方面积极筹备召开全国合作社工作者代表会议,研究起草各级合作社的章程,筹备成立全国合作社总社。1950年7月,在北京召开了中华全国合作社工作者第一届代表会议,通过了《中华全国合作社联合总社章程(章案)》《中华人民共和国合作社法(草案)》④ 等若干重要文件,并成立了全国合作社的中央领导机构"中华全国合作社联合总社",负责统一领导和管理全国的供销、消费、信用、运输、渔业和手

---

① 王贵宸:《中国农村合作经济》,143~148、197~198、325~329、450~454、460~461、569页,太原,山西经济出版社,2006。
② 杨德寿:《中国供销合作社发展史》,381页,北京,中国财政经济出版社,1998。
③ 《毛泽东选集》,第四卷,1 432页,北京,人民出版社,1991。
④ 这个合作社法虽然因种种原因没有正式出台,但实际上起到了依法治社的作用。

工业合作社，对此后各级合作社组织的建立和业务的协调发挥了重要作用。1953年，中华全国合作社联合总社改组为中华全国供销合作总社。1954年7月在北京召开了第一次代表大会，通过了《中华全国供销合作总社章程》，并相应地颁发了省、县供销合作社章程。从此，供销合作社以法规形式肯定下来，从上到下的全国性组织体系也已经初步成型。

受政治运动和经济体制改变的影响，在组织机构上，供销合作社从1958年到20世纪70年代末，经历了与国营商业"两分两合"的发展历程。

第一次分合发生在1958年和1962年。1954—1957年，全国供销合作社总社是单独成立的。1958年2月24日，国务院电告各省，中央已决定将全国供销合作总社同城市服务部合并，改成第二商业部，执行国营商业财务制度，停止在利润中提取各种基金，所得税改按利润形式缴国库，并从1959年起，供销合作社的自有资金（包括公积金、社员股金）24亿元全部交给中国人民银行。[1] 这样一来，供销合作社就由集体所有制转变为全民所有制，由民办改为官办。供销合作社与国营商业合并使国内市场减少了一个重要的商业流通渠道，影响了农村商品流通、农业生产资料和农副产品的供需，给农业生产和农民生活带来不少问题。1961年6月，中央发出《关于改进商业工作的若干规定（试行草案）》，再次指出供销合作社存在的必要性和重要性，明确提出我国现阶段商品流通要有国营商业、供销合作社商业和农村集市贸易三条渠道。"为了同农业生产的集体所有制相适应，使农村商业更好地为农业生产和农民生活服务，接受群众监督，应恢复农村供销合作社。"中共中央、国务院于1962年5月4日发出《关于供销合作社几个问题的通知》，明确中央决定恢复全国供销合作总社，从1962年7月1日起，同商业部分开办公，供销合作社的体制大体上恢复到1957年以前的状况。[2]

第二次分合发生在1970年和1975年。由于"左"倾思想没有肃清，从1965年开始，出现了关于供销合作社所有制问题的讨论，供销合作社总社向中央写了《关于改变供销社性质、体制的请示报告》，提出从基层社到全国总社都是全民所有制。1966年11月18日，全国供销合作总社主动向国务院写了《废除1954年通过的基层供销合作社示范章程的报告》。1966年开始，供销合作社的合作性质被当作资本主义性质遭到否定，连合作社的名字都被"农村商业"替代。1969年，基层供销社开始执行"贫下中

---

[1] 傅德宝：《供销合作社"三合三分"的历史教训》，载《中国合作经济》，2010（8），42~47页。
[2] 傅德宝：《供销合作社"三合三分"的历史教训》，载《中国合作经济》，2010（8），42~47页。

农管理农村商业"，各地将基层供销合作社下放给人民公社，1970年7月初，由商业部、粮食部、全国供销合作总社、国家工商管理局正式合并组成商业部，供销社再次被纳入全民所有制的经济运行轨道，撤销了原来的专业公司，精简了机构和人员。这种合并在现实中效果仍然大打折扣，1975年2月，根据周总理谈话精神，中央决定恢复全国供销合作总社，在批转《一九七五年国民经济计划的通知》中指出，加强商业工作首先是农村商业工作，搞好城乡物资交流是巩固工农联盟的一个重要环节，现在全国供销合作总社已经成立，这对加强农村商业将起到重要作用。全国总社恢复后，省和省以下各级供销合作社也相继恢复，但是这次恢复后的供销合作社性质不是集体所有制，其全称是"中华人民共和国供销合作总社"①，是作为一个政府部门而存在，起不到合作商业的作用。

## 二、供销合作社发展历程

### （一）国民经济恢复时期（1949—1957）

1949—1957年，我国供销合作社的组织发展、业务经营和管理较为健康和完善。1950年中华全国合作社联合总社成立以后，在新、老解放区，通过典型示范，积极宣传，用"自上而下、自下而上"的建社方法，在全国范围内形成了一个供销合作社组织大发展的形势。在老解放区，根据新的县联社社章准则规定的标准，召开社员代表大会，成立了正式的联社。在新解放区，由合作领导机构召开了代表会议并建立了临时的理监事会，在广泛吸收意见的基础上建立了联社。据1950年年底统计，"除成立了全国合作总社外，东北、华北、西北、华东、中南、西南6个大行政区都成立了合作总社（或合作事业管理局），13个中央及大区直辖市都成立了市合作总社，25个省（区）成立了省（区）合作社。同时还有1 035个县成立了县合作社，占当时全国总县数的48.9%"。② 这样，在全国范围内就基本上建立了包括行政大区、省市到县的各级联社。

1953年，中华全国合作社联合总社改组为全国供销合作总社，供销合作社形成了从城市到农村的批发和零售机构，构建了上下相联、纵横交错的全国性网络。供销合作社本着为农业生产和农民生活服务的宗旨，积极供应农业生产资料，推销农副产品，

---

① 1977年国务院发出的《关于全国城乡商业学大庆学大寨会议的通知》提出，供销合作社已经发展成为全民所有制的商业组织。
② 杨德寿：《中国供销合作社发展史》，363页，北京，中国财政经济出版社，1998。

廉价向农民供应基本生活用品，受到广大农民的欢迎。

依据中央支持合作社发展的思想，各级政府对合作社提供了价格优待、税收减免和贷款支持政策。1950年7月，全国合作社工作者第一届代表会议，对国营贸易公司在几种主要商品上对合作社的优待作了统一规定。按当地批发价格作如下折扣：纱布、植物油2%，细粮、百货、煤油3%，粗粮4%，食盐5%，煤炭6%。1951年合作社开始推行对社员实行几种生活必需品的定量配售时，又扩大了配售商品品种的优待率。之后，价格优待略有调整，1955年3月15日起，价格优待大部分取消，约保留总数30%。直至1955年12月开始，上述优待除少数民族和边远地区外，其他地区都取消了。① 1951年10月，财政部颁布的《合作社交纳工商业税暂行办法》规定："供销、消费合作社的营业税，依营业总收入额2%的税率交纳。国家税务局对合作社的营业税按率减征20%，上下级合作社之间按原价调拨货物时，不视为销货行为，免纳营业税。1950年8月1日以后，依法成立的合作社，自成立之月起，免纳所得税一年。1950年7月31日之前成立，在各级合作领导机关登记的合作社及经过整顿的领有证件的合作社，自登记领证之月份起，免纳所得税半年。合作社代理国家推销或采购时其营业税按佣金例课征。"② 1950年10月，中央合作事业管理局、中国人民银行在《关于国家银行扶助合作社的决定》中规定，国家银行借给合作社的长期和短期贷款，可比照国营商业贷款利率减低10%。贷款利息的优待于1955年1月取消。③

从1953年秋开始在全国范围内实行粮食统购统销后，根据当时的政策规定，供销合作社承担农村粮食、油料的代购代销业务，其中粮食、油料的收购量占总收购量的60%以上，棉花则全部由供销合作社收购。1955年4月，国务院决定将供销合作社经营的粮食、油料的代购代销业务交给粮食部门；同年9月又决定将供销合作社经营的棉花、麻类、烟叶移交给农产品采购部，1年后（1956年12月），国务院又决定撤销农产品采购部，再将棉、麻、烟、茶、畜产品的收购、加工、分配、调拨业务交给供销合作社经营。此后，供销合作社一直承担主要农副产品的收购任务。另外，供销合作社还被赋予了改造农村商贩的任务，将私商、小贩组织起来纳入供销合作社系统。至1956年年底，全国农村私营商贩共225万人，其中168万人先后纳入各种合作经济组织。④

---

① 杨德寿：《中国供销合作社发展史》，373页，北京，中国财政经济出版社，1998。
② 杨德寿：《中国供销合作社发展史》，374页，北京，中国财政经济出版社，1998。
③ 杨德寿：《中国供销合作社发展史》，373页，北京，中国财政经济出版社，1998。
④ 王艺华：《新形势下我国供销合作社模式创新研究》，65页，天津大学学位论文，2011。

供销社社员和基层组织数量方面,据1951年年底统计,全国基层合作社达35 096个,社员14 796万人,比1949年增加了9.7倍,占全国人口总数的25.7%。[①] 1952年年底,供销合作社拥有1.3亿多社员,入社社员已占农户总数的90%以上。1952年年底,基层供销合作社发展到35 096万个,拥有社员14 796亿人,占农村人口的1/4,职工100万人,从而形成了一个遍布全国、深入广大农村,自成系统的、独立的新型商业网。[②] 1955年,全国80%以上的农户是供销社的社员,与供销社的购销业务有着密切的联系。供销社的网点有70多万个,遍布全国农村。职工队伍有430多万人。[③] 到1957年,全国供销合作社已有社员1.5亿人,基层供销社近1.94万个。供销合作社职工和社员股金也持续增长,社员股金在1952年为2.44亿元,1957年为3.32亿元,比1952年增长55%(表10-4)。

表10-4 合作社组织概况

| 年份 | 1949 | 1950 | 1951 | 1952 | 1953年 | 1957 |
|---|---|---|---|---|---|---|
| 合作社社数/个 | 22 817 | 43 501 | 38 102 | 35 096 | 32 313 | 19 402 |
| 合作社社员数/万人 | 1 384 | 3 047 | 8 840 | 14 796 | 15 775 | 15 745 |
| 社员股金/亿元 | 1 482 | 3 289 | 10 559 | 24 368 | 28 633 | 33 152 |

资料来源:国家统计局贸易物资统计司和全国供销合作总社:《中国供销社合作统计资料(1949—1988)》,3页,北京,中国统计出版社,1989。原文缺1954年、1955年、1956年数据。

合作社资金方面,全部流动资金总额在1952年为23亿元,到1957年增长为83.98亿元,增长了265%;固定资产净值在1952年为1.32亿元,到1957年,增长为5.81亿元,增长了340%。1952—1957年,供销合作社系统经营良好,商品经营利润稳定增长,从1952年的1.3亿元增长到了1957年8.47亿元,销售税金从1.18亿元增长到6.09亿元(表10-5)。

表10-5 合作社资金情况    单位:亿元

| 项目\年份 | 1952 | 1953 | 1954 | 1955 | 1956 | 1957 |
|---|---|---|---|---|---|---|
| 全部流动资金 | 23.00 | 33.13 | 43.71 | 52.26 | 55.92 | 83.98 |
| 固定资产净值 | 1.32 | 1.93 | 3.06 | 3.56 | 4.15 | 5.81 |
| 商品经营利润 | 1.30 | 3.95 | 7.75 | 7.50 | 7.88 | 8.47 |
| 商品销售税金 | 1.18 | 2.97 | 4.16 | 4.65 | 5.12 | 6.09 |

资料来源:国家统计局贸易物资统计司和全国供销合作总社:《中国供销社合作统计资料(1949—1988)》,29、30、31、37页,北京,中国统计出版社,1989。

---

[①] 杨德寿:《中国供销合作社发展史》,384页,北京,中国财政经济出版社,1998。
[②] 罗重一:《刍议刘少奇的"供销合作社制度"》,载《毛泽东思想研究》,2000(2),68~69页。
[③] 朱中健:《供销合作社概述》,57页,北京,中国财政经济出版社,1988。

供销合作社已经成为农村中重要的商业服务领域,占据了农村的商业阵地。这一时期供销合作社性质是农民组织起来的合作商业组织,它一方面把社员(农民)和集体生产、生活中所需要的用品买回;另一方面把农民生产的产品销售出去,起到了商品流通主渠道的作用,受到广大社员的欢迎。1949年,供销合作社农副产品购进金额仅0.8亿元,到1957年,增长为56.1亿元,增长了70倍;生活资料零售额在1950年为7.7亿元,到1957年,增长为75.8亿元,增长了近10倍;生产资料零售额从0.4亿元增长到了19.2亿元,增长了47倍(表10-6)。

表10-6　1949—1957年供销合作社经营情况　　　　　　　单位:亿元

| 年份 | 农副产品购进金额 | 生活资料零售额 | 生产资料零售额 |
| --- | --- | --- | --- |
| 1949 | 0.8 | — | — |
| 1950 | 5.0 | 7.7 | 0.4 |
| 1951 | 17.1 | 14.5 | 2.9 |
| 1952 | 38.8 | 43.4 | 6.7 |
| 1953 | 55.8 | 73.4 | 10.5 |
| 1954 | 77.9 | 128.9 | 17.7 |
| 1955 | 64.0 | 96.9 | 19.6 |
| 1956 | 51.8 | 89.1 | 25.9 |
| 1957 | 56.1 | 75.9 | 19.2 |

资料来源:中国供销合作社史料丛书编辑室:《中国供销合作社大事记与发展概况(1949—1985)》,449页,北京,中国财政经济出版社,1988。

### (二)人民公社至"文革"前(1958—1965)

1958—1960年,农村商业流通领域与工业、农业领域一样,也发起了"大跃进"运动。三年的"大跃进"给供销社系统带来了巨大的混乱和损失。1958年2月开始,供销合作社与国营商业第一次合并,执行国营商业财务制度,所得税按利润形式缴国库,由集体所有制转变为全民所有制,停止提取各类用于合作社发展的各种基金。1958年12月20日,中央决定执行"两放""三统""一包"政策,即下放人员、下放资产,统一政策、统一计划、统一流动资金管理,包财政任务,将基层供销合作社改为人民公社供销部,人民公社可以从供销社调款、调物和其他商品,供销合作社原来较为完整的系统和规章制度被打乱。

在"大跃进"的影响下,供销社系统提出了一系列的错误口号,如开展"大购大销"运动,供销业务1年计划3个月完成;生产什么,收购什么,生产多少,收购多少;

指山买市，指树买果，指水买鱼，估产收购，甚至出现了买空卖空现象。① 在1960年进行"三清"时，供销合作社系统商品削价、报废损失达27.6亿元。② 供销合作社与国营商业合并，使国内市场减少了一个重要的商业流通渠道，严重影响了农村商品流通的发展。③ 在商品购销活动中，供销合作社与国营商业实行一个牌价，不能根据具体条件组织买卖或双方自行议价，这影响了集体物资出售，使市场商品量大大减少，群众与供销社的关系大大疏远。④

从1960年开始逐步调整。1962年7月，供销合作总社与商业部分开办公。据27个省（自治区、直辖市）的不完全统计，到1961年10月底，已经恢复基层供销合作社30 960个，恢复县供销合作社1 280个，占全国县数的66.2%；成立省级供销合作社的有北京、河北等14年省（自治区、直辖市）。⑤ 据1965年统计，全国除西藏及40多个少数民族县以外，都建立了供销合作社，基层合作社共有21 375个，有社员15 950万人，社员股金39 100万元；⑥ 每个公社都有1个或几个供销点，有的地区每个生产大队有1个供销点，设在生产队的代购代销点8万多个。1965年，全国供销合作社共有职工200万人，基层供销社有108.4万人⑦，由供销合作社归口管理的合作商店和个体商贩115万人，生产队代购供销员8万多人。⑧ 为了充实供销合作社的自有资金，从1962年起开始扩股工作，到1965年，社员股金由1957年的3.32亿元增加到3.91亿元（表10-7）。⑨

表10-7　1962—1965年合作社组织概况

| 年份 | 1962 | 1963 | 1964 | 1965 |
| --- | --- | --- | --- | --- |
| 合作社机构数/个 | 348 192 | 339 714 | 333 993 | 332 649 |
| 合作社职工数/万人 | 177.0 | 175.3 | 182.5 | 200.5 |
| 社员股金/亿元 | 3.54 | 3.82 | 3.91 | 3.91 |

资料来源：国家统计局贸易物资统计司和全国供销合作总社：《中国供销社合作统计资料（1949—1988）》，4、6、30、31页，北京，中国统计出版社，1989。原文缺少与国营商业合并期间的数据。

---

① 杨德寿：《中国供销合作社发展史》，519页，北京，中国财政经济出版社，1998。
② 杨德寿：《中国供销合作社发展史》，520页，北京，中国财政经济出版社，1998。
③ 程宏毅：《当代中国的供销合作事业》，40页，北京，中国社会科学出版社，1990。
④ 程宏毅：《当代中国的供销合作事业》，40页，北京，中国社会科学出版社，1990。
⑤ 杨德寿：《中国供销合作社发展史》，527页，北京，中国财政经济出版社，1998。
⑥ 中国供销合作社史料丛书编辑室：《中国供销合作社大事记与发展概况（1949—1985）》，445页，北京，中国财政经济出版社，1988。
⑦ 国家统计局贸易物资统计司和全国供销合作总社编：《中国供销社合作统计资料（1949—1988）》，4、16页，北京，中国统计出版社，1989。
⑧ 杨德寿：《中国供销合作社发展史》，542页，北京，中国财政经济出版社，1998。
⑨ 中国供销合作社史料丛书编辑室：《中国供销合作社大事记与发展概况（1949—1985）》，445页，北京，中国财政经济出版社，1988。

资金方面，1962年供销合作社流动资金加固定资产141.1亿元，其中社员股金3.54亿元。1962—1965年，流动资金有一定的波动，而固定资产净值则保持稳定增长趋势。经营利润方面，1962年为7.55亿元，此后2年持续增加，到1964年达到了11.94亿元，1965则有所下降，为9.93亿元（表10-8）。

表10-8　1962—1965年合作社资金情况　　　　单位：亿元

| 项目＼年份 | 1962 | 1963 | 1964 | 1965 |
| --- | --- | --- | --- | --- |
| 全部流动资金 | 139.65 | 125.89 | 128.45 | 146.25 |
| 固定资产净值 | 9.45 | 10.15 | 11.04 | 11.97 |
| 商品经营利润 | 7.55 | 10.84 | 11.94 | 9.93 |
| 商品销售税金 | 6.25 | 5.93 | 5.95 | 5.99 |

资料来源：国家统计局贸易物资统计司和全国供销合作总社：《中国供销社合作统计资料（1949—1988）》，31、37、38页，北京，中国统计出版社，1989。原文缺少与国营商业合并期间的数据。

供销合作社承担着农村主要生产资料、生活资料的供应，以及烤烟、黄洋麻、苎麻、大麻、甘蔗、家蚕茧、茶叶、生猪、羊毛、牛皮及其他重要皮张、土糖、土纸、桐油、楠竹、棕片、生漆、核桃仁、杏仁、黑瓜子、栗子等农副产品的收购工作，经营的品种有2万种以上。1965年，供销合作社系统农副产品收购额达99.8亿元，占社会农副产品收购总额的32.5%，分别比1957年和1962年增长77.8%和58.9%，棉、麻、烟、茶、果品、畜产等主要品种和一些土产、杂品等的产量和收购量，都比调整前和1957年有不同程度的恢复和发展。[①] 1965年供销合作社零售额203亿元，占社会零售总额的30.9%，占农村零售总额的61.3%；上交税金5.99亿元，比1957年的6.09亿元有所降低；商品经营利润为9.93亿元，比1957年的8.47亿元增长17.2%。1957—1965年，供销合作社商品经营情况经历了一个剧烈上升然后逐渐下降的过程，受政治运动影响较为显著（表10-9）。

表10-9　供销合作社商品经营情况　　　　单位：亿元

| 年份 | 农副产品购进金额 | 生活资料零售额 | 生产资料零售额 |
| --- | --- | --- | --- |
| 1958 | 87.6 | 128.8 | 39 |
| 1959 | 111.7 | 158.2 | 46.9 |
| 1960 | 92.0 | 165.9 | 65.5 |
| 1961 | 67.6 | 139.3 | 38.3 |

---

① 中国供销合作社史料丛书编辑室：《中国供销合作社大事记与发展概况（1949—1985）》，236页，北京，中国财政经济出版社，1988。

续表

| 年份 | 农副产品购进金额 | 生活资料零售额 | 生产资料零售额 |
|---|---|---|---|
| 1962 | 62.8 | 133.8 | 36.7 |
| 1963 | 80.1 | 141.7 | 38.2 |
| 1964 | 87.8 | 141.4 | 42.3 |
| 1965 | 99.8 | 149.1 | 53.9 |

资料来源：中国供销合作社史料丛书编辑室：《中国供销合作社大事记与发展概况（1949—1985）》，449页，北京，中国财政经济出版社，1988。

1962—1965年，不少基层供销合作社加强了民主管理，改善了经营，出现了不少为农民服务的先进单位。但是，由于没有把供销合作社作为农民进入市场的依托，不把供销社的财产当作社员积累的集体财产，"官商"作风浓厚，与农民的关系始终没有恢复到1957年之前的水平。

### （三）"文化大革命"及拨乱反正时期（1966—1978）

1966年"文化大革命"开始后，供销合作总社的工作大多处于瘫痪状态。"文革"期间实行两级管理制，即部、组，取消了原来的局、处，撤销了原来的专业公司；人员也进行了精简，由原来的2 770多人减少为500多人，减少了82%。[①] 供销合作社的合作性质被认为具有资本主义特征，遭到否定。1970年供销合作总社与国营商业合并，纳入全民所有制的经济运行轨道，各省的地、县两级供销合作社也与国营商业合并，基层供销合作社在形式上得到保留，但失去了其集体所有制性质。不少地区把合作商店、合作小组当作"资本主义尾巴"，强令关门歇业。代购供销店的人员转为生产队队员。1967—1970年，供销合作社4年没有相应的年度计划。与国营商业合并后，供销合作社的统计报表完全被取消。

这段时间内，供销合作社的管理完全被打乱，但广大职工仍然为农业生产和农民生活服务。1975年，中央决定恢复全国供销合作总社，分离后的供销合作社仍然承担原来基本相似的业务，包括棉花、麻类、蚕茧、土产等农副产品收购，化肥、农药、耕畜等农业生产资料的供应，工业产品销售和饮食服务业。县以上和工矿区由国营企业部门经营，县城及以下由供销合作社经营，合作店和个体商贩的管理和改造也照此范围划分。

到1975年，供销合作社系统农副产品收购总额达158.4亿元，比1965年增加

---

① 全国供销总社编：《中国供销合作社史料选编（第1辑下册）》，262页，北京，中国财政经济出版社，1986。

58.7%，占当年社会收购总额的比重为33.1%；生产资料零售总额为117.7亿元，比1965年增加118.2%；生活资料零售总额321亿元，比1965年增加115.9%，占全社会生活资料零售总额的比重为73%；废旧物资收购总额10.9%亿元，比1965年增加75.8%；职工劳动生产率每人每年3.8万元，比1965年增加40.7%，①总体经营是平稳上升的（表10-10）。

表10-10　供销合作社商品经营情况　　　　单位：亿元

| 年份 | 农副产品购进金额 | 生活资料零售额 | 生产资料零售 |
| --- | --- | --- | --- |
| 1966 | 109.4 | 161.8 | 67.6 |
| 1967 | 110.7 | 184.7 | 61.6 |
| 1968 | 107.6 | 165.5 | 53.4 |
| 1969 | 105.3 | 204.9 | 65.7 |
| 1970 | 110.7 | 225.4 | 78.6 |
| 1971 | 122.6 | 241.8 | 88.8 |
| 1972 | 134.9 | 263.2 | 98.3 |
| 1973 | 152.2 | 279.3 | 106.4 |
| 1974 | 153.8 | 296.9 | 108.8 |
| 1975 | 158.4 | 321.0 | 117.7 |
| 1976 | 153.9 | 228.3 | 124.7 |
| 1977 | 167.5 | 366.7 | 135.0 |
| 1978 | 181.7 | 392.7 | 160.0 |

资料来源：中国供销合作社史料丛书编辑室：《中国供销合作社大事记与发展概况（1949—1985）》，449页，北京，中国财政经济出版社，1988。

"文化大革命"之前的1965年，全国基层供销社有2.1万个，1978年增加到4.05万个；社员股金1965年为39 100万元；②代购代销店1965年10万个，1976年年底增加到41万个，57万人，代购代销额达70亿元。③经营利润1965年为9.9亿元，到1978年增长到了25.7亿元，销售税金则从6.0亿元增长到了13.2亿元。④（表10-11）

---

① 杨德寿：《中国供销合作社发展史》，594页，北京，中国财政经济出版社，1998。
② 国家统计局贸易物资统计司和全国供销合作总社编：《中国供销社合作统计资料（1949—1988）》，3、16页，北京，中国统计出版社，1989。该书缺少1966—1975年间数据。
③ 杨德寿：《中国供销合作社发展史》，610页，北京，中国财政经济出版社，1998。
④ 中国供销合作社史料丛书编辑室：《中国供销合作社大事记与发展概况（1949—1985）》，466页，北京，中国财政经济出版社，1988。

表 10-11　1966—1978 年合作社资金情况　　　　　　　单位：亿元

| 项目＼年份 | 1966 | 1967 | 1976 | 1977 | 1978 |
|---|---|---|---|---|---|
| 全部流动资金 | 178.44 | 189.90 | 327.52 | 369.73 | 399.29 |
| 固定资产净值 | 12.69 | 12.39 | 51.84 | 59.87 | 70.28 |
| 社员股金 | 3.91 | 3.85 | 3.66 | 3.66 | 3.66 |
| 商品经营利润 | 10.86 | 9.51 | 18.26 | 21.53 | 25.70 |
| 商品销售税金 | 6.73 | 6.98 | 11.60 | 12.41 | 13.23 |

资料来源：国家统计局贸易物资统计司和全国供销合作总社编：《中国供销社合作统计资料（1949—1988）》，31、37 页，北京，中国统计出版社，1989。原文缺少与国营商业合并期间的数据。

### 三、供销合作社的发展绩效

1949—1978 年，我国农村的商品流通渠道共有三条：国营商业、供销合作社与农村集市贸易。供销合作社与国营商业一起，构成社会主义计划市场的主体，主导农村商业的发展与演变。供销合作社作为我国计划经济时期在广大农村地区的重要流通组织，主导了农村商品流通的各个环节，对农村生产和农民生活产生了重要的影响。供销合作社的建立和组织制度变迁，是各种政治经济力量角逐的结果。其几经合并最后又独立的根源，是基于农村商品流通需要，基于合作经济对农村复杂的经济环境的适应，同时也是国家管理的需要。程子华在 1950 年全国合作社第一次代表大会上做的报告，在明确供销合作社的任务时指出："第一，通过供销业务，开展城乡物资交流，为农业生产服务，以支援国家工业；第二，根据国家计划和价格政策通过有计划的供销业务和合同制度，引导农村经济和个体经济逐步纳入国家计划的轨道，并促进社会主义的改造；第三，在国营商业领导机关的领导下，扩大有组织的商品流转，领导农村市场，逐步实现对农村私商的改造，并代替资本主义商业在农村的阵地，逐步切断农民与城市资本主义的联系。"[①] 在这一发展思想的指导下，供销合作社系统建立了从中央、省、市、县的各级联社到数量庞大的基层社，联系工农，积极供应农村各种生产和生活资料，收购和推销农副产品，对于农业生产的发展、活跃农村商品经济发挥了重要作用。

#### （一）促进了城乡商品流通

供销合作社作为在农村地区最主要的商业服务机构，在成立之初就确定为农业生

---

① 全国供销合作总社：《中国供销合作社史料选编（第一辑上册）》，80～90 页，北京，中国财政经济出版社，1998。

产和农民生活服务的方针。

供销合作社在供应农村生产资料方面发挥了重要作用。供销合作社的重要职责就是按照不同地区、不同季节农民的生产需要，供应肥料、农具、种子、农药等生产资料，保证农业生产顺利进行。1950年，供销合作社供应的农业生产资料为0.4亿元，到1960年，增长为65.5亿元，到1978年，增长为159.9亿元。供销合作社在1952年的生产资料零售额占全社会生产资料零售额的比重为47.5%，到1956年时高达70%，此后缓慢回落到1978年的54.5%。[①] 供应农业生产资料是供销合作社在农村积极作为的体现，同时也是其作为流通领域的主要机构存在的合理性依据。

供销合作社在保证农村生活资料的供应方面也发挥了积极作用。1950年，供销合作社供应的生活资料为7.7亿元；到1960年，增长为165.9亿元；到1978年，增长为392.7亿元。供销合作社在供应生活资料方面的重要作用随着时间变化在不断加强，商品零售额占乡村消费品零售额的比重在1952年为31.7%，到1961年受"大跃进"的影响，高达74.7%，此后逐渐回落到1968年的60%，随后供销社在农村消费品零售方面就占据了统治地位，占乡村消费品零售额的比重居高不下，到1978年时占76%。[②]

供销合作社承担了收购和推销农副产品、废旧物资、出口物资等任务。1950年，全国供销合作社农副产品和废旧物资收购总额只有5.2亿元；到1962年，增长为67.9亿元，到1978年，又增长为198.3亿元。国内纯购进额在1962年只有108.8亿元，到1978年，增长为349.2亿元。农副产品收购金额38.8亿元，到1978年，增长为181.7亿元，占社会收购总额的比重，在1952年为27.6%，到1960年一度高达40%，1961年经营治理整顿后回落到33%，此后保持在这一水平，只有轻微波动，到1978年，供销合作社收购比重占社会收购比重为32.6%。[③]

### （二）支持了农村社会主义商业体系形成

在过渡时期总路线中，有一条是在一个相当长的时期内逐步实现对资本主义工商业的社会主义改造。资本主义工商业包括资本主义工业和资本主义商业两部分，不包括小商小贩。但是，过渡时期农村的社会主义改造包括对个体农民和个体手工业者的

---

[①] 中国供销合作社史料丛书编辑室：《中国供销合作社大事记与发展概况（1949—1985）》，452页，北京，中国财政经济出版社，1988。

[②] 中国供销合作社史料丛书编辑室：《中国供销合作社大事记与发展概况（1949—1985）》，452页，北京，中国财政经济出版社，1988。

[③] 中国供销合作社史料丛书编辑室：《中国供销合作社大事记与发展概况（1949—1985）》，450页，北京，中国财政经济出版社，1988。

改造，那么对更具资本主义性质的小商小贩也应进行社会主义改造，县城以上城市的资本主义商业改造任务由国营商业部门担当，县城以下小商小贩等私商的改造由供销合作社承担。供销合作社遵循"统筹兼顾、全面安排、积极改造"的改造方针，采用的形式有四种：经销、经销小组；合作商店、合作小组；代购、代购小组、代销、代销小组、代购兼代销；公私合营等。[①] 1953年年底，全国农村私营商业共有301万户，从业人员436万人，流动资金4.7亿元。[②] 经过互助合作，他们中的一部分人被吸收为供销合作社的工作人员，一部分组成合作小组、合作商店和合营商店。到1956年完成对农村私营商业的社会主义改造工作，把私营商业组织在供销社周围，分担供销工作。通过对农村小商小贩的社会主义改造，供销合作社实现了对农村集市贸易（主要指农民贸易）的组织、领导、管理，加强了与群众的联系，活跃了农村商品流通工作，组织了与计划经济体制相适应的、完整的农村市场体系。

**（三）支持了农村多种经营发展**

供销社在支持农村多种经营发展中发挥了重要作用。根据中共中央、国务院发展农村副业生产的有关指示，全国各级供销社都把支持农村多种经营发展作为自己的一项重要任务，采取多种措施，从规划、生产、供应、收购、推销等环节全程参与。供销社对农村副业生产的帮助和支持，包括加工订货、议价收购等措施，帮助农村集体解决原料和设备供应，给农村副业生产提供资金支持，帮助规划生产和推销产品，帮助传授生产技术。供销社系统在支持农村多种经营发展方面采取了如下具体措施：①协助社队做好副业生产规划；②帮助社队搞好副业生产基地建设；③协助解决副业"生产要素"如技术、资金、物资、劳动组合等问题；④搞好副业产品的收购和推销工作。[③]

**（四）承担提供工业化积累的任务**

新中国成立初期，我国对工业化和现代化的需求极为迫切，但面临资金、设备、人才和技术等各种困难，尤其是资金问题。陈云认为："中国是个农业国，工业化的投资不能不从农业上打主意。搞工业要投资，必须拿出一批资金来，不从农业打主意，这批资金转不过来。"在这一思想指导下，政府从上到下建立了粮油等重要物资的统

---

① 《关于进一步对农村私营商业进行社会主义改造的报告（1955年7月30日）》，江苏省档案馆3205，117页。
② 杨德寿：《中国供销合作社发展史》，448页，北京，中国财政经济出版社，1998。
③ 李建中：《南阳县供销合作社研究（1949—2010）》，南京大学学位论文，2010。

购统销体系,同时通过完整的、成体系的供销合作社系统完成了对农村商品业的主导,限制了个体商业的发展,从而控制了农村商品的供销和商品的价格。国家通过统购统销和供销合作社系统的配合,在农村低价收购农副产品、高价销售工业制品,将工农产品的"剪刀差"收益转化为国家工业发展的积累资金,支持了国家工业化战略的实施,在一定程度上损害了农民的利益。

### (五)出口创汇

供销合作社在计划经济时期还承担了农副产品批量收购以出口创汇,换回政府急需的工业设备和物资的工作。在计划经济时期传统的创汇农副产品中,棉花、蚕茧基本上全部由供销社系统收购,传统民间工艺品、毛、皮等零星出售的产品也由供销社收购。1956年,供销合作社出口额为7.3亿元;同年供销合作社接收的进口物资为1.4亿元,创汇5.9亿元。1966年,供应出口物资达到了7.9亿元,到1978年,供应出口物资达到了21.7亿元。1958年,全国供销合作总社与苏联消费合作社签署协议,约定苏联消费合作社向我国提供的商品有钟表、照相机、冷藏车、载重汽车、发电机等,而供销合作社则对应提供瓷器、热水瓶、干鲜果品和香烟等。全国供销合作社还与朝鲜、波兰、匈牙利、民主德国和捷克斯洛伐克等国的合作社进行了易货贸易商谈,换回了国家建设需要的物资。

第一节　农村基础教育
第二节　农村合作医疗
第三节　农村社会救助

# 第十一章　农村基础教育、合作医疗与社会救助

## 第一节 农村基础教育

### 一、农村基础教育制度及其政策变迁

#### （一）农村基础教育初步建立（1949—1955）

新中国三十年，具有临时宪法性质的《中国人民政治协商会议共同纲领》中规定了新中国教育的性质和任务，"中华人民共和国的文化教育为新民主主义的，即民族的、科学的、大众的文化教育""人民政府应有计划有步骤地改革旧的教育制度、教育内容及教育方法""有计划有步骤地实行普及教育"等。1949年12月23日召开的第一次全国教育工作会议指出，要有计划有步骤地改革旧教育，明确提出教育的总方针，并坚持学校向工农开放的原则。此后国家出台了一系列促进基础教育发展的具体政策。例如，继续解放战争时期国家接管各类学校的政策，改私立学校为公立学校，回收教育主权。在全国范围开始扫盲教育工作，并为发展普及教育开展了一系列学制改革。1951年10月1日，政务院颁布了《关于改革学制的决定》，设立了"全面发展"的幼儿教育、"五年一贯制"的小学教育和中学教育等。1952年，教育部颁发《小学暂行规程（草案）》和《中学暂行规程（草案）》，规定小学不论公办、民办，均由市、县人民政府教育行政部门统一领导；中学则由省、市教育行政部门依照中央和大行政区的规定统一领导。此后逐渐形成政府包办学校的教育体制。1953年国家提出"整顿巩固、重点发展、提高质量、稳步前进"的文教工作调整方针。1953年度教育事业计划规定允许地方民办小学存在。《关于整顿和改进小学教育的指示》中也提倡建立农村民办小学。随着调整政策的推行，农村基础教育得到了进一步调整和发展。

**（二）农村基础教育进一步发展（1956—1965）**

1956年新中国基本完成由新民主主义社会向社会主义社会的过渡，中国的教育方针也由新民主主义性质向社会主义性质转变。1957年2月，毛泽东在《关于正确处理人民内部矛盾的问题》中提出："我们的教育方针，应该使受教育者在德育、智育、体育几个方面都得到发展，成为有社会主义觉悟的有文化的劳动者。"① 1958年9月19日，中共中央、国务院发布的《关于教育工作的指示》中提出了党的教育方针：教育为无产阶级的政治服务，教育与生产劳动相结合。这一阶段农村基础教育的发展主要是围绕普及小学教育、"两种制度并行"的尝试以及"两条腿走路"的政策方针开展具体工作。

继1951年首次提出普及小学教育计划后，1956年1月，中共中央在《1956—1967年全国农业发展纲要（草案）》中第二次提及该计划。从1956年开始，按照各地情况分别在7年或者12年内普及小学义务教育。1958年9月，中共中央、国务院发布的《关于教育工作的指示》也要求3~5年普及小学教育。1957年3月召开的第三次教育行政会议上提出，打破国家包办小学的思想，提倡农村集体群众办学，允许但不鼓励私立学校。同年10月发布的《修正草案》中也强调，农村办学要采取多种形式。1958年3月，教育部正式提出"两条腿走路"的办学方针，提倡国家与群众共同办学。农村推行人民公社制度后，很长一段时间内人民公社成为农村基础教育办学的主体。1958年5月，刘少奇正式提出推行"两种教育制度两种劳动制度"并行的方针，即全日制学校教育制度和八小时劳动制度、半工（农）半读制度并行，目的是为了将教育与劳动生产相结合。②

1961年，中共中央召开八届九中全会，会议提出"调整、巩固、充实、提高"的方针，农村基础教育也开始调整。1963年国家出台了《全日制小学暂行工作条例（草案）》和《全日制中学暂行条例（草案）》，重新规定了地方政府分级管理中小学的职责，农村基础教育阶段中小学实行由专区、县负责管理的体制。1964年2月，毛泽东提出缩减学制的方针。

**（三）农村基础教育严重受挫（1966—1978）**

"文革"期间，我国的基础教育方针政策出现了严重的偏差，产生了许多问题。1966年，中共八届十一中全会通过的《中国共产党中央委员会关于无产阶级文化大革

---

① 李水山：《农村教育史》，16页，南宁，广西教育出版社，2007。
② 苏渭昌、雷克啸、章炳良主编：《中国教育通史——中华人民共和国》（下），87页，北京，北京师范大学出版社，2013。

命的决定》中提出:"在这场文化大革命中,……必须贯彻执行毛泽东同志提出的教育为无产阶级服务,教育与生产劳动相结合的方针,……学制要缩短。……学生以学为主,兼学别样。也就是不但要学文,也要学工、学农、学军,也要随时参加批判资产阶级的文化革命的斗争。"① 在这种"左倾"思想指导下,农村基础教育事业的发展受到严重挫折,将追求文化教育与劳动教育相结合的二元教育结构,转变为只追求思想劳动的一元教育结构。1968 年的"教育革命"中提出"读初中不出大队,读高中不出公社,读大学不出县"的盲目冒进的口号,导致农村教育权力再次下放,地方中小学教育盲目地大发展。"教育革命"还鼓励脱离课本,以社会为课堂,大大挫伤了广大教师工作的积极性,影响了农村基础教育的正常发展。

"文革"结束后,国家对基础教育拨乱反正,农村基础教育重新步入正轨。1978 年,教育部规定全日制小学由县教育行政部门统一领导和管理,全日制中学由县以上教育行政部门管理,社队办的中小学可在县级教育主管部门的统一领导下,由社队管理。国家还出台了一些鼓励性政策,以促进基础教育的发展。例如,鼓励民办教师顶替不足数量的公办教师,鼓励教师参加各种培训等。

总体来看,新中国三十年,党和政府高度重视包括农村基础教育在内的国民教育事业的发展。在此期间,虽然我国农村基础教育政策和重心呈现阶段性的曲折、调整和变迁,但总体趋势是农村基础教育的政策制度不断发展和完善,从而为改革开放后我国农村基础教育的快速健康发展奠定了坚实的基础。

## 二、农村扫盲教育发展及其成效

新中国成立之初,全国总人口为 5.5 亿,其中 80% 以上的人口为文盲,农村文盲率高达 95% 以上,学龄儿童的入学率只不过 20% 左右②。为了促进国民经济的发展以及提高广大农民的文化水平,必须开展大规模的开展农村扫盲教育。

### (一)农村扫盲教育持续稳步发展(1949—1957)

1. 农村扫盲教育稳定健康发展(1949—1951)

1949 年 9 月,中国人民政治协商会议第一届全体会议通过了《中国人民政治协商会议共同纲领》,指出"要加强对劳动者的业余教育和在职干部教育"。11 月,教育部

---

① 中央教育科学研究所编:《中华人民共和国教育大事记》,405 页,北京,教育科学出版社,1983。
② 浅井加叶子:《1949—1966 年中国成人扫盲教育的历史回顾》,载《当代中国史研究》,1997(2)。

下设专门领导工农教育的社会教育司和主要负责农民、工人、干部扫盲教育工作的"识字运动委员会"。同年12月,教育部在北京召开了第一次全国教育工作会议,确定了"教育必须为国家建设服务,学校必须为工农大众开门"的方针。会议明确提出:"从1951年开始进行全国规模的识字运动。"12月5日还颁布了《关于开展1949年冬学工作的指示》,指出"冬学文化教育的内容应当以识字为主",冬学运动委员会应在全国农村普遍推广。①

1950年9月召开的全国第一次工农教育会议明确指出:"推行识字教育,逐步减少文盲。"同年12月14日教育部颁布的《关于开展农民业余教育的指示》中指出:"有计划、有步骤地开展农民业余教育,提高农民的文化水平,是当前我国文化建设的重大任务之一。"②同时,要求争取条件将季节性的业余学习(冬学)转变为常年业余学习。

1951年2月28日,在《关于冬学转为常年农民业余学校的指示》中,教育部提出要抓紧时机,努力完成1951年全国有500万农民坚持常年学习的任务。同年年底,"速成识字法"横空出世,很快得到广泛推广,这在很大程度上推动了农村扫盲教育的进展。

2."速成识字法"实施过程中的扫盲教育(1952—1953)

"速成识字法"是由祁建华创造的借助拼音符号进行识字的一种方法,较于之前的死记硬背,难度大大降低,农民学习的积极性大大提高。教育部于1951年12月15日召开"速成识字法"座谈会。1952年4月26日,中央决定将"速成识字法"作为扫除文盲的基本教学法在全国工农和部队推广。5月15日,教育部发出《关于各地开展"速成识字法"教学实验工作的通知》,肯定了"速成识字法"的实验效果,并指出要借助"速成识字法"在全国范围内有计划、有步骤地扫盲。③"速成识字法"的推广将农村扫盲工作推向高潮。11月5日,中央政府成立扫除文盲工作委员会,下设城市扫盲工作司、农村扫盲工作司等机构。

随着"速成识字法"的大力推行,在一些地方的扫盲教育中开始出现不依据实际、急于求成的情况,一味地追求扫盲人数增加而忽视扫盲质量,导致出现扫盲效率大打折扣的情况。针对这种冒进倾向,政府召开了各种会议进行纠正。例如,1952年9月23日—9月27日,教育部、全国总工会召开全国扫盲工作座谈会。1953年1月13日—

---

① 刘立德、谢春风主编:《新中国扫盲教育史纲》,289页,合肥,安徽教育出版社,2006。
② 刘立德、谢春风主编:《新中国扫盲教育史纲》,298页,合肥,安徽教育出版社,2006。
③ 刘立德、谢春风主编:《新中国扫盲教育史纲》,305页,合肥,安徽教育出版社,2006。

1月24日，政务院文化教育委员会在北京召开大区文教委员会主任会议。1953年2月23日—3月5日，扫除文盲工作委员会召开了第一次全国扫盲工作会议，肯定了扫盲工作的成绩，也指出扫盲工作中出现了盲目冒进的倾向，提出"整顿巩固、重点发展、提高质量、稳步前进"的修整方针。1953年11月24日，教育部根据干部、工人、农民不同对象，第一次界定文盲半文盲的概念，并颁布了统一的扫盲标准及相关脱盲考试的规章制度。为防止扫盲冒进倾向影响扫盲工作的其他方面，同年12月1日，教育部、扫除文盲工作委员会联合颁布了《关于1953年冬学工作的指示》，开始将扫盲纳入国家建设计划的轨道，并指明冬学教育中要积极扫盲，不能只追求人数增长而忽视扫盲的效果。[①]

3. 农村互助合作运动中的扫盲教育（1954—1957）

为了促进农业合作化运动的开展，党和政府意识到必须要加快农村扫除文盲的速度，改变农村愚昧落后的状态。1954年8月5日—8月16日，教育部、扫除文盲工作委员会联合召开第一次全国农民业余文化教育会议，指出今后农民业余教育必须紧跟农村互助合作运动和农业生产的发展，争取用15年左右的时间，基本扫除农村2亿多青壮年文盲。10月16日，教育部、扫除文盲工作委员会《关于1954冬学工作的指示》中指出："为了适应农业互助合作运动发展的需要，应当积极组织农民学习文化。"[②] 12月28日，教育部党组发布的《关于第一次全国农民业余文化教育会议的报告》中指出："紧紧跟随着和密切结合着农村互助合作运动和农业生产的发展，积极有计划地扫除农民中的文盲，并逐步地提高农民的文化水平，有效地为农业的社会主义改造和发展农业生产服务。"1955年3月1日，中共中央在对该报告的批示中指出："农业生产互助合作运动迅速发展以来，全国农村起了很大变化，因此要紧跟和密切结合着农村互助合作运动和农业生产的发展，积极地、有计划地扫除他们中的文盲。"1955年6月2日，国务院出台《关于加强农民业余文化教育的指示》，指出："适应当前农村新情况和新任务的需要，积极地开展农民业余文化教育，扫除文盲，克服我国农村文化落后状态，已成为一项重要的政治任务。"[③] 同年10月11日，毛泽东同志在中共七届六中全会的总结讲话中提出扫盲要继续。

1956年春季以来，农村扫盲运动蓬勃展开。1956年3月15日召开全国扫除文盲

---

① 刘立德、谢春风主编：《新中国扫盲教育史纲》，308~311页，合肥，安徽教育出版社，2006。
② 刘立德、谢春风主编：《新中国扫盲教育史纲》，314页，合肥，安徽教育出版社，2006。
③ 刘立德、谢春风主编：《新中国扫盲教育史纲》，317页，合肥，安徽教育出版社，2006。

协会成立大会,通过了《中华人民共和国全国扫除文盲协会章程》。3月29日国家公布《关于扫除文盲的决定》,明确指出扫盲的重要意义,规定了半文盲的具体标准和扫盲对象,并对教师、教材等方面做了具体规定,同时要求在1962年之前基本完成对全国青壮年的扫盲工作。① 此后,我国开始逐步建立扫盲教育体系。同年9月,中共八大召开,周恩来总理在《关于发展国民经济的第二个五年计划的建议的报告》中,强调要"继续努力扫除文盲,发展小学教育,发展工农群众的业余教育,逐步推行文字改革"。② 在这种背景下,中国农村掀起了扫盲运动的第二次高潮。1956年11月以后,全国21个省、自治区、直辖市陆续成立了"扫盲协会"。江苏省、福建省、广东省80%的县市成立了"扫盲协会"。③ 经过这一系列的努力,我国扫盲制度开始确立。1957年,全国开展全面社会主义建设,扫盲工作也随之取得全面进展。同年3月8日,教育部发出了《关于扫除文盲工作的通知》,肯定了1956年《关于扫除文盲的决定》的积极作用,总结《关于扫除文盲的决定》实施中的经验,指出存在的问题,并提出今后要做的各项工作。④ 但是,到了1957年秋冬,很多地区开始反"右"斗争,很多农村、工厂出现停课,农村地区的扫盲工作断断续续,受到阻碍。

总体上说,1949—1957年间的扫盲运动是稳定健康发展的。据不完全统计(缺广东、云南、新疆等省、自治区),到1956年,全国农民扫盲入学人数达到200多万人,占全国14岁以上青壮年农民总数的30%⑤,1957年扫除农民和居民文盲人数为600多万。⑥ 其中,安徽省1951—1957年扫盲班共毕业61.37万人。⑦ 农村扫盲教育成效显著。

### (二)农村扫盲教育在挫折中前行(1958—1965)

1. 农村扫盲教育"大跃进"(1958—1960)

1958年社会主义改造基本完成,开始转入社会主义全面建设。同年召开的中共八届二中全会提出了"大跃进"总路线,农业领域率先进入"大跃进"行列,人民公社如雨后春笋般地在各地农村成立。随着人民公社化高潮的到来,掀起了新中国成立后的第三次扫盲高潮,农村扫盲教育也走向"大跃进"。1958年5月20日,《人民日报》发表题为《用革命精神扫除文盲》的社论,提出:"要在今后五年到十年,甚至

---

① 刘立德、谢春风主编:《新中国扫盲教育史纲》,327~331页,合肥,安徽教育出版社,2006。
② 刘立德、谢春风主编:《新中国扫盲教育史纲》,26页,合肥,安徽教育出版社,2006。
③ 刘立德、谢春风主编:《新中国扫盲教育史纲》,28页,合肥,安徽教育出版社,2006。
④ 刘立德、谢春风主编:《新中国扫盲教育史纲》,332~334页,合肥,安徽教育出版社,2006。
⑤ 《中国教育年鉴》编辑部:《中国教育年鉴(1949—1981)》,578页,北京,中国大百科全书出版社,1984。
⑥ 刘英杰编:《中国教育大事典》(下),1831页,杭州,浙江教育出版社,1993。
⑦ 丁春莉:《20世纪50年代安徽扫盲运动》,50页,安徽大学硕士学位论文,2012。

更短一点的时间内扫除青壮年文盲，不造几个高潮，不来几个跃进，而依照前几年那样，每年只扫除几百万文盲，那就会无法完成这个任务。"①1959年3月1日，陆定一在全国教育工作会上讲话，提出2～4年完成扫盲任务。3月20日，教育部党组发布的《关于1959年教育事业发展计划的意见》指出，争取在4年内基本完成扫盲任务。1959年10月16日印发的《关于进一步开展农村扫除文盲和业余教育工作的请示报告》，要求2～3年完成农村扫盲任务。10月25日—11月4日，教育部在北京召开农村扫盲、业余教育工作会议，提出"今冬、明春在农村大力开展扫盲工作"的方针。12月5日，共青团中央书记处发布的《关于在农村青年中完成扫盲任务和加速开展业余文化学习的报告》，提出1～2年完成扫盲。1960年1—8月，中央政府向全国介绍推广山西省万荣县注音识字的新教学法。4月2日，中共中央转发教育部党组发布的《关于农村扫盲、业余教育情况和今后工作方针任务的报告》，要求各地方"要在保证生产任务的原则下，抓紧农民识字教育，力争在1962年以前基本上完成扫盲任务"。②

三年自然灾害时期，国家经济发展面临许多困难，但政府依旧重视农村扫盲教育工作。1959年5月24日，中共中央、国务院发出《关于在农村中继续扫除文盲和巩固发展业余教育的通知》，指出由于全民大炼钢铁等影响了农村文化教育，必须要加强农村扫盲教育。同年10月25日教育部召开农村扫盲、业余教育工作会议，提出了今后农村大力开展扫盲工作的方针。1960年5月11日，中共中央发布了《关于推广注音识字的指示》。③注音识字的大规模推广在一定程度上促进了农村扫盲教育。有数据显示，1958年全国脱盲人数为1 000万人，1959年为2 600万人。④当时北京市全市脱盲人数达24万左右，仅农村脱盲人数就有15万。⑤

2. 农村扫盲教育缓慢恢复（1961—1965）

1961年1月召开的党的八届九中全会，提出"调整、巩固、充实、提高"八字方针，指出要"深入进行扫盲和业余教育的调查研究，为以后的工作打下基础"。1962年12月5日，教育部颁发《关于农村业余教育工作的通知》，对如何更好地开展农业教育提出了具体意见。1963年4月11日，教育部发布的《农民业余教育汇报会纪要》，

---

① 马云：《20世纪50年代中国农村扫盲运动研究》，31页，西北大学硕士学位论文，2003。
② 刘立德、谢春风主编：《新中国扫盲教育史纲》，272页，合肥，安徽教育出版社，2006。
③ 吴珏：《毛泽东与新中国的四次扫盲高潮》，载《湘潮》，2007（12）。
④ 浅井加叶子：《1949—1966年中国成人扫盲教育的历史回顾》，载《当代中国史研究》，1997（2）。
⑤ 浅井加叶子：《1949—1966年中国成人扫盲教育的历史回顾》，载《当代中国史研究》，1997（2）。

提出"要办好业余教育,使它在群众中生根,必须培养一批办学、教学和学习的积极分子,作为开展工作的支柱"。① 1964 年 4 月 11 日,教育部在《关于职工、农民中非文盲达到百分之几算是基本扫除文盲的问题》中指出:"农村青年中的非文盲达到 85% 就算基本扫除。"1964—1965 年,政府提出"两种教育制度"方针,此后农业中学和耕读小学再次得到普及。1965 年 12 月 7 日,教育部发布的《关于今冬到明春开展农村业余教育工作的几点意见》指出,要"扫除残留下来的文盲",扫盲工作的重点"应该尽先扫除农村基层干部和青少年中的文盲"。

经过 1958—1965 年的扫盲教育工作,农村地区的扫盲教育体系逐步建立,农村文盲率也大幅度地下降。以四川省农村为例,1953 年该省文盲率达 70%,文盲人数为 43 612 799 人。1964 年四川省文盲率下降至 38.85%,文盲人数减少至 26 424 714 人,11 年间四川省文盲率下降了 31.15 个百分点。②

**(三)农村扫盲教育严重受挫(1966—1976)**

十年"文化大革命"期间,农村地区的扫盲事业受到严重挫折,处于停滞甚至是倒退的状态。这一阶段,农村扫盲主要是学习毛泽东语录,进行思想教育,再加上"四人帮"的肆意破坏,农村扫盲教育成了宣传政治思想和束缚农民思想的工具,没有实质性的识字效果。

**(四)农村扫盲教育恢复重建(1977—1982)**

1977 年"文化大革命"结束后,农村地区的教育事业开始恢复,扫盲工作也继续进行。1978 年,党的十一届三中全会召开以后,我国农村的扫盲教育又重新回归正常轨道。1978 年 11 月 6 日,国务院发出《关于扫除文盲的指示》,"要求各地采取措施,分别于 1980 年、1982 年或稍长一点时间内,基本扫除少年、青年、壮年文盲"。③

**(五)农村扫盲教育取得的成效**

学术界普遍认为,新中国三十年的扫盲教育在中国农村教育史上发挥了举足轻重的作用,很大程度上提高了广大农民自身的素质和文化水平,推进了良好社会风气的形成。例如农村扫盲教育使农村文盲率大大下降,到 1982 年农村文盲、半文盲占 12 岁以上人口的比率为 34.74%④,比 1949 年农村 95% 左右的文盲率降低了 2/3 多。有学

---

① 刘立德、谢春风主编:《新中国扫盲教育史纲》,267 页,合肥,安徽教育出版社,2006。
② 骆仲冕:《"文革"前十七年(1950—1966)四川农村的扫盲教育》,43 页,四川师范大学硕士学位论文,2007。
③ 刘佩芸:《1949 年—1989 年我国扫盲教学内容历史发展的研究》,27 页,西南大学硕士学位论文,2012。
④ 邓力群、马洪、武衡主编:《当代中国的人口》,186 页,北京,中国社会科学出版社,1988。

者认为，扫盲教育有效地改造了群众旧有的思想意识和生活习惯，提高了农村妇女的思想觉悟，让她们积极地参与劳动生产，还大大提高了她们的生活质量。①

1.广大农民的文化素质普遍得到提高。新中国三十年的农村扫盲教育事业的发展，最直接的成效就是大大提高了广大农民的文化水平。经过三十多年的扫盲教育，农民不仅能识字，还会自己记账算账，并学会使用新式农具以及学习农业相关技术和知识，为促进农村生产发展和提高农民生活水平奠定了坚实的基础。

2.农村社会风气得到改良。这一阶段扫盲工作逐渐清除了农村地区一些愚昧落后的封建思想残余，诸如赌博、缠足、包办婚姻、封建迷信等，引导农民看书、读报、学习文化知识，逐渐形成一种积极向上的农村社会风气。农民生病后不再请巫师跳大神医治，而是去医院找医生。② 例如，韩城冬学会发起反对"一贯道"活动，宣传说明该组织是被敌人利用的迷信组织，是骗人的坏门道，成年男女学员接受宣传后，不但自己退出，而且劝说邻人退教，西庄区妇女班有 30 人自动退出，"老太婆二十人接受了他们的宣传，到学校就声明退出一贯道"。③

3.广大农村妇女的社会地位得到提高。新中国三十年扫盲工作的推行，拓宽了广大农村妇女的视野，使她们不再局限于在家相夫教子，不再在家依靠男人生活，开始走到地头田间从事各种农业劳动。合作化时期，农村妇女积极参加合作化运动，像男性农民一样参与各种劳动。有数据显示，1957 年农村妇女参加生产的比率已达 60%~80%，比 1952 年提高很多。④ 当时就有"没有妇女保不住千斤顶，没有妇女打不下丰收关"的说法。⑤ 在扫盲教育中，广大妇女体会到了学习文化知识带来的快乐，积极投入文艺活动中，参与各种文化小组工作和剧团表演，在多种多样的文化活动中绽放光彩。

**（六）农村扫盲教育存在的问题**

新中国三十年的农村扫盲教育也存在很多局限。例如，扫盲教育主要以识字教育为主，忽视了素质教育，也缺乏教育与社会职业相结合的功能性。有学者认为，我国的扫盲教育工作有待进一步提高，个别地方的扫盲教育还带有运动性和突击性色彩，片面追求扫盲数量而忽视其质量，而且扫盲教育水平偏低，并没有和国际扫盲标准接

---

① 马云：《20 世纪 50 年代中国农村扫盲运动研究》，29~31 页，西北大学硕士学位论文，2003。
② 马云：《20 世纪 50 年代中国农村扫盲运动研究》，29 页，西北大学硕士学位论文，2003。
③ 马云：《20 世纪 50 年代中国农村扫盲运动研究》，29 页，西北大学硕士学位论文，2003。
④ 马云：《20 世纪 50 年代中国农村扫盲运动研究》，31 页，西北大学硕士学位论文，2003。
⑤ 马云：《20 世纪 50 年代中国农村扫盲运动研究》，31 页，西北大学硕士学位论文，2003。

轨。① 有学者指出，中国在扫盲教育中存在短期性和运动性，并导致了不良后果。② 改革开放前，中国的扫盲教育凸显一种政治性行为，成为实现政治目标和强化大众革命性的手段。③ 新中国三十年间，农村扫盲教育的问题主要表现在如下两个方面。

1.扫盲实施过程过快过急，挫伤了群众参与扫盲的积极性。在扫盲过程中，相关政策的出台和实施缺乏延续性和操作性，并不断地盲目冒进。例如，1955年中央提出"在七年内，基本上扫除文盲，每人必须认识一千五百到二千个字"。1956年的《关于扫除文盲的决定》又规定，尽可能5~7年扫除全国文盲。中央政策的"大跃进"，影响了地方及基层群众参与扫盲的积极性。尤其十年"文革"期间，农村扫盲教育不但受到严重干扰甚至出现倒退现象，更是挫伤了广大农民学习的积极性。

2.扫盲教育指导思想政治化，课程内容设计不合理。扫盲教育工作带有过浓的政治色彩。部分地区的扫盲课程内容以学习政治思想和紧随国家政策为主，学习文化识字为辅，缺乏与农民生产和生活有关的知识学习。扫盲教育教学内容设计不合理，不仅远离农民生活和生产实际，而且不符合成人学习的心理特征。有些地区的扫盲课本较难或者偏易，不适合成年人的扫盲学习。此外，扫盲教育缺乏稳定性和系统性，呈现一种运动性、突击性和短期性的特征，因此无法帮助广大农民打牢文化基础，甚至出现了严重的边扫边忘的"复盲"或"回生"现象，影响了农村扫盲教育的实际效果。

## 三、农村初等学校教育发展及其成效

新中国成立后，为了适应新的政治经济和社会文化建设的需要，不断提高广大人民群众的文化水平，必须对落后的初等教育制度进行改革，进一步普及和发展初等学校教育。新中国成立后的30年间，农村初等学校教育大致经历了四个阶段。

### （一）农村初等学校教育初步建立（1949—1957）

1949年9月《共同纲领》规定："中华人民共和国的文化教育为新民主主义的，即民族的、科学的、大众的文化教育。"其中"大众的"是指新中国的文化教育事业要走人民性和大众性的道路，并提出要"有计划有步骤地实行普及教育"。

1951年8月，教育部召开第一次全国初等教育及师范教育会议，提出要"有计划

---

① 刘立德、谢春风主编：《新中国扫盲教育史纲》，4页，合肥，安徽教育出版社，2006。
② 马云：《20世纪50年代中国农村扫盲运动研究》，190页，西北大学硕士学位论文，2003。
③ 马云：《共和国农村扫盲教育研究》，188页，华东师范大学博士学位论文，2006。

有步骤地普及儿童初等教育"①"从1952年到1957年争取全国平均有80%的学龄儿童入学"②"从1952年开始,争取10年内基本上普及小学教育"③。这次会议对小学教育培养目标和任务做了原则性规定,也是新中国成立后我国第一次明确提出普及小学教育的任务。同年10月1日,中央人民政务院颁布了《关于改革学制的决定》,对中小学学制进行改革,于是农村各地小学改一贯的"四二"制为五年一贯制。继学制改革颁布后,1952年3月18日,教育部颁发了《小学暂行规程(草案)》和《中学暂行规程(草案)》,对小学、初中教育的性质和培养目标做出了明确规定。

1953年5月,中央政府提出继续贯彻"整顿巩固、重点发展、提高质量、稳步前进"的文教方针,提出普通教育和师范教育工作应以加强和发展高等师范教育和中学教育为重点。此后,政府将基础教育政策的重点由初等教育开始转向中等教育。因此在1953—1955年,小学教育着重进行整顿巩固,没有明显的发展。

1956年,最高政务会议讨论通过《1956—1967年全国农业发展纲要(草案)》,规定:"从1956年开始,按照各地情况,分别在七年或者十二年内普及小学教育。"④这是新中国第二个普及小学教育的计划。1956年全国初中招生比前一年增长了54%,小学招生比前一年增长了36%。随着新中国成立后8年间两个普及小学教育计划的推行,农村初等教育事业初步建立和逐步发展起来。

**(二)农村初等学校教育大起大落(1958—1965)**

1958年发动的"大跃进"也导致了教育领域的"大跃进"。1958年党中央和国务院的《关于教育工作的指示》中要求,全国应在3~5年的时间内,基本完成普及小学和农业合作社社社有中学的任务,并鼓励采取以公办为主、民办为辅的原则发展小学教育。由于"大跃进"的影响,农村普及小学教育事业走上盲目攀比数量的浮夸之路,农村学龄儿童在校人数以及入学率都大大上升,但普及初等教育的质量却受到很大影响。

1961年,中共中央批转的《关于1961年和今后一个时期文化教育工作安排的报告》中明确提出,当前文化教育工作必须要贯彻实行"调整、巩固、充实、提高"的方

---

① 卓晴君:《从儿童入学率20%到实现九年义务——建国60年教育发展辉煌的重要标志》,载《中国教育学刊》,2009(1),1页。
② 史小禹:《建国后我国农村义务教育师资发展研究》,10页,华北师范大学硕士学位论文,2009。
③ 《中国教育年鉴》编辑部:《中国教育年鉴(1949—1981)》,930页,北京,中国大百科全书出版社,1984。
④ 《中国教育年鉴》编辑部:《中国教育年鉴(1949—1981)》,123页,北京,中国大百科全书出版社,1984。

针。此后,全国教育根据这一方针进行调整,1959—1962年学龄儿童入学率和在校人数也因此呈逐年下降的趋势。

1964年1—3月,在教育部召开的全国教育厅局长会议上提出"两条腿走路"的方针,指出要在1965年和第三个五年计划期间积极发展小学,特别是简易小学,解决贫下中农子女学习问题。同年上半年,山东、四川、广西等14个省、自治区、直辖市的农村普遍举办了多种办学形式的简易小学。① 1965年3—4月,教育部召开全国农村半农半读教育会议,要求农村实行全日制和耕读小学"两条腿走路"的方针。

由于初等教育政策的及时调整,这一时期小学普及教育得到恢复并有了较大发展。1963年全国农村小学学生数达5 446.2万人,1964年增加到7 434.1万人,到1965年全国农村小学人数达到9 399.9万人,是1963年的近2倍②。

### (三)农村初等学校教育严重挫折(1966—1976)

"文革"浩劫使中国的初等教育事业几乎陷入瘫痪状态。1968年提出"读初中不出大队,读高中不出公社,读大学不出县"的口号,农村小学教育出现盲目大发展。在"农业学大寨"运动中,教育主管部门要求中小学生以参与社会劳动为主,忽视学校教育。为加强小学教育,国家领导人和政府做出了一系列努力。例如,周恩来总理始终坚持普及小学教育的方针,并在1971年6月7日接见全国教育工作会议领导小组成员时指出要普及小学教育。1971年《全国教育工作会议纪要》提出,要在第四个五年计划期间普及小学五年教育,有条件的地区普及七年教育。1974年5月30日发布《关于1974年教育事业计划(草案)的通知》提出,发展教育事业,重点是继续大力普及农村小学五年教育等,农村有条件的地区普及七年教育。但由于这一期间教育的发展重心转向中学,小学教育受到严重破坏,大量优秀小学老师被调进中学任教,导致小学教育质量大打折扣,农村初等教育事业受到严重挫伤。1965年农村有162.5万所小学学校,到1971年小学学校数量大幅下降至93.1万所,随后的7年里,农村小学学校数量在100万上下波动。③

### (四)农村初等学校教育重新恢复(1977—1978)

粉碎"四人帮"之后,全国各地的农村小学教育开始恢复。1978年年初,教育部

---

① 刘碧远著:《新中国义务教育学制改革与发展研究》,47页,北京,中国社会科学出版社,2009。
② 《中国教育年鉴》编辑部:《中国教育年鉴(1949—1981)》,1 023页,北京,中国大百科全书出版社,1984。
③ 《中国教育年鉴》编辑部:《中国教育年鉴(1949—1981)》,1 022页,北京,中国大百科全书出版社,1984。

发出《关于办好一批重点中小学的试行方案的通知》，随后各地开始对中小学进行整顿。同时，教育部又颁发了《全日制十年制中小学教学计划试行草案》，明确规定了小学的教学任务和学制等。1978年4月，邓小平在北京召开的全国教育工作会议上发表了重要讲话，指出"我们要在科学技术上赶超世界先进水平，不但要提高高等教育的质量，而且首先要提高中小学的质量"，为中小学的教育工作指明了方向。① 此后，我国农村初等教育逐步走上正常的发展轨道并蒸蒸日上。有数据显示，1978年，全国小学有949 323所，小学在校生有14 624万人，入学率为94%。②

综上所述，新中国三十年，农村初等学校教育发展较为曲折。自新中国成立初期提出普及小学教育目标后，党和国家就一直积极探索有效的普及农村初等教育之路。虽然在此过程中也受到很多阻碍因素的干扰，但总体上是在不断前进，积累了丰富经验，为改革开放以后农村初等教育大发展奠定了良好的基础。

## 第二节 农村合作医疗

新中国三十年的农村合作医疗，是指以农村集体经济作为基础，采取"医社结合"的方式，即由社员缴纳较少的保健费，另外由生产合作公益金补助一部分，以此解决农民基本的、简单的看病吃药问题。这种农村合作医疗虽然水平不高，但却对解决在农村存在的严重缺医少药的问题发挥了较大的作用。

### 一、抗日根据地和东北解放区农村合作医疗的实践经验

学术界普遍认为，农村合作医疗制度起源于中国共产党领导的抗日根据地。③ 在抗日战争时期，陕甘宁边区于1938年创办了"保健药社"，1939年又创办了"医药合作社"（或称为"卫生合作社"）。1944年因根据地伤寒、回归热等传染病流行，边区

---

① 李水山：《农村教育史》，61页，南宁，广西教育出版社，2007。
② 卓晴君：《从儿童入学率20%到实现九年义务——建国60年教育发展辉煌的重要标志》，载《中国教育学刊》，2009（11）。
③ 刘纪荣、王先明：《二十世纪前期农村合作医疗制度的历史变迁》，载《浙江社会科学》，2005（2）。

政府建立了一种类似民办公助的医疗机构，总部设在延安，委托大众合作社投资，并吸收社会团体和私人股金，政府也赠送一些药材，采取"中西医结合，人兽兼治"的模式；到1946年，卫生合作社达到43个（其中包括2个兽医社），取得了比较好的成效。①

为了进一步巩固东北根据地，争取更多基层群众的大力支持，1946年7月3日至7月11日，根据中共中央指示，东北局召开扩大会议，通过了陈云起草的《东北的形势和任务》（即"七七决议"），要求将东北局的战略重心全力转到建立巩固的东北根据地上，从而在农村开展土地改革运动，引导农民组织供销、生产及医药卫生合作社，解决农民生产、生活中的实际困难。东北各解放区充分发动农民，通过合作制度集资开办基层医疗卫生机构，缓解广大农村普遍缺医少药的问题。到1952年，东北地区1 290个农村卫生所中，由合作社举办的有85个，群众集资举办的有225个，共计310个，占整个东北地区农村卫生所总数的17.4%。② 1952年9月27日，《人民日报》刊登《三年来中国人民卫生事业》，对东北农村地区的医药卫生事业给予了充分肯定。

虽然抗日根据地和东北解放区的"保健药社"和"医药合作社"，只是初步具有合作性质的医疗保健机构，未能实现具有保险性质的医疗保健制度，但这些创新实践，为后来实行的具有一定保险性质的合作医疗制度的建立与发展开创了先河，积累了宝贵的经验。③

## 二、新中国初期农村医疗卫生状况十分严峻

新中国成立初期，我国农村医疗卫生状况非常严峻，普遍存在缺医少药的问题。与此同时，当时农民收入低、生活水平差，很多人根本无力承担高昂的医疗费用，导致许多农民因无力医治而病殁，或者因为支付高昂的医疗费用而致贫。除此之外，在广大农村，因为卫生条件差，时常会出现疫病，许多农民因为得不到有效治疗而死亡。据统计，当时农村婴儿的死亡率达20%，孕妇死亡率达15%，传染病发病率达20%，

---

① 国务院课题组：《农村合作医疗保健制度研究》，34页，北京，北京医科大学、中国协和医科大学联合出版社，1994。
② 国务院课题组：《农村合作医疗保健制度研究》，34页，北京，北京医科大学、中国协和医科大学联合出版社，1994。
③ 刘纪荣、王先明：《二十世纪前期农村合作医疗制度的历史变迁》，载《浙江社会科学》，2005（2）。

人均期望寿命只有35岁。① 面对农村如此严峻的医疗卫生形势，人民政府克服种种困难，积极建设农村卫生服务保障体系，努力为农民提供可能的医疗保健服务。但由于当时国民经济落后以及国家政策向城市倾斜，农村医疗保健服务体系还存在许多问题和困难需要加以解决。

农村医疗单位及医务人员严重不足。新中国成立初期，我国农村地区正规的医疗机构和医务人员非常少。据统计，当时平均3~5个村才有1个乡镇卫生所，而平均每5 000个农民才有1名医生。② 农村地区这种严重缺少医疗机构和医务人员的状况，导致当时许多农民因为得不到治疗而贻误病情，甚或危及生命。

很多医疗机构医疗环境和条件差，医务人员技术水平低。例如，当时医疗机构的药物主要是自采、自种和自制，没有经过相关部门的监督和检查，药物的质量和疗效得不到保证。同时，大多数医务人员的技术水平都比较低，很多人都是没有接受过良好医疗训练而直接充任医务人员。凡此种种，都造成了农村医疗条件非常恶劣，农民的生命得不到良好的保障。

新中国成立后，中央政府高度重视城乡人民群众的医疗卫生保障工作。1950年8月7日，第一次全国卫生工作会议召开，提出要在三、五年内健全和发展全国卫生基层组织。1951年4月4日，《中央人民政府卫生部公布令》公布，要求"中央级各行政区卫生部应有计划地健全和发展全国现有的卫生院所，使其适应当前的卫生工作方针与任务"。从此，各地政府采取各种形式在农村基层地区开展农村合作医疗工作。

### 三、农村合作医疗发展的历程及其成效

为了有效地为广大农民提供基本的医疗卫生保障，一些地方结合农村实际，积极探索有效途径改善农村医疗卫生条件。1955年山西高平县米山乡建立的联合保健站，可以说是后来农村合作医疗的雏形。这种"医社结合"的形式得到了卫生部的高度肯定，并开始在全国部分农村进行推广。

#### （一）农业合作化高潮中初步建立（1949—1957）

1953年，在农村合作化的过程中，山西高平县米山乡建立了第一个联合诊所。1955年5月，米山乡在联合诊所的基础上建立了米山乡联合保健站，这是全国第一个

---

① 刘利峰：《中国农村合作医疗发展的研究》，5页，山西大学硕士学位论文，2013。
② 刘利峰：《中国农村合作医疗发展的研究》，5页，山西大学硕士学位论文，2013。

采取"医社结合"形式的医疗保健站。这种合作医疗在具体做法上主要有以下几个特点。首先，它是由农业生产合作社、农民群众和医生共同出资建立的，而它的日常运转经费则主要来自三方面，农民缴纳的"保健费"、从农业合作社提取的公益金（通常为15%~20%）以及农民看病时支付的药费；其次，合作医疗实行自愿加入原则，凡是参加合作医疗的农民每年要交纳5角钱保健费，之后在看病的时候就不再需要支付诊费，只需要支付药费；再次，坚持预防为主，实行巡回医疗和责任区制度，保健站将自身覆盖的区域划分成几个部分并安排相应的医务人员定期巡回查诊；最后，这种合作医疗通过记工分和直接给现金相结合的方式支付医务人员的报酬。

在米山乡的农村合作社保健站的工作模式中，农村基层卫生技术人员（1968年后被称为"赤脚医生"）起着关键性的作用。"赤脚医生"的主要来源有：选拔部分农村青年接受县卫生学校及其他卫生机构的短期培训，通过学习中西医基本知识技能，培养成乡村医生，成为乡村合作医疗卫生事业的骨干。同时，对原来农村接生员和部分农村青年进行短期培训，使其成为"赤脚医生"的助手。这些"赤脚医生"、卫生员和接生员亦农亦医，互相配合，走村串户，在农村开展巡诊。尤其是"赤脚医生"坚持中西医结合的方针，立足于各地实际，发动广大农民自种、自采、自制、自用各种中草药，以较低的费用取得了良好的治疗效果，初步实现了农民"无病早防、有病早治、省工省钱、方便可靠"的愿望，从而保障了农村初级医疗保健事业的普及开展。①

米山乡合作医疗的形式引起了中央的关注。1955年6月，卫生部副部长徐运北特地来米山乡视察，调研米山乡联合保健站的建立和运转情况。随后，卫生部报请国务院同意，将米山乡的经验在全国部分地区加以推广，得到了国务院的支持，于是这种合作医疗的形式在其他省份的一些农村地区也得到了推广。据统计，到1956年，这种依靠集体经济、由合作社创办的联合保健站发展到了10 000多个。② 至于"合作医疗"的提法，最早可以追溯到1956年。当年河南省正阳县王店乡团结农庄首次提出"社办合作医疗"，此后"合作医疗"开始出现在官方文件里，并得到沿用。③

### （二）"大跃进"和人民公社化运动中快速发展（1959—1965）

1958年9月，山西省稷山县太阳村建立了保健站，并从1959年起正式实施"合作医疗"制度。其具体做法是：社员每人每年只需缴纳2元的保健费，之后便可享受

---

① 杨善发：《中国农村合作医疗制度变迁研究》，124页，南京，南京大学出版社，2012。
② 徐杰：《对我国卫生经济政策的历史回顾和思考》，载《中国卫生经济》，1997（10）。
③ 蔡天新：《新中国成立以来我国农村合作医疗制度的发展历程》，载《党的文献》，2009（3）。

"免费治病"。保健站运转过程中不足的资金由合作社公益金补助。稷山县在农村合作医疗方面的经验和成绩引起了卫生部门的高度关注。1959年11月，卫生部在稷山县召开了全国农村卫生工作会议，并对稷山县合作医疗的经验和取得的成绩给予了充分肯定。参加此次卫生会议的还有27个省、自治区、直辖市的卫生厅长、副厅长182人。① 同年12月，卫生部在向中共中央提交的《关于全国农村卫生工作山西稷山现场会议情况的报告》中指出："关于人民公社的医疗制度，目前主要有两种形式：一种是谁看病谁出钱，一种是实行人民公社社员集体保健医疗制度。与会代表一致认为，根据目前的生产发展水平和群众觉悟程度等实际情况，以实行人民公社社员集体保健医疗制度为宜。"② 同时，卫生部还向中共中央提交了《关于人民公社卫生工作几个问题的意见》，再次提出"根据目前的情况，以实行人民公社社员集体保健医疗制度为宜"。③

1960年2月，中共中央向各省市自治区党委转发这两份文件，并做了批复。中央在批语里高度肯定了山西省稷山县在合作医疗方面的经验及取得的成绩，并要求各地参照执行。"这是建国后中央下发的第一个有关农村合作医疗的文件"④，对推进农村合作医疗起到了很大的作用。由于中央的高度关注，随后几年农村合作医疗发展迅速。据统计，1958年全国有10%的生产大队举办了合作医疗，到1960年和1962年，这一数字分别增加到32%和46%。⑤

1965年1月，毛泽东批评卫生部把医学教育年限安排得太长，使得广大农村地区缺少医务人员，同时还号召"组织城市高级医务人员下农村和为农村培养医生"。同年6月6日，毛泽东再一次严厉地批评了卫生部的工作，并针对城乡医疗资源分布不合理以及广大农村地区缺医少药的情况，提出要"把医疗卫生工作的重点放到农村去"⑥。毛泽东的指示引起了各级卫生部门的高度重视，从而进一步促进农村合作医疗制度在许多农村得到迅速的推广。同年9月，卫生部党组向毛泽东和党中央提交了《关于把卫生工作重点转向农村的报告》，提出要抽调相当部分城市医务人员长期留在农村工作，同时定期组织巡回医疗队到农村工作并为农村培养出一批本地医务人员，努

---

① 山西省城乡资源信息数据库：《稷山县·卫生医疗》，2006年3月29日。
② 卫生部：《卫生部关于全国农村卫生工作山西稷山现场会议情况的报告》，1959年12月16日。
③ 卫生部：《关于人民公社卫生工作几个问题的意见》，1959年12月16日。
④ 蔡天新：《新中国成立以来我国农村合作医疗制度的发展历程》，载《党的文献》，2009（3）。
⑤ 周寿祺：《探寻农民健康保障制度的发展轨迹》，载《国际医药卫生导报》，2002（6）。
⑥ 毛泽东1965年6月26日同医务人员的谈话，见《建国以来毛泽东文稿》，第十一册，387页，北京，中央文献出版社，1996。

力扩大农村当地的医疗队伍。① 随后，中共中央批转了这份《关于把卫生工作重点转向农村的报告》，这一举措在很大程度上推进了我国合作医疗制度在广大农村地区的实行。到1965年年底，全国已有山西、湖北、江西、江苏、福建、广东、新疆等10多个省、自治区的部分农村实行了合作医疗制度。②

### （三）"文化大革命"时期走向高潮（1966—1978）

合作医疗制度在我国农村迅速发展是在"文化大革命"爆发之后。1968年11月，毛泽东亲自批转了湖北省长阳县乐园人民公社举办合作医疗的经验，并称赞"合作医疗好"。同年12月5日，《人民日报》在头版刊发了《深受贫下中农欢迎的合作医疗制度》，介绍湖北省长阳县乐园人民公社举办合作医疗的经验。长阳县乐园人民公社从1966年12月起举办合作医疗，社员每人每年只需交纳1元医疗费，其余由合作社公益金补助，之后则在看病时只需支付5分钱的挂号费，就不需要再支付其他费用。医疗站的医务人员除极个别领取固定工资外，绝大多数采取记工分的方式获得报酬。③《人民日报》文章高度赞扬了乐园人民公社合作医疗的经验，认为它"解决了贫下中农看不起病、吃不起药的困难"，为农民提供了最基本的卫生保健服务。由于长阳县乐园公社合作医疗的经验得到了毛泽东的亲自批转，引发了巨大反响，极大地促进了合作医疗制度在我国广大农村地区的普及。在接下来的一年里，《人民日报》开辟了专栏，连续组织了23次"关于农村医疗卫生制度的讨论"。④ 这些讨论充分肯定了合作医疗制度的优越性，交流和总结了农村合作医疗的经验，提出如何进一步发展农村合作医疗。在这种政治社会环境下，我国农村各地都开始大办合作医疗，合作医疗制度不久在全国绝大多数农村确立下来。

在农村大力发展合作医疗的过程中，广大农村开始出现大批"赤脚医生"。"赤脚医生"在上岗之前一般都只接受1~2个月的短期培训，他们的医疗技术主要是在治疗病人的实践中慢慢摸索出来的。正如邓小平1974年向来中国考察的民主也门卫生代表团介绍的那样："'赤脚医生'刚开始知识少，只能医治一些常见病，过几年就穿起草鞋了，就是知识增多了，再过几年就穿起布鞋了。"⑤ 在支付"赤脚医生"的报酬方面，也是通过记工分而不是付工资的形式，这在很大程度降低了支付这些医务人员的

---

① 《卫生部党委关于把卫生工作重点放到农村的报告》，1965年9月3日。
② 黄树则、林士笑：《当代中国的卫生事业》，65页，北京，中国社会科学出版社，1986。
③ 《深受贫下中农欢迎的合作医疗制度》，载《人民日报》，1968年12月5日。
④ 蔡天新：《新中国成立以来我国农村合作医疗制度的发展历程》，载《党的文献》，2009（3）。
⑤ 曹普：《1949—1989：中国农村合作医疗制度的演变与评析》，载《中共云南省委党校学报》，2006（5）。

成本。据 1977 年年底统计，全国实行合作医疗的生产大队占到了 85%，全国"赤脚医生"达 150 多万人，生产队的卫生员、接生员共有 390 多万。鼎盛时，农村从事医疗卫生工作的（不脱产）人员达 500 多万。① 随后，合作医疗被写进了 1978 年 3 月 5 日全国人大五届一次会议通过的《中华人民共和国宪法》，从而以国家根本大法的形式确立其重要地位。②

表 11-1　农村不脱产卫生人员动态变化　　　　　单位：人

| 年份 | 赤脚医生 | 卫生员 | 接生员 |
| --- | --- | --- | --- |
| 1965 | 94 328 | 2 729 789 | 685 740 |
| 1970 | 1 218 266 | 3 561 014 | — |
| 1971 | 1 301 139 | 3 474 867 | — |
| 1972 | 1 230 344 | 3 143 986 | — |
| 1973 | 1 212 035 | 3 051 798 | — |
| 1974 | 1 371 644 | 3 131 671 | 523 801 |
| 1975 | 1 559 214 | 3 282 481 | 615 184 |
| 1976 | 1 802 093 | 3 483 491 | 726 532 |
| 1977 | 1 760 413 | 3 395 027 | 755 464 |
| 1978 | 1 666 107 | 3 111 362 | 743 498 |

资料来源：黄树则、林士笑：《当代中国的卫生事业》，111 页，北京，中国社会科学出版社，1986。

## 四、对农村合作医疗事业的历史性评价

新中国三十年间，我国农村合作医疗事业取得了举世瞩目的成就。"通过建立从县、公社到生产大队的三级医疗卫生保健网络，积极发展合作医疗，中国以不到发达国家百分之一的医疗卫生支出，解决了占人口绝大多数的农民群众的医疗保障问题。"③这一时期，农村合作医疗的开展有效地控制了农村各种疾病的发生及传播，极大地降低了农村婴儿、产妇的死亡率，提高了农村人均期望寿命，保障了农民的基本健康。④"到 20 世纪 70 年代末，医疗保险几乎覆盖了所有城市人口和 85% 的农村人口，这是低收入发展中国家取得的举世无双的成就。"⑤ 世界银行和世界卫生组织将中国的农村合作

---

① 卫生部基层卫生与妇幼保健司编：《农村卫生改革与发展文件汇编（1951—2000）》，419 页，北京，中国医药科技出版社，2010。
② 曹普：《1949—1989：中国农村合作医疗制度的演变与评析》，载《中共云南省委党校学报》，2006（5）。
③ 曹普：《1949—1989：中国农村合作医疗制度的演变与评析》，载《中共云南省委党校学报》，2006（5）。
④ 刘利锋：《中国农村合作医疗发展的研究》，5 页，山西大学硕士学位论文，2013。
⑤ 世界银行：《1993 年世界发展报告：投资于健康》，111 页，北京，中国财政经济出版社，1993。

医疗制度与农村保健站以及农村"赤脚医生"这"三大法宝"称为"发展中国家解决卫生经费的唯一范例",成功地实现了"卫生革命"。① 联合国妇女儿童基金会对我国农村合作医疗制度下的"赤脚医生"给予了高度赞扬,认为"中国的'赤脚医生'制度在落后的农村地区提供了初级护理,为不发达国家提高医疗卫生水平提供了样板"。②

农村合作医疗制度之所以能得到迅速的推广和发展是有其时代背景的,最为明显的特点是政治上的高度动员和经济上的高度集中。在合作医疗得到迅速甚至异常发展的"文革"期间,国家可以运用政治影响加强对资源的支配和调度。例如,政府号召许多在城市工作的医务人员去乡村为农民服务,在强大的政治动员之下,许多城市医务人员纷纷响应号召。随着"文革"结束,国家对社会资源控制逐步削弱,很多下乡服务的医务人员纷纷离乡返城,导致农村大量高水平医务人员流失,农村医疗卫生条件又渐趋弱化。这一时期,农村合作医疗的有效实施,主要得益于农村集体经济的经济基础,为农村合作医疗制度的运行提供了所需的资金支持。

农村合作医疗制度是我国农村社会保障的一大创举,旨在保障农民的身体健康、提高全民的身体素质。在当时国民经济非常困难的情况下,为广大农民提供了最基本的医疗保障,在世界范围内赢得了广泛的肯定和赞扬。

## 第三节　农村社会救助

农村社会救助是指国家和其他社会力量向由于自然或经济、社会等原因而不能维持最低限度生活水平、陷入生存危机的农村社会成员提供各种形式的援助,以保障其最低生活的一项社会保障制度。其主要目标是保障农村贫困者的最低生活,帮助他们摆脱生存危机,维持农村社会的稳定与整个社会的和谐发展。③ 新中国三十年间,我国农村社会救助主要包括:自然灾害救助制度、"五保"供养制度以及农村贫困户救济等。

---

① 世界银行:《中国:卫生模式转变中的长远问题与对策》,5页,北京,中国财政经济出版社,1994。
② 李砚洪:《赤脚医生》,载《北京日报》,2008年1月22日。
③ 高灵芝:《农村社会保障概论》,141页,北京,中国海洋出版社,2007。

## 一、自然灾害救助

自然灾害救助是指当社会成员因自然灾害袭击而造成生活困难时，由国家和社会提供必要的资金和实物援助，以维持其最低生活水平。① 我国幅员辽阔，地理和气候条件复杂，自然灾害频繁。在长期和自然灾害作斗争的过程中，我们积累了许多宝贵的经验，形成了独具特色的、有效的自然灾害救助制度体系。

新中国成立初期，自然灾害频繁发生。据不完全统计，1949年全国受灾面积约1.4亿亩，受灾人口约4 555万人，倒塌房屋234万间，死亡8 000多人。1954年江淮流域发生了百年未遇的大水灾，1956年发生了50年未有的台风和严重水灾。20世纪50年代末和60年代初，连续3年遭受历史上罕见的旱灾、水灾，河南、安徽等地灾情严重。1972年全国受灾面积6亿多亩，其中旱灾4.6亿亩。1976年的唐山大地震24万人死亡。1978年，全国受灾面积7.6亿亩，其中受旱面积6.02亿亩，为新中国成立以来受灾面积最广的年份。在这些自然灾害中，危害最大的是水灾、旱灾和地震，这些灾害给我国人民带来了巨大的伤害，造成了巨大的损失。② 在此期间，党和政府开展了如下自然灾害救助工作。③

1. 抢救生命财产

当灾害来临的时候，党和政府总是把抢救人民的生命、财产放在首要的位置。当发生大型自然灾害时，比如大型水灾、台风等，通常会有大量人口受到影响。这个时候，党和政府会迅速开展救灾工作，其首先要做的便是抢救、转移、安置灾民。有些时候，在一场大水灾中需要抢救、转移、安置的灾民往往会有上百万人。例如，1954年，江淮各省遭受洪涝灾害后，各地政府在一些溃堤、破坝、溃水地区，对受灾群众、牲畜及财产等进行抢救，有计划、有组织、有领导地进行了大规模的转移，转移到非灾区的灾民1 300多万人，耕畜129万头。

2. 组织生产自救

在长期与自然灾害作斗争的过程中，党和政府充分认识到，克服灾害最有效的方法就是生产自救，要想让广大的灾民尽快从灾害的不利影响中挣脱出来，恢复甚至超

---

① 高灵芝：《农村社会保障概论》，166页，北京，中国海洋出版社，2007。
② 崔乃夫：《当代中国的民政》（下），10、11、16~23页，北京，当代中国出版社，1994。
③ 崔乃夫：《当代中国的民政》（下），29、33、41、42、48页，北京，当代中国出版社，1994。

过灾害之前的生活水平，只有通过帮助灾民尽快投入生产劳动中。国家或集体能拿出的救济款物是有限的，而且必须首先照顾那些最困难、受灾害影响最深的灾民，大多数灾民只有通过生产自救才能迅速从灾害的不利影响中走出来。所以，当自然灾害发生之后，党和政府非常重视，并迅速采取有效措施，组织灾民从事劳动生产、开展生产自救。生产自救的主要内容包括农业生产、副业生产和以工代赈。对受灾的农作物尽量采取有效措施设法抢救，对无法挽救的农作物技术进行补种、改种，根据度荒需要，多种早熟、多产作物和蔬菜等农作物，尽量做到大灾之年多产粮食。同时，充分发动灾区农民"靠山吃山，靠水吃水"，拓宽生产门路，因地制宜、自力更生地发展副业生产，使灾区形成形式多样的救灾与扶贫有机结合的联合体，有效地促进生产自救。自然灾害发生后，灾区的基础设施建设任务很重。党和政府在新中国成立之初就提出将救灾与基础设施建设有机结合，实现以工代赈，有效地解决了灾民度荒困难。例如，1954年遭受水灾的湖南、安徽、湖北、江苏、江西5省共组织490万民工修筑堤坝，其中大部分是灾民。

3. 组织节约度荒

除了组织生产自救之外，党和政府还高度重视通过组织全民节约和灾害做斗争，甚至把节约作为战胜灾荒的基本策略之一。1959年4月26日，毛泽东在批转内务部《关于春荒情况有所好转的情况的报告》时指出，要"多种瓜菜，注意有吃而又省吃，闲时少吃，忙时多吃"。[①] 当时国内物质极度匮乏，节约度荒尤其具有重要意义，它为灾害来临时的救灾工作提供了许多保障。

4. 开展互助互济

新中国初期，党和政府就号召人民群众在灾害来临时要互帮互助、共渡难关。1949年12月，政务院通过《关于生产救灾的指示》，号召开展节约互助运动，要求机关干部带头参加每人"节约一两米"的运动。1950年1月，内务部出台的《关于生产救灾的补充指示》指出："灾民与灾民搞生产要互助，灾民中有劳力的无劳力的要互助，有劳力的与有资金的要互助，灾民与非灾民要互助，灾区与非灾区要互助。"1956年5月，内务部还下发了《关于募捐寒衣救济灾民问题的请示》，指出"目前部队、机关、厂矿都已进行了工资改革，调整了待遇，其中一部分人是有力量帮助灾民的"，并建议开展一次募捐活动，以解决灾区存在的寒衣缺乏的问题。正是通过党和政府号召的

---

① 逄先知、金冲及：《毛泽东传（1949—1976）》，943页，北京，中央文献出版社，2003。

互助互济运动,救灾物资的缺乏问题得到了很大程度的改善。[①] 1958 年"大跃进"之后,在社会主义建设总路线的指引下,全社会性的互助互济蔚然成风,"一方有难八方支援""一乡有难千乡帮""一社有灾百社救",从而有效地战胜了 1958 年严重的水灾和旱灾。

5. 国家救济和扶持

每当灾害发生而人民群众又无法通过自己的力量克服灾害引起的生活困难时,国家和集体就会多方筹措必要的财力物力给予救济和扶持,帮助他们渡过难关。例如,三年自然灾害时期,各级政府发放的救灾款,平均每年有 70% 用于解决灾民的口粮问题。旱灾严重的 1978 年,国家拨出救济灾民生活专款 4.1 亿元,用于口粮救济的达 3 亿多斤。[②] 虽然国家和集体的救济是有限的,但基本上保证了受灾群众有饭吃、有衣穿、有房住等。此外,国家和集体还投入必要的资金和物资帮助他们尽快重建家园和恢复劳动生产。

表 11-2　新中国成立以后灾民生活救济款支出[③]　　　单位:万元

| 年份 | 款数 | 年份 | 款数 | 年份 | 款数 |
| --- | --- | --- | --- | --- | --- |
| 1950 | 6 776 | 1960 | 40 152 | 1973 | 33 635 |
| 1951 | 4 368 | 1961 | 62 818 | 1974 | 22 224 |
| 1952 | 10 611 | 1962 | 32 247 | 1975 | 55 237 |
| 1953 | 13 044 | 1963 | 46 242 | 1976 | 81 974 |
| 1954 | 31 990 | 1964 | 113 745 | 1977 | 99 293 |
| 1955 | 16 851 | 1965 | 55 915 | 1978 | 36 800 |
| 1956 | 23 133 | 1966 | 37 505 | 总计 | 945 354 |
| 1957 | 24 128 | 1967 | 28 122 | | |
| 1958 | 8 687 | 1971 | 15 349 | | |
| 1959 | 21 310 | 1972 | 23 198 | | |

注:1968 年、1969 年、1970 年没有拨款。

## 二、"五保户"供养

我国的"五保户"供养制度是指对农村居民中无法定赡(抚)养人、无劳动能力、

---

[①] 蒋积伟:《新中国救灾工作社会化的历史考察》,载《当代中国史研究》,2010(6)。
[②] 崔乃夫:《当代中国的民政》(下),48 页,北京,当代中国出版社,1994。
[③] 崔乃夫:《当代中国的民政》(下),49 页,北京,当代中国出版社,1994。

无生活来源的老人、残疾人和未成年人在吃、穿、住、医、葬和未成年人义务教育等方面给予生活照顾和物质帮助。这一制度建立于 1956 年,并于 1994 年由政府以法规的形式正式确定下来。

新中国成立之后,党和政府一直非常关心那些无依无靠的鳏寡孤独残疾人的生活。1956 年 1 月,经最高国务会议通过,中共中央以草案形式发表了《1956—1967 年全国农业发展纲要》(后于 1960 年 4 月 10 日第二届全国人大第二次会议上通过),其中第三十三条规定:"农业合作社对于社内缺少劳动力、生产没有依靠的鳏寡孤独的社员,应当统一筹划,指定生产队或者生产小组在生产上给予适当的安排,使他们能够参加能胜任的劳动;在生活上给予适当的照顾,做到保吃、保穿、保烧(燃料)、保教(儿童和少年)、保葬,使他们的生养死葬都有指靠。"① 1956 年 6 月 30 日,第一届全国人大第三次会议通过《高级农业生产合作社示范章程》,规定:"农业生产合作社对于缺乏劳动力或者完全丧失劳动力,生活没有依靠的老、弱、孤、寡、残疾的社员,在生产上和生活上给予适当的安排和照顾,保证他们的吃、穿和柴火的供应,保证年幼的受教育和年老的死后安葬,使他们生养死葬都有依靠。"② 从此,"五保"制度成为我国农村地区实施的一项长期政策。随着农村"五保"制度的完善发展,"五保"制度中又增加了"保住""保医"等内容。③

当时农业生产合作社负责安排照顾"五保"户的生活,具体做法主要包括:①对有一定劳动能力的"五保"对象,安排照顾他们从事力所能及的生产劳动,并适当照顾工分,保障他们的生活相当于一般群众的生活水平;②补助劳动日,按全社每人一年的劳动日数,补助给"五保"户,与其他社员同样参加分配;③补助款物,按"五保"内容规定的吃、穿、烧、教等标准,计算所需的款物数,从公益金中直接分给"五保"户现款和实物;④对年老体弱病残人员,日常生活自理有一定困难的,安排专人照顾他们的日常生活。同时,对那些非常贫穷的或因受到自然灾害影响非常困难的社队,以至于没有足够的能力负担"五保"户的供养,国家也会给予适当的经济支持。

据统计,1958 年全国农村享受"五保"的有 413 万户、519 万人。④ 此外,1958 年 12 月,中共中央八届六中全会通过的《关于人民公社若干问题的决议》中规定:"要

---

① 宋士云:《中国农村社会保障制度结构与变迁(1949—2002)》,96 页,北京,人民出版社,2006。
② 宋士云:《中国农村社会保障制度结构与变迁(1949—2002)》,96 页,北京,人民出版社,2006。
③ 郑功成:《中国社会保障制度变迁与评估》,240 页,北京,中国人民大学出版社,2002。
④ 宋士云:《中国农村社会保障制度结构与变迁(1949—2002)》,98 页,北京,人民出版社,2006。

办好敬老院,为那些无子女依靠的老年人(五保户)提供一个良好的生活场所。"① 随后,全国各地纷纷办起了敬老院。据统计,1958年全国敬老院有15万所,收养老人300多万人。②

由于"大跃进"的影响,全国各地许多农村不考虑自身的经济实力,大办敬老院并给予其他分散供养的"五保"户同其他社员一样的生活待遇。没过多久,很多地区的农村由于公社或大队无力负担敬老院运转的费用,许多敬老院不得不停办。据统计,到1962年全国敬老院仅剩下3万所,院里供养的老人也仅有55万人。③ 1962年3月,中央工作会议通过了《农村人民公社工作条例(草案)》(《农业六十条》),纠正了农村地区出现的"左"倾错误,并制定颁布了一些关于农村人民公社"五保户"、困难户供给补助的办法,使农村"五保户"供养工作得到了改善。但是在"文革"期间,"五保户"供养常常被基层政府所忽视,全国敬老院的数量大幅度地减少。很多"五保"户得不到必要的照顾,有的"五保户"过着极其困难的生活,吃、穿、住都成了问题,还有的"五保户"在无人问津中非正常死亡。据统计,到1978年,全国敬老院只剩下7 175所,院里供养的老人只有10万余人。④

### 三、农村贫困户救济

农村贫困户救济是指对生活在农村,因老弱病残丧失或缺少劳动能力,或因天灾人祸造成生活困难,不能完全保障基本生活的农民、牧民、渔民、盐民等群众,由国家和社会给予款物救助,以保障他们的基本生活。⑤ 新中国成立以来,党和政府一直十分关心农村贫困群众的生活,积极开展农村贫困户救济工作。

新中国成立初期,全国范围内进行了土地改革,有些贫困农民分到了土地,温饱问题得到了解决。但是由于天灾人祸以及本身经济基础的薄弱,农村还存在大量的贫困人口。"据1949年年底统计,因天灾人祸造成生活困难的农民群众近4 000万人,其中无粮吃的达800万人。"⑥ 由此可见,当时开展农村贫困户社会救济工作十分紧迫。为了保证这些贫困农民的基本生活,帮助他们早日度过困难时期,党

---

① 宋士云:《中国农村社会保障制度结构与变迁(1949—2002)》,98页,北京,人民出版社,2006。
② 宋士云:《中国农村社会保障制度结构与变迁(1949—2002)》,98页,北京,人民出版社,2006。
③ 宋士云:《中国农村社会保障制度结构与变迁(1949—2002)》,99页,北京,人民出版社,2006。
④ 宋士云:《中国农村社会保障制度结构与变迁(1949—2002)》,10页,北京,人民出版社,2006。
⑤ 崔乃夫:《当代中国的民政》(下),83页,北京,当代中国出版社,1994。
⑥ 崔乃夫:《当代中国的民政》(下),84页,北京,当代中国出版社,1994。

和政府迅速果断地采取了一系列有效的救济措施。具体做法主要包括：①号召群众互助互济，据统计，1949年仅中央机关就捐献粮食20万余公斤，捐款33万元，衣物7.7万件。① ②减免农业税，如对烈属、军属和贫困农民的公粮予以减免。③发放救济粮款，据统计，1950—1954年间，国家共发放农村救灾救济款近10亿元。1950年全国发救济寒衣688万套。② 这些救济措施有效地保证了贫困农民的生活，稳定了社会秩序。

1956年，我国社会主义改造基本完成，农村经济实现集体化。在这种情况下，农业合作社可以为解决贫困农民的生活采取更加有效的方式，比如帮助他们参加集体经济，让他们从事力所能及的劳动，之后参加集体经济劳动成果的分配。例如，在农业合作化初期，为了支持贫困户入社，江西、安徽、江苏、浙江等地的民政部门曾拿出部分社会救济款作为贫困户入社的股金，支持贫困户入社。③ 与此同时，对于那些极度困难的农民，集体甚至会从公益金抽出部分资金用作他们生活的补助。对那些集体经济十分困难，以致无力负担这笔补助的队或社，国家会投入资金给予支持。通过这些措施，贫困农民的口粮及其基本的物质生活需求得到了满足。

1958年开始"大跃进"运动，农村纷纷办起了大食堂，采取"按需分配"的方式，迅速消耗了集体经济的积累。同时，在各地农村开展大炼钢铁运动，耽误了农业生产，加之自然灾害的影响，出现了罕见的"三年困难时期"，农村贫困人口迅速增加，一些地方的农民还要出外逃荒要饭。1961年，中共八届九中全会通过了"调整、巩固、充实、提高"的八字方针，并在当时财政非常紧张的情况下拨出大量资金用于农村贫困人口救济工作。据统计，"从1960年到1963年的四年间，国家共发放农村救济款达4.8亿元"。④ 1955—1978年的19年间，国家用于救济农村贫困户的款项达22亿元。⑤

1966年"文革"爆发之后，农村贫困人口的社会救济工作遭到了严重的破坏。当时把帮助贫困对象、发展副业生产当作"资本主义尾巴"割掉，把用公益金补助贫困对象当作"剥削"予以批判，大大削弱了集体补助贫困对象的工作。⑥ 1969年，随着内务部以及各地民政部门被撤销，农村社会救济工作迅速瘫痪，很多困难群众得不到需要的救济，生活变得更加困难。⑦

---

① 崔乃夫：《当代中国的民政》（下），84页，北京，当代中国出版社，1994。
② 崔乃夫：《当代中国的民政》（下），84页，北京，当代中国出版社，1994。
③ 崔乃夫：《当代中国的民政》（下），85页，北京，当代中国出版社，1994。
④ 崔乃夫：《当代中国的民政》（下），86页，北京，当代中国出版社，1994。
⑤ 崔乃夫：《当代中国的民政》（下），86页，北京，当代中国出版社，1994。
⑥ 崔乃夫：《当代中国的民政》（下），87页，北京，当代中国出版社，1994。
⑦ 刘喜堂：《建国60年来我国社会救助发展历程与制度变迁》，载《华中师范大学学报（人文社会科学版）》，2010（4）。

## 四、对农村社会救助工作的历史性评价

新中国三十年里,我国在农村社会救助方面取得了巨大成就,同时也存在不足。

新中国初期,农村还没有建立集体经济,面对自然灾害频发、灾害严重、灾民人数众多等严峻局势,中共中央提出了"生产自救,节约度荒,群众互助,以工代赈,并辅之以必要的救济"的救灾工作方针。① 到农业集体化以及农村建立了集体经济之后,面对自然灾害,考虑农村集体经济组织有一定的抗灾害能力,中共中央将救灾工作方针适时地修改为"依靠群众,依靠集体,生产自救为主,辅之以国家必要的救济"。由此可见,我国救灾工作的指导思想在不断与时俱进。②

"五保户"供养的农村社会保障制度非常具有中国特色,突出体现了社会主义的优越性以及党和政府对弱势群体的关心。"五保户"制度从1956年确立以来,已经有60多年的历史。但也必须认识到,"五保户"供养的费用基本上是由集体经济承担,当集体经济困难时,"五保户"供养的工作势必会受到极大的影响。

在我国基本完成社会主义改造之前,农村贫困户救助建立在以小土地私有制为基础、以家庭为生产经营单位的小农经济基础上,因而家庭成为人们生活安全保障的主体。③ 到了1956年农村集体经济建立之后,农村贫困救助建立在集体经济基础之上,集体组织成为人们生活安全保障的主体。④ 但也要认识到,这种救济贫困户的措施是低水平的,不能彻底解决贫困人口的生活问题,所以,1978年以后国家开始采取通过"扶贫"的办法帮助农村贫困人口摆脱贫困。

三十年间,农村社会救助工作的落实也曾遇到了许多挫折。比如在"大跃进"时期,集体经济受到严重的削减,极大地影响了农村社会救助工作的落实。"文革"时期,由于政治斗争等多种因素的影响,许多农村社会救助工作被政府及社会所忽视,陷入瘫痪的状态,这些都是历史留给我们的经验教训。

---

① 崔乃夫:《当代中国的民政》(下),69页,北京,当代中国出版社,1994。
② 崔乃夫:《当代中国的民政》(下),69页,北京,当代中国出版社,1994。
③ 张银霞:《中国农村贫困救助制度的历史演变》,西南财经大学硕士学位论文,2009。
④ 张银霞:《中国农村贫困救助制度的历史演变》,西南财经大学硕士学位论文,2009。

第一节　农业的贡献
第二节　农村的贡献
第三节　农民的贡献

# 余 论

新中国三十年我国农村经济社会的发展变化，本书各章已经用翔实的资料和数据进行了全面的呈现。要正确地认识新中国三十年农村经济社会变迁发展的历史，还必须认清以下三个方面的历史事实。

**首先，发展的起点条件、中国国情和国际背景，是认识新中国三十年农村政策选择的基础前提。**近代中国历经百余年国内外战争，到1949年新中国成立时，大部分国土已是满目疮痍，国民极度贫困，物资供应极端缺乏，国民经济处于瘫痪状态，基础设施落后且毁损严重，科技人才匮乏，传统农业担负国民经济的核心支柱作用[1]，而传统农业发展本身还面临生产技术和设备极端落后、土地占有极不平均等问题[2]，中国共产党人正是要把这样一个一穷二白的国家建设成为现代化的新中国。中国国土面积大、民族多、人口数量大，地形地貌条件复杂、自然灾害频发，历来就是一个传统的以小农经济为主的国家，传统封建思想根深蒂固；加之新中国成立之初国内尚存多股反对势力，共产党人领导的新生红色政权要把这样一个落后的大国建设成为和谐、强大的新中国，困难重重。此时，新生红色政权还面临国际敌对势力的层层封锁以及台湾地区国民党的伺机反攻，依托国际技术设备和市场支持发展中国经济的路子基本被堵死，自力更生、自主发展成为新中国恢复国民经济不得已的路径选择。正是由于受这一发展背景的约束，通过实现以重工业为主导的国家工业化，为国家经济社会安全提供保障，进而推动工农业物质装备的现代化，成为必须的国家经济发展战略选择。

**其次，对新中国三十年农村发展道路的认识应把握两条逻辑主线：国家工业化与农业现代化。**通过梳理新中国三十年农村发展的不同历史阶段与发展历程，我们发现，这一时期（除国民经济恢复时期外），我国农村经济社会发展政策始终围绕两条主线

---

[1] 据统计，1949年中国农村人口占全国总人口89.4%，农业总产值占工农业总产值70%（国家统计局，1983），农业净产值占工农业净产值84.5%（农业政策研究室，1982）。
[2] 农业生产力因战争破坏大幅下降，农业生产中主要动力——耕畜比抗日战争前最高水平减少16%，主要农具减少30%。

展开,一是满足国家工业化战略原始资本需求,二是推动传统农业向现代农业逐步转变。一方面,以重工业为主导的国家工业化,具有投资规模大、劳动需求小的特点,决定了国家不仅要以最小的成本获得最大限度的农业生产剩余,而且要让农民安心在农村劳动生活,实现农业集体化。城乡二元户籍制度、"统购统销"、社队企业发展等制度政策的实施都在强化上述目标。另一方面,新中国成立初期,我国传统农业所能提供的农业生产剩余毕竟有限,为保障国家工业化所需的资本积累,必须改变传统农业落后的生产力,推进农业现代化进程。在当时的认识水平下,劳动合作化、农业机械化、农田水利化、生产技术化作为我国农业现代化的主要推手,受到国家政策的大力支持与鼓励,客观上也为现代农业发展打下了坚实的基础。

**最后,要用历史的眼光看待新中国三十年的农村发展成就**。评估新中国三十年的农村经济社会发展成就,既不能把农村经济社会发展与国民经济其他领域的发展割裂开来,也不能孤立地对待这一段历史,而要从完整的历史过程中认识这一段历史,既要看到其发展的历史基础,也要看到其对后来发展的贡献,还要基于当时的技术与认识水平。我们认为,新中国三十年,农村发展的历史过程经历过诸多的曲折坎坷,前有农业合作化运动的多次整顿,后有农业"大跃进"及长达 5 年之久的政策调整,上有中央领导内部存在的各种政策分歧,下有农村社会各阶层间的各种争斗,还犯了不少错误,但总体上看,这一时期我国农村经济社会发展的成就是辉煌的。邓小平同志曾说过,新中国三十年,我们尽管犯过一些错误,但还是"取得了旧中国几百年、几千年所没有取得过的进步"。其中直接的成就包括:废除了封建土地制度,实现了"耕者有其田";以 7% 的土地养活了占世界 21% 人口;农业总产值 1952—1978 年年均增长 3.25%;农业的支持使中国变成一个以工业为主的国家。而且在农村经济社会发展的探索中,中国共产党积累了十分宝贵的经验与历史教训,包括农业国民经济基础地位的认识与形成、农业生产关系与生产力发展之间关系的认识、尊重农民的选择和创造等。我们认为,新中国三十年我国农村经济社会发展的成就,其核心体现为对我国国民经济和社会发展所起到的全面支撑作用,具体表现在三个方面:一是农业的发展支撑了整个国民经济的发展;二是农村的变革支持了国家工业化战略的实施;三是农民为国家经济社会发展作出了伟大贡献。

## 第一节 农业的贡献

### 一、直接推动国民经济的发展

新中国三十年间，我国农业生产能力得到明显提升，突出表现为粮食生产能力的大幅度提升。1949年我国粮食产量仅有11 318万吨，人均占有量209公斤。[①] 至1978年，我国粮食总产量30 476.5万吨，在人口大幅度增加的情况下，粮食的人均占有量达到318.7公斤。1953—1978年，我国农业总产出增长率在不同阶段出现了较大幅度的波动，但除1959—1962年出现了负增长外，总体上仍保持了正增长，其中1963—1978年7.03%的年均增长率实属不易。[②]

三十年间，农业对国内生产总值增长的贡献率均值为37%，农业对国民经济增长的拉动作用明显，尤其是在国民经济的恢复、调整时期，农业产值的新增加值占国内生产总值新增加值的比重均高达40%左右。[③] 随着我国工业化进程的推进，尽管农业总产值占GDP的比重由1952年的50.5%下降至1978年的28.2%[④]，但农业作为国民经济基础产业的地位逐步确立。

### 二、为城镇居民提供食物保障

1949—1978年，为保障城乡居民的食物供应，我国逐步确立了以粮为纲的农业生产方针，并采用扩大种植面积、提升复种指数、改善农业基础设施、推广农业科技等一系列手段增加农业产出。

在此期间，我国粮食产量从1949年的11 318万吨增加到1979年33 211万吨，棉花产量从1949年的44万吨增加到1979年224万吨，油料和糖料产量也显著增加。

---

[①] 《2008年世界发展报告：以农业促发展》，北京，清华大学出版社，2008。
[②] 黄少安、孙圣民、宫明波：《中国土地产权制度对农业经济增长的影响：对1949—1978年中国大陆农业生产效率的实证分析》，载《中国社会科学》，2005（3），38~47页。
[③] 郑有贵：《半个世纪中农业对国民经济的贡献》，载《古今农业》，1999（3），1~9页。
[④] 《2008年世界发展报告：以农业促发展》，4页，北京，清华大学出版社，2008。

同时，为提升城镇居民的粮食保障水平，国家还采用了提高粮食征购率和城市粮食库存周转周期等手段。1958—1963年，我国农村人口人均占有粮食由311公斤/人下降至234公斤/人，同期城市人口人均占有粮食则由228公斤/人上升至296公斤/人，期间粮食的净征购率由13.6%提升至16.1%。①

除粮食外，对于农村居民来说属于奢侈品的肉、蛋、奶、蔬等珍贵食物，则几乎是毫无保留地交给了国家用于保障城镇居民生活所需。可见，城镇居民的食物保障，一方面是农业生产能力提升（主要是扩大种植面积）作出的贡献；另一方面则是广大农民节衣缩食的结果。正是由于广大农民的这种无私奉献，才达成了中国用世界7%的土地养活了世界21%的人口这一最大成就。

### 三、为工业发展提供原材料供给

1949—1978年，随着我国农业生产能力的提升，粮食、棉花、蚕茧、麻类、油料、糖料、茶叶、竹木、橡胶、药材、烟叶、瓜果、皮毛等工业原材料产品的生产能力得到恢复和提升，对促进我国轻工业发展起到了核心支撑作用。

在此期间，我国以上各种工业原料类农产品，除粮食产品在"以粮为纲"的政策方针保护下维持了持续的增长势头外，其他各种产品的生产总量变化基本都遵循了三段式规律，即1949—1956年为快速恢复增长期，1957—1961年为快速下滑期和1962—1978年的缓步恢复增长期。总体上看，其间各种产品产量虽然出现了较为明显的波动，但与1949年比较，各种产品的产量均较有大幅度的增长。

相关研究表明，我国轻纺工业所需原料的70%左右由农业提供②，这意味着没有农业的发展，我国轻纺工业的发展将难以为继，也正是由于轻纺工业原材料产品生产受到粮食生产的冲击，才约束了新中国三十年我国轻纺工业的发展。

### 四、为国民经济发展提供资本供给

在工业化发展阶段，由农业部门为工业发展提供资本积累是普遍规律。新中国

---

① 辛逸：《农村人民公社分配制度研究》，50页，北京，中共党史出版社，2005。
② 韩永文：《我国农业在国家工业化建设进程中的贡献分析》，载《当代中国史研究》，1999（2），66~77页。

三十年，国家为快速推进以重工业为主导的国家工业化进程，一方面通过多种形式促进农业发展，是为国家工业化战略提供持续的资本积累源泉；另一方面则通过产品市场垄断、价格控制、要素资源管制等手段，以最低的成本顺利实现了从农业部门最大限度地"抽血"。相关统计表明，1952 年我国工业占国民生产总值约 30%，农业产值则占 64%；到了 1975 年，这个比率颠倒过来了，工业占比已达 72%，农业则仅占 28%。

国家从农业部门获取工业发展资本的渠道主要有三：税收、储蓄、工农产品价格剪刀差。相关学者的研究表明，1952 年，我国农业资金以税收方式流入工业部门的比例为 55.9%，而以价格剪刀差方式流入工业部门的比例为 44.1%；在随后的"一五"计划期间，税收方式的比例平均为 42.8%，剪刀差方式的比例平均为 54.7%。"二五"计划期间的 1960 年，剪刀差方式的比例已由 1957 年的 52.4% 迅速提高到 80.5%，同期税收方式的比例则平均下降到 23.7%。1952—1978 年，以差价转移农业资本总额达 3 932 亿元，农业税达 776.7 亿元，扣除财政支农资金 1 562.2 亿元，总计农业资金净流出达 3 146.5 亿元，相当于同期工业固定资产净值总额。[①] 另有学者测算，1952—1957 年中国通过工农产品剪刀差从农业部门聚集的净积累为 475 亿元，占同期财政收入的 30.9%；1959—1978 年则为 4 075 亿元，占同期财政收入的 21.3%。

## 第二节　农村的贡献

### 一、土地改革与农业现代化：国家工业化战略的基本前提

中国共产党人领导的农村土地改革自革命战争年代就已经开始。新中国的土地改革，以 1950 年 6 月 28 日中央人民政府讨论通过《中华人民共和国土地改革法》为标志，至 1953 年春基本完成。国家统计局 1954 年对 12 175 个农户的调查数据显示，土改后，中农、富农、贫雇农、地主平均每户占有的耕地面积分别为 23.78 亩、32.91 亩、

---

① 牛若峰：《中国农业的变革与发展》，北京，中国统计出版社，1996。

16.59亩和16.46亩。对新中国农村土地改革的评价,大多为肯定的和正面的,当然也有一些质疑的声音,但新中国国民经济恢复时期的农村经济的快速全面恢复说明,农村土地改革对于解放农村生产力、激活农村经济的作用不可否认。伴随农村土地改革的实施完成,我国农村经济得到全面恢复,各类主要农产品产量达到乃至超过新中国成立前的最高水平。

  土地改革的成功,为我国工业化战略的确立和实施奠定了坚实的基础。首先,土地改革全面激发了农村经济活力,农业生产能力得到全面恢复,基本解决了全国人民的吃饭问题,为执政党思考和决定下一步发展方向和策略赢得了时间,亦为工业发展所需的原料、劳动力、资金与市场积累了物质基础。统计数据显示,1952年与1949年相比,全国农业总产值增长了48.3%,粮食产量增长了44.8%,棉花产量增长了193.4%,以及油料产量增长了168.1%。其次,土地改革带来的农业经济恢复,为国家工业化战略的实施提供了重要的经济支撑。刘少奇在《关于土地改革问题的报告》中指出:"废除地主阶级封建土地所有制,实行农民土地所有制,借以解放和发展农村生产力,从而为新中国工业化建设开辟道路。这是我们要实行土地改革的基本理由和目的。"① 再次,土地改革一方面树立了共产党在农民中的威信;另一方面实现了执政党对乡村的有效治理,为国家之后一系列农村社会主义改造的实施奠定了基础。通过土地改革,中国彻底废除了封建地主土地所有制,中国人民千百年来追求的"耕者有其田"的梦想中国在共产党的领导下得以实现。而且,土地改革颠覆了传统乡村权力格局,传统精英在运动过程中被剥夺财产,失去政治权利和社会地位,开始全面退出乡村社会中心位置②,以农民协会为核心权力主体的农村组织架构逐步形成。

  新中国三十年,我国农业现代化水平得到迅速提升。相关统计资料表明,1952—1978年,我国农业机械总动力由18.4万千瓦增加至11 749.9万千瓦,机耕面积由136千公顷增加至40 670千公顷,化肥生产量和施用量分别由3.9万吨和7.8万吨增加至869.3万吨和884万吨,农村用电量由0.5亿千瓦时增至253.1亿千瓦时。③ 在此期间,我国农业生产的基础设施条件和农业科学技术水平有了长足的进步,农业生产能力得到明显提升。

---

① 《刘少奇选集》,下卷,33、34页,北京,人民出版社,1985。
② 李里峰:《经济的"土改"与政治的"土改"——关于土地改革历史意义的再思考》,载《安徽史学》,2008(2),68~75页。
③ 国家统计局国民经济统计司:《新中国60年统计资料汇编》,北京,中国统计出版社,2010。

农业基础设施方面，最为突出的是农田水利设施的极大改善。自1957年9月中共中央八届三中全会讨论通过《1956年到1967年全国农业发展纲要（修正草案）》及当年9月24日国务院提出大力开展大规模农田水利建设运动和积肥运动的倡议之后，在全国各地掀起了农业水利建设的高潮，尽管受"大跃进"浮夸风的影响，农田水利建设存在不少问题，但农田水利建设的成就是重大的。时任水利部部长傅作义就认为我国农田水利建设创造了世界水利建设史上的奇迹，仅1957年冬到1958年春4个月时间，"全国灌溉面积就扩大了一亿一千七百多万亩，相当于四千年以来祖先所开辟的两亿三千万亩灌溉面积的一半"①。"文革"期间，长江中下游水利建设取得重大进展，荆江汉江分洪等工程得以兴建，共建成500多座大中型水库，灌溉面积达1.5亿亩；对黄河水灾治理取得历史性成就，扭转了黄河历史上"三年两决口"的险恶局面，黄河泛滥自此明显减少；治理淮河成绩显著，11条大河道被开挖，30多座大水库和2000多座中小水库建成，灌溉面积相当于1949年的5倍以上；根治海河取得历史性进展，治理子牙河等五大河系，修堤4300公里，疏通270条河道，建成80座大中型水库、1500座小水库，万亩以上灌区有271处，排洪能力比1963年提高近5倍；大规模治理辽河也取得成效，建成水库220座，灌溉面积也由63万亩增加到了1100万亩。②"虽然有些工程因事前对水文地质勘测不够，草率上马，造成许多遗留问题。但这些工程大部分在经过修改和续建后，均发挥了重要作用。特别是对近几年黄河的治理是比较有成效的。"③

为提升农业生产能力，农业科技发展及其应用受到当时中央高层的高度重视，毛泽东提出了著名的农业"八字宪法"，农业科技研究和推广体系在全国迅速形成。据统计，1957年3月中国农业科学院成立，建立了11个研究所，1958年增加到23所。高等农业院校猛增到180所，中等农业学校达到1064所。1963年2月中共中央国务院召开的全国农业科技工作会议，制定了我国农业科学技术长远规划，此后我国以农业科学研究院为核心、农业大中专院校为重要支撑的农业科学研究体系迅速发展完善。到1975年，全国有1140个县建立了农业科学研究所，26872个公社建立了农业科学实验站，四级农业科学队伍有1100多万人，试验田280多万公顷。与此同时，1951年在东北、华北地区试办农业技术推广站，1953年和1954年，农业部相继颁布《农

---

① 傅作义：《四个月的成就等于四千年的一半》，载《人民日报》，1958年2月7日。
② 国家统计局：《中国统计年鉴（1993）》，33、50、57、343、444、447页，北京，中国统计出版社，1994。
③ 武力：《中华人民共和国经济史》，上下册，北京，中国经济出版社，1990。

业技术推广方案（草案）》和《农业技术推广工作站条例》，以农业技术推广站为核心的农业技术推广体系逐步形成。到1956年，全国共建立16 466个农业技术推广站，配备人员94 219人。之后这一体系虽受到行政机构精减及一些政治运动的影响而出现波动，但总体框架体系一起维持到1978年。

农业现代化是国家工业化战略持续实施的重要前提。一方面，农业现代化不仅在一定程度上持续改善农村居民生活条件，而且为大量农村劳动力提供了发展性的就业空间，对稳定农村社会具有重要作用；另一方面，农业现代化为城市工业化提供了持续的工业原材料、资本和市场保障。

## 二、合作化与人民公社：国家工业化战略的组织依托

新中国成立后，中国共产党领导的农村社会主义改造经历了初级社、高级社、农村人民公社的历程。

以互助合作为基本形式的农村社会主义改造的初级阶段，以1951年9月8日中共中央通过的《关于农业生产互助合作的决议（草案）》试行为起点，到1955年年底毛泽东主席主持编辑《中国农村的社会主义高潮》一书的出版为终点。相关统计资料显示，到1952年，全国互助组有803万个，参加农户约4 500万户，比1951年增加116%，每个互助组平均约5.7户，比1951年4.5户增加1.2户；在803万个互助组中，社会主义因素较多的常年性互助组有176万个，其余672万个为季节性互助组；参加常年组农户约1 100万户，占全部互助组农户25%。① 1953年冬到1954年春，全国互助合作社由1.4万多个发展到10万个，入社农户达到170多万户。同年秋，又增至22万个。从1955年8月到年底，合作社总数由85万个猛增到190万个，入社农户占全国农户的比例，也从14.2%猛增到63.3%。到1956年1月加入初级社的农户便上升到88.9%，基本上完成了初级形式的农业合作化。

以高级农业生产合作社为基本形式的农村社会主义改造的中级阶段，以1956年6月30日第一届全国人大第三次会议通过的《高级农业生产合作社示范章程》颁布为标志，仅用短短一年多的时间，高级农业生产合作社的改造就基本完成。到1956年年底，加入农业生产合作社的农户已达11 783万户，占全国总农户数的96.3%，其中参加高

---

① 统计工作通讯资料室：《中国农业合作化运动发展过程》，载《统计工作通讯》，1956（15），11页。

级社的农户占全国总农户数的87.8%。

以农村人民公社为基本形式的农村社会主义改造的高级阶段,以1958年4月河南遂平县嵖岈山卫星集体农庄的成立为起点,以1958年8月底北戴河会议通过的《中共中央关于在农村建立人民公社问题的决议》为标志,在短短一年的时间内,即完成了全国农村人民公社运动。至1958年10月,全国农村共有26 576个人民公社,入社农户12 692万户,占全国农户总数的99.1%。

从农业生产互助组到高级农业生产合作社,再到农村人民公社的制度变革,是中国共产党的社会主义农村发展思想的实践路径。毛泽东主席曾指出,"农业的社会主义改造是要废除小生产私有制""进行关于社会制度的由私有制向公有制的革命"。① 1953年,中共中央《关于发展农业生产合作社》决议指出:"改变个体农业生产方式的道路就是经过简单共同劳动临时互助组,发展在共同劳动基础上实行某些分工但有某些少量公共财产的常年互助组,最终要实行完全的社会主义集体农民公有制,即更高级的农业生产合作社。"

通过农业合作化和农村人民公社运动,最终实现农民组织化和集体化,基于发展农业,以便为国家工业化提供更为稳定的资本积累的考虑,陈云曾论述,"农业增产办法有三种:开荒,修水利和合作化""据以往经验,合作化平均产量可提高百分之十五到三十""并且只有在农业合作化后,各种增产措施才更易见效。故合作社是花钱少、收效快的增长办法"。② 历史学者武力指出,合作社在1951—1953年试办阶段的生产和收入要高于互助组与单干农民,经济效益相对较好;1954年,合作社仍然增产、增收,效益较好,但1955年则出现明显下降;1956年,即合作化高潮后的第一年,合作社效益则出现严重下降。③

农民的组织化和集体化在本质上成为国家工业化战略的组织支撑。一方面,通过农民的高度组织化,使国家从农村汲取农业劳动剩余的行为,由过去的与千百万农民进行市场交易,转化为与农村基层组织通过行政指令进行控制性交易,不仅使国家获得农业剩余更加隐蔽,而且大大节省了国家的交易成本。"与同一亿多个体农户打交道相比,国家同几十万、上百万生产合作社打交道要更容易、更便利。"④ 另一方面,农民的高度组织化强化了农民的组织依附,增加了农村集体组织对农民的管控力,既

---

① 《毛泽东文集》,第八卷,34页,北京,人民出版社,1999。
② 《陈云文选》,第二卷,124、125页,北京,人民出版社,1995。
③ 武力:《中华人民共和国经济史》,上下册,北京,中国经济出版社,1990。
④ 逄先知、金冲等:《毛泽东传(1949—1976)》,上卷,357页,北京,中央文献出版社,2003。

增加了国家对农村资源的动员力，又在一定程度上保证了农村社会的稳定。

### 三、统购统销和二元户籍：国家工业化战略的制度基石

经济学家林毅夫曾指出，起点低、经济剩余少和资金资源短缺等一系列问题是中国选择赶超战略后所面临的难题，但"解决这一困难办法就是做出适当制度安排，以确保紧缺物资、资源能配置到政府优先发展产业中去"。① 在重工业为主体的国家工业化战略主导下，统购统销和城乡二元户籍制度成为特殊历史背景下的必然选择，两者相互影响共同作用，成为国家工业化战略的制度基石。

1953年10月16日，中共中央通过的《关于粮食计划收购与计划供应的决议》是我国统购统销政策实施的历史起点。该决议指出："统购统销政策在现有条件下可妥善解决粮食供求矛盾；可把分散小农经济纳入国家计划建设轨道内，引导农民走互助合作道路；它是对农业实行社会主义改造所必须采取的重要步骤之一，也是党在过渡时期总路线中不可缺少的组成部分。"② 可见，统购统销政策出台的直接动因是1953年前后我国出现的严峻的粮食供求矛盾。与此同时，国家还把统购统销政策作为农村社会主义改造的重要措施。而之后统购统销的产品范围由粮食延伸至几乎全部农产品，则与国家工业化战略的需求密不可分。从1953年开始国家实行了粮油的"统购统销"制度；1954年秋季起，又对棉花实行了统购统销；1955年开始，先后对生猪、烤烟、黄麻、芒麻、糖料、蚕茧、羊毛、部分水果、水产品和中药材等数十种农产品实行派购制度。

与统购统销制度相配套，1958年1月9日颁布的《中华人民共和国户口登记条例》，严格限制农民进入城市，限制城乡间人口流动，城乡分隔的二元户籍制度由此建立并开始实施。

统购统销和城乡二元户籍制度的全面推行及其相互强化，为国家工业化战略的实施发挥了至关重要的制度保障作用。首先，统购统销和城乡二元户籍制度的实施，消灭了城乡之间物资和要素的自由交易市场，在一定程度上导致了要素价格的固化，成为我国计划经济体制的基本制度基础。统购统销和城乡二元户籍制度为国家工业化所需资本积累提供了重要制度依托。据测算，1952年，农业部门通过价格机制转移到工

---

① 林毅夫：《再论制度、技术与中国农业发展》，69、72页，北京，北京大学出版社，2000。
② 中共中央文献研究室：《建国以来重要文献选编》，36页，北京，中央文献出版社，1993。

商部门的价值量每 100 元占 17.9 元，1957 年为 23 元，1978 年则约 25.5 元，1984 年为 10 元。① 1957 年中国剪刀差差幅约为 0.64，1978 年为 0.71，1987 年仅为 0.154。② 再次，统购统销和城乡二元户籍制度的实施，迫使城市工业资本不得不接受社会主义改造，成为国家工业化的一支基本力量。因为资本家想要原料，"就得将工业品卖给国家，就得搞国家资本主义。这样做可堵住资产阶级要搞自由市场的资本主义道路，并在政治上使资产阶级孤立"。③ 最后，统购统销和城乡二元户籍制度，使国家垄断工业发展所需的物资和原材料、稳定粮食等主要农产品价格、实施低工资政策成为可能。

### 四、农村工业发展：支撑了国民经济均衡发展

新中国三十年，由于重工业主导的工业化战略和城乡二元分割的制度约束，造成城乡居民基本生活物资供应短缺、农业劳动力闲置，而农村工业的兴起和发展在一定程度上缓解了上述困局，成为支撑我国国民经济均衡发展的重要力量。

我国农村工业的兴起，源于"大跃进"期间中共中央大力发展农村工业和社办工业的政策主张。在中共中央关于人民群众大办工业的号召下，农村迅速兴办了许多小工厂，到 1958 年年末，全国农村已有社办工业企业 260 多万个，总产值达 65.5 亿元，加上生产大队所办工业，总产值共达 80 多亿元。后来，全国社办工业经过整顿合并为 70 多万个，但总产值却增加为 100 多亿元，出现了社办工业发展史上的一个高峰。

农村工业发展对国民经济均衡发展的支撑作用主要体现在以下三个方面：

首先，农村工业发展促进了我国工业结构的改善，弥补了轻工业发展不足的短板。农村工业的主体是社队企业，主要有建材工业、轻纺服装工业、食品加工业和农副产品加工业、钢铁冶炼、机械五金和农机具制造业、造纸、塑料、皮革制品等。这些产业大多是城市工业体系的拾遗补缺，弥补了城市生产的不足，填补了国营大工业不愿生产和不能生产各类小商品产生的空白，同时为城市工业提供配套加工和工业协作服务，完善区域产业链体系。有资料显示，1960 年轻、重工业比例为 33∶67，1965 年则调整为 51∶48。④

---

① 薄一波：《若干重大决策与事件的回顾》，下卷，北京，中共中央党校出版社，1993。
② 严瑞珍等：《中国工农业产品价格剪刀差的现状、发展趋势及对策》，载《经济研究》，1990（2），64~70 页。
③ 《毛泽东文集》，第七卷，213 页，北京，人民出版社，1999。
④ 田松年：《1963—1965 年国民经济继续调整决策的形成及实施》，载《党的文献》，1998（4），21~29、79 页。

其次，农村工业发展改善了农民的收入结构，缩短了城乡收入差距。到1978年，全国共有社队企业150万家，吸纳2 827万农村工人，占农村劳动力的9.5%[①]；全年工资总额87亿元，平均每个职工年工资收入306元[②]。1970—1978年，社办工业总产值的年递增率为29.6%[③]；到1978年，94.7%的公社和78.4%的大队都有工业企业，近30%的公社和大队收入都来自社队企业[④]。

最后，农村工业发展促进了农业现代化进程，实现了工业和农业的均衡发展。正是依托农村工业的发展，许多农村公社和生产大队才拥有了足够数量的集体经济收入。这些集体收入除部分用于改善集体成员福利外，大部分被用于购买农业机械和运输车辆、兴修水利、修建田间道路、化肥农药使用等农业现代化项目上，由此，在一些农村工业发达地区率先实现了农业的"四个现代化"。有资料显示，1960年的工农业比例约为3.6：1，1965年为1.7：1。以1962年为基数，1963—1965年，农业总产值增长11%，工业总产值增长17.9%。[⑤]

## 第三节　农民的贡献

### 一、农民的基础性贡献

农业持续稳定增长是农民为国家经济社会发展作出的基础贡献。新中国三十年间，农业产出总体上保持了持续稳定的增长。作为国民经济的基础产业，农业的持续稳定增长不仅为国家工业化提供了稳定的原材料和资金来源，而且为国家经济和社会稳定筑牢了基础。相关研究表明，新中国三十年间，农业增加值对国内生产总值增长的直接贡献率：1950—1952年为41.13%，1953—1958年为16.4%，1962—1966年为40.3%，1967—1978年为18%。[⑥] 正是由于农业的持续稳定增长，才促成了中国用占世

---

① 潘维：《农民与市场——中国基层政权与乡镇企业》70、71页，北京，商务印书馆，2003。
② 刘玉峰：《乡镇企业发展30年的十大启示》，载《中国现代企业报》，2008年10月31日A01版。
③ 吴敏一、郭占恒：《中国工业化理论和实践探索》，162页，杭州，浙江人民出版社，1991。
④ 潘维：《农民与市场——中国基层政权与乡镇企业》，70、71页，北京，商务印书馆，2003。
⑤ 田松年：《1963—1965年国民经济继续调整决策的形成及实施》，载《党的文献》，1998（4），21~29、79页。
⑥ 陶艳梅：《新中国初期三十年农业发展研究》，西北农林科技大学博士学位论文，2011。

界7%的土地养活了21%的世界人口这一伟大成就。

## 二、农民对工业化的贡献

以农业税费、价格剪刀差形式转移到工业部门的资金是农民为国家工业化作出的重大贡献。农业部门以农业税费和工农产品价格剪刀差两种方式向工业部门转移资金是国家工业化的通行做法，新中国三十年间，以上两种方式的采用有明显变化，"一五"期间及以前两种方式所占比例大致各半，之后则演变为以价格剪刀差为主。1952年，农业资金以税收方式和以价格剪刀差方式流入工业部门的比例为55.9∶44.1。"一五"期间比例为42.8∶57.2。"二五"期间，平均为23.7∶70.3①。之所以有这一变化，主要是由于农业税的直观感受、农业税赋过重带来了农民情绪反弹。比如，1958年国家对农民征收的农业税税额由原定的412亿斤提高到了428亿斤，最终实际征收量为445.7亿斤，比1957年增加11.4%，比1956年的增加了21.5%。因此，国家采取更为隐蔽的工农产品价格剪刀差方式为主要工具转移农业部门资金。1952—1978年，以差价转移农业资本总额3 932亿元，农业税额776.7亿元，扣除财政支农资金1 562.2亿元，总计农业资金净流出达3 146.5亿元。② 有学者测算，1952—1957年，中国通过工农产品"剪刀差"从农业部门获得的净积累为475亿元，占同期财政收入的30.9%；1959—1978年则为4 075亿元，占同期财政收入的21.3%。③

按照有关学者对1953—1981年我国资金积累基金的统计，期间中国积累基金总额15 000多亿元，其中，国家通过农业税费和价格剪刀差的方式从农民手中获得的工业化资金高达7 000多亿元，加上农业集体组织内部所完成的积累1 000多亿元，两者合计占同期国家积累基金总额的50%以上。④ 由此可以大致估计，新中国三十年间，我国农民为国家工业化的资金贡献率在50%以上。

## 三、农民的隐性贡献

国家工程建设义务工、农村吸纳城市人口、农民事业农民办，是农民为国家经济

---

① 韩永文：《我国农业在国家工业化建设进程中的贡献分析》，载《当代中国史研究》，1999（2），66~77页。
② 牛若峰：《中国农业的变革与发展》，北京，中国统计出版社，1996。
③ 陶艳梅：《新中国初期三十年农业发展研究》，西北农林科技大学博士学位论文，2011。
④ 徐淑英、陈国庆：《统购统销政策的渊源及其价值判断》，山东理工大学学报，2005（5），30~32页。

社会发展作出的隐性贡献。新中国前三十年间，由于国家基本建设投资严重不足，而国家经济发展所需的各类基础建设必须上马，为缓解投资压力，国家利用其对农村地区的动员力，国家在众多的大型工程建设中以义务工的形式无偿使用的农村劳动力不计其数。1950—1952年，中央和地方各级政府及农业、水利部门每年组织动员2 000多万民工，在治理大江大河的同时，全面开展了群众性农田水利建设。① 从1958年冬到1959年春，全国每天出动六七千万人，大搞农田水利建设。② 1974年到1975年连续两个冬春，全国有上亿劳力投入农田基本建设，许多县、社、队组织农田基本建设队常年施工。③ 河南省仅1957年11月10日至11月19日，全省除许昌外的七个专区，平均每天出动用以兴修水利的劳动力高达318万人，11月25日达到1 000万人以上，到1958年3月4日，则上升至1 621万余人。④ 由于缺乏连续的统计数据资料，新中国三十年间我国农民为国家工程建设投入的义务工数量无法准确估算，但以上不同时点、不同地域的片断数据，足以说明农民为国家工程建设投入的义务劳动规模是巨大的。

新中国三十年，我国大规模的城市人口反向流动到农村，有三种基本形式。

第一种形式表现为城镇就业职工精简下乡，主要发生在"大跃进"期间，当时由于城市职工人数大幅上升，为缓和粮食危机采取精简职员和动员城市人口下乡。1961年中央工作会议决定在1960年年底1.3亿城镇人口基础上，三年内减少2 000万以上。相关统计数据显示，1960—1965年，我国城镇职工人数由1960年的5 969万人减少到1965年的4 695万人，减少了约21%。有资料显示，从1961年年初到1963年6月，两年半时间共精简职工约2 000万人，减少城镇人口约2 600万。⑤ 所减少的城镇就业人口绝大部分被农村消化。

第二种形式是城市知识青年上山下乡。这种形式的下乡运动几乎持续新中国三十年。1961年8月，中共中央转批安置工作小组《关于城市精简职工和青年学生安置工作领导小组会议报告》，指出："今后15年估计每年有100万左右人需要有计划地安置下乡，参加农、林、牧、渔业生产。"之后开始了知识青年上山下乡的第一次高潮。1968年12月22日，毛泽东主席发出"知识青年到农村去，接受贫下中农再教育"号召，全国迅速掀起城市知青上山下乡的第二次高潮。据统计，仅1964年一年，全国就动员下乡人员达68万人，其中知识青年32万。从1962年到1966年上半年，全国

---

① 《当代中国》丛书编辑部：《当代中国的农业》，444页，北京，当代中国出版社，1992。
② 《当代中国》丛书编辑部：《当代中国的农业》，446页，北京，当代中国出版社，1992。
③ 杨朔：《当代中国农田水利建设变迁研究》，西北农林科技大学硕士学位论文，2008。
④ 陶艳梅：《新中国初期三十年农业发展研究》，西北农林科技大学博士学位论文，2011。
⑤ 张新华：《探索〈三农〉问题的历史经验》，77页，北京，中共党史出版社，2007。

知识青年上山下乡人数累计约为 129 万人,其中插队约 87 万人,到国营农场约 42 万人。仅 1969 年前 2 个月,就有约 155.6 万人下乡落户,全年上山下乡城镇知青达 267 万人。1967—1979 年,全国共计约有 1 647 万知识青年下乡,占 1962 年以来上山下乡总人数的 92.7%。① 粗略估计,新中国三十年间,我国下乡知青总数在 2 000 万人以上。

第三种形式是兴办"五七干校"。1966 年 5 月,毛泽东主席发出《五七指示》,为了满足安置干部的迫切需要,黑龙江以"五七干校"形式组织干部分期分批下放劳动的做法得到中央主要领导的肯定,全国范围内掀起了兴办"五七干校"的高潮,全国各地兴办起大量的"五七干校",大量老干部、知识分子被下放到"五七干校"劳动。

新中国三十年间,通过以上三种方式下放到农村、由农村吸纳的城市人口总数无法精确统计,其总数约在 5 000 万人。这些下放到农村的城市居民在农村生活的时间或长或短,在一定程度上促进了农村劳动力的知识结构改善,但也要看到,通过这种方式增加的农村劳动力不会给农村经济发展带来明显好处,本质上是增加农民的供养负担,也是农民为国家所作出的贡献。

新中国三十年,在人口众多、国民经济发展水平落后的情形下,我国却相对均衡地解决了广大民众的基础教育、医疗卫生、社会救助等问题,尤其是医疗卫生服务领域的成就被视为中国对世界的贡献。世界著名经济学家阿玛蒂亚·森曾评价道:"在当今世界的发展中,中国作出了一项重大贡献,即展示了一个国家即使在相对贫穷的时候也能在推进民众健康和长寿方面取得重大进步。"② 1974 年在世界卫生组织大会上,国际组织将中国的农村合作医疗视为不发达国家提高医疗卫生水平的样板,并称之为"发展中国家群体解决卫生经费的唯一范例"。由于我国实施城市社会事业国家办、农村社会事业农民办的方针,占我国总人口 80% 的农村社会事业发展所需经费是由农民自己承担的,因而这一成就的取得仍然是农民的贡献。

新中国成立之初,农村基础教育作为国家基础教育的重要构成单元,被纳入国家基础教育发展规划之中。1951 年 8 月,教育部召开的第一次全国初等教育及师范教育会议提出要"有计划有步骤地普及儿童初等教育""从 1952 年到 1957 年争取全国平均有 80% 的学龄儿童入学""从 1952 年开始,争取 10 年内基本上普及小学教育"。到 1963 年,全国农村小学学生人数达 5 446.2 万人,1964 年增加到 7 434.1 万人,到

---

① 顾洪章主编:《中国知识青年上山下乡始末》,301 页,北京,中国检察出版社,1997。
② 阿玛蒂亚·森:《人类发展与健康》,载《香港二十一世纪》,2006(98),4~12 页。

1965年全国农村小学人数达到9 399.9万人。① 随着农村集体经济的兴起，农村基础教育的任务逐步转由农村集体经济组织承担，1968年提出"读初中不出大队，读高中不出公社，读大学不出县"的口号后，农村基础教育出现盲目大发展，自1971年后，我国农村小学学校数量维持在100万所左右，小学入学率维持在90%以上。尽管教学条件及设备简陋，教学质量参差不齐，但至少保证了绝大部分贫寒农家子弟有学可上。

自1956年河南省正阳县王店乡团结农庄首创"社办合作医疗"制度开始，合作医疗和赤脚医生便成为我国农村医疗保障的核心，并在全国迅速推广，当年由合作社创办的联合保健站发展到了10 000多个。② 1958年全国举办合作医疗的生产大队有10%，到1960年达到32%，1962年进一步上升至46%。③ 1965年6月26日，毛泽东针对农村缺医少药的状况，提出著名号召"把医疗卫生工作重点放到农村去"。之后，我国以合作医疗为主体的农村医疗卫生事业得到迅速发展，至1977年年底，全国实行合作医疗的生产大队占到了85%，全国赤脚医生达150多万人，生产队的卫生员、接生员共有390多万人。鼎盛时期，农村从事医疗卫生工作的（不脱产）人员达500多万。④ 通过建立从县、公社到生产大队的三级医疗卫生保健网络，积极发展合作医疗，中国以不到发达国家1%的医疗卫生支出，解决了占人口绝大多数的农民群众的医疗保障问题。⑤ 据此我们可以说，中国农村医疗卫生事业发展成就的取得，99%的贡献来自农民。

同样，新中国三十年，我国农村社会救助事业也主要依托农民及农村集体经济组织的自我救助。

新中国三十年间，包括基础教育、医疗保障、社会救助在内的农村社会事业的发展，究竟耗费了农民多少人力和自有资金，到今天已无法准确核算。新中国发展成就饱含农民的贡献和牺牲，任何人都不应该忽视。

---

① 《中国教育年鉴》编辑部：《中国教育年鉴（1949—1981）》，1 023页，北京，中国大百科全书出版社，1984。
② 徐杰：《对我国卫生经济政策的历史回顾和思考》，载《中国卫生经济》，1997（10）。
③ 周寿祺：《探寻农民健康保障制度的发展轨迹》，载《国际医药卫生导报》，2002（6）。
④ 卫生部基层卫生与妇幼保健司编：《农村卫生改革与发展文件汇编（1951—2000）》，419页，北京，中国医药科技出版社，2010。
⑤ 曹普：《1949—1989：中国农村合作医疗制度的演变与评析》，载《中共云南省委党校学报》，2006(5)。

# 主要参考文献

**历史文献和统计资料**

毛泽东选集（第三卷）. 北京：人民出版社，1991.
毛泽东选集（第四卷）. 北京：人民出版社，1991.
毛泽东选集（第五卷）. 北京：人民出版社，1977.
毛泽东文集（第六卷）. 北京：人民出版社，1999.
毛泽东文集（第七卷）. 北京：人民出版社，1999.
毛泽东文集（第八卷）. 北京：人民出版社，1999.
毛泽东著作选读（下册）. 北京：人民出版社，1986.
毛泽东农村调查文集. 北京：人民出版社，1982.
邓小平文选（第二卷），北京：人民出版社，1994.
邓小平文选（第三卷），北京：人民出版社，1993.
陈云文集. 北京：中央文献出版社，2005.
陈云文选. 北京：人民出版社，1984.
陈云文选（第二版）. 北京：人民出版社，1995.
刘少奇选集（下卷）. 北京：北京人民出版社，1985.
李先念文选. 北京：人民出版社，1989.
薄一波. 若干重大决策与事件的回顾（上卷）. 北京：中共中央党校出版社，1991.
薄一波. 若干重大决策与事件的回顾（下卷）. 北京：中共中央党校出版社，1993.
李富春. 关于发展国民经济的第一个五年计划的报告. 北京：人民出版社，1955.
邓子恢. 邓子恢文集. 北京：人民出版社，1996.

国家统计局编. 新中国五十年. 北京：中国统计出版社，1999.
国家统计局国民经济综合统计司编. 新中国六十年统计资料汇编. 北京：中国统计出版社，2010.
国家统计局编. 我国的国民经济建设和人民生活. 北京：中国统计出版社，1958.
国家统计局贸易物资统计司和全国供销合作总社编. 中国供销社合作统计资料（1949—1988）. 北京：中国统计出版社，1989.

农业部农村经济研究中心,当代农业史研究室编. 当代中国农业变革与发展研究. 北京:中国农业出版社,1998.

农业部教育司. 2005农业科技推广报告. 北京:中国农业出版社,2006.

全国供销合作总社. 中国供销合作社史料选编(第一辑上册). 北京:中国财政经济出版社,1986.

全国供销合作总社. 中国供销合作社史料选编(第一辑下册). 北京:中国财政经济出版社,1986.

商业部当代中国粮食工作编辑部. 当代中国粮食工作史料(上卷),内部发行,1989.

水利部农田水利司编著. 新中国农田水利史略(1949—1998). 北京:中国水利水电出版社,1999.

卫生部基层卫生与妇幼保健司. 农村卫生改革与发展文件汇编(1951—2000). 北京:中国医药科技出版社,2010.

中国社会科学院,中央档案馆编. 1949—1952中华人民共和国经济档案资料选编·农业卷. 北京:社会科学文献出版社,1991.

中国社会科学院,中央档案馆编. 1949—1952中华人民共和国经济档案资料选编·基本建设投资和建筑业卷. 北京:中国城市经济社会出版社,1989.

中国社会科学院,中央档案馆编. 1953—1957中华人民共和国经济档案资料选编·农业卷. 北京:中国物价出版社,1998.

中国社会科学院,中央档案馆编. 1958—1965中华人民共和国经济档案资料选编·农业卷. 北京:中国财政经济出版社,2011.

中国社会科学院,中央档案馆编. 1958—1965中华人民共和国经济档案资料选编·综合卷. 北京:中国财政经济出版社,2011.

中国社会科学院人口研究所. 中国人口年鉴(1985). 北京:中国社会科学出版社,1986.

中华人民共和国农业部计划司编. 中国农村经济统计大全. 北京:中国农业出版社,1989.

中华人民共和国国家农业委员会办公厅编. 农业集体化重要文件汇编(1949—1957). 北京:中共中央党校出版社,1981.

中华人民共和国国家农业委员会办公厅编. 农业集体化重要文件汇编(1958—1981). 北京:中共中央党校出版社,1981.

中华人民共和国农垦部计划局编. 全国农垦统计资料汇编(1949—1979). 北京:水利电力印刷厂,1981.

中国供销合作社史料丛书编辑室. 中国供销合作社大事记与发展概况(1949—1985). 北京:中国财政经济出版社,1988.

《中国教育年鉴》编辑部. 中国教育年鉴(1949—1981). 北京:中国大百科全书出版社,1984.

中共中央文献研究室. 建国以来毛泽东文稿(第八册). 北京:中央文献出版社,1993.

中共中央文献研究室. 建国以来重要文献选编(第一册). 北京:中央文献出版社,1992.

中共中央文献研究室. 建国以来重要文献选编(第二册). 北京:中央文献出版社,1992.

中共中央文献研究室. 建国以来重要文献选编(第三册). 北京:中央文献出版社,1992.

中共中央文献研究室. 建国以来重要文献选编(第七册). 北京:中央文献出版社,1993.

中共中央文献研究室. 建国以来重要文献选编(第十一册). 北京:中央文献出版社,1995.

中共中央文献研究室. 建国以来重要文献选编(第十二册). 北京:中央文献出版社,1996.

中共中央文献研究室. 建国以来重要文献选编》(第十三册). 北京:中央文献出版社,1996.

中共中央文献研究室. 建国以来重要文献选编（第十四册）. 北京：中央文献研究出版社，1997.

中共中央文献研究室. 建国以来重要文献选编（第十五册）. 北京：中央文献研究出版社，1997.

中共中央文献研究室编. 三中全会以来重要文献选编. 北京：中央文献出版社，2011.

## 著作文集

安贞元. 人民公社化运动研究. 北京：中央文献出版社，2003.

陈吉元等主编. 中国农村社会经济变迁（1949—1989）. 太原：山西经济出版社，1993.

陈大斌. 大寨寓言——"农业学大寨"的历史警示. 北京：新华出版社，2008.

陈廷煊著，农业部农村经济研究中心编. 当代中国农业史研究文稿. 北京：中国农业出版社，2010.

程漱兰. 中国农村发展：理论和实践. 北京：中国人民大学出版社，1999.

程宏毅. 当代中国的供销合作事业. 北京：中国社会科学出版社，1990.

成汉昌. 中国土地制度与土地改革——20世纪前半期. 北京：中国档案出版社，1994.

成思危. 改革与发展：推进中国的农村金融. 北京：经济科学出版社，2005.

崔乃夫. 当代中国的民政（下）. 北京：当代中国出版社，1994.

段承璞. 战后台湾经济. 北京：中国社会科学出版社，1989.

杜润生. 中国的土地改革. 北京：当代中国出版社，1996.

杜润生. 杜润生自述：中国农村体制变革重大决策纪实（修改版）. 北京：人民出版社，2007.

邓力群，马洪，武衡主编. 当代中国的人口. 北京：中国社会科学出版社，1988.

董辅礽主编. 中华人民共和国经济史（上卷）. 北京：经济科学出版社，1999.

《当代中国》丛书编辑部. 当代中国的农业. 北京：当代中国出版社，1992.

《当代中国的水利事业》编辑部编印. 历次全国水利会议报告文件（1949—1957）（内部发行）. 北京：1987.

《当代中国》丛书编辑委员会. 当代中国的农业. 北京：当代中国出版社，1992.

《当代中国》丛书编辑委员会. 当代中国的气象事业. 北京：中国社会科学出版社，1984.

《当代中国》丛书编辑委员会. 当代中国丛书 当代中国的农作物业. 北京：中国社会科学出版社，1988.

《当代中国》丛书编辑委员会. 当代中国丛书 当代中国的农垦事业. 北京：中国社会科学出版社，1986.

冯开文. 合作制度变迁与创新研究. 北京：中国农业出版社，2003.

福建省地方志编纂委员会. 福建省志总概述. 北京：方志出版社，2002.

房维中，金冲及等. 李富春传. 北京：中央文献出版社，2001.

方青. 解组与重构. 合肥：安徽人民出版社，2006.

费孝通著，张智楚编. 走出江村. 北京：人民日报出版社，1997.

费孝通. 费孝通选集. 天津：天津人民出版社，1988.

黄宗智. 长江三角洲小农家庭与乡村发展. 北京：中华书局，1992.

黄树民. 林村的故事. 素兰，纳日碧力戈译. 北京：生活•读书•新知三联书店，2002.

黄树则，林士笑. 当代中国的卫生事业. 北京：中国社会科学出版社，1986.

胡绳. 中国共产党的七十年. 北京：中共党史出版社，1992.

胡必亮，郑红亮. 中国的乡镇企业与乡村发展. 太原：山西经济出版社，1996.

何理主编. 中华人民共和国史. 北京：中国档案出版社，1995.

高灵芝. 农村社会保障概论. 北京：中国海洋出版社，2007.

郭德宏. 中国近现代农民土地问题研究. 青岛：青岛出版社，1993.

顾洪章主编. 中国知识青年上山下乡始末. 北京：中国检察出版社，1997.

国务院课题组. 农村合作医疗保健制度研究. 北京：北京医科大学、中国协和医科大学联合出版社，1994.

逄先知，金冲及. 毛泽东传（1949—1976）. 北京：中央文献出版社，2003.

李侃等. 中国近代史. 北京：中华书局，2009.

李怀印. 乡村中国记事：集体化和改革的微观历程. 北京：法律出版社，2010.

李微. 农业剩余与工业化资本积累. 昆明：云南人民出版社，1993.

李成瑞. 中华人民共和国农业税史稿. 北京：中国财政经济出版社，1959.

李锐. 庐山会议实录. 北京：春秋出版社，长沙：湖南教育出版社，1989.

李静萍. 农业学大寨运动史. 北京：中央文献出版社，2011.

李德彬，林顺宝等编. 新中国农村经济纪事. 北京：北京大学出版社，1989.

李水山. 农村教育史. 南宁：广西教育出版社，2007.

陆学艺，王春光，张其仔. 中国农村现代化道路研究. 南宁：广西人民出版社，1998.

林毅夫，蔡昉，李周. 中国的奇迹：发展战略与经济改革. 上海：上海人民出版社，1994.

林毅夫. 制度、技术与中国农业发展. 上海：上海三联书店，1992.

林毅夫. 再论制度、技术与中国农业发展. 北京：北京大学出版社，2000.

刘东著. 新型农村科技服务体系的探索与创新. 北京：化学工业出版社，2009.

刘立德，谢春风主编. 新中国扫盲教育史纲. 合肥：安徽教育出版社，2006.

刘英杰编. 中国教育大事典（下）. 杭州：浙江教育出版社，1993.

刘碧远. 新中国义务教育学制改革与发展研究. 北京：中国社会科学出版社，2009.

罗平汉. 票证年代：统购统销史. 福州：福建人民出版社，2008.

罗平汉. 农村人民公社史. 福州：福建人民出版社，2006.

罗平汉. 天堂实验——人民公社化运动始末. 北京：中共中央党校出版社，2006.

罗平汉. 大锅饭——公共食堂始末. 南宁：广西人民出版社，2001.

卢汉川主编. 中国农村金融历史资料(1949—1985). 长沙：湖南出版事业管理局，1986.

马忠富. 中国农村合作金融. 北京：中国金融出版社，2001.

马杰三，张毅. 中国乡镇企业年鉴（1978—1987）. 北京：农业出版社，1992.

马杰三. 当代中国的乡镇企业. 北京：当代中国出版社，1991.

莫宏伟，张成洁. 新区农村的土地改革. 镇江：江苏大学出版社，2009.

莫曰达. 中国农业合作化的发展. 北京：中国统计出版社，1959.

牛若峰. 中国农业的变革与发展. 北京：中国统计出版社，1996.

《彭德怀传》编写组. 彭德怀传. 北京：当代中国出版社，2006.

潘维. 农民与市场——中国基层政权与乡镇企业. 北京：商务印书馆，2003.

史敬棠编. 中国农业合作化运动史料（上册）. 北京：生活·读书·新知三联书店，1962.

苏星. 我国农业的社会主义道路. 北京：人民出版社，1976.

苏星，杨秋宝. 新中国经济史资料选编. 北京：中共中央党校出版社，2000.

苏星. 新中国经济史. 北京：中共中央党校出版社，1999.

苏渭昌，雷克啸，章炳良主编. 中国教育通史——中华人民共和国（下）. 北京：北京师范大学出版社，2013.

沈自华. 新经济政策与苏联农业社会化道路. 北京：中国社会科学出版社，1994.

孙健主编. 中华人民共和国经济史（1949—90年代初）. 北京：中国人民大学出版社，1992.

孙启泰，熊志勇. 大寨红旗的升起与坠落. 郑州：河南人民出版社，1990.

孙丽萍主编. 口述大寨史：150位大寨人说大寨. 广州：南方日报出版社，2008.

宋连生. 农业学大寨始末. 武汉：湖北人民出版社，2005.

宋士云. 中国农村社会保障制度结构与变迁（1949—2002）. 北京：人民出版社，2006.

世界银行. 1993年世界发展报告：投资于健康. 北京：中国财政经济出版社，1993.

汤奇成编著. 水利与农业. 北京：农业出版社，1985.

田锡全. 革命与乡村：国家、省、县与粮食统购统销制度：1953—1957. 上海：上海社会科学院出版社，2006.

田方，林发棠著. 中国人口迁移. 北京：知识出版社，1986.

童星. 中国农村社会保障. 北京：人民出版社，2011.

王耕今编. 乡村三十年（上册）. 北京：农村读物出版社，1980.

王梦初编. "大跃进"亲历记. 北京：人民出版社，2008.

王春光，孙辉. 中国城市化之路. 昆明：云南人民出版社，1997.

王瑞芳. 当代中国水利史（1949—2011）. 北京：中国社会科学出版社，2014.

王贵宸. 中国农村合作经济. 太原：山西经济出版社，2006.

汪海波. 新中国工业经济史. 北京：经济管理出版社，1986.

武力. 中华人民共和国经济史（上下册）. 北京：中国经济出版社，1999.

温锐. 理想·历史·现实——毛泽东与中国农村经济变革. 太原：山西高校联合出版社，1995.

危仁晸. 当代江西简史. 北京：当代中国出版社，2002.

吴敏一，郭占恒. 中国工业化理论和实践探索. 杭州：浙江人民出版社，1991.

万解秋. 政府推动与经济发展. 上海：复旦大学出版社，1992.

许涤新，吴承明. 中国资本主义发展史（第3卷），北京：人民出版社，1993.

辛逸. 农村人民公社分配制度研究. 北京：中共党史出版社，2005.

新疆生产建设兵团《屯垦戍边》编辑委员会编. 屯垦戍边四十年. 北京：中国统计出版社，1994.

严中平等. 中国近代经济史统计资料选辑. 北京：科学出版社，1955.

杨胜刚. 经济发展与收入分配. 北京：社会科学文献出版社，1994.

杨先材主编. 共和国重大事件纪实（上卷），北京：中共中央党校出版社，1998.

杨德寿. 中国供销合作社发展史. 北京：中国财政经济出版社，1998.

杨善发. 中国农村合作医疗制度变迁研究. 南京：南京大学出版社，2012.

有林，郑新立，王瑞璞主编. 中华人民共和国国史通鉴（第二卷）. 北京：红旗出版社，1994.

殷志静，郁志红. 中国户籍制的改革. 北京：中国政法大学出版社，1996.

张永泉，赵泉均. 中国土地改革史. 武汉：武汉大学出版社，1985.

张素群. 中国农业现代化重大关系研究. 北京：中国人民公安大学出版社，2002.

张毅. 中国乡镇企业——艰辛的历程. 北京：法律出版社，1990.

张毅. 中国乡镇企业——历史的必然. 北京：法律出版社，1990.

张毅、张颂颂. 中国农村工业化与国家工业化. 北京：中国农业出版社，2002.
张义主编. 江苏农村经济50年（1949—1999）. 北京：中国统计出版社，2001.
张新华. 探索〈三农〉问题的历史经验. 北京：中共党史出版社，2007.
章乃器. 章乃器文集（上卷·学术卷）. 北京：华夏出版社，1997.
折晓叶. 社区的实践——"超级村庄"的发展历程. 杭州：浙江人民出版社，2000.
郑有贵主编. 当代中国农业变革与发展研究. 北京：中国农业出版社，1998.
郑功成. 中国社会保障制度变迁与评估. 北京：中国人民大学出版社，2002.
中共吉林省委党史研究室、吉林省档案馆. 大跃进运动（吉林卷）. 2005年内部本.
中共中央党史研究室. 中国共产党历史（第二卷上册）. 北京：中共党史出版社，2011.
中国人民大学政治经济学系编写组. 中国近代经济史（下册）. 北京：人民出版社，1978.
中国社会科学院农村发展研究所编. 中国农村发展研究报告（2）. 北京：社会科学文献出版社，2001.
中央教育科学研究所编. 中华人民共和国教育大事记. 北京：教育科学出版社，1983.
周振华. 体制变革经济增长——中国经验与范式分析. 上海：上海人民出版社，1999.
周洪等. 中华人民共和国国史通鉴（第1卷），北京：红旗出版社，1993.
朱镕基. 当代中国的经济管理. 北京：中国社会科学出版社，1985.
朱中健. 供销合作社概述. 北京：中国财政经济出版社，1988.
祝慈寿. 中国现代工业史. 重庆：重庆出版社，1990.
《哲学研究》编辑部. 人民公社向共产主义过渡的问题. 北京：科学出版社，1958.
1950年中国经济论文选编辑委员会. 1950年中国经济论文选（第二辑上册）. 北京：生活·读书·新知三联书店，1961.

## 期刊论文

白卉. 试论1947—1949年华北土改运动中的中农政策. 中北大学学报（社会科学版），2014（1）.
白云涛. 土地改革与中国的工业化. 北京党史，2002（1）.
白云涛. 新中国成立初期的土地改革与中国的工业化. 中国共产党与现代中国，2001（6）.
白云涛. 新中国成立初土改运动中发动群众与和平土改的争论问题. 中国现代社会民众学术研讨会，2003（11）.
蔡天新. 新中国成立以来我国农村合作医疗制度的发展历程. 党的文献，2009（3）.
曹普. 1949—1989：中国农村合作医疗制度的演变与评析. 中共云南省委党校学报，2006（5）.
曹学恩. 大跃进运动发生原因探析. 陕西师范大学学报，2003（6）.
杜润生. 关于中国的土地改革运动. 中共党史研究，1996（12）.
冯海发、李溦. 我国农业为工业化提供资金积累的数量研究. 经济研究，1993（9）.
傅德宝. 供销合作社"三合三分"的历史教训. 中国合作经济，2010（8）.
郭绪印. 第三次国内革命战争时期的土地改革. 历史教学，1979（9）.
韩永文. 我国农业在国家工业化建设进程中的贡献分析. 当代中国史研究，1999（2）.
韩媛媛. 异军突起的序曲——社队企业三十载. 中国档案，2013（2）.
何健. 土地改革运动是一场深刻的伟大的社会大变革. 毛泽东思想研究，2001（4）.
候利敏. 对中国粮食统购统销制度的评价. 河北师范大学学报（哲学社会科学版），2000（2）.
黄道炫. 盟友抑或潜在对手?——老区土地改革中的中农. 南京大学学报（哲学、人文科学、社会科学版），2007（9）.

黄少安、孙圣民、宫明波.中国土地产权制度对农业经济增长的影响：对1949—1978年中国大陆农业生产效率的实证分析.中国社会科学，2005（3）.

贾艳敏.陈云与统购统销政策的制定和实施.贵州社会科学，2004（3）.

蒋积伟.新中国救灾工作社会化的历史考察.当代中国史研究，2010（6）.

黎丽萍.农业学大寨运动的历史启示.沧桑，2013（3）.

李春宜.新中国成立初期土地改革中的阶级划分问题——以湖南平江为例.长沙大学学报，2006（4）.

李里峰.经济的"土改"与政治的"土改"——关于土地改革历史意义的再思考.安徽史学，2008（2）.

李良玉.新区土改"保存富农经济"方针之演绎过程——中共中央、华东局苏南行政区政策疏证.福建论坛（人文社会科学版），2011（10）.

李良玉.新中国成立初期的土地改革运动.江苏大学学报（社会科学版），2004（1）.

李巧宁.新中国成立初期山区土改中的群众动员——以陕南土改为例.当代中国史研究，2007（4）.

李婉琨、曹树基.粮仓、市场与制度：统购统销的准备过程——以江津县为中心的考察.中共党史研究，2012（3）.

廖周.新中国农垦事业发展的两条重要历史经验.中国农垦，2015（10）.

刘纪荣、王先明.二十世纪前期农村合作医疗制度的历史变迁.浙江社会科学，2005（2）.

刘诗古、曹树基.新中国成立初期土地改革中"工商业兼地主"的政治身份认定——主要以南昌县为例.中共党史研究，2011（2）.

刘武英、段秀成.新疆近现代农垦史研究.安徽农业科学，2007，35（35）.

刘喜堂.建国60年来我国社会救助发展历程与制度变迁.华中师范大学学报（人文社会科学版），2010（4）.

刘星航.粮食统购统销与户籍制度的联系.北京党史，2002（6）.

刘裕清.北京市郊区土地改革运动述评.党史研究，1985（6）.

卢锋.统购统销政策的实施与非市场体制的建立.教学与研究，1989（3）.

卢惠.新中国成立初期的土地改革运动研究综述.宜宾学院学报，2009（10）.

陆云航.对减轻农民负担问题的一个贡献——统购统销对粮食生产影响的实证研究：1953—1982.南开经济研究，2005（4）.

吕志毅.云南的土地改革概述.云南档案，2013（3）.

栾雪飞、刘颖.20世纪50年代初大陆与台湾土地改革比较.东北师范大学学报（哲学社会科学版），2001（6）.

罗平汉.一九五五年统购统销中的粮食"三定"工作.中共党史研究，2007（5）.

罗平汉.怎样正确看待土地改革运动.红旗文稿，2011（9）.

罗重一.刍议刘少奇的"供销合作社制度".毛泽东思想研究，2000（2）.

浅井加叶子.1949—1966年中国成人扫盲教育的历史回顾.当代中国史研究，1997（2）.

佘君.土地改革的现代化透视.理论月刊，2002（11）.

佘君.新中国成立初期土地改革与中国现代化的发展.党史研究与教学，2002（5）.

沈红梅、霍有光.毛泽东农业合作化思想与当代价值.贵州社会科学，2014（1）.

石雅贞.东北新解放区的土地改革.东北师范大学学报（哲学社会科学版），1986（6）.

孙瑞鸢.新中国成立初期土地改革的动因、政策和成就——对〈剑桥中国史〉第14卷有关部分的评析.中共党史研究，1994（9）.

孙瑞鸢.建国时期土地改革的动因、政策和成就.中共党史研究，1994（5）.

孙玉坤、贾登红、孙国良."土地改革与中国乡村社会"国际学术研讨会综述.中共党史研究.2014（3）.

谭志云.苏南土改中的知识分子问题.江苏大学学报（社会科学版），2004（9）.

田松年.1963—1965年国民经济继续调整决策的形成及实施.党的文献，1998（4）.

田锡全.统购统销初期的粮食票证制度探析.史学月刊，2004（5）.

王东.新中国成立初期"暂时不动富农"政策的形成.党史纵横，1988（2）.

王国敏、赵波.中国农业现代化道路的历史演进：1949—2010.西南民族大学学报（人文社会科学版），2011（12）.

王静.新中国成立以来农产品物流制度变迁及其启示.陕西师范大学学报（哲学社会科学版）.2012（1）.

王瑞芳.成就与教训：学大寨运动中的农田水利建设高潮.中共党史研究，2011（8）.

王瑞芳.新中农的崛起：土改后农村社会结构的新变动.史学月刊，2003（7）.

王英.新中国成立初土地改革中的多样叙事.党史研究与教学，2013（1）.

王永魁.政治学视角下的土地改革运动.上海党史与党建，2010（9）.

王玉贵.论农村人民公社的制度绩效.中共天津市党委学报，2010（2）.

温锐.毛泽东关于农地所有制变革实践的再探讨.历史教学，1998（9）.

温铁军.中国50年来粮食供求的6次粮食供求波动分析.山东省农业管理干部学院学报.2001（2）.

温艳.建国初期汉中的自然灾害与救灾.汉中师范学院学报，2005（5）.

吴帆、吴毅、杨蓓.意识形态与发展进路：农业合作化运动再反思.天津社会科学，2012（1）.

吴珏.毛泽东与新中国的四次扫盲高潮.湘潮，2007（12）.

吴毅.人民公社时期农村政治稳定形态及其效果——对影响中国现代化进程一项因素的分析.天津社会科学，1997（5）.

吴玉琴.江苏省苏北地区土地改革运动述论.许昌师专学报（社会科学版），1996（2）.

席富群.新中国建立前后党的"团结中农"政策的历史演变及经验教训.中共党史研究，2006（4）.

晓琳.与中国农机行业同行——从50年的《农业机械》》看中国农机行业的发展.农业机械.2008（18）.

肖长培.新中国成立初期我国新解放区土改"中立富农"政策的产生及特点.福建党史月刊.1993（6）.

肖际唐.新中国成立初期土地改革中华侨政策的制定.中共党史研究，2013（3）.

谢敬.对统购统销政策运行三十余年的回顾与评析.江西社会科学，2003（4）.

辛逸."农业六十条"的修订与人民公社的制度变迁.中共党史研究，2012（7）.

辛逸.对大公社分配方式的历史反思.河北学刊，2008（4）.

辛逸.论人民公社的历史地位.中国当代史研究，2001（5）.

徐建青.棉花统购、棉布统购统销政策与手工棉纺织业.当代中国史研究，2010（2）.

徐杰.对我国卫生经济政策的历史回顾和思考.中国卫生经济，1997（10）.

徐向东.建国初期粮食统购统销中的政治动员.湖南城市学院学报，2009（2）.

徐勇.瞒产私分：无权者对国家统购统销制度的抵制.华中师范大学学报（哲学社会科学版）.2007（5）.

严瑞珍等.中国工农业产品价格剪刀差的现状、发展趋势及对策.经济研究,1990(2).

杨世梅.论土地改革对中国共产党的意义.前沿,2006(11).

杨以丹等.农村高利贷及其治理的历史审视:1957—1966年.中国经济史研究,2008(2).

杨勇.新中国成立初期中国共产党对富农的政治引导政策评析.阜阳师范学院学报(社会科学版),2012(2).

叶明勇.新中国成立后土地改革运动研究述评.北京党史,2008(9).

尹进.新中国成立初期土地改革与乡村社会.广西师范大学学报,2008(3).

尤国珍.新中国成立初期中南区和华东区保存富农经济政策执行差异解析.中共党史研究,2012(5).

尤国珍.新中国成立后中国共产党保存富农政策变动的再思考.党史研究与教学,2011(1).

曾耀荣、李丹利.争取贫雇农:中国共产党在中央苏区的土地改革与解决乡村民生问题探析.井冈山大学学报(社会科学版),2014(5).

张刚.新中国成立初期贵州土地改革研究.贵州财经大学学报,2013(9).

张青红.新中国成立初期土地改革中的民主协商.湖南科技大学学报(社会科学版),2013(1).

张翔.新中国成立后少数民族地区土地改革运动研究述评.学理论,2013(4).

张晓玲.土改后新中农对生产资料占有和使用的历史考察——以鄂、湘、皖三省为例.党史研究与教学,2011(2).

张学兵.统购统销制度正负效应的辩证思考.党史研究与教学,2005(5).

张学强.1979年以来解放战争时期土地改革研究的回顾与思考.广西社会科学,2003(10).

张一平.中国土地改革研究的理论与方法反思.上海财经大学学报,2009(12).

张毅、肖湘.中国社队企业.农业经济,1983(1).

张湛彬.陈永贵和大寨的沉浮.党史博览,2002(2).

张昭国."农业学大寨"运动中的政治传播及历史启示.太原师范学院学报(社会科学版),2008(4).

章林.新中国成立初期苏南土地改革研究——1950年7月至1951年3月.上海师范大学学报,2008(4).

章有义.本世纪二三十年代我国地权分配再估计.中国社会经济史研究,1988(2).

赵增延.新中国成立初期侨乡的土地改革.中共党史研究,1990(10).

郑有贵."文化大革命"时期农业生产波动及其动因探析.中共党史研究,1998(3).

郑有贵.半个世纪中农业对国民经济的贡献.古今农业,1999(3).

郑有贵.土地改革是一场伟大的历史性变革——纪念〈中华人民共和国土地改革法〉颁布50周年.当代中国史研究,2000(9).

郑重.对建国以来粮食生产的回顾.农业经济问题,1988(2).

周其仁.中国农村改革:国家与所有权关系的变化——一个经济制度变迁史的回顾.管理世界,1995(3)(4).

周寿棋.探寻农民健康保障制度的发展轨迹.国际医药卫生导报,2002(6).

卓晴君.从儿童入学率20%到实现九年义务——建国60年教育发展辉煌的重要标志.中国教育学刊,2009(1).

邹华斌、刘小莉.毛泽东号召"农业学大寨"的现实政治原因分析.毛泽东研究,2013年卷.

## 学位论文

蔡养军.中国乡村集体企业经验的制度考察.中国政法大学博士学位论文,2004.
丁春莉.20世纪50年代安徽扫盲运动.安徽大学硕士学位论文,2012.
高其荣.二十世纪六十年代农业调整研究.湘潭大学博士学位论文,2011.
何继华.广西社队企业研究(1953—1983).广西师范大学学位论文,2007.
黄聪英.制度变迁与我国农村信用社改革研究.福建师范大学硕士学位论文,2005.
李建中.南阳县供销合作社研究(1949—2010).南京大学学位论文,2010.
刘利峰.中国农村合作医疗发展的研究.山西大学硕士学位论文,2013.
刘佩芸.1949年—1989年我国扫盲教学内容历史发展的研究.西南大学硕士学位论文,2012.
刘岩.农业学大寨运动——以江苏省宿迁县为个案的研究.南京大学硕士学位论文,2013.
刘艳桃.河北省社队企业研究.河北师范大学学位论文,2007.
骆仲冕."文革"前十七年(1950—1966)四川农村的扫盲教育.四川师范大学硕士学位论文,2007.
马云.20世纪50年代中国农村扫盲运动研究.西北大学硕士学位论文,2003.
史小禹.建国后我国农村义务教育师资发展研究.华北师范大学硕士学位论文,2009.
陶艳梅.新中国初期三十年农业发展研究.西北农林科技大学博士学位论文,2011.
王艺华.新形势下我国供销合作社模式创新研究.天津大学学位论文,2011.
谢安.我国农村信用合作社的制度变迁.湖南农业大学硕士学位论文,2001.
杨朔.当代中国农田水利建设变迁研究.西北农林科技大学硕士学位论文,2008.
张银定.我国农业科研体系的制度变迁与科研体制改革的绩效评价研究.中国农业科学院学位论文,2006.
张银霞.中国农村贫困救助制度的历史演变.西南财经大学硕士学位论文,2009.
赵保佑.统筹城乡经济协调发展研究.华中农业大学学位论文,2008.